NTOA 19

Lattke · Hymnus

NOVUM TESTAMENTUM ET ORBIS ANTIQUUS (NTOA)

Im Auftrag des Biblischen Instituts
der Universität Freiburg Schweiz
herausgegeben von Max Küchler
in Zusammenarbeit mit Gerd Theissen

Zum Autor:

Michael Lattke, geb. 12. Mai 1942 in Stettin (Szczecin). Nach Abitur in Solingen (1961) und Studium der Mathematik in Bonn (1961–63) Studium der Theologie, Philosophie, Psychologie, Geschichte, Politik und Orientalistik in Wien, Bonn, Tübingen, Freiburg im Breisgau, Mannheim, Münster in Westfalen, Augsburg und München (1963–80).

Dipl.-Theol., Tübingen (1968). Dr. theol., Freiburg im Breisgau (1974). Dr. theol. habil. (Neues Testament), Augsburg (1979).

Referent für theologische Erwachsenenbildung, Speyer (1970–71). Wissenschaftlicher Mitarbeiter im Institut für neutestamentliche Textforschung, Münster in Westfalen (1971–73). Wissenschaftlicher Assistent am Lehrstuhl für Einleitung in die Bibelwissenschaft und Hermeneutik (Professor Dr. Herbert Leroy), Augsburg (1973–80). Lecturer (1981–83), Senior Lecturer (1984–85) und Associate Professor (seit 1986), Department of Studies in Religion, University of Queensland QLD 4072, Australia.

Wichtige Publikationen: Einheit im Wort (München 1975). Die Oden Salomos in ihrer Bedeutung für Neues Testament und Gnosis I, Ia, II, III (Fribourg 1979, 1980, 1986). Register zu Rudolf Bultmanns Glauben und Verstehen, Band I-IV (Tübingen 1984). Zahlreiche Artikel in Festschriften (Schülergabe A. Vögtle, 1975; FS E. Neuhäusler, 1981; FS F. I. Andersen, 1987; FS F. Hahn, 1991), Lexika (EWNT I-II, 1980/81; RAC 13, 1985; TRE 14, 1985) und Zeitschriften (z.B. HarvTheolRev 78, 1985; Kairos 21, 1979; Muséon 102, 1989; Oriens Christianus 73, 1989; Symbolon 6, 1982; ZNW 73, 1982; 75, 1984; 78, 1987).

NOVUM TESTAMENTUM ET ORBIS ANTIQUUS   19

Michael Lattke

Hymnus

Materialien zu einer Geschichte der antiken Hymnologie

UNIVERSITÄTSVERLAG FREIBURG SCHWEIZ
VANDENHOECK & RUPRECHT GÖTTINGEN
1991

Die Deutsche Bibliothek–CIP Einheitsaufnahme

Lattke, Michael:
Hymnus: Materialien zu einer Geschichte der antiken
Hymnologie/von Michael Lattke. - Freiburg, Schweiz: Univ.-
Verl.; Göttingen: Vandenhoeck und Ruprecht, 1991
  (Novum testamentum et orbis antiquus; 19)
  ISBN 3-7278-0751-2 (Univ.-Verl.)
  ISBN 3-525-53920-7 (Vandenhoeck u. Ruprecht)
NE: GT

Veröffentlicht mit Unterstützung des Hochschulrates
der Universität Freiburg Schweiz
und des Department of Studies in Religion,
University of Queensland QLD 4072, Australia

Die Druckvorlagen der Textseiten
wurden vom Autor ab Datenträger
als reprofertige Vorlage zur Verfügung gestellt

Spencero Iacobo Routh

Bibliothecario
Terrae Reginae Universitatis
Principali

Vorwort

Kurz nach Erscheinen meiner beiden RAC-Artikel "Haggadah" und "Halachah" wandten sich die Herausgeber des Reallexikons für Antike und Christentum im August 1985 mit der Bitte an mich, im Stichwort "Hymnus" den Teil zur Bibel mit ihren altorientalischen Verbindungslinien, zum antiken Judentum und Gnostizismus, zum Frühchristentum und christlichen Orient zu verfassen. Für die Bearbeitung des griechisch–lateinischen Bereichs war damals schon Professor Dr. Ernst VOGT gewonnen worden. Ohne recht zu wissen, was in den nächsten fünf Jahren auf mich zukommen sollte, nahm ich das Angebot an und machte mich unmittelbar nach Abschluß von Band III meiner "Oden Salomos" zum Jahreswechsel 1985/86 hier in Brisbane und dann als Gast von Professor Dr. Herbert LEROY in Augsburg an die immense Forschungsarbeit.

Nachdem die Herausgeber Mitte 1987 einen Aufriß meines Teilartikels zustimmend zur Kenntnis genommen hatten, baten sie mich, das ganze Stichwort "Hymnus" allein zu bearbeiten und stellten mir dazu insgesamt ca. 40 Spalten zur Verfügung. Was als Herausforderung und als Überbrückung zu dem noch nicht fertigen Kommentar der Oden Salomos (Band IV) begonnen hatte, wurde damit zu einem Riesenprojekt, das es mir allerdings erlaubte, langjährige Studien auf den Gebieten der klassischen Altertumswissenschaft und Patristik zu einem gewissen Abschluß zu bringen. Mit Ausnahme des großen Kapitels über die Manichaica blieb der ferne Osten (Zentral-, Ost- und Südostasien) ausgeschlossen, was man zumindest für den Buddhismus bedauern kann.

Im Januar 1989 konnte ich zum Ende eines Forschungs-Halbjahres (Special Studies Program), für das ich der Leitung der University of Queensland danke, ein fast vollständiges Typoskript von ca. 300 Seiten von Augsburg nach Bonn schicken. Wenige Monate später kam im Namen der Herausgeber die nicht unerwartete Antwort des RAC-Mitarbeiters Heinzgerd BRAKMANN, dem ich eben so wie Professor Dr. Dr. Carsten COLPE für seinen Einsatz zu danken habe: „Allgemein ist man beeindruckt vom Reichtum des Materials und dringend an einer Veröffentlichung interessiert, doch herrscht die Überzeugung vor, daß das RAC für eine so ausführliche Dokumentation nicht genügend Raum zur Verfügung stellen kann."

Manches mußte nun umgeschrieben, zugefügt und redaktionell umgestaltet werden. Dennoch habe ich für die Monographie den ursprünglichen Titel des nicht erscheinenden RAC-Artikels beibehalten. Aus praktischen Gründen der Querverweise habe ich auch die Gliederung nicht geändert. Durch die stilistische Komplexität wird immer noch das Bestreben hindurchscheinen, unter gezielter Angabe der benutzten und weiterführenden Literatur möglichst viele allgemeine und historische Informationen zu den einzelnen antiken Autoren und Quellen ins eigentlich Thematische einzubauen. Für kritische Hinweise in bezug auf die Klarheit von Text, Anmerkungen und Dokumentation danke ich Frau Dr. Irmtraud PETERSSON.

Das Typoskript wurde im Laufe der Zeit, neben ständig wachsenden Verpflichtungen in Lehre und Postgraduiertenbetreuung, auf einem *Macintosh*® mit *Microsoft*® *Word* und sehr hilfreichen Angeboten von *Linguist's Software* in eine Druckvorlage umgesetzt, deren selbstständige und alleinverantwortliche Herstellung ich gleichzeitig dazu nutzte, den kaum noch zu vermeidenden Umgang mit dem Computer zu lernen.

Trotz verschiedener Forschungsaufenthalte in Deutschland wäre die Fertigstellung sowohl des Artikels als auch der Monographie sehr erschwert und verzögert worden ohne den verständnisvollen Einsatz von Mr. Spencer ROUTH (Principal Librarian, University of Queensland Library) für kostspielige aber auch bereichernde Neuanschaffungen von Einzelwerken und ganzen Serien. Als Dichter würde ich auf diesen kooperativen und kundigen Bibliothekar ein Enkomion oder gar einen Hymnus verfassen. So kann ich dem australischen Freund von Büchern, Ballett und Oper, Gemälden und Pferderennen nur diese wissenschaftliche Materialsammlung als Zeichen der Dankbarkeit widmen.

Brisbane, im Dezember 1990   Michael Lattke

Inhalt

Teil A
Vor- und außerchristliche Antike

1. Homeros und Homerische Hymnen (13). - 2. Hesiodos
(15). - 3. Archilochos (16). - 4. Terpandros (16). - 5. Alkman (17). - 6. Stesichoros und Lasos (18). - 7. Alkaios, Damophyle und Sappho (18). - 8. Anakreon (19). - 9. Vorsokratiker: Empedokles, Gorgias, Kritias, Musaios, Orpheus, Parmenides, Pythagoreer, Thamyras, Xenophanes (20). - 10.
Aischylos (21). - 11. Pindaros (21). - 12. Herodotos und Thukydides (22). - 13. Sophokles (23). - 14. Euripides (23). - 15.
Ion von Chios und andere Tragikerfragmente (TrGF) (26). -
16. Bakchylides von Keos (27). - 17. Telestes von Selinus, Timotheos von Milet, Ariphron von Sikyon, Likymnios von
Chios (28). - 18. Xenophon (29). - 19. Platon (30). - 20. Aristophanes (31). - 21. Aristoteles (32). - 22. Kleanthes und
Aratos von Soloi (33). - 23. Epikuros (33). - 24. Krates von
Theben (34). - 25. Theokritos von Syrakus (34). - 26. He-
ro(n)das (35). - 27. Kallimachos von Kyrene (35). - 28.
Apollonios Rhodios (36). - 29. Philikos von Kerkyra (37). -
30. Diodoros von Sizilien (37). - 31. Dionysios von Halikar-
nassos (38). - 32. Chairemon von Alexandreia (39). - 33.
Pseudo-Longinos: Περὶ ὕψους (39). - 34. Dion von Prusa
(39). - 35. Epiktetos (40). - 36. Plutarchos (41). - 37. Meso-

Teil B
Christliche Antike

Anhang

Einleitung

Die im großen und ganzen Ende 1988 abgeschlossene, weitgehend diachronisch angelegte Monographie will einen Beitrag leisten zu einer Geschichte von Hymnus und Hymnologie (im Sinne von Hymnodie und Hymnographie). Eine solche Gesamtbearbeitung des hymnischen Stoffes der vor- und außerchristlichen Antike (Teil A) sowie des spätantiken Christentums (Teil B) existiert nämlich noch nicht. Es gibt neben vorzüglichen Einzelausgaben und Sammlungen Teildarstellungen für den griechischen[1] und den lateinischen Bereich;[2] auch in der alt- und neutestamentlichen Bibelwissenschaft und Exegese ist hymnologisch viel gearbeitet worden, allerdings nicht immer mit der notwendigen Kenntnis und Berücksichtigung der Wurzeln und Parallelerscheinungen.

Günther ZUNTZ in Cambridge teilt (mündlich) mit, daß er vor der Vollendung einer Geschichte des *philosophischen* Hymnus von Kleanthes bis Proklos steht, unter Einbeziehung neuen und verwandten Materials (z.B. Orakel).

In der vorliegenden Arbeit wird versucht, sowohl zu hymnischen Texten als auch zur Erwähnung von Hymnen (Hymnodik, Hymnologie) neben den Quelleneditionen die wichtigste Sekundärliteratur kritisch zu verarbeiten und zu nennen. Ist das generelle Literaturverzeichnis am Ende auf ein Minimum begrenzt, so können auch die genannten Einführungen und Kommentierungen zu den einzelnen Verfassern und Texten (bes. des Alten und Neuen Testaments) nur eine repräsentative und weiterführende Auswahl sein.

Über eine möglichst vollständige, kritisch gesichtete Materialsammlung hinauszugehen, etwa durch die Diskussion aller textlichen, sprachlichen, historischen und vor allem inhaltlichen Probleme, hätte nicht nur den Umfang dieses Buches gesprengt, sondern auch die Kapazität eines einzelnen überstiegen. Man

---

[1] Vgl. außer älteren Werken (wie PITRA, Hymnographie [1867] oder den Prolegomena zur Anthologia Graeca von W. CHRIST und M. PARANIKAS [1871], S. IX–CXLII) immer noch WÜNSCH, Hymnos, und BAUMSTARK, Hymns; außerdem KROLL, Hymnodik; LECLERCQ, Hymnes; RIETSCHEL, Kirchenlied; SIMONETTI, Studi; MITSAKIS, Byzantine Hymnography I. Mit Nachdruck weise ich hin auf BERGER, Gattungen 1149–1195, 1218–1231, 1371–1377, als kleine Ausschnitte aus einer bewundernswürdigen Übersicht.

[2] Vgl. auch hier WÜNSCH, Hymnos; außerdem die Werke von FONTAINE und PELLEGRINO; PERRET, Origines; STÄBLEIN, Hymnus; SZÖFÉRFFY, Annalen I; WALSH, Hymn.

braucht nur zu bedenken, daß zu gewissen Homerischen Hymnen oder zu neutestamentlichen Texten, die häufig als Hymnen bezeichnet werden, umfangreiche Monographien bzw. eine Flut von Einzelstudien erschienen sind und immer noch geschrieben werden.

Was SMOLAK (Himmelfahrt 30) zu Synesios sagt, wird ganz allgemein zu beachten sein:

> „Die spätantike Dichtung verlangt nach gründlicher Analyse ihrer kontaminatorischen Technik … Dabei muß der sprachliche und formgeschichtliche Synkretismus synoptisch betrachtet werden, …"

Auch Fragen der Dicht- und Verskunst,[1] der Musik[2] oder der Chorlyrik[3] können nur indirekt und sporadisch behandelt werden, von der ästhetischen Art und dem liturgisch–soziologischen Ort der Benutzung, des Vortrags oder der Rezeption ganz zu schweigen.[4]

Die ganze Darstellung ist vielmehr heuristisch und hermeneutisch davon geleitet, das Material sozusagen *hymnologice* zu beleuchten, wobei größter Wert darauf gelegt wird, die technische Terminologie und die intentionalen Selbstaussagen jeweils zur (eigenen) Sprache kommen zu lassen.[5] Dazu müssen ständig nicht nur antike Kriterien dafür gefunden werden, was einen Hymnus zum Hymnus macht, sondern auch die Vorverständnisse moderner und mittelalterlicher Hymnologie überwunden werden.[6]

Wird der musikalische Aspekt nicht überbetont, so bestätigt die folgende literaturwissenschaftliche Definition von „Hymne" im großen und ganzen die unvoreingenommene Analyse:

---

[1] Vgl. z.B. BETHE, Poesie 187; CHRIST/SCHMID/STÄHLIN, Geschichte II § 852; DIHLE, Anfänge; GIGON, Gattungen 100, 106; GRIMME, Strophenbau; THRAEDE, Untersuchungen.

[2] Vgl. z.B., außer QUASTEN, Musik, die neueren Arbeiten von HANNICK; MCKINNON; E. PÖHLMANN; WILLE.

[3] Vgl. z.B. LESKY, Geschichte 214–243.

[4] Vgl. z.B. WILAMOWITZ-MOELLENDORFF, Glaube II 460; NILSSON, Geschichte II 334, 349 u.ö.

[5] In der deutschen Wiedergabe besonders der griechischen und lateinischen Begriffe der ὑμν-Familie spiegeln „Hymnos", „Hymnus", „Hymnographie", „Hymnologie" etc. leicht die entsprechenden altsprachlichen Ausdrücke wider. Leider fehlt im Deutschen ein dem englischen „to hymn" entsprechendes Verb; man müßte geradezu Wörter schaffen wie „hymnieren" (vgl. lat. *hymnire*) oder „hymnodieren", um in der Übersetzung einen klaren Hinweis auf die originalen Verben zu geben.

[6] Vgl. zur lateinischen „Terminologie" der „Gattungen" z.B. LÜTOLF, Register I 7–14; zur byzantinischen Hymnographie z.B. die Werke von H.-G. BECK; GROSDIDIER DE MATONS; HANNICK; SCHLÖTTERER; WELLESZ; zur syrischen Kirchenmusik z.B. die Beiträge von BERNHARD; CODY; DALMAIS; HEIMING; HUSMANN; zum Versuch der Modernisierung des Augustinus vgl. PRICE, Hymn.

„Preislied auf einen Gott, Helden oder erhabenen Gegenstand; in der frühen Antike inhaltlich bestimmt, daher auch als Sammelbezeichnung für verschiedene lyr[ische] Genres und Liedformen ... verwendet" (Chr. TRÄGER, Hymne 225).[1]

Nicht erst in späteren Handschriften einer Zeit, in der längst Hymnologie = Hymnographie ist (ONASCH, Kunst 166–167) und Hymnodie = Kirchengesang, sondern schon im Zentrum des behandelten Zeitraumes, kurz nach dem Beginn der römischen Kaiserzeit, wird diese strenge, durch den Lobpreis konstituierte Definition gesprengt, und zwar durch Philons programmatische Gleichsetzung der atl. Psalmen mit ὕμνοι, die noch Jahrhunderte dergestalt nachwirkt bzw. sichtbar wird, daß immer wieder Hymnodie = Psalmodie ist.

Um das ganz ernst zu nehmen, hätten noch mehr Psalmenkommentare einbezogen werden müssen, also z.B. auch diejenigen des Apollinaris von Laodikeia oder des Didymos (vgl. MÜHLENBERG, Psalmenkommentare II 393, 397).[2] Antike Psalmenkommentare müßten ebenso systematisch auf Hymnologisches hin untersucht werden wie die sich teilweise mit ihnen überschneidenden Homilien, von denen die meisten ausgeklammert bleiben, zumal auf diesem Gebiet noch viele kritische Editionen fehlen.

---

[1] Vgl. auch GENTILI, Lyrik 168, oder MEL XXXI (Das große Wörterbuch der deutschen Sprache 2 [1980]) 1305. Die Definition von „Hymne" („aus gleichbedeutend l[ateinisch] *hymnus*") als „feierliches Musikstück" (EWDS [1989] 323) ist viel zu eng.

[2] Zu den Psalmenkommentaren der griechischen und lateinischen Kirchenväter des 3. bis 5. Jh.s vgl. besonders RONDEAU, Commentaires I–II (= OrChrA 219+220). Die unter dem Namen des Apollinaris (Apolinarios) v. Laod. überlieferte, hexametrische „Μετάφρασις εἰς τὸν ψαλτῆρα" (PG XXXIII 1313–1538) „ist, erst nach 460 geschrieben, unecht" (ALTANER/STUIBER, Patrologie 314–315 [§ 79,4]); die den in LXX-Reihenfolge erscheinenden Psalmen-Nachdichtungen vorgesetzten, z.T. auch poetischen Überschriften wechseln in ihren Bezeichnungen ziemlich willkürlich zwischen μέλος (Ps 1, 3, 5, 6, 15, 21–25, 27, 28, 35–37, 38 [= ὕμνος], 42, 47, 48, 53 [= ἀοιδή], 59 [+ ὑμνεῖν], 66, 68 [= ὕμνος], 70, 76, 81, 85–89, 92, 93, 98, 103, 108, 109, 111 und 115–116 [= ἀλληλούϊα], 125, 126, 131, 138, 139 [+ ἀοιδῆς], 144 [= αἶνος], 149–150 [+ ἀλληλούϊα]), ψαλμός (Ps 2, 4 [+ ἐκ μέλεσιν], 18, 19, 91 [+ μέλων], 104), ὕμνος (Ps 7–9, 12–14, 16 [= εὐχή], 20, 32, 34, 44, 50 [= ἄσμα = ψαλμός = μέλος], 52, 54, 57, 58, 62, 64, 67 [+ μελέων], 69, 72 [+ μελέων], 73, 74 [= ἀοιδή], 80, 82–84, 102, 107, 122–124, 127–130, 132, 133, 134 [+ μέλος ἀλληλούϊα], 140, 143, 145–148 [+ ἀλληλούϊα], 151 [!]); ohne spezielle Bezeichnung erscheinen Ps 4, 97 und 120. Vgl. die αἶνος (Ps 10, 90 [+ μελέων]), κῶμος (Ps 17, 26, 33, 40, 41 [+ ἀοιδῆς], 43, 45, 61 [+ μελέων], 63, 77–79 [= μέλος], 142), ἄεισμα bzw. ἄσμα (Ps 29, 31, 39, 46, 49, 51, 55, 56, 60, 65, 71, 75, 95, 96, 99–101, 136, 137), οἴμη (Ps 30, 119 [= ᾠδή], 121), ἀλληλούϊα (Ps 105, 106, 110, 111 [s. μέλος], 112–114, 115 [s. μέλος], 117, 118, 135 [+ ἄεισμα], 145–148 [s. ὕμνος], 149–150 [s. μέλος]) und μελέδημα (Ps 141 [seltener Singular!]); ohne spezielle Bezeichnung erscheinen Ps 4, 97 und 120. Vgl. die von kritischen Bemerkungen umgebene Textprobe von Ps 118,1–8 bei MITSAKIS, Byz. Hymnography I 165–168, bes. 166–167. Die ungenügende Ausgabe des Psalmenkommentars von Didymos dem Blinden (PG XXXIX [1858] 1155–1616 + 1617–1618 [weitere Fragmente]) ist immer noch nicht ersetzt.

Ausgeschlossen sind aber auch einige Spanier des 7. Jh.s n.Chr. und die meisten anonymen Hymnen des (lateinischen) Frühmittelalters, von denen einige vielleicht noch der Spätantike zugerechnet werden könnten;[1] ferner wegen der relativen Unergiebigkeit Eirenaios, Commodianus oder die Pseudo-Klementinen.[2]

Die 148 Hexameter des *Carmen de laudibus Christi* eines unbekannten Dichters des 4./5. Jh.s n.Chr. (PL LXI 1091–1094) hätten vielleicht einen eigenen Abschnitt verdient, nicht nur wegen der programmatischen Thematik selbst, sondern auch wegen eines Lobpreises in 7 Versen zum Ende hin (1094,136–142: *Sancte Deus summique Dei venerabile pignus etc.*).[3]

Entsprechendes gilt von den einleitenden 126 Hexametern der Alethia des Rhetors Claudius Marius Victorius aus Marseille (4./5. Jh. n.Chr.).[4] Dieses „Gebet" mit dem „Incipit" *prefatio vel precatio etc.* und dem „Finit" *precatio etc.* (vgl. HOVINGH, Alethia 125–129 [Text]) ist nämlich in seinem längeren ersten Abschnitt (1–100) in so „hohem Stil" geformt, z.B. mit „Prädikationen" und „Du-Stil (8.10.17.18.19.20.21)", daß man wohl mit Recht von einem „trinitarischen Hymnus" sprechen kann (OPELT, Paradeigmata 109).[5]

Von der martyrologischen und hagiographischen Literatur ist nur ein Bruchteil einbezogen.[6] Wie stereotyp nämlich in Märtyrerakten das andauernde Singen von Psalmen, Hymnen und Oden/Cantica ist, zeigt sich paradigmatisch in der „Passion des martyrs d'Abatinae" aus der großen Verfolgung 303–311 n.Chr.: *per totum iter hymnos domino canticaque psallebant* (J.-L. MAIER,

---

[1] Vgl. DREVES/BLUME, Jahrtausend I 42–47 zu Eugenius III. v. Toledo und Quiricus v. Barcelona; II 2–3, 45–46, 51–52, 54–56, 97–98, 100–101, usw., 266–267, insgesamt mit sehr vagen Altersangaben; vgl. neben älteren Sammlungen wie denen von H. A. DANIEL oder WALPOLE auch BULST, Hymni 18, 131–135, 172–177, 197, 203, 207; LODI, Enchiridion 562–566.

[2] Doch vgl. CABROL/LECLERCQ, MELi I,1 186–188, Nrn. 2105–2144, bes. 2105, 2107–2108, 2143; 191–198, Nrn. 2173–2254, bes. 194, Nr. 2195; I,2 38–49, Nrn. 4612–4771. Zu Commodianus vgl. auch die Anmerkung bei Cyprianus (s. u. B.V.b.2).

[3] Vgl. ALTANER/STUIBER § 101,1 und, mit älterer und neuerer Literatur, OPELT, Carmen (1978), in: OPELT, Paradeigmata (1988) 95–99, bes. 95, Anm. 2: „E. NORDEN, Agnostos Theos, Nachdruck Darmstadt 1956, 149 ff. unterscheidet Du-Stil, Er-Stil, Partizipialstil, Relativstil, Du-Stil anaphorisch am Versanfang 34, 36, 46, 47, 49, 52, 56, 94. *Te duce* 44, 54, 66, 91, 97."

[4] Vgl. ALTANER/STUIBER § 101,12 und den Originalbeitrag von OPELT zur Trinitätsterminologie (1986), in: OPELT, Paradeigmata (1988) 106–112.

[5] Ältere hymnologische Tradition findet sich natürlich auch in liturgiegeschichtlichen Sammlungen wie dem von Edmond E. MÖLLER mit étude préliminaire (1981) herausgegebenen Corpus praefationum (= CChr.SL 161A–D + 161 [Turnhout: Brepols, 1980 + 1981]).

[6] Vgl. auch hier CABROL/LECLERCQ, MELi I,1 107*–138*, Nrn. 3802–4097 und 191*–192*, Nrn. 4389–4401.

Donatisme I 64,154–155); noch deutlicher ist der biblizistische Einfluß von Kol 3,16 bzw. Eph 5,19 in der „Passion d'Isaac et de Maximianus" aus der Epoche 337–361 n.chr.: *Illic tota die cum nocte populi triumphantes psalmis, hymnis, canticis in testimonium cunctis gloriose decantabant* (J.-L. MAIER, Donatisme I 270,412–415). Diese Zitate werfen ein Licht auf manche genannte und behandelte Stelle.

Ähnlich stereotyp geht es z.B. zu in der von E. DE STOOP edierten „Vie d'Alexandre l'Acémète".[1] In dieser griechischen Vita (βίος καὶ πολιτεία) ist öfter von unablässigem/n/r ὑμνεῖν, ὕμνοι, ὑμνολογία und ὑμνῳδία die Rede.[2] Diese Monotonie spiegelt sich natürlich wider in der gesamten Übersetzungsliteratur, wie z.b. in der von G. GARITTE bearbeiteten „Version géorgienne de la Vie de Sainte Marthe",[3] um nur gleich ein Beispiel derjenigen Literaturen zu nennen, auf die nun noch etwas näher einzugehen ist.[4]

Denn trotz intensivster und sehr zeitraubender Forschungen müssen vom Bereich des Christlichen Orients (s.u. B.VI) Dichtung, Liturgie und Musik von Äthiopien, Armenien und Georgien hier leider ausgeschlossen bleiben. Die arabisch-christliche Literatur liegt ja ohnehin jenseits des untersuchten Zeitraums,[5] ebenso wie der möglicherweise vorislamisch-christliche Strophenlieder enthaltende Qurʾān[6] und die frühislamische Poesie.[7]

---

[1] PO VI,5 (Paris 1911 = Turnhout 1980); vgl. dazu auch G. G. BLUM, Rabbula 35, zur „Praxis der von Alexander gegründeten Akoimeten" im Syrien des 5. Jh.s n.Chr., „das ununterbrochene Gotteslob der Engel im Himmel hier auf Erden durch die immerwährende Wiederholung des Gloria in excelsis nachzubilden"; vgl. 204–207 zu den umstrittenen und ausgeschlossenen „Hymnen" des 435 n.chr. gestorbenen Rabbula selbst.

[2] PO VI,5 (Paris 1911 = Turnhout 1980) 680[40],15; 681[41],2.5; 688[48],6; 692[52],8; 693[53],3.

[3] CSCO 285/286 = CSCO.I 17/18 (1968); vgl. im Index zur lat. Übersetzung (CSCO 286) 52, 53, 54, s.v. *cantus, doxologia, eulogia, hymni.* Vgl. auch Gérard GARITTE (Hg./Üb.), Vies géorgiennes de S. Syméon stylite l'Ancien et de S. Éphrem (Louvain: Secrétariat du CorpusSCO, 1957 [CSCO 171/172 = CSCO.I 7/8]) 77,6–7 bzw. 53,4–5: ქოსჳრმთჳდ̄ბოთდ ႼႭდ გჳრჳმდႭთდ ჳჳႼოდႭთდ – *cum psalmis et canticis magnis* (Vie de S. Syméon, ch. 121; sollte man vielleicht für die Übersetzung statt *canticis* besser *hymnis* wählen?).

[4] Selbst in den griechischen Barlaam-Roman (11. Jh. n.Chr., mit viel älteren Wurzeln, u.a. im Georgischen, vgl. D. M. LANG, Introduction, in: WOODWARD/MATTINGLY, Barlaam [1983 = Ed.] ix–xxxv) ist die stereotype Erwähnung von Hymnodie und Hymnologie eingedrungen (vgl. ὑμνολογία in XVI 141: Ed. 238). So geht der König bei der Geburt des Ἰωάσαφ in den Götzentempel, um zu opfern und εὐχαριστηρίους ὕμνους darzubringen (II 19: Ed. 30–31); Barlaam erzählt vom κοινοβιακὸς βίος: diese Koinobiten leben ὡς ἄγγελοι auf Erden und singen einmütig ψαλμοὺς καὶ ὕμνους (XII 106: Ed. 178–179); Joasaph schreibt einen Brief, u.a. über das προσφέρειν ... ὕμνους / εὐχαριστίας (XXXVI 329: Ed. 548–549); den verstorbenen Joasaph ehrt τις ἀνὴρ ἅγιος ... ὕμνοις ἱεροῖς (XL 363: Ed. 606–607); und über die beiden Toten singt (ᾄσαντες) die Volksmenge ὕμνους ... ἱερούς (XL 364: Ed. 608–609).

[5] Vgl. C. BROCKELMANN, Die christlich-arabische Litteratur, in: BROCKELMANN u.a., Geschichte (1909) 67–74; BAUMSTARK, Literaturen II (1911) 7–36; Georg GRAF, Geschichte

(Fortsetzung s. nächste Seite)

Es ist zwar möglich und z.T. wahrscheinlich, daß die äthiopischen Formen der Anaphora,[1] das „Weddāsē Māryām (= Lobpreis Marias)",[2] das „Weddāsē wagenāy la-ʾemma Adonāy (= Lobpreis und demütige Danksagung an die Mutter des Herrn)",[3] das „Argānona weddāsē (= Harfe des Lobpreises)",[4] ja das ganze spätere „Deggwā",[5] aber auch andere „Qenē" und „Salām (= Gruß)"-Hymnen[6] sowie die verschiedenen Sammlungen von Nägś-Hymnen[7] ältere hymnische Tradition der aksumitischen Periode enthalten. Doch müßte solche liturgische Dichtung erst noch mit allen Regeln der Verskunst[8] und vergleichenden Formkritik wissenschaftlich herausgearbeitet werden.[9]

---

der christlichen arabischen Literatur I–V (1944, 1947, 1949, 1951, 1953 = StT 118, 133, 146, 147, 172); Julius ASSFALG, Arabisch-christliche Literatur, in: KWCO (1975) 20–22; Bertold SPULER, Arabisch-christliche Literatur, in: TRE III (1978) 577–587.

[6] Vgl. Günter LÜLING, Über den Ur-Qurʾān. Ansätze zur Rekonstruktion vorislamischer christlicher Strophenlieder im Qurʾān (Erlangen: H. Lüling, 1974), und die Rezension dazu von E. KAHLE, in: ZDMG 132,1 (1982) 182–184.

[7] Vgl. Fuat SEZGIN, Geschichte des arabischen Schrifttums. Bd. II. Poesie. Bis ca. 430 H. (Leiden: E. J. Brill, 1975).

[1] Vgl. z.B., außer den einschlägigen Werken von Ernst HAMMERSCHMIDT (im LitVerz.), Sebastian EURINGER, Die Anaphora des hl. Jakobus, des Bruders des Herrn, in: OrChr NS 4 (1914/15) 1–23 (voll von ሰብሐ – „lobpreisen"); DERS., Die äthiopische Anaphora unserer Herrin Maria, in: OrChr 34 = 3. Ser., 12 (1937) 63–102, 248–262; J. M. HARDEN, The Anaphoras of the Ethiopic Liturgy (London: SPCK / New York & Toronto: Macmillan, 1928); George EVERY, Ethiopian Anaphoras, in: StLi 2 (1963) 156–160.

[2] Vgl. neben EURINGER, Verfasser, Ernst HAMMERSCHMIDT, KWCO (1975) 361–362.

[3] Vgl. Ernst HAMMERSCHMIDT, KWCO (1975) 362.

[4] Vgl. Ernst HAMMERSCHMIDT, KWCO (1975) 26, besonders aber die Übersetzung von Sebastian EURINGER, Die Marienharfe (ʾArgānona weddāsē), in: OrChr 24 = 3. Ser., 2 (1927) 120–145, 338–355; 25/26 = 3. Ser., 3/4 (1930) 79–108, 248–278; 27 = 3. Ser., 5 (1930) 202–231; 28 = 3. Ser., 6 (1931) 60–89, 209–239. Zu all diesen ist heranzuziehen: Adolf GROHMANN, Aethiopische Marienhymnen. Hg., übersetzt und erläutert (Leipzig: B. G. Teubner, 1919 [ASAW.PH 33,4]). Der Artikel von D. S. MARGOLIOUTH, Hymns, ist mager.

[5] Vgl. Ernst HAMMERSCHMIDT, KWCO (1975) 101–102.

[6] Vgl. Ernst HAMMERSCHMIDT, KWCO (1975) 305–306, 315–316.

[7] Vgl. Getatchew HAILE, The Different Collections of Nägś Hymns in Ethiopic Literature and Their Contributions (Erlangen 1983 [Oikonomia 19]), und dazu die Rezension von Manfred KROPP in: OrChr 69 (1985) 228–229.

[8] Vgl. Anton SCHALL, Zur äthiopischen Verskunst. Eine Studie über die Metra des Qenē auf Grund der Abhandlung »al-qenē laun min aš-šiʿr al-ḥabašī« von Dr. Murad KAMIL (Wiesbaden: F. Steiner, 1961), aber auch die „Bemerkungen" dazu bei ALTHEIM/STIEHL, Araber I (1964) 617–622.

[9] Vgl. schon die von Andeutungen begleitete Forderung von BAUMSTARK, Literaturen II (1911) 58–60; für „Salâm" weist B. hin auf das „Vorbild gewisser Erscheinungen griechischer Kirchenpoesie (der sog. χαιρετισμοί)" (59–60; vgl. z.B. CSCO 26/27 = CSCO.Ae 9/10 [1904 u.ö.] 31–39 bzw. 29–36; CSCO 30/31 = CSCO.Ae 13/14 [1908 u.ö.] 164–169, 251–259 bzw. 148–153, 225–233; CSCO 37/38 = CSCO.Ae 20/21 [1907 u.ö.] 69–78, 118–122, 152–164, 192, 217–226, 248–257 bzw. 61–70, 99–103, 132–143, 171, 195–204, 227–236).
Zu Äthiopien bzw. zur aksumitischen Periode vgl., außer den bereits genannten Werken und den entsprechenden musikwissenschaftlichen Artikeln bzw. Studien von HANNICK (Eth. rite),

(Fortsetzung s. nächste Seite)

Wird man für die äthiopische Poesie „den alles beherrschenden koptischen Einfluß" betonen müssen (BAUMSTARK, Literaturen II 58–59), so für die armenischen und georgischen Kirchen seit dem 4. Jh. n.Chr. – und mit der Erfindung der jeweiligen Schriften um das Jahr 400 – vor allem die Einflüsse des Griechischen und Syrischen, wobei Armenien für das frühe christliche Georgien auch eine Vermittlerrolle gespielt hat.

Ältere hymnische Traditionen finden sich natürlich sowohl in dem erst im 9. Jh. n.Chr. redigierten, nach dem Katholikos Maštocᶜ benannten Rituale Armenorum[1] als auch im äußerst umfangreichen armenischen „Hymnarium" (Šaraknocᶜ), „an dessen endgültiger Ausgestaltung Nerses Schnorhali (sc. im 12. Jh. n.Chr.) entscheidenden Anteil genommen hat".[2] Aber trotz der vorzüglichen

---

HICKMANN (Äth. Musik) und WELLESZ (Studien [1920]), Enno LITTMANN, Geschichte der äthiopischen Litteratur, in: BROCKELMANN u.a., Geschichte (1909) 185–270, bes. 202–204, 228–234; GUIDI, Storia (1932) 11–21; CERULLI, Letteratura (1968) 14–29; Ernst HAMMERSCHMIDT, KWCO (1975) 53–63, 66–71; Friedrich HEYER, TRE I (1977) 572–596; Hans Wilhelm LOCKOT, Bibliographia Aethiopica: die äthiopienkundliche Literatur des deutschsprachigen Raums (Wiesbaden: F. Steiner, 1982 [ÄF 9]), bes. S. 25–31, Nrn. 1–142 („Forschungsgeschichte und Allgemeines") und S. 282–290, Nrn. 6343–6486 („Liturgische, theologische und kirchengeschichtliche Literatur").

Aus dem äthiopischen Synaxarion (Senkessār) vgl. zur Yârêd-Legende BUDGE, Book III 875–877: „... Yârêd, [fol. 55b] the poet and hymn writer, ... learned in one day the Books of the Old and the New Testaments; and then he was made a deacon. Now in those days (sc. 6th century) there was no singing of hymns and spiritual songs in a loud voice to well-defined tunes, but men murmured them in a low voice. ... And he arranged hymns for each season of the year" (875, 876).

[1] Vgl. CONYBEARE, Rituale v–vi, xxxi–xxxv, 7 („sharakan [i.e. hymn]"), 10–11, 15 („Alleluiah as ktzord, ... angelic hymns of praise"), 16 („hymn of sanctification"), 22 (note d), 23–25, 32–34, 62 („antiphonal hymn"), 66–75, 124, 129, 134–135, 155–157, 169–177, 180–181, 186–190 („On the composition of the Greek and Armenian Epiphany hymn"), 204, 211–213, 244–245, 248 („hymn of the Thrice Holy"), 257, 278, 291, 456, 464, 467, 533–536 („Glossary of technical terms": u.a. ᄡᄃᄅᄆᄇᄈᄉ [533a]). Für das armenische Initiationsrituale vgl. die Arbeiten von Gabriele WINKLER, z.B. Tauftradition 283, 291–295; Initiationsrituale 442–462 (hohes Alter und syrischer Ursprung der Taufhymnen) (passim und von besonderer Wichtigkeit, auch wegen der Klärung der Begriffe!).

[2] Julius ASSFALG, Armenische Literatur, in: KWCO (1975) 40–44, bes. 41 und 43; vgl. immer noch, wenn auch kritisch, außer dem sehr allgemeinen Artikel von NÈVE (1885), TER-MIKAËLIAN, Hymnarium 63–104 („Die Verfasser"); dazu schon die Rezension von F. C. CONYBEARE, JThS 7 (1906) 285–292, bes. 291: „The only reference to an early use of hymns in this Church, and one which Ter-Mikaëlian has overlooked, is in John Catholicos about the year 718" (vgl. CONYBEARE, Rituale 182); jetzt besonders WINKLER, Night Office II (1983) 476–479 („The Armenian liturgical terminology and its Syriac and Byzantine equivalent"), 484–485 („The Armenian [sc. canticles] terminology, its first occurence and present usage"), 540–544 („Summary on the origins and further evolution of Armenia's hymnography"); an der Klärung der Begriffe ᄡᄃᄅᄆᄇ („kanon" [476]), ᄡᄃᄅᄆᄇᄈᄉ („canticle" [484]), ᄡᄃᄅᄆ („responsory" [508–517]) und ᄡᄃᄅᄆᄇᄈ („troparion" [passim]) durch WINKLER übt DROST-ABGARJAN z.T. Kritik in ihrem unveröffentlichten Vortrag (Nomenklatur), den sie mir freundlicherweise zur Verfügung gestellt hat. Insbesondere ist DROST-ABGARJAN, Armenologin der Martin-Luther-Universität Halle (Saale), „dagegen, so kategorisch, wie es die verdienstvolle

(Fortsetzung s. nächste Seite)

und umfangreichen Arbeiten auf den Gebieten der Literatur, Liturgie und Musik ist es kaum möglich, über die aus anderen Sprachen übersetzten Werke hinaus spezifisch armenische Hymnographie für die vor- und frühbyzantinische Zeit auszusondern (vgl. BAUMSTARK, Literaturen II 95–96).[1]

Es lohnt sich hier, besonders im Hinblick sowohl auf die Terminologie des Neuen Testaments (s.u. B.I.b.1) als auch auf die für die Dichtungen des Bardesanes und Ephraem gebrauchten Begriffe (s.u. B.VI.b.1 und 3), einen kurzen

---

Wissenschaftlerin (sc. G. WINKLER) macht, den Namen "Hymnarium" für die Sammlung "Šaraknocʿ" abzulehnen" (S. 3; weitere Auszüge s.u. zu B.VI.b.3).

Zur Terminologie sagt DROST-ABGARJAN in ihrem reichhaltigen Vortrag u.a. folgendes: „In altarmenischer Sprache nennt man jeden Typ des Kirchengesanges *orhnutʿiwn* (wörtl. Segen). In griechischer Sprache ist das lexikalische Äquivalent dieses Wortes εὐλογία, während das terminologische Äquivalent ὕμνος ist. In der mittelalterlichen armenischen Literatur wird der Hymnus durch zwei synonyme Bezeichnungen benannt (u.a. von Hymnographen selbst): *erg* erg (Lied, Gesang) und *orhnutʿiwn* ōrhnutʿiwn (wörtl. Segen, Lobpreis). … Während die Bezeichnung *erg* erg neben dem *tal* tał (Lied, Vers, Gedicht) zur traditionellen Gattungsnomenklatur der altarmenischen vorchristlichen Poesie gehört, und wie auch der griechische Terminus ὕμνος in seiner Semantik zwei literarische Phänomene unterschiedlicher Epochen (der vorchristlichen und christlichen) vereinigt, so hat der Begriff *orhnutʿiwn* ōrhnutʿiwn im Sinne "Hymnus", *orhnem* ōrhnem im Sinne "lobpreisen", seinen Ursprung in der poetischen Welt der Bibel" (S. 2).

[1] Zu Armenien vgl., außer den schon genannten Arbeiten und den hymnologischen und musikologischen Artikeln von HANNICK (Arm. rite [1980], Byz., etc., music [1983]), HICKMANN (Arm. Musik) und LECLERCQ (Hymnes 2899–2901), Aršak TER-MIKELIAN, Die armenische Kirche in ihren Beziehungen zur byzantinischen (vom IV. bis zum XIII. Jahrhundert) (Leipzig: G. Fock, 1892) 5–17 („Die Entwicklung der armenischen Kirche"); Erwand TER-MINASSIANTZ, Die armenische Kirche in ihren Beziehungen zu den syrischen Kirchen bis zum Ende des 13. Jahrhunderts nach den armenischen und syrischen Quellen bearbeitet (Leipzig: J. C. Hinrichs, 1904 [TU NF XI,4]) 1–29 („Von den Anfängen bis zum Eindringen der monophysitischen Streitigkeiten in Armenien"); Franz Nikolaus FINCK, Geschichte der armenischen Litteratur, in: BROCKELMANN u.a., Geschichte (1909) 75–130; Anton BAUMSTARK, Der armenische Psaltertext. Sein Verhältnis zum syrischen der Pešîttâ und seine Bedeutung für die LXX-Forschung, in: OrChr 22 = NS 12–14 (1925) 180–213; 23 = 3. Ser., 1 (1927) 158–169, 319–333; 24 = 3. Ser., 2 (1927) 146–159; Anselm STRITTMATTER, Liturgische Handschriften in amerikanischen Bibliotheken, in: JLW 14 (1934) 224–230, bes. 227, 228, 230; HAMMERSCHMIDT/ASSFALG, Kultsymbolik (1962); Vahan INGLISIAN, Die armenische Literatur, in: HO, I. Abt., VII (1963) 156–250 + 269–272 (Register), bes. 157–174; Michael E. STONE, The Apocryphal Literature in the Armenian Tradition (PIASH IV,4 [1969] 59–78 = [1]–[19]); David Marshall LANG, Armenia: Cradle of Civilization (London: G. Allen & Unwin, 1970) 155–174 („Early Christian Armenia"); AREVSATJAN, Entstehung (1977) 127 („Resumé"); Wolfgang HAGE, Armenien I. Alte Kirche und Mittelalter, in: TRE IV (1979) 40–57; Thomas J. SAMUELIAN (ed.), Classical Armenian Culture: Influences and Creativity (o.O.: Scholars Press, 1982 [University of Pennsylvania Armenian Texts and Studies 4]); Robert W. THOMSON, The Formation of the Armenian Literary Tradition, in: GARSOÏAN u.a., East (1982) 135–150; Michael E. STONE (ed.), The Armenian Inscriptions from the Sinai (Cambridge: Harvard University Press, 1982 [Harvard Armenian Texts and Studies 6]) 25–52 („Armenian Pilgrims and Pilgrimages"); Sever J. VOICU, Gli Apocrifi armeni, in: Aug. 23 (1983) 161–180; ASSFALG, Chronik (1983) 2023–2024.

Blick zu werfen auf einige armenische, sich auf das Leben des Ephraem beziehende Texte.[1]

In der unter Gregor dem „Märtyrerfreund" im 11. Jh. n.Chr. übersetzten Vita tauchen nämlich einerseits die neutestamentlichen Termini von Kol 3,16 und Eph 5,19 bei der Bestattung des Bischofs Jakob von Nisibis auf (Vie 7: Ed. 12,14–15 ; Üb. 6,29–30; vgl. auch die ähnliche Anspielung, allerdings ohne die „geistlichen Oden", in 38a: Ed. 45,12–13; Üb. 23,22):

* սաղմոսիւք և աւրհնութեամբ և երգովք հոգևորաւք*
(ψαλμοῖς καὶ ὕμνοις καὶ ᾠδαῖς πνευματικαῖς).

Sonst werden in dieser Vita, in der Vita „d'après le Synaxaire de Kirakos" (13. Jh. n.Chr.) und in der kurzen „Rédaction anonyme" die Schöpfungen von Hermianos und Bardesanes einerseits und von Ephraem andererseits als „Oden" (*երգոց*) und „Šaraknoc'"(*շարակնոց*) bezeichnet (vgl. auch für die beiden „Häretiker" Vie 31: Ed. 36,4.6.9.13; Üb. 18,31.33.36; 19,4 [schuf 150 *երգս*, wie David]; Réd. anon.: Ed. 112,5; Üb. 68,39 [Wortverbindung *երգ շարակնոց*]; für den „orthodoxen" Ketzerbekämpfer und Lehrer der Kirche vgl. Vie 31: Ed. 36,16–17 [+ Plur. von *սաղ*]; Üb. 19,7; Vie 32 und 35: Ed. 37,12; 41,8; Üb. 19,21; 21,19 [*է.* = *ç.*!]; Vie 38a: Ed. 45,14–15 [+ „singen" – *երգել*]; 46,3; Üb. 23,24–25.30; Syn: Ed. 102,9–10; Üb. 60,6–7 [+ term. techn. *կշորդաց*, mit „antiennes" übersetzt] = Réd. anon.: Ed. 110,6–7; Üb. 67,5–6; Réd. anon.: Ed. 112,8.10; Üb. 69,3.5 [Jungfrauen singen *զերգս աւրհնութեան* – „les cantiques de louange"]). Auch der Hinweis am Schluß des letztgenannten Abschnitts ist hymnologisch bemerkenswert: *և երանեաց աւրհնութեամբ զաւրբ եկեղեցի:* – „Et il bénit par une (hymne de) louange la sainte Eglise" (Ed. 112,18; Üb. 69,16).

Was schließlich Georgien betrifft, so ist es schwierig, für die Zeit vor dem 10. Jh. n.Chr. eigene Hymnendichtung auszumachen, obwohl sicherlich nicht nur in Georgien selbst, sondern auch in den georgischen Klöstern in Palästina etc. schon früh original-georgische Hymnen gedichtet und gesungen wurden.[2] Denn in dem „berühmten, z.T. neumierten Iadgari (Tropologion) des Mikael Modrekili (...) aus dem Jahr 978–988 begegnen bereits zahlreiche Hymnen georgischen Ursprungs" (HANNICK, Hymnen II [TRE XV] 767). Und mit den

---

1 Belege nach TER-PÉTROSSIAN, Textes (= Ed.) bzw. OUTTIER, Textes (= Üb.).
2 Vgl. Julius ASSFALG, Georgische Literatur, in: KWCO (1975) 135–137, bes. 136; viel ausführlicher TARCHNIŠVILI/ASSFALG, Geschichte 449–458 („Liturgische Hymnendichtung"); ergänzend dazu, auch zur Terminologie, TARCHNIŠVILI, Dichtung 78–80, 90–92, 95; VAN ESBROECK, Apocrifi 157.

ältesten Iadgari bzw. Lektionaren läßt sich zumindest die Existenz georgischer
Liturgie-Hymnographie für den Zeitraum vom 5. bis 8. Jh. n.Chr. aufweisen.[1]

---

[1] Vgl. schon, bald nach der Veröffentlichung des großen Jerusalemer Lektionars durch
TARCHNISCHVILI (Lectionnaire I–II [1959/60], bes. II [CSCO 204 = CSCO.I 13] 155–162,
Index), die Darstellung von LEEB (Gesänge [1970] passim, bes. 273–276: „Die musikalisch-
liturgische Terminologie"), jetzt aber besonders METREVELI, die „für das georgische Iadgari"
den „Terminus Hymnarium" gebraucht, um es „konventionell einzuordnen" (Liturgie-Hand-
schriften 162, Anm. 1, und passim); VAN ESBROECK, Manuscrit 140 u.ö.; WADE, Oldest
Iadgari 453–454.
   Vgl. außerdem allgemein zu Georgien, zur Kirchengeschichte und Quellenkargheit, zu Ge-
sang und Musik, zur Literaturgeschichte (Eigenständigkeit und Abhängigkeit) sowie zum
Zusammenhang mit der Byzantinistik: H. GOUSSEN, Die georgische Bibelübersetzung, in:
OrChr 6 (1906) 300–318; BAUMSTARK, Literaturen II (1911) 99–110, bes. 107 („Poesie");
Gregor PERADZE, Die Probleme der ältesten Kirchengeschichte Georgiens, in: OrChr 29 = 3.
Ser., 7 (1932) 153–171; Gerhard DEETERS, Georgische Literatur, in: HO, 1. Abt., VII (1963)
129–155 + 265–268 [Sachregister von Karl Horst SCHMIDT], bes. 137 („Geistliche Poesie");
Gertrud PÄTSCH, Die Patristik und Georgien, in: IRMSCHER/TREU, Korpus = TU 120 (1977)
129–137; V. CHACHANIDZE, Peter the Iberian and Archaeological Excavations of the Georgian
Monastry in Jerusalem (Tbilisi: Metsniereba, 1977) 221–233 (Engl. Summary); HANNICK, Ge-
orgian rite (1980); ASSFALG, Chronik (1983) 2025; D. M. LANG, Introduction, in:
WOODWARD/MATTINGLY, Barlaam (1983) ix–xxxv, bes. xx–xxvi („The First Christian Ver-
sion: The Georgian Balavariani"); HANNICK, Byzant., etc., Musik (1983) 1210, 1215; C.
Detlef G. MÜLLER, Georgien und der christliche Orient, in: OstKSt 35 (1986) 168–175; Hélène
MÉTRÉVÉLI, Du nouveau sur l'Hymne de Joasaph, in: Muséon 100 (1987) 251–258.

Teil A

Vor- und außerchristliche Antike

I. Griechisch–römische Antike

a. Griechische Antike

1. Homeros (8. Jh. v.Chr.)[1] und Homerische Hymnen[2]

In den beiden Homerischen Epen hört man nur einmal, noch ganz untechnisch und textkritisch nicht unangefochten, vom „Hymnos", und dies im Zusammenhang mit „Erfreuung", „Genuß": δαιτί τε τέρπηται καὶ ἀοιδῆς ὕμνον ἀκούων – „Froher genieße des Mahls und froher horche dem Liede" (Odyssee 8,429: VON DER MÜHLL, Hom. Od. 145; vgl. auch wegen der Konjektur T. W. ALLEN, Hom. opera III, z.St. θ 429; freie Übersetzung von J. H. VOSS, Homer 546).[3]

---

[1] Die einleitenden Vortragsworte von PÖTSCHER, von dem ich im Bereich der klassischen Altertumswissenschaft viel empfangen habe, gelten auch hier: „Für unsere Frage spielt die Problematik der Entstehung von *Ilias* und *Odyssee*, die wir einfach als homerische Epen bezeichnen wollen, obwohl die *Odyssee* doch von einem anderen Dichter stammen wird, keine große Rolle, da die Dichter gerade im grundsätzlichen Selbstverständnis ihrer Tätigkeit im Rahmen ihrer eigenen Zunft fest verwurzelt waren" (Selbstverständnis 9).

[2] Vgl. zu den Hymnen „ausführlicher" WÜNSCH, Hymnos 147–156; außerdem LESKY, Geschichte 106–111; DIHLE, Literaturgeschichte 39–40 („Literaturform epischen Stils"); T. W. ALLEN, Hymns 40–41. Vgl. auch Albin LESKY, KP II (1967) 1201–1208 (Lit.), bes. 1206 („Das älteste Zitat" der „Hymnen" findet sich „bei Thuk. 3,104, der unter Homers Namen aus dem προοίμιον Ἀπόλλωνος zitiert. In der Tat dürfen wir die Gedichte als Vorspiele vor den epischen Rezitationen der Rhapsoden verstehen."); KROH, Lexikon 289–297; Cecil M. BOWRA, OCD 524–526; VON WILPERT, Lexikon I 681–683. Texte und Belege der „Hymnen", unter Heranziehung der griech.–dt. Ausgabe von WEIHER und der kommentierten griech.–ital. Ausgabe von CÀSSOLA, nach der Edition von T. W. ALLEN/HALLIDAY/SIKES.

[3] Vgl. s.v. ὕμνος EBELING, Lexicon II 366 („proprie textum, ad cantum tralatum: modi"). Zur ungeklärten Etymologie von ὕμνος vgl. BOISACQ, Dictionnaire 1002; ZIEGLER, Hymnos 1268 („Ungern möchte man es von Hymenaios trennen."); FRISK, Wörterbuch II 965 („Lied, Gesang, Fest-, Lobgesang, Klagelied, Hymnus"). Sollte der „Anschluß an ὑμήν (…), u.zw. im ursprünglichen Sinn von 'Band, Naht'," richtig sein, so hieße die Genitivverbindung ἀοιδῆς ὕμνος wirklich nichts anderes als „Liedgefüge" (so schon K. BRUGMANN u.a., bei BOISACQ und FRISK; zu ἀείδω [att. ᾄδω] und der Ableitung ἀοιδή [ᾠδή] vgl. auch FRISK, Wörterbuch I 22–23).
Mit Recht weist GUTHRIE, Hymns 534, hin auf Ilias 1,472–474, wo von einem Paian an Apollon die Rede ist: καλὸν ἀείδοντες παιήονα κοῦροι Ἀχαιῶν, μέλποντες Ἑκάεργον· ὁ δὲ φρένα τέρπετ' ἀκούων (MAZON, Hom. Il. I 21); vgl. auch 18,570 (καλὸν ἄειδε [MAZON, Hom. Il. III 189]) und besonders 22,391 (Νῦν δ' ἄγ' ἀείδοντες παιήονα κοῦροι Ἀχαιῶν

(Fortsetzung s. nächste Seite)

Geht man auf der Suche nach Hymnologischem durch die aus verschiedener Zeit stammenden 33 Göttergedichte,[1] die später oft ὕμνοι genannt wurden (z.B. SPENGEL, Rhetores III 437,16–17), weil sie u.a. auch „Lobpreisungen auf Götter" sind (WEIHER, Hom. Hymnen 134), so stößt man vor allem auf ἀείδειν (= ᾄδειν) als die Intention der Dichter (2,1; 3,208; 6,1; 9,8; 10,1; 11,1; 12,1; 13,1; 15,1; 16,1; 17,1; 18,1; 22,1; 23,1; 26,1; 27,1; 28,1; 30,1; 32,1; vgl. außerdem 3,161.500; 4,38; 4,502 [auf das Singen des „Gottes" Apollon bezogen!]; 20,1; 21,4).

Dieses Besingen griechischer Göttergestalten ist freilich gleichzeitig ein preisendes, z.T. musisches ὑμνεῖν (3,207; 4,1; 9,1; 31,1; vgl. außerdem 3,19.158.178.190; 14,2; 19,27; 27,19),[2] fast definiert als ὕμνον ἀείδειν (3,161). Wird am Ende nicht nur ἄλλη ἀοιδή (= ᾠδή) angekündigt (2,495; 3,546; 4,580; 6,21; 10,6; 19,49; 25,7; 27,22; 28,18; 29,14; 30,19; 33,19), sondern auch ἄλλος ὕμνος (5,293; 9,9; 18,11), dann spiegelt sich darin ein gewisses Selbstverständnis; aber ἀοιδή dominiert doch ganz eindeutig (vgl. noch 1,17–19; 7,59; 9,7; 10,5; 13,3; 14,6; 21,5; 24,5).

Zwei andere typische Aspekte gewinnen später auch christlich hymnologische Bedeutung. „Gedenken" wollen die Lieder, besonders jeweils am Anfang und zum Schluß, der mythologischen Taten der Götter – und anderer Lieder (μνήσομαι 3,1.546; 4,580; 6,21; 7,2; 10,6; 19,49; 27,22; 28,14; 29,19; 33,19). Und „grüßen" soll mit χαῖρε oder χαίρετε die Muse bzw. der (Preis-)Gesang die verschiedenen griechischen Götter, z.B. Apollon (3,545; 21,5; 25,6), Hermes (4,1.579; 18,10.12), Aphrodite (5,92.292; 6,19; 10,4), Dionysos (1,20; 7,58; 26,11), Artemis (9,1.7; 27,21), Athena (28,17), Demeter (13,3), die Göttermutter (14,2.7), Herakles (15,9), Asklepios (16,5), die Dioskuren (17,5;

[MAZON, Hom. Il. IV 88]); alle drei Stellen werden in den Homer-Scholien z.T. sozusagen hymnologisch erklärt (vgl. ERBSE, Scholia VI 511 s.v. ὕμνος).

[1] Aus der Fülle der monographischen Bearbeitungen einzelner – oder ganzer Gruppen – Homerischer Hymnen vgl. paradigmatisch, u.a. auch zur Datierung, HEITSCH, Aphroditehymnos 19–40; HOEKSTRA, Sub-Epic 7–20 („Data and criteria"), 21–38 („Apollo"), 39–48 („Aphrodite"), 49–61 („Demeter"); N. J. RICHARDSON, Hymn to Demeter 3–4 („The nature of the *Homeric Hymns*"), 5–12 („The *Hymn to Demeter*: date and circumstances of composition"); JANKO, Homer (passim); CÀSSOLA, Inni IX-LXX („Introduzione generale"), bes. IX–XII („L'inno"), sowie jeweils die kommentierenden Bemerkungen nach Text und Übersetzung; A. M. MILLER, From Delos to Delphi 1–9 („"Cult" Hymns, "Rhapsodic" Hymns, and the Program of Praise in the *Hymn to Apollo*").

[2] Die Angaben von EBELING (Lexicon II 365–366) sind weder vollständig noch ganz korrekt. Vgl. auch die beiden Hapaxlegomena εὔυμνος (3,19=207) und πολύυμνος (26,7).

33,18), Pan (19,48), Poseidon (22,6), die Musen (25,6), Hestia (29,13), Gaia (30,17), Helios (31,17) und Selene (32,17).[1]

2. Hesiodos (um 700 v.Chr.)[2]

Das Proömium der Theogonia (1–115: Ed. 3–8) ist voll von Gesang (ἀείδειν 1.34.75; ἀοιδή 22.44.48.60.104, zusammen mit χαίρετε, dem Göttergruß; ἀοιδός 95.99) und Lobpreis (ὑμνεῖν 11.33.37.48.51.70.101, ähnlich wie bei Hom. Od. 8,429 verbunden mit τέρπειν 37.51). Interessant ist, wie Hesiod seine eigene Intention mythologisch verknüpft mit dem Preisgesang der Musen – eine von ihnen heißt ja bezeichnenderweise Πολύμνια (78) – auf Zeus und andere Götter, aber auch auf das Menschengeschlecht (50). Von den Musen und Apollon, den die Musen laut Hesiodos ständig gepriesen haben sollen (SPENGEL, Rhetores III 437,19–20), stammen ja die Sänger und Kitharisten (95), die nicht nur die Götter, sondern auch die Großtaten früherer Menschen preisen (100–101).[3]

Ähnlich sollen gleich am Anfang von Erga die Musen Zeus preisen (1–2: Ed. 55). Im Sängerwettstreit will/soll Hesiodos Sieger gewesen sein: μέ φημι ὕμνῳ νικήσαντα (656–657: Ed. 89). Die Synonymität von ἀοιδή und ὕμνος kommt deutlich zum Ausdruck in der Wiederholung von Theog. 22 in Erga 662: Μοῦσαι γάρ μ᾽ ἐδίδαξαν ἀθέσφατον ὕμνον ἀείδειν (Ed. 89; vgl. dazu WASZINK, Biene 12: „einen wunderbaren Sang … zu singen").

---

[1] Vgl. zu den Homerischen Hymnen, im Zusammenhang mit weiteren hymnischen Texten, BAUMSTARK, Chairetismos 995–1006, bes. 995: „… mit diesen Formeln nimmt der Rhapsode von der im Prooimion gefeierten Gottheit Abschied, um sich dem Vortrag des Heldenliedes zuzuwenden. … Zugrunde liegt offenbar schon hier eine feste Stilform des Hymnus". Zur ursprünglichen Identität von „Proömium und Hymnus" vgl. BERGER, Gattungen 1171–1173.

[2] Vgl. KROH, Lexikon 272–276; Martin L. WEST, OCD 510–511; Thielko WOLBERGS, RAC XIV (1988) 1191–1205, bes. 1195–1204 (zum „Nachleben"); Egidius SCHMALZRIEDT, KNLL VII (1990) 781–785. Hans SCHWABL, KP II (1967) 1113–1117 nennt das Proömium einen „Hymnus auf die Musen" (1113). Texte, unter Heranziehung der Übersetzung von MARG, nach der Edition von RZACH (= Ed.).

[3] Zu der „Partie über die Aphroditegeburt (188–206), mit ihren hymnischen Elementen" (Ed. 12–13) und dem sogenannten, wahrscheinlich später eingelegten „Hekatehymnos" (411–452: Ed. 23–25) vgl. MARG, Hesiod 128, 130–133, 194–207.

3. Archilochos (7. Jh. v.Chr.)[1]

Vom ältesten griechischen Lyriker gibt es einen kurzen Hymnos auf den siegreichen Herakles, mit zweimaligem typischen χαῖρε und dreifachem τήνελλα καλλίνικε und weiterem doppelten ὦ καλλίνικε (Text: DIEHL, Anthologia III 47–48; LASSERRE/BONNARD 79–80). Nach Erathosthenes (3. Jh. v.Chr.) handelt es sich dabei ausdrücklich um einen ὕμνος (auch ἐφυμνιάζεσθαι im Kontext) und nicht um ein ἐπινίκιον μέλος (DIEHL, Anthologia III 48).

4. Terpandros (7. Jh. v.Chr.)[2]

Der zweizeilige Hymnos auf Zeus, dem Terpandros, der „erste[n] genauer faßbare[n] Gestalt der Musikgeschichte" (KROH, Lexikon 609) in den Mund gelegt, sagt explizit: Ζεῦ πάντων ἀρχά, … σοὶ πέμπω ταύταν ὕμνων ἀρχάν (PAGE, Poetae 362, Nr. 698; PAGE, Lyrica 204, Nr. 403). Klemens von Alexandreia kennt offenbar den Text und unterstreicht dessen Intention des ὑμνεῖν (Stromateis VI 88,2).

Hinzuweisen ist auch auf die Erwähnung von Terpandros bei Timotheos (5./4. Jh. v.Chr. [s.u.]), und zwar in dem Fragment seines „großen Nomos mit dem Titel *Persai* (die Perser)":[3] Τέρπανδρος δ' ἐπὶ τῶι δέκα ζεῦξε μοῦσαν ἐν ὠιδαῖς (Pap. Berol. 9865 [4. Jh. v.Chr.], Z. 225–226: PAGE, Poetae 413, Nr. 791; PAGE, Lyrica 225, Nr. 425).

In der vielleicht aus dem 2. Jh. n.Chr. stammenden Εἰσαγωγὴ ἁρμονική von Kleoneides, „einer knappen systemat[ischen] Darstellung der Harmonik des Aristoxenos" (4. Jh. v.Chr.),[4] wird dem Terpandros folgendes Zitat in den Mund gelegt: ἡμεῖς τοι τετράγηρυν ἀποστέρξαντες ἀοιδὰν | ἑπτατόνῳ φόρμιγγι νέους κελαδήσομεν ὕμνους (Kap. 12: VON JAN, Musici 202,11–12).

---

[1] Vgl. Karl PREISENDANZ, KP I (1964) 507–510; KROH, Lexikon 71–72; Cecil M. BOWRA, OCD 98; Marion GIEBEL, KNLL I (1988) 616–618. Zum größeren Zusammenhang vgl. auch Ulrich KLEIN, Musik, in: KP III (1969) 1485–1496.

[2] Vgl. Ulrich KLEIN, KP V (1975) 609; Cecil M. BOWRA, OCD 1045.

[3] KROH, Lexikon 634–635; vgl. Rudolf KEYDELL, Timotheos. 4., KP V (1975) 850; Cecil M. BOWRA, OCD 1077: „Though written out as prose, the *Persians* is constructed on easily distinguishable metrical principles. It is apostrophic and composed of various *metra*."

[4] Vgl. Konrat ZIEGLER, Aristoxenos, in: KP I (1964) 591–592; Dietmar NAJOCK, Kleoneides, in: KP V (1975) 1622.

5. Alkman (7. Jh. v.Chr.)[1]

Das Zentrum seiner Chorlyrik „bilden Hymnen, für den Vortrag von Männer-
oder auch Frauen-Chören verfaßt u[nd] komponiert" (KROH, Lexikon 29; vgl.
WÜNSCH, Hymnos 160). Ein Papyrusfragment enthält die Phrase καλὸν ὑμ-
νιοισᾶν μέλος (Pap. Oxy. 2387, Z. 5: PAGE, Poetae 12, Nr. 3; PAGE, Lyrica
10, Nr. 2), ein anderes Fragment lediglich die Verbform ὑμνίομες (Pap. Oxy.
2801, Z. 5: PAGE, Supplementum 1); sonst dominiert in der erhaltenen Tradition von und über Alkman (oder Alkmaon) die Bezeichnung μέλος für seine
Dichtungen (vgl. PAGE, Poetae 1–91; PAGE, Lyrica 1–28), in denen sich aber
durchaus Hymnen widerspiegeln.[2]
 Während das Zitat des alexandrinischen Grammatikers und Metrikers Hephaistion (2. Jh. n.Chr.)[3] als echt anzusehen ist (Ench. VII 4, u.a. ὕμνωι:
PAGE, Poetae 42, Nr. 27; PAGE, Lyrica 18, Nr. 11), gehören andere, manchmal dem Alkman zugeschriebene Exzerpte zu den anonymen „carmina popularia" (vgl. z.B. PAGE, Poetae 462, Nr. 872 [„Plut. *quaest. conv.* iii 6. 4, iv
103 Hub.": ... λέγοντες ἐν τοῖς τῶν θεῶν ὕμνοις· ... ὦ καλὰ
Ἀφροδίτα]) bzw. „fragmenta adespota" (PAGE, Poetae 513, Nr. 954
[γλυκυτάτων πρύτανιν ὕμνων]; Nr. 955 [u.a. ὕμνον in einem Artemis-Lied];
535, Nr. 1016: „Stob. *ecl.* i 1.31b, i 39 W. [ὅτι θεὸς δημιουργὸς τῶν
ὄντων, κτλ.]": ὑμνέωμες μάκαρας, Μοῦσαι Διὸς ἔκγονοι, ἀφθίτοις
ἀοιδαῖς ... [vgl. Lib. I, cap. 2, Kapitelüberschrift und s. 31 bei GAISFORD,
Εκλογων I 11 bzw. 27]).

---

[1] Vgl. Karl PREISENDANZ, KP I (1964) 269–271, bes. 269–270: „Hymnenpoesie, die Göttern, Göttinnen und Heroen zu Ehren gedichtet und an sakralen Festen vorgetragen wurden,
stellte die alexandrinische Ausgabe der 6 Bücher von A.s μέλη (s. Suda) an den Anfang." –
Vgl. jetzt auch Egidius SCHMALZRIEDT, KNLL I (1988) 334–335.
[2] Vgl. Cecil M. BOWRA, OCD 38–39, 39: „Other fragments come from hymns to the
Dioscuri (fr. 2), Hera (frs. 3, 60), Athena (frs. 43, 87, 120), Apollo (frs. 45–50), and
Aphrodite (fr. 55), while one seems to describe a nocturnal festival of Dionysus (fr. 56)." Zum
Zusammenhang zwischen Hera und Athena vgl. PÖTSCHER, Hera (passim).
[3] Vgl. Hans GÄRTNER, KP II (1967) 1023–1024.

6. Stesichoros (7./6. Jh. v.Chr.)[1] und Lasos (6. Jh. v.Chr.)[2]

Ganz legendenhaft und willkürlich ist sicher die Meinung des Klemens von Alexandreia im 2./3. Jh. n.Chr., der Lyriker Stesichoros von Himera in Sizilien sei der Erfinder des Hymnos gewesen (Stromateis I 78,5).

Ein Zitat aus dem ersten Teil der Oresteia lautet: τοιάδε χρὴ Χαρίτων δαμώματα καλλικόμων ὑμνεῖν Φρύγιον μέλος κτλ. (PAGE, Poetae 114–115, Nr. 212; PAGE, Lyrica 43, Nr. 82).[3]

Vom Lyriker (Dithyrambiker) und Musiktheoretiker Lasos aus Hermione sind drei Zeilen eines gut bezeugten ὕμνος εἰς Δήμητρα τὴν ἐν Ἑρμιόνηι erhalten: Δάματρα μέλπω ... μελιβόαν ὕμνον ἀναγνέων (PAGE, Poetae 364–365, Nr. 702).

7. Alkaios, Damophyle und Sappho (7./6. Jh. v.Chr.)[4]

Hat der einflußreiche Lyriker Alkaios in „Hymnen" (Plutarchos, Moralia 76 [Περὶ μουσικῆς] 14: LOBEL/PAGE, Fragmenta 259, Nr. 307, ᾱ 1 [b]), ἐν ᾠδαῖς (Himerios [4. Jh. n.Chr.], Or. XXVIII 2 COLONNA: LOBEL/PAGE, Fragmenta 291, Nr. 448 [Z 125]) oder doch einfach nur ἐν μέλεσι (Himer., Or. XIV 10–11: LOBEL/PAGE, Fragmenta 260, Nr. 307, ᾱ 1 [c]) gedichtet? Das Fragment „An Hermes" beginnt jedenfalls mit χαῖρε und will ausdrücklich ὑμνεῖν (TREU, Alkaios 20–33, bes. 22–25, und 90–91; vgl. LOBEL/PAGE, Fragmenta 261, Nr. 308, ᾱ 2 [b]; zu dem auch bei Sappho [β̄ 2, Z. 34: a.a.O. 37] begegnenden äolischen Infinitiv ὕμνην vgl. GEL 1849). Es mag richtig sein, einige der Fragmente „hymns to Apollo (fr. 307), Hermes (fr. 308), and the Dioscuri (fr. 34)" zu nennen, „since Ὕμνοι (schol. Heph. p. 169, 28ff) ... are mentioned" (BOWRA, OCD 35). Allerdings waren diese „Hymnen" dann

---

[1] Vgl. KROH, Lexikon 584–585; Walther KRAUS, KP V (1975) 367–368; Cecil M. BOWRA, OCD 1012–1013. Zu Arion v. Methyma s.u. Ailianos (A.I.a.44).

[2] Vgl. KROH, Lexikon 360; Cecil M. BOWRA, OCD 579; Ulrich KLEIN, KP III (1969) 504; Egidius SCHMALZRIEDT, KNLL X (1990) 37.

[3] Vgl. auch unter „spuria" das Zitat aus Radine (PAGE, Poetae 137, Nr. 278; PAGE, Lyrica 52, Nr. 104 [τέρατῶν ὕμνουϛ†]). Zu Ibykos, der „wahrscheinlich" „zuerst in der Weise des Stesichoros dichtete," vgl. Rudolf KEYDELL, KP II (1967) 1331, und Z. 12 von Pap. Oxy. 1790: ὑμ[ν]ῆν Κασσάνδραν (PAGE, Poetae 144, Nr. 282; PAGE, Lyrica 134, Nr. 263).

[4] Vgl. zu Alkaios v. Mytilene Karl PREISENDANZ, KP I (1964) 258–259; KROH, Lexikon 26–27; Cecil M. BOWRA, OCD 35; Marion GIEBEL, KNLL I (1988) 332–334; zu Sappho Walther KRAUS, KP IV (1972) 1546–1548; KROH, Lexikon 548–550; Cecil M. BOWRA, OCD 950–951. Zu einem mit Unrecht der Sappho zugeschriebenen Fragment vgl. PAGE, Poetae 512, Nr. 953 [„Athen. (om. E) xiii D (praecedit Anacr. fr. 13; testis est Chamaeleon) ... κεῖνον, ὦ χρυσόθρονε Μοῦσ', ἔνισπες ὕμνον, κτλ."].

wohl eher solche Proömien wie die Homerischen Hymnen, was durch Pausanias bestätigt wird: τοῦτο ἐποίησε καὶ Ἀλκαῖος ἐν προοιμίῳ τῷ ἐς Ἀπόλλωνα (X 8. 10: LOBEL/PAGE, Fragmenta 260, Nr. 307, α̅ 1 [d]).[1]

Von Damophyle, der Sappho nahe, behauptet Philostratos um 200 n.Chr., sie habe neben ποιήματα ἐρωτικά auch Hymnen gedichtet, besonders solche, οὓς ἐς τὴν Ἄρτεμιν τὴν Περγαίαν ᾄδουσιν (Leben des Apollonios I 30, vgl. CONYBEARE, Philostratus I 84–87; dort auch Erwähnung von τρόπος und νόμος). Sapphos lyrische Lieder dagegen, in 7 Büchern, heißen weitgehend μέλη (LOBEL/PAGE, Fragmenta 1–110, bes. 2–85; vgl. TREU, Sappho 112–113, 126–127), sodaß es teilweise Spekulation bleibt, was BOWRA sagt: „Book 1 contained poems in the Sapphic stanza and included an address to Aphrodite (fr. 1 [sc. Pap. Oxy. 2288]), which may have been written as a hymn for her companions" (950).[2]

8. Anakreon (6. Jh. v.Chr.)[3]

Das erste der erhaltenen Lieder (PAGE, Poetae 177, Nr. 348; PAGE, Lyrica 149–150, Nr. 295) ist „ein leidlich ernst gemeinter H[ymnos] auf Artemis" (WÜNSCH, Hymnos 158). Vielleicht kann man mit BOWRA sogar weitergehen und aus den Fragmenten schließen: „The first class [μέλη] contains his lyric poems, mostly monodic, such as hymns to Artemis (fr. 3 P.), Eros (fr. 13 P.), and Dionysus (fr. 357/12 P.)" (57).

In einem terminologisch interessanten Scholion zu Homer, Ilias 13,227 heißt es: ὕμνον γὰρ καὶ Ἀνακρέων τὸν θρῆνόν φησιν (PAGE, Poetae 227, Nr. 485).

---

[1] Vgl. auch VON WILPERT, Lexikon I 35: „›Hymnen‹, in der Anlage wie die homerischen, nur e[in] neues Metrum: die alkäische Strophe, mehr farbige Mythenerzählung, als von relig[iösem] Gehalt."
[2] Aus dem fragmentarischen „P.Ox. XXI (1951) nr. 2291 col. I" mit]ν ὑμνε[läßt sich doch kaum die Übersetzung rekonstruieren: „wir singen Hymnen dir zum Preis" (TREU, Sappho 10–11); zu weitreichend einerseits und schwammig andererseits ist auch die Aussage bei VON WILPERT, Lexikon I 1336: „Ihre ›Hymnen‹ auf Göttinnen nehmen immer Bezug auf ihr persönl[iches] Leben." – Zur Tradition bei Alkaios und Sappho vgl. jetzt auch MEYERHOFF, Untersuchungen.
[3] Vgl. zu dem „Lyriker aus der ionischen Stadt Teos" Karl PREISENDANZ, KP I (1964) 328–330; KROH, Lexikon 34–35; Cecil M. BOWRA, OCD 57; Egidius SCHMALZRIEDT, KNLL I (1988) 405–406. Vgl. auch das Ende des Zitats aus dem dritten Buch der Lieder: ... ἀλλὰ καλοῖς ὑποπίνοντες ἐν ὕμνοις (PAGE, Poetae 181, Nr. 356; PAGE, Lyrica 151–152, Nr. 300).

9. Vorsokratiker[1]

Xenophanes (6. Jh. v.Chr.) hält es für nötig, θεὸν ὑμνεῖν, εὐφήμοις μύθοις (B 1,13: I 127,8). Von der pythagoreischen Schule weiß Porphyrios im 3. Jh. n.Chr. um ihr τιμᾶν τοὺς θεοὺς καὶ ὑμνεῖν μουσικῆι (C 6: I 466,8); vgl. dazu auch VIII 24 von Diogenes Laertios (ebenfalls 3. Jh. n.Chr.): man müsse nach des Pythagoras Meinung ᾠδαῖς χρῆσθαι πρὸς λύραν ὕμνῳ τε θεῶν καὶ ἀνδρῶν ἀγαθῶν εὔλογον χάριν ἔχειν (Text nach LONG, Diog. Laert. II 402). Von Kritias (5. Jh. v.Chr.) gibt es ein poetisches Fragment, in dem der Athener Alkibiades in neuen Weisen (τρόποις) gepriesen (ὑμνήσας) werden soll (B 4: II 377,21). Orpheus, der mythische Sänger, soll Hymnen gedichtet haben (A 1: I 2,7; B 6a: I 8,23; B 15a: I 13,20; vgl. auch A 6: I 3,26 ὕμνοισι, Eurip., Alk. 357).[2] Sein legendärer Schüler Musaios hat angeblich Hymnen an Dionysos und Demeter geschrieben (B 19a: I 26,13; B 20: I 26,24), wenn man Pausanias I 22,7 und IV 1,5 bzw. Aristeides, Rede XLI 2 (beide 2. Jh. n.Chr.) glauben darf.[3] Interessant ist der chauvinistische Gegensatz von Hymnos und Klage beim Sophisten Gorgias (5./4. Jh. v.Chr.): Die Triumphe über die Barbaren fordern ὕμνους, die über die Griechen θρήνους (B 5b: II 285,2). Wenig wissen wir über den früheren Weg der Hymnen von Empedokles aus dem 5. Jh. v.Chr. (B 35,1: I 326,30); es ging wohl und geht um „Liebe und Streit, im Kampf miteinander" (CAPELLE, Vorsokratiker 203, Anm. 3). Aber seine Hymnen (A 33: I 289,37) werden zusammen mit denen des Parmenides (6./5. Jh. v.Chr.) noch etwas genauer bestimmt, und zwar vor allem durch Menandros[4] (A 20 und 23: I 221,10–11 bzw. 286,30), der sie als φυσικοὶ ὕμνοι kategorisiert bzw. als ὕμνοι φυσιολογικοί, in denen Götter wie Apollon mit Teilen der Natur identifiziert werden.

---

[1] Angaben und Zitate nach DIELS/KRANZ I–III.

[2] Zu Orpheus, dessen Name noch öfter begegnen wird, vgl. Hans Dieter BETZ, Gottmensch II (Griechisch-römische Antike u. Urchristentum), in: RAC XII (1983) 234–312, bes. 240–241.

[3] Vgl. hier auch F. BUECHELER zu dem Berliner Papyrus Nr. 44 aus dem 2./1. Jh. v.Chr.: „Der Text beginnt Kol. 1 mit einem kurzen Wort, 9 Zeilen, über Orpheus, den Dichter von Hymnen, die Musaios aufgezeichnet habe, den Lehrer der Religion. Z. 9 macht den Übergang zu Demeter" (Paraphrase 14; vgl. 8 [Textrekonstruktion]).

[4] 3. Jh. n.Chr., s.u. A.I.a.47.

10. Aischylos (6./5. Jh. v.Chr.)[1]

„Den Sang hör nun, das Lied", ὕμνον δ᾽ ἀκούσῃ, sagt der Chorführer zu Orestes (Eumeniden 306 [206–207]); wenig später, 332, findet im Chor ὕμνος ἐξ Ἐρινύων Erwähnung (208–209). Der übel klingende Hymnos der Erinys vor dem Klagelied (θρῆνος) von Antigone und Ismene und neben dem feindseligen Päan des Hades ist sicher kein Lobpreis (Sieben gegen Theben 863–870 [390–391]). Atossa fordert: „zur Spende für die Toten" ὕμνους ἐπευφημεῖτε (Perser 620 [296–297]); der Chor will in Hymnen von den Unterweltgöttern Geleit erbitten (625 [298–299]). Ein anderer Chor trägt einen kleinen, ausdrücklich so bezeichneten Hymnos der Erdgötter vor (Choephoroi 471–475 [142–143] ; vgl. auch WÜNSCH, Hymnos 163).

11. Pindaros (6./5. Jh. v.Chr.)[2]

Die spätere Überlieferung bezeugt (Götter-)Hymnen als eines der 17 Bücher des Dichters (498–499, 504–507). Am Ende von Frgm. 11 drückt sich die Intention klar aus: ὑμνήσομεν (348–349); hymnologisch ist auch der Göttergruß im Auftakt von Frgm. 17: χαῖρε (350–351). Der „Glanz" der Hymnen in Frgm. 49 (= Paian Nr. XVIII) bezieht sich wohl auch auf die eigenen Loblieder. Wie aber steht es mit dem explizit und/oder auf den Lyriker selbst bezogenen Hymnologischen in den Siegesgesängen, den olympischen (= Olymp.), pythischen (= Pyth.), nemeischen (= Nem.) und isthmischen (= Isth.) „Oden", die ja als ganze „kultische Hymnen" (552, 568) genannt werden können? Dazu kann hier nur eine repräsentative Stellenübersicht stehen.

Olymp. I 8: ὁ πολύφατος ὕμνος (10–11); II 1: ἀναξιφόρμιγγες ὕμνοι (18–19, vgl. auch SPENGEL, Rhetores III 438); III 3: Ὀλυμπιονίκαν ὕμνον (28–29); IV 14: αἰνέω (34–35); VI 105–106: ἐμῶν δ᾽ ὕμνων...ἄνθος! (50–51, doch vgl. 70–71 für das viel typischere ἀοιδαῖς IX 22); VIII 54: ὕμνῳ (64–65); IX 48: ἄνθεα δ᾽ ὕμνων νεωτέρων (72–73); XI 4: ὕμνοι (86–87).

---

[1] Vgl. Ilona OPELT, JAC 5 (1962) 191–195 (Nachtrag zum RAC) = RAC.S 1/2 (1985) 248–257; Ernst VOGT, KP I (1964) 192–198; KROH, Lexikon 14–18; Arthur W. PICKARD-Cambridge / Reginald P. WINNINGTON-INGRAM, OCD 17–19; Egidius SCHMALZRIEDT / Oswald PANAGL, KNLL I (1988) 170–183. Zum Aischylos-Frgm. bei Athenagoras s.u. B.II.b.2. Belege in Klammern nach WERNER, Aischylos.
[2] Vgl. Erich THUMMER, KP IV (1972) 860–863, bes. 860 zum „Lobpreis" als „Thematik"; KROH, Lexikon 479–482; Cecil M. BOWRA, OCD 833–834; WÜNSCH, Hymnos 160–161. Belege nach WERNER, Pindar.

Pyth. II 14: βασιλεῦσιν ὕμνον (118–119); III 64: „unsere honigtönenden"
ὕμνοι (132–133); IV 3: „der Hymnen Fahrwind" (138–139); VI 7–8: ὕμνων
θησαυρός, „ein Schatzhaus der Hymnen" (174–175); VIII 57: ῥαίνω δὲ καὶ
ὕμνῳ, „netz ihn mit Lobgesang" (186–187); X 53: ἐγκωμίων γὰρ ἄωτος
ὕμνων, „Lobeshymnen" (204–205; vgl. auch zu den beiden letztgenannten
Stellen WASZINK, Biene 8, 16; PAYR, Enkomion 333).

Nem. I 4–8: ὕμνος neben αἶνος und μέλος (216–217); III 11: δόκιμον
ὕμνον (228–229); VII 13: „der Hymnen Sang" (256–257); IX 3: Musen,
γλυκὸν ὕμνον πράσσετε (270–271).

Isth. I 62–63: ἀφαιρεῖται βραχὺ μέτρον ἔχων ὕμνος (298–299); II 45:
diese Hymnen (302–303); III+IV 61: meine „Hymnenfackel" (310–311); V 63:
„Nimm" ... νέον ὕμνον! (316–317); VI 62: „Schatz" an Hymnen (322–323);
VIII 61: „der Göttinnen Hymnen" (336–337).

12. Herodotos und Thukydides (5. Jh. v.Chr.)[1]

Der Historiker Herodot weiß z.B. in IV 35,3 von einem Lykier Olen, der im
delischen Kult einen Hymnos gedichtet hat (ἐποίησε). Aufschlußreich ist V
67,1 für das historische Verständnis der Homerischen Epen, in denen Ἀργεῖοί
τε καὶ Ἄργος τὰ πολλὰ πάντα ὑμνέαται (ed. HUDE II 33,4–5).

Es ist nicht erstaunlich, daß man auch bei Thukydides kaum etwas Hymnologisches erfährt.[2] Im ersten seiner Methodenkapitel (I 21,1) grenzt sich der
nach Wahrheit suchende Historiker von preisenden Poeten (das Verb ὑμνεῖν
wohl auch auf Menschen bezogen) einerseits und von opportunistisch mythologisierenden Logographen andererseits ab. In der Athener Totenrede des
Perikles (II 34–46, voll von ἔπαινος, εὐλογία u.ä.) geht es auch um das ὑμ
νεῖν der Polis (II 42,2). Die Kritik am Lobredner (ἐπαινέτης) Homeros (II
41,4) hält Thukydides nicht davon ab, zum Beweis der Reinigung von Delos
einige Verse, nämlich Hom. Hymn. 3,146–150.165–175 aus dem Apollon
Prooimion (= Hymnos!) zu zitieren (III 104,4–5). Und der Historiker stellt
sozusagen die hymnische Intention des „Homeros" auf den Kopf, wenn er ihn
als Δηλιακὸν χορὸν τῶν γυναικῶν ὑμνήσας darstellt (III 104,5).

---

[1] Vgl. Walter PÖTSCHER, KP II (1967) 1099–1103; Hans Rudolf BREITENBACH, KP V
(1975) 792–799; KROH, Lexikon 267–270, 623–629; John L. MYRES / John D. DENNISTON /
Lionel PEARSON, OCD 507–509; Henry T. WADE-GERY / John D. DENNISTON, OCD 1067–
1070; Christopher EHRHARDT, Herodot, in: RAC XIV (1988) 849–861.
[2] Die wenigen Belege nach JONES/POWELL; vgl. BÉTANT, Lexicon II 468.

13. Sophokles (5. Jh. v.Chr.)[1]

In Aias 292 wird die zweifelhafte Weisheit vom Schweigen als der Frauen Schmuck als immer schon ὑμνούμενα eingeleitet (Ed. 80–81); zum παιάν („Loblied") der Jungfrauen fordert der Chor auf in Trachiniai 210–211 (172–173); für Antigone wird kein Hochzeitslied ertönen – οὔτ᾽ ἐπὶ νυμφείοις ... τις ὕμνος ὕμνησεν – in Antigone 815–816 (288–289); Elektra 88 erinnert an θρήνων ᾠδάς („Klagelieder", 456–457), in 382 prophezeit der Chor: in der Ferne ὑμνήσεις κακά (474–475); ein hymnenartiges Chorlied auf μάκαιρα „Allmutter Erde" ist in Philoktetes 391–402 eingebaut (570–573).

Weitere Stellen hymnenartiger Gebete und Anrufungen finden sich schon bei NORDEN (Agn. Theos 158: Antigone 781–799, 1115–1152; vgl. REINHARDT, Sophokles 76–79, 100–103) und WÜNSCH (Hymnos 163), der auch auf einen inschriftlichen Paian für Asklepios hinweist (Text: PAGE, Poetae 380–381, Nr. 737; WILLIGE/BAYER 882–883), von dem noch Philostratos im 2./3. Jh. n.Chr. weiß: ᾖδον ᾠδήν, ὁποῖος ὁ παιάν ὁ τοῦ Σοφοκλέους, ὃν Ἀθήνησι τῷ Ἀσκληπιῷ ᾄδουσιν (Leben des Apollonios III 17: CONYBEARE, Philostratus I 266–267).[2] „Die dramatischen Dichter haben die hymnische Poesie" also „auch um ihrer selbst willen gepflegt" (WÜNSCH, Hymnos 164).

14. Euripides (5. Jh. v.Chr.)[3]

Wegen der beträchtlichen Breiten- und Nachwirkung in der Antike, umfassend dargestellt und belegt durch den großen Nachtragsartikel zum RAC von H.

---

[1] Vgl. Franz STOESSL, KP V (1975) 271–280; KROH, Lexikon 571–578; Humphrey D. F. KITTO, OCD 1001–1003. Belege nach WILLIGE/BAYER; vgl. ELLENDT/GENTHE, Lexicon 749.

[2] Zu Asklepios und anderen Heilgöttern vgl. R. HERZOG, Asklepios, in: RAC I (1950) 795–799, bes. 796–797 („Kult" und inschriftliche „Hymnen" [IG 2/3², 4509, vgl. 4473; IG 4, 1², 129/35, vgl. 742]); Johan Harm CROON, Heilgötter (Heilheroen), in: RAC XIII (1986) 1190–1232, bes. 1205–1211, 1217–1219.

[3] Vgl. Hermann FUNKE, JAC 8/9 (1965/1966) 233–279 (Nachtrag zum RAC); Franz STOESSL, KP II (1967) 440–446; KROH, Lexikon 213–222; Donald W. LUCAS, OCD 418–421; Egidius SCHMALZRIEDT / Hans W. SCHMIDT / Josef KOPPERSCHMIDT / Klaus JOERDEN, KNLL V (1989) 302–330. Belege nach BUSCHOR/SEECK I–VI, unter Heranziehung der Edition von G. MURRAY I–III und der Konkordanz von J. T. ALLEN & ITALIE, besonders 11 (ἀείδω), 19–20 (αἰνέω, αἶνος), 61 (ἀοιδή κτλ.), 230–231 (ἐπαινέω, ἔπαινος), 255 (εὐλογέω, εὐλογία, εὐλόγως [nicht so häufig]), 381–382 (μέλος), 633 (ὑμνέω κτλ.), 677 (ψάλλω, ψαλμός), 680–681 (ᾠδή); die Wörter des Sagens und Singens verdienten ebenso eine genauere Untersuchung wie die des Lobens und Preisens.

FUNKE (JAC 8/9 [1965/66] 233–279), muß der dritte Klassiker der griechischen Tragödie ausführlicher zu Wort kommen.[1]

Eine Gegenstrophe in Alkestis 444–454 läßt ὕμνος (446) ziemlich typisch als musikalisch–gesangliches Synonym von μέλος erscheinen (I 38–39; vgl. auch die Erwähnung von Orpheus in 357–359: I 30–31).

In Medeia 192 kritisiert der Dichter durch eine Amme die alte Tradition, beim Festmahl „Hymnen" vorzutragen – statt durch „Oden" die Todesleiden zu lindern (196–197: I 102–103). Auch ᾠδή, ganz allgemein „Lied", ist hier synonym mit ὕμνος. Inhaltlich und terminologisch ist gleich auf das hinzuweisen, was die weise Melanippe in Frgm. 481,16 über ihre Mutter Hippo sagt (VI 210–211); auch eine der wenigen, sonst nicht einschlägigen Verwendungen von ψαλμός gehört hierher (Rhesos 363: VI 528–529) sowie eine weitere Stelle mit ᾠδή (Kyklops 423: VI 482–483). Ebenfalls aufschlußreich für den Gebrauch von ὑμνεῖν und ὕμνος im Zusammenspiel mit ἀοιδή, ἀοιδός und μέλος (hier bezogen auf Phoibos Apollon) ist die Gegenstrophe des Chores in Med. 422–430 (I 116–117). In der nächsten Szene spricht die Chorführerin u.a. von des Orpheus κάλλιον ὑμνῆσαι μέλος (543: I 122–123).

„Ein klares Bild von der Bedeutung des H[ymnos] für das tägliche Leben gibt Hippol[ytos] 54ff." Aphrodite (in Kyklops 69 selbst Adressatin eines Chorliedes [VI 460–461]) charakterisiert die heimkehrende Jagdgesellschaft, die dann als Chor „die Göttin [Artemis] grüßt und sie preist" (WÜNSCH, Hymnos 163), als Ἄρτεμιν τιμῶν θεὰν ὕμνοισιν (55–56: I 188–189).

Die Erwähnung von ὕμνος in Andromache 476 ist im Kontext der beiden ersten Strophen des Chores zu hören, weil offenbar auf Hymnendichter angespielt wird, Μοῦσαι genannt werden (477) und – wenn auch negativ– vom ἐπαινεῖν die Rede ist (465: II 194–195).

Die Chorstrophe in Herakles 348–363 ist ein Beispiel der auch bei WÜNSCH genannten hymnenartigen Lieder und Gebete: ὑμνῆσαι … δι' εὐλογίας θέλω (355–356: III 118–119). In 394 nennt der Chor die Hesperiden ὑμνῳδούς τε κόρας (III 122–123, 433; ὑμνῳδός ist Hapaxlegomenon). Auf den „Sohn des

---

[1] Vgl. hier auch SENDREY, Music (Antiquity) 300: „Originally, the *hymnos* was a cultic song in honor of the gods. Later *hymnos* shifted freely from one genre to another such as paians, dithyrambs, prosodies, and the like, eventually becoming identical with the *nomos*. … The widest divergence from the original meaning of the word as a song in the cult occurs in the writings of EURIPIDES. He stated that poets compose hymns for joyous occasions, banquets and the like. Soon, every festive poem with singing was called hymnos; thus the original meaning of the term was completely obscured." Dieses pauschale Entwicklungsschema muß sicher in Frage gestellt werden.

Zeus" bezogen ist, was der Chor in Gegenstrophe 687–695 sagt: παιᾶνα μὲν Δηλιάδες ὑμνοῦσιν ... τὸ γὰρ εὖ τοῖς ὕμνοισιν ὑπάρχει (III 140–141).

Prophetisch ist Kassandras Beteuerung in Troades 384–385: „meine Muse will nicht Sängerin der bösen Dinge sein" – μηδὲ μοῦσά μοι γένοιτ' ἀοιδὸς ἥτις ὑμνήσει κακά (III 218–219; vgl. 1244 [274–275], wo ὑμνεῖν als charakteristisch erscheint für den Musengesang; vgl. hier auch ὑμνοποιός in Rhesos 651: VI 546).[1] Die Strophe des Chores in 512–530 (III 228–229) ist übrigens in der Synonymik ähnlich wie Alkestis 444–454 (s.o.).

Für ᾠδή könnte auch ὕμνος stehen in Elektra 865, wo der Chor Elektra auffordert: „singe Siegeslieder zu meinem Tanz" – ἐπάειδε καλλίνικον ᾠδὰν ἐμῷ χορῷ (III 346–347).

Nicht nur wegen des Hapaxlegomenons ἀντίψαλμος, sondern auch wieder wegen der ganzen Synonymik ist das Chorlied in Iphigeneia in Taur. 178–185 beachtenswert: ἀντιψάλμους ᾠδὰς ὕμνων ... ἐξαυδάσω, τάν ... ὑμνεῖ δίχα παιάνων (IV 18–19). In 367 nimmt Iphigeneia Bezug auf „Hochzeitslieder": ὑμνοῦσιν ὑμεναίοισιν [με] (IV 30–31; vgl. auch Phaethon-Frgm. 773,46: VI 342). Gegen Ende sagt Athena über das „Artemis-Heiligtum" in Halai *ex eventu* voraus: Ἄρτεμιν ... ὑμνήσουσι Ταυροπόλον θεάν (IV 104–105, 509).

Auf „Lieder der Reigen" bezieht sich Helene 1345: Μοῦσαί θ' ὕμνοισι χορῶν (IV 198–199). Einer der drei Belege für „Hymnodie" findet sich in 1434, wo Theoklymenos sagt: „Im ganzen Lande erschalle frohes Lied zu Helenas und meinem stolzen Tag!" – γαῖαν βοᾶσθαι μακαρίαις ὑμνῳδίαις ὑμέναιον Ἑλήνης κἀμόν (IV 204–205).

Das Hapaxlegomenon ὑμνῳδεῖν erscheint in Ion 6, durch Hermes auf Phoibos Apollon, den Herrn des Orakels von Delphi bezogen: ὑμνῳδεῖ βρότοις (IV 226–227). In 682 fragt der Chor den Sohn der Leto: τίν' ... ἔχρησας ὑμνῳδίαν; (IV 274–275). Und in 884 ist es noch einmal Apollon, den das Lied der Kreusa anklagt, Sohn der Leto, „Meister der Lieder" (μέλπων), dessen Kithara „festliche Lieder" (ὕμνους) erweckt (IV 288–289). Auch πολύυμνος in 1074 ist Hapaxlegomenon; der Chor erwähnt τὸν πολύυμνον θεόν (IV 300–301); im Kontext ist ὕμνος (1091) synonym mit ἀοιδή (1096: IV 302–303). Der „Text" von 1590–1591 ist „unsicher"; Athena sagt u.a.: Δῶρος μέν, ἔνθεν Δωρὶς ὑμνηθήσεται πόλις (IV 334–335, 519)

Was Polyneikes in Phoinissai 439–440 zitiert, ist sicher nicht nur ein „Lied", sondern auch ein Lobpreis: „Es ist ein altes Lied, doch sing ichs neu: Das Gold

---

[1] Vgl. Hans VON GEISAU, Kassandra, in: KP III (1969) 145.

ist aller Menschen höchstes Gut ..." – πάλαι μὲν οὖν ὑμνηθέν, ἀλλ' ὅμως ἐρῶ· τὰ χρήματ' ἀνθρώποισι τιμιώτατα, κτλ. (IV 370–371).

Auch im Kontext von Bakchai 71 hat ὑμνεῖν die Qualität des Preisens, wenn der Chor sagt bzw. singt: Διόνυσον ὑμνήσω (V 260–261).

Sonst bleibt ὑμνεῖν wieder neutral und wird erst durchs direkte oder indirekte Objekt näher bestimmt, so in Stheneboia-Frgm. 661,12: sie „sang" „dasselbe Lied" – ὑμνεῖ τὸν αὐτὸν μῦθον (VI 278–279).

Schließlich qualifiziert sogar die Klage, die oft der Gegensatz von Hymnos ist, das ὑμνεῖν, so in Rhesos 976, wo die Muse u.a. sagt: θρήνοις δ' ἀδελφαὶ πρῶτα μὲν σὲ ὑμνήσομεν (VI 568–569; zu solchen „Klagehymnen" vgl. den „Grabgesang" – φθιτῶν ᾠδάν – in Herakles 1027: III 162–163).

Der dritte und letzte Beleg für „Hymnodie" stellt deshalb einen guten Abschluß dieser kleinen Übersicht dar, weil er ein Zeugnis ist für die antike Nachwirkung des Euripides im 4. Jh. n.Chr. Es handelt sich nämlich um das Antiope-Frgm. 192 (VI 78–79) aus Julianos, Brief 30 (bzw.31). Dreierlei charakterisiert danach Amphios als den Erfinder der alten Musik: χρόνος, θεῶν πνεῦμα ἔρως τε ὑμνῳδίας (BIDEZ, Julien I,2 [1960] 56–58 [Nr. 30], bes. 57,11–12; vgl. WEIS, Julian 90 95 [Nr. 31], bes. 92–93, 287, Anm. 8, 9).

15. Ion von Chios (5. Jh. v.Chr.) und andere Tragikerfragmente[1]

Obwohl das Hymnologische keine große Rolle spielt, sind von Ion folgende Fragmente hymnologisch interessant. 19 F 22: παλαιθέτων ὕμνων ἀοιδοί (I 102); 19 F 39: Λύδιον ὕμνον (I 106); wegen anderer musikalischer Begriffe auch 45 Diogenes Athen. F 1: σοφὴν θεῶν ὑμνῳδὸν ἰατρόν (I 185); sonst nur noch 72 Theodectas 1a: ὑμνεῖται λόγος (I 230) und Adespota F 657,17: ὕμνον (II 240 mit Anm. dazu 239: „16 sqq. de choro more Nereidum ducendo agi videtur").

Hier kann auch der von Zenobios im 1./2. Jh. n.Chr. bezeugte „Hymnos auf Adonis" der μελοποιός Praxilla aus Sikyon Erwähnung finden (PAGE, Poetae 386–387, Nr. 747; PAGE, Lyrica 211, Nr. 417).[2]

---

[1] Belege nach TrGF I–II. Zu dem ὕμνος εἰς Καιρόν (PAGE, Poetae 384, Nr. 742) s.u. bei Pausanias (A.I.a.39).

[2] Vgl. zu Praxilla Rudolf KEYDELL, KP IV (1972) 1123, zu Zenobios Hans GÄRTNER, KP V (1975) 1493–1494.

16. Bakchylides von Keos (5. Jh. v.Chr.)[1]

Jahrhunderte später „wußte man noch, daß" Bakchylides „ἀποπεμπτικοὶ ὕμνοι geschrieben hatte (Menander rhet. IX 140 W.)" (WÜNSCH, Hymnos 161; vgl. auch SPENGEL, Rhetores III 336,12), „Lieder für Feste, die des Gottes periodische Abwesenheit einleiteten" (WÜNSCH, Hymnos 161).

Die drei winzigen Hymnenfragmente (SNELL/MAEHLER 82–83) sind hymnologisch ebenso zu vernachlässigen wie die Stellen mit ἀοιδά, μέλος, ὑμνεῖν oder ὕμνος in Fragmenten von Paianen (Frgm. 4,63.80) und Enkomien (Frgm. 20 C 8) und in Dithyramben wie 16,4; 18,4; 19,6–9; 20,3 (vgl. SNELL/MAEHLER).

Aufschlußreich dagegen sind die relativ umfangreichen Reste der Epinikia (vgl. 2,13!) bzw. Epinikoi (SNELL/MAEHLER 1–51, im folgenden zitiert nach dem für die Chorlyrik auch sonst wichtigen Werk von Herwig MAEHLER, Siegeslieder I–II).

Im ersten Siegeslied auf Hieron v. Syrakus, den auch Pindaros besang, wird die Muse Kleio (vgl. 12,1 „die liederbeherrschende Kleio": I 116–117; II 246) zum „Siegerlob" aufgefordert mit dem Imperativ ὕμνει (3,3: I 60–61); am Ende nimmt der Dichter, der sich selbst als honigzüngige Nachtigall bezeichnet, das Verb wieder auf: τις ὑμνήσει χάριν (3,97: I 66–67, „wird mancher auch vortragen die Freundesgabe"; vgl. zu dieser Übersetzung den Kommentar von Herwig MAEHLER, Siegeslieder II 38–63, bes. 38, 40, 60–63).

Im zweiten Siegeslied auf Hieron ist das Besingen (ἀείδειν 4,5.18) wie ein Überschütten mit „Hymnen" (4,10: I 68–71; zur Übersetzung von ὕμνους mit „Liedern" vgl. II 72–73). Daß dieses ἀείδειν (vgl. 6,6: I 86–87) ein preisendes ὑμνεῖν (vgl. auch αἰνεῖν 5,16.188) darstellt, zeigen Stellen wie 5,33 (I 74–75; Objekt: ὑμετέραν ἀρετάν) und 5,179 (I 82–83), wo die Muse Kalliope Zeus besingen soll.

Im dritten Siegeslied auf Hieron findet sich auch das „älteste brauchbare Zeichen wissenschaftlichen Nachdenkens" über den Begriff „Hymnos", die berühmte „Figura etymologica" (WÜNSCH, Hymnos 141, 181), mit der spielerisch versucht wird, ὕμνος von ὑφαίνω abzuleiten (5,9–10: I 72–73, „einen Hymnus gewoben"; vgl. II 90; zu 1,4 vgl. II 11; im Dithyrambos 19,6–9 ein ähnliches Wortspiel).

---

[1] Vgl. Karl PREISENDANZ, KP I (1964) 810–812; KROH, Lexikon 105–106; Cecil M. BOWRA, OCD 158; Marion GIEBEL, KNLL II (1989) 79–80. Belege nach SNELL/MAEHLER (MÄHLER) und Herwig MAEHLER (s.o. im Text). Vgl. auch D. E. GERBER, Lexicon 240–241.

Das erste kurze Lied auf Lachon gibt sich als Hymnos der Muse Urania, „der Herrin des Gesanges" (6,10–11: I 86–87 und II 131; die Übersetzung von ὕμνος mit „Lied" erscheint zu schwach).

Am Anfang der zweiten Strophe des vielleicht auf Liparion von Keos gerichteten Liedfragments sind Pytho, Nemea und der Isthmos Objekt des ὑμνεῖν (8,17–18: I 90–91; 8,13 ist zu fragmentarisch).

Auch im Siegeslied auf Automedes von Phleius sind geographische, wenn auch mythologisch gefüllte Orte das Objekt des ὑμνεῖν des Dichters (9,4–6: I 92–93). Während 9,78.103 ganz fragmentarisch sind, läßt 9,79–87 das hymnische Selbstbewußtsein eines „echten" Dichters erkennen, dessen γνήσιοι ὕμνοι „dem zu preisenden Erfolg angemessen, sozusagen ebenbürtig" sind (9,83: I 98–99 und II 172).

In der ersten Strophe des Liedes auf einen Alexidamos sind es „Festzüge", die ὑμνεῦσι („feiern") „den Sieger der Pythien" (11,13: I 106–107).

Eine letzte für den Sprachgebrauch interessante Stelle ist die Schlußstrophe des Siegeslieds auf Pytheas von Aigina. Einerseits erscheinen im Kontext ἀοιδαί (13,230) und ὕμνοι (13,223: I 130–131) als Synonyme, andererseits „zeigt" Bakchylides als Dichter „jetzt auch" seine „Siegerbinde(?) von Liedern" (II 290, zu φαίνω).

Die folgende Gruppe von kleineren Chorlyrikern kann zusammengefaßt werden.

17. Telestes von Selinus, Timotheos von Milet, Ariphron von Sikyon, Likymnios von Chios (5./4. Jh. v.Chr.)[1]

Wegen der musikalischen Begriffe hat das von Athenaios (um 200 n.Chr.) dem Selinuntier zugeschriebene Fragment von fünf Zeilen einige Bedeutung: ... ὀξυφώνοις πηκτίδων ψαλμοῖς κρέκον Λύδιον ὕμνον (PAGE, Poetae 421, Nr. 810; PAGE, Lyrica 228, Nr. 430).

„Von Timotheos führt Suidas [Suda] ὕμνους κα' [21] an, daneben ein besonderes Gedicht Ἄρτεμις, das aber wohl ein H[ymnos] gewesen ist" (WÜNSCH, Hymnos 162; vgl. auch die Texte bei PAGE, Poetae 400, Nr. 778 [u.a. ὑμνῆσαι in einem Zitat aus Macrobius über Alexandros aus Pleuron]); vielleicht darf man dazu auf Pap. Berol. 9865 aus dem 4. Jh. v.Chr., das um-

[1] Vgl. Rudolf KEYDELL, KP V (1975) 572, 850–851; Jürgen WERNER, KP I (1964) 550; Ulrich KLEIN, KP III (1969) 650; KROH, Lexikon 75, 366, 604, 634–635; Cecil M. BOWRA, OCD 1041, 1077.

fangreiche Fragment des „Nomos" Persai hinweisen: Ἄρτεμις ἐμὸς μέγας θεὸς παρ' Ἔφεσον φυλάξει (Z. 160–161: PAGE, Poetae 404–413, 411, Nr. 791; PAGE, Lyrica 215-225, 222, Nr. 425 [6E.D.]). Im apologetischen Schluß häufen sich ὕμνος und andere musikalische Begriffe, z.B. Z. 204–205: ἐμοῖς ἔλθ' ἐπίκουρος ὕμνοις ἰήιε Παιάν, oder Z. 211–215: ὅτι παλαιοτέραν νέοις ὕμνοις μοῦσαν ἀτιμῶ· ἐγὼ δ' οὔτε νέον τιν' οὔτε γεραὸν οὔτ' ἰσήβαν εἴργω τῶνδ' ἑκὰς ὕμνων (PAGE, Poetae 412; PAGE, Lyrica 224); vgl. auch sein Selbstverständnis in Z. 229–233: νῦν δὲ Τιμόθεος μέτροις ῥυθμοῖς τ' ἐνδεκακρουμάτοις κίθαριν ἐξανατέλλει, θησαυρὸν πολύυμνον οἴξας Μουσᾶν θαλαμευτόν (PAGE, Poetae 413; PAGE, Lyrica 225). Das von Athenaios bezeugte, mit οὐκ ἀείδω τὰ παλαιά beginnende fünfzeilige Gedichtfragment hat im Zentrum hymnologischen Charakter: νέος ὁ Ζεὺς βασιλεύει (PAGE, Poetae 415, Nr. 796; PAGE, Lyrica 226, Nr. 426 [12 B., 7 D.]).[1]

Athenaios zitiert um 200 n.Chr. einen auch inschriftlich bezeugten zehnzeiligen Paian des Ariphron von Sikyon auf die Gesundheitsgöttin Hygieia, angeredet als μάκαιρα und so πρεσβίστα μακάρων (PAGE, Poetae 422-423, Nr. 813; PAGE, Lyrica 229, Nr. 431 [1 B. et D.]; vgl. WILAMOWITZ, Verskunst 494–495 und MAAS, Epidaurische Hymnen 148–149 [=22–23]).

„Ihm sehr ähnlich in Worten und Wendungen ist der H[ymnos] des Likymnios auf dieselbe Göttin" (WÜNSCH, Hymnos 162; vgl. MAAS, Epidaurische Hymnen 149–150 [= 23–24] und PAGE, Poetae 396, Nr. 769), wobei „die Benutzung des Ariphron von Seiten des Likymnios offensichtlich" erscheint (NORDEN, Agn. Theos 159, Anm. 1).

18. Xenophon (5./4. Jh. v.Chr.)[2]

Die Schriften des Historikers aus Athen verdienten wie diejenigen anderer „Geschichtsschreiber" eine eigene Untersuchung. „Auch ganz gelegentliche Erwähnungen, auf die einmal systematisch zu achten wäre, geben einiges aus, z.B. bezeugt Xen. hell. IV 7,4, wo bei einem Erdbeben πάντες ὕμνησαν τὸν

---

[1] Von den zahllosen Zitaten des Athenaios sei hier auch auf ein anonymes Beispiel aus dem Werk des Perihegeten Semos aus Delos (3. Jh. v.Chr.) περὶ Παιάνων hingewiesen, nämlich auf das fünfzeilige Zitat, das mit σοί, Βάκχε beginnt und mit κατάρχομεν τὸν ὕμνον endet (PAGE, Poetae 452–453, Nr. 851, unter „carmina popularia"). Zur Zuverlässigkeit von Σῆμος vgl. Hans GÄRTNER, KP V (1975) 98.
[2] Vgl. Hans Rudolf BREITENBACH, KP V (1975) 1422–1429; KROH, Lexikon 664–669; Derek J. MOSLEY, OCD 1141–1144.

περὶ τὸν Ποσειδῶ παιᾶνα, die Existenz eines bei den Spartanern bekannten religiösen Liedes, das man im Falle der Not sang, um die Erderschütterer zu versöhnen. Das mag ein alter H[ymnos] gewesen sein" (WÜNSCH, Hymnos 159).

19. Platon (5./4. Jh. v.Chr.)[1]

Symposion 177a zeigt, wie nahe beieinander in der Götterverehrung Hymnos, Paian und Enkomion sind (III 226–227).

Politeia 459e–460a fordert für Hochzeiten passende Hymnen (πρέποντες ὕ.) durch die eigenen Poeten (IV 398–401); 607a bestimmt im Zusammenhang mit der Dichtkunst (ποίησις), in die Polis nur ὕμνους θεοῖς καί ἐγκώμια τοῖς ἀγαθοῖς aufzunehmen (IV 830–831).[2]

In Phaidros 265c bezieht sich Sokrates auf (s)einen μυθικόν τινα ὕμνον (V 142–143); der ganze gemeinte Abschnitt 246a–256e heißt μῦθος in 253c, spricht von der poetischen Unmöglichkeit des ὑμνεῖν in bezug auf τὸν ὑπερουράνιον τόπον in 247c und zitiert in 252b zwei homeridische „Verse" (ἔπη) auf den Eros, eingeleitet mit ὑμνοῦσι δὲ ὧδε (V 70–113, bes. 76–77, 94–95, 98–99).

Nach Timaios 21a hält Kritias es für geziemend, die Göttin (Athena) „an ihrem Feste" δικαίως τε καὶ ἀληθῶς ... ὑμνοῦντας ἐγκωμιάζειν (VII 14–15).

Laut Kritias 108c muß man, traditionell, Hermokrates zufolge, τοὺς παλαιοὺς πολίτας ἀγαθοὺς ὄντας ... ὑμνεῖν (VII 216–217). Übrigens soll Platon, so „Menandros" im 3. Jh. n.Chr., den Timaios im Kritias als ὕμνος τοῦ Παντός bezeichnen — wo steht das?

Platon und das platonische Schrifttum waren hymnologisch und musikologisch besonders einflußreich[3] mit den vielzitierten Stellen aus den Gesetzen. Im Zusammenhang mit dem „Dionysoschor der Alten" ist in Nomoi II 665c von der „Unersättlichkeit nach Hymnen" (ἀπληστία τῶν ὕμνων) und der „Lust daran" (ἡδονή) die Rede (VIII,1 110–117, bes. 112–113). Nomoi III 700b behauptet idealisierend im Zusammenhang mit der Musik, daß es vor der Entartung und Vermischung feste Gattungen und Formen gegeben haben soll; ein εἶδος ῳδῆς seien εὐχαὶ πρὸς θεούς = ὕμνοι gewesen (VIII,1 212–213; vgl.

---

[1] Vgl. Heinrich DÖRRIE, KP IV (1972) 894–905; KROH, Lexikon 482–491; Richard G. F. ROBINSON / John D. DENNISTON, OCD 839–842. Belege nach EIGLER, Platon I–VIII,1/2.

[2] Vgl. zur späteren Wirkungsgeschichte dieser Wendung Sozomenos, KG III 16,5–7 (s.u. B.V.a.23).

[3] Vgl. auch Proklos und seine Platon-Kommentare, s.u. A.I.a.49.

auch DELLING, ὕμνος 493). Ebenfalls in musikalischem Kontext hält es in VII 801e der Athener für ganz richtig, daß ὕμνοι θεῶν καὶ ἐγκώμια κεκοινωνη- μένα εὐχαῖς gesungen und „nach den Göttern ebenso an die Dämonen und Heroen" μετ᾽ ἐγκωμίων εὐχαί gerichtet werden (VIII,2 42–43); Lebende je- doch, Männer und Frauen, so relativiert er bei wohl gleichzeitiger Bezeugung der Sitte in VII 802a, ἐγκωμίοις τε καὶ ὕμνοις „zu ehren [τιμᾶν], ist nicht unbedenklich" (a.a.O.). Derselbe Athener kennt VIII 829d–e Hymnen der thrakischen mythischen Sänger Thamyras[1] und Orpheus, die er im Zusammen- hang mit dem erst durch Gesetze zu regelnden, d.h. zu billigenden bzw. zu verbietenden ποιεῖν und ᾄδειν von ἐγκώμια und ψόγοι als ἡδέως (lieblich) erwähnt.

20. Aristophanes (5./4. Jh. v.Chr.)[2]

Ob man die von WÜNSCH (Hymnos 164) gegebenen Stellen[3] wirklich als An- fänge von Hymnen ansehen kann, müßte noch einmal genauer untersucht wer- den.[4] Hier seien nur kurz diejenigen Stellen charakterisiert, an denen der Komödiendichter ὑμνεῖν und ὕμνος gebraucht.[5]

Hippes 530: τέκτονες εὐπαλάμων ὕμνων ist der Titel eines Komödienlieds von Kratinos (5. Jh. v.Chr.), achtungsvoll erwähnt in der sog. Ritter-Parabase.

Eirene 800: ὑμνεῖν muß der weise Poet die öffentlichen Lieder der schön- lockigen Grazien.

Ornithes 210: λῦσον δὲ νόμους ἱερῶν ὕμνων, so fordert der „Wiedehopf" die „Nachtigall" auf.[6] Orn. 678-679: durch ξύννομε τῶν ἐμῶν ὕμνων verbindet der Chor seine eigenen Hymnen mit denen der Nachtigall. Orn. 905–906: der Dichter fordert satirisch die Muse auf, das glückselige „Wolkenkuckucksheim" ἐν ὕμνων ἀοιδαῖς zu feiern (κλήζειν). Orn. 1743: ἐχάρην ὕμνοις, ἐχάρην ᾠδαῖς bezieht sich in Synonymität auf das

---

1 Thamyris, s.o. A.I.a.9 und vgl. Ulrich KLEIN, KP V (1975) 648.
2 Vgl. Ilona OPELT, JAC 5 (1962) 195–199 (Nachtrag zum RAC) = RAC.S 4 (1986) 587– 595; Hans GÄRTNER, KP I (1964) 575–581; KROH, Lexikon 80–85; Kenneth J. DOVER, OCD 113–114; Egidius SCHMALZRIEDT, KNLL I (1988) 669–688.
3 Acharnes 263; Hippes 551, 581; Nephelai 562, 595; Sphekes 868; Thesmophoriazusai 107, 312; Batrachoi 384, 875; Frgm. 500 und 684.
4 Vgl. zum Charakter dieser und anderer Texte und zu ihrer Abhängigkeit von Kultliedern Eduard FRAENKEL, Die Parabasen-Lieder [1962], in: NEWIGER, Aristophanes 30–54.
5 Vgl. TODD, Index 254. Texte nach HALL/GELDART I–II.
6 Zu dieser oft aus dem Zusammenhang gerissenen Stelle vgl. Eduard FRAENKEL, Some Notes on the Hoopoe's Song [1950], in: NEWIGER, Aristophanes 256–265.

„Hochzeitslied" (vgl. 1728–1729) des Chores beim „Hieros Gamos" am Schluß der „Vögel" (NEWIGER, Aristophanes 242–243).

Lysistrate 1305 und 1321: ὑμνεῖν geht traditionell einerseits auf Sparta, andererseits auf die „eherne" Athena in Sparta.

Thesmophoriazusai 124: σέβομαι ... κίθαρίν τε ματέρ' ὕμνων, so u.a. „der banale, an Gemeinplätzen des tragischen Lyrismus reiche pseudochorische Gesang Agathons (V. 101–129)".[1] Thesm. 993: ἐν ὕμνοις (vgl. das Synonym ᾠδή 986) adressiert der Chor unter allerlei Namen Dionysos, nach Apollon, Artemis, Hermes und Pan. Das erinnert an die Homerischen Hymnen.

Batrachoi 212–213: das Hymnengequake (ὕμνων βοή) bzw. das Lied (ἀοιδή, vgl. 244) der Frösche auf Dionysos ist eine köstliche Parodie. Batr. 382: ἄγε νῦν ἑτέραν ὕμνων ἰδέαν, so der Imperativ zum Gattungswechsel innerhalb der Prozession, gefolgt von einer der Hymnenparodien auf Demeter. Im übrigen paßt es hier, auf J. H. H. SCHMIDT hinzuweisen (Synonymik III 352–366 [= Nr. 122: „Die Stimmen der Vögel, Amphibien und Insekten"]), weil sich dort unter Anhäufung von Stellen immer noch wichtige Bemerkungen zur Terminologie von „Gesang" und „Preisgesang" finden (352).

21. Aristoteles (4. Jh. v.Chr.)[2]

In der einflußreichen Poetik (1448b27, ed. BYWATER) findet sich die Unterscheidung von ψόγοι einerseits und ὕμνοι καὶ ἐγκώμια ohne weitere Differenzierung andererseits, die dem Gegensatz zwischen der Komödie als leichtfertiger und der Tragödie als ernsthafter Dichtung entspricht.

Daß Aristoteles auch ὑμνεῖν in einem sehr weiten und allgemeinen Sinn gebraucht, zeigt z.B. Nik. Ethik 1171a15: αἱ ὑμνούμεναι φιλίαι (ed. BYWATER; vgl. dazu GIGON, TRE III 758: „Über die Freundschaft hat sich Aristoteles ungemein ausführlich geäußert").

---

[1] Raffaele CANTARELLA, Agathon und der Prolog der „Thermophoriazusen" [1967], in: NEWIGER, Aristophanes 324–338, 326.

[2] Vgl., neben DÜRING, Aristoteles (grundlegend), Jan Hendrik WASZINK / Wilhelm HEFFENING, RAC I (1950) 657–667; Olof GIGON, TRE III (1978) 726–768; Heinrich DÖRRIE, KP I (1964) 582–591; KROH, Lexikon 86–90; Gwilym E. L. OWEN, OCD 114–118; Egidius SCHMALZRIEDT / Dietrich MANNSPERGER / Oswald PANAGL, KNLL I (1988) 688–711. Speziell zur Poetik vgl. FUHRMANN, Dichtungstheorie 3–70.

22. Kleanthes und Aratos von Soloi (4./3. Jh. v.Chr.)[1]

Der „Zeushymnos des Kleanthes",[2] den man in gewisser Weise als antikes bzw. stoisches „Unservater" bezeichnen kann (THEILER, Antike 354 = Forschungen 316), ist nur bei Ioannes Stobaios (5. Jh. n.Chr.) erhalten: Ekl. I 1,12 (vgl. GAISFORD, Ἐκλογων I 13–14 [= Lib. I, cap. 2, s. 12]; VON ARNIM, SVF I 121–123 [Frgm. 537]).[3]

Zeile 4, ἐκ σοῦ γὰρ γένος ἐσμέν, hat über Aratos, Phainomena 5, im stoisch gefärbten, „hymnos-ähnlichen Lobpreis auf Zeus" (KROH, Lexikon 70; vgl. VOGT, Hymnos 257), Eingang gefunden ins Neue Testament (Apg 17,28).[4] Ein Gedicht (Hymnos?) von Aratos εἰς Πᾶνα τὸν Ἀρκαδικόν (vgl. WÜNSCH, Hymnos 165) ist verloren (KROH, Lexikon 69, 347).

Im Hymnos des Kleanthes findet sich der Göttergruß χαῖρε (Z. 3); ganz ausdrücklich und traditionell (ZUNTZ, Kleanthes-Hymnus 294) will der Stoiker Zeus und seine Werke (καθ)υμνεῖν (Z. 6 [parallel zu ἀείδειν], 37), aber auch emphatisch am Schluß κοινὸν ἀεὶ νόμον ἐν δίκῃ ὑμνεῖν (Z. 39; vgl. Z. 24 und κοινὸν λόγον Z. 12; „Logos" und „Nomos" beziehen sich auf das All).

23. Epikuros (4./3. Jh. v.Chr.)[5]

Das καθυμνεῖν der Epikureer sei auf τὸν αὐτῶν βίον gerichtet, wird polemisch behauptet bei Plutarchos, Moralia 43,16 (1098 B);[6] das wird man mit „Vorsicht" auswerten (ZIEGLER, Plutarchos 129). Doch sei auch aufmerksam gemacht auf den Gebrauch von ὑμνεῖν und ὕμνος in einer der Papyrus-

---

[1] Vgl. Robert BÖKER, KP I (1964) 488–489; Ernst Günther SCHMIDT, KP III (1969) 226; KROH, Lexikon 69–70, 347–348; Kurt VON FRITZ, OCD 248; Eric A. BARBER, OCD 92; Egidius SCHMALZRIEDT, KNLL I (1988) 605–606, IX (1990) 456–457; immer noch wichtig ist WILAMOWITZ, Hell. Dichtung II 257–276.
[2] Vgl. die freie Übersetzung von NILSSON, RGL 4 (1927) 86–88.
[3] Vgl. auch POWELL, Collectanea 227–231, bes. 227–229 (Text mit krit. App.), vor allem aber die Textrekonstruktion von ZUNTZ, Kleanthes-Hymnus. Das Frgm. 537 bei ARNIM steht, im Zusammenhang der anderen Fragmente, unter „De natura deorum".
[4] Vgl. außer Karlheinz KOST, Lehrgedicht, in: KWH (1988) 409–416, bes. 411–412, den Kommentar von Gerhard SCHNEIDER, HThK V,2 (1982) 242: „Im Gedicht des Aratos wird Zeus als der physische Stammvater der Menschheit verstanden. Lukas bezieht die „Abstammung" jedoch, wie Lk 3,38 zeigt, auf die Erschaffung der Menschheit durch Gott (vgl. auch Apg 17,26a)." Unkritisch und verallgemeinernd ist die Erwähnung von „Hymnen" bei VON WILPERT, Lexikon I 64.
[5] Vgl. Wolfgang SCHMID, RAC V (1962) 681–819; Heinrich DÖRRIE, KP II (1967) 314–318; KROH, Lexikon 200–202; David J. FURLEY, OCD 390–392.
[6] Vgl. den Text bei POHLENZ/WESTMAN VI,2 123–172, dort als Nr. 73; mit englischer Übersetzung in EINARSON/DE LACY XIV 1–149; als Frgm. 605 bei USENER, Epicurea 341.

rollen von Herculaneum (CAPASSO, Trattato 72 [IV 26; V 3], 116 [mit Hinweis auf Plutarchos, Moralia 43,15: 1097 B; vgl. Frgm. 194 bei USENER, Epicurea 159: ὑμνῶν καὶ μεγαλύνων Μετρόδωρον, Epikurs Freund und Schüler], 73 [VI 13; VII 6], 124–125 [zur Konjektur συνυμνεῖν], 75 [XI 6], 141 [mit Hinweis auf Frgm. 605 bei USENER, Epicurea 341]).

24. Krates von Theben (4./3. Jh. v.Chr.)[1]

Nach Julianus Apostata (4. Jh. n.Chr.) verfaßte – πεποίηκεν – der Kyniker parodistisch ὕμνον εἰς Εὐτέλειαν, den offenbar auch schon Klemens von Alexandreia kannte: καὶ τὴν Εὐτέλειαν ἐξυμνῶν τῆς Σωφροσύνης τὴν ἔγγονον (Paidagogos III 35,3).[2] Das dreizeilige Frgm. 2 (12), eine Verehrung von Tugend-Personifikationen, beginnt mit dem Göttergruß und lautet: χαῖρε, θεά δέσποινα, σοφῶν ἀνδρῶν ἀγάπημα, | Εὐτελίη, κλεῖνης ἔγγονε Σωφροσύνης· | σὺν ἀρετὴν τιμῶσιν, ὅσοι τὰ δίκαι᾽ ἀσκοῦσιν (DIEHL, Anthologia I 121; vgl. die beiden ersten Zeilen bei ROCHEFORT, Julien II,1 [1963] 167).

25. Theokritos von Syrakus (3. Jh. v.Chr.)[3]

„Der neu aufblühende Zweig der bukolischen Poesie findet in den eigentlichen Hirtengedichten nur selten Gelegenheit zur Hymnodie" (WÜNSCH, Hymnos 166). Doch enthält die erst später εἰδύλλια genannte Sammlung von 31 Gedichten des Theokrit auch (die oder einige von den in Suda erwähnten) Hymnen bzw. hymnenartige Lieder: „Im Lied des Thyrsis findet sich eine Anrufung des Hirtengottes Pan" (I 123–126); „In einem hymnenartigen Gebet wendet sich die unglücklich verliebte Simaitha im Zusammenhang mit der von ihr vorbereiteten Zauberhandlung an Selene und Hekate" (II 10–16); „In den Adoniazusen trägt eine Sängerin einen H[ymnos] auf Aphrodite und Adonis vor" (XV 100–144; vgl. VOGT, Hymnos 258; ausführlicher dazu schon WÜNSCH, Hymnos 166).

---

[1] Vgl. Heinrich DÖRRIE, KP III (1969) 327–328; KROH, Lexikon 353; Kurt VON FRITZ / Arthur W. PICKARD-Cambridge, OCD 296.
[2] Vgl. die Übersetzung von Otto STÄHLIN, BKV 8 (1934) 168: „Dieser ist der Logos, der ... die Einfachheit preist, die eine Tochter der Sittsamkeit ist".
[3] Vgl. Rudolf KEYDELL, KP V (1975) 709–711; KROH, Lexikon 615–618; David E. EICHHOLZ, OCD 1054. Texte mit engl. Übers. und Kommentar: GOW, Theocritus I–II; vgl. auch GOW, Bucolici 1–121.

Das epische Gedicht XXII auf die Dioskuren[1] Polydeukes und Kastor ist
wohl mit Recht „Hymnos" genannt worden, weil es ausdrücklich ὑμνεῖν will
(1.4.26.135.219) und auch andere hymnologische Elemente enthält, z.B. den
Göttergruß χαίρετε (214). Theokrit nennt sein Tun bzw. seine ὕμνοι (214,
Plural!) aber gleichzeitig ἀείδειν (25–26.135) bzw. ἀοιδαί (223, emphatisch
am Schluß) und ordnet sich so ein in die Reihe hymnischer Sänger (ἀοιδοί
215.218).[2]
Schwieriger ist es, in der lustigen Erzählung Herakliskos (XXIV) einen,
wenn auch nur unvollständigen, Hymnos auf den jungen Herakles zu sehen. Ist
das Gedicht „ein objektiver Götterpreis" (WÜNSCH, Hymnos 166), dann
kommt es Nr. XVII, dem Ἐγκώμιον ['Ἔπαινος] εἰς Πτολεμαῖον, das ja auch
ὑμνεῖν will (8, neben ὕμνοι ... ἀθανάτων) und sogar zum Ende mit χαῖρε
ἄναξ Πτολεμαῖε göttergleich grüßen kann, in gewisser Weise nahe. „Sobald
der H[ymnos], das Loblied der Götter, dazu dienen muß, Sterbliche zu verherrlichen, stellen sich von selbst Beziehungen zum Enkomion ein, der Lobrede auf Menschen" (WÜNSCH, Hymnos 166).

26. Hero(n)das (3. Jh. v.Chr.)[3]

Zum Text von Mimiambos 4,1–20, den schon WÜNSCH „ein hymnenartiges
Gebet an Asklepios" nannte (Hymnos 166), ist jetzt samt Kommentar zu verweisen auf CUNNINGHAM (37–38, 128–133).

27. Kallimachos von Kyrene (3. Jh. v.Chr.)[4]

Ein frühmittelalterliches Epigramm läßt den alexandrinischen „doctus poeta"
(WÜNSCH, Hymnos 167), der „von weiter und langer Wirkung bei Griechen
und Römern" war,[5] in den ersten vier von zehn Zeilen sagen: Ὑμνῶ τὸν
ὑψίζυγον ἐν πρώτοις Δία, Φοῖβον δ' ἔπειτα, καὶ τρίτην τὴν Ἄρτεμιν,

---

1 Zu diesem mythologischen Zwillingspaar vgl. Hans VON GEISAU, KP II (1967) 92–94;
Herbert J. ROSE / Charles M. ROBERTSON, OCD 354.
2 Vgl. von den Homerischen Hymnen (s.o. A.I.a.1) III 172, vor allem aber XXXIII, als
eine Art Vorlage.
3 Vgl. Rudolf KEYDELL, KP II (1967) 1090; KROH, Lexikon 264; William BEARE / David
E. EICHHOLZ, OCD 507 („even the correct form of his name is uncertain."); Egidius
SCHMALZRIEDT, KNLL VII (1990) 759–760.
4 Vgl. WILAMOWITZ, Hell. Dichtung II 1–101; LESKY, Geschichte 792–797; Constantine
A. TRYPANIS, OCD 194–196; VOGT, Hymnos 257–258; Egidius SCHMALZRIEDT, KNLL IX
(1990) 89–93, bes. 92–93.
5 Hans HERTER, KP III (1969) 73–79, 74.

Δῆλον τετάρτην, εἶτα Λουτρὰ Παλλάδος, ἕκτην δὲ τῆν Δήμητρα τὴν παλαιτέραν (Testimonium 23; vgl. auch Test. 24 aus Suda: Ὕμνων κτλ. in PFEIFFER, Hymni xcviii–xcix).

In den sechs sogenannten Hymnen – lateinisch oft *carmina* genannt – auf Zeus (I), Apollon (II, IV), Artemis (III), das Bad der Pallas Athena (V) und Demeter (VI) findet sich ὑμνεῖν nur an einer einzigen Stelle (III 2), doch sind die, z.T. epischen, z.T. kultischen, literarisch „anspruchsvollen" Kompositionen,[1] die sich selbst auch als ἀοιδαί ausgeben (Index bei PFEIFFER, Hymni 142 [ἀείδω], 147), nicht nur voll von politischen und autobiographischen Anspielungen, sondern sehr stark mit (traditionell) Hymnologischem durchsetzt (vgl. z.b., neben den Anreden und Epitheta, εὔυμνος II 31, IV 4; ἐφύμνιον II 98; χαῖρε μέγα ... πάτερ I 91–93; χαῖρε, ἄναξ II 113; χαῖρε μέγα III 259–268; χαίροι IV 326; χαῖρε, θεά V 140–141, VI 134; zu diesen Begriffen und Salutationen vgl. Edition, Einleitung und Kommentar von WILLIAMS, Callimachus, bes. 38, 83, 96; zur Besonderheit von V vgl. BULLOCH, Callimachus). Daher wurden sie mit Recht später zusammen mit den Homerischen und orphischen Hymnen und den Hymnen des Proklos tradiert (PFEIFFER, Hymni lv).

28. Apollonios Rhodios (3. Jh. v.Chr.)[2]

Es wäre zwar nicht erstaunlich, ist aber dennoch etwas irreführend, was WÜNSCH behauptet: „Von den übrigen alexandrinischen Epikern benützt Apollonios von Rhodos da, wo er beten läßt, die Sprache der H[ymnen] (Argon. I 411.1125. II 161. III 860. IV 146.1595). Auch I 306. II 707 erinnern an Hymnisches" (Hymnos 166).

Der später einerseits von seinem Meister Kallimachos abgelehnte, andererseits sehr einflußreiche Dichter, der sein großes, mit Gebeten, Gesängen und Reden durchsetztes Epos ἀοιδή, -αί nennt (IV 451.1773–1774; zu ἀείδω vgl. auch IV 1381), läßt Orpheus spielen und singen, z.B. ein mythologisches Lied (I 494–515, ἀείδειν, ἀοιδή) oder ein Hochzeitslied (IV 1160 ὑμέναιον ... ἄειδον). Auch die anderen Argonauten sind beteiligt, z.B. in II 161–163: Ὀρφείῃ φόρμιγγι συνοίμιον ὕμνον ἄειδον ἐμμελέως ... κλεῖον δὲ Θεραπναῖον Διὸς υἷα (= Polydeukes, einen der auch im Christentum weiterver-

---

[1] KROH, Lexikon 341, mit vorzüglicher Übersicht 338–339.
[2] Vgl. Hans HERTER, KP I (1964) 449–451 und KWH (1988) 60–62; KROH, Lexikon 61–63; Eric A. BARBER / Constantine A. TRYPANIS, OCD 83–84; Egidius SCHMALZRIEDT, KNLL I (1988) 574–575. Immer noch wichtig ist WILAMOWITZ, Hell. Dichtung II 165–256. Texte aus den Argonautica nach der Edition von H. FRÄNKEL.

ehrten Dioskuren; vgl. A.I.a.1 und 25). In II 713 findet sich der späte und seltene Begriff ἐφύμνιον („Refrain"). Der Gesang gegen das Ungeheuer erinnert mit der Invokation ὕπνον ... θεῶν ὕπατον (IV 146) tatsächlich an Homeros, Ilias XIV 233 (zu Philostratos s.u. A.I.a.42). Um welche Art von Liedern – ἀοιδαί – der Medea zu Opfer und Gebet es sich in IV 1665–1668 handelt, wird ebensowenig klar wie an allen anderen Stellen.

29. Philikos von Kerkyra (3. Jh. v.Chr.)[1]

Der von Hephaistion aus Alexandreia (2. Jh. n.Chr.) als ποίημα dem alexandrinischen Dionysospriester zugeschriebene Hymnos an Demeter (?) ist ein durch die Homerischen Hymnen beeinflußtes metrisches Übungsstück (vgl., mit Text und Übersetzung, PAGE, Papyri III 402–407), „ein interessantes Beispiel literarisch-geformter Kultdichtung" (KROH, Lexikon 464).

30. Diodoros von Sizilien (1. Jh. v.Chr.)[2]

Das oft benutzte kompilatorische Geschichtswerk des Historikers aus Agyrion, der einige Jahre in Ägypten und später auch in Rom lebte, spiegelt sicher immer die Kategorien und Zustände der eigenen Zeit wieder, was auch für die hymnologischen Nachrichten und Begriffe gilt.

Fest etabliert erscheinen die Homerischen Hymnen, von denen wohl wegen der Erwähnung von Ägypten I 8–9 bzw. 1–9 zitiert werden mit der stereotypen Einleitung „der Dichter (Homer) ἐν τοῖς ὕμνοις" (I 15,7; III 66,3; IV 2,4 [ed./trans. I 52–53; II 302–303, 344–345]).

Beim jährlichen Bacchanal ereignet sich u.a. das τὴν παρουσίαν ὑμνεῖν τοῦ Διονύσου (IV 3,3 [ed. II 346–347]).

Die Namen der neun Musen werden in IV 7,2 nach Hesiodos, Theog. 77–79, genannt und dann erklärt, darunter in 7,4 Πολύμνια, die διὰ πολλῆς ὑμνήσεως „brings distinction to writers whose works have won for them immortal fame" (δόξα, ed. II 360–365).

---

[1] Vgl. Eric A. BARBER, OCD 814.
[2] Vgl. Michael VON ALBRECHT, KP II (1967) 41–42; KROH, Lexikon 172–173; Egidius SCHMALZRIEDT, KNLL IV (1989) 708–709. Belege nach C. H. OLDFATHER u.a. (LCL). Vgl. auch MCDOUGALL, Lexicon II s.v. ὑμνεῖν κτλ.

Von grausamen Köpfungsriten der Galater[1] wird erzählt, die dabei in V 29,4 als ἐπιπαιανίζοντες καὶ ᾄδοντες ὕμνον ἐπινίκιον erscheinen (ed. III 172–173).

Ähnlich grausam sind die Verbrennungsriten der Inder, bei denen die Witwe wie für die Hochzeit geschmückt und in einer Pompe begleitet wird ὑπὸ τῶν συγγενῶν, ᾀδόντων ὕμνον εἰς τὴν ἀρετὴν αὐτῆς (XIX 34,3 [ed. IX 322–323]; ein Beispiel dafür, daß ein Hymnos nicht nur auf Gott oder Götter gesungen wird!).

In den Mythologumena über die legendären Hyperboreioi[2] soll von den Inselbewohnern Apollon ὑμνεῖσθαι μετ᾽ ᾠδῆς ... καὶ τιμᾶσθαι. Im Tempel der Stadt, deren Einwohner fast alle Kitharisten seien, geschehe ständig ein ὕμνους λέγειν τῷ θεῷ μετ᾽ ᾠδῆς, womit seine Taten herausgestrichen werden (II 47,1–3 [ed. II 36–39]).

Utopie ist die (Sonnen-)Insel in II 55–59, auf der ὕμνοι καὶ ἐγκώμια an die Götter, vor allem auf Helios, gesprochen und gesungen werden (59,7 [ed. II 80–81]; λέγεσθαι und ᾄδεσθαι sind allerdings eher Synonyme als Differenzierungen).

Utopisch ist auch Παγχαία in V 42,4,[3] wo es zu den vornehmsten Pflichten der Priester gehören soll, befaßt zu sein ταῖς τῶν θεῶν θεραπείαις καὶ τοῖς περὶ τούτων ὕμνοις τε καὶ ἐγκωμίοις, μετ᾽ ᾠδῆς τὰς πράξεις αὐτῶν ... διαπορευόμενοι (46,2 [ed. III 224–225]; Hymnos und Enkomion sind kaum differenziert).

31. Dionysios von Halikarnassos (1. Jh. v.Chr./1. Jh. n.Chr.)[4]

Leider findet sich außer einigen Stellen zu ᾠδή oder μέλος nichts Hymnologisches in der wichtigen theoretischen Schrift Περὶ συνθέσεως ὀνομάτων (vgl. RHYS ROBERTS).

In Rom. arch. I 79,10 (ed. JACOBY 131; CARY 268–269) erwähnt der in Rom lebende Historiker das zeitgenössische Singen – ᾄδειν – von πατρίοι ὕμνοι ὑπὸ Ῥωμαίων. Solch „einheimische Götterlieder", carmina patria bei Vergilius, Georgica II 394, wurden später vom Vergilkommentator Servius (4. Jh. n.Chr.) „im Hinblick auf griechische Hymnen des Kybelekults als Hinweis

---

[1] Vgl. Hans VOLKMANN, KP II (1967) 666–670.
[2] Vgl. Hans VON GEISAU, KP II (1967) 1274–1275.
[3] Vgl. Konrat ZIEGLER, KP IV (1972) 450.
[4] Vgl. Michael VON ALBRECHT, KP II (1967) 70–71; KROH, Lexikon 181–183; Donald A. RUSSELL, OCD 351; Egidius SCHMALZRIEDT, KNLL IV (1989) 710–711.

auf die lateinischen Texte interpretiert" (WILLE, Musica 47 mit Anm. 215: „nam hymni Libero apud Graecos Graeca, apud Latinos Latine voce dicuntur; hymni vero matris deum ubique ... graecam linguam requirunt").

32. Chairemon von Alexandreia (1. Jh. n.Chr.)[1]

Von Rom aus zeichnet der ägyptische Priester und Stoiker in Frgm. 10 (Porphyrios, Περὶ ἀποχῆς IV 6–8) ein idealisierendes Bild ägyptischer Priester, deren tägliches ὑμνεῖν im Götterdienst (8) Parallelen zu Philons Therapeuten zeigt und schon auf das christliche Mönchtum vorausweist, ohne daß man von einer direkten „Entwicklungslinie" sprechen kann (vgl. STRATHMANN, RAC II 992).[2]

33. Pseudo-Longinos: Περὶ ὕψους (1. Jh. n.Chr.)[3]

Seltsamerweise enthält auch diese (anonyme) Stilkritik nichts Hymnologisches. Allerdings ist sie nur, seit dem 10. Jh. n.Chr., „fragmentarisch erhalten" (R. BRANDT 11). Die in 8,3 aufgereihten ἐγκώμια καὶ τὰ πομπικὰ καὶ ἐπιδεικτικά (a.a.O. 40–41: „Lobeshymnen, die Festansprachen und Prunkreden") beziehen sich alle auf die Rhetorik (a.a.O. 21).

34. Dion von Prusa (1./2. Jh. n.Chr.)[4]

„Die griechische Dichtung ist in den beiden ersten nachchristlichen Jahrhunderten so gut wie gar nicht vertreten" (ELLIGER IX).

In den erhaltenen Reden des politisch engagierten (Plinius d.J., Briefe X 81–82), stoischen Philosophen und kynischen Wanderpredigers Dion „mit dem später beigelegten Zunamen Chrysostomos" (KROH, Lexikon 178) spielt das Hymnologische bis auf gelegentliche Anklänge, z.B. an Kleanthes (s.o.

---

[1] Vgl. Hermann STRATHMANN, RAC II (1954) 990–993; Heinrich DÖRRIE, KP I (1964) 1121; KROH, Lexikon 126.
[2] Vgl. kritischen Text, Übersetzung und Anmerkungen bei VAN DER HORST, Chaeremon 16–23, 56, 60.
[3] Vgl. H.-D. B[LUME (?)], KP III (1969) 733–734; KROH, Lexikon 454–455; Donald A. RUSSELL, OCD 619. Vgl. neben der Ausgabe von R. BRANDT auch die Text-Zusammenstellung mit Aristoteles und Horatius im Penguin Book von DORSCH; außerdem FUHRMANN, Dichtungstheorie 135–160.
[4] Vgl. Heinrich DÖRRIE, KP II (1967) 60–61; KROH, Lexikon 178–179; Robert BROWNING, OCD 345. Belege nach L. DINDORF; vgl. die Übersetzung der Reden von W. ELLIGER.

A.I.a.22) in der Borysthenitischen Rede (36,29–37; vgl. ELLIGER XLII, 517–519), keine große Rolle. Die göttlichen Dichter preisen – ὑμνοῦσιν – den Vater der Götter und Menschen (36,32), wie nach einem anderen Mythos (36,39–61) die persischen Magier und sogar schon Zoroastres ὑμνοῦσιν (36,39) ‖ ᾄδουσι (36,40) ... den „Wagen des Zeus" (ELLIGER 520–527; DINDORF 58–60; vgl. CUMONT, Mysterien 105–107).

Dagegen häufen sich mehr oder weniger ironisch die preisenden Elemente der Rhetorik. Eine der scherzhaften Lobreden, das Enkomion auf das Haar, κόμης ἐγκώμιον (DINDORF 308–311), hat Synesios (s.u. B.V.a.21) auswendig zitierend in seinem Lob der Kahlköpfigkeit bewahrt (ELLIGER 780–782; CROSBY 331–343).

In einer verlorenen Schrift(stelle), so wiederum Synesios (Dion 3,2: CROSBY 378–379), lobt Dion die Essener – τοὺς Ἐσσηνοὺς ἐπαινεῖ (vgl. auch ADAM/BURCHARD, Berichte 39; MUSSIES, Dio IX).

35. Epiktetos (1./2. Jh. n.Chr.)[1]

In den viel gelesenen, noch zu Lebzeiten von Arrianos aufgezeichneten Diatribai des römischen Stoikers finden sich drei äußerst interessante und wichtige hymnologische Stellen, ja in der ersten sogar ein kleiner Hymnos (leider ganz vernachlässigt durch BONHÖFFER, Epiktet u. das NT).

I 16,15–21 geht es um das ἐπαινέσαι der Werke der Pronoia (vgl. auch III 17 und dazu PARMA, Pronoia 14). Nicht nur als νοῦς habend bzw. λογικός seiend muß man ὑμνεῖν τὸ θεῖον (τὸν θεὸν) καὶ εὐφημεῖν bzw. τὸν μέγιστον καὶ θειότατον ὕμνον ἐφυμνεῖν. Vielmehr soll man bei jeder alltäglichen Beschäftigung und Gelegenheit ᾄδειν τὸν ὕμνον τὸν εἰς τὸν θεόν. Daß dies nicht nur philosophisch-metaphorisch gemeint ist, zeigt der (auch als ᾠδή bezeichnete?) Hymnos Μέγας ὁ θεός mit sechsfachem ὅτι-Satz (ed./trans. I 112–113).

Weniger konkret und weniger voll von hymnologischen Begriffen sind die beiden anderen Stellen. Zum Ende von Buch III, das den Übergang bildet zum Thema von IV 1, περὶ ἐλευθερίας, ruft Epiktet zur paramilitärischen Ergebenheit auf im Falle, daß Gott als „All-Verwalter" keine Nahrung bereitstellt: πείθομαι, ἀκολουθῶ, ἐπευφημῶν τὸν ἡγεμόνα, ὑμνῶν αὐτοῦ τὰ

---

[1] Vgl. Michel SPANNEUT, RAC V (1962) 599–681; Heinrich DÖRRIE, KP II (1967) 313–314; KROH, Lexikon 199–200; Kurt VON FRITZ, OCD 390; Egidius SCHMALZRIEDT, KNLL V (1989) 229–231. Belege und Zitate nach W. A. OLDFATHER I–II (LCL).

ἔργα. Im Leben, zwischen Kommen und Gehen nach seinem Gutdünken, ist dies das „Werk": ὑμνεῖν τὸν θεὸν καὶ αὐτὸν ἐπ᾽ ἐμαυτοῦ καὶ πρὸς ἕνα καὶ πρὸς πολλούς (III 26,29–30: ed. II 236–237).

Man hört schließlich schon Klemens von Alexandreia, wenn das Leben verglichen wird mit der Teilnahme an Gottes ἑορτή, πομπή und πανήγυρις, wo es nur um Beifall, Bestätigung und ὑμνεῖν gehen kann ohne Klage über μοῖρα, das Schicksal (IV 1,108: ed. II 280–281).

36. Plutarchos (1./2. Jh. n.Chr.)[1]

Auf einige der wenigen hymnologischen Stellen wurde schon zu Alkman und Epikuros hingewiesen (s.o. A.I.a.5 bzw. A.I.a.23).

Das Lebensbild des Lysandros zitiert in Kap. 18, dem Bericht des Duris von Samos (4./3. Jh. v.Chr.) folgend, den Anfang eines Paians: τὸν Ἑλλάδος ἀγαθέας στραταγὸν ἀπ᾽ εὐρυχόρου Σπάρτας ὑμνήσομεν, ὦ ἰὲ Παιάν – „Des heiligen Griechenlands Feldherrn aus dem weiträumigen Sparta laßt uns besingen, O Paian!". Im Hinblick auf Plinius d.J. (Briefe X 96,7 [quasi deo]) sei auch Plutarchs Einleitung des Zitats wiedergegeben: ... ἐκείνωι (τῶι Λυσάνδρωι) βωμοὺς αἱ πόλεις ἀνέστησαν ὡς θεῶι καὶ θυσίας ἔθυσαν, εἰς πρῶτον δὲ παιᾶνες ἤισθησαν – „dem die Städte wie einem Gott Altäre errichteten und Opfer darbrachten, und der erste, auf den Päane gesungen wurden" (Text: PAGE, Poetae 459, Nr. 867; Übers.: ZIEGLER, Plutarch, Große Griechen III 27).

Kap. 16 der Lebensbeschreibung von Titus Quinctius Flamininus enthält den Schluß eines metrischen Lobgesangs der Chalkidier, in dem die πίστις der Römer verehrt wird (Z. 1, 5–6). Die Aufforderung an die Mädchen, Zeus, Rom, Titus und die „Treue der Römer" zu preisen (Z. 3–6, Μέλπετε κτλ.), mündet aus in den kultischen Ruf: ἰὴ ἰὴ Παιάν· ὦ Τίτε σῶτερ (Z. 6–7: POWELL, Collectanea 173 [Text]; vgl. die Übersetzung von Walter WUHRMANN in: ZIEGLER, Plutarch, Große Griechen VI 333).

In der antiquarischen Schrift Aitia Hellenika (Nr. 62; als Nr. 18 in NACHSTÄDT/SIEVEKING/TITCHENER 337–366) steht „der berühmte Hymnus der elischen Frauen an Dionysos (36)",[2] der mit doppeltem Refrain ἄξιε

---

1 Vgl. Konrat ZIEGLER, KP IV (1972) 945–953; KROH, Lexikon 502–506; Donald A. RUSSELL, OCD 848–850.
2 ZIEGLER, Plutarchos (2. Aufl. 1964) 225. Text auch unter „carmina popularia" in PAGE, Lyrica 236 mit Hinweis auf Pausanias VI 26,1.

ταῦρε endet und in der Einführung ebenso ausdrücklich als ὕμνος bezeichnet ist wie das Anrufen des Dionysos durch die Frauen als ὑμνεῖν (299 B; Text mit englischer Übers.: BABBITT, Moralia IV 216–219; vgl. auch PAGE, Poetae 462, Nr. 871).

Pseudo-Plutarchs Ethika 39, Περὶ μουσικῆς, ist „eine der wertvollsten Quellen unserer Kenntnis der griechischen Musik".[1] Was Homer in Ilias 472–474 sagt, καλὸν ἀείδοντες παιήονα κτλ., wird als ὑμνεῖν ... θεούς ausgelegt (2; 1131 D). Unter anderen Poeten bzw. Dichtungen soll der mythische Sänger Anthes aus Anthedon[2] in der Frühzeit von κιθαρῳδία und Musik τῆς Βοιωτίας ὕμνους geschaffen haben (3; 1132 A). Mit den Hymnen des Alkaios (s.o. A.I.a.7; vgl. hier den Hinweis von WÜNSCH, Hymnos 156, auf Homonymie von ὕμνοι in hellenistischer Zeit: „Dithyramben, Päane, Prosodien, Prooimien") wird der Gott Apollon als Erfinder der Aulos- und Kitharamusik verteidigt (14; 1135 F). Gerade wegen der nicht nur bei Alkaios sichtbar gewordenen Unsicherheit der Begriffe sei auch hingewiesen auf andere signifikante Stellen mit ᾄδειν und ᾠδή, vgl. 28 (1141 B), 36 (1144 C/D) und besonders 40 (1145 E), wo es um den rechten Gebrauch der Musik nach Homer geht, κλέα γὰρ ἀνδρῶν ᾄδειν καὶ πράξεις ἡμιθέων.

37. Mesomedes von Kreta (2. Jh. n.Chr.)[3]

Von den dreizehn Lyrica, die der Kreter als Freigelassener (so Suda) und „Hofmusiker Hadrians" (PÖHLMANN, Denkmäler 22) gedichtet haben soll, sind die letzten zwei schon längst durch Anth. Pal. XIV 63 und Anth. Plan. 323 bekannt.[4]

Die nach der Zählung von HEITSCH ersten drei Hymnen sind wegen der antiken Notation von besonderer Bedeutung (vgl. PÖHLMANN, Denkmäler 13–31, bes. 14–21; durch 22–31 ist über die „Überlieferungsprobleme der Verto-

---

[1] ZIEGLER, Plutarchos (2. Aufl. 1964) 179. Vgl., als Nr. 76, ZIEGLERS Edition: ZIEGLER/POHLENZ 1–48 mit Index; Text mit engl. Übers.: EINARSON/DE LACY 344–455. Zu den genannten Stellen vgl. Übers. und Kommentar von LASSERRE.

[2] Vgl. Wolfgang BOETTICHER, KP I (1964) 372.

[3] Vgl. neben LESKY, Geschichte 908–909, auch schon WÜNSCH, Hymnos 174–175 zu Synesios (s.u. B.V.a.21); Ulrich KLEIN, KP III (1969) 1237; KROH, Lexikon 413; DIHLE, Literatur 280–281. Texte bei HEITSCH, Dichterfragmente I 24–32, mit weiterer Literatur.

[4] Zum „freien Wechsel von katal[ektischen] und akatal[ektischen] Zeilen" des letzteren vgl. MAAS, Epidaurische Hymnen 131 = [5]; zur ganzen Sammlung und zur Abhängigkeit des Synesios 155–156 = [29–30].

nung" [des „Musenhymnus", „Helioshymnus", „Nemesishymnus"][1] hinaus wieder manches der komplizierten „Überlieferungsgeschichte der Mesomedes- texte" in Frage gestellt, was mit den Forschungen seit BELLERMANN [Hymnen] über WILAMOWITZ [Verskunst 595–607] und HUSMANN [Metrik] bis HEITSCH [Helioshymnen bzw. Dichterfragmente I] „einen gewissen Abschluß erreicht" zu haben schien [22]).

Überschriften (in I–XI), Initien, Zahl der Verszeilen und einige weitere hymnologische Hinweise können nur einen ersten Eindruck von den überliefer- ten Stücken verschiedener Länge und Metrik vermitteln (Text von Nr. IV und V auch schon bei POWELL, Collectanea 197–199).

   I. Εἰς Μοῦσαν: Ἄειδε μοῦσά μοι φίλη (1–9);
  II. Ὕμνος εἰς Ἥλιον: Εὐφαμείτω πᾶς αἰδήρ (1–25);
 III. Ὕμνος εἰς Νέμεσιν: Νέμεσι πτερόεσσα βίου ῥοπά (1–20; 16–20 abgesetzt als zweites Stück: Νέμεσιν θεὸν ᾄδομεν ἀφθίταν);
 IV. Εἰς τὴν Φύσιν: Ἀρχὰ καὶ πάντων γέννα (1–24);
  V. Εἰς τὴν Ἴσιν: Εἰς ὕμνος ἀνά τε γᾶν (1–19; 3: ᾄδεται);
 VI. Εἰς Ἀδρίαν: Ἀδρία βαθύπλου, πόθεν ἄρξομαι (1–16; 2, in Frage: ὑμνεῖν σε);
 VII. Εἰς ὡρολόγιον: Τίς ὁ λάινον ἄντρον Ἄρει ξέσας (1–8);
VIII. Ἄλλο εἰς ὡρολόγιον: Τίς ἐτεύξατο χαλκελάτῳ τέχνᾳ (1–29);
 IX. Ἔκφρασις σπόγγου: Ἄνθος τόδε σοι βυθίων πετρῶν (1–15);
  X. Εἰς κύκνον: Κύκνον ἐνὶ ποταμῷ (1–20);
 XI. Εἰς κώνοπα: Ἐλέφαντος ἐπ' οὔατι κώνωψ (1–7);
 XII. Ἕρπουσα ποτωμένα βεβῶσα κούρα (1–11);
XIII. Τὰν ὕελον ἐκόμιζε (1–13, unvollständig).

38. Orphische Hymnen (2. Jh. n.Chr.)[2]

Am Ende von Kapitel 30 des Buches IX sagt Pausanias (s.u. A.I.a.39), daß jeder, der sich viel mit Dichtung beschäftigt hat, τοὺς Ὀρφέως ὕμνους οἶδεν, und zwar als solche, die je sehr kurz und zusammen nicht zahlreich seien. Er weiß auch, daß die Lykomidai sie bei den δρώμενα (Opfer oder Mysterienriten) singen und daß sie an Schönheit den Hymnen des „Homeros" kaum nachstehen. Dieses schon von KERN (Fragmenta 318–325) zu den Hym- nen herangezogene Testimonium scheint, was Kürze und Anzahl angeht, nicht

---

[1] Zu diesen drei Hymnen vgl. auch VON JAN, Musici 454–473 („6–8. De Mesomedis hym- nis"), besonders 460–473 (Texte mit Noten).
[2] Vgl. Konrat ZIEGLER, KP IV (1972) 351–362, bes. 357; KROH, Lexikon 437; und s.u. A.III.d.4.

ganz zusammenzupassen mit der Sammlung von 87 pseudorphischen Hymnen, die in den (mittelalterlichen) Handschriften meist mit anderen Hymnensammlungen, neben denen von Kallimachos und Proklos natürlich auch den Homerischen Hymnen, überliefert sind (vgl. QUANDT, Hymni 3*–9*).

Vielleicht stammt unser orphisch–dionysisches „Liederbuch" – so GRAF im Nachwort zur Neuausgabe der deutschen Übersetzung der orphischen Hymnen von PLASSMANN 161–175 – doch nicht nur „von einem Verfasser", wie QUANDT in seinem verspäteten Dank an P. MAAS u.a. mit Nachdruck behauptet (Bemerkungen 124), sondern wurde im 2. Jh. n.Chr. in Kleinasien unter Aufnahme älterer orphischer Traditionen (vgl. Vorsokratiker, s.o. A.I.a.9) gedichtet und zusammengestellt (vgl. WEINREICH, Hymnologica 525–527; WEST, Orphic Poems 28–29; DIHLE, Literatur 280 [2.–4. Jh. n.Chr.]).

Obwohl am hymnischen Charakter der Dichtungen gar kein Zweifel bestehen kann, sei doch festgestellt, daß ὕμνος ausdrücklich nur im Titel von 29, 31, 45, 61 und 64 erscheint (vgl. auch 53,6) und ὑμνεῖν nur 55,26 gebraucht wird (vgl. auch πολύυμνε in 55,1 und πολύυμνον in 76,12). Zu anderen stereotypen Begriffen, neben der „Anhäufung rühmender Epitheta" (ZIEGLER, KP IV [1972] 357), wie ἄναξ, μάκαιρα, μάκαρ, μέγας, ὅς (relativum), πολυ-, σύ ist der Index von QUANDT (Hymni 64–79) heranzuziehen; sehr eigenartig scheint χαίρω verwendet zu sein.

39. Pausanias (2. Jh. n.Chr.)[1]

Genauer als Herodot (s.o. A.I.a.12) sagt der Perieget über den legendären Olen, daß er den Griechen die ältesten Hymnen gedichtet habe und ἐν Εἰλειθυίας ὕμνῳ die Göttin Eileithyia[2] die Mutter des Eros nenne (IX 27,2; Text schon bei WÜNSCH, Hymnos 147).

In IV 30,4 des antiken Griechenlandführers findet sich, mit Zitat von Hom. Hymn. 2,417–420, ein expliziter Hinweis auf den großen Demeter-Hymnos von „Homeros".

Auch den Demeter-Hymnos von Musaios (s.o. A.I.a.9) für die Lykomidai scheint Pausanias zu kennen (I 22,7; Text auch bei WÜNSCH, Hymnos 147); denn er äußert sich sogar über den mythologischen Inhalt (IV 1,5).

---

[1] Vgl. F. LASSERRE, KP IV (1972) 570–572; KROH, Lexikon 452–453; Eric H. WARMINGTON, OCD 793. Texte nach ROCHA-PEREIRA.
[2] Vgl. Wolfgang FAUTH, KP II (1967) 212–213.

Über Ion von Chios (s.o. A.I.a.15) berichtet er im Zusammenhang mit dem Kult des Kairos[1] und anderer Götter in Olympia: Ἴωνι δὲ οἶδα τῶι Χίωι καὶ ὕμνον πεποιημένον Καιροῦ· γενεαλογεῖ δὲ ἐν τῶι ὕμνωι νεώτατον παίδων Διὸς Καιρὸν εἶναι (V 14,9: PAGE, Poetae 384, Nr. 742).[2]

40. Aristeides, Ailios (2. Jh. n.Chr.)[3]

In seinen zwischen 142 und 180 n.Chr. gehaltenen bzw. geschriebenen Reden (λόγοι) zitiert der gefeierte Rhetor und Anhänger des Asklepioskults aus einer Traumvision den Anfang und drei weitere Zeilen eines anonymen, ἀρχαῖον ᾆσμα genannten „Hymnus in Jovem" (HEITSCH, Dichterfragmente I 165, Nr. XLVII [Text]): Δία τὸν πάντων ὕπατον κλήιζω – „Zeus, den Allerhöchsten, rühme ich" (Z. 1, Rede XLVII 30: K. 383,21–27; SCHRÖDER, Berichte 28). Das κλήιζειν ist dabei so hymnisch zu verstehen wie das μέλπειν θεούς (Z. 3).

Überhaupt sind die im Jahre 171 aufgezeichneten, ältere Träume reflektierenden „Hieroi Logoi" (XLVII–LII: K. 376–467) „voll von Götteranrufungen und Bruchstücken von Hymnen und Päanen" (SCHRÖDER, Berichte 12). Fünf weitere solcher Fragmente hat HEITSCH als S 2 1–5 herausgestellt (Dichterfragmente II 41–42), die alle auch in der Liste „Fragments of lost works" von BEHR vorkommen (B. I 413–424). Die kurze Besprechung der einschlägigen Erwähnungen solcher nicht erhaltenen Reden und Dichtungen ist wichtig für die weiter unten erfolgende Behandlung der sogenannten „Manteutoi".

---

[1] Vgl. Walter PÖTSCHER, KP III (1969) 48.

[2] Zur ausdrücklichen und impliziten Erwähnung dieser und anderer Hymnen vgl. mit guten Anmerkungen LEVI, Pausanias I–II, im Index von Bd. I unter Alkaios, Boio, Demeter (of Hymns), Herophile (Sibyl), Homer, Mousaios, Olen und Pindar; im Index von Bd. II unter Homer, Mousaios und Olen. Ergänzend dazu vgl. ROCHA-PEREIRA III 326 unter ὕμνοι im Index rerum notabilium; POWELL, Collectanea 23–24 („Hymnus in Apollinem" des Βοιώ).

[3] Vgl. L. FRÜCHTEL, Aristides Rhetor, in: RAC I (1950) 654–656; Hans GÄRTNER, KP I (1964) 557–559; KROH, Lexikon 77; Eric R. DODDS, OCD 110; BEHR, Arist. and Sacred Tales 128–130 („chronological order of the orations"); BEHR, Aristides I (= LCL 458 [1973]) vii–xxi (Einleitung zu Leben, Schriften und Text); VAN DER HORST, Aristides 1–3 („Life and works"), 87–93 (Bibliographie); R. KLEIN, Romrede, Einführung (1981) 71–112 (zu Leben und Werk); SCHRÖDER, Arist., Hl. Berichte 9–13 („Einleitung"). Zu den sogenannten Hymnen vgl. besonders die Arbeiten von AMANN (Zeusrede [Rede XLIII]), GIGLI (Teoria e prassi metrica [vor allem zu den Reden XLI und XLV]), HÖFLER (Sarapishymnus [Rede XLV]), JÖHRENS (Athenahymnus [Rede XXXVII]), LENZ (Athenahymnos [Rede XXXVII]; Dionysoshymnos [Rede XLI]; Herakleshymnos [Rede XL]), MESK (allgemein zu den Prosaund Vershymnen), UERSCHELS (Dionysoshymnos [Rede XLI]), VOLL (Dionysos-Hymnos [Rede XLI]), WAHL (Herakleshymnos [Rede XL]) und schon WEINREICH (Hymnologica 527–531 [Ergänzungen zu WÜNSCH, Hymnos 173]). Texte und Belege, wenn nicht anders vermerkt, nach der Edition von B. KEIL (= K.) und der englischen Übersetzung von C. A. BEHR, Works I–II (= B. I bzw. II).

Ebenfalls im ersten Buch der Hieroi Logoi sagt Aristeides im Zusammenhang eines Traumgesprächs περὶ Νυμφῶν ἐπαίνων von sich selbst: ταῦτά τε δὴ καὶ Ὑγιείας ἐδόκουν τι λέγειν ἐγκώμιον – „I dreamed that I said these things and also some praise of Hygieia" (XLVII 35: K. 384,16.18–19; B. II 283).

Das zweite Buch der Hieroi Logoi enthält das Doppeltraumgesicht eines sonst unbekannten Philadelphos, in dem dieser den Verfasser des Tagebuchs im heiligen Theater des Asklepieions u.a. δημηγορεῖν τε καὶ ὑμνεῖν τὸν θεόν sah (XLVIII 30: K. 401,16; B. II 297; zu den „Doppelträumen" vgl. den Aufsatz von A. WIKENHAUSER, Bib. 39 [1948], bei SCHRÖDER, Berichte 49, Anm. 58).

Die beiden soeben genannten Traumreden wird man wohl kaum als „lost works" (B. I 415–416) im eigentlichen Sinne bezeichnen können. Anders steht es mit den zwei bis drei im dritten Buch der Hieroi Logoi zitierten, im Traum in einer Schule von Alexandreia gelesenen und gesungenen Versen (τὰ ἔπη), die offenbar zu den ersten dichterischen Produkten des Aristeides τῷ θεῷ (d.h. für Asklepios) gehören: πολλοὺς δ' ἐκ θανάτοιο ἐρύσατο δερκομένοιο, κτλ. – „He has saved many from manifest death" (XLIX 4: K. 414,17–26, bes. 20; B. II 308; HEITSCH, Dichterfragmente II 41 [S 2 2]; vgl. dazu u.a. II Kor 1,10 bei VAN DER HORST, Aristides 56).

Was Aristeides gleich am Anfang des vierten Buchs der Hieroi Logoi bekennt, weist voraus auf den großen Abschnitt „C. § 31–47 Lyric poetry" (B. II 435, Anm. 1 zu Rede L): καί μοι πολλὰ μὲν εἰς αὐτὸν τὸν Σωτῆρα ἐποιήθη μέλη, …, πολλὰ δὲ εἴς τε τὸν Αἴσηπον καὶ Νύμφας καὶ τὴν Θερμαίαν Ἄρτεμιν – „und ich dichtete einerseits viele Lieder auf den Heiland selbst (d.h. Asklepios), …, und andererseits auch auf den Aisepos, die Nymphen und die Artemis Thermaia" (L 4: K. 426,24 – 427,3; SCHRÖDER, Berichte 82). Es ist schwer zu sagen, ob und in welcher Weise diese Lieder auf den in der Spätantike oft „Soter" genannten „Gott" Asklepios, den Fluß Aisepos, die Nymphen und die nach den „benachbarten Warmen Quellen" (L 2: K. 426,8–9; SCHRÖDER, Berichte 81) benannte Artemis Thermaia hymnischen Charakter hatten.

Für die zahlreichen restlichen Stellen genügt im folgenden eine tabellarische Übersicht mit wenigen hymnologisch relevanten Zitaten und Bemerkungen.

L 25: ἐν τοῖς βιβλίοις ἐνέσπαρται τοῖς ἡμετέροις Ἀθηνᾶς τε ἐγκώμιον καὶ Διονύσου καὶ ἑτέρων (K. 432,8–9; vgl. B. II 382, Anm. 1 zu XXVIII, und 436, Anm. 43: „This *Athena* is lost and is not to be confused with oration XXXVII, … *The Dionysus* is oration XLI").

L 30: εἶχον δὲ τότ' ἐν χερσὶ τὸν τρίτον τῶν εἰς αὐτὸν λόγων (K. 433,16–17; vgl. B. I 413, II 324 und besonders II 436, Anm. 57: „The Third Sacred Tale, as I think").

L 31: (᾿Ασκληπιός, ὁ θεὸς) ἐνῆγεν δέ με καὶ πρὸς τὴν τῶν μελῶν ποίησιν – „He also urged me to the composition of lyric poetry" (K. 433,19; B. II 324). Damit beginnt der L 31–47 umfassende, autobiographische Bericht (λόγος [L 38: K. 435,11]) über des Redners Dichtung von Gesängen (ᾄσματα), Hymnen (ὕμνοι), Liedern (μέλη) und Paianen (παιᾶνες) sowie über seine Tätigkeit als Chorleiter (bes. L 38–47). In „Anspielung auf Pindar, Olymp. 2,1" dichtete der Traumseher offenbar schon in Rom „i.J. 144 n.Chr." den Paian auf Apollon: Φορμίγγων ἄνακτα Παιᾶνα κλήσω – „Des Saitenspielers Meister Paian will ich preisen" (K. 433,23; SCHRÖDER, Berichte 92, mit wichtigen Anmerkungen; Text als S 2 3 bei HEITSCH, Dichterfragmente II 42). Das Lied (ᾆσμα [so auch in L 36] = παιάν [L 37]) auf Παιών Apollon (L 37: K. 435,9) soll wie ein Chorlied drei Strophen umfaßt haben, also Strophe, Antistrophe und ἐπῳδός („Abgesang"; K. 433,26–28; 434,31; 435,4; zu Simonides vgl. SCHRÖDER, Berichte 94, Anm. 90).

L 38: Σωτὴρ ᾿Ασκληπιὸς ... ἐπέταξεν ἡμῖν διατρίβειν ἐν ᾄσμασι καὶ μέλεσι, ..., τὰ δ' ᾄσματα ᾖδον οἱ παῖδες, ... Θεόδοτος ὁ ἰατρὸς ... ἐκέλευε τοὺς παῖδας ᾄδειν τῶν μελῶν (K. 435,12–20; vgl. B. II 325). Arztgott und Menschenarzt verschreiben also die gleichen vom Patienten selbst gedichteten Knabenchorgesänge!

L 39: „Schon das war ein großer Gewinn, noch größer aber war die Zunahme meiner Ehre" (SCHRÖDER, Berichte 94; vgl. K. 435,21–22 [κέρδος, τιμή]). Dieser Ehrgeiz konkretisiert sich einerseits darin, daß εὐδοκίμει γὰρ καὶ τὰ μέλη παρὰ τῷ θεῷ (K. 435,22–23), andererseits in dem Auftrag des Gottes, „solche nicht nur auf ihn selbst zu dichten" (ποιεῖν), sondern z.B. auch auf Pan, Hekate und Acheloos (K. 435,23–24; SCHRÖDER, Berichte 95, mit wichtigen Anmerkungen). Ein Hymnos auf Athena (ὕμνος τῆς θεοῦ) mit der Anfangszeile, ῞Ικεσθε Περγάμῳ νέοι – „Kommt nach Pergamon, ihr jungen Leute," und ein anderer (Hymnos) auf den efeubekränzten Dionysos mit dem Chairetismos als Refrain (ἐπᾳδόμενον), Χαῖρ' ὦ ἄνα κισσεῦ {Διόνυσε}, beide von den entsprechenden göttlichen Gestalten im Traum eingegeben, standen offenbar ἐν τοῖς ᾄσμασιν, d.h. unter den verlorenen Lyrica des das rechte Knie beugenden Dichters (K. 435,25–33; vgl. HEITSCH, Dichterfragmente II 42, Nr. S 2 4; als Ergänzung zu SCHRÖDER, Berichte 95, Anm. 98a, vgl. schon WEINREICH, Hymnologica 527–531 [„Knien beim Hymnos auf Dionysos"]).

L 41: Neben Zeus und Hermes (L 40: K. 435,33 – 436,6) sind es die „zwei Nemesisgöttinnen" in Smyrna, denen ein Hymnos gebührt (K. 436,6–8; vgl. SCHRÖDER, Berichte 96). Ob dieser Hymnos geschrieben wurde, bleibt offen; gesagt wird nur, πλεῖστα δὲ εἰς 'Απόλλω τε καὶ 'Ασκληπιὸν ἐποιήθη κατὰ τὰς τῶν ὀνειράτων ἐπιπνοίας – „But most things were written for Apollo and Asclepius through the inspiration of my dreams" (K. 436,8–10; B. II 326).

L 42: Θεόδοτος ... ἐδόκει γὰρ ᾄδειν ἐμὸν παιᾶνα, ἐν ᾧ ταύτην τὴν πρόσρησιν εἶναι· Ἰὴ Παιὰν Ἥρακλες 'Ασκληπιέ. καὶ οὕτω δὴ τὸν παιᾶνα ἀπέδωκα ἀμφοτέροις τοῖς θεοῖς κοινόν (K. 436,11–16, bes. 14–16; vgl. denselben Paian auf beide Götter in XL 21 [K. 329,29 – 330,6, bes. 330,1–2], dort von jemand anderem geträumt und statt πρόσρησις [„Anrufung"] als ἐπᾳδόμενον [„Refrain"] bezeichnet; „ebenda drückt Aristides auch eine gewisse Skepsis gegenüber diesem Synkretismus von Herakles und Asklepios aus" [SCHRÖDER, Berichte 96, Anm. 104]; vgl. den Text als S 2 1 bei HEITSCH, Dichterfragmente II 41).

L 45: Aristeides hat offenbar auch im Zusammenhang mit seiner Tätigkeit als Organisator von öffentlichen Chören (L 43–47) Inschriften verfaßt, von denen zwei zitiert werden. Sein eigenes ἐλεγεῖον (K. 437,6; vgl. SNELL, Metrik 10–11 [„Distichon"]), mit dem er als Dichter (ποιητής), Schiedsrichter (βραβεύς) und Chorführer (χορηγός [Z. 1]) das Denkmal (μνῆμα, d.h. den silbernen Dreifuß) unter hymnischem Preis seines „Herrn" (ἄναξ) weihte (ἔθηκεν [Z. 2]), wurde ersetzt durch das göttliche Epigramm (θεῖον ἐπίγραμμα), in dem sich die überspannte Selbsteinschätzung typisch ausdrückt:

Οὐκ ἀφανὴς Ἕλλησιν 'Αριστείδης ἀνέθηκεν
μύθων ἀενάων κύδιμος ἡνίοχος.

„Keinem Hellenen fremd, Aristides hat mich gestiftet,
ewig strömenden Worts ruhmvoller Lenker und Held."

(K. 437,7–15, bes. 7–8 und 14–15; SCHRÖDER, Berichte 97; Texte als S 2 5 bei HEITSCH, Dichterfragmente II 42; zu weiteren Inschriften „erected by Aristides" vgl. B. I 425; der von HERZOG [Asklepios-Hymnus 754, 757] rekonstruierte inschriftliche und dem Aristeides zugeschriebene Hymnos wird von BEHR mit Recht als „falsely attributed" bezeichnet [B. I 425-426 und 506, Anm. 15]).

Nun zu den oft als ὕμνοι oder „Prosahymnen" bezeichneten „Götterreden" (μαντευτοί, nr. 37–46 [B.] K[EIL])" (CHRIST/SCHMID/STÄHLIN, Geschichte II 702, 705), die vielleicht ursprünglich nur die jetzigen Nrn. XXXVII–XLI + LIII umfaßten (vgl. B. II 409, Anm. 1 zu XXXVII, und 416, Anm. 1 zu

XLII), die aber „Menandros" im 3. Jh. n.Chr. schon als „Manteutoi" kennt („Speeches Prescribed by Oracle" [B. I 504, Anm. 86]), offenbar einschließlich Nr. XLII, allerdings wahrscheinlich auch das in XLVII 35 (s.o.) erwähnte Ὑγιείας ... ἐγκώμιον enthaltend: ... ἐν τοῖς Μαντευτοῖς Ἀριστείδης.

οὗτος γὰρ τὸν Ἀσκληπιὸν καὶ τὴν Ὑγίειαν συγγέγραφεν (SPENGEL, Rhetores III 344,2–3; der Theoretiker spricht im Zusammenhang [III 343,27 – 344,4] ausdrücklich vom Gegensatz zwischen dem selektiven ποιητής von προσευκτικοὶ ὕμνοι und dem auch in bezug auf die ἔπαινοι vollständigeren συγγραφεύς (= „prose-writer, opp. poet" [GEL 1661]; vgl. auch LENZ/BEHR, Aristidis opera I [1976] LXX).

Für eine sachgemäße Kategorisierung der in verschiedenen Lebensabschnitten gehaltenen Lobreden XXXVII–XLVI und des Fragments LIII muß man natürlich fragen, wie der Autor und Rhetor selbst sie bezeichnet und verstanden wissen will. Dies kann sozusagen synchronisch nach der Reihenfolge der Edition von KEIL geschehen, wobei auf die jeweilige Datierung in den Anmerkungen von BEHR nachdrücklich hingewiesen sei (B. II 409–424, 445–446).

[1] XXXVII 1–29: Ἀθηνᾶ (K. 304–312; B. II 223–229). Am Anfang und zum Ende hin wird diese von 2 bis 28 im „Sie"-Stil gehaltene Rede über mythische Herkunft und sagenhafte Taten (ἔργα bzw. πράξεις) der mit ὦ δέσποινα (1) angeredeten Athena als λόγος bezeichnet, der allerdings ἔσται μικτὸς εὐχῆς τε καὶ ὕμνου (1: K. 304,5; vgl. 28: K. 312,15). Solche Mischung mag sich auch auf Quellen wie Gebete und Hymnen beziehen, sogar auf das eigene, nicht erhaltene Ἀθηνᾶς ἐγκώμιον (s.o. zu L 25).

[2] XXXVIII 1–24: Ἀσκληπιάδαι (K. 313–319; B. II 230–234). Die auf poetische Mythologie und praktischen Kult gestützte epideiktische Rede (vgl. ἐπιδειξώμεθα [3: K. 313,12]) an und über Podaleirios und Machaon[1] ist in erster Linie λόγος (1, 3–5, 24), allerdings traumgemäß auch ἐγκώμιον (5) bzw. ein Akt des ἐγκώμιον ποιῆσαι (1) und des ἐπαινεῖν (2). Die Einleitung (1–4) will die Poeten übertreffende κλῆσις sein (4); die nacherzählende Rede im pluralischen „Sie"-Stil (5–21) über Geburt, Ausbildung, Dynamis (17), unsterbliche Physis (20) und Kult-ἔργα (21) der Asklepiossöhne geht über in prosaischen Lobpreis im „Du"-Stil (22 [ὦ μακαριστοὶ κτλ.] bis 24) und endet mit der Bitte um Gesundheit (24). Nur die letzten Abschnitte „muten wie aufgelöste Hymnen an" (WÜNSCH, Hymnos 173).

[1] Vgl. Hans VON GEISAU, KP III (1969) 852–853 bzw. KP IV (1972) 961.

[3] XXXIX 1–18: Εἰς τὸ φρέαρ τὸ ἐν Ἀσκληπιοῦ (K. 319–324; B. II 235–238; zum „Brunnen des Asklepios" vgl. auch DELLING, Wundertexte 26, Nr. 29). Dieses beschreibende Sprechen (εἰπεῖν [z.B. 2 und 6]) über das reine und wunderheilende Wasser des heiligen Brunnens des Soter Theos (3 u.ö.) will ein λόγος sein (1), dessen prosaischer Charakter angereichert ist durch die üblichen rhetorischen Übertreibungen.

[4] XL 1–22: Ἡρακλῆς (K. 325–330; B. II 239–243). Der λόγος (22) im „Er"-Stil über Mythologie, Ephiphanien (12–13) und Kult des mächtigen und universalen Herakles, auf den Aristeides offenbar auch einen Paian gedichtet hat (21; s.o. zu L 42), wird eingerahmt von zwei hymnischen Vokativen, ὦ φίλτατε (1) bzw. ὦ φίλε (22), die als Anrede verbunden sind mit der Absicht zu preisen (ἐπαινεῖν [1]) und mit Reminiszenzen einerseits an die bekannte Tatsache, daß der Sohn des Zeus πολυύμνητος sei (1), andererseits an den eigenen Traum vom ἔπαινον λέγειν (22).

In der Einleitung differenziert der Redner zwischen den πολλοὶ οἱ καταλογάδην ᾄδοντες τὰ σά („many who sing your deeds in prose") und den Poeten, die πολλά ... κατὰ πάντας τρόπους ὑμνήκασιν („have hymned you much in every fashion"). Größer als all das in Epik, Lyrik und Dramatik sei ὁ καθ᾿ ἡμέραν ὑπὸ πάντων ἔπαινος – „the daily praise of all men" (1: K. 325,2–4; B. II 239), von der Rhetorik natürlich ganz zu schweigen.

[5] XLI 1–13: Διόνυσος (K. 330–333; B. II 244–246). Dieses relativ kurze und frühe Stück der Redekunst (vgl. τὸ δεῖν εἶναι πολυμηχάνους περὶ τοὺς λόγους [2: Ed. 330,22]), das Aristeides später selbst ἐγκώμιον nennt (s.o. zu L 25), ist bis auf die Einleitung ganz im „Er"-Stil gehalten. Wenn die Aufzählung der mythologischen und kultischen Einzelheiten einmal als ὑμνεῖν bezeichnet wird (9: K. 332,12 [ἀρτίως ὑμνοῦμεν]), so ist das sicher vom Kontext beeinflußt, in dem es von Pindaros heißt, daß er τὸν Πᾶνα χορευτὴν τελεώτατον θεῶν ... ὑμνεῖ (6: K. 331,17–18; vgl. Frgm. 79 in: WERNER, Pindar 428).

Das χαίρειν am Schluß (13: K. 333,17) mag manchen hymnischen Chairetismos widerspiegeln. Denn in der Einleitung sagt ja der συμμέτρῳ τῇ φωνῇ den Gott anredende, begrüßende Rhetor (zu προσαγορεύω vgl. GEL 1499 und GDW 1410), er wolle τοὺς μὲν οὖν τελέους ὕμνους τε καὶ λόγους περὶ Διονύσου dem Orpheus und dem Musaios sowie τοῖς ἀρχαίοις τῶν νομοθετῶν überlassen (2: K. 330,16–20; zum „Dionysoschor der Alten" vgl. Platon, Nomoi II 664b–672d: EIGLER, Platon VIII,1 [1977] 108–135).

[6] XLII 1–15: Λαλιὰ εἰς Ἀσκληπιόν (K. 334–339; B. II 247–250). Nur scheinbar richtet sich diese Rede (λόγος [11]) an Asklepios, den der auf sein

Rednerleben und seine Werke zurückblickende und τοῖς θείοις βασιλεῦσιν (d.h. Mark Aurel und Commodus [14]) schmeichelnde Rhetor mit ὦ δέσποτα anredet (1, 12). Zwar werden die oft besungenen δυνάμεις des Zeus Asklepios spezifiziert (4–11); doch in Wirklichkeit handelt die vielleicht dem „Menandros" bekannte Rede (vgl. SPENGEL, Rhetores III 344,2–3) von den λόγοι des Aristeides selbst (2, 3, 12, 14, 15), von denen solche περὶ τοὺς θεοὺς ἀναγκαιότατοι καὶ δικαιότατοι seien (3: K. 334,16–17; welche davon sind ὁμιλίαι [9, 15: K. 337,4 bzw. 338,21]?).[1]

[7] XLIII 1–31: Εἰς Δία (K. 339–347; B. II 251–256). In der umständlichen Einleitung (1–6) zu der religionsgeschichtlich äußerst wichtigen, im „Er"-Stil gehaltenen Rede über Zeus als Schöpfer, Erhalter und Vollender des Alls (7–31; vgl. besonders den Index von VAN DER HORST, Aristides 102–104) nennt der aus Seenot gerettete Aristeides seinen λόγος (1, 6) nicht nur metaphorisch-pluralisch δῶρα und χαριστήρια (1), sondern deklariert ihn auch als Erfüllung des Gelöbnisses (ὑπισχνέομαι), ὕμνον ἐρεῖν Διός, καὶ ταῦτα ἄνευ μέτρου (2: K. 339,6.7.13). Diese Rhetorik macht jedoch die Rede weder zur Votivgabe noch zum Dankopfer noch zu einem Hymnos; freilich kennt der Rhetor aus der antiken und spätantiken Dichtung die Anrufung der Musen, die u.a. τὴν θείαν ᾠδήν singen: ᾄδετε, ὑμνοῦσαι τὸν ὑμέτερόν τε καὶ τῶν ὅλων πατέρα (6: K. 340,7-8; vgl. auch das Zitat aus den Homerischen Hymnen [III 132] in 25: K. 345,23).

[8] XLIV 1–18: Εἰς τὸ Αἰγαῖον πέλαγος (K. 347–352; B. II 257–260). Nicht als ποιητής, sondern als λογογράφος will Aristeides mit diesem λόγος dem Ägäischen Meer die Schuld abtragen durch ὑμνεῖν ‖ ἐπαινεῖν (1–2). Die eigentliche Rede im „Es"-Stil über die Vorzüge der Ägäis, zu denen besonders auch die Musik gehört (3–18, bes. 11–12, 16), läuft aus in Anrede und Bitte um Bewahrung und knüpft metaphorisch an das in der Einleitung erwähnte Besingen (ᾄδω) des πέλαγος an: Ταῦτά σοι παρ' ἡμῶν, ὦ φίλε σῶτερ Αἰγαῖε, ἤσθω τῇ ἡμετέρᾳ μουσικῇ (18: K. 352,4-5). Die „Musik" des Aristeides ist natürlich seine Lobrede, und das „Singen" ist seine Redekunst.

[9] XLV 1–34: Εἰς [τὸν] Σάραπιν (K. 352–362; B. II 261–268).[2] Dieses älteste der erhaltenen Werke ist von größter Bedeutung für die Einordnung der Reden über die Götter. Der eigentliche Hauptteil (15–32), der im „Er"-Stil über die Werke (ἔργα) des für das menschliche Leben (βίος) zuständigen

---

[1] Zu Asklepios und Aristeides vgl. WEINREICH, Heilungswunder 202–203, 208–209.
[2] Zu Sarapis (Serapis) und Aristeides vgl. WEINREICH, Heilungswunder 207; DELLING, Wundertexte 28, Nr. 32.

„Gottes" redet und sich selbst als λόγος einstuft (14, 32: K. 356,19; 362,2), ist ebenso breit eingerahmt durch eine programmatische, diatribische Einleitung zum Verhältnis von (eigener) Prosa (λόγος, λόγοι) und Dialog (διαλέγεσθαι) zu metrischer Poesie (μέτρα, ποιητική [1–13, bes. z.B. 8: K. 354,20–26]) und durch eine abschließende Begrüßung (33–34; zu προσαγορεύω [32: K. 362,2] vgl. auch schon πρόσρησις [13: K. 356,15]).[1]

Die Begrüßung redet den „Reichsgott"[2] u.a. panegyrisch an: ὦ κοινὸν ἅπασιν ἀνθρώποις φῶς (33: K. 362,5); ὦ πολυτίμητε (34: K. 362,11). Ums τιμᾶν geht es ja auch dem sich vom γένος τῶν ποιητῶν (1: K. 352,6) absetzenden Prosa-Redner (passim, z.B. 5, 8, 9), der schließlich zurückblickt auf τόν τε ὕμνον τόνδε ..., χαριστήριον μέν ..., ἱκετηρίαν δὲ καὶ παράκλησιν (34: K. 362,12–14).

Mit diesem „Hymnos" ist entweder nur die feierliche, wenn auch wiederum nichtmetrische Schlußadresse gemeint (vgl. ἄνευ μέτρων [8: K. 354,31]), oder aber – und dann ironisch – die ganze durch die „Du"-Passagen (14 und 33–34) eingefaßte enkomiastische „Er"-Rede (15–32; vgl. ἐγκωμιάζω [15: K. 356,27]).

Ironisch wäre das deshalb, weil Aristeides gegen das selbstgenügsame ὑμνῆσθαι der Poeten polemisiert, ἐπειδὰν ποιῶσι τοὺς ὕμνους καὶ παιᾶνας τοῖς θεοῖς (3: K. 353,8–9.15). Es ist schon „ernst gemeint" (gegen WÜNSCH, Hymnos 173), daß er das ποιεῖν τοὺς ὕμνους τοῖς θεοῖς καὶ προσαγορεύειν „den Dichtern überlassen will" (4: K. 353,18–19), ὥσπερ προφήταις ὡς ἀληθῶς οὖσι τῶν θεῶν (4: K. 353,19–20). In Verteidigung der prosaischen Form in Rede und Literatur gegenüber der auf die metrische Form reduzierten Dichtung von Hymnen und Liedern (vgl. auch das angeblich leichtere δι' ᾠδῆς [13: K. 356,7] und das unbekannte Zitat vom ἀνοῖξαι πίθον ὕμνων [13: K. 356,10]) heißt es sehr bestimmt: ὕμνους δὲ οὐχ ἡγούμεθα δεῖν κατὰ τοῦτον τὸν τρόπον ποιεῖν – „Yet we do not believe that we ought to compose hymns in this manner" (4: K. 354,9–10; B. II 262).

Die Götter zu ehren (τιμᾶν), was ja Aristeides durchaus auch intendiert, geschieht daher besser, vollständiger und harmonischer ἄνευ μέτρων (8: K. 354,31), nämlich λόγῳ (13: K. 356,7; vgl. auch ὅλον τὸν λόγον [10: K. 355,11–12]). So steht die Prosa der Poesie gegenüber wie die ehrende Rede dem (lyrischen) Hymnos.

---

[1] Vgl. hier auch, vor allem terminologisch, WEINREICH, Hymnologica 524–527 (ὑμνικὴ προσαγόρευσις auf einer Inschrift des 2./3. Jhs n.Chr. aus Didyma).

[2] Vgl. Hans Wolfgang HELCK, Sarapis, in: KP IV (1972) 1549.

[10] XLVI 1–42: Ἰσθμικὸς εἰς Ποσειδῶνα (K. 362–375; B. II 269–277). Mehr als die Hälfte dieser Isthmischen Festrede ist gar kein λόγος ἐπώνυμος τοῦ ... Ποσειδῶνος ἀδελφοῦ Διὸς Ἀσφαλίου (1: K. 362,19+20; zu λόγος = Rede vgl. 3, 4, 16, 20, 33, 39), sondern eine auf Mythologie, Poseidonfesttradition, Lokalkolorit und Mysterienkult aufbauende, panegyrische Rede über Korinth und die korinthische Landenge (20–31), die seit altersher ὕμνηται ... ὑπὸ τῶν ποιητῶν (22: K. 369,9–10; vgl. πανήγυρις in 23 [K. 369,12] und 31 [K. 372,1], πανηγυρίζω in 31 [K. 371,22–23]), sowie über die Meeresgöttin Leukothea[1] und Palaimon,[2] ihren Sohn (32–41; vgl. den Hinweis auf die Mysterien, δρώμενα [36: K. 373,19], τελετή, ὀργιασμός [40: K. 375,4–5]). Der Festredner weiß, daß ein ὑμνεῖν angebracht wäre (31: K. 372,8–9; vgl. auch 32: K. 372,11), vielleicht sogar über den μῦθος hinaus τῷ ποιητικῷ λόγῳ (32, 38: K. 372,15 bzw. K. 374,18–19). Sich selbst aber versteht er letztlich hier doch wieder als ein περὶ τῶν θεῶν τὸν λόγον ποιούμενος (33: K. 372,21; vgl. 4: K. 363,27 [ἡμῖν ὁ περὶ αὐτοῦ λόγος]; 32: K. 372,14 [περὶ τοῖν θεοῖν]; vgl. auch die Schlußbitte ums εὐθενεῖν ... κατὰ τοὺς λόγους [42: K. 375,22]).

[11] LIII 1–5: Πανηγυρικὸς ἐπὶ τῷ ὕδατι ⟨τῷ⟩ ἐν Περγάμῳ (K. 468–469; B. II 354–355). In diesem Fragment einer Rede (λόγος) aus den letzten Lebensjahren unterstreicht Aristeides gleichsam autobiographisch, daß er einer von denen sei, deren „göttlicher" Auftrag im Gegensatz zum bloßen χαίρειν der Masse darin besteht, ζῆν ἐν λόγοις – „to spend their lives in oratory" (4: K. 469,5–9; B. II 354).

Zusammenfassend muß man sagen, daß die „Manteutoi" Lobreden über die Götter sind und dem Prosa-Enkomion (ἐγκώμιον λογικόν) näherstehen als dem Preislied oder Götterhymnos.[3]
Von ὕμνοι sollte man überhaupt nicht sprechen, aber auch nicht mehr von Prosa-Hymnen (prose hymns [z.B. VAN DER HORST, Aristides 3; DODDS, OCD 110]), wie es, seit der NORDEN (Kunstprosa 845) mißinterpretierenden Ausdrucksweise von WÜNSCH (Hymnos 173 [„prosaische Umsetzung der poetischen ὕμνοι"]) über WEINREICH (Hymnologica 531), KROLL (Hymnodik 8–9), WILAMOWITZ (Aristeides 338), MESK (Prosa- und Vershymnen 668 u.ö.) und

---

1 Vgl. Walter PÖTSCHER, KP III (1969) 601.
2 Vgl. Hans VON GEISAU, KP IV (1972) 416.
3 Zu ergänzen bei PAYR, Enkomion 335–337; vgl. auch Helmuth VRETSKA, Enkomion, in: KP II (1967) 269–270; Konrat ZIEGLER, Panegyrikos, in: KP IV (1972) 455–457.

HERZOG (Asklepios-Hymnus 756 u.ö.) bis UERSCHELS (Dionysoshymnos 7 u.ö.), JÖHRENS (Athenahymnus 1 u.ö.)[1] oder KLEIN (Romrede, Einführung [1981] 87, 104; Edition [1983] 122, Anm. 149), sich eingebürgert hat.

Die „epideiktischen Götterreden" (FRÜCHTEL, RAC I [1950] 655) sind in erster Linie „prosaische Reden" und haben nur insofern „hymnischen" Charakter, als das Ehren, Loben oder Preisen konstitutives Merkmal der lyrischen, wie auch immer gebundenen Sprache des Hymnos ist. Auch nach den zahlreichen Dissertationen und Monographien zu einzelnen Götterreden gilt immer noch die Aufforderung von WEINREICH (Hymnologica 531):

> „Die Prosahymnen des Aristides, seine Nachrichten über Vershymnen, die orphische und sonstige Hymnenpoesie des Synkretismus und kleinasiatische religiöse Inschriften, das ist ein Material, das eine gemeinsame Verarbeitung wohl verdienen würde."[2]

41. Marcus Aurelius (2. Jh. n.Chr.)[3]

In den unter dem Einfluß des Stoikers Epiktetos (s.o. A.I.a.35) stehenden aphoristischen Selbstbetrachtungen εἰς ἑαυτόν findet sich mit IV 23 ein kleiner φύσις-Hymnos: ..., ὦ φύσις· ἐκ σοῦ πάντα, ἐν σοὶ πάντα, εἰς σὲ πάντα (THEILER, Marc Aurel 82).[4]

Im Leben genügt es nach V 33, θεοὺς μὲν σέβειν καὶ εὐφημεῖν, ἀνθρώπους δὲ εὖ ποιεῖν (THEILER, Marc Aurel 120).

Wichtig ist die „anthropologische" Verwendung von πολυύμνητος und dem zu ἐπαινεῖν (passim, vgl. Index von DALFEN) parallelen ὑμνεῖν in VII 6:

---

[1] JÖHRENS weist darauf hin, daß der Rhetor Apsines von Gadara im 3. Jh. n.Chr. „die Reden des Aristeides 'Prooimia' nennen (konnte)" (Athenahymnus 1, 193; vgl. SPENGEL, Rhetores I 343,10). Für die Homerischen Hymnen – und übrigens auch für Hesiod, Theogonia 1–115 („Musenhymnos des Proömiums" [MARG, Hesiod 194]) – mag προοίμιον eine „häufige Bezeichnung" gewesen sein (JÖHRENS, Athenahymnus 193, Anm. 7; vgl. z.B. Thukydides III 104,4); kaum richtig aber ist die folgende generalisierende Aussage von JÖHRENS: „Prooimion ist gängige Bezeichnung für Hymnen" (1). Differenzierter ist das Urteil von BERGER: „Das Wort 'Proömium' ist ursprünglich gleichbedeutend mit 'Hymnus'. Es bezeichnet nicht die 'Einleitung' zu Reden, sondern den Hymnus überhaupt" (Gattungen 1171).
[2] Eine vollständige Aristeides-Konkordanz wäre dafür ein unentbehrliches Hilfsmittel. Zur anonymen Rede XXXV (Εἰς βασιλέα: K. 253–264) vgl. STERTZ, Concordantia 14 („in my opinion incorrectly ascribed to Aristides"), 160; in XXXV 27 heißt es u.a.: εἴ τίς ἐστιν ἐγκράτεια κατ' ἀνθρώπους ὑμνουμένη (K. 260,9).
[3] Vgl. Rudolf HANSLIK, KP III (1969) 1009–1013; KROH, Lexikon 394–395. Text und Index von DALFEN; Belege nach THEILER, Marc Aurel (Griech.–dt., nicht „Lat.–dt." [HANSLIK 1013]).
[4] Vgl. mit vielen doxologischen Parallelen NORDEN, Agnost. Theos 240–276. Hinweis auf Röm 11,36 und weitere Literatur bei DALFEN 29.

Ὅσοι μὲν πολυύμνητοι γενόμενοι ἤδη λήθῃ παραδέδονται· ὅσοι δὲ τούτους ὑμνήσαντες πάλαι ἐκποδών – „Wie viele, die viel besungen waren, sind schon der Vergessenheit überantwortet; wie viele, die diese besungen haben, sind längst ausgeschieden" (THEILER, Marc Aurel 152–153).

42. Philostratos (2./3. Jh. n.Chr.)[1]

Neben der bereits behandelten Stelle I 30 zu Damophyle (s.o. A.I.a.7) gibt es in der Vita des Apollonios die hübsche, sicher unauthentische Passage VIII 13, wo der neupythagoreische „Wanderlehrer und Wundertäter des 1. Jh. n. Chr."[2] als ἐφυμνήσας τῷ ὕπνῳ τὸ Ὁμήρου ἔπος erscheint (CONYBEARE, Philostratus II 366–367: „having intoned some verses of Homer as a hymn to sleep"; vgl. Ilias 14,233 und dazu auch Argonautika IV 146 von Apollonios Rhodios, s.o. A.I.a.28).

43. Dion Cassius (auch Cassius Dio) Cocceianus (2./3. Jh. n.Chr.)[3]

In den erhaltenen Resten des Riesenwerkes Ῥωμαϊκὴ ἱστορία finden sich für die Zeit von 44 v.Chr. bis 205 n.Chr. einige sehr interessante Verwendungen von ὑμνεῖν und ὕμνος, die natürlich alle Dions eigene Zeit und Anschauung wiederspiegeln.

Gemäß XLIV 36,2 will Antonios in seiner Totenrede auf Kaisar (Gaius Julius Caesar) alles erwähnen, was das ganze Volk einstimmig gepriesen hat – ὕμνησεν (Ed. II 127; CARY IV 368–369).

Nach der triumphalen Rückkehr von Kaisar (Octavianus = Augustus) im Jahre 29 v.Chr. wird in LI 20,1 u.a. bestimmt, daß er den Göttern gleich in die Hymnen aufgenommen werde – ἔς τε τοὺς ὕμνους ... ἐσγράφεσθαι (Ed. II 370; CARY VI 54–55).

---

1 Vgl. Hans GÄRTNER, KP IV (1972) 780–784; KROH, Lexikon 472–474; Walter M. EDWARDS / Robert BROWNING, OCD 824–825; DIHLE, Literatur 350–355. Text und engl. Übers. nach CONYBEARE I–II.
2 KROH, Lexikon 63–64, 63; vgl. auch Heinrich DÖRRIE, KP I (1964) 452–453, und vor allem SPEYER, Bild. Zu der Monographie von G. PETZKE, Die Traditionen über Apollonius von Tyana und das Neue Testament (Leiden: Brill, 1970 [SCHNT 1]) vgl. die Kritik von Wolfgang SPEYER in: JAC 16 (1973) 133–135.
3 Vgl. Klaus STIEWE, KP I (1964) 1076–1077; KROH, Lexikon 177–178; Alexander H. McDONALD, OCD 345. Belege nach der Ed. von BOISSEVAIN I–V [Bd. V, Index graecitatis, von W. NAWIJN] und der griech.–engl. Ausgabe von CARY I–IX.

In LIX 7,1 singen, als Teil des musikalischen Programms, bei der Einweihung des Heroon für Augustos im Jahre 37 n.Chr. adlige Knaben und Jungfrauen τὸν ὕμνον (Ed. II 624; CARY VII 278–279).

Zwei Jahre später, so in LIX 16,10, wird als Konsequenz des ἔπαινος für Gaios (Caligula) beschlossen, alljährlich seine Eikon zum Kapitol zu tragen und auf sie von adligen Knaben Hymnen singen zu lassen (Ed. II 635; CARY VII 310–311).

Das hat sich nicht oft wiederholt, denn weitere zwei Jahre danach wird der, welcher lernte, daß er οὐκ ἦν θεός (LIX 30,1), schon ermordet, just in dem Moment, da er in LIX 29,6 die adligen Knaben aus Hellas und Ionia sehen will, die den Hymnos singen sollen, den er auf sich selbst gedichtet hat (Ed. II 658–659; CARY VII 360–361, der das reflexive ἐς ἑαυτὸν πεποιημένον nicht richtig übersetzt; vgl. WILLE, Musica 338).

In LXVII 11,2 spricht der Autor selbst über sein potentielles ἀξίως ὑμνεῖν und meint damit akkusativisch (und parallel zu ἐπαινεῖν in 11,1) die mutige Tat eines gewissen Maximos zur Zeit von Domitianos um 90 n.Chr. (Ed. III 176–177; CARY VIII 340–341).[1]

Nach LXIX 10,3[1] ehrt Hadrianos die im Jahre 124 n.Chr. verstorbene Adoptivmutter Kaiserin Plotina nicht nur durch einen Tempel, sondern auch dadurch, daß er einige Hymnen auf sie verfaßt – ὕμνους τινὰς ἐς αὐτὴν ποιῆσαι (Ed. III 231; CARY VIII 444–445).

Mit LXXV 4,5, der Einrichtung des Heroon für den unter Severos (Septimus Severus) ermordeten Pertinax,[2] sind wir schon in der Lebenszeit des etwa 163 n.Chr. geborenen Dion. Zur Gedenkfeier auf dem Forum Romanum singen Knaben- und Männerchöre auf Pertinax θρηνῴδη τινὰ ὕμνον. Wenig später (5,1) liest Severos nach großem Defilee ein Enkomion, auf das die Reaktion schwankt zwischen ἐπαινεῖν und θρηνεῖν (Ed. III 227–228; CARY IX 168–169).

LXXVII 6,2, im Kontext einer den Autor einschließenden „Wir"-Passage, preist – ὑμνοῦσα – die Gerusia im Jahre 205 n.Chr. den Severos fast formelhaft: πάντες πάντα καλῶς ποιοῦσιν, ἐπειδὴ σὺ καλῶς ἄρχεις (Ed. III 361; CARY IX 250–251).

---

[1] Von LXVII, LXIX, LXXV und LXXVII sind nur spätere Auszüge erhalten.
[2] Vgl. Rudolf HANSLIK, KP IV (1972) 664.

44. Ailianos (2./3. Jh. n.Chr.)[1]

Der römische Sophist „in kynischer Tradition" (KROH, Lexikon 4) zitiert in
dem amüsanten Durcheinander seiner sehr anthropomorphen und mythologisierenden Tiergeschichten in XII 45 ausdrücklich einen apokryphen 19-zeiligen
Hymnos an Poseidon, vielleicht „ein Stück aus einem späten Dithyrambos"
(WÜNSCH, Hymnos 162), den er dem Kitharoden Arion von Methyma[2]
zuschreibt (SCHOLFIELD III 70–73), verbunden mit dem Hinweis auf Statue
und Inschrift in Tainaron und die schon bei Herodot I 23–24 breit erzählte Legende von der wunderbaren Rettung durch Delphine. Herodot weiß (24,8, ed.
HUDE) von einem ἀνάθημα χάλκεον in Tainaron, berichtet aber nichts von
dem Poseidon-Hymnos, für den bisher Ailianos der einzige Zeuge ist. An den
Herrscher des Meeres werden auch sonst Gebete gerichtet (XV 6).

Die Delphine sind als musikliebend dargestellt (II 6; XI 12; XII 45), wie
manch andere Tiere, z.B. die Nachtigall (III 40; V 38) und andere „Oden" singende Vögel (VI 19).

Daß ᾄδειν = ὑμνεῖν sein kann, zeigt der Anfang von XI 1: ᾄδουσι μὲν
ποιηταί, ὑμνοῦσι δὲ καὶ συγγραφεῖς, sowie ein Vergleich zwischen III 44
und VI 43 einerseits und III 40 andererseits, wo „viele" die Arete, Tochter
(nicht Schwester!) des Aristippos ὑμνοῦσιν (vgl. Diogenes Laertios II 72,86).

Was Ailianos in XI 1 über die Apollon verehrenden Hyperboreer sagt, ver-
dankt er expressis verbis u.a. Hekataios v. Abdera;[3] es erinnert stark an Diodoros (s.o. A.I.a.30).

Mit dem Gesang und der Musik bei der Hierurgia der Priester vereinen sich
die Schwäne (II 32 u.ö., vgl. Index in SCHOLFIELD III 393–445), um nach dem
Hymnos, über den jedoch nichts Genaueres verlautet, wieder abzuheben.

Eines der Fragmente der Ποικίλη ἱστορία (XII 55: DILTS 148) erzählt, daß
die Libyer[4] ihre Jagd- und Kriegstoten prunkvoll bestatten καὶ ὕμνους τινὰς
ᾄδουσιν, verbunden mit einer ὑποθήκη („Moral"). Damit überträgt Ailianos
seine eigenen, römischen Vorstellungen nach Nordafrika.

---

[1] Vgl. Walther SONTHEIMER, KP I (1964) 172–173; Walter M. EDWARDS, OCD 13. Belege
nach DILTS bzw. SCHOLFIELD I–III.
[2] Vgl. Karl PREISENDANZ, KP I (1964) 548–549. Text des Hymnos Ὕψιστε θεῶν auch,
unter Fragmenta adespota, in: PAGE, Poetae 506–507, Nr. 939 („carmen saec. iv a.C. ut videtur"); PAGE, Lyrica 250, Nr. 466.
[3] Vgl. W. SPOERRI, KP II (1967) 980–982.
[4] Vgl. Hans VOLKMANN, Libye, KP III (1969) 628–632.

45. Hermeios (2./3. Jh. n.Chr.)[1]

Die seiner Meinung nach eher schattenboxende als τῶν ὄντων ἐπιστήμην habende Philosophie verspottet der sonst unbekannte Philosoph Hermeios (Hermias) in seinem Διασυρμὸς τῶν ἔξω φιλοσόφων (PG VI 1169–1180; vgl. ALTANER/STUIBER 78) als ὑμνουμένη (DIELS, Doxographi 651–656, hier 655,5).

46. Aristeides ὁ Κοιντιλιανός / τοῦ Κοιντιλιανοῦ (3. Jh. n.Chr.)[2]

Im 2. Buch, der musikalischen „Erziehungslehre" (ZIEGLER, KP I [1964] 560), qualifiziert der ebenfalls sonst unbekannte Verfasser mehr oder weniger indirekt auch ein wenig ὑμνεῖν und ὕμνος. Das Verb ψάλλειν begegnet nur in III 2: Ed. 97,1; häufiger sind ᾄδειν, ᾠδή und vor allem μέλος κτλ. (vgl. den Index der Edition).

Da laut II 4 nichts ohne Musik vollendet wird, ist es u.a. so, daß θεῖοι μὲν ὕμνοι καὶ τιμαὶ μουσικῇ κοσμοῦνται (Ed. 57,24). Es gibt also auch Hymnen ohne Musik![3]

II 15 spricht im Zusammenhang von Metrik und Rhythmik auch von ἱεροὶ ὕμνοι (vgl. die Nachtigall bei Aristophanes, s.o. A.I.a.20), wohl parallel zu θεῖοι ὕμνοι (Ed. 82,22; vgl. Üb. 120 und 147: „sacred hymns").

II 19, zum Ende des 2. Buchs, steht ὑμνεῖν parallel zu τιμᾶν und in direkter Zuordnung zu den Instrumenten der Kithara und Lyra (Ed. 92,11–13; s.o. die Parallelität von ὕμνοι καὶ τιμαί in II 4).[4]

47. Menandros von Laodikeia, Genethlios von Petra (3. Jh. n.Chr.)[5] und andere Theoretiker der Rhetorik

Die Frage der Autorschaft zweier theoretischer Schriften, Μενάνδρου ῥήτορος Γεν. διαίρεσις τῶν ἐπιδεικτικῶν (III 331–367), Μεν. ῥήτορος περὶ

---

[1] Vgl. die ausführliche Diskussion von Jan Hendrik WASZINK, Hermias, in: RAC XIV (1988) 808–815.

[2] Vgl. Konrat ZIEGLER, KP I (1964) 560–561. Zitate nach der Edition von WINNINGTON-INGRAM (= Ed.); vgl. auch die kommentierte Übersetzung von MATHIESEN (= Üb.).

[3] Vgl. daher auch Buch I, Kap. 13: „Melos is perceived in and of itself in the diagrams and irregular melodies; with rhythm alone, as in the case of the instrumental notes and cola; and with diction alone in the case of the so-called flowing hymns" (MATHIESEN, Üb. 94).

[4] Zu den beiden Saiteninstrumenten vgl. Ulrich KLEIN, KP III (1969) 828–829, 1581–1582.

[5] Vgl. Hans GÄRTNER, KP II (1967) 739; III (1969) 1202; KROH, Lexikon 240, 411; Donald A. RUSSELL, OCD 670. Texte und Belege nach SPENGEL, Rhetores I–III.

ἐπιδεικτικῶν (368–446), ist hier ebensowenig zu klären wie die an dieser Stelle mitbehandelten, z.T. pseudepigraphischen Werke, Ἑρμογένους προγυμνάσματα (II 1–18), Θέωνος προγυμνάσματα (57–130), Ἀριστείδου περὶ πολιτικοῦ καὶ ἀφελοῦς λόγου (457–554). Worauf es ankommt, ist die Tatsache, daß diese Rhetoriker ein Sammelbecken antiker Tradition auch in hymnologischer Hinsicht bilden.

Am ältesten ist wohl, was von Theon von Alexandreia (1./2. Jh. n.Chr.)[1] περὶ ἐγκωμίου καὶ ψόγου überliefert ist (II 109–112). Zur Definition gehört, daß das Enkomion eigentlich auf noch Lebende geht, τὸ δὲ εἰς τοὺς τεθνεῶντας ἐπιτάφιος λέγεται, τὸ δὲ εἰς τοὺς θεοὺς ὕμνος (parallel zu εἰς θεοὺς εὐλογία, 109,22–28).

In manchem deutlich abhängig von Theon erscheint Pseudo-Hermogenes (2./3. Jh. n.Chr.),[2] nach dem man das Enkomion (II 11–14), dessen Spezifikum ἔπαινος und dessen Gegensatz ψόγος ist, definiert ἐκ τοῦ τοὺς ποιητὰς τοὺς ὕμνους τῶν θεῶν ἐν ταῖς κώμαις τὸ παλαιὸν ᾄδειν (11,23–25). Man darf nicht verkennen, ὅπως θεοὺς ἐγκωμιαστέον, ἰστέον δέ, ὅτι τὰ εἰς θεοὺς ὕμνους κλητέον (13,21–23).

„Unecht"[3] sind auch die zwei genannten, später dem Klassiker Ailios Aristeides (s.o. A.I.a.40) unterschobenen Schriften zur Rhetorik, damit also auch der Abschnitt περὶ κολάσεως λόγου (II 500–506), wo ἔπαινος, ἐγκώμιον und ὕμνος, wiederum im Gegensatz zu ψόγος, als „Epainetika" innerhalb der „Epideiktika" genauer charakterisiert werden: ὕμνος μὲν εἰς θεοὺς μηδὲν ἔχων ἐναντίον, ἔπαινος δὲ τὸ ἐπὶ μικροῖς γινόμενον, ... τὸ δὲ ἐγκώμιον ἐπὶ μεῖζων ἐξαίρει ...(505,2–9).

Hierher soll auch gestellt werden, was Photios (9. Jh. n.Chr.) über die Chrestomatheia des Grammatikers Proklos (2. Jh. n.Chr.) zu sagen hat (vgl. schon WÜNSCH, Hymnos 156 und 181–182 mit den Hinweisen auf die Fragmente von Didymos von Alexandreia [1. Jh. v.Chr.], Περὶ λυρικῶν ποιητῶν, und das Synonymenlexikon des Philon von Byblos [Ammonios] aus der Zeit von Proklos: ὕμνος ἐγκωμίου διαφέρει· ὁ μὲν γὰρ ὕμνος ἐστὶ θεῶν, τὸ

---

[1] Vgl. Hans GÄRTNER, KP V (1975) 713; KROH, Lexikon 618.
[2] Vgl. Hans GÄRTNER, KP II (1967) 1082; KROH, Lexikon 263; Donald A. RUSSELL, OCD 505.
[3] Hans GÄRTNER, KP I (1964) 558.

δὲ ἐγκώμιον ἀνθρώπων.).[1] Im Zusammenhang mit der μελικὴ ποίησις (HENRY V 158) unterscheidet und definiert Proklos, allerdings mit unmöglicher Etymologie von ὕμνος, viele Arten von einerseits auf die Götter, andererseits auf die Menschen, schließlich auf beide gerichteten Dichtungen. Auf die Götter geht an erster Stelle der Hymnos, dann folgen Prosodion, Paian, Dithyrambos, Nomos, Adonidia, Iobakchen und Hyporchemata. Als Grund jedoch dafür, daß man damals von Genitiv-Verbindungen wie ὕμνος προσοδίου, ἐγκωμίου, παιᾶνος hören konnte, gibt er an: Ἐκάλουν δὲ καθόλου πάντα τὰ εἰς τοὺς ὑπερόντας γραφόμενα ὕμνους· διὸ καὶ τὸ προσόδιον καὶ τὰ ἄλλα ... τῷ ὕμνῳ ὡς εἴδη πρὸς γένος (159). Das ist nicht nur deshalb interessant, weil „das farblose ὕ[μνος] als Oberbegriff" (WÜNSCH, Hymnos 156) gebraucht wird, sondern auch, weil es die seit „Platons Zeiten" über Ambrosius und Augustinus bis heute verbreitete Einengung der Adressaten des Hymnos, der als „Lobrede" (WÜNSCH, Hymnos 181) eigentlich kein eigenes literarisches Genre ist (CAIRNS, Composition 91–92), von den „Höhergestellten" auf die Götter bzw. auf Gott aufzeigt, was offenbar nicht immer so war.

Bei „Menandros" laufen diese und andere Linien mit vielen literaturhistorischen Beispielen sozusagen doppelgleisig zusammen (vgl. WÜNSCH, Hymnos 182). Wenn im ersten, kürzeren Traktat ἔπαινος, epideiktischer Gegensatz von ψόγος, sich an Götter richtet, dann ὕμνους καλοῦμεν (SPENGEL, Rhetores III 331,15–20). Verschiedenen Göttern werden verschiedene „Hymnen" zugeordnet: Paiane, Hyporchemata (Apollon), Dithyramben, Iobakchen (Dionysos), Erotika (Aphrodite), etc. (331,21 – 332,2). Die Hymnen an die Götter (333–344, danach geht es um ἔπαινος bzw. ἐγκωμιάζειν von allem möglichen) werden trotz Mischformen unterteilt in ὕμνοι κλητικοί (Invokationshymnen, 333,4.8, mit Hinweis auf Sappho und Anakreon, später auch auf Alkman; 334,25 – 336,4), ἀποπεμπτικοί (Entlassungshymnen, 333,4.10; 336,5–23), φυσικοί, φυσιολογικοί (Physis- oder Wesenshymnen, 333,5.12; 336,24 – 337,1–32, mit Hinweis auf Vorsokratiker und Platon), μυθικοί (Mythoshymnen, 333,5.15; 338–339, mit Hinweis auf Hesiodos und Orpheus), γενεαλογικοί (Ursprungs- oder Theogoniehymnen, 333,5–6.18; 340,1–30), πεπλασμένοι (Personifikationshymnen, 333,6.21; 340,31 – 342,20), εὐκτικοί,

---

[1] Text und Übersetzung nach HENRY, Photius V („Codices" 230–241) 155–166 (= Cod. 239). W. ANDERSON, NGDMM VIII (1980=1981) 836–838, verwechselt übrigens den um die Definition bemühten Grammatiker Proklos mit dem neuplatonischen Philosophen!

προσευκτικοί (Gebets- oder Wunschhymnen, 333,6.24; 342,21 – 344,14),
ἀπευκτικοί (Abwehrhymnen, 333,6–7; 342,21 – 344,14).
Für den zweiten, doch sehr verschiedenen Traktat genügt eine ergänzende
Nachlese. Der Epithalamios/Gamelios (III 399–405) preist – ὑμνεῖν – die
Hochzeit und alles was dazugehört, vor allem τὸν θεὸν τῶν γάμων (399,11–
15; vgl. 402,22). Im letzten Abschnitt, περὶ σμινθιακοῦ (437–446), in dem es
um Apollon Smintheus geht,[1] häufen sich die ausdrücklichen Hinweise auf
Hymnen und Hymnisches von Homeros, Hesiodos oder Pindaros (437,13–21;
438,5–6.11), aber natürlich auch auf Orte des Kultes für den, der vielgestaltig
μουσικὸς ὁ θεός ist (442,25).

48. Porphyrios von Tyros (3./4. Jh. n.Chr.)[2]

Bei Plotins Biograph, Herausgeber und Schüler, auf den als Quelle schon öfter
verwiesen wurde, findet sich in der Schrift Περὶ ἀποχῆς ἐμψύχων (De absti-
nentia) eine Stelle, nämlich II 34,3–4 (NAUCK 164), die interessant ist für die
Verwendung und Umdeutung von ὕμνος und ὑμνῳδία, sicherlich abhängig
einerseits von pythagoreischer Tradition (vgl. BOUFFARTIGUE/PATILLON II
10, mit Hinweis auf Diogenes Laertios VIII 24) und andererseits von Enneade
II 9,9,33: ... τοὺς νοητοὺς ὑμνεῖν θεούς, ἐφ᾿ ἅπασι δὲ ἤδη τὸν μέγαν
τὸν ἐκεῖ βασιλέα ...(HARDER/BEUTLER/THEILER IIIa 130, in Πρὸς τοὺς
γνωστικούς). Der soteriologische Zusammenhang bei Porphyrios ist das
„Opfer(n)": Θύσωμεν [θύσομεν] τοίνυν καὶ ἡμεῖς, κτλ. (II 34,1). Dabei ist
es nötig, τὴν αὐτῶν ἀναγωγὴν θυσίαν ἱερὰν προσάγειν τῷ θεῷ, τὴν
αὐτὴν δὲ καὶ ὕμνον οὖσαν καὶ ἡμῶν σωτηρίαν (34,3). Dieses „Opfer"
vollendet sich in Seelenapathie und Gottestheorie. Den intelligiblen – νοητοῖς –
Göttern aber muß man auch τὴν ἐκ τοῦ λόγου ὑμνῳδίαν hinzufügen (34,4;
vgl. dazu das Zitat aus Eusebius, Prep. ev. IV 11–12 [PG XXI 260; SC
CCLXII 140–142] bei MCKINNON, Music 100).
    Wie alt und lang ὁ εἰς ᾿Απόλλωνα ὕμνος war, aus dem Porphyrios, De
antro nympharum 8 (NAUCK 61), sieben Zeilen im Zusammenhang mit den
Quell- und Wassernymphen Ναῖδες und den Pythagoreern (= „Theologen"?)
zitiert, läßt sich kaum sagen (vgl. den Text als S 5 mit weiterer Literatur bei
HEITSCH, Dichterfragmente II 44).

---

[1] Vgl. Wolfgang FAUTH, KP I (1964) 441–448, bes. 447.
[2] Vgl. Walter PÖTSCHER, KP IV (1972) 1064–1069; Kroh, Lexikon 515–516; Eric R.
DODDS, OCD 864–865.

49. Julianos (Flavius Claudius Iulianus, 4. Jh. n.Chr.)[1]

Der oströmische Kaiser, dessen „Schmähname „Apostata" ... schon v[on] Augustinus (De civ. Dei 5,21) bezeugt" ist (GROSS 1196), mahnt in seinem langen „Brieffragment" (Nr. 48 [WEIS, Julian 124–157, 306–312] = Nr. 89b [BIDEZ, Julien I,2, 155–174]) einen heidnischen Priester u.a., daß man τοὺς ὕμνους τῶν θεῶν auswendig lernen müsse. Von den vielen und schönen, alten und neuen Dichtungen soll man wenigstens τοὺς ἐν τοῖς ἱεροῖς ᾀδομένους kennen. Völlig unkritisch behauptet das Restaurierungsschreiben weiter, die meisten der Hymnen seien von den Göttern selbst gegeben, wenige nur von Menschen gedichtet, und zwar ὑπὸ πνεύματος ἐνθέου ... ἐπὶ τῇ τῶν θεῶν τιμῇ (BIDEZ, Julien I,2, 169–170; WEIS, Julian 148–151 [= 301D–302A]). Von „Verbalinspiration" (NILSSON, Religion II 380) ist hier allerdings nichts gesagt.

Die große Rede εἰς τὸν βασιλέα ἥλιον (XI [IV]: LACOMBRADE, Julien II,2 [1964] 100–138) sollte man trotz der hymnischen Elemente und der hymnologischen Anspielungen nicht „Helios-Hymnos" nennen, wie es FAUTH in seiner gelehrten und wichtigen Studie tut (Pythagoras 42–43; vgl. die differenzierten Ausführungen zum „genre littéraire" von LACOMBRADE, a.a.O. 76–77; zu ὑμνεῖν vgl. XI 3 [131d], 25 [145c], 38 [152d]: a.a.O. 102, 120, 131). Aufschlußreich für die Intention des Rhetors ist XI 4: Τίς οὖν ὁ τρόπος ἔσται τῶν ἐπαίνων; ... οὐ παντάπασιν ἀπᾴδοντα ποιησόμεθα τῷ θεῷ τὰ ἐγκώμια; ῥητέον δὲ ἔνθεν (a.a.O. 102–103 [132b]).

Die etwa gleichzeitige Rede εἰς τὴν μητέρα τῶν θεῶν (VIII [V]: ROCHEFORT, Julien II,1 [1963] 103–131) endet mit einem hymnischen Gebet (20 [179d–180c]: a.a.O. 130–131), das der Redner selbst allerdings in seiner Überleitung als ὕμνος bezeichnet: Ἀλλὰ τί πέρας ἔσται μοι τῶν λόγων, ἢ δῆλον ὡς ὁ τῆς Μεγάλης ὕμνος Θεοῦ; – „Mais quelles seront les bornes de mon discours, sinon, manifestement, un hymne en l'honneur de la grande Déesse?" (VIII 19 [179d]: a.a.O. 130).

---

[1] Vgl. Rudolf HANSLIK, KP II (1967) 1515–1517; KROH, Lexikon 325–326; Arnold H. M. JONES, OCD 567–568; CROSS/LIVINGSTONE, ODCC 765–766; Karl GROSS, LThK V (1960) 1195–1196. Zum „Prosahymnus auf Artemis" des Rhetors Libanios, Zeitgenosse und Freund des Kaisers, vgl. NORDEN, Kunstprosa II 846. Zitate und Belege der Werke Julians nach BIDEZ, LACOMBRADE und ROCHEFORT.

50. Proklos (5. Jh. n.Chr.)[1]

Der „bedeutendste Vertreter der athenischen Schule" auf dem „Höhepunkt" des Neuplatonismus (PRAECHTER, UEBERWEGs Grundriss 625–631, 194*–195*) ist nicht nur mit seinen Hymnen (s.u.), sondern auch und zunächst mit seinen Platonkommentaren heranzuziehen (vgl. ERLER, Interpretieren 187–197).

Zu Timaios 17a nennt er die Pythagoreer οἱ τὸν ἀριθμὸν ὑμνοῦντες (DIEHL, Comm. I 16,31–32; vgl. 18,15–16; 72,30; 73,10–15; 85,24–26; 98,29; 133,10.28 mit ähnlicher Verwendung von ὑμνεῖν, auf die δύναμις der πόλις bzw. auf θεός bezogen). Hochinteressant, auch in terminologischer Hinsicht, ist die Kommentierung von Tim. 21a, wo das δίκαιος καὶ ἀληθής des Hymnos[2] an die Göttin Athena hymnologisch ausgelegt wird: διότι δὲ τῶν ὕμνων οἱ μὲν τὴν οὐσίαν, οἱ δὲ τὴν πρόνοιαν τῶν θεῶν ὑμνοῦσιν, οἱ δὲ τὰ ἔργα τὰ ἀπ᾽ αὐτῶν ἐγκωμιάζουσι, καὶ ἔστιν ὁ τοιοῦτος ὕμνος ἔσχατον εἶδος ὑμνήσεως (85,16–22).

Auch im Politeia-Kommentar gebraucht Proklos öfter ὑμνεῖν, ὑμνῳδεῖν, ὑμνῳδός, z.B. KROLL, Comm. I 57,12–13 (τὰ θεῖα, τὸν πατέρα ταῖς νοεραῖς ᾠδαῖς); 58,4; 65,25 (Zeus); 69,16–18; 137,6–7 (ἕνωσις τῶν θεῶν); 294,19–20 (Götter); 295,4 (οὐσία); II 169,29–30 (Gott); 205,28–30 und 207,15–16 (Ananke, die Mutter der Moiren). Die Zunge oder Sprache nennt er das Organon τῆς θεῶν ὑμνῳδίας καὶ τῆς πρὸς τοὺς ἀγαθοὺς συνουσίας (I 45,28 – 46,1); die Philosophie selbst ist ihm die größte Musik (I 57,8–9). Terminologisch wichtig (und Kritik an Platon?) ist, daß ὑμνεῖν Götter und mythisch wie unmythisch gute Männer als direktes Objekt haben kann (I 69,16–18). Proklos kennt und zitiert auch den orphischen Hymnos auf die Zahl (II 169,25–27; vgl. dazu KERN, Fragmenta 320–325).

Im Kommentar zu Kratylos bezieht sich Proklos allgemein auf Zeus-Hymnen (PASQUALI, Comm. 54,6). Das ὑμνεῖν der Hestia, Göttin des Herdfeuers, stehe im Kult an erster Stelle (79,5). Im Zusammenhang mit einer anderen Or-

---

[1] Vgl. Heinrich DÖRRIE, KP IV (1972) 1160–1162; KROH, Lexikon 522–523; Eric R. DODDS, OCD 880; vor allem aber auch die Akten vom internationalen Colloque de Neuchâtel (Juni 1985): Proclus et son influence, mit Beiträgen von W. BEIERWALTES, L. BENAKIS, S. BRETON, J. COMBÈS, M. ERLER (s. LitVerz.), P. HADOT, A. C. LLOYD, H.-D. SAFFREY, H.-R. SCHWYZER, A. P. SEGONDS, C. STEEL, L. STURLESE, L. G. WESTERINK und L. WESTRA. — Texte und Belege nach DIEHL, Commentarii I; KROLL, Commentarii I–II; PASQUALI, Commentarii und VOGT, Hymni.

[2] Man hört fast eine christliche Präfation, die von der „Lobpreisung" zur „Danksagung" wurde, vgl. Josef A. JUNGMANN, Präfation, in: LThK VIII (1963) 675–676.

pheustradition (Frgm. 201 ABEL = 188 KERN: PASQUALI, Comm. 215–216) geht es um das Lob – ὑμνεῖν – der mit Artemis verschmolzenen Hekate.[1]

Von den philosophisch–theologischen Hymnen, Ausdruck der „Frömmigkeit" des Proklos (DÖRRIE, KP IV [1972] 1162), sind sieben erhalten, die dann „neben den homerischen, kallimacheischen und orphischen Hymnen Aufnahme in das sogenannte Hymnen-Corpus fanden" (VOGT, Hymnen 358; vgl. VOGT, Hymni 27–33, mit Bemerkungen zu Metrik und Prosodie 42–44, Index verborum 85–95 und vor allem philosophischen und hymnologischen Parallelstellen aus Proklos und anderen griechischen und lateinischen, ganz vereinzelt auch christlichen Quellen; Kolometrie in Klammern):

    I.   Εἰς ἥλιον (1–50),
    II.   Εἰς ’Αφροδίτην (1–21),
    III.   Εἰς Μούσας (1–17),
    IV.   Ὕμνος κοινὸς εἰς θεούς (1–15),
    V.   Εἰς Λυκίην ’Αφροδίτην (1–16),
    VI.   Ὕμνος κοινὸς Ἑκάτης καὶ ’Ιάνου (1–15),
    VII.   Εἰς ’Αθηνᾶν πολύμνητιν (1–52).

Die Hymnenfragmente (VOGT, Hymni 33–34) sind hier zu vernachlässigen; die Testimonia (1–2) geben nicht viel her; die handschriftlichen Titel, also auch die Überschriften von IV und VI, sind natürlich nicht einheitlich und können ganz fehlen. Dann bleibt nicht viel formelhaft Hymnologisches in den nicht gerade meisterhaften Dichtungen, die das neuplatonische „Selbstzeugnis eines einsamen und gequälten Mannes" sind, der „mehr und auch weniger als ein großer Dichter" war (VOGT, Hymnen 377, 370).[2] „Vulgo" ist der Imperativ κλῦθι in I 1 und auch der achtfache Göttergruß χαῖρε in VI 1–3=13–15. Am Anfang von II, III (zweimal) und V steht ausdrücklich ὑμνέομεν (vgl. ὑμνείουσιν in I 24). Das Wort ὕμνος ist IV 4 textkritisch unsicher und findet sich außer in den wohl späteren Titeln „sonst nur noch VII 5, dort vom Gebet des Proklos" (VOGT, Hymnen 371).

---

[1] Vgl. außer D. DETSCHEW, Artemis, in: RAC I (1950) 714–718, Alois KEHL, Hekate, in: RAC XIV (1988) 310–338, bes. 326: „Hymnen an Hekate. Solche sind überliefert aus dem Bereich der Orphik (Orph. hymn. 1 Quandt), der Magie (die Hymnen an H[ekate]/Selene PGM[2] IV = Heitsch 187/98 Hymn. 59,9/13; ebd. 171 Hymn. 54 aus Hippol. ref. 4, 35, 5) u. der neuplatonischen Philosophie (Procl. hymn. 6 Vogt). In all diesen Hymnen prägt sich der Synkretismus der Spätantike aus, so daß H[ekate] keine fest umrissene Individualität mehr hat."
[2] Etwas übertrieben ist die Wertung bei VON WILPERT, Lexikon I 1220: „Die 7 Götterhymnen des P[roklos] stehen ganz in der griech[ischen] Tradition u[nd] stellen wohl die ethisch u[nd] geistig am stärksten vertieften Gebete des Altertums dar, die erhalten sind."

Ausdrücklich sei auf die neuere Einzelstudie von ERLER hingewiesen, weil in ihr nicht nur der Aphrodite-Hymnos (Nr. II) übersetzt und untersucht (Interpretieren 198–216), sondern auch die Einheit von „Proklos als Hymnendichter" (197), „Interpret und Sprachphilosoph" (187–197) herausgearbeitet wird (185):

> „Wer Hymnen singt, heißt es in Proklos' Kommentar zu den chaldäischen Orakeln (p. 206,19 [in: Oracles chaldaïques, ed. Éd. DES PLACES, Paris 1971]), wird von den Göttern vollendet, indem er die Symbole des Vaters vor sich hält und sie vor den Vater trägt, der sie in die Hymnen hineingelegt hat. In den Hymnen sind also Symbole der Götter verborgen, ausgesprochen in den Prädikaten des Göttlichen".

Die Stelle, auf die ERLER sich bezieht, stammt aus den „Extraits du commentaire de Proclus sur la philosophie chaldaïque" und lautet im philosophischen Kontext: Ὑμνῳδὸς δὲ ἀποτελεῖται τῶν θείων ἡ ψυχή, κατὰ τὸ λόγιον, τὰ συνθήματα τοῦ Πατρὸς τὰ ἄρρητα προβαλλομένη καὶ προσφέρουσα αὐτὰ τῷ Πατρί, ἃ ἐνέθετο ὁ Πατὴρ εἰς αὐτὴν ἐν τῇ πρώτῃ παρόδῳ τῆς οὐσίας. Τοιοῦτοι γὰρ οἱ νοεροὶ καὶ ἀφανεῖς ὕμνοι τῆς ἀναγομένης ψυχῆς, ἀνακινοῦντες τὴν μνήμην τῶν ἁρμονικῶν λόγων οἳ φέρουσιν ἀπορρήτους εἰκόνας τῶν θείων ἐν αὐτῇ δυνάμεων (DES PLACES, Oracles 206,19 – 207,2 [Kap. I]; dazu ist auch auf die Aussage in Kap. II hinzuweisen, 207,17–19.22–23: Ὕμνος δὲ τοῦ Πατρὸς οὐ λόγοι σύνθετοι, οὐκ ἔργων κατασκευή· μόνος γὰρ ἄφθαρτος ὤν, φθαρτὸν ὕμνον οὐ δέχεται· ... Ὕμνον οὖν τῷ θεῷ τοῦτον ἀναθῶμεν κτλ.).[1]

51. Anthologien, Inschriften, Papyri

Die von Ernst DIEHL herausgegebene Anthologia Lyrica Graeca wurde schon verschiedentlich herangezogen, nicht jedoch die auf älteren Sammlungen aufbauende Anthologia Palatina (Bücher I–XVI).[2]

---

[1] Vgl. hier auch L. ABRAMOWSKI, Untersuchungen 1–17, unter dem Titel: „Phil. 2,6 οὐχ ἁρπαγμὸν ἡγήσατο τὸ εἶναι ἴσα θεῷ und Oracula chaldaica 3 (DES PLACES) ὁ πατὴρ ἥρπασσεν ἑαυτόν".

[2] Vgl. Karl PREISENDANZ, Anthologie, in: KP I (1964) 375–377, bes. 376; KROH, Lexikon 46–47; WEST, Carmina Anacreontea V–XXI („Praefatio"), bes. V–IX („De codice Palatino"), sowie 11, Nr. 15,12 (λαβοῦσα μικρὸν ὕμνον) und 45, Nr. 59,7–8 (μέγα τὸν θεὸν κροτοῦντες ἐπιληνίοισιν ὕμνοις). Belege und Informationen nach BECKBY I–IV (= AGr I–IV).

IX 485,1–14 ist ein Hymnos an Thetis, zugeschrieben dem Heliodoros von Emesa (3. Jh. n.Chr.), mit ἀείδω in der Anfangs- und identischen Schlußzeile (AGr III 300–301).

IX 524,1–26 und 525,1–26 sind zwei „merkwürdige" (WÜNSCH, Hymnos 171) anonyme, parallel aufgebaute Hymnen auf Dionysos und Apollon, mit μέλπωμεν bzw. ὑμνέωμεν in den identischen ersten und letzten Zeilen, sonst nichts anderes als eine Kette von je 4 preisenden Epitheta pro Zeile (AGr III 320–325).

IX 788,1–11, fragmentarisch und ebenfalls anonym, steht ein Hymnos an Tyche (AGr III 452–453).

X 104,1–3, das Fragment des Philosophen Krates von Theben (4./3. Jh. v.Chr.), wurde schon besprochen (AGr III 530–531; s.o. A.I.a.24).

XIII 1,1–5, eines der zahlreichen Epigramme des Philippos von Thessalonike (1. Jh. n.Chr.), ist vielleicht mit seinem Göttergruß χαῖρε an Aphrodite doch eher ein Hymnos (AGr IV 150–151; vgl. 633 im ausgezeichneten Register 587–768; zu den zwei aus Anthologien bekannten Stücken des Mesomedes s.o. A.I.a.37).

Hier mag auch das „nichtchristliche Florilegium" des Ioannes Stobaios (5. Jh. n.Chr.)[1] noch einmal Erwähnung finden, weil in ihm I 1,31 (p. 38 W[ACHSMUTH]–H[ENSE], Anthologium, Vol. I; vgl. GAISFORD, Ἐκλογων I 27 [= Lib. I, cap. 2, s. 31]) ein fragmentarischer Hymnos auf alle Götter bewahrt ist, dessen Anfang unbekannt bleibt, und der mit Zeile 10 folgendermaßen abbricht: ὑμνέωμες μάκαρας, Μοῦσαι Διὸς ἔκγονοι, ἀφθίτοις ἀοιδαῖς ... (Text schon als Parallele bei MAAS, Epidaurische Hymnen 130 [4], und nun auch als S 3, mit weiterer Literatur, bei HEITSCH, Dichterfragmente II 42–43; vgl. auch PAGE, Poetae 535, Nr. 1016).

„Der Anthologist ... zitiert in einer Sammlung von Stellen auf die Mannhaftigkeit auch Melinnos Hymnos Εἰς ῥώμην, was er also als «Auf die Stärke» mißverstand. Die Datierung des Textes in der modernen Forschung schwankt außerordentlich weit, zwischen 340 v.Chr. und 90 n.Chr." (KYTZLER, Roma 575–576, mit eigenem „Ansatz in die 1. Hälfte des 2. Jh. v.Chr."; Text: 24–25, im Kontext eines fragmentarischen Päan [26–27] und im weiteren Zusammenhang mit „dem wohl bekanntesten Rom-Hymnus", O Roma nobilis, orbis et domina [310–311, vgl. 614–615], und schon bei DIEHL, Anthologia II,6 [1942] 209 aus Stob. ecl. III 7,12 [vgl. WACHSMUTH/HENSE,

---

[1] Vgl. Josef SCHMID, RGG II (1958) 981–982.

Anthologium, Vol. III]; auf Inschriften heißt diese sonst unbekannte „Verfasserin eines griech[ischen] Hymnus auf Rom in 5 sapph[ischen] Strophen" Μελινώ, vgl. IG II/III² 5673).¹ Der Hymnos beginnt mit dem Göttergruß: Χαῖρέ μοι, 'Ρώμα, θυγάτηρ ''Αρηος.

Inschriftlich haben sich sowohl Hymnen(fragmente) als auch Dichternamen erhalten, die sonst zum großen Teil unbekannt geblieben sind.² Die Erwähnung eines anonymen „Hymnus in Dactylos Idaeos" aus dem 4. Jh. v.Chr. mag gleichzeitig dazu dienen, ausdrücklich auf die grundlegende Sammlung von John POWELL hinzuweisen, auf die schon einige Male Bezug genommen wurde und die zu weiteren Inschriften und Papyri noch öfter genannt werden wird (Collectanea 171–173 [IG XII 9, Nr. 259]). Die 35 schlecht erhaltenen Zeilen im daktylischen Metrum sind in der Überschrift als 'Υμν[ος] bezeichnet.³ Der kretische „Zeushymnos von Palaikastro",⁴ dessen Entstehung auf ca. 300 v.Chr. datiert werden kann (vgl. POWELL, Collectanea 160–162 und, mit engl. Übers., RICE/STAMBAUGH, Sources 29–30), ist voll von ausdrücklicher hymnologischer Terminologie. Wenn WEST immer noch vom „Dictaean Hymn to the Kouros" spricht (Metre 143, 148), so ist auf das hinzuweisen, was schon WILAMOWITZ betont: „Kultlied des diktäischen Zeus" (Verskunst 499–502, mit Rekonstruktion des griechischen Textes aus dem 3. Jh. n.Chr., bes. 501: „Angeredet ist nicht ein Κοῦρος, sondern κοῦρε Κρόνειε, Κρονίων. Zeus ist es, ...").

Ein Gang durch DITTENBERGER, SIG I–IV wirft trotz der jeweiligen lokalen Beschränktheit auch ein wenig Licht auf die Begrifflichkeit quer durch die Jahrhunderte. Inschriftliche Hymnen als solche sind ja in diese Edition nicht aufgenommen, also auch nicht die wichtigen, um 280 v.Chr. verfaßten „Gedichte" des Isyllos aus Epidauros (vgl. POWELL, Collectanea 132–136 im Zusammenhang weiterer, auch anonymer Päane, 136–159; WILAMOWITZ, Isyllos 3–29, nach IG IV [1902] 218–221, Nr. 950 und IG.EMi IV,1 [1929=1977] 81–83, Nr. 128) oder andere „Hymnen in Steinschrift" (vgl.

---

¹ Vgl. Rudolf KEYDELL, Melino, KP III (1969) 1175.
² Zum Aspekt des Lobens und zum χαῖρε-Gruß in Grabinschriften vgl. Gerhard PFOHL, Grabinschrift I (griechisch), in: RAC XII (1983) 467–514, bes. 483–487 („Totenehrung").
³ Zu ergänzen bei Hans VON GEISAU, Daktyloi Idaioi (Δάκτυλοι 'Ιδαῖοι, »Fingermännchen, Däumlinge vom Ida«), in: KP I (1964) 1363.
⁴ Vgl. BAUMSTARK, Chairetismos 996 (zum griechischen „Gepräge" des „Kuretenhymnus"); Wolfgang FAUTH, Kureten, KP III (1969) 378–380.

NILSSON, Religion II 60–61, 339, 378–384; WÜNSCH, Hymnos 169; grundlegend immer noch MAAS, Epidaurische Hymnen 128–141 = [2]–[15], 150–151
= [24]–[25] und 151–154 = [25]–[28], zu IG.EMi IV,1 83–85, Nr. 129–131,
133–134 und III,1 [1878 = 1977] 66–67, Nr. 171, dem sog. Casseler Stein).[1]
Aus dem Schatzhaus der Athener in Delphi stammen Nr. 449 und Nr. 450,
datierbar ins 3. Jh. v.chr., einerseits mit zwei Hymnen an Apollon und Hestia
von Aristonoos von Korinth (vgl. POWELL, Collectanea 162–165 [Texte];
WILAMOWITZ, Verskunst 496–497), welcher gleichzeitig geehrt wird als einer,
der τοὺς ὕμνους τοῖς θεοῖς ἐπο[ίησεν] (SIG I 690, Nr. 449,2), andererseits
ein „Ehrendekret für den Dichter Kleochares" von Athen (vgl. mit Text, Übersetzung und Erklärungen auch HELBING, Auswahl 91–95), der als ποιητὴς
μελῶν ... γέγραψε ... καὶ παιᾶνα καὶ ὕμνον (SIG I 691, Nr. 450,3–5).[2]
Interessant sind auch drei inschriftliche Belege aus dem 2. Jh. v.chr.: Nr.
695,28–29 singen in Kleinasien Jungfrauenchöre Hymnen auf Artemis (SIG II
294–298); die beiden übrigen, Nr. 662,8–12 und 711 L,12, verwenden das
Verb ὑμνεῖν sogar. Der auf einer Stele „zu Delos" (WÜNSCH, Hymnos 168)
geehrte Musiker und Liederdichter Amphikles preist in Prosodie u.a. die Götter und das Volk der Athener (SIG II 229–230). Im Kontext der anderen
Ehreninschrift steht ὑμνήσαντες (τὸν πάτριον παιᾶνα) parallel zu μέλ-
ψαντες und τιμήσαντες (SIG II 357–361; zu weiteren Ehreninschriften vgl.
PFOHL, Inschriften 63–74, Nrn. 67–81, bes. Nr. 76 aus der Zeit 33/34 n.Chr.,
fast hymnisch klingend).
Nach Nr. 1115,26 erscheinen im 1. Jh. n.Chr. ὑμνοδιδάσκαλοι auf einer
Ämterliste in Pergamon (SIG III 282–283; zu ὑμνήτρια vgl. die Widmung Nr.
1148[2], SIG III 297–298 sowie NILSSON, Religion II 349, 355 und 380; zu
ὑμνῳδός vgl. GEL 1849 und MOULTON/MILLIGAN 649).
Vieles auf den Inschriften bleibt dunkel und rätselhaft, so z.B. die Identität
eines Glaukos, Ὀλύμπιον ὕμνον ἀείσας, in einer kurzen Inschrift auf einem
Ehrendenkmal aus dem 2. Jh. n.Chr. (DITTENBERGER/PURGOLD, Olympia
549–550, Nr. 457) oder die Göttin ΒΕΛΗΛΑ des ὑμνητής Poplios Phylasios

---

[1] Zu IG EMi IV,1 129 und 130 (Epidaur.) sowie zu einigen „carminum melicorum fragmenta vasis inscripta" vgl. auch PAGE, Poetae 504–506, Nrn. 936–938, bes. 505, Nr. 938 (c):
στησίχορον ὕμνον ἄγοισαι (dazu 506: „fort. -χόρων ὕμνων; cf. Pind. Pyth. i 6").
[2] Zu den Musiknoten der delphischen Hymnen vgl. VON JAN, Musici 432–449; VON JAN,
Supplementum 8–34; WINNINGTON-INGRAM, NGDMM VII (1980 = 1981) 659–672, bes.
669; zu weiteren und einigen schon genannten vgl. POWELL, Collectanea 132–171, bes. 142–
159, und T. W. ALLEN, ERE VII (1914) 40–42, bes. 42: „Melic hymns".

im Piräus des frühen 3. Jh.s n.Chr. (SIG III 276–279, Nr. 1111,2–10, mit Erwägungen über Verbindungen mit babylonisch–sumerischen Gottheiten). Manche Inschrift ist sozusagen zeitlos, wie ein bei Smyrna gefundener „hymnischer Lobpreis des göttlichen Flusses Meles": ὑμνῶ θεὸν Μέλητα ‹ποταμόν›, τὸν σωτῆρά μου, παντός με λοιμοῦ καὶ κακοῦ πεπαυμένο‹ν› (PFOHL,Inschriften 62, Nr. 66, mit weiteren wichtigen Hinweisen; vgl. dazu auch BEHR, Aristides, Works I [1986] 426, 506, Anm. 18: „Two iambic trimeters. ... Without reason hesitantly attributed to Aristides by Herzog [= HERZOG, Asklepios-Hymnus 768–769]").

Besondere Erwähnung verdient die „Isisreligion" mit ihren „Isisaretalogien" (vgl. NILSSON, Religion II 624–640, bes. 626–627, sowie PFOHL, Inschriften 149–150, Nr. 136: „Isishymnus von Cyrene in der Cyrenaika, 103 n.Chr."; die in der Anmerkung von PFOHL 150 genannten „vier Isishymnen aus Alexandria" aus dem 1. Jh. v.Chr. mag Philon wohl gekannt haben, s.u. A.IV.b.1). Grundlegend dazu ist immer noch PEEK, Isishymnos (vgl. auch PEEK, Versinschriften I und, ergänzend zu beiden Werken und manchem anderen, VIDMAN, Sylloge 23–24, Nr. 42; 40–41, Nr. 88; 43, Nr. 92; 49, Nr. 108; 90–91, nach Nr. 144a; 95, Nr. 157; 97, Nr. 165; 159, Nr. 310; 166–167, Nr. 325; 197, Nr. 390; 266–268, Nr. 286; 335–336, Nr. 803).[1]

Das führt am Ende dieses kleinen epigraphischen Überblicks zum Hinweis auf VANDERLIP, Hymns, und LEBEK, Hymnus, zwei neuere mustergültige Untersuchungen, in denen Steine mit allen Regeln der Kunst auch hymnologisch zum Sprechen gebracht werden. Bei der ersteren handelt es sich um eine sehr gelehrt eingeleitete, schöne Edition (mit Übersetzung und Kommentar) der im südfayumischen Medinet Madi im Jahre 1935 freigelegten aretalogischen Tempeltorhymnen aus dem 2./1. Jh. v.Chr. Die vier griechischen Hymnen (I 1–36; II 1–30; III 1–36; IV 1–40) weisen alle mit der Unterschrift auf den Verfasser Isidoros hin und wollen nach dem Postskript unter dem mit χαῖρε anhebenden Hymnos II ausdrücklich als ὕμνοι verstanden werden. Die andere Untersuchung rekonstruiert, analysiert sprachlich und metrisch, erklärt (mit wertvollen Parallelen), übersetzt und ordnet historisch ein, was ein anonymer Hymnendichter und Kitharode in der ersten Hälfte des 2. Jh.s n.Chr. für den ziemlich weit verbreiteten Kult von Hadrians Liebling Antinoos in Zypern schuf.[2]

[1] Zur „Aretalogie" vgl. die vorzügliche, hier nicht zu wiederholende Zusammenstellung der „erhaltenen 'Aretalogien'" mit der dazu veröffentlichten Literatur und die Diskussion selbst von BERGER, Gattungen 1218–1231.
[2] Zu Antinoos aus Bithynien vgl. Rudolf HANSLIK, KP I (1964) 385–386.

Kaum geringer als die Anzahl erhaltener nichtchristlicher Hymnen auf Stein ist
diejenige, die zumeist anonym und fragmentarisch auf Papyrus überlebt hat
(und schon ediert ist; vgl. zu einigen schon länger bekannten Stücken
WÜNSCH, Hymnos 170–172). Einige wenige der wegen der homophonischen
Melodien musikologisch interessanten Papyri (vgl. WINNINGTON-INGRAM,
Greece 668–670) sind auch Päane bzw. Hymnen (vgl. besonders den Paian aus
Pap. Berl. 6870 [2./3. Jh. n.Chr.] bei PÖHLMANN, Denkmäler 94–97 = Nr. 30;
HEITSCH, Dichterfragmente I 168–170, Nr. LII [ὕμνων in Zeile 6]).[1]

Die Zauberpapyri bilden einen eigenen Komplex. In der „Vorrede zum 3.
Band, welcher die Papyri Nr. LXI–LXXXI und Nr. 21–24, die Hymnen und
die Register enthielt" (PGrM II [2. Aufl.] VII–XVII, hier VII, Anm. 3), sagt
K. PREISENDANZ zunächst: „Im zweiten Teil des Bandes, der die ʻH y m n e nʼ
der Zauberpapyri in metrischer Form bringt, wurden nicht nur Hymnen engeren und eigentlicheren Sinnes mitgeteilt, sondern nach Möglichkeit alle in
erkennbare Verse gebundenen Texteinlagen" (XI). Nach der Diskussion einiger
gewagter Rekonstruktionen von A. DIETERICH äußert er „Zweifel" daran, „wie
die in den Zauberpapyri erhaltenen versähnlichen Spuren zu deuten sind: ob
tatsächlich als Reste einstiger Verse, oder aber nur als Belege einer rhythmisch
gehobenen Sprache, wie sie ganz ähnlich in der verwandten Literatur des
Poimandres sich findet. Derartige Prosahymnen lassen sich allenthalben in den
Zaubertexten, so in der ʻMithrasliturgieʼ, wo sie besonders angebracht sind,
aber auch sonst weithin feststellen" (XIII).

Über seine eigenen metrischen Rekonstruktionen hinaus (s.u.) vermutet
PREISENDANZ selbst: „Ein ursprünglicher Hymnos wird auch in P III 441f.
festzustellen sein; denn auf die jetzige Prosa des Wortlautes paßt die Vorschrift
λέγε ἐν ἑξαμέτρῳ τόνῳ (437) nicht mehr — es wäre denn, daß der Verfasser der ἱερὰ βίβλος (424) lediglich eine Nachahmung des hexametrischen
Rhythmus darunter verstanden hätte" (XIV). Die folgende abschließende Bemerkung gilt in gewisser Weise noch immer, auch nach den Werken von E.
HEITSCH (Dichterfragmente I) und H. D. BETZ (GMP): „Es muß einer späteren
Zeit vorbehalten bleiben, sich mit diesen und anderen, heute noch problematischen Fragen der Metrik und Rhythmik eingehend zu beschäftigen" (XIV).

---

[1] Vgl. auch SENDREY, Music, Antiquity 354 („The preserved Greek musical relics"). Zu
weiteren, nach PÖHLMANN veröffentlichten Texten mit musikalischer Notation vgl. Pap. Oxy.
3161 und 3162 (BOWMAN/HASLAM/SHELTON/THOMAS, Oxy. Papyri XLIV [1976] 58–72)
sowie Pap. Oxy. 3704 und 3705 (HASLAM, Oxy. Papyri LIII [1986] 41–48).

Um diese Beschäftigung zu erleichtern, werden die „Hymnen" der Zauberpapyri im folgenden mit ihren paradigmatischen Anfangszeilen zusammengestellt und hymnologisch kurz charakterisiert, und zwar in der Reihenfolge von
PREISENDANZ (PGrM II [2. Aufl.] XXIII, 237–264, Nr. 1–26)[1] sowie unter
Hinweis auf die genannten Werke von HEITSCH ([= H.], Dichterfragmente I
179–199 [Nrn. LIX 1–14]) und BETZ (GMP).

[1] P XII 244–252: Τίς μορφὰς ζώων ἔπλασε‹ν›; τίς δ' εὖρε κελεύ-
θους; (PGrM II 237 = H. 179–180, Nr. 1; GMP 163). Die Antwort auf die
Fragen der ersten vier daktylischen Hexameter (vgl. SNELL, Metrik 7–11) gibt
der Hymnos mit εἷς θεὸς ἀθάνατος (V. 5); danach wird der Allschöpfer im
„Du"-Stil gepriesen, z.B. mit der Anrede κύριε παντοκράτωρ, ἅγιε καὶ
δέσποτα πάντων (V. 11).

[2] P III 550–558: Δεῦρο ‹σύ›, παντὸς κτίστα, θεῶν θεέ, κοίρανε
‹παντός› (PGrM II 238 = H. 180, Nr. 2; GMP 32–33). Bei diesem Stück handelt es sich um acht daktylische Hexameter „in Pana (–Pantocratorem)"
(HEITSCH), die nach der adverbialen Aufforderung ebenfalls den Allschöpfer
im „Du"-Stil preisen.

[3] P IV 939–948: Χαῖρε δράκων, ἀκμαῖε {δε} λέων, Φύσι καὶ πυρὸς
ἀρχή (PGrM II 238 = H. 181, Nr. 3; GMP 56–57).[2] Diese Mischung aus Hymnos (V. 1–6) und Gebet (V. 7–8), auch wieder in daktylischen Hexametern,
wendet sich an Helios, der u.a. nach den im Kontext eingefügten σύμβολα
μυστικά (V. 7) als προπάτωρ angeredet wird (V. 8).

[4] P IV 436–461 (A), ohne Verse 18–19, 21; IV 1957–1989 (B), ohne 26–
27; VIII 74–81 (C), ohne 7–10, 12, 14–27; I 315–325 (D), ohne 1–6, 9–11, 18,
21, 22, 26, 27: Ἀεροφοιτήτων ἀνέμων ἐποχούμενος αὔραις (PGrM II
239–240 = H. 181–183, Nr. 4; GMP 46, 72–73, 147, 11). Auch diese sich an

---

1 Die von PREISENDANZ, HEITSCH und HENRICHS (PGrM [2. Aufl.] I–II) benutzten Sigla
P I, II, etc. beziehen sich auf folgende Papyri, die aus der Zeit zwischen 2. u. 5. Jh.
n.Chr. stammen: P I = Pap. Berlin 5025 (4./5. Jh.); P II = Pap. Berlin 5026 (4. Jh.); P III =
Pap. Louvre 2391, Mimaut (4. Jh.); P IV = Pap. Bibl. Nat. suppl. gr. 574 (4. Jh.); P V = Pap.
Brit. Mus. XLVI (4. Jh.); P VI = Pap. Brit. Mus. XLVII (2./3. Jh.); P VII = Pap. Brit. Mus.
CXXI (3./4. Jh.); P VIII = Pap. Brit. Mus. CXXII (4./5. Jh.); P XII = Pap. Leiden, Museum
van Oudheden, J 384 (V) (4. Jh.); P XVII b = Pap. Strasbourg, Bibl. nat. et univ. 1179 (2.
Jh.); P XXIII = Pap. Oxyrh. 412 (3. Jh.). — Ältere und neueste Literatur zu den Zauberpapyri
findet sich in den Einleitungen zu GMP: Hans Dieter BETZ, Introduction to the Greek Magical
Papyri (xli–liii); Janet H. JOHNSON, Introduction to the Demotic Magical Papyri (lv–lviii). Zum
Kontext der Hymnen vgl. auch Clemens ZINTZEN, Zauberei (μαγεία), Zauberer (μάγος), in:
KP V (1975) 1466–1472, bes. 1466–1467: „Machteinwirkung durch Laute, Stimmen, Gebet
oder Fluch ist eine geläufige Zauberpraxis."
2 Zur Länge des (ursprünglichen) Hymnus vgl. GMP 56, Anm. 128 (William C. GRESE).
Zur χαῖρε-Formel in einigen der Zauberpapyri vgl. BAUMSTARK, Chaireismos 996.

Helios wendenden daktylischen Hexameter sind eine Mischung aus Hymnos im „Du"-Stil mit anderen traditionellen Elementen (z.B. μάκαρ [V. 7, 10]) und Gebet bzw. Gesang (ἐπαοιδή [V. 17]). In den vier Variationen wird der zu rezitierende Text ja auch ganz verschieden bezeichnet, nämlich als ἐπαοιδή (I 297, auch auf Nr. 8 bezogen: PGrM I 16–17 [„Zauberhymnos", eine etwas freie Übersetzung]), ἐξαίτησις τῆς πράξεως (IV 435: PGrM I 86–87 [„Zur Zauberhandlung gehöriges Ausbitten"]) oder λόγος (IV 1956: PGrM I 132–133 [„Gebet"]).

[5] P III 198–229: Ἥσυχον ἐν στόμασιν πάντες κατερύκετε φ[ωνήν] (PGrM II 241–242 = H. 183–184, Nr. 5; GMP 23–25). Die technische Überschrift dieser daktylischen Hexameter „an Helios und die Allgötter" lautet: ἡ σύστασις τῆς πράξεως – „das Vereinigungsgebet der Handlung" (PGrM I 40–41). Das Gebet ist eher eine Beschwörung (ὀρκίζω σε [V. 29]; vielleicht auch V. 32, vgl. GMP 25, Anm. 55 [Edward N. O'NEIL]) mit hymnischen Elementen.

[6] P IV 179–201: Κραταιὲ Τυφῶν, τῆς ἄνω σκηπτουχίας (PGrM II 242–243 = H. 185, Nr. 6; GMP 41). Dieser λόγος (IV 179), dessen iambische Trimeter nicht immer metrisch korrekt sind (vgl. SNELL, Metrik 13–15), richtet sich an das mythologische „Mischwesen" Typhon,[1] u.a. mit der hymnischen Anrede θεὲ θεῶν, ἄναξ (V. 2) bzw. ἄναξ θεῶν (V. 18). Die seltsame „Ich"-Rede (V. 7–16) geht über in ein Bittgebet (ἔγειρον κτλ. [V. 17]), das am Ende auf die eigenen ἀοιδαί hinweist (V. 21; vgl. PGrM I 79: „Beschwörungen"; PGM 41: „chants").

[7] P IV 261–273: Σὲ καλέ‹›ω τὸν πρῶτα θεῶν †οργιλον διέποντα (PGrM II 243–244 = H. 185–186, Nr. 7; GMP 43). Diese daktylischen Hexameter, die im „Du"-Stil Typhon als παντοκράτωρ anrufen (V. 11), tragen wie Nr. 5 die einleitende Überschrift: σύστασις τῆς πράξεως (IV 260: PGrM I 80).

[8] P I 296–297: Ἄναξ Ἀπόλλων, ἐλθὲ σὺν Παιήονι (PGrM II 244; GMP 11). Der Kontext, an dessen Anfang dieser iambische „Trimeter, wohl aus größerem Zusammenhang" (PREISENDANZ),[2] gestellt ist, wird folgendermaßen eingeleitet: κάλει τῇ ἐπαοιδῇ – „rufe (den Gott) mit dem Zauberhym-

---

[1] Vgl. Hans VON GEISAU, Typhoeus (Τυφωεύς), Typhon (Τυφών, ep. Τυφάων, auch Τυφώς), in: KP V (1975) 1022-1023.

[2] Edward N. O'NEIL macht zu dieser Zeile folgende Anmerkung: „The words Ἄναξ … σὺν Παιήονι form an iambic pentameter which may preserve a line from a longer hymn" (GMP 11, Anm. 57); zur Problematik des Begriffs „Pentameter" vgl. SNELL, Metrik 5, 11.

nos" (I 296: PGrM I 16–17). Notabene: P I 297–314 + 342–345 = Nr. 23
(s.u.); P I 315–325 = Nr. 4 (Version D, s.o.; vgl. die genaueren Angaben von
O'NEIL in: GMP 10-11, Anm. 56, 59).

[9] P II 2–7: Φοῖβε, μαντοσύναισιν ἐπίρροθος ἔρχεο χαίρων (PGrM II
244 [vgl. den Kontext, PGrM I 20–21]; GMP 12).

[10] P VI 22–38: ‹Ἐλθέ, μάκαρ Παιάν,› πανυπέρτατ᾽, ἐμοὶ ἐπ[άρηξον
(PGrM II 244–245 [vgl. den stark verstümmelten Kontext, PGrM I 198–200];
GMP 111). Die z.T. metrisch unkorrekten daktylischen Hexameter dieses
Apollon-Hymnos sind in den Versen 4–6 fast identisch mit den Versen 1–3 des
vorhergehenden Hymnos Nr. 9.

[11] P II 81–102, 107, 132–140, 163–166: Δάφνη, μαντοσύνης ἱερὸν
φυτὸν ᾿Απόλλωνος (PGrM II 245–246; GMP 15–18). Für diesen rekonstruierten Apollon-Hymnos mit seinen vielen Epitheta muß auf jeden Fall auf die
Edition verwiesen werden (PGrM I 26–31).[1]

[12] P III 234–258: Μέλπω σέ, μάκαρ, [ὦ Παι]ώνιε, χρησμο[δοτῆρα]
(PGrM II 247; GMP 25–26). Dieser Hymnos an Apollon und Daphne ist zwar
zum größten Teil eine Rekonstruktion der sehr fragmentarischen Überlieferung (vgl. PGrM I 42), doch erscheint hier höchstwahrscheinlich als Titel
sogar der Begriff ὕμνος (III 233: ὕμ[ν]ος). Auch das mit Delphi verbundene
Wort ὑμνοῦσι in V. 22 ist erhalten (III 253).

[13] P VI 6–21: [Δάφνη, μαντοσύνης] ἱερὸν φυτὸν ᾿Απόλλωνος (PGrM
II 248; GMP 110-111). Diese daktylischen Hexameter des als εὐχή (VI 5)
angekündigten Textes, der sich an „‹Lorbeer,› Apollôns heilige Pflanze ‹der
Wahrsagung›" richtet, sind auch größtenteils rekonstruiert (vgl. PGrM I 198–
199).

[14] P VI 40–47: Δάφνη, μαντοσύνης ἱερὸν φυτὸν ᾿Απόλλωνος (PGrM
II 248; GMP 111-112). „Die Verse auf Daphne, Hymn. 13–14, umschließen die
auf Apollon, Hymn. 10" (PGrM II 248, Apparat; zum ebenfalls verstümmelten
und mit *voces magicae* durchsetzten Text vgl. PGrM I 200). Die identische Anfangszeile von Nr. 13 und Nr. 14 bildet auch den Anfang von Nr. 11 (s.o.).

[15/16] P V 400–421 (A [1–15]), VII 668–680 (B [1–12]), XVII b (C [1–
23]): ‹Ἑρμῆ κοσμοκρ,άτωρ, ἐγκάρδιε, κύκλε σελήνης₎ (PGrM II 249 = H.
186–187, Nr. „8 in Mercurium"; GMP 108–109, 137, 254; PLASBERG, Anek-

---

[1] Vgl. auch die Hinweise von Robert K. RITNER (GMP 15–16, Anm. 30–31) und besonders Edward N. O'NEIL: „The basic form of the lines in this passage is metrical, but the dactylic
hexameters are frequently interrupted by *voces magicae* and brief statements in prose" (GMP
15–17, Anm. 25).

dota 208–217 [C = Straßburger Pap. gr. 1179: „Hymnus auf Hermes"]). Zur Rekonstruktion dieses Zauberspruches („spell" [GMP]; vgl. εἰπεῖν [V 398–399: PGrM I 194]) in drei verschiedenen Versionen dient auch Pap. Argent. Gr. 1179ᵛ aus dem 2. Jh. n.Chr. (vgl. Tabula M bei HEITSCH). Die erkennbaren daktylischen Hexameter reden Hermes hymnisch an als κοσμοκράτωρ (z.B. V 400: PGrM I 194).

[17] P IV 2243–2347: Χαῖρ᾽ ἱερὸν φῶς, ταρταροῦχε, φωτοπλήξ (PGrM II 250–253 = H. 187–191, Nr. 9; GMP 78–81). Diese als λόγος überschriebene „abwehrende Inschrift an Selene" (IV 2242–2243: PGrM I 140–141) in korrupten bzw. unvollständigen iambischen Trimetern kann man kaum als „Hymnos" bezeichnen, trotz der doppelten einleitenden χαῖρε-Formel (V. 1–2), der hymnischen Anrede μάκαιρα (V. 8) und der zahllosen Epitheta (bes. V. 1–2, 14, 24–44). „Gebet" ist sicherlich eine zutreffendere Bezeichnung für die heiligen Worte der Anrufung des Mystagogen (V. 4, 13; vgl. PGrM I 141; vgl. auch das dreifache ἐνεύχομαί σοι [V. 17, 24, 25]).

[18] P IV 2786–2870: Ἐλθέ μοι, ὦ δέσποινα φίλη, τριπρόσωπε Σελήνη (PGrM II 253–255 = H. 191–193, Nr. 10; GMP 90–92). Diese εὐχὴ πρὸς Σελήνην ἐπὶ πάσης πράξεως (IV 2785: PGrM I 160–165) in unregelmäßigen daktylischen Hexametern ist wirklich ein Hymnos, der durchsetzt ist mit einigen Bitten um Erhörung (vgl. z.B. die Verse 2, 28, 44, 55). Die Fülle der Epitheta der „heiligen Zaubergesänge" (V. 2 [ἐπάκουσον ἐμῶν ἱερῶν ἐπαοιδῶν]; vgl. PGrM I 160–161) wird reflektiert in V. 44: χαῖρε θεά, καὶ σαῖσιν ἐπωνυμίαις ἐπάκουσον – „Hail, goddess, and attend your epithets" (E. N. O'NEIL, GMP 92).

[19] P IV 2574–2610 (A [1–27]): Ἡ δεῖνά σοι θύει, θεά, δεινόν τι θυμίασμα, bzw. P IV 2643–2674 (B [1–23]): Ἡ δεῖνά σοι ἐπιθύει, θεά, ἐχθρόν τι θυμίασμα (PGrM II 255–257 = H. 193–195, Nr. 11; GMP 85–88). Zwei Versionen eines ἐπάναγκος λόγος (vgl. IV 2574: PGrM I 152–153 [„Zwanggebet"]) in akatalektischen iambischen Tetrametern; keine Hymnen!

[20] P IV 2522–2567: ⟨Θύω σοι⟩ τόδ᾽ ἄρωμα, Διὸς τέκος, ἰοχέαιρα (PGrM II 257–259 = H. 195–196, Nr. „12 in Dianam[-Lunam]"; GMP 84–85). Dieser λόγος (IV 2521: PGrM I 150) in metrisch mehr oder weniger korrekten daktylischen Hexametern ist weitgehend ein Hymnos im „Du"-Stil, dessen Epitheta in V. 34 genauso reflektiert werden wie in V. 44 von Nr. 18.

[21] P IV 2714–2763 + 2784: Δεῦρ᾽ Ἑκάτη γιγάεσσα, Διώνης ἡ μεδέουσα (PGrM II 259–260 = H. 196–198, Nr. 13; GMP 89–90). Auch dieser λόγος (IV 2713: PGrM I 158) erscheint in daktylischen Hexametern, die häufig unterbrochen werden von voces magicae und anderen Formeln, besonders

nach V. 27 (δεῦρ' Ἑκάτη, πυρίβουλε, καλῶ σ' ἐπ' ἐμαῖς ἐπαοιδαῖς) und am Ende zwischen V. 33 und V. 34. Die Epitheta der anzurufenden Hekate–Artemis konzentrieren sich auf die Verse 1–10 und 22–27. Sonst dominiert rasender „Zubringungszauber" (ἀγωγή [IV 2708: PGrM I 158–159]; vgl. μαινομένη in V. 29 und dazu GMP 90, Anm. 341).

[22] P IV (2902–2912) 2915–2939: Ἀφρογενὲς Κυθέρεια, θεῶν γενέτειρα καὶ ἀνδρῶν (PGrM II 260–261 = H. 198–199, Nr. „14 in Venerem"; GMP 93–94). Das erste „Zwanggebet der Handlung" in IV 2902–2912 (ἐπάναγκος τῆς πράξεως [IV 2901: PGrM I 164–165]) besteht aus „versus, qui similis carminis videntur fuisse quosque non restituimus" (HEITSCH). Das zweite „Zwanggebet" (ἐπάναγκος [IV 2915: PGrM I 166–167]) ist nur im ersten Teil wirklich hymnisch und daktylisch-hexametrisch (V. 1–11); dieser Teil schließt nach vielen anderen Epitheta mit folgender Aufforderung an Aphrodite: ἡμετέρη βασίλεια, θεά, μόλε ταῖσδ' ἐπαοιδαῖς (V. 11).

[23] P I 297–314 + 342–345: Δέσποτα, Παρνασσὸν λίπ' ὄρος καὶ Δελφίδα Πυθώ (PGrM II 262; GMP 11–12). Eigentlich beginnt der „Zauberhymnos" (ἐπαοιδή) schon in I 296–297: Ἄναξ Ἀπόλλων, ἐλθὲ σὺν Παιήονι (PGrM I 16–17; vgl. Nr. 8 [s.o.]). Der synkretistische Text, in dem u.a. die Engel Michael und Gabriel vom Olymp gerufen werden (V. 4–5) und sogar Adonai eine führende Rolle zugedacht ist (V. 7, 14), endet in einer Kette von zehn Beschwörungen (ὁρκίζω [V. 9–18]).

[24] P XXIII (PGrM II 262; vgl. 150–151; GMP 262–264). Pap. Oxy. 412 besteht aus zwei Kolumnen „containing the conclusion of Book xviii of the Κεστοί of Julius Africanus ... the Christian chronographer and friend of Origen" (GRENFELL/HUNT, Oxy. Papyri III 36). Die am Anfang zerstörten Zeilen 22–36 der ersten Kolumne sind eine als ἐπαοιδή (Z. 20, vgl. 25) überschriebene magische Anrufung der Allgötter (vgl. den Text a.a.O. 38 u. dazu Plate V).

[25] IV 1399–1434: Μοίραις, Ἀνάγκαις, Βασκοσύναις, Λοιμῷ, Φθόνῳ (PGrM II 263; GMP 64–65). Dieser λόγος (IV 1398: PGrM I 118) aus iambischen Trimetern ist eine Liebeszauber-Beschwörung der „Unterirdischen" ohne hymnische Elemente.

[26] P IV 1459–1469: ⟨Ὦ⟩ Χάος ἀρχέγονον, Ἔρεβος, φρικτὸν Στυγὸς ὕδωρ (PGrM II 264; GMP 66). Auch diese mit ἐπικαλοῦμαι überschriebenen, stark rekonstruierten daktylischen Hexameter richten sich an die Unterwelt und sind ebenfalls kein Hymnos.

Von den übrigen, weder bisher hier noch an anderen Stellen genannten „hymni et quae ad res divinas pertinent carmina" der Sammlung von HEITSCH (Dichterfragmente I 153–199) verdienen die folgenden Hymnen Erwähnung.

[XLVIII] „Hymnus in Isim" (165–166; vgl. G. VITELLI, PSI 7, 1925, 844; 3. Jh. n.Chr.); zwölf mehr oder weniger stark rekonstruierte Zeilen.

[IL] „Hymnus in Sarapidem" (166; 3. Jh. n.Chr.); elf fragmentarische Zeilen. „Der Text im ganzen könnte aus einer sog. Aretologie [sic] in prosaischer Erzählung stammen" (SCHUBART, Griech. liter. Papyri 29–30; vgl. ἀρε- τάς in Z. 5, ὑμνολογῶ in Z. 9).

[L] „Aretalogia Sarapidis" (166–168; Pap. Berol. 10525; 3. Jh. n.Chr.). Kein Hymnos, sondern ein anonymer „record of a cure by Sarapis" (PAGE, Papyri III 424–429); interessant ist die von insgesamt 27 fragmentarischen Zeilen erhaltene Anfangszeile: … ὁ Σάραπίς ἐστι σωτήρ (167 bzw. 426).

[LV] „Hymnus in Fortunam" (172; Pap. Berol. Mus. 9734ᵛ; 3. Jh. n.Chr.). Zu diesem Papyrus vgl. KÖRTE, APF 5 (1913) 557–558, Nr. 411 („mangelhafte Bildung des Dichters" [558]) und s.u. PAGE, Papyri III 432– 433, Nr. 99.

[LVI] „Hymnus in Dionysum" (172–175; 3. Jh. n.Chr.). Zu diesem Fragment (ca. 60 Zeilen) der von G. ZERETELI und O. KRUEGER edierten Papyri russischer und georgischer Sammlungen (Bd. I, Literarische Texte [Tiflis 1925] 69–88, Nr. 11) vgl. auch PAGE, Papyri III 520–525, bes. 521: „our poem may be a cult-hymn intended for recitation at a particular festival."

Eine erneute Durchsicht aller bisher erschienenen Teile/Bände der nach ihrem ägyptischen Fundort benannten Oxyrhynchos-Papyri führt zu einer Reihe von anonymen literarischen Texten mit hymnologischen Elementen.

Pap. Oxy. 670, das erste von neun poetischen Fragmenten, vielleicht aus dem 3. Jh. n.Chr., „too scanty to show the subject or the quality of the poem" (GRENFELL/HUNT, Oxy. Papyri IV [1904] 121–123, hier 121; 123: Text [Z. 1– 25]), wird von POWELL als „Hymnus in Iunonem" bezeichnet (Collectanea 80– 81, 245).[1]

Pap. Oxy. 1015, ein Enkomion von 22 Zeilen aus dem 3. Jh. n.Chr., ehrt (γεράιρει [Z. 11], γεράιρομεν [Z. 21]) den jungen Gymnasiarchen Theon, wendet sich aber in den ersten neun Zeilen z.T. im „Du"-Stil an Hermes, den αννμνειουσιν αοιδοι (Z. 6) ‖ κλέιουσι βοτῆρες (Z. 7), „while athletes in the

---

[1] Vgl. hier auch POWELL, Collectanea 82–89: „Hymnorum Ptolemaicorum, ut videtur, fragmenta" („Papyrus Chicaginiensis"), mit vielen Fragezeichen.

stadium call on Hermes ruler of the games, and cities hymn (ἀείδουσιν) thee as warden of the gymnasia" (Z. 8–9: HUNT, Oxy. Papyri VII [1910] 111–114, 113).

Pap. Oxy. 1380, eine äußerst wortreiche Invokation der Göttin Isis aus dem frühen 2. Jh. n.Chr., besteht im ersten Teil nur aus ortsbezogenen Namen bzw. Titeln der Vielnamigen (πολυώνυμος [Z. 97; 101]) und Vielgestaltigen (πολύμορφος [Z. 9; 70]).¹ Der zweite Teil ist zunächst eine Fortsetzung des ersten (Z. 119–142), geht dann jedoch bis zur letzten, schlecht erhaltenen Kolumne XII über „to a long and somewhat disconnected prose hymn of praise addressed to the goddess, dealing with the various aspects of her divinity and power" (GRENFELL/HUNT, Oxy. Papyri XI [1915] 190; vgl. Z. 142–298: a.a.O. 198–201 [Text], 202–203 [Übers. des mehr oder weniger fragmentarischen Textes]). Im „Du"-Stil heißt es u.a. von der Herrin (wahrscheinlich κυρία) Isis, μεγίστη θεῶν (Z. 142–143): σὺ γυναιξὶν ἴσην δύναμιν τῶν ἀνδρῶν ἐποίησας (Z. 214–216; vgl. dazu die Anmerkung, a.a.O. 219: „Cf. Diod. i. 27, who connects the high position of women in Egypt with Isis").

Pap. Oxy. 1382 ist nur interessant wegen der aretalogischen Akklamation am Schluß: οἱ παρόντες εἴπατε εἷς Ζεὺς Σάραπις (Z. 20–21). Der Titel der verstümmelten Geschichte über den Steuermann Syrion lautet: Διὸς Ἡλίου μεγάλου Σαράπιδος ἀρετὴ κτλ. (Z. 22–23: GRENFELL/HUNT, Oxy. Papyri XI [1915] 234–236, 235; Text auch in: DELLING, Wundertexte 29, Nr. 33; vgl. zum größeren terminologischen und religionsgeschichtlichen Zusammenhang REITZENSTEIN, Wundererzählungen 9–12 [ἀρεταλογία]; WEINREICH, Heilungswunder 207, s.v. Serapis).

Pap. Oxy. 2084 ist ein aus 36 Zeilen bestehendes Prosa-Enkomion auf die Feige aus dem 3. Jh. n.Chr., „written, it seems, on the occasion of a festival in honour of Hermes (ll. 23–7), with whom the fig was especially associated (ll. 1–6)" (HUNT, Oxy. Papyri XVII [1927] 99–101, hier 99). Der anonyme Panegyrist gibt daher u.a. seiner hymnischen Intention Ausdruck: [κ]αγω εις τ[ο]ν θεον [ε]υσεβων ὑμνησω τημερον – „I too reverencing the god will sing today" (Z. 8–10: a.a.O. 100).

---

¹ Pap. Oxy. 1380 ist das Rekto von Pap. Oxy. 1381, einem für den Asklepios-Kult wichtigen Dokument, in dem der ins Griechische übersetzende Autor den mit dem Ägypter Imhotep (Ἰμούθης [Z. 202]) identifizierten Asklepios u.a. folgendermaßen anredet: μέγιστε θεῶν Ἀσκλῆπιε καὶ διδάσκαλε (Z. 188–189: GRENFELL/HUNT, Oxy. Papyri XI [1915] 221–234, hier 229); vgl. auch den gekürzten Text von Pap. Oxy. 1381 mit weiteren Hinweisen in: DELLING, Wundertexte 29–31, Nr. 35.

In der durch Einleitung, Literaturverzeichnis und Anhang (Papyrus- und Os-
traka-Editionen [391–421]) wichtigen Auswahl von HENGSTL, HÄGE und
KÜHNERT findet sich unter „Religion und Aberglauben" (144–176 = Nrn. 56–
71) leider nichts Hymnologisches.

Ein wenig anders steht es mit der schon genannten Auswahl von D. L. PAGE
(Papyri III).[1] Hier stammt vom Ende des 3. Jh.s v.Chr. ein durch die Homerischen Hymnen (II 202–203) beeinflußter Demeter-Hymnos von Philikos von
Kerkyra (3. Jh. v.Chr.). Dieses ποίημα (so Hephaistion von Alexandreia im 2.
Jh. n.Chr.) in choriambischen Hexametern ist allerdings kaum ὕμνος zu nennen, sondern eher bloß „exercise in poetry" (PAGE, Pap. III 402–407 = Nr. 90,
bes. S. 402).

Dagegen will der anonyme Demeter-Hymnos, ebenfalls aus dem 3. Jh.
v.Chr. und schon unter dem Einfluß des Kallimachos und der gelehrten alexandrinischen Poetik, ausdrücklich als Hymnos verstanden sein, wie die erste der
erhaltenen elf Zeilen zeigt: [ὕ]μνον ... ἄρχομαι ... (408–409 = Nr. 91).[2]

Terminologisch interessanter ist ein anonymer Anapäst (1. Jh. n.Chr.), in
dem sich am abgebrochenen Ende 30–38 musikalische Begriffe häufen und am
verstümmelten Anfang „alle" griechischen Bezirke, u.a. auch ein ὑ[μ]νωιδὸν
ὄρος (4), Homers αἰνετὸν ὕμνων φύσιν ... μεγαλύνουσιν (9–11: 412–417 =
Nr. 93).

Mit dem letzten Beispiel aus dem 3. Jh. n.Chr., Pap. Berol. 9734ᵛ, einem
anonymen Hymnos an παγκρατὲς Τύχα (Z. 2), schließt sich der Kreis zurück
zur Anthologia Palatina (IX 788: „Hymne" an εὐγενέτειρα Τύχη, die
„herrliche Göttin des Glücks" [BECKBY, AGr III 452–453]). Der Text, den
„ein ganz ungebildeter Ägypter" geschrieben hat, „ist kein Zauberspruch, der
einen Dämon beschwört, kann auch kaum ein Kultgedicht für einen der
zahlreichen Tychetempel sein" (SCHUBART/VON WILAMOWITZ, BKT V,2
[1907] 142–143, mit dem Hinweis auf „Stobäus Ecl. I,6,13" und „die lyrische
Apostrophe an den ΧΡΥΣΟΣ bei Diodor 37,30"; Text [142] auch bei POWELL,
Collectanea 196). Gleichzeitig aber führt die letzte Zeile (11) mitten hinein in

---

[1] Der unter „Carmina convivialia" auch von PAGE (Poetae 482, Nr. 917) aufgenommene
Pap. Berol. 270 – „*BKT* v 2 (1907) 56 cum tab. viii ed. Schubart & Wilamowitz" – aus dem 3.
Jh. v.Chr. sei hier nur nebenbei erwähnt, weil es dort in einem wahrscheinlich schon im 4. Jh.
v.Chr. verfaßten Trinklied u.a. heißt: ... ἀπείροσι πλέξομεν ὕμνοις (Papyri III 386–391, Nr.
86, bes. 388 [a], Z. 4).

[2] Vgl. hier auch den fragmentarischen Text von Pap. Harris 7 und die Bemerkungen dazu
von KÖRTE, APF 13 (1938) 80–81, Nr. 849 („Hymnus auf Demeter?").

die Auseinandersetzung zwischen Antike und Christentum (vgl. im NT Apk 22,13!): πάντων γὰρ ἀρχὰν καὶ τέλος πάντων ἔχεις (PAGE, Papyri III 432–433 = Nr. 99).

b. Römische (lateinische) Antike

1. Ennius (3./2. Jh. v.Chr.)[1]

Schon WÜNSCH (Hymnos 179) weist hin auf den Anfang der nur sehr fragmentarisch erhaltenen Annales des auch griechisch gebildeten Epikers, dessen
„folgenreichste Entscheidung", unter dem Einfluß weniger von Kallimachos als
vielmehr von Homeros, „die Einführung des Hexameters in die lateinische Literatur" war (WÜLFING - VON MARTITZ 260; vgl. 284 zum Genus der epischen
„Hymnen des Kallimachos").

Die Anrufung der Musen (statt der *Camenae*) in seinen *poemata* (Frgm. 12,
statt *carmina*) hat kultisch–hymnologische Bedeutung: *Musae, quae pedibus
magnum pulsatis Olympum* (Frgm. 1, nach der Zählung der kommentierten
Edition von O. SKUTSCH, Annals 70, 143–147; zu *melos* und *carmen* vgl.
Frgm. 293 bzw. 485, jeweils mit Kommentar).

2. Lucretius (1. Jh. v.Chr.)[2]

Der sogenannte Hymnus an Venus, der in gewissem Selbstwiderspruch das erste Buch des epischen Lehrgedichts De rerum natura einleitet (I 1–43 bzw. 1–
49; vgl. Text und Strukturanalyse bei SCHRIJVERS, Horror 174–191), ist „eine
alte literarische Form und hat nur dekorative Bedeutung" (DEUBNER, Römer
476); lehnt es der Dichter–Philosoph (so TRAGLIA, Lucrezio, passim) doch vehement ab, *adlaudabile opus divum laudare* (V 158 ed. BÜCHNER; zu *laudare,
laus, canere etc.* vgl. den Index von PAULSON).

Insgesamt ist es sehr fraglich, ob man in den Proömien der Bücher (I), III
und V „jeweils einen Hymnus auf Epikur" finden kann, d.h. ob man „das Lob
des Meisters" wirklich „Hymnus" nennen sollte (wie BÜCHNER im Nachwort
seiner lat.–dt. Reclam-Ausgabe 629). Vielleicht ist es richtiger, nicht über
vorsichtige Formulierungen wie „das hymnenartige Proömium" oder „das

---

[1] Vgl. Scevola MARIOTTI, KP II (1967) 270–276; KROH, Lexikon 193–195; Gordon W.
WILLIAMS, OCD 384–385; Egidius SCHMALZRIEDT, KNLL V (1989) 208–209. Texte und
Belege nach SKUTSCH.
[2] Vgl. Ernst G. SCHMIDT, KP III (1969) 759–763; KROH, Lexikon 376–379; Cyril BAILEY
/ Gordon W. WILLIAMS, OCD 622–624; Richard MELLEIN, KNLL X (1990) 702–704, bes.
703 zu den „eingefügten Hymnen auf Venus, Cybele und Ceres" (sc. in II 598–659.680, was
die beiden letztgenannten angeht). Text nach BAILEY und BÜCHNER.

hymnenartige Enkomion auf Epikuros III 3ff" (NORDEN, Agn. Theos 172
bzw. 150) hinauszugehen.[1]

3. Catullus (1. Jh. v.Chr.)[2]

Unter den vermischten Gedichten des Lyrikers findet sich als Nr.
34 der „gräzisierende" Hymnus an *dea* Diana (= Artemis), dessen erste von sechs
vierzeiligen Strophen mit *canamus* das „Programm" für Mädchen- und Kna-
benchor angibt (vgl. WÜNSCH, Hymnos 176–177 mit seinem Hinweis auf
„Isid. I 39,17: *hymni autem ex graeco in latinum ‚laudes' interpretantur*", s.u.
B.V.b.35; Text in GARROD 56 und, mit deutscher Übersetzung, bei
WEINREICH, Catull 40 [musikologische Bemerkungen dazu 198 und 228]; vgl.
auch WILLE, Musica 221).[3] *Canere* und das Intensiv *cantare*, das Catull allerdings nicht gebraucht (vgl. WETMORE, Index 13), überschneiden sich sicherlich oft mit ὑμνεῖν, das ja erst später und nur ganz vereinzelt Aufnahme ins
Lateinische fand (*hymnire* und andere Verbalbildungen mit *hym* -, z.B. *hymnizare*). Hatte Catull auch vielleicht irgendeinen griechischen Hymnos als
Vorbild vor Augen (FORDYCE, Catullus 171), so handelt es sich doch nicht um
eine Übersetzung, sondern um „a simple, dignified expression appropriate to
the Latin language and to Roman feeling" (QUINN, Catullus 191).

Andere Stücke im „Hymnenstil" (vgl. NORDEN, Agn. Theos 143–176 zu den
hellenistischen Prädikationsformeln, besonders 150–152 zu Catull) sind 36,11–
12 (Relativsätze); 61,1–45 (ὕμνος κλητικός); 63,91–93 und 64,22–23. Die
„Anrufung" in den beiden letzteren „kommt aus dem Hymnen- und Gebetsstil,
der gerade auch die Wiederholung von χαῖρε kennt" (KROLL, Catullus 146–
147 u.a. zu *salvete*, mit Hinweis aufs Ave Maria; vgl. 140 zur „Häufung der
Gottesnamen").

---

[1] FAUTH spricht in seinem wichtigen Beitrag „Divus Epicurus: Zur Problemgeschichte
philosophischer Religiosität bei Lukrez" zwar auch vom „einleitenden Venus-Hymnus" (218)
oder vom „abschließenden Hymnos des sechsten Buches auf Epikur" (223), doch relativiert
sich solche Etikettierungen durch Begriffe wie „Venus-Prooemium" (212), „der hymnische
Lobpreis der *fecunditas* und *voluptas* gewährenden Venus" (213), „hymnisierend" (214),
„Epikur-Panegyrik" (218) oder „hymnische Apostrophierung des Übermenschen als Gott"
(222).
[2] Vgl. Karl VRETSKA, KP I (1964) 1089–1092; KROH, Lexikon 123–125; Christian J.
FORDYCE, OCD 216–217; Richard MELLEIN, KNLL III (1989) 740–742; WILAMOWITZ, Hell.
Dichtung II 277–310; WEINREICH, Catull 7–167 [Texte der Gedichte], 174–241 [Nachwort].
Texte nach KROLL, EISENHUT bzw. BARDON oder MYNORS.
[3] Zum Problem der öffentlichen Aufführung des dem Carm. I 21 von Horaz ähnelnden Di-
ana-Hymnus vgl. schon den Kommentar von R. ELLIS (116).

4. Vergilius (1. Jh. v.Chr.)[1]

Mit *canamus* beginnt auch die berühmte 4. Ekloge des Bukolikers, der seine „Vision" (vgl. H. J. ROSE, Eklogues 162–213) als dem Orpheus ebenbürtiges *carmen* (55) versteht und sein mit *canere* synonymes *dicere* (54) als „preisen" (NORDEN, Geburt 8–10; vgl. zu diesen und anderen Begriffen wie *laudare* und *laus* das Lexikon von MERGUET).

Daß Vergil „mit dem Formenschatz des H[ymnos]" dichterisch „arbeitet" (WÜNSCH, Hymnos 179), zeigen Stellen wie Aen. VI 791–792, Georg. I 24–25 und III 26–27. Ob das Proömium Georg. II 1–8 ein eigentlicher „Hymnus auf Bacchus" (NORDEN, Agn. Theos 154) oder bloß eine „Anrufung des Gottes" (W. RICHTER, Vergil 183) ist, sei dahingestellt; klarer ist: „Vergilius Aen. VIII 284ff. läßt die Salier dem Hercules einen Hymnus singen, den er als ἐγκώμιον und πράξεις Ἡρακλέους bezeichnet" (NORDEN 153: *hic iuvenum chorus, ille senum, qui carmine laudes Herculeas et facta ferunt ... salve, vera Iovis proles*). Nach dem *cantus* am Altar (285) heißt es abschließend: *talia carminibus celebrant* (303; vgl. zum Text den Kommentar von FORDYCE 236, „ad *cantus*: 'appear to the sound of music', perhaps, rather than 'arrive to sing': cf. Liv. And. *trag.* 5f. R.").

5. Tibullus (1. Jh. v.Chr.)[2]

„In den Elegien des Tibull haben Ähnlichkeit mit H[ymnen] die Schilderungen einzelner Feste (I 7,29 an Osiris–Bacchus, II 1,3 *Bacche veni*), die zugleich durch ihre Rücksichtnahme auf den Ritus an Kallimachos erinnern" (WÜNSCH, Hymnos 180; vgl. CAIRNS, Tibullus 121–130).

Ein schönes Beispiel eines Preisliedes auf einen Menschen ist das pseudotibullische „Loblied auf Messalla" (IV 1: HELM 110–121). Ähnlich wie Tibulls authentische Gedichte ist dieser „Panegyricus" (K. F. SMITH, Elegies 66) voll von hymnodischen Termini technici (vgl. zu den Büchern I–III die Konkordanz von O'NEIL) wie *canere* (1.36.203), *carmen* (3.106.178.211), *dicere* (18.30.176) und *laus* (3.28.35.106.177), und am Ende (211) fast so stereotyp wie viele Schlußzeilen der Homerischen Hymnen (s.o. A.I.a.1).

---

[1] Vgl. Walter H. GROSS, KP V (1975) 1190–1201; KROH, Lexikon 650–657; Colin G. HARDIE, OCD 1123–1128.
[2] Vgl. Reinhart HERZOG, KP V (1975) 819–820; KROH, Lexikon 629–631; Margaret E. HUBBARD, OCD 1072–1073. Texte nach HELM, Tibull.

6. Horatius (65–8 v.Chr.)[1]

Zur Hymnendichtung hat sich der Dichter, der als Lyriker auch die spätere christliche Hymnik beeinflussen sollte, in seinem fälschlich so bezeichneten (FRAENKEL, Horace 125, Anm. 3) „Buch von der Dichtkunst" (FÄRBER/ SCHÖNE, Teil II, 230–259) nicht geäußert.[2]

„Unter seinen Carmina trägt eine ganze Reihe den Charakter des durchgebildeten H[ymnos/Hymnus] in melischer Form, zum Teil lassen sich noch die griechischen Vorbilder nachweisen: I 10 an Mercurius (Alkaios, ...), I 12 Kollektiv-H. (Pindar), I 21 an Apollon und Diana (verwandt mit Cat. 34), I 30 an Venus (Alkman, ...), I 32 an die Lyra, I 35 an Fortuna (s. die Apostrophen an Tyche, ...), II 19 an Dionysos, III 4 an die Muse, III 13.22 Weihung in H.- Form an Bandusia und Diana, III 18 an Faunus. Daß III 21 an den Weinberg in H.-Formen gedichtet ist, zeigt Norden Agn.Th. 143ff." (WÜNSCH, Hymnos 177, mit verschiedentlichem Hinweis auf K. BUCHHOLZ, De Horatio hymnographo, Diss. Königsberg 1912 [non vidi]; vgl. genauer NORDEN, Agnost. Theos 143–163). Carmina III 18 und 21 sind aber vielleicht doch eher als „Parodie" zu verstehen (vgl. G. W. WILLIAMS, Dichtung 478).

Das Carmen Saeculare (FÄRBER/SCHÖNE, Teil I, 218–223) wurde im Jahre 17 v.Chr. zum „Säkularfest des Augustus" verfaßt und „von einem Chor von Knaben und Mädchen" vorgetragen (JENSEN, Religion 221, 251–252 mit einigen Strophen in deutscher Übersetzung; vgl. musikologisch FLEISCHHAUER, Rome 147). Zu den schon genannten Carmina kommen noch hinzu III 28 zum Neptunfest, IV 3 an Melpemone und IV 6 als „Vorgesang zum Carmen Saeculare" (FÄRBER/SCHÖNE, Teil I, 195; zu den Hymnen der Bücher I–III, dem Carmen Saeculare und den Hymnen von Buch IV vgl. FRAENKEL, Horace 154– 307, 364–382, 400–453).

Was die hymnodische Terminologie dieser und einiger anderer Carmina betrifft, so fällt zunächst einmal die Synonymität von *dicere carmen/laudes* auf (Carm. Saec. 8 bzw. 76, hier verbunden mit *chorus* 75). Sonst steht *carmen* in I 2,28; 32,4; II 19,1; III 1,2; 28,13; IV 3,12; 6,30.43 (hier betont von Horaz selbst!); *dicere* in I 12,25; 21,1–2; III 4,1 (vgl. *melos* in 4,2); 25,7; IV 6,41; *canere* in I 10,5; 32,10; IV 2,13 (*deos*!); 6,37; *cantare* in II 19,11; III 1,4; 28,9

---

[1] Karl VRETSKA, KP II (1967) 1219–1225; KROH, Lexikon 298–305; Gordon W. WILLIAMS, OCD 527–530; Brigitte MANNSPERGER u.a., KNLL VIII (1990) 43–52, bes. 44– 45 (Carmen Saeculare als „Festhymnus"). Texte und Belege nach FÄRBER/SCHÖNE.
[2] Vgl. FUHRMANN, Dichtungstheorie 99–119: „Die *Ars poetica* des Horaz".

(*invicem* [!]); *laudare* in IV 1,27; *laus* in I 12,14; 21,9; vgl. auch *loqui* in III
25,18 und IV 15,1; *vocare* in I 32,16 und *celebrare* in I 12,2. Zu diesen Begriffen ist wegen der Kontexte und lateinischen Umschreibungen unbedingt das
Horaz-Lexikon von BO heranzuziehen. Wertvolle Einzelerklärungen und viele
hymnologische Parallelen finden sich in dem Kommentar von NIS-
BET/HUBBARD (bes. Bd. I 125–134, 252–261, 343–347, 359–368, 386–400;
Bd. II 314–331).

7. Propertius (1. Jh. v.Chr.)[1]

Auf die 17. Elegie in Buch III weist schon NORDEN (Agnost. Theos 154) im
Zusammenhang mit dem „Du"-Stil der in der Messala-Ode des Horaz gebrauchten Prädikation hin, „ein Gedicht, das um so interessanter ist, als es sich
ausdrücklich als Aretalogie bezeichnet (V. 20 *virtutisque tuae, Bacche, poeta
ferar*)."

Doch nicht nur der „Anruf des Gottes (*o Bacche*)" (III 17,1) „mit dem
charakteristischen *tu potes*" (3), sondern auch *dicam* (21) und der ganz ver-
einzelte Hinweis auf Pindar (40; Text, Übers. und Register bei HELM, Properz
178–181, 289) zeigen direkt hymnologische Tradition, die sonst in den Elegien
des römischen „Kallimachos" (IV 1,64) nur sehr subjektiv gebrochen in der
Vorliebe hymnodischer Begriffe spürbar ist (vgl. zu *canere, cantare, carmen,
chorus, dea, deus, dicere, laudare, laus* den Index von PHILLIMORE).

8. Ovidius (43 v.Chr. – 17/18 n.Chr.)[2]

In den unvollendeten Fasti, „völlig in der kallimacheischen Tradition der aitio-
logischen Dichtung" (KROH, Lexikon 441), redet der ältere Ovid „oft von den
Göttern, denen die einzelnen Tage gelten, und legt dann wohl Gebete oder
Laudes ein (I 675 an Ceres und Terra, 711 an Pax). Auch H[ymnen] auf Men-
schen, d.h. auf den Kaiser, finden sich: II 119ff. wird Augustus gefeiert"
(WÜNSCH, Hymnos 180).

Wichtiger ist eine fast gleichzeitige Stelle Ovids, schon von NORDEN
(Agnost. Theos 154–155) angeführt und besprochen: „Im Anfange nämlich des
IV. Buchs der Metamorphosen läßt er einen Dionysoshymnus teils indirekt

---

[1] Vgl. Reinhart HERZOG, KP IV (1972) 1180–1183; KROH, Lexikon 524–527; Margaret E.
HUBBARD, OCD 886–887. Texte und Belege nach HELM, Properz.
[2] Vgl. Walther KRAUS, KP IV (1972) 383–387; KROH, Lexikon 438–443; Edward J.
KENNEY, OCD 763–765.

referieren, teils führt er ihn direkt aus" (vgl. IV 11–20, von NORDEN zitiert, im Zusammenhang von IV 1–35 bei W. S. ANDERSON 77–78). Der Kommentar von BÖMER (14–27, zu 1–35: „Die Töchter des Minyas verachten den Gott Bacchus") folgt für 11–20 mit viel sprachlichem und religionsgeschichtlichem Material der Analyse von NORDEN: Geburtslegende, Epiklesen, generalisierende Formel, Aretalogie (BÖMER 16–21).

Der Ovid der Verbannung schließlich erinnert sich und die Leser in Tristia V 3,3–4 an die Bacchusfeste „am 17. März", die „mit Festtrunk und Hymnengesang begangen" wurden (WILLE, Musica 54 mit Anm. 295: *dicunt laudes ad tua vina tuas*).

9. Germanicus (15 v.Chr. – 19 n.Chr.)[1]

Das Proömium der hexametrischen Nachdichtung Arati Phaenomena 1–16 (LE BŒUFFLE 1–2) ersetzt den Zeushymnus im *carmen* des Aratos (s.o. A.I.a.22) durch die im „Du"-Stil gehaltene verehrende (3) Dedikation an den nicht genau identifizierbaren *genitor* (2, LE BŒUFFLE XI), jedenfalls „den irdischen Gott, den römischen Kaiser …: eine Abart der griechischen H[ymnen] auf Menschen" (WÜNSCH, Hymnos 179).

10. Caligula (12–41 n.Chr.)[2]

Vom Sohn des Germanicus war schon die Rede bei Dion Cassius (s.o. A.I.a.43). Ob der Despot wirklich ein Hymnendichter war, ist weniger glaubhaft zu machen als die vom Historiker des 2./3. Jh.s n.Chr. in LIX 29,6 erzählte Tatsache der Selbstbespiegelung und seine forcierte „göttliche Verehrung im ganzen Reich" (R. HANSLIK, KP I [1964] 1016; vgl. Philon, LegGai 349–367).

11. Petronius Arbiter (1. Jh. n.Chr.)[3]

Im (pseudo[?]-)petronianischen Satyricon, einer „Kreuzung sehr verschiedener Literaturgattungen" (so, mit W. KROLL, HANSLIK, KP IV [1972] 674), ist 133

---

[1] Vgl. Rudolf HANSLIK, KP II (1967) 767–770; KROH, Lexikon 241; Arnaldo MOMIGLIANO / Theodore J. CADOUX, OCD 465. Belege und Texte nach LE BŒUFFLE.

[2] Vgl. Johannes STRAUB, RAC II (1954) 827–837, bes. 831–834 („Der Gottkaiser").

[3] Vgl. Rudolf HANSLIK, KP IV (1972) 673–674; KROH, Lexikon 457–459; Martin S. SMITH, OCD 807. Text nach HESELTINE/WARMINGTON; zum Vokabular vgl. das Lexikon von SEGEBADE/LOMMATZSCH.

in Kunstprosa „ein hymnisches Gebet eingelegt" und „der Bitte ein Gelübde zugefügt" (WÜNSCH, Hymnos 179). Vom Vokabular her läßt sich kaum entscheiden, ob das im Inneren ausdrücklich so bezeichnete Gebet (*prex*; vgl. *deprecatus sum* in der Einleitung), das sich an *Nympharum Bacchique comes* = Priapus richtet (Text, Übers. und Anm. in HESELTINE/WARMINGTON 350–353), eine Dichtung ad hoc ist oder aus (dionysischer) Kulttradition stammt.[1]

12. Plinius d.Ä. (1. Jh. n.Chr.)[2]

Wie die „Grenzen zwischen Poesie und Prosa verschwimmen", zeigt auch Nat. hist. II 154–159 (= 63: JAN/MAYHOFF I 185–187; KÖNIG/WINKLER II 130–137), „ein Enkomion der Mutter Erde, das, wenn es hexametrische Form hätte, als laus Terrae, als kultisches Lied hätte vorgetragen werden können" (WÜNSCH, Hymnos 180). Besonders der erste Teil (154–157) ist „un éloge dithyrambique" (BEAUJEU II 223 mit hymnologischen Parallelen zum Text mit franz. Übers. 67–70); der Rest ist eine antike Anklage gegen die Ausbeutung der personifizierten und im „Sie"-Stil verehrten Menschenmutter und *dea* (159), die als *sacra ... nos quoque sacros facit* (154) und litanciartig *benigna, mitis, indulgens* genannt werden kann (155), mit dem Fazit: *naturam eius ignoramus* (159).

13. Plinius d.J. (1./2. Jh. n.Chr.)[3]

Seine überschwengliche Lobrede auf Trajan nennt der Politiker und Orator selbst immer wieder *laus* (besonders deutlich 54,5: KÜHN 106–107 mit Übers.), obwohl er gleichzeitig 54,1 gegen die öffentlichen *laudes imperatorum* (KÜHN 104–105: „Lobeshymnen auf die Kaiser") zur Zeit Domitians am Ende des 1. Jh.s n.Chr. polemisiert und diesen *laudes* und solchem *laudare* die Verehrung Trajans durch *seria ... carmina honorque aeternus annalium* gegenüberstellt (54,2: KÜHN 104–107). Aufs eigene enkomiastische Produkt blickend, setzt der Schmeichler seine *laudes* auch mit *exclamationes* gleich

---

[1] Vgl. zum Zusammenhang mit Bacchus/Dionysos Hans HERTER, Art. Priapos, KP IV (1972) 1130–1131.
[2] Vgl. Klaus SALLMANN, KP IV (1972) 928–937; KROH, Lexikon 496–498; David E. EICHHOLZ, OCD 845–846. Texte der sog. Naturgeschichte nach JAN/MAYHOFF I bzw. BEAUJEU II. Vgl. auch KÖNIG/WINKLER II.
[3] Vgl. Rudolf HANSLIK, KP IV (1972) 937–938; KROH, Lexikon 498–500; A[drian] N. SHERWIN-WHITE, OCD 846–847. Texte und Belege nach KÜHN und DURRY (Panegyrikus) bzw. nach SCHUSTER/HANSLIK, STOUT und KASTEN (Briefe).

(72,4–5: KÜHN 144–145, „Preis" / „Lobpreisungen"). In bezug auf die Götter hält Plinius ein *meditatum carmen* für weniger wert als eine *pura castaque mens* (3,5: KÜHN 18–19 mit sehr freier Übers. von *carmen* mit „Hymnen"; vgl. dagegen DURRY IV 98: „litanie").

Nun die vielzitierte, um 112 n.Chr. geschriebene Stelle 96,7 aus Buch X der Briefe: *culpa* oder *error* der Christen von Bithynien sei, so *adfirmabant, quod esset soliti stato die ante lucem convenire carmenque Christo quasi deo dicere secum invicem seque sacramento non in scelus aliquod obstringere,* ... (SCHUSTER/HANSLIK 356; vgl. auch, neben QUASTEN, Carmen 905–907, die kritische Edition von STOUT 355 und, mit weiterer Literatur, HENGEL, Christuslied 382–383).

Es bedarf nicht erst der ausdrücklichen Interpretation von *carmen dicere* durch *canere* (Tertullianus, Apol. II 6; vgl. C. BECKER, Tert. Apol. 60–61: *ad canendum Christo ut deo* – „um Christus als ihrem Gott Lob zu singen"), um die schon zu dieser Zeit feststehende teilweise Synonymität von *canere* und *dicere* zu sichern (vgl. WILLE, Musica 50). So bleibt nur die Schwierigkeit der Übersetzung von *carmen* und *secum invicem*. Handelt es sich um einen „Wechselgesang" (KASTEN 643; vgl. auch DURRY 96 [„de chanter entre eux alternativement un hymne"] und VAN BEECK, Worship 122 [„recite a hymn ... alternating back and forth"]) oder um „das in Frage und Antwort gefaßte Taufbekenntnis" (LIETZMANN, Kl. Schriften III 51, 54–55)?[1]

Dieses Problem hat auch die Dissertation von CLAVELLE (141–147, 170–171) mit dem Hinweis auf das Singen von Psalmen oder Cantica in der frühchristlichen Synaxis nicht endgültig gelöst. Wenn man bedenkt, daß zumindest der genaue Wortlaut des Briefes an Trajan von Plinius selbst (oder sogar erst von dem Herausgeber des sogenannten 10. Buches) stammt, ist es durchaus möglich, daß die lateinische Wendung *carmen ... dicere secum invicem* schon eine römische Färbung hat. Daher ist es geboten, nicht nur auf den in der Tat erst später datierbaren „Kirchengesang mit wechselnden Chören" (LIETZMANN, Kl. Schriften III 50) zu verweisen, sondern auch auf römische Chöre und auf Texte wie Horatius, Carm. III 28,9–16 (*nos cantabimus invicem ... summo carmine ... dicetur...*). Außerdem kannte man in Kleinasien seit den letzten Tagen des Augustus (63 v.Chr. – 14. n.Chr.) die Gleichsetzung von lat. *carmen* mit griech. ὕμνος bzw. ὕμνοι (s.u. A.I.b.15 zum Monumentum Ancy-

---

[1] Viel zu frei ist die Übersetzung von TRINQUET, Hymne 1131 („chanter en chœurs alternés des *hymnes* au Christ ..."), oder auch die von J. FONTAINE, DECA I (1990) 1200: „dire des poèmes (sic!) au Christ comme à un Dieu".

ranum). Der etwaige Zusammenhang zwischen Plinius und Plutarchos (Vita des Lysandros, Kap. 18 [s.o. A.I.a.36]) bedarf einer eigenen Untersuchung.

14. Apuleius von Madaura (2. Jh. n.Chr.)[1]

Das religionsgeschichtlich besonders interessante elfte und letzte Buch der Metamorphosen (HELM, Apuleius 360–393; vgl. den Kommentar von GRIFFITHS) ist auch in hymnologischer Hinsicht von größter Bedeutung, speziell für „die Hymnodik des Isiskults" (WILLE, Musica 65 mit Hinweis auf XI 9,5 *chorus, carmen*). Schon WÜNSCH (Hymnos 180), offenbar unter dem Einfluß von NORDEN (Agnost. Theos 157), spricht für XI 25 von „einer rhythmischen Prosa, die wie aufgelöste Poesie klingt".

Im prädikativen „Du"-Stil preist das Gebet die Göttin, die *superi colunt, observant inferi* (XI 25,3). Die traditionellen hymnodischen und doxologischen Elemente stehen im Kontrast zur ironischen Bescheidenheit des Betenden: *ego referendis laudibus tuis exilis ingenio* – „ich bin zu schwach an Geist, dein Lob zu singen" (XI 25,5: HELM 386–387; vgl. GRIFFITHS 103: „in singing thy praises").

Genau so wichtig ist die kleine Aretalogie im „Ich"-Stil (XI 5–6), in der Isis sich selbst vorstellt und preist (vgl. GRIFFITHS 137–167). Schließlich ist „die altertümliche Struktur" (NORDEN, Agn. 144) im Gebet an die *regina caeli* (XI 2,1) zu beachten.

In der „Auswahl »schöner Stellen« aus den Prunkreden" (DÖRRIE, KP I [1964] 472) findet sich einerseits ein seltsamer Hinweis auf Hymnen des Sokrates: *canit enim Empedokles carmina, Plato dialogos, Socrates hymnos, ...* (Florida 20, mit *laudare* und *laus* des Apuleius im Kontext; vgl. HELM, Apulei opera II,2 41). Andererseits sagt Apuleius (Flor. 18: a.a.O. 38) mit Bezug auf Aesculapius: *eius dei hymnum Graeco et Latino carmine uobis etiam canam [iam] illi a me dedicatum. ... ueneratus sum, ita ut etiam nunc hymnum eius utraque lingua canam, ...* (vgl. auch WÜNSCH, Hymnos 170). Dieser Asklepios-Hymnus ist zusammen mit anderen zweisprachigen Gedichten des Apuleius „verloren" (KROH, Lexikon 68).

---

[1] Vgl. Rudolf HELM, RAC I (1950) 573–574; Heinrich DÖRRIE, KP I (1964) 471–473; KROH, Lexikon 67–69; Harold E. BUTLER / Martin S. SMITH, OCD 88; Richard MELLEIN, KNLL I (1988) 578–580. Texte nach den Ausgaben von HELM bzw. dem Kommentar zum Isis-Buch (Met. XI) von GRIFFITHS. Zu *canere etc.,hymnus, laudare etc.* vgl. den Index von W. A. OLDFATHER u.a., wo allerdings auch die pseudapuleischen Schriften miterfaßt sind.

15. Anthologien, Inschriften, Metriker und Grammatiker

Es genügt hier, aus der Anthologia Latina[1] auf folgende meist anonyme Stücke hinzuweisen, die z.T. auch von Inschriften stammen (II,1–3 = Carmina latina epigraphica) oder trotz der späten handschriftlichen Bezeugung ältere Tradition enthalten können.

I,1 (1904) 268, Nr. 332: *De laude horti Eugeti*; 284, Nr. 366: *De laude rosae centumfoliae*; 288–289, Nr. 376: *In laudem regis*; 291, Nr. 379: *Versus sanctae crucis* [christlich], alle aus Codex Salmasianus; 300–303, Nr. 389: *In laudem solis*, aus Codex Paris. 8071.

I,2 (1906) 299, Nr. 811: *Hymnus et laus Bacchi*.

II,1 (1895) 1–2, Nr. 1: *Enos Lases iuuate*, aus CIL VI,1 (1876 = 1959) 568–571, Nr. 2104, *uestustissimum fratrum Arualium carmen* (zum obskuren Arvallied vgl. außer QUASTEN, Carmen 903, schon NORDEN, Agnost. Theos 169–170 und WÜNSCH, Hymnos 176).[2]

II,2 (1897) 707–709, Nr. 1504: *Salue, sancte pater Priape rerum*, aus CIL XIV (1887 =1968) 379, Nr. 3565.[3]

II,3 (1926) 35–36, Nr.1956: *Salue, sancte iterum Iuli*, aus CIL XIII,1,1 (1899 = 1966) 211, Nr. 1568; 125, Nr. 2188: *Crux ueneranda* (christlich).

Die uralten Salierlieder, „schon zu Ciceros Zeiten unverständlich",[4] sind interessant im Zusammenhang mit dem Monumentum Ancyranum, der „Königin der antiken Inschriften".[5] Im frühen 1. Jh. n.Chr. läßt Augustus in Kleinasien – und wahrscheinlich außer in Rom selbst auch sonst im Imperium – u.a. auf Stein verkünden, daß er *frater arvalis* – ἀδελφὸς ἀρουᾶλις gewesen ist (col. I unten, cap. 7: WEBER, Augustus 16–17; s.o. zum Arvallied) und daß sein Name *inclusum est in Saliare carmen* – ἐνπεριελήμφθη εἰς τοὺς σαλίων ὕμνους (col. V 10–11, cap. 10: WEBER, Aug. 18–19). Die Übersetzung von

---

1 Nach der Edition von BUECHELER/RIESE/LOMMATZSCH I,1 – II,3.

2 Zu den *Arvales fratres* vgl. mit weiterer Literatur Werner EISENHUT, KP I (1964) 629–631.

3 Vgl. zu diesem Hymnus von 52 Versen, „wohl weniger als poetisches denn als religiöses Dokument von Interesse", im Kontext anderer Gedichte auf Priapus KYTZLER/FISCHER (Carmina 14, 98–101, 208). Prudentius, c. Symm. 1,102–115 (a.a.O. 94–95, 207) ist ein Beispiel der „christlichen Kritik am Kult des Priap" (dazu a.a.O. 34, Anm. 4, u.a. „jedoch zu versteckten Formen des Weiterlebens des Priap-Kultes auch im Christlichen"). Zum „Salve-Motiv" dieses hymnischen Gebetes vgl. BAUMSTARK, Chairetismos 997.

4 KROH, Wörterbuch 118: „c[armen] saliare"; vgl. WÜNSCH, Hymnos 176; Textbruchstücke und Zeugnisse bei MOREL, Fragmenta 1–5.

5 Theodor MOMMSEN, in WEBER, Augustus 7; zum Text vgl. die lateinisch–griechischen Editionen der *Res gestae divi Augusti* von MOMMSEN (1883) und VOLKMANN (1942); vgl. auch VOLKMANN, KlT 29/30.

carmen (Gesang, Dichtung u.a.) durch ὕμνοι ist von größter Bedeutung nicht nur für die Interpretation von Plinius d.J., Briefe X 96 (s.o. A.I.b.13), sondern auch für die weitere, christliche Geschichte der lateinischen Hymnologie.

Aus dem 1. Jh. n.Chr. stammen auch die metrischen „Theorien des Caesius Bassus", bei dem sich im Liber lyricorum II ein sonst nicht bekannter zehnzeiliger „ὕ[μνος] κλητικός auf Bacchus" findet (WÜNSCH, Hymnos 178): *Huc ades [o] Lyaee* (Text bei MOREL, Fragmenta 126).

Zwei römische Grammatiker des 3. Jh.s n.Chr. sollen diesen Überblick abschließen.

Marius Plotius Sacerdos definiert in Buch III der Metrik seiner *Artes grammaticae*, der ältesten lateinischen Grammatik, *hymnus* als *laus* : ... *quoniam hoc sono [h]ymnos, id est laudes, dis inmortalibus decantabunt* (H. KEIL VI 498,8–9). Wenig später erwähnt er beim Metrum theologicum (Untergruppe des daktylischen Metrums) Orpheus und Musaeus (s.o. A.I.a.9 u.ö.), *qui, deorum sacerdotes cum essent, hymnos hoc metro cecinerunt* (H. KEIL VI 502,17–19).

Aus der vierbändigen Metrik des Aelius Festus Aphthonius, die im 4. Jh. n.Chr. „Marius Victorinus unter Angabe der Urheberschaft in seine *Ars grammatica* aufgenommen hat" (KROH, Lexikon 57; vgl. 396–397), interessiert wegen der Terminologie (*cantica, carmina, laudes, lyrici* etc.) mindestens der ganze Abschnitt *de strophe et antistrophe et epodo* (H. KEIL VI 58–60), wo folgende einschlägige Stelle erscheint: *Hoc loco non supersederim dicere esse brevia cola, quae post strophen et antistrophon/-en supercini moris est, quae iam non epodae, sed* ἐφύμνια *dicentur, ut est* ἰὴ παιάν. *haec enim vel hymnis vel dithyrambis supercini moris est, quae [de epodicis carminibus] si quando praeponuntur,* προύμνια, *si autem post antistrophon collocentur,* μεθύμνια *nuncupabuntur* (H. KEIL VI 59,24–29; zu Marius Victorinus s.u. B.V.b.4, und zu Bedae Presbyteri liber de arte metrica, in H. KEIL VII 227–260, bes. 244,8–9, s.u. B.V.b.36).

II. Alter Orient und Altes Testament[1]

a. Alter Orient

1. Ägypten[2]

Das vernichtende Urteil von BAIKIE (Hymns 38–40) über die zahllosen ägyptischen Hymnen an Götter und Pharaonen wird diesem Teil des ägyptischen Lebens[3] nur gerecht, wenn man auch sonst das Wortreiche und Stereotype der Hymnologie kritisiert.

Die Jahrtausende ägyptischer Kultur können hier allerdings synchronisch beleuchtet werden, nicht zuletzt auch wegen des restaurativen Charakters der sogenannten „Spätzeit" (RINGGREN, Religionen 11–63, 12).

Den „Widerhall" der altägyptischen Literatur, zu deren frühesten Formen bzw. Schriftformen der Hymnus gehört, spürt man in „Israel" und der „griechisch–römischen Antike" oft (HERMANN, Literatur 23–24, 30–31).

Ägyptische Hymnen sind eine „Gattung von Texten, die als sprachlicher Ausdruck einer Haltung gegenüber dem Göttlichen zu verstehen ist, die der Äg[ypter] *dw3* „verehren, anbeten" nennt" (ASSMANN, Hymnus 103); sie sind als „Lobpreisungen" aufs engste verbunden mit dem offiziellen wie persönlichen „Gebet" (RÄRG 204–208), vielleicht auch mit Gesang bzw. Wechselgesang und Musik (ASSMANN, Hymnus 107–108; vgl. HICKMANN, Äg. Musik 97). Viele von ihnen sind heute, zusammen mit anderen religionsgeschichtlichen Texten, in mehr oder weniger großer Auswahl und in Übersetzung zugänglich gemacht, z.B.:

ASSMANN, Hymnen (wertvollste Auswahl von Hymnen an den Sonnengott, den Schöpfer- und Weltgott und andere sogenannte Götter, Königseulogien und Nilhymnus, mit bester

---

[1] Vgl. insgesamt RÖLLIG, Literaturen (auf einzelne Beiträge wird jeweils passenderweise hingewiesen).

[2] Vgl. Emma BRUNNER-TRAUT, Altägyptische Literatur, in: RÖLLIG, Literaturen 25–99, wo sich allerdings direkt zum Hymnus nichts findet. Auch im Wörterbuch von HELCK/OTTO sucht man vergeblich nach dem Stichwort „Hymnus" (doch vgl. 210–212 zu „Literatur" oder 306–308 zu „Religion"). Unter musikologischem Aspekt vgl. SENDREY, Music (Antiquity) 37–51; zur formelhaften und grüßenden Anrede vgl. BAUMSTARK, Chairetismos 993–994.

[3] Vgl. dazu immer noch das klassische Werk von ERMAN, Life (1894 = 1971).

gattungstheoretischer und formgeschichtlicher Einführung [3–94] sowie Kommentar [516–642]; zu Nr. 92 vgl. AUFFRET, Hymnes 229–302).

BARUCQ/DAUMAS, Hymnes (französisches Gegenstück zu ASSMANN, mit 158 kommentierten Beispielen, nach Göttern und Erscheinungsformen [vgl. HORNUNG, Der Eine, passim] mit Quellen tabellarisch zusammengestellt [549–556]).

H. BRUNNER, Texte (in BEYERLIN, Textbuch 29–93), Nrn. 7–10: „Kulthymnen (und literarische Nachformungen)", 16–25: „Persönliche Gebete und Lieder", mit vielen atl. Parallelen vor allem aus den Psalmen (vgl. AUFFRET, Hymnes, als Einzelstudie zu Ps 33–34, 42–43, 147 und besonders 104).

KEES, RGL 10, Nrn. 8–12, 15b–17, 19–20, 23, 25, 31, 41, 62 („Tanzlied") und 68.

J. A. WILSON, Hymns.

ŽABKAR, Hymn (vorzügliche philologische Einzelstudie zu einem inschriftlichen Osiris–Pantokrator-Hymnus mit Text und englischer Übersetzung [142–144]).

Die ägyptische Hymnik ist gekennzeichnet durch den Parallelismus membrorum, und ihre „Prädikationen folgen häufig als Relativsätze oder als gereihte Substantiva und Partizipien" (HORNUNG, Hymnik 792). Der einzelne Hymnus, zwischen „Überschrift" und „Schlußgebet", besteht normalerweise aus „Anrede", eigentlichem „Lob" und „der Beschreibung der Anbetung der Gottheit durch Wesen seiner eigenen Sphäre" (ASSMANN, Hymnus 105–106). Dabei sind „Nennen" und „Verklären" als die „Grundformen hymnischer Rede" anzusehen (106, ausführlicher ASSMANN, Hymnen 26–45), die quer durch die Zeit ihren „Verwendungsbereich" in Literatur bzw. Weisheitsliteratur, Tempel- und Totenkult fand und ihre „Aufzeichnungsform" in Papyri, literarischen Handschriften, Inschriften und Totenbüchern (23–25).

Neben dem „forensischen Element in ägyptischen Hymnen" gibt es einen hervorzuhebenden Aspekt, nämlich den der Teilnahme der „Tiere am Lobpreis Gottes" (vgl. H. BRUNNER, Verkündigung 160–162).

Strukturelle und inhaltliche Verbindungslinien verknüpfen den „innerägyptischen Synkretismus" und die „Weltsicht" der ägyptischen Hymnen mit der klassischen und späten Antike (vgl. JUNGE, Wirklichkeit 87–108). Was für die „Kontinuität des ägyptischen Denkens" im mythologischen Bereich gilt (vgl. SCHENKEL, Kultmythos, in WIESSNER, Synkretismusforschung 109–117 [ausführlicher in SCHENKELS gleichnamiger Monographie von 1977, wo S. 73 Hymnisches an Horus erscheint im späten Mythos von der Geflügelten Sonnenscheibe]; zum Unterschied zwischen ägyptischem Hymnus und Mythos vgl. ASSMANN, Hymnus 107), müßte auch im Detail für die ägyptisch–griechische und koptische Hymnologie aufgezeigt werden.

2. Mesopotamien

Ohne Rücksicht auf sprachliche und chronologische Aspekte soll hier nur zusammengefaßt werden, was sich über Jahrtausende im Zweistromland an alt-

orientalischer Hymnendichtung erhalten hat und nicht bloß die Literatur des
Alten Testaments beeinflußt hat, sondern vielleicht sogar auch „die frühe
griechische Dichtung" (FALKENSTEIN, Literatur 21).

Die folgende repräsentative und weiterführende Auswahl von transskribierten und übersetzten Texten und Studien spiegelt schon in den Titeln die Vielfalt
der Kulturen, die Differenzen in den Benennungen und die Überschneidungen
in der Begrifflichkeit:

BÖLLENRÜCHER, Gebete und Hymnen an Nergal (acht Texte aus der Bibliothek Assurbani-
pals).
COHEN, Sumerian Hymnology (vgl. mit weiterer Literatur die Rezension von J. OELSNER,
ThLZ 111 [1986] 733–735).
FALKENSTEIN/VON SODEN, Sumerische und akkadische Hymnen und Gebete (große
Auswahl mit knappen Anmerkungen [361–407] und guter Einführung [7–56]; vgl. dazu
auch die Ankündigung durch VON SODEN, Einführung 218, Anm. 50: „eine erweiterte
Neubearbeitung in zwei Bänden ist in Vorbereitung").
FAUTH, Himmelskönigin 220–222 (wichtiges hymnisches Material zu den „Einzelgestalten"
Inanna und Ištar).
GRONEBERG, Syntax, Morphologie und Stil der jungbabylonischen „hymnischen" Literatur
(non vidi).
HECKER, Akkadische Hymnen und Gebete (non vidi).
HIRSCH, Akkadische Kultlieder (KLL- Artikel).
F. JEREMIAS, Semitische Völker in Vorderasien (bes. § 18. Hymnen und Gebete. Religiöse
Sittenlehre).
J. KLEIN, Royal Hymns of Shulgi (wichtig auch für das Genre des altorientalischen Hym-
nus).
KRAMER, Sumerian Hymns (vgl. schon KRAMER, Poetry of Sumer).
KRECHER, Sumerische Literatur (literaturwissenschaftlicher Handbuch-Beitrag).
PERRY, Hymnen und Gebete an Sin (zehn Keilschrifttexte, z.T. zweisprachig überliefert,
u.a. Ištar-Hymnus).
PINCHES, Hymns (Babylonian).
PINCKERT, Hymnen und Gebete an Nebo (sechs Texte von Tafeln und Inschriften).
REINER, Akkadische Literatur, bes. 182–190 (vgl. KRECHER).
RINGGREN, Religionen 64–112 (sumerische Religion), 113–184 (babylonische und
assyrische Religionen).
RÖMER, Hymnen, Klagelieder und Gebete in sumerischer Sprache (non vidi).
SCHMÖKEL, Mesopotamische Texte (neben Nr. 2 besonders Nrn. 16–26, mit vielen atl.
Parallelen).
SCHOLLMEYER, Sumerisch–babylonische Hymnen und Gebete an Šamaš (36 Texte mit aus-
führlicher Einleitung [1–18]).
SENDREY, Music (Antiquity) 30–36 („Sumeria"), 52–60 („Babylonia"), 61–64 („Assyria"),
65–66 („Chaldaea").
SEUX, Hymnes et prières aux dieux de Babylonie et d'Assyrie (französisches Gegenstück zu
FALKENSTEIN/VON SODEN, mit großer Auswahl akkadischer Texte).
VON SODEN, Hymne (akkadisch).
VON SODEN, Einführung in die Altorientalistik, bes. 215–221 (Hymnen etc.).
STEPHENS, Sumero–Akkadian Hymns and Prayers (u.a. Hymn to Ishtar [383], Hymn to the
Moon-God [385–386], Hymn to the Sun-God [387–389]).
VANDERBURGH, Sumerian Hymns from Cuneiform Texts (vier Hymnen an Bel, Sin, Adad
und Tammuz, mit Einleitung [1–20] und ausführlichen Kommentaren).
WILCKE, Sumerische Königshymnen, Kultlieder, etc. (KLL-Artikel).
WILCKE, Hymne (sumerisch).

Wegen der Schwierigkeit der Abgrenzung des Hymnus, besonders des akkadischen Hymnus Babyloniens und Assyriens, vom Gebet (VON SODEN, Hymne 544–545, 547) muß auch auf FALKENSTEIN, Gebet I und VON SODEN, Gebet II hingewiesen werden.

Die Abgrenzungsschwierigkeit, die ähnlich für den „Grenzbereich von Hymnik und Epik" (WILCKE, Hymne 540), „die hymnischen Prologe und Epiloge zu Werken der erzählenden Literatur" (544) und den „Göttermythus" (VON SODEN, Hymne 545) gilt, hängt damit zusammen, daß es weder einen „eigenen sumerischen Ausdruck für H[ymne]" (WILCKE, Hymne 539 mit Hinweis auf zà-mí, „Preis") noch einen „akkad[ischen] Oberbegriff für die verschiedenen Arten von H[ymne]n gab" (VON SODEN, Hymne 545 mit Hinweis auf zamāru(m) oder šēru(m), „Lied").

Die älteren sumerischen Hymnen „besingen Götter und Könige, Tempel und Städte" (WILCKE, Hymne 540); die hymnische „Selbstdarstellung des Königs" (541) überlebt im altbabylonischen „Selbsthymnus der Ištar" (VON SODEN, Hymne 546).

Im Blick auf die hellenistische und frühchristliche Hymnodik besonders des Ostens seien einige stilistische Merkmale der oft rhythmisch gestalteten altorientalischen Hymnen hervorgehoben: „In Götter-H[ymne]n reden die [meist anonymen] Dichter/Sänger die Gottheit als „mein Herr", „meine Herrin" (lugal-mu, nin-mu) an" (WILCKE, Hymne 543). Typisch sind einerseits „Aussagen in Hauptsätzen", z.B. „ich will preisen …", andererseits der Gebrauch von „Reihen von nominalen Attributen und Relativsätzen" (VON SODEN, Hymne 544–545).[1]

3. Kleinasien

Es geht hier nur um die sogenannte „Hethitische Religion",[2] also die „Hethiter-Zeit" von der Mitte des 17. Jh.s bis zum Ende des 13. Jh.s v.Chr.,[3] für die eine gut eingeleitete und kommentierte Sammlung transkribierter und übersetzter

---

[1] Wenigstens in einer Fußnote soll auf die erst 1975 entdeckten nordsemitischen Hymnenfragmente des Tontafelarchivs L. 2769 von Ebla hingewiesen werden, vgl. vor allem EDZARD, Hymnen (Edition mit Abbildungen), sowie vorläufig außer VON SODEN, Einführung 17–18, 169–170, z.B. Paolo MATTHIAE (Translated by Christopher HOLME), Ebla: An Empire Rediscovered, Garden City, NY: Doubleday, 1981, S. 150–189 („History and Culture of Ebla in the Period of the State Archives"), bes. 186–189 („Aspects of religious Life").
[2] Vgl. RINGGREN, Religionen 185–197; KÜHNE, Heth. Texte, in: BEYERLIN, Textbuch 169–204.
[3] Vgl. GOETZE, Kulturgeschichte 82–183; GÜTERBOCK, Religion.

Texte existiert, nämlich die von LEBRUN (von den 18 Stücken vgl. vor allem
Nrn. II, IV, V und XVII); vgl. auch BRYCE, Documents 104–105: „Hymn to
the Sun Goddess of Arinna (CTH 376)".

Stärker noch als bei mesopotamischen Vorbildern „sind in die hettitischen
Gebete Götterhymnen eingefügt, so daß Gebet und Hymne eine gemeinsame
literarische Gattung bilden" (FURLANI/OTTEN, Gebet 170).

In einer „der seltenen Götterhymnen" (GOETZE, Kulturgeschichte 136 mit
deutscher Übersetzung; s.o. BRYCE) wird die „Sonnengöttin von Arinna" in einem „Du"-Stil gepriesen, der auch im Alten Testament oder den orphischen
Hymnen oder den Oden Salomos angetroffen werden könnte. Interessant und
spezifisch ist weniger der zum Ausdruck kommende Polytheismus als vielmehr
die geschlechtliche Ambivalenz: „Jedes Landes Vater und Mutter bist du" (ähnlich im Hymnus an Telepinus: GOETZE, Prayers 397; vgl. auch GÜTERBOCK,
Literatur 224–232).

4. Ugarit

Der Zusammenhang zwischen Ugarit und dem Alten Testament steht heute
außer Frage (vgl. von altorientalischer Seite RÖLLIG, Literaturen 255–271 und
VON SODEN, Einführung 18–20, 38–39, von atl. Seite z.B. KINET, Ugarit).

Der Einfluß ugaritischer Redeformen und Texte „zeigt sich vor allem in der
at.lichen Kultdichtung", sowohl in „poetischen Bildern" als auch im Parallelismus membrorum (BERNHARDT, Texte 206–207).[1]

Mit kritischer Weiterführung von DAHOOD (Psalms I–III) und unter Einbeziehung der „zeitlichen Differenz" zwischen den „aus der Zeit von ca. 1375–
1195 v.Chr." stammenden Texten aus Ras Schamra und den exilisch–nachexili-
schen atl. Psalmen konzentriert sich LORETZ (Psalmen II) auf die poetischen
Probleme der Metrik (Stichometrie, Kolometrie, Textologie): „In den schriftli-
chen Zeugnissen der ug[aritischen] Poesie liegt uns deshalb das Bild einer kana-
anäischen Poesie vor, das auch für die ältere israelitische Poesie Maßstab und
Vorbild gewesen sein muß" (1–12, bes. 4–6). Der Beitrag von Ugarit besteht
nicht zuletzt in einer genaueren Erkenntnis „des Hauptgesetzes der ugaritischen

---

[1] Hier ist generell hinzuweisen auf das materialreiche Werk von FISHER, Parallels I–II und
RUMMEL, Parallels III; im besonderen vgl. z.B. Loren R. FISHER, Literary Genres in the
Ugaritic Texts, in: II (1975) 131–152, 135; oder Mitchell DAHOOD, Ugaritic–Hebrew Parallel
Pairs, in: I (1972) 71–382; II (1975) 1–39; III (1981) 1–206. Nichts Spezifisches zu Hymnen
findet sich in KORPEL/MOOR, Fundamentals.

und hebräischen Poesie, nämlich des Parallelismus membrorum" (LORETZ, Liebeslied 56).

Das den Psalmen ähnliche Gebet an „Gott Rāpiʔu (Heilender)" von Tafel RŠ 24252 hat „dadurch, daß jede Gottheit zusammen mit ihren Attributen gepriesen wird, einen hymnischen Charakter" (ASCASO, Gebete 9693–9694). Der sogenannte Nikkal-Hymnus von Tafel CTA 24 ist ein Epithalamios (vgl. „Menandros", SPENGEL, Rhetores III 399), dessen „Bericht von der Heirat" der Götter „von zwei hymnischen Teilen (einer Präambel und einem Epilog) umrahmt" erscheint (ASCASO, Hymnen 9694; vgl. DE MOOR/SPRONK, Anthology 60–61; KINET, Ugarit 100–101). Auch die „Liturgie für die Sterngötter" enthält „hymnische Fragmente" bzw. „Lobpreis der Götter" (KTU 1.23 [DE MOOR/SPRONK, Anthology 51–53]: KINET, Ugarit 95–100, bes. 95, 96).[1]

---

[1] Vgl. auch die englische Übersetzung dieser Anthologie von Johannes C. DE MOOR, mit kurzen Einleitungen und Anmerkungen (s. S. 505 unter den Nachträgen).

b. Altes Testament (TeNaK und LXX)[1]

1. Psalmen

Welchen Ausweg gibt es aus dem Dilemma, daß einerseits der griechisch geschulte Jude Philon von Alexandreia im 1. Jh. n.Chr. (s.u. A.IV.b.1) die atl. Psalmen pauschal als ὕμνοι bezeichnet (vgl., traditionsgeschichtlich sogar weitergehend, DELLING, ὕμνος 499), daß aber offenbar andererseits, und dies nicht erst in der „neueren Psalmenforschung",[2] nicht alle Psalmen bekennende, dankende, lobende oder preisende Hymnen sind?

Ein erster Schritt kann es immer noch sein (vgl. schon KRAUS, Psalmen § 4), die Überschriften der hebräischen תְּהִלִּים („Loblieder", „Preislieder", „Hymnen", a.a.O. § 1) bzw. der griechischen ψαλμοί (LXX, Codex B; vgl. Lk 20,42; 24,44; Apg 1,20 im NT; LXX, Codex S ohne generellen Sammlungsnamen; Codex A: ψαλτήριον) hymnologisch durchzusehen. Dann sieht man, daß die sehr häufige Überschrift מִזְמוֹר/ψαλμός (ᾠδή ausnahmsweise in ψ 38; vgl. auch Ps 4) kein Kriterium an die Hand gibt, ebensowenig wie תְּפִלָּה/προσευχή (Ps 17 [= ψ 16 etc.], 86, 90, 102) oder שִׁיר/ᾠδή (Ps. 18 [= ψ 17 etc.], 30, 65–67, 75–76, 87–88, 92, 108, 120–134, in verschiedensten Kombinationen; vgl. auch מִזְמוֹר שִׁיר/ψαλμὸς ᾠδῆς Ps 48 [= ψ 47]). Interessant und ohne hebräische Entsprechung sind u.a. die Überschriften von ψ 90, 92, 94 (αἶνος ᾠδῆς) im vierten Buch der Psalmen. Besondere Beachtung verdient in der Überschrift von Ps 100 לְתוֹדָה/ψ 99 εἰς ἐξομολόγησιν, so einmalig wie in der von Ps 145 תְּהלה/ψ 144 αἴνεσις. Von der gleichen Wurzel wie תְּהלה (RINGGREN, hll 433: „rühmen", „preisen") stammt הַלְלוּ-יָה in Ps 104–107, 111–118, 135–136, 145–150, manchmal am Ende (auf den nächsten verweisend), in den griechischen Überschriften und als letztes Wort nach Ps 150 als ἀλληλουϊά erscheinend, in sich selbst wohl die kürzeste Form eines Hymnus (vgl. FOHRER, Einleitung 284: „Keimzelle"). Als Überleitung zum nächsten

---

[1] Vgl. SMEND, Literatur 298–302; KOCH, Formgeschichte 195–208 (§ 13, allgemein zum Hymnus als Teil des atl. Liedguts, speziell zu den Psalmen 135, 146 und 47); MATHEUS, Singt 15–22 (Was ist ein „Hymnus"?). Unter musikologischem Aspekt vgl. auch SENDREY, Music in Ancient Israel (passim). Texte nach BHS bzw. RAHLFS, LXX I–II.

[2] Vgl. die von P. H. A. NEUMANN herausgegebene Sammlung von Beiträgen aus der Zeit zwischen 1913 und 1976, 4–6 (Einleitung), 33–35, 40–46 (H. GUNKEL), 452–468 (C. WESTERMANN); der Band enthält auch wichtige Beiträge zum Alten Orient.

methodologischen Schritt sei schließlich auf den ohne direkte hebräische Parallele verwendeten Ausdruck ἐν ὕμνοις in der Überschrift von ψ 6, 53–54, 60, 66 und 75 hingewiesen sowie auf die Übersetzung von Davids תְּפִלּוֹת durch οἱ ὕμνοι im Subskript des zweiten Buches, Ps 72(71),20. Auffällig ist natürlich auch das zusammenfassende בָּרוּךְ/εὐλογητός zum Ende der ersten vier Bücher, Ps 41(40),14; 72(71),18–19; 89(88),52; 106(105),48.

Läßt sich also von den Überschriften her kein genereller Ausweg aus dem genannten Dilemma finden, so fragt es sich, ob man mit dem sonstigen Gebrauch von ὑμνεῖν κτλ. im Kontext anderer Verben und Wörter des Preisens weiterkommt (vgl. LEDOGAR, Verbs 37 zu ὑμνεῖν und ὕμνος, sonst zu [ἐπ]αινεῖν, αἴνεσις, ἐξομολογεῖσθαι, ἐξομολόγησις, εὐλογεῖν, εὐλογία, δοξάζειν). Das Verb (hebr. הלל Pi.) führt nun direkt in einen paradigmatischen Hymnus, nämlich Ps 21(22),23–32, wo es programmatisch beginnt mit ὑμνήσω σε und dann im Wechsel von Imperativen und 3. Pers. Plur. die Königsherrschaft Gottes/des Herrn, den sogar die Toten anbeten, gepriesen wird. Dem ὑμνεῖν in Ps 64(65),13–14 und 136(137),3 (= ὕμνον ᾆδειν) entspricht hebr. שִׁיר, während ψ 70,8b – ὅπως ὑμνήσω τὴν δόξαν σου – eine griechische Ergänzung ad vocem תְּהִלָּה/αἴνεσις (8a) darstellt. Als Wiedergabe von תְּהִלָּה dient auch das Nomen ὕμνησις in Ps 70(71),7, das in Ps 117(118),14 hebr. זִמְרָת übersetzt. Bleibt noch ein Blick auf die übrigen Stellen, an denen ὕμνος selbst vorkommt (zu ψ 136,3 s.o.). Es handelt sich um Ps 39(40),3–4; 64(65),1–2; 99(100),4; 118(119),171 und 148,14 wo überall im Hebräischen תְּהִלָּה steht.

Hat also Philon recht, wenn er, vielleicht mit anderen, den hebräischen Buchtitel תְּהִלִּים übernimmt und den vielfältigen „Pentateuch" der 150 Lieder und Gebete des Frühjudentums als „Hymnenbuch" etikettiert?

Nein, ebensowenig wie der anonyme Endredaktor der hebräischen Sammlung(en) (vgl. G. H. WILSON) oder der ebenfalls anonyme hellenistische Jude, der die häufigste Einzelüberschrift „Psalm" (מִזְמוֹר) ziemlich ungriechisch als Etikett auf die ganze Sammlung brachte.

Alle Titel sind daher so willkürlich wie die spätere Bezeichnung des griechischen Anhangs der 14 Lieder (Oden), Gebete und Hymnen als „Oden", lat. cantica (vgl. RAHLFS, Psalmi 78–80), von denen Nr. 1 (Ex 15,1–19), Nr. 2 (Dtn 32,1–43), Nr. 10 (Jes 5,1–9) die Überschrift ᾠδή, Nr. 3 (I Reg 2,1–10), Nr. 4 (Hab 3,2–19), Nr. 5 (Jes 26,9–20), Nr. 6 (Jon 2,3–10), Nr. 7 (Dan 3,26–45), Nr. 9 (Lk 1,46–55.68–79), Nr. 11 (Jes 38,10–20), Nr. 12 („Gebet Manasses", OrMan; vgl. OSSWALD, Gebet 15–27), Nr. 13 (Lk 2,29–32) die

Überschrift προσευχή, Nr. 8 (Dan 3,52–88) und Nr. 14 („Gloria") die Überschrift ὕμνος tragen.[1]

Ähnlich willkürlich ist die Bezeichnung ψαλμός in der Überschrift von ψ 151, dem einzigen griechisch erhaltenen der fünf ursprünglich hebräisch verfaßten syrischen nichtkanonischen „Psalmen" (vgl. VAN DER WOUDE 29–47), deren handschriftliche Überschrift zwischen der Selbstbezeichnung ܟܬ ܙܡܝܪ̈ܐ (vgl. OdSal!) und der „Psalter"-Bezeichnung ܟܬ ܡܙܡܘ̈ܪܐ unterscheidet (vgl. neben BAARS, Apocr. Psalms [1], auch NOTH, Psalmen 4).

Der letzte Schritt auf der Suche nach Hymnen und hymnischen Stücken in dem auch ψαλτήριον genannten atl. Buch der Psalmen muß also die Frage nach formalen und inhaltlichen Kriterien des Lobpreises sein, wozu nicht zuletzt auch das hebräische und griechische Vokabular gehört (vgl. vor allem RINGGREN, *hll* I und II; Ch. BARTH, *zmr*; G. MAYER/BERGMAN/VON SODEN, *jdh*; DELLING, ὕμνος 496–501). Die Psalmenforschung dieses Jahrhunderts zeigt, daß Einigkeit über die Gattung „Hymnen" nur im großen und ganzen zu erzielen ist. Was in GUNKELS Kommentar von 1926 durchgeführt ist, findet seine Auflistung und Begründung in der Einleitung von GUNKEL und BEGRICH (32–94: § 2. Die Hymnen). Die trotz der Kritik von GERSTENBERGER (Literatur 97–99) immer noch schwelende form- bzw. gattungsgeschichtliche Kontroverse zwischen WESTERMANN (Lob, passim) und CRÜSEMANN (Studien, passim; von übergreifender Bedeutung ist 24–31: Überblick über die Geschichte des Wortes Hymnus) kann hier nur erwähnt werden (vgl. NEUMANN, Psalmenforschung 5–6; REVENTLOW, Gebet 123–124).

Mit KRAUS, der selber GUNKEL folgt, aber gleichzeitig die Liste von GUNKEL/BEGRICH (Einleitung 32) erheblich reduziert, sind folgende Psalmen als Hymnen zu bezeichnen: 8, 19, 29, 33, 47, 65–66, 93, 96–100, 104–105, 111, 113–114, 117, 135, 145–146, 148–150 (zu Ps 21,23–32 s.o.).[2] Als „die wesentlichen Strukturelemente" sind erkennbar: „Einführung (Aufgesang)" mit „imperativischen Aufforderungen zum Lobpreis" bzw. „Einladungen zum Lobgesang in der 3. pers. plur. (Jussiv) oder in der 1. pers. plur. imperf.

---

[1] In der Edition der Peshitta (VTS) heißen sowohl die davidischen Psalmen als auch die „Oden" ܟܬ ܬܫܒ̈ܚܬܐ (vgl. SCHNEIDER, Canticles und D. M. WALTER, Psalms).

[2] Vgl. zum Psalter unter musikologischem Gesichtspunkt SENDREY, Music (Antiquity) 108–137, besonders 109: „Beside the Babylonian influence, a few Egyptian traits likewise penetrated the Hebrew psalms. Best known is the resemblance between IKHNATON's (AMENOPHIS IV, 1370–1352 B.C.E.) "Hymn to the Sun" and Psalm 104."

(Kohortativ)" bzw. „Beschreibungen des bereits angestimmten Lobpreises";
„Hauptstück" im „Prädikationsstil" mit „hymnischen Partizipien, in denen Jah-
wes Vollkommenheiten, sein Walten und sein Wirken entfaltet und verherrlicht
werden", manchmal auch durch „hymnische Relativsätze" im „Du"- oder „Er"-
Stil; „Schluß (Abgesang)" mit (erweiterter) Wiederaufnahme der „Elemente
der Einführung", „Wunsch und Bitte" oder „Spendeformel" (KRAUS, Psalmen
I [3. Aufl. 1966] XLI–XLII; zum Verständnis der Lobpsalmen vgl. auch P. D.
MILLER, Interpreting 64–78).

Mit anderen sprachlichen und historischen Interpretationen und Voraussset-
zungen bestimmt DAHOOD in neuer Differenziertheit folgende Psalmen bzw.
Psalmenstücke als Hymnen, wobei er z.b. Ps 65 ausdrücklich nicht als Hymnus
ansieht (Psalms II 109): Ps 29 (Psalms I 175); 66; 68 (vgl. Ex 15); 89,6–19;
93; 97 (Psalms II 119, 133, 311, 339, 361); 111; 113; 124; 126; 145; 147,1–
11; 147,12–20; 148–150 (Psalms III 122, 131, 211, 217, 335, 344, 352, 356,
359).

Über den ursprünglichen und im Laufe der Geschichte Israels wechselnden
„Sitz im Leben" ist an dieser Stelle nicht zu spekulieren (als grundlegend, wenn
auch kontrovers, vgl. MOWINCKEL, Psalms, bes. I 81–105 und II 179–181).
Wohl aber wird auf den späteren hymnodischen Gebrauch der Psalmen
zurückzukommen sein.

Was die „poetische Form" betrifft (KRAUS, Psalmen § 5), sind die verschiedenen Typen des auch in Israels Umwelt verbreiteten und unumstrittenen
Parallelismus (membrorum) festzuhalten, während die Erkenntnisse der übrigen „Kennzeichen der hebräischen Poesie" (F. HORST), besonders der „Metrik"
(BEGRICH) und Rhythmik bzw. Strophik außer dem klar sichtbaren
„Kunstmittel des Akrostichs" (KRAUS, Psalmen I [³1966] XXXVII) weiterhin
in der wissenschaftlichen Schwebe sind, auch nach Erscheinen der grundlegen-
den Werke von WATSON (1984) und ALONSO SCHÖKEL (1988).

2. Andere Hymnen des Alten Testaments

Ein Blick auf den Gebrauch von ὑμνεῖν und ὕμνος außerhalb der Psalmen
(vgl. HATCH/REDPATH II 1405) zeigt einerseits, und wenn auch nur in der Interpretation durch LXX, den engen Zusammenhang von Hymnologie mit
(Fest)-Gesang und (Instrumental)-Musik (z.B. I Chr 25,6 ὑμνῳδεῖν, Hapaxlegomenon in LXX; II Chr 7,6 mit Ps 136 [ψ 135, ἐν ὕμνοις Δαυιδ auf alle
Psalmen bezogen?]; II Chr 22,13 in sehr freier Übersetzung; 29,30; Neh 12,24
Wechselgesang; 12,46–47 [II Esr 22,46] anachronistisch die Tage Davids

miteinbeziehend). Dies führt aber andererseits auch gleich in hymnologische Stücke (vgl. die viel umfangreichere Liste bei GUNKEL/BEGRICH, Einleitung 32) und sogar ganze Hymnen (s.u. zu Jdc 16,24; I Chr 16,9; Jes 12,4–5; 42,10), für die sich z.t. ein der Psalmenforschung ähnliches Dilemma auftut (vgl. die wichtige atl.Studie von BORNKAMM, Lobpreis).[1]

Ist das kurze „Mirjamlied" Ex 15,21 ein alter, selbständiger Hymnus (CRÜSEMANN, Studien 19–24) oder nur das Zitat des Anfangs eines jüngeren Hymnus, also „ein hymnisches Stück" (REVENTLOW, Gebet 108–110)? Und ist das „Meerlied" Ex 15,1–18, die „Ode" (LXX, auch Ode 1 im Ps-Anhang, s.o.) des Moses und der Israeliten, einfach ein „Hymnus" (so schon Philon, heute FOHRER u.a., vgl. REVENTLOW, Gebet 128–129) oder zusammen mit 19.20–21 als „Siegeslied" ein „planvoll gestaltetes hymnisches Bekenntnis Israels" (STRAUSS, Meerlied 103–109)?

Sind Dtn 33,2–5 und 33,26–29 als Rahmen der Moses-Eulogie zwei Stanzen eines Hymnus (so CHRISTENSEN, Stanzas, nach dem Vorgang von D. N. FREEDMAN)?

Haben wir es bei dem Lied der Debora in Jdc 5 mit einem Hymnus, ja „dem vielleicht ältesten Beispiel eines vollständig erhaltenen Hymnus im Alten Testament" zu tun (REVENTLOW, Gebet 124–125)? Und ist Jdc 16,24 ein kleiner Hymnus im „Er"-Stil, nur weil in der Einleitung hebr. הלל pi. bzw. griech. αἰνεῖν (ὑμνεῖν) steht?

Der Cento I Chr 16,8–36 ist sicherlich ein Hymnus (vgl. Ps 105,1–15; 96; 106,1.47–48) und außerdem eine Fundgrube für hymnisches Vokabular (vgl. besonders auch im Kontext synonymer Imperative V. 9: ᾄσατε αὐτῷ καὶ ὑμνήσατε αὐτῷ/αὐτόν [S]).

Ähnlich aufschlußreich für die hymnologische Synonymik ist Jes 12,4–5 im Zusammenhang des kleinen Dankkapitels 12,1–6, wo ὑμνεῖν sich als Übersetzung von זמר pi. und ידה hi. findet (zur „Mischung von Formelementen" in diesem „Lobpreis der Erlösten" vgl. WILDBERGER, Jesaja I 477–486; zum Einfluß dieses atl. Gesangs auf Papyrus Bodmer XII vgl. PERLER, Hymnus 74, 82–83).

---

[1] Gen 14,19–20 enthält formelhaft „Segen und Gotteslob" (WESTERMANN, Genesis II 242); das zweimalige בָּרוּךְ ist in LXX durch εὐλογημένος bzw. εὐλογητός übersetzt. Die systematische Durchsicht aller Stellen mit Formen und Derivaten der beiden Wörter ברך und εὐλογεῖν würde zu manch anderem formelhaft–hymnologischem Gut in der hebräischen und griechischen Bibel führen (vgl. für das Alte Testament J. SCHARBERT, ThWAT I [1970–1973] 808–841).

Die Erwähnung des himmlisch–kultischen „Trishagion" Jes 6,3 (WILDBERGER, Jesaja I 248, sic) ist deshalb angebracht, weil es später in jüdischer und christlicher Literatur eine große Rolle spielen sollte.[1] Ein Hymnus ist wohl auch Jes 42,10–13, mit der hebräischen (שִׁיר) und griechischen Figura etymologica in der „Aufforderung zum Preis" (K. ELLIGER, Deuterojesaja I 241–252, 243): ὑμνήσατε τῷ κυρίῳ ὕμνον καινόν ..., δοξάζετε (42,10).[2]

Die „hymnischen" oder doxologischen Passagen im Amosbuch (4,13; 5,8–9; 9,5–6) mit ihren Partizipien und ihrem mehrfachen „Abschluß" durch „Jahwe (Gott der Heere) ist sein Name" finden immer wieder neue formgeschichtliche Bearbeitungen (vgl. nach dem Exkurs von H. W. WOLFF [Joel/Amos 254–256; 247, ältere Literatur] und den Monographien von BERG [Hymnenfragmente, passim] und CRENSHAW [Hymnic Affirmation, passim] die neuere, methodologische Studie von MCCOMISKEY, der diese Stücke auch als „hymns" identifiziert und als authentisch verteidigt [Hymnic Elements 140, 149, 153, 156]). Und so „wird man das Problem der Doxologien im Amosbuch neu zu überdenken haben, die als liturgische Anhängsel zu gering gewertet sind. Sie entfalten und bekräftigen das Ja des Amos zu Jahwe als dem Herrn der Welt" (PFEIFER, Ja des Amos 502; vgl. auch die kritischen, ja skeptischen Ausführungen zu diesen „hymns" bzw. „hymn [apostrophe] fragments" von ANDERSEN/FREEDMAN, Amos 453–457, 486–494, 844–854, bes. 453–455 und 486–490).

Abschließend sei auf eine neueste Monographie zu Hab 3 hingewiesen, nämlich die von HIEBERT. Unter Rekonstruktion von vier Stanzen (V. 2; 3–7; 8–15; 16–19) wird der ganze poetische Text, nicht nur der Hauptteil 3–15, als „ancient hymn of triumph" verstanden (God 128), der durch den kanonischen Kontext neu interpretiert erscheint, wozu auch die Überschrift תְּפִלָּה (LXX προσευχή, vgl. LXX-Ode 4, s.o.) gehört. Die griechische Übersetzung ersetzt allerdings auch den obskuren Ausdruck עַל שִׁגְיֹנוֹת (3,1; vgl. Überschrift von Ps 7 und dazu KRAUS, Psalmen I [³1966] XXIII) durch die klare Wendung μετὰ

---

[1] Das „Tersanctus" von Jes 6,3 ist nicht zu verwechseln mit dem späteren, eigentlich liturgischen „Trishagion" (vgl. Erich HERTZSCH, RGG IV [1960] 420–423, bes. 421 im Art. Liturgik III und IV). Im Hinblick auf die spätere Literatur und Liturgik spricht TRINQUET mit gewissem Recht von „l'hymne des Séraphins dans Is., VI, 3" (Hymne 1130).

[2] Zu den anderen „Hymnen" Deuterojesajas (nämlich 44,23; 45,8; 48,20–21; 49,13; 51,3; 52,9–10; 54,1–3) vgl. jetzt die schöne Studie von MATHEUS (Singt dem Herrn ein neues Lied), die auf der Heidelberger Diss. theol. von 1987 basiert („Form und Funktion der Hymnen in Jesaja 40–55") und in der u.a. versucht wird, die „kompositorische Funktion der Hymnen im Aufbau des Buches" herauszuarbeiten (56–103).

ᾠδῆς. Die Deutung (wohl nur eines Teils) als „Ode" wird unterstrichen durch die Übersetzung der Unterschrift בִּנְגִינוֹתָי (zum „Saitenspiel" in einigen Psalmenüberschriften vgl. KRAUS, Psalmen I [³1966] XXIV) durch ἐν τῇ ᾠδῇ αὐτοῦ (nach Hab 3,19).[1]

---

[1] Der inflatorische Gebrauch des Wortes „hymn(s)" zeigt sich neuerdings wieder im Titel einer atl. Dissertation, die mir auch nicht mehr zugänglich war: Sharon Hels WADDLE, Dubious Praise: The Form and Context of the Participial Hymns in Job 4–14 (Ph.D. 1987 Vanderbilt University [DissAb 49/03A, p. 528]).

III. Außerkanonische Schriften neben dem Alten Testament (z.T. LXX)[1]

a. Historische und legendarische Erzählungen

1. Zusätze zu Esther (ZusEst)[2]

Die beiden Zusatzgebete in Est 4,17a–z LXX (C 1–11, Mardochai; C12–30, Esther; vgl. BARDTKE, ZusEst 39–47) aus dem 2. Jh. v.Chr. sind zwar keine Hymnen, enthalten aber im „Du"-Stil viele traditionelle hymnische Elemente, wollen μνημονεύειν (17a; vgl. μνήσθητι, κύριε in 17r) und zum ὑμνεῖν anleiten (17h, dort auch αἰνεῖν wie 17o; vgl. zum Vokabular dieses und der folgenden Texte LEDOGAR, Acknowledgment 99–114).

2. Zusätze zu Daniel (ZusDan)[3]

Für Dan 3,52–90 LXX (vgl. DELLING, ὕμνος 498) kann auf die oben (A.II.b.1) besprochenen LXX-Oden (Cantica, Nr. 8) verwiesen werden. Schon die Einleitung zum „Lobgesang der drei Männer im Feuer" (PLÖGER, ZusDan 73) ist programmatisch hymnisch: ὕμνουν καὶ ἐδόξαζον καὶ εὐλόγουν καὶ ἐξύψουν τὸν θεόν (3,51; vgl. ὑμνούντων αὐτῶν in 3,91). Wenn irgendwo, dann kann man hier hymnodische Synonyme finden: Imperative, Partizipien und Verbaladjektive von αἰνεῖν, δοξάζειν, ἐξομολογεῖσθαι, εὐλογεῖν, ὑπερυψοῦν und anderen ὑπέρ-Verbindungen.

Auch das „Gebet Asarjas" in Dan 3,26–45 LXX (PLÖGER, ZusDan 71) hat eine hymnische Note, wie die Einleitung 24–25 zeigt: ὕμνησαν τῷ κυρίῳ.

---

[1] Die folgende Darbietung folgt der gattungsgeschichtlichen Einteilung von JSHRZ; die Bearbeiter bzw. Übersetzer der einzelnen Schriften dieser von Werner Georg KÜMMEL u.a. herausgegebenen Sammlung finden sich im Literaturverzeichnis. Vgl. jeweils neben APAT, APOT, OTP und der Auswahl von SPARKS (1984) auch die schon älteren Einleitungen von EISSFELDT und ROST.

[2] Vgl. SCHÜRER/VERMES III,2 (1987) 718–722; George W. E. NICKELSBURG in: STONE, Writings (1984) 135–138.

[3] Vgl. SCHÜRER/VERMES III,2 (1987) 722–730; George W. E. NICKELSBURG in: STONE, Writings (1984) 149–152.

3. Zweites Makkabäerbuch (II Makk)[1]

Im umstrittenen und undatierbaren Einleitungsbrief wird von den Priestern
Nehemias gesagt: ἐπέψαλλον τοὺς ὕμνους (1,30, nach dem Gebet 24–29).
Ob damit die atl. Psalmen gemeint sind oder andere, zeitgenössische, jüdisch-
hellenistische Hymnen, bleibt dunkel (vgl. HABICHT, II Makk 204: „Loblieder", ohne weiteren Kommentar).
In der eigentlichen historischen Epitome von Jasons Werk aus dem 2. Jh.
v.Chr., die später nochmals überarbeitet wurde (HABICHT, II Makk 169–177),
werden am Laubhüttenfest Hymnen gesungen (10,7). Auch diese bleiben unbestimmbar, ebenso wie diejenigen am Ende einer langen Siegesserie: μεθ᾽
ὕμνων καὶ ἐξομολογήσεων εὐλόγουν τῷ κυρίῳ (10,38); „hymns of thanksgiving" (J. MOFFATT, APOT I 146) mögen es gewesen sein. Als der grausame
Krieg weitergeht, erhebt Judas τῇ πατρίῳ φωνῇ τὴν μεθ᾽ ὕμνων κραυγήν
(12,37). Daran ist nicht nur das Sprachliche („Hebräisch oder Aramäisch",
HABICHT, II Makk 234) interessant, sondern auch die Tatsache, daß Hymnen
zum „Kriegsgeschrei" pervertiert werden (vgl. die HABICHT, II Makk 265
vorzuziehende Übersetzung von A. KAMPHAUSEN, APAT I 112).

4. Erstes Makkabäerbuch (I Makk)[2]

Folgende Stellen wären für die Kenntnis des palästinischen Judentums des 2.
Jh.s v.Chr. (SCHUNCK, I Makk 292) noch wichtiger, wenn die hebräische oder
aramäische Originalfassung erhalten wäre: 4,24 (ὕμνουν καὶ εὐλόγουν εἰς
οὐρανόν); 4,33 (Gebet um Tötung und um Lobpreis ἐν ὕμνοις); 4,54
(Altarweihe ἐν ᾠδαῖς καὶ κιθάραις καὶ κινύραις καὶ κυμβάλοις. V. 56
spricht von einem Lobopfer – θυσία αἰνέσεως, vgl. Hebr 13,15, s.u. B.I.c);
13,47 (Häuserreinigung von Götzen, ὑμνῶν καὶ εὐλογῶν); 13,51
(Burgreinigung μετὰ αἰνέσεως ..., ähnlich wie 4,54, ἐν ὕμνοις καὶ ἐν
ᾠδαῖς).

---

[1] Vgl. SCHÜRER/VERMES III,1 (1986) 531–537; Harold W. ATTRIDGE in: STONE, Writings
(1984) 176–183.
[2] Vgl. SCHÜRER/VERMES III,1 (1986) 180–185; Harold W. ATTRIDGE in: STONE, Writings
(1984) 171–176.

5. Drittes Esra-Buch (III Esr)

Eher wichtig für die Entstehungszeit im 2./1. Jh. v.Chr. als von direktem historischen Wert ist der kleine liturgische Tempelbau-Abschnitt 5,57–59 im sogenannten 3. Esra-Buch (POHLMANN, III Esra 407; vgl. den griechischen Text von Esdrae I, liber apocryphicus, in RAHLFS, LXX I 873–903, 888). Da stehen die Priester u.a. μετὰ μουσικῶν, und die Leviten, ὑμνοῦντες τῷ κυρίῳ καὶ εὐλογοῦντες κατὰ Δαυιδ (also mit Psalmen?), καὶ ἐφώνησαν δι' ὕμνων ὁμολογοῦντες τῷ κυρίῳ, und das ganze Volk, ὑμνοῦντες τῷ κυρίῳ.

6. Buch Judit (Jdt)[1]

Ist 13,14, αἰνεῖτε τὸν θεόν κτλ., schon eine Art „Halleluja-Psalm" mit relativischer Begründung (ZENGER, Judit 509), so muß 16,1–17 im Schluß-Kapitel des quasi-fiktionalen hellenistisch-jüdischen Freiheitsbuches aus der zweiten Hälfte des 2. Jh.s v.Chr. als Hymnos bezeichnet werden, den Judit „sang" (so ZENGER, Judit 517 richtig für εἶπεν V. 1). Die Einleitung spricht ja auch explizit vom ὑμνεῖν des ganzen Festzuges und nennt den folgenden Hymnos ἐξομολόγησις bzw. αἴνεσις (15,13–14). Im Wechsel von hymnisch–musikalischen Imperativen, begründendem „Er"-Stil, erzählendem „Sie"-Stil (im Plural und Singular), preisendem „Ich"- und „Du"-Stil kommt eine ganze Reihe von hymnologischen Wörtern zum Klingen, nämlich ᾄδειν, αἶνος, ἐναρμόζειν, ὑμνεῖν, ὕμνος, ὑψοῦν und ψαλμός (16,1.13).

7. Drittes Makkabäerbuch (III Makk)[2]

Aus der Wende vom 1. Jh. v.Chr. zum 1. Jh. n.Chr. und wahrscheinlich aus dem alexandrinischen Judentum (vgl. ROST, Einleitung 77–79) stammt diese griechische Originalkomposition, deren Prosa in Gebeten und Festberichten hymnologisches Vokabular offenlegt: δὸς αἰνέσεις (2,20); αἰνεῖν der Juden (5,35); ἐν ἐξομολογήσεσιν ἱλαραῖς καὶ ψαλμοῖς (6,35); ἐν αἴνοις καὶ παμμελέσιν ὕμνοις εὐχαριστοῦντες τῷ θεῷ (7,16).

---

[1] Vgl. SCHÜRER/VERMES III,1 (1986) 216–222; George W. E. NICKELSBURG in: STONE, Writings (1984) 46–52. Zur Komposition und literarischen Struktur von Jdt 16,1–17, zum Zusammenhang mit der Prosa-Erzählung Jdt 1–15 einerseits und zum Zusammenhang mit biblischen Vorlagen wie Ex 15,1–18 oder Jdc 5,2–31 andererseits vgl. GARDNER, Song of Praise.
[2] Vgl. SCHÜRER/VERMES III,1 (1986) 537–542; George W. E. NICKELSBURG in: STONE, Writings (1984) 80–84.

Heißt das u.a., daß in dieser Zeit und in diesem Teil des Diaspora-Judentums zwischen Psalmen und Hymnen unterschieden wurde?

b. Unterweisung in erzählender Form

1. Buch Tobit (Tob)[1]

Ob „der Hymnus in Kap. 13 und der Abschluß in Kap. 14 nur Anhänge" (ROST, Einleitung 46), also nicht auch aramäischen oder hebräischen Ursprungs sind, läßt sich (noch) nicht entscheiden (vgl. SCHÜRER/VERMES III 224–225). Jedenfalls ist von den LXX-Rezensionen auszugehen.[2]

Die Fülle des z.t. imperativischen Gebrauchs hymnologischer Verben in 12,6–22 – εὐλογεῖν, ἐξομολογεῖσθαι, ὑψοῦν – mag der Grund gewesen sein, diese umzumünzen in ein hellenistisch-jüdisches „Freudengebet" (so die Übersetzung der Überschrift προσευχὴ εἰς ἀγαλλίασιν durch LÖHR, Tobit 145), das sich durch die hymnologischen Synonyme und die Schluß-Doxologie durchaus als „Lobgesang" (LÖHR), als „song of praise" (SCHÜRER/VERMES III 223) zu erkennen gibt (vgl. auch die Betonung des Hymnologischen durch NICKELSBURG in: STONE, Writings 40, 44).

2. Liber Antiquitatum Biblicarum (LibAnt)[3]

Sowohl DIETZFELBINGER (LibAnt 193) als auch HARRINGTON (Ps.-Philo 345) nennen Kap. 32 von Ps.-Philo(n)s Antiquitates biblicae trotz des Fehlens jeglicher hymnischen Struktur einen (heilsgeschichtlichen) Hymnus, was vielleicht denn doch aus Jdc 5 (Deboralied) eingetragen ist ins palästinische Judentum des 1./2. Jh.s n.Chr. und in einer Überinterpretation der Ausdrücke in 32,1 (*hymnum dixerunt*: I 244), 32,12–13 (*hymnizare*: I 250), 32,14 (*hymniza*: I 250) und 32,17 (*pausabo de hymno meo,…, hymnizabo*: I 252) besteht, die

---

[1] Vgl. SCHÜRER/VERMES III,1 (1986) 222–232; George W. E. NICKELSBURG in: STONE, Writings (1984) 46–52.

[2] Vgl. den immensen textkritischen Apparat mit anderen Versionen bei D. C. SIMPSON, The Book of Tobit, in: APOT I (1913) 174–241.

[3] Vgl. SCHÜRER/VERMES III,1 (1986) 325–331; George W. E. NICKELSBURG in: STONE, Writings (1984) 107–110; Daniel J. HARRINGTON, A Decade of Research on Pseudo-Philo's Biblical Antiquities, in: JStP Unit 1, Issue 2 (April 1988) 3–12. Texte und Belege nach der Edition von HARRINGTON/CAZEAUX/PERROT/BOGAERT I, wozu jeweils die kommentierenden Bemerkungen in Bd. II zu vergleichen sind.

ebenfalls schon vom haggadisch erweiterten Text eingegeben sein können (vgl. auch SCHÜRER/VERMES III 326). *Hymnizare* ist ja auch, zusammen mit Musik und Psalmodie, in Jos 8,30–35 hineingetragen, wie 21,8–9 zeigt (I 174–176). Drei andere Stücke sind viel eher als vom Alten Testament und von der Haggadah inspirierte Hymnen zu bezeichnen: 51,3–6 ist eine hymnische Variation des Gebets der Anna (I Sam 2,1–10), die nun ihr *hymnizare* reflektiert (I 332–337). Der Abschnitt 59,4 ist ein dem David in den Mund gelegter „Psalm", apokryph sozusagen, der u.a. die Gleichung *psallere psalmum = glorificare = dicere hymnum = hymnizare* vollzieht (I 354–357). Diese Gleichung wiederholt sich z.t. mit *psallere = hymnizare* in 60,1–3, wo wiederum David einen (exorzistischen, vgl. I Sam 16,23) „Psalm" von sich gibt, der das Thema von Gen 1,1–12 durchspielt (I 366–369; Text in neun Strophen auch bei PHILONENKO, Remarques 45–47).

Diese und natürlich auch die atl. Psalmen bzw. Hymnen Davids erfahren gleichsam ihre Selbst-Deutung in 62,6: *Posui manus meas in lancea (cytharam* P)*, et benedixi eum [scil. deum] in hymnis* (I 376; vgl. hier auch Jub 32,7: *et benedicebat et hymnum dicebat deo,* nach DENIS, Concordance latine 67 und RÖNSCH, Jub 62 [XXXII.8]; die Übersetzung von BERGER, der mit „AFM: Verb im Plural" liest, erscheint zu frei: „Und sie segneten und lobten den Herrn" [Jub 482]).

3. Joseph und Aseneth (JosAs)[1]

BURCHARD, der sich um die Wiederherstellung des (wohl ursprünglichen) griechischen Textes verdient gemacht hat (DBAT 4–49) und den „Roman" (JSHRZ II,4 [1983] 591–592) im hellenistischen Diaspora-Judentum der Zeit vom 1. Jh. v.Chr. bis zum 2. Jh. n.Chr. entstanden sein läßt (OTP II 187–188), bezeichnet 21,10–21 einmal als „Aseneths Psalm" (JSHRZ II,4 [1983] 698; vgl. OTP II 236), einmal als „hymn" (OTP II 182). Wegen der allerdings immer noch unsicheren Überschrift mit ἐξομολογεῖσθαι, vor allem aber wegen des je zweimal wiederholten Anfangswortes ἥμαρτον in allen elf vierzeiligen Strophen sollte man vielleicht besser von einem poetischen Sünden-Bekenntnis reden.

---

[1] Vgl. SCHÜRER/VERMES III,1 (1986) 546–552, bes. 548 zum Ort der Entstehung: „almost certainly Egypt"; George W. E. NICKELSBURG in: STONE, Writings (1984) 65–71.

c. Unterweisung in lehrhafter Form

1. Jesus Sirach (Sir)[1]

Man sollte zunächst die Zurückhaltung von SAUER teilen, der für alle von BAUMGARTNER (Gattungen 169–177) – wenn auch z.T. „mit starker Einschränkung" (173, zu Sir 44–50, weil dort „Menschen gepriesen werden") – als Hymnen ausgesonderten Stücke auf diese Gattungs-Bezeichnung verzichtet (vgl. die vorzügliche Einleitung von SAUER, Sir 483–504 und zu 1,1–10; 24,1–34; 39,12–35; 42,15 – 43,33; 44–50; 51). Die gleiche Vorsicht findet sich schon bei RYSSEL und, außer zu 39,12, bei BOX/OESTERLEY, deren Bearbeitungen immer noch unverzichtbar sind trotz der neuen hebräischen Qumran- bzw. Masada-Funde.

Ganz inkonsequent ist DI LELLA in Einleitung und Kommentar zur Übersetzung von SKEHAN, wenn er zwar mit BAUMGARTNER „hymn of praise" als ein literarisches Genre aussondert (Wisdom of Ben Sira 21, 27, 30), dann jedoch zu den Abschnitten 1,1–10; 18,1–14; 39,12–35; 24,1–33; 42,15 – 43,33; 44–50; 50,22–24; 51,1–12; 51,12i–xvi alle möglichen Bezeichnungen wie „litany", „poem", „prayer", „psalm", „song" austauschend verwendet (30, 285, 331, 458–459, 491–496, 554, 564–565, 569–571).

Das ohne Frage vorhandene Loben und Preisen ist aber näher zu untersuchen, wie es z.B. geschieht durch LEE, der zwar einerseits selbst und auch forschungsgeschichtlich den Begriff „hymn" ziemlich häufig weiterverwendet, andererseits aber seine terminologischen Untersuchungen (Studies 82–103, außer zu ὕμνος) einmünden läßt in die Zuordnung von Sir 44–50 zum „Encomium" mit „Beispielreihe" (103–245; vgl. schon die eher beiläufigen Bemerkungen von STADELMANN, Schriftgelehrter 201 u.ö. zur „laus patrum als einer Art Aretalogie"). Die handschriftlichen Überschriften שבח אבות/ὕμνος πατέρων sind ja wahrscheinlich sowieso nicht ursprünglich (vgl. APOT I 479 zu Kap. 40).

Die Intention des Dichters bzw. Übersetzers im 2. Jh. v.Chr. besteht freilich im αἰνεῖν (44,1), Synonym von μεγαλύνειν (49,11), und das Ziel ist imperativisch: εὐλογήσατε τὸν θεόν (50,22), um nur beim viel einflußreicheren griechischen Text zu bleiben. Eigentlich soll das also alles erst zum Hymnos führen, was noch stärker gilt von den rahmenden Imperativen αἰνέσατε, εὐ-

---

[1] Vgl. SCHÜRER/VERMES III,1 (1986) 198–212; M. GILBERT in: STONE, Writings (1984) 290–301.

λογήσατε, ἐξομολογήσασθε ἐν αἰνέσει αὐτοῦ ἐν ᾠδαῖς, ὑμνήσατε ‖ εὐλογήσατε (39,14–15.35), in gewisser Weise auch für den der Werke Gottes
gedenkenden und sie erzählenden Abschnitt (42,15 etc.), wo sich zum Ende
43,27–33 die Verben der Verherrlichung z.t. in rhetorischer Frage häufen,
nämlich δοξάζειν, μεγαλύνειν und ὑψοῦν (vgl. dazu besonders MACK, Wisdom 189–193: „The Proem and the Hymn to Creation").

Die beiden erstgenannten Stücke wenden sich an die Weisheit. Erscheint
πᾶσα σοφία in 1,1–10 nach dem Übersetzungs-Prolog noch gar nicht personifiziert, so ist in Kap. 24 der Schritt zur Personifikation vollzogen, wenn die
Sophia sich selbst lobt und rühmt – αἰνέσει bzw. καυχήσεται (24,1–2), woher
die handschriftliche Überschrift αἴνεσις σοφίας genommen sein wird. Was
folgt, ist eine im „Ich"-Stil gehaltene Lobrede, deren erste Verse „an die im
Hellenismus bekannten Isis-Aretalogien erinnern" (SAUER, Sir 491; vgl. CON-
ZELMANN, Mutter 170–173; ALONSO SCHÖKEL, Manual 198–199).

Was noch fehlt, ist ein Blick auf das Schluß-Kapitel 51, dessen Überschrift
„in sehr wenigen griech[ischen] Handschriften" (SAUER, Sir 634) προσευχή
ist. Dieses Gebet, im Hebräischen sehr viel umfangreicher vor allem durch den
dankenden „Wechselgesang" (SAUER, Sir 635) von 51,12a–o, ist noch am
ehesten als Hymnos zu bezeichnen, mindestens der erste Teil 51,1–12, sowohl
in der Einleitung als auch am Ende: ἐξομολογήσομαί σοι, κύριε βασιλεῦ,
καὶ αἰνέσω σε θεόν ... (51,1); αἰνέσω τὸ ὄνομά σου ... καὶ ὑμνήσω ἐν
ἐξομολογήσει ... ἐξομολογήσομαί σοι καὶ αἰνέσω σε καὶ εὐλογήσω τῷ
ὀνόματι κυρίου (51,11–12). Die genannte Erweiterung nach 51,12 könnte
man dann als ursprünglich selbständigen „Thanksgiving"-Psalm ansehen
(APOT I 514–515). Das Akrostichon von Alef bis Tau in 51,13–29 „in gewollt
hochpoetischer Sprache" (SAUER, Sir 487) ist in Form und Inhalt ohnehin
abgesetzt (vgl. weniger zum Hymnologischen als vielmehr zu der durch Qumran [11QPsᵃSirach] bestätigten Selbständigkeit MURAOKA, Hymn). Die Doxologie nach Vers 30 erscheint erst in den syrischen Handschriften.

2. Weisheit Salomos (Weish)[1]

So gewagt wie die mit extremer Frühdatierung verknüpfte Behauptung,
„Sap[ientia Salomonis] ist eine gnostische Schrift" (GEORGI, Weisheit 394), so
unbegründet ist die Hymnenfreudigkeit von GEORGI, der Sir 24 „Weisheits-

---

[1] Vgl. SCHÜRER/VERMES III,1 (1986) 568–579; M. GILBERT in: STONE, Writings (1984)
301–313.

hymnus" und Sir 44–50 „Väterhymnus" nennt (395) und in dem pseudo-salomonischen Buch der Weisheit in folgenden Stücken jeweils einen Hymnus im
Sinne von „Preislied" (421) sieht: 6,12–20; 7,22 – 8,1; 10,1–21; 11,20d –
12,22; 15,1–3; 16,12–15; 16,24–29 (421, 427, 436, 441, 443, 455).

Sucht man bei SIEGFRIED (Weish), HOLMES (Wisdom), WINSTON (Wisdom,
bes. 18–20) und auch bei SCHÜRER/VERMES solche formgeschichtlichen
Urteile vergebens, so findet man bei SCHATTENMANN (Prosahymnus 85–87,
d.h. im Anhang) den „Hymnus auf die Weisheit" 7,22 – 8,1 sogar in vier Strophen zerlegt, „mit Isokola, d.h. mit zusammengehörigen Sätzen, die die gleiche
Silbenzahl aufweisen, aufgebaut"; dieser Hymnus sei der „Typus, der den
Prosahymnus im Neuen Testament bestimmt hat" (87).

3. Testamente der zwölf Patriarchen (TestXII)[1]

Ohne Rücksicht auf die „Entstehungsverhältnisse" (J. BECKER, TestXII 23) sei
nur auf drei bzw. vier hymnologisch wichtige Stellen hingewiesen.

TestLev III 8 spricht von einem Himmel, der unter dem der Engel liegt und
in dem θρόνοι und ἐξουσίαι Gott ständig einen Hymnos bzw. Hymnen dar-
bringen (vgl. mit textkritischen Varianten CHARLES, Versions 34; M. DE
JONGE, Testaments 28; zur Ergänzung M. DE JONGE, Testamenta 12: ὕμνοι).
Es handelt sich also, auch im Kontext, um die Vorstellung einer himmlischen
Liturgie (vgl. KEE, TestXII 789; nicht nur zu Qumran und TestXII ist unbedingt SCHÜRER/VERMES heranzuziehen).

TestGad VII 2 verbindet das Memento mori mit dem Imperativ: „bringt dem
Herrn ὕμνον [ὕμνους (καὶ ῳδάς)] dar" (vgl. DE JONGE, Testaments 132 bzw.
Testamenta 62; CHARLES, Versions 168–169; woher hat J. BECKER [TestXII
111] „eure Lobgesänge"?).

Für TestJos VIII 5 ist die textkritische Lage ganz chaotisch (vgl. SCHÜRER/
VERMES III 770), aber es läßt sich erkennen, daß die Ägypterin den Joseph im
Gefängnis hört: πῶς ὕμνουν κύριον (DE JONGE, Testaments 154 bzw. Testamenta 72; die Varianten δοξάζειν und εὐχαριστεῖν bei CHARLES [Versions
195] sind synonymisch interessant; vgl. noch MELi I,2 62–63, Nrn. 4830–
4854).

TestBenj IV 4 gehört zu einem längeren Stück, das „eine ehedem selbständi-
ge, nachträglich auf Joseph hin paradigmatisierte paränetische Unterweisung"

---

[1] Vgl. SCHÜRER/VERMES III,2 (1987) 767–781; J. J. COLLINS in: STONE, Writings (1984)
331–344.

war (BECKER, TestXII 133). Darin heißt es u.a., daß der gute Mensch (ὁ ἀγαθὸς ἄνθρωπος) τὸν σώφρονα πιστεύων ὑμνεῖ und τὸν θεὸν ἀνυμνεῖ (DE JONGE, Testaments 171 bzw. Testamenta 81; die Übersetzung von BECKER [TestXII 133] ist etwas frei: „Gott singt er Preislieder").

4. Testament Abrahams (TestAbr)[1]

Ebenfalls ohne Rücksicht auf die Einleitungsfragen wird das auch „Apokalypse" genannte Testament Abrahams herangezogen, weil die – vielleicht allerdings viel spätere – längere Rezension A[2] zweimal das Tersanctus von Jes 6,3 erwähnt. In A III 3 rezitiert es ein Baum (JAMES 79,18–20; SANDERS 883; vgl. die exegetischen Spekulationen von JANSSEN, TestAbr 209–210); im Schlußkapitel A XX 12 singen es die himmlischen Engel im Zusammenhang von „Anbetung", „Lobgesang und Lobpreis": ψάλλοντες τὸν τρισάγιον ὕμνον ..., ... εἰς προσκύνησιν τοῦ θεοῦ ..., ... πολλῆς ἀνυμνήσεως καὶ δοξολογίας (JAMES 103,26–29; JANSSEN 254, mit weiteren Belegen in Anm. 262; SANDERS 895: „singing the thrice-holy hymn to God"; vgl. auch MELi I,2 64, Nrn. 4855–4859).

5. Testament Hiobs (TestHiob)[3]

Da in der Einordnung und Interpretation dieser „Hiob-Haggadah" so ziemlich alles offen ist, sei zunächst nachdrücklich hingewiesen auf SCHALLER, Test-Hiob (u.a. 310–311, gegen den hymnologischen Zusammenhang mit den Therapeuten), SPITTLER,TestJob und SCHÜRER/VERMES (besonders III 553 zur Relevanz der hymnischen Stücke, 544 gegen die von SPITTLER vorgebrachte Hypothese einer montanistischen Überarbeitung des jüdisch-hellenistischen Werkes).

Auch ohne ausdrückliche Einleitungsbezeichnung wird man Hiobs „psalm of affirmation" (SPITTLER, TestJob 855) in 33,3–9 als Hymnos bezeichnen können, „stilistisch kunstvoll in Form eines synthetischen Satz- und antithetischen

---

[1] Vgl. SCHÜRER/VERMES III,2 (1987) 761–767; Michael E. STONE in: STONE, Writings (1984) 420–421. Text nach der Edition von M. R. JAMES; die Zählung der Verse folgt der Übersetzung von E. P. SANDERS, TestAbr.

[2] Terminus ad quem: koptische Handschrift des 5. Jh.s n.Chr.; doch vgl. die Diskussion bei SCHÜRER/VERMES.

[3] Vgl. SCHÜRER/VERMES III,1 (1986) 552–555; J. J. COLLINS in: STONE, Writings (1984) 349–355. Griechischer Text nach der kritischen Edition von BROCK. Die amerikanische Übersetzung von SPITTLER ist nur manchmal der deutschen von SCHALLER vorzuziehen.

Strophenparallelismus aufgebaut" (SCHALLER, TestHiob 353, mit äußerst wichtigen Anmerkungen u.a. zum „Thronwagen", 353–354).

Der „Eliphas-Hymnus in Kap. 43" (so SCHALLER 307 in der Einleitung von TestHiob, trotz seiner Übersetzung von ὕμνος in 43,2 durch „Lied", 362) gegen Elihu ist eigentlich viel weniger ein „hymn" (SPITTLER, TestJob 861), auch wenn er in V. 14 personifizierte Kränze μετ' ἐγκωμίων erwähnt (BROCK 53, mit Variante τῶν statt μετά), „praises" bzw. „Lobgesänge" (so die Übersetzer) für den himmlischen Kyrios.

Am wichtigsten aber sind die Kapitel 48–51, in denen vom ὑμνολογεῖν (51,1) bzw. von den Hymnen (51,4) der drei Töchter Hiobs auf sehr merkwürdige Weise die Rede ist.

Hemera ἀπεφθέγξατο („t.t. geistbegabten Singens" [SCHALLER, TestHiob 369]) τῇ ἀγγελικῇ διαλέκτῳ, ὕμνον ἀναπέμψασα τῷ θεῷ κατὰ τὴν τῶν ἀγγέλων ὑμνολογίαν (48,3: BROCK 56–57; Hss. S und V etwas anders; zur „Engelsprache" und Hymnologie der Engel vgl. HENGEL, Christuslied 386 [zu I Kor 13,1] und SCHALLER 369, mit Parallelen). Ihre Hymnen „ließ der Geist auf ihrer Säule einprägen", so SCHALLER (369), der „kopt[ischem] εν στυλη = εν στηλη (Jotazismus)" vor ἐν στολῇ („auf ihrem Gewand") den Vorzug gibt mit dem berechtigten Hinweis auf die „Stelen des Seth" (NHC VII,5; man müßte auch allgemein die, nicht nur bei Philon [Som I 256] erwähnten, eingemeißelten Hymnen der Antike anführen).

Kasias Mund ἀνέλαβεν τὴν διάλεκτον τῶν ἀρχῶν, ἐδοξολόγησεν δὲ τοῦ ὑψηλοῦ τόπου τὸ ποίημα (49,2; zu τόπος vgl. SCHALLER, TestHiob 370; die Übersetzung von SPITTLER [TestJob 866] ist zu frei). Der letzte Vers weist die Leser ausdrücklich hin auf die „Hymnen" der Kasia (49,3), die SPITTLER direkt wie einen Titel behandelt.

Ameltheias Keras schließlich redete ekstatisch-glossolalisch ἐν τῇ διαλέκτῳ τῶν ἐν ὕψει (50,1), genauer λελάληκεν γὰρ ἐν τῇ διαλέκτῳ [τῶν] Χερουβιμ δοξολογοῦσα τὸν δεσπότην τῶν ἀρετῶν (50,2 mit leichten Varianten, vgl. BROCK 57; zum „Herrscher der Tugenden" [= „Kräfte"] vgl. SCHALLER, TestHiob 370). Ihre Lobpreisungen werden nun freilich in 50,3 εὐχαί („Gebete") genannt (von SPITTLER wiederum als Titel verstanden), was durch Kap. 51 (s.o.) jedoch nivelliert wird. Ob τὰ μεγαλεῖα τοῦ θεοῦ (51,4; vgl. 38,1) wirklich als „Titel des Hymnenbuches" fungiert hat, läßt auch SCHALLER dahingestellt sein (371).[1]

---

[1] Vgl. mit SCHALLER für diese Hypothese Marc PHILONENKO, Le Testament de Job, in: Semitica 18 (Paris 1968) 9–57, 18.

6. Viertes Makkabäerbuch (IV Makk)[1]

In der religions-philosophischen Diatribe mit Tendenzen zum Enkomion bzw. Panegyrikos aus der Mitte des 1. Jh.s n.Chr. (vgl. schon NORDEN, Kunstprosa 416–420) will der gerettete Apollonios ὑμνήσειν allen Menschen τὴν τοῦ ἱεροῦ τόπου ἀρετήν (so J. FREUDENTHAL statt μακαριότητα, bei DEISSMANN [157] zu IV Makk 4,12; vgl. KLAUCK, IV Makk 706: „vor allen Menschen im Lied besingen die Seligkeit der heiligen Stätte").

Im Martyrium der sieben Brüder, einem im Kontext weiterer Beweis für die Herrschaft der Vernunft über die Affekte, bezeichnet der vierte die Zunge, die herausgeschnitten werden soll, als τῶν θείων ὕμνων μελῳδός (10,21). Mit diesen Hymnen könnten (die) Psalmen gemeint sein, denn im Schlußkapitel ist vom μελῳδεῖν des Hymnographen David die Rede (18,15). Das klingt fast so generalisierend wie bei Philon und zuweilen später (vgl. PGL 1431 und schon STEPHANUS, Thesaurus IX 96 s.v. Ὑμνογράφος: „Eo autem nomine κατ' ἐξοχὴν vocatur interdum David a Christianis scriptoribus").

d. Poetische Schriften

1. Fünf apokryphe (syrische) Psalmen[2]

Ps 153 (= Syr. V) hebt an mit der „Aufforderung, Gott zu loben" (ܡܠܠܘܗܝ ‖ ܫܒܚܘܗܝ) und „schließt mit dem üblichen Lobgelübde" (ܕܬܫܒܘܚܬܗ ‖ ܕܬܘܕܝܬܗ: VAN DER WOUDE, Psalmen 36; BAARS, Apocr. Psalms [6]).

Hymnische Elemente finden sich vor allem in Ps 154 (= Syr. II; vgl. dazu SCHÜRER/VERMES III 189–190; zum früheren hebräischen 11QPs^a154 vgl. die Übersetzung von CHARLESWORTH/SANDERS, More Psalms 618–619). Besonders die Verse 1–4 und 16–20, besser erhalten in der syrischen Fassung, sind voll von hymnologischer Diktion (vgl. BAARS, Apocr. Psalms [7]–[8]) wie ܫܒܚܘ, ܫܒܚܘܗܝ, ܫܒܚܘܗܝ (1–2.4.7), ܠܡܫܒܚ (3), ܡܫܒܚ (10), ܕܬܫܒܘܚܬܗ (17), ܒܪܝ (18). Das Zentrum 5–19 könnte man „ein Preislied

---

[1] Vgl. SCHÜRER/VERMES III,1 (1986) 588–593; M. GILBERT in: STONE, Writings (1984) 316–319.
[2] Vgl. SCHÜRER/VERMES III,1 (1986) 188–192; s.o. A.II.b.1.

auf die Weisheit" nennen (VAN DER WOUDE, Psalmen 36; vgl. auch die form-kritischen Bemerkungen von J. A. SANDERS, Scroll 68).

2. Psalmen Salomos (PsSal)[1]

Es ist unhaltbar, alle 18 ursprünglich hebräischen, griechisch und syrisch erhaltenen jüdischen Dichtungen aus dem 1. Jh. v.Chr. als Hymnen oder liturgische Lieder zu bezeichnen (gegen CABROL/LECLERCQ in: MELi I,2 157–176, Nrn. 5216–5233; W. S. SMITH, Aspects 19 und R. KITTEL, PsSal 127–128; neutraler und zurückhaltender sind GRAY, Psalms und R. B. WRIGHT, Psalms).

Es geht auch noch zu weit, auf der Suche nach „Gattungen" – wenn auch ohne „Sitz im Leben" – PsSal 3, 6, 10, 11, 14 und 18 „am besten als Hymnen" zu bestimmen, „obwohl sie sich erheblich von den alttestamentlichen Hymnen unterscheiden" (HOLM-NIELSEN, PsSal 55–56). Schon JANSEN spricht „von einer wirklichen Neubildung in formeller und inhaltlicher Hinsicht" und findet nur „drei oder vier Dichtungen, die man Hymnen nennen könnte" (Psalmendichtung 46–49, mit Besprechung einiger Teile von PsSal 3, 6, 10 und 14).

Unter den sicher nachträglichen Überschriften der pseudo-salomonischen ψαλμοί ‖ ܟ‍ܬ‍ܒ‍ܐ (später auch ܟ‍ܬ‍ܒ‍ܐ, vgl. BAARS, PsSol [vi]; LATTKE, Oden III 469 s.v. PsSal) finden sich im griechischen Text vor allem ψαλμός (2, 3, 4 [cod. H], 5, 13, 18), auch ψαλμὸς μετὰ ᾠδῆς (15 und 17), einmal διαλογή (4), zweimal ὕμνος (14 und 16), wozu auch ἐν ὕμνοις (10 [cod. R]) in anderen Handschriften geändert wurde.

In den verschieden langen Dichtungen selbst begegnet explizit Hymnologisches in 2,30–37 im „Er"-Stil mit dem Imperativ: εὐλογεῖτε τὸν θεόν (33), und der abschließenden Segensformel: εὐλογητὸς κύριος (37); in 3,1–12 durch Frage, Aufforderung und Feststellung (1–3, εὐλογεῖν, μνημονεύειν, ψάλλειν, besonders 1a: ὕμνον καινὸν ψάλλετε τῷ θεῷ τῷ αἰνετῷ, parallel zu ψαλμός in 2b); in 5,1–19 am Anfang mit αἰνέσω und am Ende mit εὐλογη-μένη ἡ δόξα κτλ.; in 6,1–6 (μακάριος, ἐν τῷ μνημονεύειν, εὐλόγησεν ‖ ἐξύμνησεν, εὐλογητός); in 8,24–34 mit rahmendem αἰνετὸς κύριος (24 und

---

[1] Vgl. SCHÜRER/VERMES III,1 (1986) 192–197, wo zur Bibliographie TRAFTON, Version (mit syr.–griech. Text-Beiheft) hinzuzufügen ist; FLUSSER, Psalms 573–574.

34, und der Konsequenz: εὐλογημένος Ισραηλ); in 10,1–8 mit Seligpreisung und Gedenken (1 und 4) und einer einmaligen hymnischen Konzentration (5–8); in 15,1–13 mit doppelter rhetorischer Frage (2, ἐξομολογήσασθαι) und der Antwort: ψαλμὸν καινὸν μετὰ ᾠδῆς (3a); in 16,1–15 mit preisendem Dank in 5a (ἐξομολογήσομαί σοι, ὁ θεός), zusammenhängend mit 6b (τὴν μνήμην σου); in 17,1–46 am Anfang und Ende mit der Betonung der Königsherrschaft Gottes (vgl. 3c und Ex 15,18); in 18,1–12 mit Seligpreisung (6a) und dem entsprechenden Lobpreis (10a, μέγας ἡμῶν ὁ θεὸς καὶ ἔνδοξος ἐν ὑψίστοις κατοικῶν).

Daß PsSal 16 später als ὕμνος etikettiert wurde, ist weniger zu verstehen als bei PsSal 14,1–10, wo dem πιστὸς κύριος (1) konsistent die Schlußfolgerung entspricht: οἱ δὲ ὅσιοι κυρίου κληρονομήσουσιν ζωὴν ἐν εὐφροσύνῃ (10).

3. Gebet Manasses (OrMan)[1]

Irgendwann entstanden zwischen dem 2. Jh. v.Chr. und dem 1. Jh. n.Chr. (ja vielleicht sogar noch später, vgl. SCHÜRER/VERMES III 731), und dann u.a. aufgenommen unter die LXX-Oden (Cant. 12, s.o. A.II.b.1), enthält dieses Gebet in der Invokation 1–7 „neben ehrenden Attributen" auch „Aussagen im hymnischen Stil". „Mit dem Gelöbnis lebenslangen Lobpreises und einer Doxologie schließt das Gebet in V. 15 ab" (OSSWALD, Gebet 20).

Es ist durchaus sachgemäß (vgl. CHARLESWORTH, Prayer), zusammen mit dem griechischen Text den syrischen heranzuziehen, ja sogar zu bevorzugen. Dann sieht man, daß in 15a–b die eine Wurzel ܫܒܚ den parallel stehenden Verben αἰνεῖν und ὑμνεῖν entspricht; in der Horologion-Schlußdoxologie, die ursprünglich anders lautet, nämlich ܗ ܠܟ ܒܐܬܪ̈ܗ (BAARS/SCHNEIDER, Prayer [7]), korrespondiert ܬܫܒܘܚܬܐ üblicherweise δόξα (15c).

4. Pseudo-Orpheus

Als äußerst wertvolle Ergänzung zu den orphischen Hymnen (s.o. A.I.38) sei an dieser Stelle hingewiesen auf die Einleitung von N. WALTER zum offenbar

---

[1] Vgl. SCHÜRER/VERMES III,2 (1987) 730–733; FLUSSER, Psalms 555. Syrischer Text nach der Edition von BAARS/SCHNEIDER.

jüdischen „Testament des Orpheus" (Dichtung 217–234; vgl. besonders auch 230–232: „Orpheus im hellenistischen Judentum").

e. Apokalypsen[1]

Gebete und Enkomien werden hier ebensowenig berücksichtigt wie die vielen Elemente der Himmelsvisionen, die einerseits inspiriert sein mögen von hymnischer Tradition, andererseits aber auch die spätere Hymnodik und Hymnologie, von anderen Äußerungen in Frömmigkeit, Kunst und Literatur zu schweigen, beeinflußt haben.

1. Äthiopisches Henochbuch (äthHen)[2]

Neben den jüngsten Bearbeitungen (Einleitungen und Übersetzungen) von ISAAC und UHLIG sind die älteren von BEER und CHARLES heranzuziehen, auch wenn diese Forscher noch nicht kritische Textausgaben zur Verfügung haben konnten wie die der ursprünglichen aramäischen (und hebräischen) Qumran-Fragmente (BEYER, ATTM 225–258; vgl. auch 258–268, „Die Giganten"), der neuen Teile der ziemlich freien und sehr frühen griechischen Übersetzung (BONNER, Enoch; BLACK, Apocalypsis) und auch der vor dem Ende des 6. Jh.s n.Chr. aus dem Griechischen oder sogar aus dem Aramäischen übersetzten und kanonisierten äthiopischen Version (KNIBB, Enoch I–II), ganz zu schweigen von den unzähligen Einzeluntersuchungen dieses Jahrhunderts.

Hymnologisch direkt wichtig, auch wegen der äthiopischen Wortwahl, ist Henochs „Gebet" (83,10), mit dem er den Heiligen „pries" (84,1): „Gepriesen, …, o Herr!" (84,2–6). Die Übersetzung von ባረከ bzw. ፈቀረ durch „blessed" (so alle genannten englischen Übersetzer) ist eine einseitige Interpretation (vgl. zur Übersetzung von BEER und UHLIG z.B. nur DILLMANN, Chrestomathia 212b: „laudavit", „celebravit", „benedixit", „salutavit"; „laudatus, benedictus", etc.).

Die erste Hälfte des Gebets in 84,2–3 muß man als Hymnus im „Du"-Stil an den großen König der Könige bezeichnen; das „Gebet" ist einzigartig nicht nur

---

[1] Vgl. zur apokalyptischen Literatur Michael E. STONE in: STONE, Writings (1984) 383–441; HELLHOLM, Apocalypticism (passim, Lit.!).
[2] Vgl. SCHÜRER/VERMES III,1 (1986) 250–268. Vgl. auch die umfassende Darstellung von Klaus BERGER, Henoch, in: RAC XIV (1988) 473–545, bes. 476–482 zu den Henochschriften.

in dem aus dem 2. Jh. v.Chr. stammenden „Buch der Traumvisionen" (83–91; UHLIG, äthHen 494, 496, 673), sondern auch im Hinblick auf die noch älteren Traktate, das „Buch der Wächter" (1–36) und das „Astronomische Buch" (72–82; 3./2. Jh. v.Chr.), und die um die „Zeitenwende" entstandenen „Bilderreden" (37–71; UHLIG 494).

Was besonders die beiden ersten Traktate verbindet (die „Epistel" von 92–105 + 106–108 spielt keine Rolle), ist auch der wiederholte Hinweis auf die himmlische Liturgie der Engel (9,4–5; 39,7; 40,3–5; 41,7) bzw. der Heiligen (47,2; 61,7; 69,26), eng verwandt mit dem Lobpreis Henochs (12,3; 71,11–12; s.o. zu 84,2–3), vor allem im stereotypen „doxologischen Visionsschluß" (UHLIG, äthHen 558: 22,14; 25,7; 36,4; 39,9–13; 48,10; vgl. 81,3 und 90,40 im Astronomischen Buch bzw. in den Traumvisionen).

Solche hymnologischen Aussagen umfassen auch, meist eschatologisch, alle Menschen (10,21; 27,4; 36,4; 48,5; 61,11–12; 63,2–7), ja sogar alle Elemente (69,24).

Ein sprachlicher Vergleich der Versionen von 9,4–5, wo die Engel z.T. sehr ähnlich reden wie Henoch in 84,2–3, ist äußerst aufschlußreich, insofern aramäisch ובר̇כתא שׁ[חת] (BEYER, ATTM 237–238: „Lob und Preis") als ክ፡የ፡ወ ᵐሰብሕ erscheint (KNIBB I 25; ᵐሰብሕ kurz vorher sogar noch einmal, dem εὐλογητόν bzw. εὐλογημένον entsprechend, vgl. BLACK 23; zu ሰብሕ bzw. ሰብሕ vgl. DILLMANN, Chrest. 196: „laudavit, magnificavit", „hymnos celebravit", „glorificavit"; „laudatus, celebratus", etc.). An einer einzigen Stelle findet sich in den griechischen Überresten eine Form von ὑμνεῖν (27,5: ὕμνησα, BLACK 35; als Bestätigung vgl. DENIS, Concordance grecque 759). Dazu bemerkt UHLIG: „Nach GrP ὕμνησα = äth. zamarku >lobsang ich ihm< wird statt zakarku (= erinnerte mich) häufig emendiert. Das entspricht dem Kontext besser und dürfte ursprünglich sein." (564); KNIBB aber fragt nur: „Eth from a corrupt Greek Vorlage (ὕμνησα misread as ἔμνησα – cf. Flemming, Text, 34)?" (II 116). Obwohl im Hebräischen und Griechischen das Gedenken durchaus zur hymnologischen Tradition gehört, mag eine Form von ዘመረ zu konjizieren sein, zumal im Blick auf 48,5, wo z.B. ዘመረ ein doxologisch–hymnologisches Synonym ist (vgl. DILLMANN, Chrest. 258b: „instrumento cecinit, psallit, psalmos cantavit").

Sonst sind die häufigsten Verben des Lobens und Preisens ባረከ (s.o., bei KNIBB immer „bless", im Griechischen εὐλογεῖν), ሰብሕ (s.o., bei KNIBB immer „praise"); weniger häufig sind, meist zusammen mit den genannten, Formen von ለዐለ (z.B. 61,7; 69,24.26; 71,11–12; bei KNIBB stets „exalt") oder

ዐቢ (61,11; „glorify" bei KNIBB II 150; „verherrlichen", „loben" bei UHLIG 612; vgl. DILLMANN, Chrest. 249a: „laudavit").

2. Viertes Esra-Buch (IV Esr)[1]

Aus der Zeit um 100 n.Chr. stammt eine Stelle, die nach der lateinischen und syrischen Version zitiert werden muß, weil der Text dieser Apokalypse weder in der Originalsprache (hebräisch oder aramäisch) noch in der griechischen Version erhalten ist (vgl. immer noch die Einleitungen von GUNKEL, IV Esr; BOX, IV Ezra; außerdem heute METZGER, IV Ezra 518–520 und vor allem SCHREINER, IV Esr 292–297).

Es handelt sich um 10,22 innerhalb einer längeren Klage über die Zerstörung Jerusalems: „*psalterium nostrum* humiliatum est, et *hymnus noster* conticuit, et *exultatio nostra* dissoluta est", etc. (BENSLY, IV Ezra 51). Den drei hervorgehobenen Ausdrücken entsprechen die syrischen Wörter ܬܫܒܘܚܬܐ, ܬܫܒܘܚܬܐ und ܙܡܝܪܬܐ (BIDAWID, 4 Esdras [32]). In der griechischen Vorlage wird wahrscheinlich ὕμνος für *hymnus* ‖ ܬܫܒܘܚܬܐ gestanden haben (vgl. den Index von G. MUSSIES in: KLIJN, Text 107).

3. Slawisches Henochbuch (slHen)[2]

Wahrscheinlich auch ins 1. Jh. n.Chr. zu datieren sind die griechischen und hebräischen Teile, die später in die beiden unterschiedlich langen Rezensionen des zweiten Henochbuches integriert wurden.

Es wäre interessant, das ursprüngliche Vokabular zu kennen in 52,1–15, einer litaneiartigen Abfolge von Makarismen im Wechsel mit Verfluchungen, mit der Überschrift in der längeren Rezension: „God teaches those who believe in him how they have to praise his name" (vgl. mit einigen slawischen hymnologischen Begriffen ANDERSEN, 2 Enoch 179; vgl. auch FORBES/CHARLES, Book 461).

Sonst hat slHen seine hymnologische Bedeutung darin, daß unentwegt von singenden und lobpreisenden Engelwesen die Rede ist (1a,6; 1,5; 8,8; 17; 18,8; 19,6; 20,4; 21,1; 22,2; 23,1–2; 31,2; 42,4; zu all diesen und früher erwähnten

---

[1] Vgl. SCHÜRER/VERMES III,1 (1986) 294–306.
[2] Vgl. SCHÜRER/VERMES III,2 (1987) 746–750.

Stellen mit „immerwährendem Engellob" vgl. auch 39,1–3 in der im 3. Jh.
n.Chr. entstandenen koptischen Elia-Apokalypse: SCHRAGE, ApkEl 264–265;
die Stelle entspricht 5,3 bei WINTERMUTE, Elijah 750). In diese himmlische
Liturgie fügt sich auch der kleine Sonnen-Hymnus in 15,2 („song", ANDER-
SEN, 2 En. 126, nur in der längeren Rezension) der Solarelemente Phoenixes
und Chalkydri (vgl. FORBES/CHARLES, Book 436–437).

4. Apokalypse Abrahams (ApkAbr)[1]

Semitisch im Original, übersetzt ins Griechische und nur slawisch überliefert,
„steht" die Apokalypse aus dem 1./2. Jh. n.Chr. „in enger Beziehung zu einer
ganzen Schule der jüdischen Mystik, nämlich zu der der Merkaba"
(PHILONENKO-SAYAR/PHILONENKO, ApkAbr 419; vgl. auch, mit weiterer
Literatur zur Merkabah [Merkavah], SCHÜRER/VERMES III 289).

Daß es sich in 16,3 und 18,11 um Anspielungen auf „das Trishagion von Jes
6,3" handelt (so PHILONENKO 437; vgl. 419, „*Qedûshâ*", und 441), ist
wahrscheinlich und wird durch handschriftliche Ergänzungen klargestellt (vgl.
RUBINKIEWICZ, ApocAbr 696). Den Merkabah-Hymnen vergleichbar ist 17,8–
18, ein „Gesang" (17,6–7; 18,1) bzw. „Gebet" (17,13.17) mit Dutzenden von
hymnischen „Benennungen Gottes" und weiteren Aussagen im „Du"-Stil (vgl.
Parallelen bei PHILONENKO 438–439; RUBINKIEWICZ [697] hat eine abweichende Zählung).

---

[1] Vgl. SCHÜRER/VERMES III,1 (1986) 288–292.

IV. Übriges antikes Judentum

a. Qumran(-Essener)[1]

1. 1QH (1. Jh. v.Chr.)[2]

Bei den Hôdayôt (so genannt von SUKENIK, Scrolls 39) handelt es sich um eine wegen der Beschädigung der Rollen unbestimmbare Anzahl von Dank- und Lobliedern. Wer immer ihr(e) Verfasser war(en) (vgl. zu dieser offenen Frage G. JEREMIAS, Lehrer 168–177) und was immer ihr Sitz im Leben war, private Lese-Frömmigkeit etwa oder Gemeindegesang (vgl. die Diskussion bei J. BECKER, Heil 126–137; H.-W. KUHN, Enderwartung 29–33), es lassen sich ohne die Fragmente mehr als 20 Dichtungen verschiedener Länge erkennen, von denen acht fast ganz erhalten und damit analysierbar sind (vgl. zur Struktur von II 20–30, III 19–36, V 5–19, VII 6–25, VII 26–33, IX 37 – X 12, XI 3–14 und XIV 8–22 B. P. KITTEL, Hymns 33–172).

Soweit erkennbar bzw. für IX 37 und XIV 8 konjizierbar ist, beginnen alle acht Dichtungen, von denen MORAWE die ersten vier der Gattung „individuelles Danklied" und die übrigen der Gattung „hymnisches Bekenntnislied" zuordnen will (Aufbau 166–167; vgl. auch PASSIONI DELL'ACQUA, Genere), mit der „Hodajot-Formel" (ROBINSON 198) אוֹדְכָה אֲדֹונִי כִּי(-הַ) in XIV 8; statt „Herr"

---

[1] Zur Einführung und Orientierung vgl. BIETENHARD, Handschriftenfunde; DELCOR, Qumrân (27. Colloquium Biblicum Lovaniense, 1976); GRÖZINGER u.a., Qumran; Christoph BURCHARD, KP IV (1972) 1316–1321; Devorah DIMANT, Qumran Sectarian Literature, in: STONE, Writings (1984) 483–550; SCHÜRER/VERMES III,1 (1986) 380–469. Unentbehrlich ist FITZMYER, Scrolls. Zur Forschung der letzten Jahre (1974–1988) vgl. den Bericht von A. S. VAN DER WOUDE (ThR 54 [1989] 221–261; 55 [1990] 245–307, bes. 245–251, 263–265 [wird fortgesetzt]). — Texte und Übersetzungen nach DJD (DJDJ); LOHSE, Texte; MAIER/ SCHUBERT, Qumran-Essener; VERMES, Scrolls. Die von K. G. KUHN herausgegebene Konkordanz von 1960 findet ihre Ergänzung (vor allem aus 4Q) in KUHN, Nachträge. Vgl. auch HENGEL, Christuslied 359–360. [Nachtrag: Den neuesten Stand der Qumran-Forschung reflektiert die Gedenkschrift für Jean CARMIGNAC (vgl. GARCÍA MARTÍNEZ / PUECH, Études), auf die auch im einzelnen hingewiesen wird]

[2] Vgl. vor allem Einleitung, Übersetzung und Kommentar von DELCOR (Hymnes), der in einem Beiheft u.a. eine genaue Reproduktion des hebräischen Textes bietet „édité en 1954 par la regretté E. L. SUKENIK dans ses *Oṣar Hammegilloth Haggenuzoth*" (Rückseite des Beiheft-Titelblatts).

steht in XI 3 אֵלִי – „mein Gott"; vgl. STEGEMANN, Gottesbezeichnungen). Das
Imperfekt 1. Sing. von ידה („bekennen", „danken", „loben", „preisen") etc.
kennzeichnet ziemlich sicher auch den erhaltenen Anfang von II 31, II 37, IV 5,
V 20 (getilgt und zu ברוך אתה אתה verbessert, vgl. K. G. KUHN, Konkordanz 84,
Anm. 2), VII 34, VIII 4, XI 15 (mit אלי), XIV 23, XVII 17 und 26, ohne daß sich
mit Sicherheit das Ende und damit der jeweilige Umfang festlegen ließe.

Die Abgrenzungen von DUPONT-SOMMER (Livre 26–103: 32 Hymnen; vgl.
auch Schriften 216–274), CARMIGNAC (/GUILBERT, Textes 127–282: 25
Gedichte) oder MORAWE (Aufbau 166–167: „34 Lieder", „von denen 13 individuelle Danklieder und 21 hymnische Bekenntnislieder erhalten sind") müssen
also mehr oder weniger gut begründete Hypothesen bleiben, wie die Vergleichstabelle bei MANSOOR gut demonstriert (Hymns 33–34).

Von den vielleicht bzw. wahrscheinlich verlorenen Einleitungsformeln mag
manche בָּרוּךְ אַתָּה אֲדוֹנִי אֵל...כִּי (X 14) oder ähnlich gelautet haben (s.o. zu V 20),
so daß auch XVI 8 durchaus der Beginn eines Hymnus sein kann.

Fehlen Schlußformeln wie z.B. Doxologien offensichtlich ganz (eine gewisse
Ausnahme bildet II 30 mit אֲבָרְכָה שְׁמֶכָה – „will ich deinen Namen preisen":
LOHSE, Texte 119; „bless": VERMES, Scrolls 156, Ende des zweiten von insgesamt 25 Hymnen), so fehlt es nicht an hymnologischem Vokabular mitten in den
Lobliedern, die der/die Dichter von XI 4 und XII 4 selbst wohl mit dem Plural
הוֹדוֹת bezeichnet/-n; das in XII 4 parallelstehende תְּפִלָּה – „Gebet" – ist m.E. auch
in XI 5 und damit in der Konkordanz von K. G. KUHN (236) zu ergänzen (statt
תְּהִלָּה „[Lobpr]eis" bei LOHSE 152 oder שִׂמְחָה „Freude" bei BARDTKE, Loblieder
III 722). Es sind vor allem Formen von הלל (I 30, II 23, IX 40, XI 24, XII 3; vgl.
auch Frgm. 2,4 bei MAIER/SCHUBERT, Qumran-Essener 240 und תְּהִלָּה in XI 23)
und ברך (I 31, II 30, XI 6, XI 25, XIV 9; Frgm. 4,17 u.ö.; בְּרָכָה außer in einem
Frgm. nur XVII 20; בָּרוּךְ s.o. und neben Frgm. 4,15 dreimal in XI 27–32, wo
möglicherweise in 29 eine Einleitungsformel vorliegt, vgl. HOLM-NIELSEN,
Hodayot 196–210), mit denen das Lobpreisen intentional und auffordernd
ausgedrückt wird.

Hinzu kommen Formen von ספר (vgl. K. G. KUHN, Konkordanz 152),
„erzählen" (LOHSE, Texte [passim]), mit theologischen Objekten wie
„Herrlichkeit", „Ehre" (I 30, XI 6, XII 30, XIII 11; Frgm. 2,4; zu vielen anderen
Stellen mit כָּבוֹד vgl. Konkordanz 96–97), „Wunder" (I 30.33, III 23, VI 11, X
20–21, XI 24; vgl. auch IX 7, X 4.15, XI 28, XIV 23), „Gerechtigkeiten" (XVII
17; zum Stamm צדק vgl. neben Konkordanz 184–186 auch J. BECKER, Heil 149–
155) oder „Machttaten" (XVIII 23).

Insgesamt kommt man wieder einmal nur inhaltlich weiter, wenn es darum geht, die „hymnischen Stücke" (MORAWE, Aufbau 68–78) von den anderen „Gattungselementen" (21–106) zu trennen, sind doch „Lob" – vor allem im „Du"-Stil – und „Engelgemeinschaft im Lob" Themen der „Lehre des Hymnenbuches" (vgl. LICHT, Lehre 307–310).[1]

2. 1QM (1. Jh. v.Chr. – 1. Jh. n.Chr.)

Die fast identischen hymnischen Stücke XII 7–18 und XIX 1–8 kann man als „Kriegshymnen" in „Gemeinschaft mit den Engeln" bezeichnen (VON DER OSTEN-SACKEN, Gott 222, 231). Ihre Nähe zu 1QH ist auffallend. Die Hôdayôt jedoch mit den in 1QM XV 5 genannten כּוֹל דִּבְרֵי הוֹדוֹתָם („alle Worte ihres Lobpreisens") zu identifizieren (so DUPONT-SOMMER, Schriften 217, dort fälschlich „hôdajôtam"), ist reine Spekulation.

Hymnologisch wichtig ist außerdem, daß auf den Feldzeichen des sogenannten heiligen Krieges u.a. stehen kann: תִּשְׁבּוֹחַת אֵל – „Lobpreis Gottes" (bisher nur in IV 8 und 4QŠirŠabb=S1 40; aber vgl. auch BEYER, ATTM 700), הוֹדוֹת אֵל – „Loblieder/Danklieder Gottes" und תְּהִלַּת אֵל – „Lobpreis Gottes" (IV 14; vgl. LOHSE, Texte 188–191).

Nicht nur im Kampf sollen die Söhne des Lichts den Gott Israels preisen (XIII 1–2.7–16, XVIII 6–14; zu ברך vgl. K. G. KUHN, Konkordanz 38), sondern auch nach dem Krieg sollen sie den „Rückkehr-Lobgesang singen" (XIV 2; vgl. zur Übersetzung von תְּהִלַּת הַמָּשׁוֹב MAIER/SCHUBERT, Qumran-Essener 264) und wieder den Gott Israels preisen (XIV 4–18).

3. 1QS (1. Jh. v.Chr.)

Die uneinheitliche, über einen längeren Zeitraum entstandene Regel der Qumran-Essener mit dem bezeugten Titel סֶרֶךְ הַיַּחַד (I 1; „Ordnung der Einung", vgl. MAIER/SCHUBERT, Qumran-Essener 143; „Ergänzung nach 4QSa", LOHSE, Texte 4, a–a) enthält am Ende ein langes hymnisches Stück (X 9 – XI 22), das vielleicht zur jüngsten Redaktionsschicht gehört und wiederum den Hôdayôt nahesteht (vgl. SCHÜRER/VERMES III 382–383).

Wer das „Ich" des Lobsingens zur Ehre Gottes (זמר außer in X 9 nur noch in 1QH XI 5 und 23) und des Preisens seines Namens ist (ברך, X 13–16), bleibt wie

---

[1] Nachtrag: Zur Rekonstruktion von 1QH XIII–XIV 7 und zum Zusammenhang mit 4QBéat vgl. PUECH, Hymne.

die Verfasserschaft der anderen Schichten im Dunkel der Geschichte dieser vom Tempel in Jerusalem getrennten Gemeinschaft(en).

Mit בָּרוּךְ אַתָּה אֵלִי mag in XI 15b ein ursprünglich unabhängiger Danksagungs-Hymnus im „Du"-Stil begonnen haben (vgl. GUILBERT in: CARMIGNAC/ GUILBERT, Textes 78). Er erscheint jetzt integriert als das Ende des ganzen „Manual of Discipline" (Millar BURROWS, ed. princ.[1951]) und wird, als guter Abschluß des Teils im „Er"-Stil, eingeleitet durch den Infinitiv ... לְהוֹדוֹת (XI 15a, nicht zu verwechseln mit dem instrumentalen Plural בָּהוֹדוֹת in X 23).

Die Einleitung zum ganzen Schluß-Hymnus läßt das Preisen (ברך) schon anklingen (IX 26, X 6) und interpretiert den Lobpreis (תְהִלָּה in 1QS nur in X 8; vgl. הלל, nur in X 17) als „Opfer der Lippen". Dies ist neben dem vollkommenen „Wandel" (zu דֶּרֶךְ in IX 5 u.ö. vgl. K. G. KUHN, Konkordanz 51–52) Teil der radikalen „Umdeutung des Kultus in der Qumrangemeinde" (so, mit Berücksichtigung des Neuen Testaments, der Titel von KLINZING, bes. 93–106).

4. 4QŠirŠabb, Masada ŠirŠabb und 11QŠirŠabb
(1. Jh. v.Chr. – 1. Jh. n.Chr.)

Die von STRUGNELL nach erhaltenen Überschriften als „Lieder des Sabbat-opfers" bezeichneten Fragmente sind jetzt durch NEWSOM, mit eigener Konkordanz (Songs 389–466) und Fotos (Tafeln I–XIX nach 476), vorzüglich ediert, übersetzt und interpretiert. Ohne Rücksicht auf die Einleitungsfragen, die Engel- und Himmelstempellehre (1–83) und vor allem auch die möglichen Lösungen des Problems der Funde von Qumrantexten in der Zelotenfestung Masada (vgl. SCHÜRER/VERMES III 463) wird das direkt Hymnologische der auch für die spätere Merkabah-Mystik (vgl. NEWSOM, Exegesis) und Hekalot-Hymnik (vgl. schon Ez 1, 10, 40–48) aufschlußreichen Lieder hier dargeboten, und zwar im Kontext von Qumran (vgl. neben NEWSOM, Songs 59–72, 81–83 und HALPERIN, Faces 49–55 u.ö. auch FLUSSER, Psalms 566–570).

Dabei ist es zweckmäßig, von den relativ besser erhaltenen Leder-Fragmenten 4Q400 1 und 2, 402 4, 403, 405 22 und 23 auszugehen, mit deren Hilfe auch das zweispaltige Bruchstück aus Masada aufgefüllt werden kann. Um mit der ersten Kolumne des letzteren zu beginnen, so fängt in Zeile 8 ein neues Opferlied an mit der stereotypen Aufforderung an die Engel zum Lobpreis Gottes und zur Exaltation seiner Herrlichkeit (vgl. zu הלל, רום und כבוד NEWSOM, Songs 96, 408–409, 415–418, 450–452). In der besonders mit Hilfe von 4Q403 (187–195) rekonstruierbaren zweiten Kolumne (171–177) läßt sich die formelhafte Sprache paradigmatisch studieren, mit der die Liturgie der Engel – und somit auch der

Gemeinde der „Priester" und „Heiligen" von Qumran – beschrieben wird. Denn es ist ja vor allem die Beschreibung selbst und an sich, die diese Lieder charakterisiert (64–65). Es häufen sich nach festem Plan Formen und Derivate der sieben Wurzeln ברך (Z. 1–3), גדל (3–4), רום (6–8), שבח (9–11, vgl.תשבוחות), ידה (11–13, vgl. הודות), רנן (14–15) und זמר (16–18). Die Nomina all dieser Synonyme des Preisens, mit Gott/König o.ä. als (in)direktem Objekt, erscheinen in starrer constructus-Verbindung mit תהלת, dem anscheinend formalsten Terminus technicus, und werden zum Ende als je sieben noch einmal wiederholt (Z. 19–22; vgl. dazu auch NEWSOM 120 und 178).

Aus den anderen Stücken, die sich manchmal fast wie Enkomien auf die Engel lesen, kommt noch ספר hinzu (4Q400 2 3 und 5, 405 23 i 7); sonst findet sich das genannte hymnologische Vokabular quer durch die Fragmente der Lieder, die selbst kaum als Hymnen bezeichnet werden können, wohl aber von größter Bedeutung sind für den „himmlische(n) Lobgesang" (BIETENHARD, Welt 137–142).[1]

Übrigens findet sich in 4Qtest 21 folgende Aussage: „Zu der Zeit, da Josua aufhörte mit Preisen und Loben in seinen Lobgesängen" (LOHSE, Texte 250–251) – בָּעֵת אֲשֶׁר כָּלָה יֵשׁוּעַ לְהַלֵּל וּלְהוֹדוֹת בִּתְהִלּוֹתָיהוּ. Dazu bemerkt LOHSE: „Offensichtlich ein Zitat aus einem apokryphen Buch der Psalmen Josuas, dessen Reste in 4Q gefunden wurden" (Texte 293, Anm. 5; vgl. auch FITZMYER, Scrolls 32–33 zu 4QPssJosh bzw. 4Q175 = 4QTestim).

5. 11QPs[a] (1. Jh. n.Chr.)[2]

In der von J. A. SANDERS 1965 herausgegebenen *Psalms Scroll* (vgl. ebenfalls seine populäre, schöne Ausgabe von 1967) stehen neben Fragmenten der kanonischen und apokryphen („syrischen") Psalmen und dem Text von Sir 51,13ff auch drei bisher unbekannte „Psalmen": „Plea for Deliverance" (76–79 bzw. 119–121), „Apostrophe to Zion" (85–89 bzw. 123–127), „Hymn to the Creator" (89–91 bzw. 129–131).

---

[1] Als Nachträge speziell zu den Liedern des Sabbatopfers vgl. ALLISON, Silence (Liturgie der Engel); BAUMGARTEN, Shirot (auch zu den rabbinischen Merkabah-Traditionen); SEGERT, Observations (zur poetischen Struktur, besonders auch zur Erklärung des ungewöhnlichen Dativs in Apk 19,5 [223]).

[2] Nachtrag: WEINFELD vergleicht „Basic elements of the *Birkhoth Hashachar*" mit der „Qumran Morning Liturgy" und kommt zu dem Schluß: „The elements found in the traditional Jewish morning prayer, 1) praise of God for restoring the soul after sleep, ..., are thus attested in *11QPs[a]* col. XIX and, as we shall demonstrate in a forthcoming study, the same elements are found in the *Hodayot* and other hymns of Qumran" (Prayers 482–490, 490–494, 494).

Sind diese drei gut erhaltenen Stücke hymnologisch wichtig, so ist die einzige Prosakomposition, „David's Compositions" (91–93 bzw. 134–137), durch die phantastische Angabe interessant, daß David 3600 Psalmen (תהלים, 4) geschrieben haben soll und weitere 450 Lieder (שיר, 5.7–9), z.T. Opferlieder (תמיד, 6; קורבן, 7), alle 4050 in prophetischer Inspiration (11; zum Vergleich mit Salomon vgl. SANDERS 92 bzw. 134).

Der oben erstgenannte Psalm, stark gefärbt von biblischer Sprache, verbindet den erhaltenen Schluß der ersten Strophe (1) mit dem Anfang der zweiten Strophe (2–8) durch das Stichwort „preisen" (ידה, 2). Auch das Ende der zweiten Strophe, ברוך יהוה (7), muß hymnisch verstanden werden, was ebenso von der dritten Strophe (8–13) gilt, die mit Formen von הלל und תהלה beginnt (8–9) und mit einem dankenden Gedenken schließt (זכר, 12). Erst die vierte Strophe (13–18) bittet um Vergebung und Schutz, nennt Jahwe aber auch „meinen Lobpreis" (שבחי, 16) und betont die Freude mit Formen von שמח (17–18).

In der von Jesaja beeinflußten Apostrophe, die wie ein Enkomion auf Jerusalems Herrlichkeit klingt (כבוד, 4–5.18), kommt auch Hymnensprache zur Anwendung, und zwar Formen von זכר (1.15), כרך (1.15–16), שׁוש (4), גיל (8), רום (18), שמח (18) und שבח (14.18). Letztlich geht es dann doch in dem unregelmäßig alephbethischen Akrostichon indikativisch (תשבחתך) und imperativisch (שבחי) um den Lobpreis Gottes, des Höchsten (14.18).[1]

Die erhaltenen neun Verse des an die Weisheitsliteratur und sogar an die Hôdayôt erinnernden Hymnus auf den Schöpfer beginnen jetzt mit „Groß und heilig ist Jahwe" und fahren im „Er"-Stil fort unter Benutzung biblischer Sprache, ja Bildersprache. Schon bei der Schöpfung ist vom Jubeln (רנן, 5) der Engel die Rede, das sich verbindet mit dem liturgischen בָּרוּךְ der Gemeinde (7).

6. Fragmente der kleinen Grotten 3Q, 6Q und 8Q

Auf die nicht-biblischen Hymnenfragmente soll wegen des Vokabulars ebenfalls hingewiesen werden: 3Q6 (ישירם...יהללוכה, Sp. 1, DJDJ III 98), 6Q18 (בתשבחות, Sp. 2, a.a.O. 133 mit 134, Anm. zur korrigierten Form; הלל, Sp. 6, a.a.O. 134) und 8Q5, eine Passage im eulogischen „Du"-Stil (Sp. 1–2, a.a.O. 161–162).[2]

---

[1] Eine weitere poetische Adresse an Jerusalem stellen einige Zeilen der ersten Spalte von 4Q380 1 dar, vgl. die Edition der Fragmente 4Q381 1–110 und 4Q380 1–7 von SCHULLER, Psalms 248–257.
[2] Texte und Belege nach BAILLET u.a.; vgl. auch FITZMYER, Scrolls 19, 21–22.

b. Philon und Josephus

1. Philon und seine Therapeuten[1]

Im Vergleich mit der Septuaginta ist es bemerkenswert, daß der in der ersten Hälfte des 1. Jh.s n.Chr. griechisch schreibende Religionsphilosoph aus Alexandreia die beiden Begriffe ψάλλειν und ψαλμός bewußt und vollständig ignoriert; auch ψαλτήριον erscheint nur Post 103 und 111 mit Anspielung auf Jubal, den Vater dieses Musikinstruments (Gen 4,21 LXX). Das ist umso bemerkenswerter, wenn man auf die Fülle hymnologischer und musikologischer Synonyme quer durch Philons Schriften blickt.

Wie der Verfasser der atl. Psalmen ὑμνογράφος (Gig 17; vgl. IV Makk 18,15) oder ὑμνῳδός (Imm 74; vgl. Plant 129) heißt, so sind dessen Werke ὑμνῳδίαι (Agr 50, Plant 39; vgl., mit Bezug auf Juda = εὐλογῶν νοῦς, Plant 135 und, unter Hinweis auf Mose in Dtn 31,30 und 32,43–44 LXX, Virt 72–73.75), nie jedoch einfach ᾠδαί (Dtn 32 ist die große bzw. größere „Ode"[2] in All III 105, Det 114, Post 121.167, Plant 59, Sobr 10, Mut 182.220, Som II 191; ᾠδή als Synonym zusammen mit ὕμνος in All III 26, Agr 81, Sobr 58, Som I 36, II 34.269, VitMos II 257, SpecLeg III 125, Virt 72.74, Flacc 122). Sie heißen vielmehr stets ὕμνοι, wie der stereotype Ausdruck ἐν ὕμνοις zeigt (Plant 29, Conf 39.52, Migr 157, Fug 59, Mut 115, Som I 75, II 242.245; vgl. ὑμνεῖν in Plant 139, Conf 149).

Gelegentlich werden auch andere „alttestamentliche" Texte als Hymnen bezeichnet, so zum Beispiel:

Ex 15 (Agr 82, Sobr 13, VitMos I 180, II 256–257, VitCont 85–88; vgl. auch ὑμνεῖν in All II 102, Ebr 111; Ex 15 = ᾆσμα [ἐπινίκιον] in Plant 48, Ebr 115, Conf 35; ᾆσμα als Synonym zusammen mit ὕμνος in All II 102, Gig 17, Abr 51–54, Ebr 111–115, Conf 35, Migr 113, Mut 115, Som II 246.271, VitCont 29; ᾆσμα ὕμνου nur in Migr 157), Num 23,19–24 (Migr 113: einer der vielen Hymnen des Bileam; VitMos I 284), Gen 14,22–23 (Ebr 105: ἐπινίκιος ὕμνος),

---

[1] Vgl. neben W. HAASE, ANRW II 21.1 (Beiträge zu Philon) auch Berndt SCHALLER, KP IV (1972) 772–776; Peder BORGEN, Philo of Alexandria, in: STONE, Writings (1984) 233–282; SCHÜRER/VERMES III,2 (1987) 809–889. Texte und Belege nach der Edition von COHN/WENDLAND u.a. (Philonis opera) und der Übersetzung von COHN/HEINEMANN/ADLER/THEILER u.a. (Philos Werke) , unter Hinzuziehung der griech.-engl. Loeb-Ausgabe von COLSON[/WHITAKER] u.a. und unter Benutzung von MAYER, Index.

[2] Vgl. auch SIEGERT, Philon 31, Z. 138 der Rückübersetzung: καὶ ἐκεῖνο τὸ ἐν ᾠδῇ τῇ μείζονι = *և այն որ յերգին մեծին է* (21, c. 11 [Z. 138–139]).

Ex 32 (VitMos II 162, SpecLeg III 125; Gegensatz: θρῆνοι) oder auch
Dtn 10,17–18 (SpecLeg IV 177), womit Mose τὰς τοῦ ὄντος ἀρετάς preist (ὑμνήσας).

Subjekt des ὑμνεῖν sind außer Mose (All II 102, Her 161, Congr 89, Fug 185–
186, Abr 9.36, Virt 22.72) die Dichter und Logographen (Op 4, SpecLeg IV
230, allerdings skeptisch [ähnlich wie Herodot]), die Sophisten (Det 73,
allerdings fälschlich), der Tugendhafte (Ebr 111), Jakob (Jos 253), die Polis
(Mut 196), die Sprache (λόγος) durch die Stimme (Her 111) und die Juden von
Alexandreia (Flacc 121).

Objekt, meist im Akkusativ, können außer Hymnos in Figura etymologica (All
II 82) Gott sein (All II 102, Ebr 111, Conf 149, Her 111, Jos 253, VitMos II 239,
Virt 72, Flacc 121), die Schöpfung (Op 4, Her 111, Som II 28), die Tugend(en)
bzw. der Tugendfreund Noe (Det 73, Mut 196, SpecLeg IV 177, Abr 36),
speziell die „Tugenden" δικαιοσύνη (Her 161, SpecLeg IV 230), ἀνδρεία (Virt
22) und εὐγένεια (Virt 187), die Wohltäter (Som II 268), die Hoffenden wie
Abraham (Abr 9), Zahlen wie die Sieben (Op 90), die Zwölf (Fug 185) oder die
Siebzig (= 10×7, Fug 186).

Die genaue Untersuchung von Synonyma wie (συν)ᾄδειν, γεραίνειν, ἐγκωμιάζειν, ἐπαινεῖν, εὐλογεῖν, εὐλογιστεῖν, εὐχαριστεῖν samt Verbaladjektiven
wird teilweise zu einem ähnlichen Überblick führen, was ebenso gilt von Nomina
wie αἴνεσις (nur in All III 26 und SpecLeg I 224, parallel zu ὕμνος), ᾆσμα (vgl.
noch Imm 10 und Mut 143 für I Sam 2; Agr 54 für Ps 22,1; VitMos I 255 für
Num 21,17; SpecLeg II 216–217.220 für Dtn 26,5–6 am „Korbfest"), ἐγκώμιον
(s.u.!), ἔπαινος (Lieblingsvokabel, vgl. bes. LegGai 38), εὐδαιμονισμός (nur in
Agr 80, Her 110, Som I 35, II 38, SpecLeg I 224, II 7.199, meist parallel zu
ὕμνος), εὐλογία κτλ., εὐχαριστία, εὐχή, θυσία, λόγος, προσόδιος (nur in
VitCont 80.84), πρόσοδος, ᾠδή (vgl. noch SpecLeg I 343, II 209, Virt 95 für
Dtn 26,5–6 [s.o.]; VitCont 35; LegGai 44, negativ).

Hier genügt die Konzentration auf den übrigen Gebrauch von ὕμνος, einem
Wort, das auch im Kontext mehr oder weniger synonym mit den genannten
Wörtern und Gegensatz von θρῆνος ist (vgl. noch zunächst Ebr 95.121, Migr
157, VitMos II 162; außerdem nur in Som II 66, Abr 260, VitMos I 136, VitCont
73).

Als direktes oder indirektes Objekt des Hymnos erscheinen vor allem Gott, das
Göttliche, der Allvater, das Ungewordene oder der Retter (Agr 79–80, Plant
126.135, Sobr 13.58, Conf 108, Migr 157, Her 110, Som I 37, II 34, VitMos I
180.284, II 256, SpecLeg I 272, II 199, VitCont 29.80.84.87), aber auch die
Tugenden (Som I 256), Juda (All III 26), Gaius als Apollon (so, berichtend,

LegGai 96) und das goldene Kalb (so, mißbilligend, VitMos II 162, SpecLeg III 125).

Meist allegorisch sind Subjekt des Hymnos die Tugenden bzw. der Chor der Tugenden (Agr 79–80, Ebr 121), der νοῦς (Plant 126.135, Som I 35), die δίκη (Conf 108), der λόγος (Her 110), Uranos (Som I 35.37), der Weise (Sobr 58), der Dankbare (Som II 38), die Seele (Som I 256), Bileam (Migr 113), Juda (Ebr 94), Israel (Sobr 13; vgl. VitMos II 162), das Volk (VitMos II 162), Mose und seine Chöre von Frauen und Männern (VitMos I 180, II 256–257), die Therapeuten (VitCont 25.29.80–88 [s.u.!]), die alexandrinischen Juden (Flacc 122) und imperiale Chöre (LegGai 96).

Auch Verbindungen mit qualifizierenden Adjektiven sind aufschlußreich, z.B. ὕμνος εὐχαριστικός (nur in Ebr 94.105.121), εὐχαριστήριος (VitCont 87), εὐχάριστος (VitMos II 256), συγχαρητικός (All II 82), ἐπινίκιος (Ebr 110.121, VitMos I 284).

Unter den Verbalverbindungen dominiert ὕμνον ᾄδειν, manchmal mit Betonung der Musik (Agr 79.82, Ebr 94.121, Sobr 13, Migr 113, Som I 37.75, II 38.242, VitMos I 180.284, II 162.256–257, VitCont 80.84.87, LegGai 96), parallel zu und synonym mit λέγειν (Som II 38.245). Einige Male wird mit ποιεῖν das Dichten herausgestellt (Agr 80, VitCont 29.80). Pleonastisch ist die hymnologische Verbindung ὕμνοις κτλ. γεραίνειν (Her 110, SpecLeg I 272, II 199, LegGai 96; vgl. noch zu γεραίνειν Sacr 117, Plant 131, Abr 235, VitMos I 23.155, II 256, Decal 61.78, SpecLeg I 21.52, II 132.134.164.209, III 184, Virt 77.218, Praem 121.126).

Zu den in SpecLeg II 148 neben Gebeten erwähnten Hymnen bemerkt I. HEINEMANN wegen des Kontextes mit Recht: „Gemeint ist wohl besonders das Hallel (Psalm 113ff.), das wahrscheinlich schon zu Philos Zeit einen Bestandteil der Liturgie für den Pessach-Abend bildete" (Philos Werke II [1910] 148, Anm. 2). Wenn Philon sich selbst nicht sozusagen ad hoc als Hymnograph betätigt,[1] dann bezeugt Flacc 121.123–124 aber doch auch die Texte von anderen jüdischen Paianen, Hymnen und Oden.

Das führt zum letzten Punkt, den selbstgedichteten, metrischen, melodischen und rhythmischen Hymnen der an vielen Orten der Oikumene lebenden Therapeuten (VitCont 21.29.80–88; in 25 ist rätselhaft, was mit τὰ ἄλλα genau gemeint ist, während die dort neben den Gesetzen und Prophetenworten erwähnten

---

[1] Zum „Hymnus des Sophisten" in Det 34 und zu weiteren möglichen Prosahymnen Philons in Imm 173–178, Ebr 106–107, Her 207–212, Mut 135.220–221, Som II 252–254 vgl. SCHATTENMANN, Prosahymnus 81–82.

Hymnen sicher die Psalmen sind; vgl. COLSON, Philo IX 518–524, 520). Es kommt hier weniger auf die Identität der durch Eusebios (KG II 16–17) fälschlich mit christlichen Asketen gleichgesetzten Therapeuten an als vielmehr auf Philons Beschreibung ihrer „Symposia" (VitCont 64–90, bes. 80–88).[1]

Danach erhebt sich der Vorsteher nach der allegorischen Exegese und singt einen Hymnos an bzw. auf Gott, entweder einen neuen selbstgemachten oder einen alten von früheren Dichtern (womit kaum nur die atl. Psalmen gemeint sind; vgl. CONYBEARE, Philo 308,312–313); dann ebenso „die anderen" — wer? —, wobei alle männlichen und weiblichen Mitglieder schweigen πλὴν ὁπότε τὰ ἀκροτελεύτια καὶ ἐφύμνια ᾄδειν δέοι (80). Wenn dann „jeder" den Hymnos beendet hat, beginnt das Mahl (81–82). Nach dem Mahl (δεῖπνον) vollziehen sie die heilige Nachtfeier (παννυχίς), indem die Männer und die Frauen je einen Chor bilden (83). Dann singen sie πεποιμένους ὕμνους εἰς τὸν θεὸν πολλοῖς μέτροις καὶ μέλεσιν, teils zusammen, teils ἀντιφώνοις ἁρμονίαις κτλ. (84). Vereinigt zu einem einzigen (bakchischen!) Chor wie in Ex 15 (wo gar kein Chor erwähnt ist, doch vgl. Ex 15,20) nach den θαυμα-τουργηθέντα von Ex 14 (85–86), singen die „Therapeutai" und „Therapeutrides", deren τέλος die εὐσέβεια ist, weiter im „Wechselgesang" (87–88; vgl.K. BORMANN, in: COHN u.a., Philos Werke VII [1964] 69–70) bis zum Sonnenaufgang (89). Philons Therapeuten sind ohne Frage von größter Bedeutung für die spätere monastische Hymnodie (Psalmodie; vgl. MCKINNON, Music 179), sei es als direktes Vorbild in Ägypten, sei es – wahrscheinlicher – als literarisches Vorbild weit über die Grenzen Ägyptens hinaus, z.B. bis nach Armenien (vgl. KWCO 41; CONYBEARE, Philo 177–180: ὕμνος entspricht arm. աղճեմբեն).

---

[1] Speziell zu den Therapeuten vgl. I. HEINEMANN, Therapeutai, in: PRE 2. Reihe, 10. Halbband (1934) 2321–2346; Geza VERMES, Essenes and Therapeutae, in: RdQ III,4 = Nr. 12 (1962) 495–504; auch in: G. VERMES, Post-biblical Jewish Studies (Leiden: Brill, 1975) 30–36; Christoph BURCHARD, KP V (1975) 736–738.

2. Josephus ([Ἰώσηπος] 1. Jh. n.Chr.)[1]

Da sich in historischen Werken immer auch zeitgeschichtliche Verhältnisse spiegeln, sei der hymnologische und musikologische Wortgebrauch in aller Kürze dargestellt. Nach der Reihenfolge der Häufigkeit (in Klammern) sind dabei die folgenden Begriffe interessant: αἴνεσις, ᾆσμα, ὑμνῳδεῖν, ὑμνῳδία, ψαλτήριον, ψάλτης, ψάλτρια (je 1), ἐγκωμιάζειν, ᾠδή (je 3), ψαλμός (4), εὐλογία (5), ὑμνῳδός (6), ψάλλειν (8), ᾄδειν (9[10]), ἐγκώμιον (11), εὐλογεῖν (12), ὕμνος (14), ὑμνεῖν (19), ἔπαινος (25), ἐπαινεῖν (57).

An den Stellen mit αἴνεσις und den beiden letztgenannten Wörtern werden die Römer, Herrscher, Tugenden usw. gepriesen, außer in Ant X 263, wo ausnahmsweise Darius denselben Gott preist (ἐπαινῶν), den Daniel verehrt (προσκυνεῖ).

Das Verb ἐγκωμιάζειν, Gegensatz von ψέγειν (Ap II 287), geht wie ἐγκώμιον, als Lobhudelei Gegenteil von historischer Akribie (Bell I 2) oder als lügenhafte Sprüche Gegensatz von Wahrheit (Ant XIV 68), panegyrisch auf Menschen, Nation oder Freiheit (Bell I 515, II 348; Ant II 195.346, III 59.65, XII 167, XVI 185, XIX 274; Ap I 212, II 147). Das „Enkomion" scheint ausdrücklich unterschieden zu sein von der „Ode" des Mose an Gott (Ant II 346; vgl. Ex 15) oder von den „Hymnen" zu Gott am Sinai (Ant III 65).

Die beiden Wörter εὐλογεῖν und εὐλογία sind als Seg(n)en Gegenteil des Fluche(n)s (Bell VI 307; Ant IV 302.307). Vom Seg(n)en des Mose ist auch sonst die Rede (Bell V 401; Ant IV 320; vgl. Dtn 32). Dankend bzw. in hymnologischem Kontext erscheint Gott oft als direktes Objekt (Ant I 181, IV 241, VII 380–381 [David]; VIII 53.110–111.119.173 [Salomo]; IX 15, XI 80).

Alle ψαλ-Wörter beziehen sich auf das Musikinstrument (Ant I 64), die Spieler (Ant XI 72) und das Spielen (Davids), auch auf anderen Instrumenten (Ant VI 166.168; vgl. IX 269) und verbunden mit dem Singen von „Hymnen" (Ant VI 166–168 ᾄδειν ‖ (ἐπι)λέγειν, 214 ἐξᾴδειν, XII 323 τιμᾶν τὸν θεόν, 349).

---

[1] Vgl. neben SCHALIT, Forschung und W. HAASE, ANRW II 21.2 (Beiträge zu Josephus) auch FELDMAN, Josephus [Bibliographie!]; Berndt SCHALLER, KP II (1967) 1440–1444; Harold W. ATTRIDGE, Josephus and His Works, in: STONE, Writings (1984) 185–232; Günter MAYER, TRE XVII (1988) 258–264; Egidius SCHMALZRIEDT, KNLL V (1989) 620–622; speziell zum Thema vgl. DELLING, ὕμνος 499. Textpassagen und Belege nach RENGSTORF, Concordance I–IV (I 27, 34, 254; II 9, 132, 233–234; IV 233–234, 385–386, 391) und der griech.–engl. Ausgabe von THACKERAY u.a.

Daß die „Ode" an Gott, d.h. Ex 15, „hexametrisch" verfertigt sein soll (Ant II 346), ist genauso phantastisch wie die Angaben von Davids „metrischem" Verfassen von „Oden" und „Hymnen" (Ant VII 305) und den 1005 Büchern von „Oden" und Liedern (μέλη) des Salomo (Ant VIII 44). Während ἆσμα sich auf Homeros bezieht (Ap I 12), geht ἄδειν meist –hymnologisch – auf Israels Gott (Ant III 64, VII 80.364, VIII 124, IX 269). Mit den ὑμν-Wörtern kommt man zum eigentlich Hymnologischen, wobei sich hier die Zeitebenen besonders ineinanderschieben. Ähnlich wie Philon nennt Josephus die atl. Psalmen „Hymnen an Gott" (Ap I 40; das bei Philon stereotype ἐν ὕμνοις nur in Ant II 346 von den Israeliten des Exodus [s.o.]). So ist denn auch Gott oft ausdrücklich Objekt von ὑμνεῖν und ὕμνος: (εἰς) τὸν θεόν (Ant III 64, VII 80.95.305, VIII 124.176, IX 269, X 242, XI 62.80.157, XII 312.323). Prozessionshymnodie des 1. Jh.s n.Chr. (Bell II 321) wird übertragen auf die atl. Leviten (Ant VII 364, VIII 94, IX 269, XI 70, XX 216–217), die dann auch sonst neben David (Ant VI 166–168.214, VII 80.95.305) Subjekt der Hymnik sind (Ant VII 305, VIII 102.176, IX 11–12.269, XI 62.80, XX 218). Die Hymnodik der Makkabäerzeit ist schon ein fester historischer Topos (Ant XII 323.349). Die Verben ἄδειν (Ant III 64, VI 167, VIII 124, IX 269; vgl. ἐξᾴδειν in VI 214) und (ἐπι)λέγειν (Ant VI 167–168) mit „Hymnos" als direktem Objekt sind kaum voneinander unterschieden. Wichtig im Hinblick auf spätere christliche Mönchs- und Nonnenregeln ist das Auswendiglernen von Hymnen (Ant XX 218, ἐκμαθεῖν).

Zu den übrigen Stellen ist zu bemerken, daß die „Mysterien-Hymnen" singenden Knaben des Gaios (Caligula, Ant XIX 104) später verändert bei Dion auftauchen (LIX 29,6: s.o. A.I.a.43); daß angeblich die Inder ὑμνούμενοι sterben (Bell VII 355, passivisch oder medial, vgl. MICHEL/BAUERNFEIND, Josephus II,2 [1969] 138–139, 278–279); und daß nicht nur Gott, sondern auch Herodes (Bell I 205; ähnlich Ant XIV 160), der Soldatentod (Bell VI 46), Johannes von Gischala (Bell VI 105), Sparta (Ap II 225) oder ehemalige Feinde (Ant IV 118) Objekt des ὑμνεῖν sein können.

c. Hymnologisches in frührabbinischer Frömmigkeit und Synagogenliturgie

„In der talmudischen Periode entstanden einige Hymnen von gewisser Berühmtheit: so soll Rab Abba Arecha in Sura (Babylonien), gest. um 247 n. Chr., Hymnen verfaßt haben." Diese vage Aussage von DIETRICH (Literatur 80) ist typisch für den Stand der Forschung und Quellen, auch wenn es zur jüdischen Liturgie, synagogalen Musik und Poesie (Pijjut) eine Fülle von Veröffentlichungen gibt, vgl. z.B.:

AVENARY, Musik, bes. 232–234 (Synagogengesang);
Bill. IV,1, bes. 41–76 (Passahmahl), 153–188 (Synagogengottesdienst), 189–249 (Gebete);
BLACK, Approach 305–309 („The Aramaic Liturgical Poetry of the Jews");
EDELMANN, Bestimmung (zur frühen Datierung des „Pijut" durch die „Geniza-Funde");
ELBOGEN, Gottesdienst 206–221 („Kap. IV. Die synagogale Poesie"), bes. 208–221 („§ 32. Der Piut");
FIEDLER, Herkunft (zu den Begriffen „Psalmen", „frühjüdischer Gottesdienst" und „urchristlicher Gottesdienst");
GRÖZINGER, Musik (als Rezension vgl. die „Miszelle": WERNER, Theologie);
HEINEMANN, Prayer, bes. 139–155 („Piyyût-Forms of Temple Origin").
HENGEL, Christuslied 366;
HENRIX, Liturgie;
HRUBY, Hymnographie juive (vor allem zu „le *piyyut,* la poésie synagogale" [1139]);
MAIER, Poesie (Pijjut);
MALACHI, Poetry (Beziehungen zwischen christlicher und jüdischer Liturgie und Hymnologie in den ersten vier Jahrhunderten);
PETUCHOWSKI, Geschichte;
PETUCHOWSKI/BROCKE, Prayer, bes. 21–89 (Gebetstexte und Einzelinterpretationen);
PRIJS, Pijut;
SCHIRMANN, Liturgical Poetry (besonders wichtig!);
SCHIRMANN, Problems (sehr allgemein);
SCHIRMANN, Battle 346 („hymns" als inhaltliche Kategorie „in our ancient piyyutim");
WERNER, Bridge, bes. 207–262 („Hymns and Cognate Forms"), 550–573 („The Music of the Hymnic Forms");
ZUNZ, Literaturgeschichte 11–29 („II. Kapitel. Vor-Kalirisches" [grundlegend, aber durch die Geniza-Funde in manchem überholt]).[1]

Gegen die lange und unkritische Überbewertung des atl. Psalters als Gebet-, Gesang- oder Hymnenbuch der frühen Synagoge (von, z.B., G. MARGOLIOUTH [Hymns 44] bis WERNER [Bridge, passim]) muß auf vier sich ergänzende Studien

---

[1] Nachtrag: Für den Zusammenhang zwischen den jüdischen Morgengebeten, den sogenannten „Blessings of the Morning" (Birkhoth Hashachar), und der in 11QPs[a] bezeugten Morgenliturgie in Qumran vgl. WEINFELD, Prayers (s.o. A.IV.a.5).

mit Quellen und weiterer Literatur hingewiesen werden: MAIER, Verwendung; THOMA, Psalmenfrömmigkeit; J. A. SMITH, Synagogue; MCKINNON, Psalmody. Texte wie Ex 15,1–18, Dtn 32,1–43 oder I Chr 16,8–36 waren hymnodisch wichtiger; eine gewisse Ausnahme bilden nur die Passah-Hallel-Psalmen 113 bis 118; ist doch „das Hallel selbst in der rabbinischen Literatur gelegentlich als הַיְמָנוֹן = ὕμνος bezeichnet worden" (Bill. IV,1 [1928] 76).

Sachgemäßer ist der Blick auf „altjüdische liturgische Gebete" (so der Titel der Textauswahl von STAERK; vgl. die engl. Übersetzungen von PETUCHOWSKI in: PETUCHOWSKI/BROCKE, Prayer 21–44). Die Benediktionen vor und nach dem שְׁמַע (= Dtn 6,4–9; 11,13–21; Num 15,37–41), am Morgen und am Abend, sind nicht nur ausgezeichnet durch wiederholtes בָּרוּךְ bzw. תִּתְבָּרַךְ (vgl. bes. LEDOGAR, Acknowledgment 115–124: „Praise, Thanksgiving and "Berakah" in Rabbinic Literature"), sondern auch durch weiteres hymnologisches Vokabular (u.a. Formen von שׁבח), das z.T. erst im Laufe der Zeit hinzugefügt wurde, z.B. in der längeren Passage 1.3 (STAERK, Gebete 5) mit dem Tersanctus von Jes 6,3. Wird das Wort des „Höre, Israel" selbst fast hymnisch gepriesen (2.1, a.a.O. 6), so verbindet sich nach der bekennenden Erzählung der Geschichtstaten Gottes im „Er"- und „Du"-Stil der Lobpreis der Vergangenheit mit der Aufforderung zum gegenwärtigen und immerwährenden Lobpreis:

עַל־זֹאת שִׁבְּחוּ אֲהוּבִים וְרוֹמֲמוּ אֵל וְנָתְנוּ יְדִידִים זְמִירוֹת שִׁירוֹת

וְתִשְׁבָּחוֹת בְּרָכוֹת וְהוֹדָאוֹת

...

תְּהִלּוֹת לְאֵל עֶלְיוֹן בָּרוּךְ הוּא וּמְבוֹרָךְ

(2.3, a.a.O. 7).

Auch einige Strophen der alten palästinischen Rezension des שְׁמֹנֶה עֶשְׂרֵה („Achtzehngebet", auch einfach תְּפִלָּה – „Gebet") haben neben בָּרוּךְ am Anfang von Strophe 1 und aller Schlußzeilen mehr oder weniger hymnischen Charakter, z.B. die Strophen 1–3 im „Du"-Stil (a.a.O. 11). In Strophe 9 ist die Bitte um Segen (בָּרֵךְ) schön verbunden mit der hymnologischen Segensformel (בָּרוּךְ אַתָּה).

An dieser Stelle sind auch die verschiedenen Formen des קְדֻשָּׁה („Heiligung", vgl. MAIER/SCHÄFER, Lexikon 250; BIRNBAUM, Encyclopedia 540) zu erwähnen, von denen zwei mit dem „Höre" bzw. dem Achtzehngebet schon früh verbunden wurden (vgl. BAUMSTARK, Trishagion 19–22; SPINKS, Sources 170–173). Davon zu unterscheiden sind die verschiedenen Formen des responsorischen קַדִּישׁ („Heilig", MAIER/SCHÄFER, Lex. 249), das auch voll ist von hymnologischen –aramäischen – Synonymen, mit denen der „Name" gepriesen wird, obwohl er jenseits aller שִׁירָתָא, בִּרְכָתָא und תֻּשְׁבְּחָתָא ist (STAERK, a.a.O. 30; vgl.

LODI, Enchiridion 19, Nr. 32; PETUCHOWSKI, a.a.O. 37: „blessings", „hymns", „praises").
Schließlich muß das teils hymnische, teils polemische Gebet עָלֵינוּ לְשַׁבֵּחַ („Es obliegt uns zu preisen", MAIER/SCHÄFER, Lex. 14) aus dem 3. Jh. n.Chr. hier Erwähnung finden (vgl. neben der englischen Übersetzung bei PETUCHOWSKI, a.a.O. 43–44, Text und deutsche Übersetzung bei FIEBIG, Mischna II,8 [1914] 49–51 und generell den von J. JEREMIAS und K. ADOLPH herausgegebenen Index, Bill. V–VI 93–94: „Gebete"). Die Frühdatierung dieses „early Jewish hymn" durch MALACHI (Poetry 242: „perhaps even from the time of the Temple") bedarf noch der wissenschaftlichen Untermauerung.

d. Frühe Hymnen in der Hekalot-Literatur und -Mystik?

Durch die von SCHÄFER herausgegebenen Texte zur Hekhalot-Literatur (Geniza-Fragmente, Synopse, Übersetzung), begleitet von Konkordanz und Studien, ist vieles radikal in Frage gestellt, was thesenfreudig zur Datierung und Herkunft der verschiedenen Merkabah-Visionen und „Paläste" (היכלות) – einschließlich von hebrHen (5./6. Jh. n.Chr.; vgl. ALEXANDER, 3 Enoch) – und ihrer Hymnen behauptet worden ist, vor allem von SCHOLEM (Gnosticism 20–30, 56–64 mit Beispielen von Hymnen; 101–117: „Ma'asseh Merkabah – An Unpublished Merkabah Text"), aber auch in Nachschlagewerken (vgl. z.B. AVENARY, Musik 233 oder NAVÈ, Hechalot) und einzelnen Artikeln (vgl. neben SPINKS, Sources 173–175 z.B. GRÖZINGER, Singen).
Zur Einführung geeignet, weil deskriptiver, ist die Monographie von GRUENWALD (Mysticism, bes. 245 im Index: „Angels, Hymns of"). Die in der Überschrift gestellte Frage bedarf jedoch einer gründlichen historisch-kritischen Untersuchung und bleibt vorerst offen (auch nach HALPERIN, Faces).

e. Hymnologisches in der Mischna[1]

Für Talmud und Midrasch kann auf Teile des musiktheologischen Werkes von GRÖZINGER hingewiesen werden (Musik 8–27: „Preis dem Schöpfer"; 27–56: „Preis dem Könige"; vgl. auch 281–337 zur Mystik) sowie auf hymnologische Belege bei JASTROW (Dictionary I 346: הִילּוּל; 353: הַלֵּל und הַלֵּל; 405: זָמַר etc.; 564: הוֹדָה; II 1511–1512: שְׁבַח und שָׁבַח; 1568: שִׁיר und שִׁירָה; 1649: תְּהִלָּה; 1659: תּוּשְׁבָּחָה und תּוּשְׁבַּחְתָּא). Hier soll nur eine kleine Auswahl von einschlägigen Mischna-Stellen präsentiert werden.

In der Paschafestnacht wird das ganze hymnische Vokabular aufgeboten, wenn es darum geht, dem/den Gott der Befreiung „zu danken, zu preisen, zu loben, zu verherrlichen, zu erheben, zu erhöhen"

– לְהוֹדוֹת לְהַלֵּל לְשַׁבֵּחַ לְפָאֵר לְרוֹמֵם לְגַדֵּל –

(mPes X 5c; vgl. BEER, Mischna II,3 [1912] 196–197, auch zum „Hallelsingen").[2]

Die Beschreibung der nächtlichen Lichtfeier am Laubhüttenfest ist hymnologisch deshalb interessant, weil es sich bei Tanz und den „Lobgesängen" (תֶּשְׁבָּחוֹת) um „eine Art Reigen mit Wechselgesang" handeln könnte (mSuk V 4a; vgl. BORNHÄUSER, Mischna II,6 [1935] 144–147, 146–149 auch zur Instrumentalmusik und zum Gesang der Leviten).

Am Ende des älteren Textes von ʼAḇôt (mAv IV 22) steht ein „Hymnus, der in einem Lob auf den „König der Könige" austönt" (MARTI/BEER, Mischna IV,9 [1927] XX, 112–115 mit Hinweis auf I Kor 15,28 und Röm 9,5); im „Er"-Stil wird Gott in verschiedenen Funktionen gepriesen (בָּרוּךְ הוּא, zweimal); im zweiten Teil wird das Geschöpf angeredet. „Weit kürzer ist der Hymnus VI 11" zur Ehre „Gottes (Ex 15,17), der König ist für immer und ewig" (XX, 184–185,

---

[1] Vgl. Berndt SCHALLER, Rabbinische Literatur, in: KP IV (1972) 1323–1327; neuere Literatur in meinen beiden Artikeln Haggadah und Halachah, in: RAC XIII (1985) 328–360, 372–402.

Texte und Belege nach der sogenannten Gießener Mischna, begründet von Georg BEER und Oscar HOLTZMANN, jetzt herausgegeben von Karl Heinrich RENGSTORF und Leonhard ROST (der inzwischen verstorben ist) und verlegt bei W. de Gruyter, Berlin. Die jeweiligen Herausgeber, Übersetzer und Erklärer der herangezogenen Traktate finden sich im Literaturverzeichnis.

[2] Nachtrag: Zum großen Hallel vgl. auch den für die Liturgiegeschichte wichtigen Fastentraktat (Taanijot oder auch Taanit), weil dort „eine andere Kurzform geboten" wird, nämlich nur Ps 136,2–3 (mTaan III 9c; vgl. CORRENS, Mischna II,9 [1989] 16, 94–95).

Abschluß der Anhänge; vgl. auch XI zum Zusammenhang zwischen diesem „Sonderteil der Mischna" und Sir 44–49 [s.o. A.III.c.1]).

Schließlich muß der Anhang zum Tempeldiensttraktat Erwähnung finden, weil er für die Psalmodie der einst täglichen Tempelliturgie von größter Bedeutung ist (mTam VII 4; vgl. HOLTZMANN, Mischna V,9 [1928] 72–75). Ob die als שִׁיר bzw. מִזְמוֹר bezeichneten Psalmen 24, 48, 82, 94, 81, 93 und 92 allerdings „auch außerhalb des Tempels … benützt wurden" (74), muß mit MCKINNON bezweifelt werden (Psalmody 163, s.o. A.IV.c).

V. Samaritanische Hymnen[1]

„Von den Schöpfungen einer reichen liturgischen Dichtung entstammen dem 4. Jh. [n.Chr.] die Hymnen eines Marqa (Marcus)" (BAUMSTARK, Kleinere aram. Literaturen 168).[2] Eine erste Einführung in die Hymnen bietet G. MARGOLIOUTH (Hymns 48–49), der auch Vater und Sohn von Marqa(h) erwähnt, die ebenfalls – pseudepigraphische? – Aufnahme im „Defter" genannten liturgischen Kanon gefunden haben (BAUMSTARK 167: „διφθέρα, „Pergament", d.h. „Buch" schlechthin").

Die Textgrundlage für die frühen Hymnen der seit dem 4. Jh. v.Chr. endgültig von den übrigen Juden getrennten Samaritaner[3] ist weniger HEIDENHEIM (Liturgie; doch vgl. in der Einleitung VII–XLVII mit vielen wertvollen Einzelbeobachtungen, bes. XII–XIII zur „Abfassungszeit" bzw. zu den „Abfassungsperioden der liturgischen Texte") als vielmehr COWLEY (Liturgy I 3–92; vgl. die Rezension von PERLES und vor allem KIPPENBERG, Garizim 6–7).

---

[1] Zur Religion, Geschichte und Literatur der Samaritaner vgl. Carsten COLPE, RGG V (1961) 1353–1355, und für das Samaritanische die sprachgeschichtlichen Angaben bei BEYER, ATTM 66–67, deren jeweilige Literaturhinweise zu ergänzen sind durch CROWN, Bibliography und MACUCH, Stand [MACUCHs Bericht zur Samaritanerforschung wurde mir erst nach Abschluß der Arbeit bekannt, ebenso wie das handbuchartige Kompendium von CROWN, Samaritans, das jedoch keinen direkten Beitrag zu den Hymnen enthält].

[2] Bei BAUMSTARK findet sich eine Hinweisung auf die orientalistische Dissertation von SZUSTER, die auch erwähnt und forschungsgeschichtlich eingeordnet wird von KIPPENBERG (Garizim 8). Inzwischen liegt mir eine Xerokopie der gedruckten Dissertation von ca. 30 Seiten vor [Universitäts-Bibliothek Bonn], die mir Heinzgerd BRAKMANN von der Redaktion des RAC freundlicherweise zur Verfügung gestellt hat. SZUSTER bietet unter der Führung und in Fortsetzung der Arbeit von Paul KAHLE (Hymnen, s.u.) eine Übersetzung von zehn weiteren Texten, nämlich von „Cowley p. 12, 27, 28, 29, 30, 31, 32, 49, 50, 53" (Marqa-Hymnen 6). Die Bearbeitung beschränkt sich allerdings auf philologische Fußnoten, durchsetzt mit einigen, meist biblischen, Parallelstellen. Von der Art der ausgewählten Texte her ist es ziemlich willkürlich, wenn SZUSTER in seinem Inhaltsverzeichnis (3) die Texte Nrn. 2–7 jeweils als „Gebete" bezeichnet und die Texte Nrn. 8–10 jeweils „Hymne" nennt; die „Gebete", auch das erste („Für die Zeit der Bedrängnis"), enthalten nämlich genauso viel bzw. genauso wenig Hymnologisches wie die „Hymnen".

[3] Auf einem Wochenend-Seminar der Society for Early Christianity (Sydney, Macquarie University, 14–15 April, 1989) betonte Alan D. CROWN, daß noch im ersten christlichen Jahrhundert die Samaritaner „Torah Jews" waren (vgl. die Zusammenfassung von CROWN, Jews and Samaritans in the First Century, in der Society-Broschüre: Jews and Christians: The First-Century Dilemma [1989] 28–32, 31).

Die folgenden Bemerkungen klammern den Durrān aus, ein vielleicht noch älteres „Corpus von 23 Hymnen (C. 38,19 – 48,8)" (vgl. dazu vorläufig KIPPENBERG, Garizim 6, 297–300, 333–334), und stützen sich paradigmatisch auf die Übersetzung von Paul KAHLE. Die „ohne alle Hebraismen" verfaßten, in ihrem „Verständnis" trotz der „Berücksichtigung der arabischen Übersetzungen" schwierigen Hymnen sind „alphabetisch" gebaut, d.h. die „22 Strophen zu je 2 Doppelversen" beginnen „mit dem charakteristischen Buchstaben des Alphabets" (KAHLE, Hymnen 78, 81).

Auch wenn das zusätzliche Bekenntnis „Es gibt keinen Gott außer einem!" am Ende aller 12 Hymnen spätere Zutat sein sollte, ist es reichlich abgedeckt durch die Preisgedichte selbst (z.b. III 21, VI 2, VIII 6, IX 12.21, XI 2.12.14, XII 2). Und Preisgedichte sind es wahrlich, wie die expliziten Aussagen über und Aufforderungen zum Lobpreis zeigen (I 10–11.21–22, II 13.15.17.20.22, III 4.7.13.22, IV 1.4.6–7.21, V 1.3.5–9.22, VI 9–11.17, VII 3.6.10–13.17, IX 14.21, X 2–3.17, XI 1.6.10.12.14, XII 1.3.16.22).

Ganz vereinzelt vermischt sich der Hymnus mit dem Bittgebet (z.B. VI 15–16.21, VII 20–22, IX 20–22, X 20–22, XI 15–22). Wo der den „Namen" (Gott) als Schöpfer und königlichen Gesetzgeber beschreibende Stil ohne ausdrückliches Preisen bleibt (nur VIII, vgl. schon W. GESENIUS, Carmina Samaritana [Anecdota Orientalia, Fasc. I, Leipzig 1824] Nr. IV), liegt dennoch ein Hymnus im „Er"-Stil vor.

Weitere Hymnen im „Er"-Stil sind IV, V 1–7a, XII (+ I 1, IX 1, X 1a), während I 2–22, II–III, V 7b–22, VI–VII, IX 2–22, X 1b–22 und XI im „Du"-Stil denjenigen preisen, der die sichtbare Welt geschaffen hat (passim), sich vom Sinai her namentlich als barmherzig und gütig geoffenbart hat (I 12 u.ö.), der Gott Abrahams, Isaaks und Jakobs ist (II 1 u.ö.), geschichtsmächtig Wunder vollbracht hat und vollbringt (passim), Erlöser und Richter ist (passim), und zwar vor allem für die, die ihn lieben (I 14.20, IV 21, VII 7, X 15).

Obwohl zuweilen der Chor der Preisenden sich universal auf alle Lebenden bzw. Frommen hin zu erweitern scheint (vgl. z.B. I 10, IV 7a, V 7.22, VI 10–11, VII 3, X 3, XII 1), so sind es doch die Samaritaner selbst, die als „Wir" oder „Ihr" den esoterischen Kern dieses Chores bilden (passim, bes. II 13, III 7.22, IV 1.6–7, V 6, VI 9.17, VII 12, IX 21, X 17, XI 1.6, XII 3.22; nur in XII 20 erscheint eine „Ich"-Aussage: „und so lege ich Zeugnis ab für seine Größe", a.a.O. 106).

VI. Die Gathas des Zarathustra
(7. Jh. v.Chr. oder früher)[1]

Die Berechtigung, unmittelbar vor der Behandlung schon des Corpus Hermeticum – und nicht erst im Kontext der Manichaica – auf diejenigen Texte „in metrischer Form", die „Zarathustras eigene Worte enthalten" (LOMMEL, Religion 1–2), in aller Kürze einzugehen, liegt u.a. in dem Aufsatz „Plato und Zarathustra" von REITZENSTEIN (Antike 20–37), genauer in dem Traditionszusammenhang des Poimandres mit dem viel älteren, im jetzigen Avesta nicht mehr vorhandenen Dāmdāδ-Nask (20–23, 27–29).[2]

Die Beschränkung auf die 16 echten (von insgesamt 17) „Gāθās", die „Singstrophen des Zarathustra" (THIEME, Gāthās 215) bzw. des persischen Religionsgründers „Redeverse" (GELDNER, RGL 1 [1926] 1) oder „Spruchreden" (LOMMEL, Religion 2), und noch dazu in deutscher bzw. englischer Übersetzung, geschieht aus Gründen des abgesteckten Rahmens einerseits und der fachlichen Kompetenz andererseits.

Bei diesen 16 Gathas handelt es sich um die liturgischen „Gesänge ... Yasna 28–34 und Y[asna] 43–51" (LOMMEL, Gathas 13; zu Yasna 53, „probably a wedding sermon", vgl. INSLER, Gāthās [= Ed.] 110–113, 322–326), die der Altphilologe Erwin WOLFF folgenden „fünf Perioden" zugeordnet hat:

---

[1] Vgl. C. COLPE, Avesta, in: RGG I (1957) 797–800; W. EILERS, Iran II. Religionsgeschichtlich, in: RGG III (1959) 878–880; DERS., Zarathustra, in: RGG VI (1962) 1866–1868. Außer der klassischen Darstellung von A. V. W. JACKSON (Zoroaster [1899 = 1965]) vgl. folgende Literaturauswahl, in chronologischer Reihenfolge: GELDNER, RGL 1 (1926); LOMMEL, Religion (1930) 1–9 („Einleitung" zu „Quellen", „Zeit und Ort", sowie zur Unterscheidung von „zarathustrisch" [= relativ authentisch] und „zoroastrisch" [= synchronisch-systematisch]); Paul THIEME, Die Gāthās des Zarathustra und ihr Verhältnis zu den Yašts des Awesta und den Liedern des Rigveda (1957), in: SCHLERATH, Zarathustra (1970) 208–216; GERSHEVITCH, Literature (1968) 10–28 („Avestan"); Erwin WOLFF, Die Zeitfolge der Gathas des Zarathuštra, in: LOMMEL, Gathas (1971) 186–237; Carsten COLPE, Zarathustra und der frühe Zoroastrismus, in: HRG II (1972) 319–357; DUCHESNE-GUILLEMIN, Religion (1973) 21–39, bes. 22–25 („The Yasna"); BOYCE, History I (1975) 179–228 („Zoroaster and His Teachings"), II (1982) 40–48 („The Spread of Zoroastrianism in Western Iran"); Franz KÖNIG, Zarathustra, in: LexRel (1987) 714–715. – Zitate und Belege nach der durch SCHLERATH herausgegebenen Übersetzung von LOMMEL, Gathas 19–185 (=Üb.), mit gelegentlichem Hinweis auf die eingeleitete und kommentierte Edition mit englischer Übersetzung von INSLER, Gāthās (= Ed.).

[2] Vgl. auch Richard REITZENSTEIN, Vom Dāmdād-Nask zu Plato, in: REITZENSTEIN & SCHAEDER, Studien (1926 = 1965) 3–37, bes. 9–13, 18–29.

I. Urvisionen: 45; 31; 30; –47
II. Verfolgungszeit: 32; 44; 48
III. Gewinnung Vištāspas: 43; 29
IV. Frühe Vištāspa-Zeit: 46; –49; 51
V. Gemeindekultlieder: 28; 33; 34; 50   (Anm. d. Hrsg.)[1]

Obwohl die Gathas selbst keine Hymnen sind, im Unterschied etwa zu älteren Yašts des jüngeren Avesta (vgl. GERSHEVITCH, Literature 13, 20), finden sich in ihnen inhaltliche, d.h. intentionale und institutionelle „Sitz im Leben"-Elemente des Lobpreise(n)s.

In der 1. Gatha (Y. 28) will das betende „Ich" die „göttlichen Wesen" u.a. „mit Wahrsein preisen" bzw. verherrlichen (ufya- 3a; vgl. Ed. 25: „eulogize"). „Kultisch ist auch" die „Darbringung von Lobliedern" (stut- 9b: Üb. 19–20, 23; vgl. Ed. 27: „offering of praises").

Die wohlaufgebaute und in sich geschlossene 3. Gatha (Y. 30) qualifiziert in der ersten Strophe die prophetische Rede, die das „Ich" sagen will (vaxšyā), als „die Lobpreisungen des Herrn und die Verehrungen des Guten Denkens" (1: Üb. 41, 47; vgl. Ed. 32–33, 159).

Zu den „kultischen Obliegenheiten" gehören in der 6. Gatha (Y. 33) – nach den eigenen Worten des Priesters (vgl. Str. 6) – „die mit Wahrsein preisenden Worte" bzw. „words praiseworthy with truth" (8b: Üb. 76, 85; Ed. 52–53).

In der 7. Gatha (Y. 34) „ist von moralischem Handeln im praktischen Leben wenig die Rede, mehr von kultischer Betätigung" (Üb. 93; vgl. 93–94 zu yasna-), z.B. von „Liedern der Lobpreisungen" (2c: Üb. 87), von gebührender „Lobpreisung" und „Verehrung" (12a: Üb. 89), vom „Gebet (?) des Lobes" bzw. „the just claim for my praises" (15b: Üb. 89 bzw. Ed. 58–59; vgl. auch Str. 6c [Ed. 54–55: „as I worship and praise"] und die Bemerkungen von WOLFF [Üb. 212] zum „Motiv der Herrlichmachung [frašōkərəti]").

Alle Strophen der 9. Gatha (Y. 44) beginnen damit, daß das „Ich" des Zarathustra fragt („... frage ich dich"), u.a. „über die Verehrung, wie die Verehrung für euresgleichen ist" (1: Üb. 111, 118; vgl. 120–122 zum „Rigveda-Vergleich").[2]

---

[1] Anm. des Herausgebers Bernfried SCHLERATH in: LOMMEL, Gathas 232, Anm. 7.
[2] Zu den Hymnen des Ṛgveda vgl. als erste Orientierung MACDONELL, Hymns 50–55; zu der Ausgabe von AUFRECHT (Hymnen I–II) vgl. jeweils die kommentierte Übersetzung von GELDNER (Rig-Veda I–III + IV [= NOBEL, Register]); von den neueren und neuesten (terminologischen) Arbeiten vgl. GONDA, Epithets (bes. 52, 61–62, 68, 82, 130, 152–153, 161, 172, 189–191, 221, 228, 244–245, 250), GONDA, Prayer (bes. 21, 25, , 27, 31, 37, 40,

(Fortsetzung s. nächste Seite)

In der 10. Gatha (Y. 45) will der Prophet und Lehrer im „Ich"-Stil „verkünden" (vgl. Üb. 47 *[fravaxšyā]*), u.a. „den größten von allen (sc. „Ahura Mazdā himself" [Ed. 77, Anm. 9]) durch Wahrsein ihn preisend" (6a–b: Üb. 125; vgl. auch Str. 8 zu den „Lobliedern aus Ehrfurcht" und zu den „Anbetungen im Hause des Lobes", Str. 10 zu weiteren „Verehrungen" durch Zarathustra selbst [Üb. 126, 130–131; Ed. 76–77, 254–255, bes. 77, Anm. 12: „House of Song" als „Metaphor for heaven"]).[1]

Die schwierige und biographisch wichtige 11. Gatha (Y. 46) erwähnt in der Übergangsstrophe 9 „schon eine Gemeinde" von „Anhängern", die zusammen mit dem belehrten Zarathustra ihren Gott „als den Stärksten preisen" (Üb. 133; vgl. 141 in der „Übersicht").

Für WOLFF ist die 12. Gatha (Y. 47) „ein kurzer, nur sechsstrophiger Hymnus an den Klugen Geist, Spənta Ma[i]nyu, regelmäßig und formgerecht gebaut" (Üb. 209). Doch gibt es m.E. keinen Grund, diese den wahrscheinlichen „Frühgedichten" Y. 30, 31 und 45 nahestehende Gatha als ganze „Hymnus" zu nennen, auch wenn nach den generellen Bemerkungen von LOMMEL „über die Metrik der Gathas und des Awesta" die aus „vier 11silbigen Versen" bestehenden Spəntamainyu-Strophen „gesungen wurden", wie „das Wort *gāthā*, d.h. Gesang", sagt (Üb. 151–153, bes. 152 mit Anm. 5; selbst INSLER spricht hier nicht von „hymn" [Ed. passim], sondern nur von „poem" [Ed. 277]).

Die 14. Gatha (Y. 49) schließt u.a. damit, daß das „Ich" des Zarathustra „euch, o Weiser, mit Lobpreisungen erfreuen will" (12: Üb. 162). „The final verse ends with an oath of Zarathustra, swearing to worship and honor the lofty forces of the Wise One if all will intercede to help bring the rule of truth and good thinking to pass on earth" (Ed. 96–97 u. bes. 295).

Häufiger als alle anderen Gedichte „spricht" die 15. Gatha (Y. 50) – in der Tat „essentially a hymn of praise" (Ed. 98–101, bes. 302) – „immer wieder in wechselnder Form das Lob Gottes und der Gott nahestehenden Geister aus" (Üb. 172; vgl. z.B. Str. 4: „Und euch will ich preisend verehren" [Üb. 168]; Str. 9: „Mit diesen Verehrungen (Gebeten und Opfern) euch preisend will ich euch nahen" [Üb. 169]; Str. 11: „So will ich euer Lobsprecher heißen, o Weiser" [Üb.

58, 65, 68, 90–94, 99–102, 111, 115–118, 144, 162–163, 174) und GONDA, Indra Hymns (non vidi [Verlagsankündigung]).

Was die Parallelen zwischen den Gathas und dem R̥gveda betrifft, so ist nicht nur auf den Kommentar von INSLER selbst, sondern auch schon auf die in seiner Einleitung genannten Werke von H. HUMBACH und B. SCHLERATH zu verweisen (Gāthās [=Ed.] 21).

[1] Zu dem erwähnten, in den Gāthās nicht vorkommenden Namen Gottes vgl. Sven S. HARTMAN, Der Name Ahura Mazdāh, in: A. DIETRICH, Synkretismus (1975) 170–177.

169]; zum „Haus des Lobes" [4: Üb. 168] vgl. schon Y. 45,8 und auch Y. 51,15 [Üb. 175, 184]).

Das Zitat der vollständigen und letzten „Vohuxšaθra-Strophe" der 16. Gatha (Y. 51,22: Üb. 176; vgl. 152), die jeweils „aus drei Versen zu 14 (7 + 7) Silben" besteht, soll diesen kleinen hymnologischen Überblick abschließen:

> In wessen Verehrung dem Wahrsein gemäß das Beste besteht, das weiß ich:
> (es ist) der Weise Herr und die, welche waren und sind.
> Diese will ich mit ihren Namen verehren und sie mit Gebet umschreiten.[1]

---

[1] Der letzte Halbvers dieses (die Strophen 21 und 22 umfassenden) Gebetszitats, „undoubtedly intended to reflect words stemming from the Wise One himself" (Ed. 310), lautet bei INSLER folgendermaßen: *pairicā jasāi vantā* – „and I shall serve them with love" (Ed. 108–109).

VII. Corpus Hermeticum
(1. Jh. v.Chr. – 4. Jh. n.Chr.)[1]

Aus dieser verworrenen „Erbauungsliteratur" (DÖRRIE) heben sich fünf liturgische Stücke heraus, die hymnischen Charakter haben:

I 31–32 am Ende des „Poimandres" (vgl. BÜCHLI, Poimandres 171–198 zum „Schlusshymnus");
V 10–11 auch am Traktatende;
XIII 17–19(20) mit ὑμνῳδία als Überschrift;
XIII 21 σοί ... τελεῖται (vgl. ZUNTZ, Hymns, mit den griechischen Texten κατὰ κῶλα καὶ κόμματα [88–92 = 173–177]; zu den Hymnen im Kontext des ganzen Traktats XIII vgl. TRÖGER, Mysterienglaube 179–181 s.v. Eulogie, Hymnus, Lobgesang; Texte, Übersetzung und detaillierte Analyse der Hymnodie bei GRESE, Corp. Herm. XIII 24–32, 153–194);
Asclepius 41b, im Epilog des lateinisch erhaltenen, ursprünglich griechischen Traktats (zu all diesen doch sehr verschiedenen Stücken vgl. WHITEHOUSE, Hymns; Texte außer V 10–11 auch in LODI, Enchiridion 14–18 [= Nrn. 29–31], allerdings z.T. mit irreführenden Angaben).

Unter Benutzung der Editionen von SCOTT (Hermetica I 126–133, 164–165, 248–255, 372–377, mit Indices von A. S. FERGUSON in Vol. IV, dort 533 zu ὑμν-έω/ος/ῳδία und 541 zum Hapaxlegomenon *hymnus*) bzw. NOCK/FESTUGIÈRE (Corp. Herm. I 14–19, 64–65; II 206–209, 351–355) sei kurz das Hymnologische in Sprache und Stil hervorgehoben.

Ist die Umstellung von I 27–29 an das Ende von I 32 richtig (so SCOTT, a.a.O. 128, 132–133), dann kündigt den „gewaltigen Hymnus" des Propheten (REITZENSTEIN, Poimandres 58 zu I 31) mit dem neunmaligen „Heilig", dreimal im „Er"-Stil, sechsmal im „Du"-Stil, viel unmittelbarer an, was Nus–Poimandres über das ὑμνεῖν πρὸς αὐτόν/τὸν πατέρα (I 22, 26a) des aufsteigenden „Gnostikers" und der höchsten δυνάμεις einladend berichtet; und der Anfang

---

[1] Vgl. H. DÖRRIE, RGG III (1959) 265: 2./3. Jh. n.Chr.; Carsten COLPE, KP V (1975) 1588–1592; Harry J. SHEPPARD / Alois KEHL / Robert McL. WILSON, Hermetik, in: RAC XIV (1988) 780–808; Karl-Wolfgang TRÖGER, Hermetica, in: TRE XVIII (1989) 749–752. Texte und Belege nach SCOTT, Hermetica I–IV bzw. NOCK/FESTUGIÈRE, Corp. Herm. I–IV. Weitere Editionen einzelner Texte werden zur jeweiligen Stelle genannt. Zum „Poimandres" vgl. GEORGI/STRUGNELL, Concordance.

von I 27 (εὐχαριστήσας καὶ εὐλογήσας τὸν πατέρα τῶν ὅλων) blickt nicht nur zurück auf die in der Bitte um Gnosis (I 32) ausmündende Eulogia (I 30 fin. = λογικὴ θυσία, 31 fin.), sondern nimmt auch die hymnologischen Synonyme εὐχαριστεῖν und εὐλογεῖν von I 22 wieder auf.

Mit anderen Teilen des neuplatonischen Traktats V hat Augustinus (Conf. I) den abschließenden „Lobpreis" von 10–11 frei aufgenommen (vgl. die Synopse bei THEILER, Vorbereitung 128–132, mit Zustimmung zu BÖHMERs Gleichsetzung von *confessio* mit *laus*, Lobpreis). An den ersten Teil des Hymnos im „Er"-Stil auf den All-Vater schließen sich im „Du"-Stil selbst beantwortete Fragen des Preisens an (εὐλογεῖν ‖ ὑμνεῖν), eingeleitet durch die Fragekategorien τίς, ποῦ, πότε, ὑπὲρ τίνος und διὰ τί (SCOTT: τίνος), um auszuklingen in ein vielfältiges „Du bist" mit der vierzeiligen Klimax, die sich an νοῦς, πατήρ, θεός und ἀγαθός wendet.

Die dialogische Einleitung zum großen Hymnos im gnostisch–mystisch–neuplatonischen Traktat XIII (vgl. REITZENSTEIN, Poimandres 214–250; DODD, Interpretation 10–53, 44) knüpft mit den austauschbaren Ausdrücken διὰ τοῦ ὕμνου εὐλογία (XIII 15) und εὐλογίας ὕμνος (16) klar an die Beschreibung der singenden δυνάμεις der achten Ogdoas, Himmelssphäre, an (vgl. I 26). Hermes, in dem die Kräfte singen (XIII 15, 18), trägt in 17–20 seine ὑμνῳδία [κρυπτή] vor, in der es von expliziter Terminologie wimmelt: ὑμνεῖν (mehr als zehnmal), ὕμνος = εὐλογία [= λογικὴ θυσία] (19), εὐχαριστεῖν (18). Das Ganze ist eigentlich mehr eine ziemlich konfuse Reflexion über die nicht ausgeführte Intention als ein stilistisch ausgefeilter Lobpreis auf den Einen und das All (17), das Licht (18), das Gute (18), das Leben (19), usw.; durch die heilige Gnosis (18) geschieht es, daß ὁ σὸς λόγος δι' ἐμοῦ ὑμνεῖ σέ, d.h. den Vater-Gott (19).

In dem in XIII 21 wiederaufgenommenen Dialog zwischen Τατ (ägypt. Thot) und Hermes, die ja eigentlich gleichgesetzt werden (COLPE, a.a.O. 1589), wird einerseits zurückgeblickt auf des Hermes ὕμνος ‖ εὐλογία, andererseits kündigt Tat eine Eulogia für Gott an, die in seinem wohl fünfzeiligen Hymnos auch wieder als λογικαὶ θυσίαι interpretiert wird. Die Mittelzeile des eher als Proömium (ZUNTZ, Hymns 70–71 [= 153]) zu bezeichnenden Fragments ist zugleich der Höhepunkt: θεέ, σὺ πάτερ, σὺ ὁ κύριος, σὺ ὁ νοῦς.

Das Schlußgebet in Asclep. 41b, durch Papyrus magicus Mimaut (Louvre 2391) 284–302 auch in der griechischen Originalsprache erhalten,[1] will ein

---

[1] Vgl. Ausgabe und Übersetzung als „P III: Pap. Louvre 2391, Mimaut" in: PGrM, 2. Aufl., I (1973) 30–63.

benedicere bzw. *gratias agere* des Trismegistus und des Tat sein (40d, 41a), die sich dann im Dank für das Licht der Gnosis und in der Freude über die Selbstoffenbarung und Apotheose an den Höchsten wenden, dessen Name τετιμημένον (*honorandum*) und εὐλογούμενον (*benedicendum*) ist. Das hymnische Gebet schließt mit einer Selbstcharakterisierung als λόγος (*oratio*) der προσκυνήσαντες (*adorantes*). Es wäre übrigens interessant zu wissen, wie der griechische Text von 38a gelautet hat, in dem Trismegistus über den Kult der ägyptischen Götter, deren *fictor est homo*, u.a. zu Asclepius sagt: *Et propter hanc causam sacrificiis frequentibus oblectantur, hymnis et laudibus et dulcissimis sonis in modum caelestis harmoniae concinentibus* (SCOTT I 372–373, NOCK/FESTUGIÈRE II 349).

Das hermetische Gebet (ϣλΗλ) findet sich nun auch als Nag Hammadi Codex VI,7 und sollte in koptisch–griechisch–lateinischer Synopse studiert werden (vgl. MAHÉ, Hermès I 135–167; DIRKSE/BRASHLER, Prayer, mit NHS 11 [1979] 510, 512 zum sonstigen Vorkommen von ϲΜΟΥ und ΤλΕΙΟ; vgl. auch MAHÉ, Hermès II 288, 291–292, 294, 434–435 mit einer Fülle von Vergleichsmaterial zum Corpus Hermeticum, u.a. auch aus ägyptischen Hymnen).

VIII. Nag Hammadi Codices, Mandaica und Manichaica[1]

a. Nag Hammadi Codices[2]

1. Allgemeine Vorbemerkung

Wie COLPE heidnische, jüdische und christliche Überlieferung in den Schriften aus Nag Hammadi analysiert (Überlieferung [Folgen I–X]),[3] so muß auch nach formalen und inhaltlichen Kriterien bei der Edition und Übersetzung der dreizehn Codices mit ihren insgesamt 52 Traktaten poetisches und hymnisches Material herausgestellt werden, was schon früh und vorbildlich geschah durch den Berliner Arbeitskreis für koptisch-gnostische Schriften (u.a. H.-G. BETHGE, W.-P. FUNK, G. und H.-M. SCHENKE, K. WEKEL; vgl. TRÖGER, Gnosis und NT [1973] 13–76, besonders 41, 44, 63–65). Dies erscheint umso notwendiger, als die verschieden langen Schriften bzw. Fragmente (z.B. NHC XII) gnostisch-enthusiastisch voll sind von doxologischen, euchologischen und hymnologischen Phrasen und Vorstellungen (vgl. nur SIEGERT, Register 13–15 ⲈⲞⲞⲨ, 83 ⲤⲘⲞⲨ, 102 ⲦⲈⲖⲎⲖ, 140 ⲱⲖⲎⲖ, 169–170 ⲍⲰⲤ, 316 ὑμνεῖν, ὕμνος, 326 ψάλλειν, 352 „ehren", 362 „Jubel", 365 „Loben", 369 „Preisen").

2. NHC I,2

Was der Erlöser/Herr/Sohn in 14,28 ankündigt, nämlich himmlische Hymnen (ὕμνοι), hören Jakobos und Petros in 15,15–23 unmittelbar nach seinem Aufstieg: Hymnen (ὕμνοι), Lobpreisungen (ⲤⲘⲞⲨ) und Jubel (ⲦⲈⲖⲎⲖ) der Engel. Dem ὑμνεῖν der Himmlischen entspricht das irdische Jubeln (vgl. F. E.

---

[1] Vgl. bibliographisch LATTKE, Oden III 465: „Mandaica, Mandäer", „Mani, Manichaica, Manichäer" und „Nag Hammadi Codices (NHC)".

[2] Generell ist auf FENHC I–XII und NHLE hinzuweisen, auch auf LAYTON, Scriptures und MORALDI, Testi. Spezialwerke (Editionen, Übersetzungen und Bearbeitungen), besonders aus den Serien TU, NHS und BCNH, erscheinen jeweils zu den einzelnen Codices. Die unentbehrliche Bibliographie von SCHOLER wird in Kürze in 2. Auflage vorliegen. Als Konkordanz-Ersatz ist das Register von SIEGERT ein brauchbares, wenn auch vorläufiges Arbeitsinstrument. Zu weiteren Gnostica s.u. B.III.c.

[3] Vgl. die Forderung von Alexander BÖHLIG, Gnosis, in: KWCO 142–144, sowie das Gemeinschaftswerk BÖHLIG/WISSE, Hellenismus (passim).

WILLIAMS, Apocryphon I 50–51, II 35). „Der sphärische Lobgesang der Engel ist eine ihrer besonderen Aufgaben. In ihn kann die zum Himmel reisende Seele wie auch der Visionär einstimmen" (KIRCHNER, EpJac 139).

3. NHC I,3

Den Abschnitt 23,18 – 24,9 im ebenfalls subachmimischen Evangelium Veritatis sollte man nicht „Hymn on the Word" nennen, auch wenn er wie der paränetische Abschnitt 32,31 – 33,32 klar als Übergang vom umgebenden Material abgesetzt ist (vgl. ATTRIDGE/MACRAE, Gospel I 69–70, 90–93, II 68–71 [„hymnic section"]).

4. NHC I,5

Der Anfang des ersten Teils des weitgehend subachmimisch verfaßten neuvalentinianischen „Tractatus tripartitus" ist stilistisch gekennzeichnet durch Stücke monotoner Rhetorik, die sich auch im relativischen, prädikativen und aneinanderreihenden Stil antiker Hymnen finden, z.B. 52,7–34; 53,21–37; 54,16–23; 55,15–26; 56,1–30; 59,30–35; 62,6–11; 64,16–20; 66,5–29; 80,5–19 (vgl. ATTRIDGE/PAGELS, Tractate I 172–174: „Stylistic Features").[1] Handelt es sich bei diesen ins System integrierten parataktischen Affirmationen (und Negationen!), asyndetischen Koordinationen oder Litaneien auch nicht um Hymnen, so können sie doch teilweise aus solchen auf den Vater und/oder den Sohn stammen.

5. NHC II,1 ‖ IV,1; III,1 ‖ Pap. Berol. 8502,2[2]

Es ist nicht einzusehen, warum 4,29 – 5,11 aus II,1 (mit 7,5–27 aus IV,1, sehr verstümmelt, die längere Rezension) bzw. 7,15 – 8,5 aus III,1 (mit 27,8 – 28,4 aus Pap. Berol. 8502,2 die kürzere Rezension) ein Hymnus sein soll, ein Hymnus an die Kraft bzw. die Pronoia, das Licht, etc. (so TARDIEU, Écrits 27, 92–93, 256–261, mit Hinweis auf die drei Hymnen von NHC VII,5, ὕμνοι ‖ στῆλαι); denn das Stück im „Sie"-Stil hebt sich vom vorhergehenden Kontext mit seinen

---

[1] Die möglicherweise exzerpierten Stücke, so Hans-Martin SCHENKE (ZÄS 105 [1978] 133–141), sind besser herausgestellt in NHLE 54–97, bes. 56–63, 70; vgl. auch MORALDI, Testi 360, 362–363.
[2] Texte und Belege nach KRAUSE/LABIB, Versionen und TILL/SCHENKE, Schriften.

Aussagen über den Vater und die Mutter (vgl. dazu SEVRIN, Dossier 14–31) kaum so ab, daß man es isolieren könnte.

Anders steht es mit 30,11 – 31,27 aus II,1, einer Pronoia-Aretalogie im „Ich"-Stil, mit Parallele in IV,1 (46,23 – 49,9), aber ohne Parallele in der Kurzfassung (doch vgl. 75,10–11 in Pap. Berol. 8502,2: „Die Gepriesene nun, das ist die Vatermutter"). Diese Aretalogie kann man durchaus, wenn man an die Isis-Hymnen denkt, als „hymne final" bezeichnen (so TARDIEU, Écrits 30, 162–164, 339–344, besonders auch 42–44 mit Hinweis auf OdSal, Hipp. ref. V 10,2 und Mani; vgl. MORALDI, Testi 162–163; für SEVRIN, a.a.O. 31–37, ist nur 31,11–27 aus II,1 bzw. 48,14 – 49,8 aus IV,1 „une sorte d'hymne, prosopopée de la Pronoia").

6. NHC II,4

Die Glosse in (137=)89,16–17 ist vielleicht die im „Sie"-Stil gehaltene Zusammenfassung eines Eva-Hymnus, wie er sich in II,5 findet ([162=]114,7–15; vgl. BARC, Hypostase 56–57, 94). NAGEL geht sogar noch weiter und merkt an: „137,14–17 Der Hymnus Adams auf die Erweckerin" (Wesen 39).[1]

7. NHC II,5

Neben der Schilderung der „Schaffung der Engelkirche" mit ihrem immerwährenden Lobpreis ([153,20 – 154,3=] 105,20 –106,3; vgl. BÖHLIG/LABIB, Schrift ohne Titel 52–55) sind es zwei Traditionsstücke, die hymnologische Bedeutung haben.

Das erste stammt ausdrücklich aus einem heiligen Buch – ἱερὰ βίβλος – und besteht aus „zwei Strophen zu je drei Zeilen" ([158,31 – 159,1=] 110,31 – 111,1; a.a.O. 32–33, 66–67). Es beginnt im „Du"-Stil („Du bist der Baum der Gnosis") und wird relativisch bzw. im „Er"-Stil fortgeführt.

Ob man das Zitat wirklich „Hymnus" (66) nennen kann, ist beim ersten fraglicher als beim zweiten „Traditionsstück" ([162=]114,7–15; a.a.O. 74–75), dessen erste Strophe aus sieben „Ich"-Prädikationen der Eva besteht. Die sieben Verse der zweiten Strophe, ebenfalls der Jungfrau Eva in den Mund gelegt, wechseln zwischen „Er"- und „Ich"-Stil. Religionsgeschichtlich finden sich auf

---

[1] Zu dem ganzen Traktat vgl. immer noch Hans-Martin SCHENKE, Das Wesen der Archonten. Eine gnostische Originalschrift aus dem Funde von Nag-Hammadi, in: [ThLZ 83 (1958) 661–670 =] LEIPOLDT/SCHENKE, Schriften 67–78; Bentley LAYTON, The Hypostasis of the Archons or the Reality of the Rulers, in: HThR 67 (1974) 351–425; 69 (1976) 31–101.

jeden Fall Anklänge an Artemis- und Isis-Hymnen (vgl. auch BULLARD, Hypostasis 80–84: „Adam Greets Eve"; MORALDI, Testi 230, 234–235).

8. NHC III,2 ‖ IV,2

In den beiden unabhängigen Übersetzungen einer griechischen Vorlage enthält das sogenannte Ägypterevangelium einen hymnischen Teil in zwei Abschnitten (vgl. COLPE, Überlieferung V 129).

Es ist schwer, den fünf Strophen des ersten Abschnitts einen Sinn abzugewinnen (66,8–22 in III,2; 78,10 – 79,3 in IV,2; vgl. BÖHLIG/WISSE, NHS 4 [1975] 154–157, 198–202).

Die ebenfalls fünf Strophen zu je vier Verszeilen des weniger enigmatischen zweiten Abschnitts müssen erst kombinatorisch rekonstruiert werden; dann ist zu erkennen, wie sethianische Jesus-Verehrung sich verbindet mit dem Namen des dreifachen παραστάτης (66,22 – 68,1 in III,2 [vgl. 64,10]; 79,3 – 80,15 in IV,2 [vgl. 75,25–26]; vgl. BÖHLIG/WISSE, a.a.O. 148–149, 156–161, 194–195, 202–205, auch 39–50: „The Presentations of Praise"; MORALDI, Testi 299; zur Interpretation als Taufhymnen vgl. SEVRIN, Dossier 117–138).

9. NHC III,3; V,1; III,4; Pap. Berol. 8502,3

Die belehrenden Offenbarungsreden des gnostischen Erlösers (nämlich 107,11 – 108,16 in III,3 ‖ 104,7 – 106,9 in Pap. Berol. 8502,3; 116,[?] – 119,8 in III,3 ‖ 121,13 – 126,16 in Pap. Berol. 8502,3) kann man nur dann als Hymnen bezeichnen, wenn man andere Reden des johanneischen Jesus auch als solche etikettiert (gegen TARDIEU, Écrits 55, 64, 188, 210, 380, 396–400).[1]

10. NHC V,4

Die poetische Prosa, die diesen Traktat kennzeichnet, hat COLPE dazu geführt, im Anschluß an die Analyse von A. BÖHLIG den Abschnitt 55,15 –56,14 als „Hymnus auf das Erlösungswirken des Jakobus" in einer „Rede Jesu", den Abschnitt 58,2–26 als „Hymnus auf Jesus" und den Abschnitt 59,24 – 60,26 als „Hymnus auf Jesu Wirken" herauszustellen (Überlieferung IV 162; zu den Texten vgl. FUNK, Apokalypse und HEDRICK, Apokalypse).

---

[1] Vgl. im übrigen Douglas M. PARROTT, Eugnostos the Blessed (III,3 and V,1) and The Sophia of Jesus Christ (III,4 and BG 8502,3), in: NHLE (1977) 206–228; TILL/SCHENKE, Schriften 194–295; TARDIEU, Écrits 47–67, 167–215, 347–402.

Vielleicht darf man auch auf die Passage 49,5–15 hinweisen, die im Kontext einer Serie von „Ich"-Aussagen steht (vgl. auch NHLE [1977] 250–251 [Ch. W. HEDRICK und D. M. PARROTT]). Doch sollte insgesamt in bezug auf vermeintliche „Hymnen" und „hymnisches Material" die Zurückhaltung von FUNK beachtet werden (Apokalypse 242).

11. NHC VI,2

Die ganze im „Ich"-Stil geschriebene Offenbarungrede hat in der Tat hymnische Struktur („parallelism of form") und kann verglichen werden mit NHC II,4 (89,14–17) oder NHC II,5 (114,7–15), aber auch mit ActJoh 94–96 (s.u. B.III.a.2) und anderen Texten außerhalb der Nag Hammadi Codices, z.B. den Isis-Aretalogien (vgl. MACRAE, Thunder 231–232).[1] Typisch für die durchgehend antithetischen, ja paradoxen Selbstproklamationen ist z.B. 18,20–23: „Ich bin die, die geehrt ist und die man preist und die man verachtet" (KRAUSE/LABIB, Schriften 129; zu CMOY und TAEIO vgl. im Index 214 und 216).

12. NHC VI,6

Weil der hermetische Traktat aus dem 2. Jh. n.Chr. sich nur in dieser koptischen Form erhalten hat, wird er hier behandelt (vgl. KRAUSE/LABIB, Schriften 170–184; DIRKSE/BRASHLER/PARROTT, Discourse; MAHÉ, Hermès I).

Kann schon ein Teil des Gebets in 55,23 – 57,25, nämlich 55,24 – 56,22, als Hymnos auf Gott im „Er"-Stil verstanden werden (vgl. CMOY im Kontext, 55,4; 57,10), so verdichtet sich der Dialog mit Hermes Trismegistos hymnologisch beim Eintritt des namenlosen Initianden in die Ogdoas und Enneas (58,22 – 61,17). Die Beschreibung der jenseitigen Sphären durch den Mystagogen Noûs gipfelt in der Vision der schweigenden Hymnodie (ὑμνεῖν) der Seelen und Engel (58,19–20),[2] der sich der Myste anschließen will (58,22–23.25–26) und die er selbst auch „sieht" (59,28–32).

Was dann folgt, teils über das Preisen und Singen (ὑμνεῖν im Wechsel mit CMOY und ΑΩ), teils als „partie hymnique", „une suite vocalique" (MAHÉ,

---

[1] Vgl. schon die Übersetzung und Strukturierung von Hans-Gebhard BETHGE, ThLZ 98 (1973) 97–104.

[2] Nachtrag: Vgl. ALLISON, Silence (Qumran, Hekalot-Hymnen, Engel).

Hermès I 124; vgl. 56,17–22), ist der etwas verworrene hymnische Höhepunkt (60,4 – 61,17; vgl. RUDOLPH, Gnosis 241–242).[1]

13. NHC VII,2

Im Hinblick auf ähnliche Passagen im „Ich"-Stil ist es mehr als fraglich, ob das Stück 66,15–32 „ein Hymnus auf Jesus in der 3. Person" ist, wie COLPE vorschlägt (Überlieferung II 118; zum Text vgl. PAINCHAUD, Deuxième).[2]

14. NHC VII,5

Der Untertitel der Edition von CLAUDE gibt wohl genau an, was der neuplatonische Offenbarungstraktat vor seiner Redaktion war: „hymne gnostique à la Triade" (Trois Stèles, vgl. bes. auch 9–15 und im Index 121 † ⲉⲟⲟⲩ, 124 ⲤⲘⲞⲨ; COLPE, Überlieferung II 124; TARDIEU, Écrits 260).[3]

In der ersten Stele,[4] nach der redaktionellen Einleitung (118,10–24), preist Seth nun zunächst im „Du"-Stil seinen Vater Ger-Adama (118,25b – 119,15a), um überzugehen zum vielleicht traditionellen Hymnus auf Autogenes, erst im „Er"-Stil, dann wieder im „Du"-Stil (119,15b–34). Auch die restlichen Stücke der zweiten, kommentierenden Redaktion (120,1–26a) und besonders der ersten Redaktion (120,26b – 121,16) haben hymnischen Charakter.

---

[1] Zum hermetischen Gebet NHC VI,7 (KRAUSE/LABIB, Schriften 185–186; vgl. RUDOLPH, Gnosis 242–243) und seinen griechischen und lateinischen Parallelen s.o. am Ende von A.VII, Corpus Hermeticum.

[2] Vgl. aber schon die Übersetzung durch den Berliner Arbeitskreis für koptisch-gnostische Schriften unter der Federführung von Hans-Gebhard BETHGE (ThLZ 100 [1975] 97–110), wo das Stück 66,15–32 u.a. auch poetisch herausgehoben ist aus seinem Kontext, einem „Exkurs im Stil einer Abhandlung" (107).
Die Bezeichnung der Passage 110,14 – 111,20 in dem weisheitlichen Traktat NHC VII,4 als „Demutshymnus" durch H.-M. SCHENKE hat vor allem ihre Berechtigung in der Parallelität zum ntl. „Philipperhymnus" (Gnosis, VF 32,1 [1987] 5); vgl. schon die Herausstellung von 110,19 – 111,13 in den „Lehren des Silvanus" als „Erlöser-Hymnus" durch den Berliner Arbeitskreis, in: TRÖGER, Gnosis und NT (1973) 63–64.

[3] NHC VII,5 („The Three Steles of Seth") wird von TRIPP als einer der wenigen direkt liturgischen Nag Hammadi Codices bezeichnet (Worship 211: „seems to be a sort of solo liturgy for the Merkabah devotion").

[4] Zu diesem Begriff s.o. A.III.c.5. Die Übersetzung des ganzen Traktats unter der Federführung von Konrad WEKEL stellt eine weitere Pionierleistung des Berliner Arbeitskreises für koptisch-gnostische Schriften dar (ThLZ 100 [1975] 571–580) und ist offenbar eine Vorarbeit für WEKELS Diss. theol., Berlin 1977, die m.E. leider noch nicht veröffentlicht ist; vgl. bes. die einleitende Bemerkung zu der „gnostische[n] Aufstiegsliturgie": „In p. 127,17–21 ist wohl eine genaue Angabe über den Gebrauch der Hymnen zu sehen" (571).

Die zweite Stele besteht aus einem Hymnus auf Barbelo, erst im „Sie"-Stil, dann im „Du"-Stil (121,20 – 122,18), und mehr oder weniger hymnischen Stücken der Redaktionen (1. Red.: 123,2b – 124,14; 2. Red.: 122,19 – 123,2a). Etwas komplizierter ist der Aufbau der dritten Stele (124,16 – 127,26), deren Kernstück auf jeden Fall ein jubelnder Hymnus ist an ⲀⲦⲘⲒⲤⲈ, die höchste Hypostase (124,17 – 125,17). Ob das restliche Durcheinander sich redaktionsgeschichtlich so säuberlich sezieren läßt, wie CLAUDE es vorschlägt (a.a.O. 12), wird zu diskutieren sein; wichtig ist, daß auch Glossen (125,18–22; 125,28b – 126,4a; 126,11b–12), liturgische Rubrik (127,11b–21a) und sogar die Schlußnotiz der zweiten Redaktion (127,30–31) hymnologisch sind, was auch für die übrigen Stücke der vermeintlichen ersten Redaktion gilt.

15. NHC VIII,2

Die Mächte des Kosmos, die den präexistenten Vater nicht kennen, lobpreisen Authades (136,1–7; vgl. MÉNARD, Lettre 20–21, 43). Diese mythologische Feststellung wirft Licht auf die „wahre", gnostische Vorstellung einer himmlischen Liturgie, an der die christlich-gnostische Gemeinde des 3. Jh.s n.Chr. partizipiert (s.u. auch zu NHC X,1).

16. NHC IX,1

Hinter der langen Serie dreifacher Heiligpreisungen von 16,16 bis 18,7, gerichtet an himmlische Wesen vom Vater über Barbelo und andere bis zum ἀρχιστρατηγός Jesus Christus, steht wahrscheinlich das Tersanctus von Jes 6,3 und gleichzeitig ein liturgischer (baptismaler? [vgl. SEVRIN, Dossier 238–242]) Kontext im Ägypten des 2./3. Jh.s n.Chr., wo diese gnostische Interpretation des Hebräerbriefes entstanden sein muß (vgl. PEARSON/GIVERSEN, Melchizedek 26–27, 34–35, 39–40, 70–75).

Es wird zu fragen sein, ob die fragmentarischen, unmittelbar folgenden Wörter [ὁμο]λογία und [ὁμο]λογεῖν nicht doch eher hymnologischen Sinn haben als den von „confession", „profession of faith (18,10–11)" (PEARSON/GIVERSEN, Melchizedek 27).[1]

---

[1] Vgl. auch die liturgiewissenschaftliche Bewertung von NHC IX,1 („Melchizedek") durch TRIPP: „in which an initiation rite has been traced, and which I should tentatively ascribe to the mysterious and idiosyncratic school of Theodotus mentioned in *Refutation of All Heresies* VII.35f, and *Panarion* 54f."

17. NHC IX,2

Als ganzen kann man diesen kurzen synkretistischen Traktat weder als Hymnus noch als „prose hymn" (PEARSON/GIVERSEN, Norea 88) bezeichnen, wohl aber den Auftakt 27,11–20 als Hymnus an den Vater. Vielleicht ist doch „Ode über Norea" insgesamt ein guter Titel, wie ihn der Berliner Arbeitskreis für koptisch-gnostische Schriften schon früh vorgeschlagen hat (Bedeutung 69–70; zum Text vgl. auch ROBERGE, Noréa).

18. NHC X,1

In der sethianisch-gnostischen Apokalypse neuplatonischer Prägung mit dem wahrscheinlichen Titel „Marsanes" (PEARSON, Marsanes 230–231) ist die Rede davon, daß der Drei-Mächtige gepriesen wird (8,1–16: a.a.O. 270–273; ⲤⲘⲞⲨ im subachmimischen Koptischen); ebenso charakteristisch für gnostische und hermetische Frömmigkeit ist das Schweigen, das den ganzen Kontext bestimmt (vgl. neben NHC VI,6 und VII,5 auch Corp. Herm. I 30–31; als negativen Kontrast s.o. zu NHC VIII,2).

19. NHC XI,2

Besonders die gebetsartigen Fragmente 40,1–29 und 43,20–38 im Kontext von 40,1 – 44,37 sind voll von doxologischem Lobpreis (vgl. schon COLPE, Überlieferung III 113; zum Text vgl. MÉNARD, L'exposé Valentinien).

20. NHC XIII,1

Der zuerst von Yvonne JANSSENS[1] herausgearbeitete hymnologische Charakter dieser gnostischen, der Pronoia-Aretalogie in NHC II,1 (30,11 – 31,27) sowie dem Prolog und den Reden des Johannesevangeliums nahestehenden Offenbarungsrede(n) kommt in der Übersetzung B von G. SCHENKE gut zum Ausdruck (Protennoia 73–89).

Auf die erste Aretalogie im „Ich"-Stil, die Rede (von) der Protennoia (35,1 – 36,26a), folgt die akklamatorische und bekennende „Antwort der Gnostiker" (36,26b – 37,3a): „Der Präsentation und Offenbarung seitens der Gottheit kor-

---

[1] Le Codex XIII de Nag Hammadi, in: Muséon 78 (1974) 341–413; zum Text vgl. jetzt JANSSENS, Prôtennoïa.

respondiert nun der Hymnus als ... Reflexion" (G. SCHENKE, Protennoia 104–105 zu 36,26–33).

Das nächste hymnologisch interessante Stück ist ein „Lobpreis der himmlischen Äonen" (38,22–30; vgl. 39,12), ausdrücklich eingeleitet durch die Aussagen: „sie priesen" ‖ „sie verherrlichten" (G. SCHENKE, Protennoia 32–33, 77, 115–116; zu †ⲈⲞⲞⲨ und ⲤⲘⲞⲨ vgl. 56 bzw. 60 im ausgezeichneten Index, 55–69). Auch die ῥῆσις βαρβαρική, die z.T. εἶ ἀεί, ὃν εἶ bedeuten kann, wird qualifiziert durch die Intention: „wir verherrlichen dich" (38,29).

Die Rede (von) der Heimarmene (42,3 – 46,3) ist auch wieder voll von gnostisch-mythologischen, nominalen und verbalen Selbstprädikationen (bes. 42,4 – 43,4; 44,30 – 46,3; G. SCHENKE, Protennoia 36–39, 42–45, 80–84, 129–145), was auch für die Rede (von) der Epiphanie gilt (46,4 – 50,20, bes. 46,19–33; a.a.O. 44–51, 84–89, 145–163, bes. 148–149 [vgl. Kol 1,15]).

b. Mandaica[1]

1. Texte, Methodologisches und Terminologisches

Zunächst die benutzten und repräsentativ ausgewählten Textausgaben, die mit ihren Abkürzungen sowohl nach Teilen, Büchern, Stücken bzw. Abschnitten als auch nach S[eite] und Z[eile] zitiert werden:

> LIDZBARSKI, Johannesbuch I–II (I: Edition; II: Einleitung, Übersetzung, Kommentar; Abk[ürzung]: JM);
> LIDZBARSKI, Liturgien (I: Qolastā; II: Oxforder Sammlung; Abk.: ML, Q, OS);
> LIDZBARSKI, Ginzā (Abk.: GR = Rechter Teil; GL = Linker Teil);[2]
> DROWER, Prayerbook (Text und Übersetzung; Abk.: CP).
> DROWER/MACUCH, Mandaic Dictionary (Abk.: MD; wegen der viel größeren Textbasis und der grammatikalisch–linguistischen Hinweise ist dieses in lateinischer Transliteration verfaßte mandäisch–englische Wörterbuch unentbehrlich).

Da die Mandäer = „Gnosisbesitzer"[3] vor allem unter islamischem Druck „im 7./8. Jh. ihre Schriften zusammengestellt und rcdigicrt" haben,[4] stellt sich auch für ihre euchologisch bzw. hymnologisch relevanten Liturgica und Mythologumena ständig das methodische Problem, „zu einer Grundgestalt und damit ältesten Schicht des mandäischen Mythos vorzustoßen" (RUDOLPH, Theogonie 13).

Wenn die Mandäer als Nazoräer „in ihrer frühen und zentralen Form" eine aus dem Ostjordanland stammende „Taufsekte" und damit „Teil der jüdisch-syrischen Gnosis" sind (RUDOLPH, Quellen 196 mit Hinweis auf Joh, OdSal, ActThom),[5] dann erklärt es sich, daß das älteste Material „gnostisch und jüdisch, nicht christlich" ist.[6]

---

[1] Vgl. folgende Werke von RUDOLPH: Mandäer I–II, Theogonie, Entwicklungsgeschichte, Religion, Quellen, Literatur; außerdem von MACUCH: Sprache, Anfänge, Frühgeschichte, Stand; sowie Sven S. HARTMAN, Der Mandäismus, in: HRG III (1975) 309–335, bes. 310–313 („Sprache und Quellen"), und WIDENGREN, Mandäismus.

[2] Eine kritische Edition fehlt noch, da H. PETERMANN, Thesaurus I–II (Leipzig 1867) unzulänglich ist (vgl. schon LIDZBARSKI, Ginzā XIV in der Einleitung V–XVII).

[3] Vgl. Alexander BÖHLIG, Mandäismus, in: KWCO (1975) 247–248, 247.

[4] Vgl. Carsten COLPE, Mandäer, in: RGG IV (1960) 709–712, 712.

[5] Vgl. auch RUDOLPH, Baptisten 17–19.

[6] RUDOLPH, Entwicklungsgeschichte 585; 585–588 findet sich eine kritische Zusammenfassung der „Entwicklung" nach Rudolph MACUCH; vgl. bes. MACUCH, Alter (ThLZ 82 [1957] 401–408).

Insofern man davon ausgehen kann, daß die manichäischen Thomaspsalmen bereits mandäische Kultpoesie voraussetzen, ist eine Redaktion von zeremoniellen Texten für Taufe (*maṣbūtā*) und Seelenaufstieg (*masiqtā*) im 4. oder sogar schon im 3. Jh. n.Chr. anzunehmen (vgl. RUDOLPH, Literatur 150, 157–158: Q, GL, GR XV–XVI).[1]

Was die hymnologische Terminologie betrifft, so stiften die verschiedenen Übersetzungen von LIDZBARSKI und Lady DROWER erhebliche Verwirrung, die allerdings durch RUDOLPHS vorzügliche Behandlung des himmlischen Gottesdienstes, des Gebets und Lobpreises sowie der liturgischen Elemente teilweise aufgelöst wird (vgl. RUDOLPH, Mandäer II 209–236!).

Sind *drašia* für LIDZBARSKI durchweg „Hymnen", so faßt er ʿniania als „Lieder"; weniger konsequent wird diese problematische Konvention einfach umgestellt, indem E. S. DROWER erklärt, daß sie ʿniana mit „hymn", *drašia* dagegen durch „homilies" oder „canticles" übersetzen werde (CP 88, Nr. 2; vgl. MD 114 zu *draša*, „teaching, doctrine, instruction, chant, homily, recitation, discourse, discusssion, later also book", 353 zu ʿniana, „answer, reply, response, antiphonal recitation, hymns [sung antiphonally], anthem").

Man sollte auf den Begriff „Hymn(us)" verzichten, sowohl bei der Übersetzung der sicher späteren Kolophone und Rubriken (ʿniana, z.B. CP nach Nrn. 30, 79, 82, 90, 102, 124, 130, 136, 142, 199, 336, 341–343, 346; *draša*, z.B. ML, Q nach XXI, XXX, LXIV, LXVI, LXX, XC; vgl. auch LXXVIII; ML, OS, 1. Buch nach XIX, XXV, XXXI, XXXVII, XLIII, XLIX, LV, LX; 2. Buch nach VIII; 4. Buch nach XVII, XX) als auch bei der Wiedergabe von Wendungen wie *drašia usidria* (ML, OS, 1. Buch XVII; vgl. CP Nr. 122, so inkonsequent wie MD 325: „hymns and books"; besonders häufig in GR, z.B. III: 76,24; 115,11; 117,8; 119,6–7; V,1: 163,20; XV,1: 296,25; XVI,1: 381,31; XVI,8: 394,13; XVI,10: 396,15.31). Selbst dort, wo *drašia* ohne Synonym allein steht, meist verbunden mit Verben des Hörens und Sagens, ist die Übersetzung durch „Hymnen" fraglich und irreführend (z.B. ML, OS, 2. Buch XXXI: 248,10; GL II,4: 458,35–36; II,10: 471,1; II,19: 489,15; III,6: 515,36; III,10: 522,32; III,11: 524,20; III,19: 541,21.28; III,23: 548,26).

Der häufige Begriff *buta*, „Gebet" (vgl. MD 57: „prayer, petition"), erscheint neben weniger häufigen Begriffen wie *pugdama* (MD 367; z.B. ML, Q

---

[1] Zum oft übersehenen oder vernachlässigten Zusammenhang zwischen Mythos und Ritual vgl. die Studie von FRANZMANN, in der sie in bezug auf das mandäische Taufritual zeigt „that, both in the mythological concepts about living water and in the baptismal ritual, living water serves as the source of life and as the connecting link between the world of light and the earthly world" (Living Water 157).

nach VIII, XIV, XXXIV oder XLVIII) einerseits als späteres Synonym von *draša* und/oder ʿ*niana* (vgl. z.b. die liturgischen Angaben in ML, Q nach I–VII, XI–XII, XXIV, XXVII, XXXII, XXXV, XLVII, LV, LXXII, LXXIV, CIII; ML, OS, 1. Buch nach III–IV, VII, XI–XIII, LX), andererseits als früherer Parallelbegriff in der festen Wendung *buta utušbihta* (vgl. z.b. ML, OS, 1. Buch X: 179,4; XVII: 188,3; XXVII: 197,9; XXIX: 199,2; XLI: 208,2; XLV: 212,9; XLIX: 216,10, LI: 218,12; LIII: 220,6; LIX: 229,4; LX: 230,1.4; JM I 4,1–2; 5,16 u.ö. bzw. II 8,2: 10,2 u.ö.; GR I ‖ II,1: A Nrn. 6, 18, 91; B Nrn. 4–5, 7, 26; XV,1: 297,5–17; XV,13: 350,30; 353,7; XVI,1: 381,32 u.ö.).

Auf *tušbihta*, „Lobpreis(ung)" (vgl. MD 484: „praise, glory") und *ŠBA* II = *ŠBH* (MD 446–447: „to praise"; vgl. auch 450, *ŠBH*) als wichtigste Begriffe der mandäischen Hymnologie ist zurückzukommen. Andere Gebets- und Gesangsbegriffe können hier auf sich beruhen (doch vgl. zu *qaiamta*, „Festigung", und *šrita*, „Lösung", nicht nur ML, Einl. XXIII–XXIV und MD 400, 475–476, sondern vor allem RUDOLPH, Mandäer II 219–222; vielleicht darf man in diesem Zusammenhang auf den seltsamen Gebrauch von Bⲱλ in der koptischen Pistis Sophia hinweisen, vgl. LATTKE, Oden I 207–225, bes. 214).

Bei der Lage der Forschung erscheint es nun am zweckmäßigsten, die drei mandäischen Sammlungen auf Hymnen und Hymnologisches hin zu befragen und das Material in der Reihenfolge der Dichte erstmalig darzubieten, damit es in Zukunft kritisch ausgewertet werden kann.

2. Johannesbuch

Die schon genannte Wendung *buta utušbihta*, „Gebet und Lobpreisung", begegnet besonders häufig und im mythologisch–jenseitig–präexistenten Sinn in den Šum-Kuštā-Kapiteln 15–16 (JM I 58,2 – 63,1; II 62,8 – 66,12). Himmlischen Gottesdienst, wenn auch heidnischen aus der Sicht der Nazoräer, bezeugt ebenfalls das ziemlich unverständliche Jōrabba-Kapitel 52 mit Lobpreisungen und hymnischen Gebeten an Ptahil (I 187,3–8; II 183,10–14). Voll von mythologisch–jenseitiger Hymnik sind die „Schatz des Lebens"-Kapitel 57–59, die ohnehin im „Durcheinander" der Selbstprädikationen aretalogischen Charakter haben (I 210–219; II 202–207).

Der „Pflanzer" in Kapitel 64 lehrt gnostische „Lobpreisung" (I 238,2; 239,3–4; II 219,13–14; 220,6–7). Ein kleiner Hymnus erscheint sogar in Kapitel 68, der Kānath-Niṭuftā in den Mund gelegt und ausdrücklich eingeleitet durch: „Sie pries [*šabat*] ihren Vater". Der Text ist in seiner Kürze und Klarheit typisch für die frühen und späten Mandäer: „Leben ist er, das nicht stirbt, und Glanz und Licht, das kein Ende nimmt und nicht vergeht" (I 252,12–13; II 228,23–24). Hymnisch ist auch in Kapitel 69 der Dialog zwischen Mandā ḏHaijē und Sᵓhaq-Zīwā (I 255,2–15; II 230,20 – 231,9).

Was die meist richtige Übersetzung von *tušbihta* durch „Lobpreis(ung)" im hymnischen Sinn angeht (man könnte es oft durch „Hymnus" ersetzen), so muß doch für manche Stelle erwogen werden, ob wegen des Parallelismus zu Erleuchtung, Glanz und Licht im Kontext nicht „Herrlichkeit" besser wäre (z.b. I 77,3.6.8; II 82,20.25–26), was LIDZBARSKI dann ja auch später selbstkritisch anmerkt (vgl. Ginzā 55, Anm. 2 mit dem Hinweis auf die Ambivalenz von δόξα).

Schließlich darf hymnologisch auf die Endformel „Gepriesen [*mšabin*] sei das Leben" hingewiesen werden (z.b. I 32,4; 53,6; II 37,5; 57,23), wobei andere liturgische Formeln mit „Leben" allerdings häufiger vorkommen.

3. Liturgien

Stimmen bei diesen „Gebet- und Gesangbüchern", die als ganze eben keine Hymnarien, sondern eher Ritualien oder Sakramentarien sind, ML, Q Nrn I–CIII überein mit CP Nrn. 1–103, so ergibt sich für OS und den Rest von CP zunächst die Notwendigkeit einer synoptischen Übersicht.

CP 104 (Rušma) und 105 (Asiet Malkia) fehlen in OS ebenso wie CP 170 (Ṭab ṭaba lṭabia), 171–172 (z.T. in der Tat „Hymns of praise", wie im Inhaltsverzeichnis S. V vermerkt), 173–179 (Šumhata, etc.), 206–232, 241–242, 247–249, 305–324 und 326–328 („Coronation Prayers and hymns", a.a.O.), 348–414 („Blessed Oblation prayers and hymns", a.a.O.; von diesen sind Nrn. 371, 373–374 und 380 inhaltlich hymnisch; Notabene: Nrn. 387–409 = 305–328; stets ist S. 88, Anm. 2 zur Übersetzung zu beachten).

Fast identisch sind dagegen OS, 1. Buch I–LX mit CP 106–160, 165–169; OS, 2. Buch I–XX mit CP 180–199. Von hier an werden die Abweichungen gravierender: OS, 2. Buch XXI–XXIII sind ungefähr parallel zu CP 201; XXIV–XXV zu 202; XXVI–XXIX zu 203; XXX–XXXI zu 204; XXXII–XXXIII zu 205. Im 3. Buch von OS bilden I–XV meist nur die kurzen Endstücke längerer Texte: I–IV jeweils von CP 233–236; V–VI von 237; VII–IX jeweils von 238–240; X von 243; XI–XII von 244; XIII–XIV jeweils von 245–246; XV von 250; XVI–XIX fehlen anscheinend in CP. Ähnlich sind die Verhältnisse im 4. Buch von OS: I–VII sind Endstücke jeweils von CP 330–336; VIII–IX von 337; X–XIX jeweils von 338–347; XVI entspricht auch ungefähr 325; und XX entspricht ungefähr 329 (allerdings nicht als „banner hymn").

Im folgenden genügt die Konzentration auf Q, 1.–4. Teil und OS, 1. Buch. Die Termini der „sekundären Priesteranweisungen" (RUDOLPH, Mandäer II 222) wurden schon behandelt. Hier ist nun auch auf das formelhafte „Gepriesen", Passivpartizip von ŠBA/ŠBH, hinzuweisen (Q, am Ende von II, IV–VI, XIX u.ö.; von XXXII, XXXIV u.ö.). Oft ist *tušbihta* hymnisch zu verstehen (z.b. Q I: 5,13; II: 7,3; V: 9,1; L: 85,4.6, fast personifiziert; LXXI: 109,2 u.ö.; OS, 1. Buch XVII: 188,3; s.o. schon zu *buta utušbihta*). Manchmal sollte man es aber, wie gesagt, nicht mit „Lobpreisung", sondern mit „Herrlichkeit, Glorie" wiedergeben (vgl. z.b. OS, 1. Buch XXXVIII: 205,7; oder das Wortspiel XLI: 208,1–2, Glanz und Glorie, Gebet und Lobpreis).

Nun zu einzelnen hymnologischen Stücken. Ist Q IX eine Art Prosahymnus (15,5.8 etc.: „ich verehre, verherrliche und preise", elfmal; zu *SGD* vgl. MD 318), so findet sich ein kleiner, poetisch geformter Hymnus auf die Lichtwesen in der Einleitung von Q XX (30,6–8; zum „Gesegnet", Passivpartizip von *BRK*, vgl. MD 70). Auch das achtzehnmalige „Gepriesen" (*mšaba* u.ä.) am Anfang von Q XXV muß man als Hymnus ansehen (41,2–10). Wiederum als hymnische Prosa erscheinen Q XXXVI–XLII mit vielfachem „verehren", „verherrlichen" und „preisen" (69–74); zu „preisen" ist ja das Ziel der Auserwählung (XLII: 75,11).

Ein Hymnus auf alles, was den Mandäern voll von Heilsbedeutung ist, steht in Q LVIII (90–92, 24mal „Gepriesen"). Höhere Wesen werden ähnlich monoton gepriesen am Anfang von Q LXX (103,8–12) und in der längeren Einleitung von Q LXXI (106–107). Gefüllt mit „Lobpreisungen" (*tušbihan*) ist Q LXXV (125–133), hymnische Prosa mit vielen atl. Entlehnungen (vgl. GR V,2 [177–183] und zu beiden Stücken BAUMSTARK, Mandäerpsalm). Auch der Anfang von Q LXXVI (133–140) richtet „Lobpreisungen" an höhere Wesen (133,11; 134,2.7.9; vgl. auch 138,2).

Mit vermehrter verbaler Synonymik ist es dann Q LXXVII (141–145) darum zu tun, zwanzigmal mythologisch „zu preisen, zu ehren, zu verherrlichen, zu segnen" (zu *YQR* und *RWBB* vgl. MD 193, 431). Gerade dieser dritte Teil, „Drei Gebete für die Taufe und Totenmesse" (ML 125), enthält also durchaus „Hymns of Praise" (CP, Inhaltsverz.), Prosahymnen.

Der poetische vierte Teil von Q nach dem kurzen Eröffnungsstück LXXVIII hat ʿniania udrašia für „Taufe" (*maṣbūtā*) und „Totenmesse" (*masiqtā*) zum Inhalt (146,2; vgl. auch die Rubrik nach Q XC: 156,9–10). Bei den mehr oder weniger kurzen Stücken handelt es sich um Gebete (LXXX–LXXXI), Ermahnungen (LXXXVIII–LXXXIX, XCII, XCIV), Liedchen, Antiphonen oder Responsorien (LXXIX, LXXXII–LXXXVII, XCI, XCIII, XCV, XCVII, XCIX–

CIII), Bekenntnisreden (XC, XCVI, XCVIII), aber nicht um „Hymnen" (gegen
LIDZBARSKI, ML 146; vgl. hier noch einmal die Reflexion von Lady
DROWER, CP 88, Anm. 2). Allerdings gibt es in ihnen einige interessante hym-
nologische Hinweise, z.b. „wir preisen unseren Herrn" (Q XC: 156,6); „meine
Lobpreisung" (XCI: 156,11); „preise den Ort des Lebens" (XCII: 158,5); „eure
Lobpreisung" (CIII: 167,1).

Das 1. Buch von OS beginnt gleich mit dem Aufruf zum Preisen (I: 171).
Die kurzen Stücke II–VII (172–174) sind kleine Hymnen oder hymnenartige
Gebete, voll vom Ausdruck hymnischer Intention; obwohl Nr. V (173,5–11)
terminologisch besonders wichtig ist, muß es nach allem Gesagten aber doch
fraglich erscheinen, ob es sich beim *darušaia* um einen „Hymnensänger" handelt (173,8; vgl. MD 101: „singer of hymns, reciter"). Auch Nr. X ist ein
kleiner poetischer Hymnus (179,1–3), was durch die rückblickende Wendung
buta utušbihta, „Gebet und Lobpreisung", ausdrücklich bestätigt wird (179,4).
Ein hymnisches Prosastück, ähnlich wie Q IX u.a., ist schließlich Nr. XII
(180–182).

4. Ginzā

Für GR I (3–30) und II,1 (31–54), zwei „Bearbeitungen einer älteren Schrift",
die „einige Jahrhunderte vor dem Islam entstanden" ist (3–4), ist auf die Untersuchung von REITZENSTEIN zu verweisen, wo sogar versucht wird, „vorchrist-
liches Gut in der mandäischen Literatur ... auszusondern" (Buch 8). Hier brau-
chen nur LIDZBARSKIs Absätze der beiden Versionen A und B Erwähnung finden, die hymnologisch relevant sind.

Enthalten A 2–3, B 2 formelhaftes „Gepriesen" wie viele andere Absätze, so
sind A 4, B 3 fast ein Hymnus auf den Höchsten, mit hymnologischer „Moral"
am Ende („Wer ... preist, kommt nicht zu Falle"). A 6, 18, B 4–5, 7 sprechen
von *buta utušbihta*, „Gebet und Lobpreisung" für den Lichtkönig, den Herrn
der Größe (vgl. auch A 40). Thematisiert A 20 mit vielen synonymen Verben
den Lobpreis des in Herrlichkeit lebenden Lichtkönigs durch die Uthras, so
enthält A 22 einen kleinen Hymnus auf den Lichtkönig, den Vollkommenen in
den Mund gelegt, in den Mund, „der ganz Lobpreisung ist". A 42, B9 sind fast
identische Varianten himmlischer Hymnodie, in der Engel (*malakia*) bzw.
Könige (*malkia*) des Glanzes (*ziua*) den Lichtkönig preisen (vgl. MD 166, 243–
244). Darauf beziehen sich wohl auch A 60, B 11, wobei A 60 mit dem
„Lichtkönig" sowie den formelhaften Wendungen *buta utušbihta* und *sidria*

udrašia (hier auf Bücher bezogen) jünger ist als B 11 mit dem „Herrn der Größe" und der seltenen Wendung „Anbetung und Lobpreis".

Die Stücke A 91, B 26 spiegeln vielleicht mit den fünf Gebetszeiten („drei Mal am Tage und zwei Mal des Nachts") eine spätere Stufe der Institutionalisierung von „Gebet und Lobpreisung" wider (vgl. schon LIDZBARSKI, a.a.O. 4 und RUDOLPH, Mandäer II 224–225); wichtig ist, daß dies alles in den Schöpfungsmythos zurückprojiziert wird (vgl. auch A 183, 188, B 118, 122).

Von der alltäglichen und sakramentalen Lobpreisung sprechen A 122–123, B 47–48, während A 163–165, B 101–102 vor der hymnischen Verehrung der Gestirne warnen (vgl. auch A 192, B 126 mit dem Begriff der „ersten Lobpreisung" bzw. der „ersten Lehre"; dazu RUDOLPH, Theogonie 291, Anm. 1; 314, Anm. 11; 335; vgl. auch, mit weiteren Stellen zu *ŠAA* I und *šuta* 1, MD 438, 458).

Das Stück GR II,3, „in Versen geschrieben" (LIDZBARSKI, Ginzā 57), spricht von *tušbihta* sowohl als „Herrlichkeit" (57,36 u.ö.; nach 55, Anm. 2, ist die Übersetzung mit „Lobpreis" kritisch zu prüfen) als auch im Sinne von „Lobpreisung" (z.B. 58,28; 60,6–7); selbst das Bild vom „Baum der Lobpreisung" kommt vor in dieser O f f e n b a r u n g s r e d e des Lichtgesandten (59,19; 60,1).

In dem langen Buch GR III (63–141) ist als Wiedergabe von *tušbihta* der Begriff „(Licht)-Herrlichkeit" dem Begriff „Lobpreisung" ebenso vorzuziehen wie in GR XIV (288,26), XV,2 (302,1.14; 303,13), XV,15 (360,8), XVI,10 (396,2) oder auch in GL II,9 (468,28), II,15 (482,15–17[?]), II,21 (491,23), II,28 (504,7), III,27 (554,1). Wegen der mythischen Hymnologie in GR III (112,32 – 113,6) mag es möglich sein, ausnahmsweise *drašia* durch „Hymnen" zu übersetzen (113,7). Schließt das „Buch der lebendigen, ersten Lehre" (141,37, s.o.) mit einem Aufruf an die Adamiten zum Verehren und Preisen von Leben, Licht und Uthras (141,28–33), so ist auch hier das liturgische „Gepriesen sei das Leben" formelhaft (141,34).

In GR V,2 (177–183) entspricht der urzeitliche Lobpreis des Lebens (179,18–23) dem Aufruf zum alltäglichen Lobpreisen (182,20–24; vgl. RUDOLPH, Mandäer II 224). Ein kleiner Hymnus auf Mandā dHaijē ist in GR V,4 dem Jōhāna in den Mund gelegt (194,3–7), ist aber ebenso stereotyp wie der von Ptahil (194,30–32).

Besondere Beachtung verdienen die vier alphabetischen „Psalmen" in GR XII,2–5 (271–276). Kann man XII,2 (271–272) als Hymnus im „Du"-Stil auf das Licht bezeichnen, in dem der Lobpreis als solcher thematisiert wird (271,35; 272,7–8: „Du bist die Zunge des Lobpreises, die du täglich das Leben preisest"), so handelt es sich bei XII,3 (272–274) um eine „Ich"-Rede, eine Aretalogie des Auserwählten, zu dessen Taten es gehört, das Leben zu preisen (273,23.33).

Über *buta utušbihta*, „Gebet und Lobpreisung", bzw. über das „Preisen" reden und belehren zwar die poetischen Stücke von GR XV und XVI,1 (294–386), z.B. XV,1 (297,5–17), XV,10 (331,24–29), XV,13 (350,30; 353,7), XV,16 (365,27; 370,4), XVI,1 (381,32; vgl. auch 400,9–10 in XVII,1, und 404,6–7 in XVII,2). Doch sie sind insgesamt alles andere als Hymnen.[1]

Genauer Nachprüfung bedarf schließlich die Charakterisierung von GR XVI,2–11 durch LIDZBARSKI, der diese Stücke als „kurze Hymnen und Gebete, wie sie auch im Johannesbuch und Qolastā stehen", bezeichnet (380). Ist XVI,4 eine Rede, die Gebet und Lobpreisung thematisiert (389,31–32) und formelhaft mit „Gepriesen" endet (390,10), so enthält XVI,8 eine ähnliche Thematisierung des Lobpreises und des rituellen Gesangs (394,7–23), sonst aber auch nur die hymnische Schlußformel „Gepriesen sei das Leben" (394,24), ähnlich den formelhaften Wendungen von XVI,5 (391,17–19), XVI,6 (392,37), XVI,7 (393,25–26) und XVI,11 (398,8). Der Aufruf zum Preisen am Ende der kleinen Sammlung von z.T. dialogischen Offenbarungsreden bzw. Offenbarungsrufen ist allerdings typisch mandäisch: „... verehret und preiset das gewaltige Leben. Das gewaltige Leben verehret und preiset, damit ihr auf dem Pfade der Kušṭā emporsteiget und den Ort schauet, den unbegrenzten" (398,4–5).

Was GL, das „Totenbuch der Mandäer" (423), hymnologisch angeht, so muß zunächst auch wieder hingewiesen werden auf die Schlußformel „Gepriesen sei das Leben" (oder ähnlich, auch kombiniert mit anderen verbalen und nominalen Elementen),[2] wobei gesagt werden muß, daß andere, nicht explizit preisende „Chorschlüsse" genauso häufig sind.

Befindet sich in GL I,3 Hawwā im „Lobpreis", dem Gegenteil von „Klage" (440,9; 441,11.24.36), so sind doch die ihr jeweils in den Mund gelegten Worte ohne jeden hymnischen Beigeschmack.

---

[1] Vgl. kritisch RUDOLPH (Literatur 158): „Die Lieder, Hymnen und Gebete gehören zu den schönsten Zeugnissen der mandäischen Literatur und führen am besten in die Welt mandäischen Dichtens und Denkens ein."
[2] Jeweils am Ende von GL I,3 (443,27), II,2 (457,25), II,8 (467,4), II,9 (468,33), II,11 (472,16), II,12 (473,38), II,13 (476,39), II,14 (479,20), II,15 (482,20), II,16 (484,13), II,22 (495,5), II,24 (498,30), II,25 (500,11), III,39 (568,19), III,45 (573,27), III,47 (575,7), III,48 (575,33), III,56 (587,28).

Die Stücke GL II,1–28, die alle mit „Ein Mānā bin ich (sc., die Seele) …" beginnen, haben zwar poetischen Charakter, sind aber als ganze auch keine Hymnen. Im einzelnen steht in II,1 ein kleiner Hymnus auf den Mānā (472,10–15), handelt II,15 vielleicht von himmlischer Hymnodie (doch s.o.), spricht II,16 vom „Lobpreis der Gewaltigen" (482,28) und II,19 von der „Lobpreisung … meines Schöpfers" (487,24; 489,21) bzw. „meiner Väter" (488,5). In II,24 heißt es: „Lobpreisend betete Adam zum großen Leben" (498,5), und in II,27 preist Mānā die Uthras, seine kraftvollen und offenbarenden Helfer (502,11–14).

Das dritte und letzte Buch von GL ist noch weniger hymnisch. In III,4 begegnet die Aufforderung an die Seele, das Leben zu preisen (513,4–5). In III,29 findet sich wieder ein kleiner vereinzelter Hymnus auf das gewaltige Leben (556,12–13). In III,56 wird der himmlische Lobpreis der aufgefahrenen Seele als Gabe und Aufgabe thematisiert (586,1–8). Mit einer Crux interpretum kehrt die Darbietung des Materials zurück zum Terminologischen, nämlich zur Übersetzung von drašia durch „Hymnen". Wenn in III,19 als „Werke" der Seele neben „Brot" und „Almosen" drašia und kušṭā genannt werden (541,15–33), so muß der Plural von draša hier ein Parallelbegriff von kušṭā sein (vgl. MD 209–210). Umfaßt drašia hier vielleicht in magischer Weise die zu vollziehenden Wortriten?

c. Manichaica[1]

1. Vorbemerkung

Die erhaltenen manichäischen „Originalschriften" werden in der vorliegenden Materialsammlung nach ihren Sprachen Griechisch, Lateinisch, Koptisch, Iranisch („Persisch, Parthisch, Sogdisch"), Türkisch („Uigurisch") und Chinesisch gegliedert, obwohl „die geographische Herkunft bzw. die Sprache der Texte" wegen der „wesentliche[n] Einheitlichkeit aller Überlieferungszweige von Nordafrika und Ägypten bis China" ein „völlig unbrauchbares Einteilungsprinzip" darstellt (POLOTSKY, Manichäismus, PRE.S VI [1935] 241).

---

[1] Vgl. zunächst folgende, auch bibliographisch weiterführende Auswahl (in chronologischer Reihenfolge): FLÜGEL, Mani (1862 = 1969) passim; BOUSSET, Hauptprobleme der Gnosis (1907 = 1973) 46–50, 74–77, 343–346, u.ö.; VON HARNACK, Dogmengeschichte (1909/10) passim, bes. II (1909 = 1964) 513–527; Hans Heinrich SCHAEDER, Urform und Fortbildungen des manichäischen Systems (VBW IV. Vorträge 1924/25 [1927] 65–157), in: SCHAEDER, Studien 15–107; DERS., Zur manichäischen Urmenschlehre, in: REITZENSTEIN/SCHAEDER, Studien (1926 = 1965) 240–305 (+ 342–350 [Anhang], bes. 342–347: „Die manichäische Kosmogonie nach Theodor bar Kōnai"); DERS., Manichäismus, in: RGG, 2. Aufl., III (1929) 1959–1973; Carsten COLPE, Manichäismus, in: RGG IV (1960) 714–722; COLPE, Schule (1961) passim; Henri-Charles PUECH, Mani (Manes, Manichaeus) bzw. Manichäismus, Manichäer, in: LThK VI (1961) 1351–1352, 1352–1355; BAUS, HKG(J) I (1962 = 1963) 298–306; JONAS, Gnosis I (3. Aufl. 1964) 284–320, 419–424; ORT, Mani (1967) 225–243 („Hymns in which Mani is mentioned"); COLPE, Charakteristik (1968) 253–264 (Forschungsgeschichte 1927–1967); A. ADAM, Texte (2. Aufl. 1969) passim; Klaus WEGENAST, Mani. Manichäer. Manichäismus, in: KP III (1969) 953–956; Jes Peter AS-MUSSEN, Der Manichäismus, in: HRG III (1975) 337–350; Alexander BÖHLIG, KWCO (1975) 249–251; B. ALAND, Mani und Bardesanes (1975) passim; BÖHLIG, Synkretismus des Mani (1975); CHADWICK, Priscillian (1976) passim, bes. 20–36; WIDENGREN, Manichäismus (1977) IX–XXXII („Einleitung"), XXXIII–XXXVI („Ausgewählte Bibliographie zum Thema des Bandes"); Peter NAGEL, Mani-Forschung und Patristik, in: IRMSCHER/TREU, Korpus = TU 120 (1977) 147–150; E. ROSE, Christologie (1979) 15–29 („Quellen"); COLPE, Gnosis II (1981) 563–564 u.ö.; LIEU, Formula (1983) 152–174, 190–213; LIEU, Manichaeism (1985) passim; Julien RIES, Sacré, sainteté et salut gnostique dans la liturgie manichéenne copte, in: RIES, L'expression III (1986) 257–288, bes. 263–267 („Hymne à la Trinité" [263–265], „Hymne trinitaire d'Héraclide" [265–266], „Un hymne des pèlerins" [266–267]); BRYDER (ed.), Manichaean Studies (1988) passim; Hans-Joachim KLIMKEIT, Mani, Manichäismus, in: LexRel (1987) 386–388; KLIMKEIT, Seidenstraße (1988) 87–91; LIM, Unity (1989) passim, bes. 243–246; WOSCHITZ/HUTTER/PRENNER, Urdrama (1989) passim; BÖHLIG, Initiativen (1989).
Über den neuesten Stand der Forschung informiert MSN – The Manichaean Studies Newsletter, von 1988,1–3 bis 1989,2 „published by the Belgian Center of Manichaean Studies", von 1989,3 an, ebenfalls dreimal jährlich, „published by the International Association of Manichaean Studies" (c/o Aloïs VAN TANGERLOO, P.B. 97, B–3000 Leuven 3).

Die folgende Tabelle soll zunächst einerseits dazu dienen, die indirekten Quellen aus mehr als acht Jahrhunderten überschaubarer zu machen. Die erste Spalte nennt den jeweiligen Text, meist mit der Angabe des antiken bzw. mittelalterlichen Verfassers beginnend und in allen Fällen unter Nennung der benutzten modernen Ausgaben (in Klammern).

Der weitere Zweck der Übersicht besteht darin, die bekämpfenden und bezeugenden Texte daraufhin zu befragen, ob sie Auskunft geben über das Vorhandensein und den Charakter direkter manichäischer Quellen, d.h. Schriften des Mani und der Nachfolger Manis. Diese sowohl allgemein als auch namentlich bezeugten Bücher erscheinen in der mittleren Spalte, wobei die durchaus variierenden **Titel** durch Fettdruck hervorgehoben sind.

Letztes Ziel des Forschungsaufwands ist schließlich, in der dritten Spalte, die Herausstellung von hymnologischen Angaben, die im Vergleich mit den mythologisch–dogmatischen Lehraspekten nicht sehr zahlreich sind, was zu einer gewissen Vorsicht und zu größerer Differenzierung in der Betonung der manichäischen „Hymnen" (BOYCE, Hymn-Cycles [passim]; KLIMKEIT, Hymnen [passim]), „Hymnendichtung" und „Hymnodik" (BÖHLIG, Gnosis III 50‑53) führen sollte.[1]

---

[1] Um die Überschaubarkeit möglichst groß zu lassen, erscheinen die Anmerkungen zu dem nächsten Abschnitt ausnahmsweise nicht als Fußnoten, sondern am Ende der gesamten Tabelle.

2. Chronologische Übersicht von Texten gegen und über Manichäer

Diocletianus, Manichäeredikt von 297 (ADAM, Texte 82–84 [Nr. 56]).	*Iubemus namque auctores quidem ac principes una cum abominandis scripturis eorum severiori poenae subici, ita ut flammeis ignibus exurantur* … (§ 6: a.a.O. 83).	Die Manichäer (in Africa proconsularis) werden schon als *infamis secta* der Perser qualifiziert (§§ 4 und 7: a.a.O. 83).[1]
Pap. Rylands 469 (ROBERTS, Catalogue III 38–46; vgl. ADAM, Texte 52–54 [Nr. 35] und BÖHLIG, Gnosis III 194–195 [Üb.]).	Der antimanichäische „Gemeindebrief" aus der unterägyptischen Kirche des 3./4. Jh.s erwähnt und zitiert ein ἔγγραφον τῆς μανίας τῶν Μανιχαίων (Z. 30: a.a.O. 42 [Μανιχέων]); diese Schrift („document, treatise") „must have been an early one, possibly a work of Mani himself, and perhaps contained … the ἐπαοιδαί mentioned in l. 24" (45).	Von den Μανιχῖς = Μανιχεῖς heißt es fragmentarisch: […] ἐν ταῖς ἐπαοιδαῖς βδέλυγμά ἐστιν κ(υρί)ῳ (Z. 24: a.a.O. 42), „most probably a reference to the Manichaean hymns (…), although the writer may well have had in mind the ἐπαειδῶν ἐπαοιδήν of Deut. xviii. 11" (44).[2]
Alexandros von Lykopolis, Πρὸς τὰς Μανιχαίου δόξας (PG XVIII [409–412], 411–448; krit. Ed.: BRINKMANN, bes. 4,24 – 8,4; vgl. ADAM, Texte 54–56 [Nr. 36]; SCHAEDER, Urform 106–109; BÖHLIG, Gnosis III 130–133).	Der um 300 schreibende Neuplatoniker kennt offenbar die referierten κεφαλαιωδέστερα (7,26) der kosmogonischen Lehre des Persers Manichaios (4,14.23) ἀπὸ τῶν γνωρίμων τοῦ ἀνδρός (4,23f), d.h. „aus Kreisen" der „vertrauten Schüler" oder „Jünger" Manis (Otto HILTBRUNNER, KP V [1975] 1572).	—[3]
Eusebios, Kirchengeschichte VII 31 (Ed.: SCHWARTZ 306; Üb.: KRAFT 351).	Sehr allgemein ist nur die Rede von häretisch-gnostischen δόγματα … ψευδῆ καὶ ἄθεα des persischen „Wahnsinnigen" (μανείς).	—
Marius (Ps.-)Victorinus, Liber ad Justinum Manichæum contra duo principia Manichæorum, et de carne Christi (PL VIII 999–1010).	*Thesaurus* zusammengestellt mit ActAndr (999C; vgl. LIM, Unity 245).[4]	—
Disputationsakten des Archelaos (PG X 1405–1528, bes. 1429–1524; vgl. FLÜGEL, Mani 3–30 [kritische Übersicht]).	Die von Herakleianos (Bischof von Chalkedon um 530 n.Chr., s.u.) dem sonst unbekannten Hegemonios[5] zugeschriebenen, ins Lateinische übersetzten *Acta Archelai* aus der Zeit vor 350 erwähnen die folgenden vier Bücher, die ein Terebinthos–Bud[d]as als der Schüler eines gewissen Scythianos geschrieben und die der Knabe Corbicius (Κούβρι-	—

(Fortsetzung)

κος, später Manes) geerbt haben soll: *ex quibus unum quidem appellavit Mysteriorum, alium vero Capitulorum, tertium autem Evangelium; et novissimum omnium, Thesaurum appellavit* (LII–LIII, bes. LII: PG X 1518B). Die späteren drei *discipuli* des Manes (= Mânî, vgl. FLÜGEL, Mani 15, Anm. *) heißen Thomas, Addas und Hermas. Was die genannten Bücher angeht, *transfert eos, ita ut multa alia a semetipso insereret eis, quae anilibus fabulis similia sunt* (LIII: PG X 1520B).

Sarapion von Thmuis, Κατὰ Μανιχαίων (CASEY, Serapion 29–78 [Text]).

Bei der mageren Information über seine Gegner wundert es nicht, daß der unterägyptische Bischof mit dem Beinamen *Scholasticus* (Hier., De viris illustribus 99 [PL XXIII 737–738B]; vgl. CASEY, Serapion 5, 17) in seiner um 350 n.Chr. verfaßten „schulmäßige[n] Dihairesis"[6] gegen den Dualismus keine manichäische Schrift erwähnt, sondern nur sehr summarisch und mit wenigen Zitaten von μῦθος und μυθοποιία der Manichäer spricht (z.B. XXVI.7–8 und XXXI.2: a.a.O. 41, 47; vgl. τὴν ἄτοπον τῶν Μανιχαίων δόξαν in XXI.4: a.a.O. 38; stereotyp ist schon ἡ τοῦ Μανιχαίου ... μανία in III. 23: a.a.O. 30). Daß nicht wenigstens Manis „Evangelium" auftaucht, ist umso auffälliger, als einige Passagen „(Gesetz und) Evangelium" und „Evangelien" zum Thema haben (z.B. XXV.11–16, XXXVI.6–21, XXXVII: a.a.O. 41, 52–55).[7]

—8

Priscillianus, Tractatus 1–11 aus Codex Wirceburgensis M p.th.q.3 (olim CXXVII) (in: PL.S II [1960] 1413–1483; sogenannte „Würzburger Traktate").

Wenn Traktat 1 wirklich *Prisciliani liber apologeticus* (PL.S II 1413–1434) aus der 2. Hälfte des 4. Jh.s sein sollte, dann bezeugt er „one of the earliest examples of an Anathema placed on the teaching of Mani" (LIEU, JAC

—

(Fortsetzung)	26 [1983] 152): *Anathema sit qui Manetem et opera eius doctrinas adque instituta non damnat; etc.* (1426; vgl. auch Traktat 2, a.a.O. 1434–1441, bes. 1438: ..., *inter quae tamen omnia Manicaeos, iam non hereticos, sed idololatras et maleficos seruos Solis et Lunae, inuictiacos daemones cum omnibus auctoribus sectis moribus institutis libris doctoribus discipulisque damnamus, etc.*).	—
Kyrillos von Jerusalem, Katechese VI: Περὶ θεοῦ μοναρχίας, Kapitel XXI bis XXXIV (PG XXXIII [535–538] 537–604, bes. 571–600).	In Abhängigkeit wie Abweichung von der Archelaos-Tradition werden in der Mitte des 4. Jh.s dem Skythianos vier Bücher des (nicht christlichen) Μάνης bzw. τῶν Μανιχαίων zugeschrieben: Εὐαγγέλιον, Κεφαλαίων, Μυστηρίων, Θησαυρός (XXII: a.a.O. 575–578; vgl. XXXIV: a.a.O. 599–600B).	Die drei Jünger Manis heißen Thomas, Baddas und Hermas; von dem erstgenannten soll das zu meidende κατὰ Θωμᾶν Εὐαγγέλιον stammen (XXXI: a.a.O. 593–594A; vgl. NHC II,2).
Titos von Bostra, Gegen die Manichäer [Κατὰ Μανιχαίων] I–IV – ܟ݂ܬ݂ܒ݂ܐ ... ܕܢܩܘܡܐ ܒܝܬ݂ܝ (DE LAGARDE, Titus Bostrenus syr. et gr.; vgl. auch PG XVIII [1065–1068], 1069–1258, sowie 1257–1264 [Supplementa]).[9]	Trotz vieler Zitate[10] aus den Schriften Manis und seiner Schüler gibt der Bischof der röm. Provinz Arabia nach 363 n.Chr. „seine Quellen nicht an" (CASEY, Titus 1589). Ganz generell bezieht sich γράφων κτλ. – ... ܟܬ݂ܒ݂ (I 6: gr. 4,14; syr. 5,33) darauf, „daß er (scil. der folgende Satz) s a c h l i c h all seinen (scil. Manis) Behauptungen immer zugrunde liege" (HOLL & DUMMER, Epiph. III 36, Anm. zu Pan. haer. LXVI 14,1). In I 17 findet sich der wichtige Hinweis darauf, daß Mani μυθολογεῖ καὶ γράφει, τῇ Σύρων φωνῇ χρώμενος – ܒܠܫܢ ܐܪܡܝܐ (gr. 10,13; syr. 13,29). „Die Bemerkung II 55" ... τοῖς ἰδίοις συγγράμμασι – ,ܟܬ݂ܒ݂ܗܘܢ (gr. 60,6; syr. 74,22) „ist entmutigend unbestimmt" (s. CASEY, Titus 1589). Konkreter könnte der Hinweis auf τὸ κεφάλαιον περὶ τῆς ἀνθρωπίνης πρωτοπλαστίας in III 4	—

174   Teil A. Vor- und außerchristliche Antike

(Fortsetzung)	gemeint sein (gr. 68,12; syr. 83,29 [ܪܟܬ ܐ]).[11]	
Didymos (der „Blinde") von Alexandreia (4. Jh.), Κατὰ Μανιχαίων (PG XXXIX 1085–1110).	—	—
Ephraem, Madrāšē gegen die Irrlehren (E. BECK, CSCO 169/170 = CSCO.S 76/77)	Um welche „Schrift", ܟܬܒܐ des „wahnwitzigen Mani" es sich in LVI 9,3 (und in De Crucifixione V 11) handelt, wird nicht gesagt (a.a.O. 211 bzw. 192). Es ist möglich, daß Ephraem hier im allerletzten seiner antihäretischen Madrāšē zurückkommt auf die bereits im ersten genannten ܟܬܝܒܬܐ des Mani, die man ebensowenig „Hymnen" nennen sollte wie die des Polemikers selbst (I 16,5: a.a.O. 4 bzw. 5).[12]	—
Ephraem, Mēmrē an Hypatius gegen die Irrlehrer (MITCHELL, Prose Refutations, vol. I).	Im fünften Mēmrā ist die Rede von Manis „Buchillustrationen" (E. BECK, Polemik 5): „So also Mani painted in colours on a scroll – ܟܬܒܐ ܕܝܠܗ" (a.a.O. xciii bzw. 126,31–33).[13]	—
Ephraem, Mēmrā gegen Mani (MITCHELL, Prose Refutations, II, 190–229 [Text], xci–cviii [Üb.]).[14]	—	—
Epiphanios, Panarion (haer.) LXVI 1,1 – 88,4: Κατὰ Μανιχαίων (HOLL/DUMMER, Epiphanius III 13–132).[15]	Stammen die Namen der vier Bücher des Mani (= Κούβρικος [1,6; 3,16; 5,1 u.ö.]), nämlich Μυστηρίων, Κεφαλαίων, Εὐαγγέλιον u. Θησαυρός (2,9: a.a.O. 18, 13–14), wahrscheinlich aus den Acta Archelai, so nennt Epiph. selbst eine abweichende Vierzahl: Μυστήρια, Θησαυρός, Μικρὸς θησαυρός, Περὶ Ἀστρολογίας (13,6: a.a.O. 35,9–11). Unbestimmt bleibt der Titel von Manis Buch (βίβλος), aus dem in 14,1 der Anfang zitiert wird (13,7: a.a.O. 36,2). Bei dem in 6,1–11 zitierten Brief (ἐπιστολή [5,12]) handelt es sich um eine „Fälschung" (a.a.O. 25).	Der στῦλος τῆς δόξης wird nicht nur mit dem ἀὴρ ὁ τέλειος „gleichgesetzt" (26,8: a.a.O. 60,10 [καλεῖται], Anmerkung), sondern dieser ἀήρ ist auch wiederum στῦλος φωτός (Z. 11), sodaß hier wohl δόξα primär als „Herrlichkeit" verstanden ist; allenfalls ist die „Säule des Lobpreises" als „Lichtsäule" definiert.[16]

Diodoros von Tarsos, Κατὰ Μανιχαίων (vgl. Photios, Bibliothek, Codex 85, in: HENRY, Phot. II 9–10).[17]	Herakleianos (s.o. und s.u.) erwähnt u.a., daß Diodor in den ersten sieben seiner 25 Bücher, die nicht erhalten sind, οἴεται μὲν τὸ τοῦ Μανιχαίου ζῶν εὐαγγέλιον ἀνατρέπειν, ἀλλὰ ἀνατρέπει τὸ ὑπὸ Ἄδδα γεγραμμένον, ὃ καλεῖται Μόδιον (a.a.O. 9–10 [65b], Z. 14–16).	—
Hieronymus, Contra Vigilantium (PL XXIII 353–368).	*Thesaurus Manichœi* wird erwähnt (Kap. 6: a.a.O. 359–360; zusammengestellt mit anderen zu meidenden Büchern wie dem „apokryphen" Buch „sub nomine Esdræ").[18]	—
Augustinus, Confessiones (VERHEIJEN, CChr.SL XXVII).[19]	Sehr allgemein und selten sind die Hinweise in Buch V auf die Schriften Manis, vgl. *dicta, libri, litterae Manichaei* in 3 (6), 7 (12), 7 (13), sein *scribere* in 5 (8) und seine *verba* in 5 (9) (a.a.O. 59–61, 63). Die *longae (longissimae) fabulae* oder *res fabulosae* der Manichäer beziehen sich auf die Mythen, von denen ihre Bücher (*libri*) voll sind, vgl. 3 (3), 7 (12) und 10 (19) (a.a.O. 58, 63, 68).	—
Augustinus, Contra epistulam fundamenti (PL XLII 173–206; vgl. ADAM, Texte 27–30; BÖHLIG, Gnosis III 228–231 [Üb.]).	Bezeugung, auch durch Zitate, der Existenz von Manis *Epistula fundamenti* (passim).[20]	Der sich auf den Vater beziehende Ausdruck *in sua laude* in der *Epistula fundamenti* (Kap. XIII: PL XLII 183; ADAM, Texte 28, Z. 37), von BÖHLIG übersetzt durch „in seiner Herrlichkeit" (230), kann durchaus eine Anspielung sein auf die Hymnodie der Manichäer, die ja als Gnostiker verbunden sind mit dem ewigen Lobpreis des *luminis imperium* (PL XLII 182; vgl. FLÜGEL, Mani 274–277).
Augustinus, Contra Faustum (PL XLII [205–206], 207–518; vgl. ADAM, Texte 62–63 [Nr. 46]).	Hinweis auf *tam multi et tam grandes et tam pretiosi codices vestri* (Buch XIII, Kap. VI: a.a.O. 285) und Aufforderung, sie zu verbrennen: *Incendite omnes illas membranas, elegantesque tecturas decoris pellibus exquisitas* (Buch XIII, Kapitel XVIII: a.a.O. 294).[21]	Bericht über ein manichäisches *Amatorium canticum* (Buch XV, Kap. V–VI: a.a.O. 307–309; vgl. ZYCHA, Augustini opera VI,1 [1891] 425,4–6 u. 16–23; 426,8–12; 427,13–15; 428,5–13 [+ 436, 23–24 aus Kap. 9]), „in welchem der ewige Vater … gepriesen wird" (FLÜGEL, Mani 384).[22]

Augustinus, Contra Felicem (PL XLII [517–518], 519–552; vgl. ADAM, Texte 2 [Nr. 2a], 27–30 [Nr. 10]; BÖHLIG, Gnosis III 228–232).	Von fünf Schriften (*scripturae, auctores*) des Mani werden das 2. Buch des *Thesaurus* und die *Epistula fundamenti* erwähnt, diskutiert und z.T. zitiert (Buch I, Kap. XIV–XVI; II, Kap. V: a.a.O. 529–530, 538).[23]	—
Augustinus, De natura boni (PL XLII 551–572; vgl. ADAM, Texte 2–4 [Nr. 2b], 27–30 [Nr. 10]; BÖHLIG, Gnosis III 222–224 [Üb.]).	Zitate aus der *Epistula fundamenti* (Kap. XLII: a.a.O. 565) und dem 7. Buch des *Thesaurus (sic enim appellant scripturam, quamdam Manichæi, ubi istæ blasphemiæ conscriptæ sunt)* (Kap. XLIV: a.a.O. 567–569, bes. 568).	—
Augustinus, Enarratio in psalmum 140, Kap. 12 (PL XXXVII 1823; CChr.SL XL 2034–2035; vgl. auch ADAM, Texte 64–65 [Nr. 48]; BÖHLIG, Gnosis III 143–144 [Üb.]).	—	Die (westlichen) Manichäer sagen von sich selbst: „wir, die wir vom Glauben Manis erleuchtet sind, wir reinigen durch unsere Gebete und Gesänge *(orationibus et psalmis nostris)* als Electi das Leben, das hier im Brote ist, und schicken es zu den Schätzen des Himmels" (BÖHLIG, Gnosis III 144; ADAM, Texte 65).
Augustinus, Contra adversarium legis et prophetarum (DAUR, CChr.SL XLIX 1–131).	Manichäer, von Markioniten unterschieden, nur nebenbei erwähnt, z.T. namentlich (I 1, 1; 3, 5; II 12, 40; 12, 42: a.a.O. 35,6; 38,108; 130, 1279.1295.1296; 131,1313. 1322).	—
Ps.-Augustinus, Evodii de fide contra Manichaeos (PG XLII 1139–1154; vgl. ADAM, Texte 2–4, 27–30; BÖHLIG, Gnosis III 228–231 [Üb.]).	Erwähnung, z.T. mit Zitaten, von *Thesaurus* (Kap. V, XIII, XIV: a.a.O. 1141, 1143) und *Epistula fundamenti* (Kap. V, XI, XXVIII: a.a.O. 1141–1143, 1147).[24]	—
Augustinus, Commonitorium (PL XLII 1153–1156; vgl. ADAM, Texte 90–93 [Nr. 62]; BÖHLIG, Gnosis III 293–295 [Üb.]).	Die Anathematismen Nr. 9 und 10 der „Instruktion" beziehen sich generell auf Predigt und Lehre Manis, *qui omnes supra dictas impietates et alias sacrilegas et damnabiles fabulas docuit et conscripsit* (ZYCHA, CSEL XXV,2 [1892] 981–982).	—
Augustinus, Retractationes II (MUTZENBECHER, CChr. SL LVII).[25]	Auch hier finden sich, außer zum Dogmatischen, sehr wenige konkrete Angaben. Was die Manichäer lehren, sei *fabulosissime* (I, XV 6: a.a.O.	—

(Fortsetzung)	49); es gab schriftliche *disputationes Adimanti, qui fuerat discipulus Manichaei* (I, XXII 1: a.a.O. 63); die Überlieferung bezüglich der *Epistula fundamenti* schwankt zwischen „Manichaei" und „Manichaeorum" als Verfassern (II, II: a.a.O. 91).	—
Augustinus, De haeresibus XLVI, 1–19 (VANDER PLAETSE & BEUKERS, CChr.SL XLVI 312–320; vgl. ADAM, Texte 65–70 [Nr. 49]; BÖHLIG, Gnosis III 138–143 [Üb.]).	Die *insana doctrina* des Persers M. (1) und seine *dogmata* seien dadurch gekennzeichnet, daß *multa fabulantur* (2; vgl. seine *fabulae* in § 3 [a.a.O. 312–313]). Die Bücher (*libri*) der manichäischen Sekten (*sectae*) werden nicht spezifiziert (10: a.a.O. 315).	Stehende *orationes ... ad solem per diem, ... ad lunam per noctem* (18: a.a.O. 319) werden sich auch auf Hymnen beziehen.
Eznik von Kolb, Wider die Sekten (J. M. SCHMID, BAAL I 19–205 [Üb.]).	—26	—
Sokrates, Kirchengeschichte I 22,1–15 (PG LXVII 135A–140B; HUSSEY, Socratis historia I 124–129 [Ed.]; vgl. ZENOS, Socrates 25–26 [Üb.]).	Ausdrücklich in Ergänzung von Eusebios, KG VII 31 (I 22,2–3: 136B bzw. Ed. 125) und auf der Basis der Acta Archelai (13: 140A bzw. Ed. 128) werden die 4 βιβλία des Τερέβιντος–Βούδδας, welche Κούβρικος–Μάνες erst erbte und dann, ὡς οἰκεῖα, τοῖς ὑπ' αὐτοῦ πλανηθεῖσιν ἐξέδωκεν (7: 137A bzw. Ed. 126), genannt: **Μυστηρίων, Εὐαγγέλιον, Θησαυρός, Κηφάλαια** (5: 136C bzw. Ed. 125–126; Reihenfolge in Acta Arch.: 1—4—2—3). Außerdem wird auf Briefe des Μανιχαῖος hingewiesen: Ἐν δὲ ταῖς ἐπιστολαῖς, καὶ ἀπόστολον ἑαυτὸν ὀνομάζειν ἐτόλμησεν (9: 137B; Ed. 127).27	—
Theodoretos von Kyros, Αἱρετικῆς κακομυθίας ἐπιτομή („Häretikergeschichte"), Buch I, Kap. 26 (PG LXXXIII 377A–382C; s. BÖHLIG, Gnosis III 137–138 [Üb.]).	Zusammenfassung der mythischen κεφάλαια der manichäischen „Hairesis"; κεφάλαια (380A, 381B) hat hier kaum eine andere Bedeutung als „Hauptpunkte" und ist wohl auch keine Anspielung auf das Buch des Persers Μάνης (377A).28	—
Severos von Antiocheia, Kathedralhomilie CXXIII (BRIÈRE, PO XXIX,1	Zitate aus dem „Buch der Giganten" (ohne Nennung des Titels).	—

(Fortsetzung) [650]–[693] = 124–189, bes. 148–189; vgl. ADAM, Texte 11–14 [Nr. 5b]; BÖHLIG, Gnosis III 133–137 [Üb.]).[29]		—
„Prosperi Anathematismi" (ADAM, Texte 90–93 [Nr. 62]; vgl. PL LXV 23–26).	„Die große lateinische Abschwörungsformel" aus dem Jahre 526 n.Chr., deren Anathematismen bzw. *capitula* 10–17 und 20–21 neu sind gegenüber dem Commonitorium des Augustinus, erwähnt kein bestimmtes Buch, sondern bleibt allgemein auch in der Zusammenfassung: *Omnibus etiam supra dictae perversitatis auctoribus et doctrinae vel legi eorum, vel omnibus secretis … orationibus ac sacrilegiis eorum et cunctis scripturis eorum, …, anathema sit* (Nr. 21; vgl. *symbolum vel orationem Manichaeorum* [Nr. 15: a.a.O. 93]).	Die manichäischen Gebete umfassen sicher auch solche von hymnischem Charakter (s.u.).
Simplikios, Ἐξηγήσεις εἰς τὸ Ἐπικτήτου Ἐγχειρίδιον, Kap. 27 (ed. Fr. DÜBNER [Paris 1840]: ADAM, Texte 71–74 [Nr. 51]).[30]	—[31]	Was Simplikios die Manichäer περὶ τῆς κοσμοποιίας sagen läßt (κίονάς τινας λέγοντες, …, ἐκ κραταιοῦ λίθου καὶ ἀναγλύφους αὐτὰς νομίζουσι [ADAM, Texte 73,102–107]), bezieht sich auf die „Säule des Lobpreises" (στῦλος τῆς δόξης [vgl. MERKELBACH, Mani 40]).
Johannes der Grammatiker, Homilien I–II gegen Manichäer (RICHARD, CChr. SG I 83–105).	—	—
Herakleianos, Κατὰ Μανιχαίων (vgl. Photios, Bibliothek, Codex 85: HENRY, Photius II 9–10).	In den verlorenen 20 Büchern widerlegt (ἀνατρέπει) der Bischof von Chalkedon (um 530 n.Chr.) τὸ παρὰ τοῖς Μανιχαίοις καλούμενον εὐαγγέλιον καὶ τὴν Γιγάντειον βίβλον καὶ τοὺς Θησαυρούς (9 [65b], Z. 1–3); er erwähnt außerdem Hegemonios als Verfasser der sog. Acta Archelai (πρὸς αὐτὸν ἀντιλογίαι), Titos [von Bostra], Georgios von Laodikeia, Serapion von Thmuis (als weitere frühere Verfasser antimanichäischer Schriften) –	—

(Fortsetzung)	und vor allem die verlorenen 25 Bücher gegen die Manichäer von Diodoros von Tarsos (s.o.).	—
Johannes der Grammatiker (der Orthodoxe), Disputation mit einem Manichäer (AUBINEAU, CChr.SG I 117–128).	—	—
Κεφάλαια ἑπτὰ σὺν ἀναθεματισμοῖς προσφόροις κατὰ τῶν ἀθεωτάτων Μανιχαίων ... (RICHARD, CChr.SG I XXXIII–XXXIX; LIEU, JAC 26 [1983] 176–188 [Text/Üb.]).	Kapitel II dieser Abschwörungsformel aus dem 6. Jh. n.Chr. enthält u.a. die Verfluchung (ἀναθεματίζω) aller manichäischen βίβλοι, namentlich der folgenden: Θησαυρός, Ζῶν εὐαγγέλιον, β. τῶν ᾿Αποκρύφων, τῶν Μυστηρίων, τῶν ᾿Απομνημονευμάτων, κατὰ τοῦ νόμου ... ᾿Αδδᾶ καὶ ᾿Αδειμάντου, ῾Επτάλογος ᾿Αγαπίου, ᾿Επιστολαί, Εὐχαί (vgl. LIEU, a.a.O. 171, 178, 197–199).	Die Gebetssammlung wird auch Hymnisches enthalten haben und nicht nur Zauberei (γοητεία) und Teufelsdienst (zu τὸν διάβολον, τὸν αὐτῶν πατέρα vgl. Joh 8,44).
Kleine griechische Abschwörungsformel, 6. Jh. n.Chr. (ADAM, Texte 93–97 [Nr. 63]; vgl. PG C 1317–1325; LIEU, Formula 215 [Üb.]).	Anathema u.a. den fünf (!) Büchern des Mani: Ζῶν εὐαγγέλιον, Θησαυρὸς τῆς ζωῆς, βίβλος τῶν ᾿Επιστολῶν,[32] τῶν Μυστηρίων, Τῶν ⟨γιγάντων⟩ Πραγματεία;[33] außerdem werden mit dem Anathema belegt: ῾Επτάλογος ᾿Αγαπίου, jedes Buch (βίβλος) und jedes Gebet (εὐχή) (a.a.O. 94).	Auch hier taucht wieder das Schmähwort γοητεία als ein Charakteristikum der manichäischen Gebete auf.
Anathematismen der Synode zu Bracara, 561/63 n.Chr. (ADAM, Texte 86–88 [Nr. 59]).[34]	—	—
Mailänder Anathematismen, um 600 n.Chr. (ADAM, Texte 88–89 [Nr. 60]; LIEU, Formula 215–216 [Üb.]).	—	—
Timotheos von Konstantinopel, Περὶ τῶν προσερχομένων τῇ ἁγίᾳ ἐκκλησίᾳ (PG LXXXVI 11–68).	In dieser „um 600 verfaßten Schrift (De receptione haereticorum)" (ALTANER & STUIBER, Patrologie 514 [§ 117]) werden auch die Manichäer charakterisiert (19B–24A) und ihre 13 βιβλία ablehnend aufgezählt: α′. Τὸ ζῶν Εὐαγγέλιον· β′. ῾Ο Θησαυρὸς τῆς ζωῆς·	Das Buch (βίβλος) der Gebete wird, wie schon gesagt, auch hymnisches Material enthalten haben.

(Fortsetzung)	γ'. Ἡ τῶν Ἐπιστολῶν ὁμάς· δ'. Ἡ τῶν Μυστη-ρίων· ε'. Ἡ Ἐπτάλογος Ἀλογίου· ς'. Ἡ τῶν Εὐ-χῶν· ζ'. Ἡ τῶν Κεφαλαί-ων· η'. Ἡ τῶν Γιγάντων Πραγματεία· θ'. Τὸ κατὰ Θωμᾶν Εὐαγγέλιον· ι'. Τὸ κατὰ Φίλιππον Εὐαγγέλι-ον· ια'. Αἱ Πράξεις Ἀνδρέ-ου τοῦ ἀποστόλου· ιβ'. Ἡ πεντεκαιδεκάτη πρὸς Λαο-δικεῖς Ἐπιστολή· ιγ'. Τὰ Παιδικὰ λεγόμενα τοῦ Κυ-ρίου, κτλ. (21C).[35]	
Johannes v. Damaskus, Περὶ αἱρέσεων 66 (PG XCIV [675–678], 677–780, bes. 717–718).[36]	—	—
Johannes v. Damaskus, Κατὰ Μανιχαίων διάλογος (PG XCIV [1503–1506], 1505–1584).	—	—
Johannes v. Damaskus, Διά-λεξις πρὸς Μανιχαῖον (PG XCVI 1319–1336).	—	—
Theodoros bar Kōnai, Scholi-enbuch XI 58–59 (SCHER, Theodorus II 311,12 – 318,4 [Text]; HESPEL & DRAGUET, Théodore II 232–237 [Übersetz.]; vgl. auch Übersetzungen von SCHAEDER, in: REITZEN-STEIN/SCHAEDER, Studien 342–347; ADAM, Texte 75–78 [Nr. 53], 15–23 [Nr. 7]; BÖHLIG, Gnosis III 103–108).[37]	Wie in den Acta Archelai und bei Kyrillos, und in der Rei-henfolge von Sokrates, hei-ßen die 4 Bücher (ܟ̈ܬܒܐ) des Bados–Terbinthos: ܪ̈ܐܙܐ ([B.] der Mysterien), ܐܘܢܓܠܝܘܢ (Evangelium), ܐܘܨܪ̈ܐ ([B.] des Schatzes <der Schätze>: Thesaurus)[38] und ܪ̈ܫܐ ([B.] der Kepha-laia), von denen Qourqabios–Mani später sagte „que ... étaient les siens" ——— ܐܢܘܢ ܗܠܝܢ (Ed. 312,6–8.19–20; Üb. 233).	Der kleine „Ruf"-„Antwort"-Dialog (Ed. 314,25 – 315,2; Üb. 235), dessen erste Stro-phe von zwei Doppelversen durchaus hymnischen Char-akter hat, ist zweifellos „ein originales Stück von Manis (scilicet syrischer) Dichtung" (SCHAEDER, in: REITZEN-STEIN & SCHAEDER, Studien 263–266, bes. 265).[39]
Große griechische Abschwö-rungsformel, 9. Jh. n.Chr. (ADAM, Texte 97–103 [Nr. 64]; vgl. PG I 1461–1472; BÖHLIG, Gnosis III 295–301 [Üb.]; LIEU, Formula 177–189 [Text u. Üb.]).	Liste der verdammten δόγμα-τα καὶ συγγράμματα τοῦ Μάνεντος: βιβλίον τῶν Ἐπιστολῶν („καὶ πάσας τὰς Μανιχαϊκὰς βίβλους":), Εὐαγγέλιον ζῶν, Θη-σαυρὸς ζωῆς, βίβλος Μυστηρίων, τῶν Ἀπο-κρύφων, τῶν Ἀπομνημο-νευμάτων, γεγραμμένη Ἄδᾳ καὶ Ἀδειμάντῳ	Die Verdammung (ἀναθεμα-τίζω) soll sich auf viel mehr beziehen, u.a. auch auf „die sogenannten Zarathustrischen Gebete" (εὐχάς), „Markion, Valentin, Basilides", auf „die Leute, die sagen, Zarathustra, Buddha, Christus, Mani und die Sonne seien ein und der-selbe", „alle Manichäer und ihre ... von Tricks vollen My-sterien und ihr sogenanntes

(Fortsetzung)	κατὰ Μωϋσέως ..., Ἑπτά-λογος 'Αγαπίου, 'Αρισ-τοκρίτου Θεοσοφία (vgl. außer ADAM, Texte 100–101, und BÖHLIG, Gnosis III 299, bes. LIEU, Formula 171 [Ver-gleichstabelle], 173 [zur *Theosophy*], 179 sowie 197–199 [Kommentar]).	Bema", „alle ihre Bücher und Gebete" (πᾶσαν εὐχήν, auch hier der Vorwurf der γοη-τεία), schließlich die nament-lich aufgeführten „Kirchen der Manichäer" (vgl. BÖHLIG, Gnosis III 296, 298–300).
Petros Sikeliotes, Geschichte der Manichäer–Paulikianer (PG CIV 1239–1304).[40]	Die 4 βίβλοι des Skythianos (in der Reihenfolge des Kyril-los): Τὸ ἅγιον Εὐαγγέ-λιον, Κεφάλαιον (sic), Τῶν μυστηρίων, Θησαυ-ρὸς ζωῆς (XI: a.a.O. 1257C; Katechesen des Kyr. unmittelbar zuvor erwähnt in Kap. X; vgl. die Erwähnung des 'Αρχέλαος ἐπίσκοπος [IX: a.a.O. 1261B; vgl. auch 1325D, s.u.]).	—
Petros Sikeliotes, Κατὰ Μα-νιχαίων–Παυλικιάνων I–III (PG CIV 1305–1330, 1331–1346, 1347–1350).		—
Photios, Διήγησις περὶ τῆς Μανιχαίων ἀναβλαστήσε-ως I–IV (PG CII 15–84, 85–122, 121–178, 177–264).	Die 4 βίβλοι des Skythianos (in der Reihenfolge des Kyril-los und auf der Vorlage von Petros Sikeliotes): Εὐαγγέ-λιον, Κεφάλαιον (sic), [β.] τῶν Μυστηρίων, Θησαυ-ρὸς ζωῆς (Buch I, Kap. XII: a.a.O. 33B–36A).	—
Photios, Bibliothek, Codex 179 (HENRY, Photius II 184–187).	Das verlorene Werk des Ma-nijüngers Agapios ('Αγαπί-ου βιβλίον, von „Hepta-log" ist nicht die Rede!) umfaßte 23 λογύδρια (also das Evangelium?) und 202 ἕτερα κεφάλαια (184 = [124a], Z. 17–19; vgl. hier die koptischen „Kephalaia des Lehrers").	Das folgende Referat spielt an auf die „Säule des Lobprei-ses": Θεολογεῖ δὲ ὁ δυστη-νὸς καὶ τὸν ἀέρα, κίονα αὐτὸν καὶ ἄνθρωπον ἐξυμ-νῶν (186 [124b], Z. 36–38).[41]
Photios, Bibliothek, Codex 230 (HENRY, Photius V 8–64).	Im Eulogios-Codex 230 fin-det sich u.a. ein Zitat aus ei-nem Brief (ἐπιστέλλων) des Manichaios an Skythianos (a.a.O. 27 [273b], Z. 4–8).[42]	—
al-Jaʿqūbī, Chronik I, S. 181 (ed. M. Th. HOUTSMA: ADAM, Texte 1 [Nr. 1c], 4 [Nr. 2c], 6 [Nr. 3c], 9 [Nr. 4b]; BÖHLIG, Gnosis III 225).	Bezeugt werden am Ende des 9. Jh.s n.Chr. folgende Wer-ke Manis: <22> Evangeli-en,[43] Schatz des Lebens, Šābuhrayān,[44] Buch der Geheimnisse.	Die Behandlung des Gebets in dem entsprechenden „Evange-lium" umfaßte sicher auch Hymnologisches (s.u. zum Fihrist von an-Nadīm).

Masʿūdî, Die goldenen Wiesen (Ms. Paris 901 Suppl. arabe, fol. 80ᵛ: FLÜGEL, Mani 357,2–3 [Text]; ADAM, Texte 4 [Nr. 2b, Üb.]).	Der 346 (957 n.Chr.) gestorbene Historiker, vielleicht eine der Quellen für den Fihrist, nennt den „Thesaurus [= arab. *kanz*] als eine Schrift Mânî's" (FLÜGEL, Mani 32, 369).	—
an-Nadîm, Fihrist al-ʿulūm (FLÜGEL, Mani 47–80 [Text], 81–108 [Üb.], 109–408 [Komm.], 409–440 [Register]; vgl. auch ADAM, Texte 8–9 [Nr. 4a], 23–25, 118–128 [Nr. 8], oder BÖHLIG, Gnosis III 75–76, 144–149, 189–192, 224–225, 227–228 [Auszüge in Übers.]).	In diesem 377 (= 987–88 n.Chr.) verfaßten „Verzeichniss der Wissenschaften" stehen am Ende der Darstellung der „Glaubenslehren der Manichäer" die „Namen der von Mânî verfassten Bücher" (FLÜGEL, Mani 30, 83, 102). Der Titel des einen in (mittel)persischer Sprache verfaßten Buches wird nicht genannt (Šaβuhrayān?). Die Titel der sechs in syrischer Sprache verfaßten Bücher sind: Buch der **Mysterien** (mit 18 Kapitelüberschriften), Buch über die **Riesen**, Buch der **Vorschriften** für die Zuhörer, nebst eincm Kapitel der Vorschriften für die Verführten (wahrscheinlich „κεφαλαίων βίβλος bei Epiphanius oder Κεφάλαιον bei Petrus Siculus" [363, Anm. 321]), Buch **Schabarḵân** (mit drei Kapitelüberschriften),[45] Buch der **Lebendigmachung** (vielleicht „mit dem Schatze des Lebens [sc. θησαυρὸς ζωῆς] zu vergleichen" [368, Anm. 324]), Buch **Πραγματεία** (arab. „Form des Wortes Faraḵmâtijâ … unstreitig aus dem Syrischen hinübergenommen" [369, kommentierende Anm. 325]).[46]	Sehr plastisch sind die beiden Stellen, an denen von der „Säule des Lobpreises" die Rede ist (arab. *sbḥ* entspricht δόξα im Sinne von כָּבוֹד). In Manis Kosmogonie scheiden Sonne und Mond, vom „König der Lichtwelt" geschaffen, das vermischte Licht rein aus der „Säule des Lobpreises" aus, „und es steigt das so ausgeschiedene Licht zugleich mit den sich emporschwingenden Lobpreisungen (d.i. Gebeten), Hymnen (eig. Heiligpreisungen), dem reinen Wort und den frommen Werken in die Höhe" bis in die „Welt der Lobpreisung (sc. arab. *tasbîḥ*) und … bis zu dem obersten reinen Licht" (57 [Text], 89–90 [Üb.], 224–234 [Komm.!]). In der Eschatologie „nehmen" göttliche Wesen den „Wahrhaftigen, bekleiden ihn mit der Krone, dem Kranze und dem Kleide, geben ihm das Wassergefäss in die Hand, und steigen mit ihm auf der Säule des Lobpreises zu der Sphäre des Mondes, … bis zu dem Zustand, in dem er zuerst in den Paradiesen des Lichts war" (70 [T.], 100 [Üb.], 338–341 [K.]). – Zu den Geboten Manis gehören **Gebete** „beim Niederwerfen"; diese z.T. im Wortlaut mitgeteilten Texte sind als „Anwünschungen" („Gesegnet …") und besonders als „Anrufungen mehr **Hymnen** oder Lobgesänge als Gebete" (64–65 [T.], 96 [Üb.], 303–311, bes. 306, 307, 310 [K.]).
Suda-Lexikon, Art. Μάνης (Σουίδας [ed. ADLER] III 318–319: ADAM, Texte 78–79 [Nr. 54]).	In offenbarer Abhängigkeit von Sokrates (kaum von Theodor bar K.) heißen (um 1000 n.Chr.) die 4 βιβλία des Τερέ-	—

(Fortsetzung)	βιντος–Βουδδᾶς, die Κούβρι- κος–Μάνης als ποννήματα ἴδια bezeichnete: **Μυστηρί- ων, Εὐαγγέλιον, Θησαυ- ρός, Κηφαλαίων** (Z. 6–23, bes. 13–14; Reihenfolge in Acta Arch.: 1—4—2—3).	—
al-Bîrûnî, Chronologie orien- talischer Völker (ed. SA- CHAU: ADAM, Texte 1 [Nr. 1a.b], 5 [Nr. 3a]).	Um 1000 n.chr. Bezeugung von Manis (echtem) **Evange- lium** u. **Šaβuhrayān**, „aber noch nicht mit der genauen Kenntnis, wie 30 Jahre später in seinem Indienbuch" (5, Anm. zu Nr. 3a).	—
al-Bîrûnî, Indienbuch (ed. SACHAU: ADAM, Texte 4– 5 [Nr. 2d], 9–10 [Nr. 4c], 26 [Nr. 9]; vgl. SCHAE- DER, Urform 74–76, 117– 118 = Studien 24–26, 67– 68).	Zitate aus dem **Schatz der Lebendigmachung** (arab. *kanz al-iḥjā*) und dem Buch der **Mysterien** (arab. *sifr al- ᵓasrār*).	—
Michael Psellos, Περὶ ἐνερ- γείας δαιμόνων διάλο- γος (PG CXXII [817– 820], 819–876; 11. Jh. n.chr.).	—	—
aš-Šahrastānî, Religionspar- teien und Philosophen- schulen (ed. CURETON: ADAM, Texte 6 [Nr. 3b]).	Um 1130 n.Chr. Zitat aus Manis **Šaβuhrayān**.	—

---

[1] Vgl. Per BESKOW, The Theodosian Laws against Manichaeism, in: BRYDER, Manichaean Studies (1988) 1–11, bes. 6–7.

[2] Der Hinweis auf solche „mantischen Praktiken" (VON RAD, ATD VIII 88) sowie auf den angeblichen manichäischen Zauber (γοητεία) in der großen griechischen Abschwörungsformel (PG I 1468A: ADAM, Texte 101; vgl. auch Epiphanios, Pan. haer. 66, 13,7 [s.u.]) mag berechtigt sein, zumal ja das Stichwort βδέλυγμα aus Dtn 7,25; 17,1; 18,12 stammt. Wer Hero- dot kannte (Hist. I 132,3: HUDE I [s. p.]), wird aber auch an die persischen μάγοι mit ihrer je- weiligen Opfer-ἐπαοιδή (= θεογονίη!) gedacht haben.

[3] BRINKMANN druckt in seiner ausgezeichneten Praefatio (III–XXXI) auch das „carmen εἰς τὸν Βασίλειον βασιλέα" aus dem Codex Medceus ab (Z. 61–231: a.a.O. IV, XVI–XXII).

[4] Zur Rolle der apokryphen Evangelien und Apostelakten bei den Manichäern vgl. außer NAGEL, Apostelakten (passim), CHADWICK, Priscillian 77–78 u.ö.

[5] Vgl. auch die Erwähnung des Mani in Ps.-Hegem., Adv. haereses, Z. 26–31: *Post has erupit Manichaeus, …. Huius heresis de Pythagorae fonte libatur et commixta magicis artibus astrologia quoque utuntur, sicut et Pythagoras de his exordium sumit* (HOSTE, Ps. Heg. 327– 328). Die kritische Ausgabe von Ch. H. BEESON, Hegemonius. Acta Archelai (Leipzig: J. C. Hinrichs, 1906 [GCS 16]) war mir nicht rechtzeitig zugänglich.

[6] Vgl. Heinrich DÖRRIE, Serapion von Thmuis, in: PRE.S VIII (1956) 1260–1267, 1263.

[7] Da die Editio princeps von CASEY außer einem Schriftstellen-Index (vgl. kanongeschicht- lich und textkritisch zu Mk 1,1 besonders XXV.14–16 und XXXVII.11–12: a.a.O. 41, 55) kein Register enthält, weise ich auf die Stellen hin, an denen auch von Valentinos, Valentinia-

(Fortsetzung s. nächste Seite)

nern, Markion, Sitianos und/oder Phranios die Rede ist (III.19–23, XXXIX.6–7, XL.3.12–13: a.a.O. 30, 56–57); das gelegentliche φησίν bzw. φασί könnte sich auf diese mitbeziehen (z.B. XII.3, XXXI.3, XXXIII.3, XLIX.15.18: a.a.O. 34, 47, 49, 69).

[8] Wegen des Stichworts „Zauberei" vgl. LIV.1–2: Περιέρχονται δὲ καὶ οἱ γόητες καὶ οἱ ψευδοπροφῆται καὶ οἱ ψευδόχριστοι, κτλ. (a.a.O. 77).

[9] Vgl. auch die reichen Textauszüge im Apparat von HOLL/DUMMER (Epiph. III 13–70) zu Pan. haer. LXVI 1,1 – 31,8. Die maschinenschriftliche Habilitationsschrift von Peter NAGEL (Die antimanichäischen Schriften des Titus von Bostra, Halle/Wittenberg 1967 [vgl. BÖHLIG, Gnosis III 303, Anm. 7]) war mir leider nicht zugänglich.

[10] Vgl. über die gelegentlichen Zitationsindikatoren φησίν und φασίν im erhaltenen griechischen Original der ersten zwei λόγοι (sowie des Anfangs von Buch Γ [III]) hinaus das sehr häufige ܙܢܐ in der syrischen Übersetzung (Codex Brit. Mus. Add. 12150, geschrieben im Jahre 411 n.Chr.); diese Erklärungspartikel „serves instead of inverted commas to mark a quotation or oblique oration" (J. PAYNE SMITH, Dictionary 242b).

[11] Wie ich sehe, stellte BÖHLIG schon 1940 die folgende Frage zu den koptischen Kephalaia, nämlich zu Kapitel „LV. Über die Bildung (-πλάσσειν) Adams" (POLOTSKY/BÖHLIG, Kephalaia 133–137): „Ist dieses Kapitel bei Titus von Bostra gemeint?" (133, Anm. zu Z. 5). Die ganze Stelle III 4 lautet: φησὶ δὲ πρὸς λέξιν αὐτὴν ἐκεῖνος ἢ ἕτερός τις τῶν ἀπ' ἐκείνου, ἐπιγράψας τὸ κεφάλαιον περὶ τῆς ἀνθρωπίνης πρωτοπλαστίας (gr. 68,10–12 LAGARDE). Sollte die Vermutung von BÖHLIG zutreffen, so wären damit wichtige Anhaltspunkte gegeben für das Alter (vor 363 n.Chr.), die Ursprache (aramäisch–syrisch) und die Verfasserschaft (unbestimmt) der Kephalaia des Lehrers.

[12] Vgl. dazu die Ausführungen zu Bardaiṣan (s.u. B.VI.b.1) und Ephraem (s.u. B.VI.b.3). Zu den Büchern Manis, von denen Ephraem „sehr wenig ... gewußt hat", vgl. auch E. BECK, Polemik (CSCO 391 = CSCO.Sub 55 [1978]) 5–6.

[13] Die Frage, ob damit wirklich eine Buchrolle oder nicht doch ein Kodex gemeint ist, kann hier auf sich beruhen. Angespielt ist wahrscheinlich auf „das sogenannte «Bild» (griechisch: Eikōn, parthisch: Ārdahang, neupersisch: Ertenk), das ebenfalls zum Kanon gerechnet wird" (BÖHLIG, Gnosis III 47; vgl. a.a.O. 383 im Register).

[14] In diesem zweiten Band, der auch wieder Prosa gegen Markion und Bardaiṣan enthält, vgl. F. C. BURKITT, Introductory Essay, cxi–cxliv, bes. cxxxi–cxliv („The System of Mani"). „Zitate Ephräms des Syrers" sind zusammengestellt bei ADAM, Texte 15 und 115–117. Das „Zitat" (ܡܢ ܐܪܙܐ ܕܐܪܐ) in MITCHELL, Prose Refutations I 162,24–28 (bzw. cix) könnte „a literal quotation of three lines from a Manichaean Syriac poem" sein (BURKITT, a.a.O. clxxxiii; Angabe zu korrigieren bei ADAM, der daraus „ein Zitat aus einem manich. Hymnus" macht [Texte 15]).

[15] „Epiph. schöpft seine Kenntnis vornehmlich aus den Acta Archelai u. aus Titus von Bostra; immerhin scheint er einiges aus eigener Kunde zu wissen, vgl. c. 12,4 S. 33,21 u. c. 36,4 S. 76,2" (HOLL/DUMMER, Epiphanius III 13, zu 21ff). Diese und viele andere Quellen sind in der GCS-Ausgabe reichlich dokumentiert. Der „Abriß der manichäischen Lehre" (POLOTSKY, PRE.S VI [1935] 242), nämlich ActArch 7,1 – 13,3 = Epiph., Pan. haer. LXVI 25,3 – 31,8, trägt die Überschrift: Ἀρχὴ τῶν τοῦ Μάνεντος ἀθέων δογμάτων (HOLL/DUMMER, Epiphanius III 53–72).

[16] Daß an anderer Stelle mit ἐπωδαί nicht Hymnen, sondern Zauberformeln o.ä. gemeint sind, zeigt der Kontext: αὐτοῖς ... πρόκειται ἀστρονομία καὶ φυλακτήρια, ..., καὶ ἄλλαι τινὲς ἐπῳδαὶ καὶ μαγγανεῖαι (13,7: a.a.O. 35,12 – 36,1).
Die Frage, ob ἀήρ „alte Verderbnis des ἀνήρ" (vir Act. Arch.) ist, „wodurch Mißverständnisse wie die des Photius hervorgerufen worden sind" (WALDSCHMIDT/LENTZ, Stellung Jesu 57), ist noch nicht entschieden. Soweit ich sehe, läßt sich auch MERKELBACH, der sich an ver-

(Fortsetzung s. nächste Seite)

schiedenen Stellen zum τέλειος ἀνήρ aus Eph 4,13 äußert (Mani 23, 40–41, 44–45), auf dieses Problem nicht ein.

[17] Zum eigentlichen Diodor-Codex 223, in dem es um das Buch Κατὰ εἱμαρμένης geht, vgl. HENRY, Photius IV 8–48, bes. 37 [218b], Z. 20–21.

[18] Der Kontext lautet: *Nisi forte Balsamum mihi, et Barbelum, et Thesaurum Manichæi, et ridiculum nomen Leusiboræ proferas; et quia ad radices Pyrenæi habitas, vicinusque es Iberiæ, Basilidis antiquissimi hæretici et imperitæ scientiæ, incredibilia portenta prosequeris, et proponis quod totius orbis auctoritate damnatur* (PL XXIII 360); zur Einordnung in den westlichen Manichäismus vgl. LIM, Unity 245.

[19] Der Zusammenfassung von E. BECK ist nur einiges hinzuzufügen: „Überraschend dürftig ist das, was man zu unserem Thema [sc. Bücher Manis] aus Augustinus erfährt. Die einzige manichäische Schrift, die bei ihm klar in Erscheinung tritt, ist die Epistula fundamenti, die er in seiner eignen Schrift (contra epistulam quam vocant fundamenti [sc. zu Beginn von cap. 5: CSEL XXV 197,7 ZYCHA]) bekämpft. Sonst ist nur in De actis cum Felice, in I,14 (PL 42,529) von einem Kanon von fünf Büchern (quinque auctores) die Rede, von denen als erstes die epistula fundamenti und als zweites der Thesaurus angeführt wird. Aus letzteren wird dann in II,5 (PL 42,538) ein Zitat gebracht. Ein zweites, ausführlicheres aus dem 7. Buch des Thesaurus steht in Kap. 44 von De natura Boni (PL 42,568). Das ist alles, ein sehr mageres Ergebnis bei einem Mann, der neun Jahre lang Auditor der Sekte war!" (Ephräms Polemik 6).

[20] Vgl. auch den „Brief an die Perserin Menoch" aus PL XLV 1318–1327 bei ADAM, Texte 31–33 (Nr. 12). Zur Identität der „E p i s t u l a   f u n d a m e n t i" vgl. die Vermutungen von POLOTSKY, PRE.S VI (1935) 245. Noch nicht zugänglich war mir: Erich FELDMANN, Die "Epistula Fundamenti" der nordafrikanischen Manichäer. Versuch einer Rekonstruktion. Altenberg 1987 (Angabe nach Harrassowitz Spezial-Listen, Liste 332, Herbst 1990, S. 3).

[21] „Wenn nun auch die Manichäer selbst diesen Rath Augustin's nicht befolgten, diese kostbare Literatur ihres Lehrers und seiner Schüler durch Feuer zu vernichten, so geschah es nur zu gründlich auf kaiserlichen Befehl" (FLÜGEL, Mani 384).

[22] Vgl. zu diesem „Ausdruck, in welchem ἀγάπη vorkam, das Wort für das Liebesmahl der frühen Christen", die Vermutung von MERKELBACH, daß die koptischen „Psalmen der Wanderer" – ψαλμοὶ σαρακωτῶν (ALLBERRY, Psalm-book 133–186) als Mahlgesänge der Electi „solche *amatoria cantica*"sind (Mani 51–58, bes. 55–56).

[23] Am Schluß der Akten findet sich die augustinische Abschwörungsformel (II, Kap. XXII: PL XLII 551–552; vgl. ADAM, Texte 90 [Nr. 61]).

[24] Vgl. auch die, durchaus auf der Linie von Augustinus liegende, polemische Passage in Kap. XXXVI: *..., falsa omnia sunt quae Manichæus dixit in Epistola Fundamenti, quæ caput est omnium vanarum fabularum; vel in Thesauro, qui thesaurus est omnium turpitudinum et blasphemiarum, vel in cæteris omnibus libris, ...* (PL XLII 1149).

[25] Zu Augustins antimanichäischen Schriften aus der Zeit zwischen 391 und 404 vgl. Retract. I, XIV–XVI, XXII; II, II, VII–X (a.a.O. 41–52, 63–66, 91, 95–98 [all diese Traktate in PL XLII 63–64, 65–602 bzw. in ZYCHA, CSEL XXV,1 wo sich auch jeweils das sog. Commonitorium findet, PL XLII 1153–1156 bzw. CSEL XXV,2 980,4 – 982,3]; vgl. außerdem zu einigen früheren Schriften Retract. I, VII (a.a.O. 18–21 [*De moribus ecclesiæ catholicæ et de moribus Manichæorum libri duo*]: PL XXXII 1309–1378), IX (a.a.O. 23–29 [*De libero arbitrio libri tres*]: PL XXXII 1219–1222, 1221–1310 bzw. die Edition von W. M. GREEN, CChr.SL XXIX [1970] 205–321), X (a.a.O. 29–33 [*De Genesi contra Manichæos libri duo*]: PL XXXIV 173–220) und XIII (a.a.O. 36–41 [*De vera religione liber unus*]: PL XXXIV 121–172 bzw. die Edition von K.-D. DAUR, CChr.SL XXXII [1962] 169–260].

[26] Leider wird das mit dem der „Magier" gleichgesetzte „Religionssystem des Mani" vom armenischen „Kenner der griechischen, syrischen und persischen Sprache" im frühen 5. Jh. n.Chr. „nur nebenher erwähnt" (SCHMID, Eznik 8, 12), nämlich in Kap. II des gegen die Religion der Perser gerichteten 2. Buchs (Z. 57–58, 72–81: a.a.O. 94–96 [Tod des angeblich heuchlerischen Mani durch Schinden]); doch vgl. auch Kap. XIII–XV des 4. Buchs, „Wider die Sekte des Marcion", wo im Zusammenhang mit den Problemen der Jungfräulichkeit und

(Fortsetzung s. nächste Seite)

Auferstehung Markion und Mani zusammen bekämpft werden (Z. 834–835, 891, 929: a.a.O. 199, 201, 202).

[27] Vgl. auch die Anmerkungen zu KG I 22 (HUSSEY, Socratis historia III 77–78) und die – Nestorios verteidigende – Zusammenstellung der Manichäer mit den Montanisten in KG VII 32,20 (HUSSEY, Socratis historia II 809).

[28] Von den antimanichäischen Schriftstellern nennt Theodoretos u.a. Titos von Bostra und Diodoros von Tarsos (PG LXXXIII 381–382). In dem Kapitel über die Audianer (IV 10: a.a.o. 428–429) erscheint *nicht* derjenige Entlehnungszusammenhang, der in Theodorets Kirchengeschichte zwischen Audaios und Mani hergestellt wird (KG IV 10,3: PARMENTIER bzw. DERS./SCHEIDWEILER, GCS 19 [1911] bzw. 44 [1954] 228,11–12 [ἐκ γὰρ τῆς τοῦ Μάνεντος πλάνης ἐρανισάμενος]).

[29] Die am 11. April 518 gehaltene Homilie, die Zitate aus Manis Schriften enthält, ist auch nur in syrischer Übersetzung erhalten (vgl. außer BRIÈRE, PO XXIX,1 [566] = 62, BÖHLIG, Gnosis III 7–8).

[30] Zu diesem Philosophen des frühen 6. Jh.s n.Chr. vgl. PRAECHTER, Grundriss I (1967) 634–635: „Simplikios ist nicht nur der letzte in der Reihe der großen athenischen Neuplatoniker, er und seine Generation stehen am Ende der athenischen Schule überhaupt. ... Von seinen erhaltenen Kommentaren sind jedenfalls die meisten nach der Rückkehr aus Persien verfaßt (der Epiktetkommentar wohl früher in Alexandreia; ...).“

[31] Simplikios „gibt zu Epict. enchir. c. 27 eine ausführliche Widerlegung der Dualisten. Er zeigt sich über das manichäische System auch in Details gut unterrichtet; seine Darstellung zeichnet sich durch Präzision aus, seine Polemik durch Scharfsinn, eindringendes Verständnis und Objektivität“ (POLOTSKY, PRE.S VI [1935] 242).

[32] Das textkritische Problem der Konjektur ὁμάδα („das Ganze, die Gesamtheit“) für ὁμοδα kann hier auf sich beruhen (vgl. ADAM, Texte 94, Anm. zu Z. 27).

[33] Zur editorischen Verbesserung vgl. LIEU, Formula 171: „GOAR'S text gives its full title as the *Working of All Things* (τὴν τῶν πάντων πραγματείαν) which is in fact a misreading for τὴν τῶν γιγάντων πραγματείαν (The Treatise on the Giants) – a work which is also known to Timothy and appears to be a crasis of the titles of two Manichaean works, *The Book of the Giants* and *Treatise (Pragmateia)* .“

[34] Das Interessante an diesen 17 Anathematismen ist die Zusammenstellung des Priscillianus mit Gnostikern (II), Cerdon, Marcion (IV), Manichaeus (IV, V, VII, XI–XIV) u.a.

[35] Bei den letzten fünf Schriften handelt es sich um ntl. Apokryphen: EvThom (vgl. NHC II,2), EvPhil (vgl. NHC II,3), ActAndr, Laod, „Kindheitsgeschichten des Herrn“ (vgl. Beate BLATZ, Das koptische Thomasevangelium, in: SCHNEEMELCHER, NTApo I [1987] 93–113, bes. 94). Daß der Heptalog nicht dem Agapios, sondern einem Verfasser namens Alogios zugeschrieben ist, wird ein Irrtum sein. Zu den Kephalaia s.u. und zur „crasis“ Γιγάντων Πραγματεία vgl. LIEU, Formula 171.

[36] „Daß bei dem letzten großen universalen Kirchenvater Johannes von Damaskus (650/70–753/54) in seiner «Quelle der Erkenntnis» auch ein Abschnitt über die Manichäer zu finden ist, braucht nicht zu verwundern“ (BÖHLIG, Gnosis III 7); vgl. auch ALTANER/STUIBER § 121,3.

[37] Vgl. die kurze Erwähnung der Manichäer schon in Mimrā I 55 (SCHER, Theodorus I 23,22; HESPEL/DRAGUET, Théodore I 68). Der „nestorian[ische] Mönch und Schriftsteller“ (A. DE HALLEUX, LThK X [1965] 38) ist, anders als Severos von Antiocheia, syrischer „Originalschriftsteller“ der 2. Hälfte des 8. Jh.s, „der gerade für den Manichäismus ausgezeichnete Quellen zur Verfügung gehabt haben muß, so daß er den manichäischen Mythos weitgehend aus Zitaten zusammenstellen kann“ (BÖHLIG, Gnosis III 9; vgl. vor allem Mimrā XI 59). Zum Namen vgl. SCHAEDER, Studien (1968) 40, Anm. 1: „Daß *Kōnai* zu lesen ist, hat BURKITT, The Religion of the Manichees S. 14, A. 1 endgültig entschieden.“

[38] Vgl. die Liste der vier Bücher bei E. BECK, der auch den handschriftlich bezeugten Singular liest: „d-sīmtâ (thesaurus)“ (Ephräms Polemik 6).

(Fortsetzung s. nächste Seite)

[39] Aufschlußreich nicht für die manichäische, wohl aber für die (ost)syrische Hymnodie ist Mimrā IX 1 des Scholienbuches, wo in Punkt 17 Psalmodie als ܟܝܡܘܢܝ erscheint (SCHER, Theodorus II 184,25; HESPEL/DRAGUET, Théodore II 138); der Schlußpunkt (51) identifiziert erst ψάλτης mit ܙܡܪܐ und ψαλτήριον mit ܟܝܡܪܐ ܟܒܐ; dann heißt es weiter: „et s'interprète en syriaque «louange» [ܬܫܒܘܚܬܐ], et eux s'interprètent «louangeurs» [ܡܫܒܚܢܐ]" (Ed. 187,20 – 188,2; Üb. 139).

[40] Vgl. zu Petros und Photios BÖHLIG, Gnosis III 7: „Noch in byzantinischer Zeit war wissenschaftliches Interesse an den Manichäern vorhanden. Denn zur Bekämpfung der Paulikianer, die man als Neo-Manichäer ansah, sammelte man im 9. Jahrhundert Material über den Manichäismus; doch sind die Schriften des Petrus Siculus und des Photios sowie das Schriftchen des späteren Polyhistors Psellos nicht bedeutsam für die moderne Manichäerforschung."

[41] Vgl. FLÜGEL, der folgendermaßen übersetzt: „die Luft aber preist (Agapius) gleichsam als einen Gott, indem er sie verherrlichend eine Säule und einen Menschen nennt" (Mani 232).

[42] Interessant ist im Kontext die Zusammenstellung der „Häretiker" Eutyches, Apolinarios, Valentinos und Manichaios. Zu weiteren Codices der Bibliothek des Photios s.o. zu Diodoros und Herakleianos.

[43] Fortsetzung: „von denen er ein jedes Evangelium nach einem der Buchstaben des Alphabets benennt, und wo er das Gebet behandelt ..." (ADAM, Texte 1 [Nr. 1c]).

[44] In diesem Werk, „one of the few texts directly attributable to Mani himself ... in which he summarized his teachings in Persian for the enlightenment of Šābuhr I" (MACKENZIE, Mani's Šābuhragān 500, teilweise mit Zitat von M. BOYCE), findet sich nichts Hymnologisches.

[45] Vgl. über diesen Buchtitel die Vermutungen von FLÜGEL, der gesteht, sich „nicht auf ganz sicherm Boden zu bewegen" (Mani 365, Anm. 322); auf die erwartete „weitere Belehrung" (367) bin auch ich noch nicht gestoßen. Inhaltlich paßt jedoch zu der dreifachen „Auflösung" die „Lehre der Manichäer über das zukünftige Leben" (69–71 [Text], 100–101 [Üb.], 338–351 [Komm.]).

[46] Zu der besonderen, aus dem Syrischen und Persischen entlehnten Schrift Manis und der Manichäer vgl. FLÜGEL, Mani 85, 166–170 (mit Facsimile 167–168).

3. Griechische und lateinische Originalschriften

Das winzige „Pergamentbuch" P. Colon. inv. nr. 4780 (4./5. Jh. n.Chr.), nach zwei Jahrzehnten nun bekannt als „Kölner Mani-Kodex" (KOENEN/RÖMER, KMK-Abb. VII, KMK-Ed. XV) bzw. „Codex Manichaicus Coloniensis" oder „Cologne Mani Codex" (vgl. CAMERON/DEWEY, CMC [griech. Text u. engl. Übers. von 2,2 – 99,8]), enthält leider nichts Hymnologisches.[1]

Man könnte allenfalls auf die für die Manichäer wichtige Vorstellung des himmlischen Gottesdienstes hinweisen, die in den Worten des Σημ durchscheint, zu dem ἐν τῇ ἀποκαλύψει αὐτοῦ das „lebendige Pneuma" u.a. sagt: δόξαν δὸς τῷ μεγίστῳ τῆς τιμῆς βασιλεῖ (56,1–3: KMK-Abb. 110–111 bzw. KMK-Ed. 36–37; CMC 42–43). Wie dieses Exzerpt im vielleicht ursprünglichen ostaramäischen Text der dann ins Griechische übersetzten Teilbiographie „Περὶ τῆς γέννης τοῦ σώματος αὐτοῦ" gelautet haben mag, ist zumindest für den Begriff δόξα nicht schwer zu vermuten (Nominalbildung von der Wurzel šbḥ).[2]

In den ausgiebigen Zitaten des πανευφημότατος ἀπόστολος (63,2-3: KMK-Abb. 124–125 bzw. KMK-Ed. 42–43; CMC 48–49) – schon früh gab es wohl Hymnen an Mani – auf den Seiten 64–70 des insgesamt 192 Seiten umfassenden Kodex ist von den συγγράμματα die Rede, die „unser Vater [Mani] selbst" ἀπέστειλεν εἰς ῎Εδεσαν (64,4-7 [**Briefe ?**]); vom εὐαγγέλιον τῆς ἁγιωτάτης αὐτοῦ ἐλπίδος (66,1-3) bzw. **ἀθάνατον εὐαγγέλιον** (67,14), das mit den an die Paulusbriefe erinnernden Worten begann: ἐγὼ Μαννιχαῖος ᾽Ιησοῦ Χριστοῦ ἀπόστολος (66,4-5);[3] schließlich summarisch von den βίβλοι τοῦ πατρὸς ἡμῶν (70,13-14: KMK-Abb. 126–139 bzw. KMK-Ed. 42–49; CMC 50–55).

---

[1] Vgl. K. TREU, Christliche Papyri III 212–214, bes. 213: „In der Vita fehlen die tiefsinnigen und komplizierten Spekulationen der Kephalaia ebenso wie die sublime Poesie der manichäischen Psalmen."

[2] Für STRECKER „spricht nichts dagegen, daß der CMC ursprünglich in griechischer Sprache verfaßt wurde" (Der Kölner Mani Kodex 123; „Papyruskodex" ist wohl ein Versehen). Der gute Kenner des Judenchristentums (vgl. TRE XVII [1988] 310–325) unterstreicht in seinem FS-Artikel die Herkunft des Mani und des Manichäismus aus der judenchristlichen „Sekte der Elkesaiten" (126–128).

[3] Vgl. KOENEN/RÖMER, die zu „dem erstaunlich undualistischen Anfang von Manis Evangelium (66,4 – 68,5)" feststellen: „Es ist nicht klar, wieweit die Zitate aus dem Evangelium reichen und wo Zitate aus anderen Werken Manis beginnen (bis 70,9)" (KMK-Ed. XX–XXI mit Anm. 24).

Die Pergament-Hs. Paris, Bibl. Nat., Nouvelles acquisitions latines, 1114 (ALFARIC, Manuscrit [mit Übersetzung]; Text nachgedruckt in: PL.S II [1960] 1378–1388), vielleicht ein „Brief an die Katechumenen" (so, doch mit Fragezeichen, ADAM, Texte 34–35 [Nr. 16]), wahrscheinlicher aber das lateinische „Manuskript eines manichäischen Lehrtextes" aus dem 4./5. Jh. n.Chr., ist das erhaltene, wenn auch stark zerstörte „Beispiel des einzigen längeren westländischen Originaltextes" (vgl. WALDSCHMIDT/LENTZ, Stellung Jesu 20–21).

Der „Autor des vorliegenden Brief-Traktates" ist möglicherweise Mani selbst (so, mit ALFARIC, Manuscrit 91–98, MERKELBACH in der Einleitung zu seiner eigenen, neuesten und umfangreichsten Edition des Codex von Tebessa [230, 232–233]). Für die manichäische Hymnologie gibt dieses wichtige „Dokument der christlichen Spielart des Manichäismus" mit seinem Anspruch, „dass die manichäische Kirche die wahre christliche Kirche sei" (MERKELBACH, Codex 230, 233), ebensowenig her wie der Kölner Mani-Kodex.

4. Koptisch-manichäische Homilien (3./4. Jh. n.Chr.)[1]

Die sogenannten Homilien, „nicht ein Werk von Mani selbst, sondern eine Sammlung von Erzeugnissen aus dem Kreise seiner Schüler", gliedern sich in vier Stücke, die in manichäisch-subachmimischem Dialekt ohne erkennbare „Syrismen" geschrieben wurden (POLOTSKY, Homilien XV, XVIII).

---

[1] Zitiert wird, unter Angabe von S[eite], Z[eile], nach den Ausgaben von POLOTSKY, Homilien (= H.); POLOTSKY/BÖHLIG, Kephalaia bzw. BÖHLIG, Kephalaia (= K.); ALLBERRY, Psalm-book (= P.). Inzwischen gibt es von den Überresten des sensationellen Manifundes aus den frühen dreißiger Jahren dieses Jahrhunderts eine von Søren GIVERSEN herausgegebene Facsimile Edition der Dubliner Sammlung (The Manichaean Coptic Papyri in the Chester Beatty Library, vols. I–IV, Genève: Patrick Cramer, 1986/88), zu der sich Hans-Martin SCHENKE auf dem 4. Kongreß der International Association for Coptic Studies (Louvain-la-Neuve, September 1988) ebenso geäußert hat wie zu den Berliner Beständen: „Bei Aufräumungsarbeiten unter den Archivbeständen der Akademie der Wissenschaften haben sich Abschriften, von drei verschiedenen Händen, von Textseiten gefunden, die noch unveröffentlicht sind. Unter ihnen befinden sich alle unveröffentlichten Kephalaia-Texte, die in dem von Carl SCHMIDT und Hans Jakob POLOTSKY verfaßten Sitzungsbericht "Ein Manifund in Ägypten" [Sonderausgabe aus den SPAW.PH 1933.I, Berlin 1933] zitiert werden. ... Es handelt sich im einzelnen um folgende Seiten (zunächst) der Kephalaia (P. Berol. 15996): 293; 301–307 (= Kap. 125–129); 334; 337–357.359–373 (= Kap. 135–150); 395–399 (= Kap. 157–160); 413. Außer den Kephalaia-Seiten gehören zu dem Fund noch Abschriften von drei Seiten der sogenannten Kirchengeschichte (P. Berol. 15997)" (Gnosis-Forschung 1984–1988 [unveröffentlichtes Typoskript], S. 15). Ich danke nicht nur Hans-Martin SCHENKE für die Überlassung seines Vortrags, sondern auch Wolf-Peter FUNK für die Zusendung des Typoskripts (40 S.) seiner in Kürze erscheinenden (in: Orientalia [Roma]), ausführlichen Besprechung von Bd. I–II der genannten Facsimile Edition (I. Kephalaia; II. Homilies & Varia).

[1] Das fragmentarische erste Stück (H. 1,4 – 7,7) mit dem Titel „Gebets-Logos" (7,7 [Unterschrift]) ist als weinende „Klage über Manis Tod" (vgl. das „Weinen" [ΡΙΜΕ] in 3,16; 5,17; 7,5) – also als θρῆνος – „in die Form einer preisenden Anrufung an Mani gekleidet" (XV).[1] Der Lobpreis Manis ist im „Du"-Stil gehalten, z.b.: „Du bist mein Gott" (1,19), „Du bist geehrter als mein Vater" (2,23), „Du bist der Herr, die Macht ist in Deiner Hand" (3,24). Der Anfang von 4,16 ist leider „unverständlich", doch ist die zentrale Aussage sicher auch auf den „Herrn Mani" (vgl. 7,4) bezogen: ϤϬΜΟϒ ΑΠΕΚΡΕΝ – „er preist Deinen Namen" (4,16).

[2] Im zweiten Stück (H. 7,8 – 42,8), dem „Logos vom großen Krieg" (7,8 [Überschrift]; 42,7–8 [Unterschrift]; vgl. auch die oberen Ränder 28–29 und 36–37) bzw. dem „Logos des (sc. Mani-Begleiters) Κουσταῖος" (26–27 und 30–31 [„header"]), sind in die „apokalyptisch-eschatologische Schilderung", deren „Grundlage" die „synoptische Apokalypse" (Mk 13 ‖ Mt 24 ‖ Lk 21) und Mt 25,31–46 bilden, eine ganze Reihe hymnologischer Aussagen eingebaut.

Doch zunächst sei auf Stellen hingewiesen, an denen von zahlreichen manichäischen Büchern (ΑϢΜΕ, ΑΜΕ [24,13.17.21.28; 25,13; 27,21; 28,11]), γραφαί (ΓΡΑϤΑϒΕ [28,10.21; 30,26]), ἀποκαλύψεις (30,26) die Rede ist. In 25,1–6 werden auch die Titel der Schriften Manis genannt: Εὐαγγέλιον (vgl. 27,21; 28,16), Θησαυρός des Lebens (ϢΝϨ), Πραγματεία („Traktat"), ΠΑϢΜΕ Μυστηρίων, ~ Γιγάντων (ΓΙΓΑϹ), Ἐπιστολαί, Ψαλμοί und Gebete (ϢΛΗΛ) meines Herrn (vgl. 18,4, in umgekehrter Reihenfolge), seine Εἰκών (vgl. 18,5; 27,20.24; 28,16–17; 33,20; 39,13, z.T. im Zusammenhang mit dem βῆμα-Fest, s. ALLBERRY, ZNW 37 [1939] 2–10, in: WIDENGREN, Manichäismus 317–327, bes. 321; zum „Bildband" vgl. BÖHLIG, Gnosis III 47–48, und vor allem NAGEL, Ζωγραφεῖν 199–211) und seine Ἀποκαλύψεις („Offenbarungen"), seine Παραβολαί und seine Μυστήρια – „nichts wird verlorengehen. ... Tausende sind verlorengegangen und wieder Tausende sind ihnen zu Handen gekommen" (25,6–8)! Dazu kommen die Κεφάλαια (18,6).

Häufig wird auf früheren und vor allem auf eschatologischen Psalmengesang angespielt (vgl. 12,3; 23,31; 24,6.11; 26,4; 27,30; 30,27.32; 31,7), der sich natürlich auch auf die genannten Psalmen Manis bezieht und zumindest teilwei-

---

[1] Es ist durchaus möglich, daß die aus abgerissenen Rändern zu rekonstruierende „Überschrift" [ΠΘΡ]ΗΝΟϹ ΝϹΑΛΜΑΙΟϹ, „Die Klage des (sc. Mani-Schülers) Σαλμαῖος" (POLOTSKY, Homilien XV; vgl. S. XII–XIII aus dem Beitrag von H. IBSCHER) die alternierende Überschrift desjenigen Stückes war, das in der Unterschrift klar als ΠΛΟΓΟϹ ΜΠϹΑΠϹΠ bezeichnet wird; zur Überschriftspraxis für manichäische Bücher vgl. auch KOENEN/RÖMER, KMK-Abb. XV.

se preisenden Charakter hat (vgl. das parallele †ⲈⲀⲨ in 12,4; 24,11; ὕμν[οι] in 30,33). Umgekehrt wird sich das ausdrückliche, z.T. auf Mani selbst und seine Schriften, zT. auf Jesus den Großen Glanz (37,14) gerichtete Verehren (ⲞⲨⲰϢⲦ [7,9; vgl. 22,9–10]), Preisen (†ⲈⲀⲨ [7,9; 30,13; 36,16; vgl. 40,11 „*Gloriosus rex*"]; ⲤⲘⲀⲘⲈ [7,20; 22,9; 36,18; 37,15]) oder Verherrlichen (ⲦⲀⲒⲞ [28,22–23; 33,10; vgl. 40,10 „*Rex honoris*"]) auch mit dem Psallieren vermischen. Fast wie ein kleiner Hymnus klingen die „Heil"-Ausrufe mit ⲚⲈⲒ̈ⲈⲦ´ (33,4–9).

[3] „Der Teil (μέρος) der Erzählung von der Kreuzigung (σταύρωσις) des Glanzes (φωστήρ), des wahren Apostels (ἀπόστολος)" (85,32–34 [Unterschrift; Überschrift in 42,9–10 verstümmelt]) ist der Titel des dritten Stückes (42,9 – 85,34), dessen Seitenüberschriften wahrscheinlich lauteten: ⲠⲘⲈⲢⲞⲤ — ⲚⲦⲤⲦⲀⲨⲢⲰⲤⲒⲤ (XIII).

Diese Betonung der „Kreuzigung", nämlich „Manis unter Bahram I (273–276)" und „des Sisinnios unter Bahram II (276–293)" (XVI), ist m.E. irreführend. Das griechische Lehnwort σταύρωσις wird zwar auch im Text öfter gebraucht in bezug auf Mani (44,18; 45,9; 60,3; 71,15; 76,6.26; 81,13; 83,15) und Sisinnios (83,9.25). Von Jesu σταυρός ist schon im zweiten Stück die Rede (11,15), wo auch σταυροῦν in bezug auf die Manichäer vorkommt (14,18). Die verbale Dialektform Ⲣ̄ⲤⲦⲀⲨⲢⲈ begegnet am häufigsten, und zwar in bezug auf Jünger des synoptischen Jesus (69,3 [Jakobus?]), verfolgte Manichäer (81,6; 83,20; vgl. 77,17), Sisinnios (83,10) und vor allem Mani selbst (71,25; 74,15; 75,30; 81,19; vgl. ⲢⲈϥⲢ̄ⲤⲦⲀⲨⲢⲈ 75,6). Aber nirgends wird das Kreuzigen bzw. Gekreuzigtwerden konkret beschrieben. Im Gegenteil, die „Kreuzigung" des Sisinnios wird durch das Schwert vollzogen (83,5). Und die Beschreibung der „Kreuzigung" und des Todes des Mani, die schon an den leider stark zerstörten Stellen von der „Auflösung des Leibes (σῶμα)" (54,16-17) und dem Herausgegangensein der Seele (ψυχή) spricht (59,8), wird auch in der Zusammenfassung in dieser Hinsicht nicht konkreter. Auf Anklage, Verhaftung und Einkerkerung folgt der Aufstieg „aus dem Körper … hinauf zu den Wohnungen seiner Größe in der Höhe" (60,4–11.13–15). So ist es sehr wahrscheinlich, daß σταύρωσις nur metaphorische Bedeutung hat „of a martyr's sufferings" (PGL 1255b [vgl. PG XCII 1720B]), womit die Leiden der nicht nur durch die Perser, sondern auch durch die Christen verfolgten Manichäer nicht beschönigt werden sollen.[1]

---

[1] Vgl. schon Carsten COLPE, Manichäismus, RGG IV (1960) 714–722: „Dieses Ereignis (sc. Manis Tod in Ketten unter Bahram I [274–277]) … wird in vielen Texten in bewußter

(Fortsetzung s. nächste Seite)

Weniges ist zu den genannten Büchern Manis (44,25) zu ergänzen. Existenz und kanonischer Rang des Εὐαγγέλιον werden noch einmal bestätigt (43,16; vgl. 67,28); das Buch ([ⲠⲀⲰ]ⲘⲈ) Μυστηρίων erhält den weiteren Genitivzusatz „der Weisheit (σοφία)" (43,16–17).

Die in einem sehr stark zerstörten Kontext genannten „Engel des Lobpreises (ⲤⲘⲀⲘⲈ)" (43,14) lassen wieder an den himmlischen Gottesdienst denken, in dem auch Mani gelobt und gepriesen wird nach seiner Ankunft im Himmel (ⲤⲘⲞⲨ, †ⲉⲁⲨ [61,29; 62,3]). Unklar ist, worauf sich die „Psalmen (ψαλμοί)" (50,28), die „Psalmen und Psalmisten (ψάλται)" (61,9) bzw. die „Psalmen, ... Gebete (ⲰⲂⲻ) und Lobpreisungen (ⲤⲘⲀⲘⲈ)" (73,24–25) beziehen. Wiederum könnte man sagen, daß das mindestens siebenfache „Gepriesen sei(en)", diesmal ausgedrückt mit dem Qualitativ ⲤⲘⲀⲘⲀⲀⲦ (75,20–26; 85,13), hymnischen Charakter hat.

[4] Am Anfang des titellos erhaltenen vierten Stückes (86,1 – 96,27) steht eine verehrende (ⲞⲨⲰⲩⲦ [86,8]) und lobpreisende (†ⲉⲁⲨ [86,13.15.19]) „Anrufung des Pantheons" (vgl. auch ⲤⲘⲀⲘⲀⲀⲦ in 86,11). Wer der Sprecher des jeweiligen „Ich verehre, preise Dich" ist, wird ebensowenig klar wie die Identität des „Wir" und des geschriebenen „Buches" (ⲀⲰⲘⲈ) im Kontext (86,25), in dem auch die manichäischen Termini technici „Ruf" (ⲦⲰⲻⲘⲈ) und „Hören" (ⲤⲰⲦⲘⲈ) erscheinen (86,23).

Glücklicherweise haben sich diejenigen Zeilen erhalten, in denen offenbar Mani selbst spricht bzw. zum Sprechen gebracht wird in bezug auf „alle" (94,22) seine γραφαί (ⲄⲢⲀⲫⲀⲨⲈ): mein Großes Εὐαγγέλιον von ⲁ bis ⲱ („d.h. in Wirklichkeit von ℵ bis ת" [94, Anm. a]), Θησαυρός des Lebens (ⲰⲚⲻ), ⲠⲀⲰⲘⲈ Μυστηρίων, die erhabene Πραγματεία und die Schrift (γραφή [von den Giganten ?], 94,18–22). Zwischen dem „Schatz des Lebens" und dem „Buch der Mysterien" sind sehr wahrscheinlich „alle" Ἐπιστολαί ([ⲚⲈⲠⲒⲤⲦⲞⲗⲀⲨ]ⲉ) erwähnt (94,20).

Reminiszenz an die Passion Jesu eine Kreuzigung genannt" (714); KLIMKEIT, Hymnen 107–116: „Kreuzigung", „für die östlichen Manichäer austauschbar" mit dem Begriff „Parinirvāṇa" (107), wird zum Kernbegriff für alle Formen des Todesleidens ob des Glaubens willen" (113).

5. Koptisch-manichäische „Kephalaia des Lehrers“ (3./4. Jh. n.Chr.)[1]

Die verwirrende mythologische Fülle des „gnostischen Denkens“ (SCHAEDER, Urform 121 = Studien 71) des im subachmimischen Dialekt geschriebenen ehemaligen Prunkbandes aus Medînet Mâdi im Fayûm, dessen Seiten sowohl paginiert sind als auch paarweise die Überschrift ⲛ̄ⲕⲉⲫⲁⲗⲁⲓⲟⲛ ⲙ̄ⲡⲉⲥⲁϩ enthalten, kann hier nur angedeutet werden (vgl. außer der Beschreibung der Handschrift durch H. IBSCHER [V–XIV] die detaillierte Inhaltsanalyse der Kapitel I–XCV von A. BÖHLIG [XV–XXXII]). Obwohl die bisher edierten 122 Kapitel durchgezählt erscheinen (mit eigenen Kapitelüberschriften), wird im folgenden die übliche Zitierweise beibehalten.

In der am Anfang stark zerstörten Einleitung (K. 3,1 – 9,10) läßt der Text Mani von seinen Schriften (γραφαί [8,32]) als seinen „Lichtbüchern“ sprechen: Großes **Εὐαγγέλιον** (vgl. 153,31), **Θησαυρός** des Lebens (ⲱⲛϩ), **Πραγματεία**, Τὰ τῶν **Μυστηρίων**, „Schrift (γραφή), die ich aus Anlaß der Parther (Πάρθος) geschrieben habe“ [?], **Ἐπιστολαί**, **Ψαλμοί** und **Gebete** (ϣⲗⲏⲗ) (5,23–26; hinzukommt „meine **Εἰκών**“ in 14,28; vgl. auch 16,21-22 [„meine früheren Bücher“], 16,26–27 [„Schriften“ erwähnt in einer der typischen, bekennenden Dankadressen der Jünger des „Offenbarers“] und 250,1 [ϫⲱⲱⲙⲉ]).

Ziemlich oft ist in den Offenbarungen des Φωστήρ (34,16.19 [ἀποκάλυψις]), im Kontext manchmal zusammen mit „Jesus dem Glanz“ (35,13 u.ö.) und der „Lichtjungfrau–Weisheit“ (35,15 u.ö.), von dem „Στῦλος der Herrlichkeit (ⲉⲁⲩ)“ die Rede (35,10; 37,3; 46,32; 72,35; 84,29–30; 92,6; 93,21; 155,11; 176,4; 177,4), der als erste Kraft (von drei Kräften) des zweiten Vaters (von fünf Vätern) oder dritten Gesandten „der vollkommene Mann“ ist, „der alle Dinge trägt, die große Säule (στῦλος) des Lobpreises (ⲥⲙⲁⲙⲉ), der große Ὠμοφόρος“ (35,10–12; vgl. PGL 1556a: „*who carries* the earth *on his shoulders*“).

[1] Vgl. in der chronologischen Tabelle (s.o. A.VIII.c.2) die Angaben zu Titos v. Bostra, Kyrillos v. Jerusalem, Epiphanios (mit Acta Archelai) u.a., die alle die Existenz der den koptischen Texten zugrundeliegenden *griechischen* Kephalaia im 4. Jh. bezeugen. Nach der Beschreibung von Photios, Bibliothek, Codex 179 (HENRY, Photius II 184), ist es durchaus möglich, daß der Verfasser bzw. Redaktor der Kephalaia der Mani-Jünger Agapios war. Für eine *syrische* Urform gibt es zwar gute allgemeine Gründe (vgl. ALLBERRY, Psalm-book XIX), aber kaum konkrete Beweise (vgl. POLOTSKY/BÖHLIG, Kephalaia IV: „Die Urform der Schrift *mag* syrisch abgefaßt gewesen sein“ [Hervorhebung von mir]). Vielleicht könnte man auf die aramäisch-semitische Ausdrucksweise von „den Söhnen der Menschen“ hinweisen (K. 89,8–9).

Nicht nur mythologisch, sondern auch hymnologisch wichtig ist es, daß der erste Vater, „der Vater der Größe, der Herrliche, der Gepriesene" ist (34,21–22 [ΠΠⲁⲡⲉⲁⲩ ⲉⲧⲤⲘⲁⲘⲁⲁⲧ]). Er ist nicht zu verwechseln mit dem [zweiten] Vater, den Jesus, „der Sohn der Größe" (36,31; 37,27), pries (37,24 [†ⲉⲁⲩ]), wohl aber identisch mit dem „ersten Stehen", das die primäre Emanation (προβολή), „das große Πνεῦμα" (vgl. hebr. *ruaḥ* und syr. *rūḥā*), die „Mutter des Lebens" betend verherrlichte (†ⲉⲁⲩ) und pries (ⲤⲘⲁⲘⲉ) (271,30–31; 272,12–13; vgl. z.B. auch 34,27–29). Einer der fünf Söhne dieses lebendigen Geistes (πνεῦμα) heißt übrigens „König der Ehre (ⲧⲁïⲟ)" (170,28; 172,10) bzw. „König der Herrlichkeit (ⲉⲁⲩ)" (171,4.21; 172,16).

Das Kapitel, das u.a. von der „Verehrung" (ⲟⲩⲱⲩⲧ) handelt (IX: 37,28 – 42,23), ist leider in hymnologischer Hinsicht ganz unergiebig. Im anschließenden Kapitel hingegen werden die 14 großen Äonen des Lichts, die im „Gebet des Sethel" als „herrlich" angeredet werden (42,29–30 [ⲉⲁⲩ]), vom Apostel–Φωστήρ gedeutet (42,27.32–33 [ἑρμηνεύειν entspricht Ⲃⲱⲗ in der Überschrift Z. 25]): „Das sind die 14 Lobpreisungen, ..." (43,7–8 [ⲤⲘⲁⲘⲉ]). Ähnlich mythologisch sind die fünf großen „Quellen des Lobpreises" (64, 26–27 [ⲤⲘⲁⲘⲉ]; vgl. 66,2) in bezug auf den „Vater der Größe" (64,14 u.ö.).

Es wurde schon hingewiesen auf die Dankadressen, die sich am Schluß einiger Kapitel finden und zuweilen hymnischen Charakter annehmen (s.o. zu 16,25–31). So ist der Dank (εὐχαριστεύειν) eines Katechumen (147,19–20) eingeleitet und qualifiziert als preisende Verehrung (Z. 18 [ⲟⲩⲱⲩⲧ]; vgl. die Reaktion der Jünger in 155,1–5; 234,21–23). Stärker kommt das Lobpreisen (†ⲉⲁⲩ, ⲤⲘⲁⲘⲉ) eines Jüngers zum Ausdruck, der zum offenbarenden Apostel sagt: „Du bist gepriesen und gesegnet" – Ⲕⲟ Ⲛⲉⲁⲩ ⲔⲤⲘⲁⲘⲁ[ⲁⲧ] (216,25–26; vgl. 244,14–20; 280,15–19; 286,21–23 und zu all diesen Passagen Mt 11,25–30 als eine „Vorlage"; vgl. vielleicht auch 200,28 und 201,1).

Daß solche „Hymnen" auf den „Vater" und „Herrn" auch mitten im Kapitel stehen können, zeigt das folgende Zitat: „Da als seine Jünger diese Worte von ihm hörten, priesen (ⲤⲘⲁⲘⲉ) und lobten (†ⲉⲁⲩ) sie ihn mit großen Preisreden (ⲤⲘⲁⲘⲉ). Sie sprachen zu ihm: Du bist gepriesen (ⲤⲘⲁⲘⲁⲁⲧ), unser Vater, du bist herrlich (ⲉⲁⲩ). Gepriesen ist die Hoffnung (ἐλπίς), die auf uns durch dich wartet. Denn groß ist diese, die du den Seelen (ψυχή) gebracht hast" (231,1–5).

Die restlichen Stellen beziehen sich auf die Erwähnung von Psalmen, Hymnen und Gebeten, die sich in den manichäischen Gemeinden immer auch an den Manichaios (syr. *Mānī ḥaijā* „lebendiger Mani" [SCHAEDER, Urform 88 = Studien 38, Anm. 1]) par excellence richten.

Das „Lob der Hymnen" (CMOY ⲚⲚ2ⲨⲘⲚOC) wird u.a. parallelisiert mit den Worten der Gerechtigkeit, der Psalmen, der Gebete, der Wahrheit, und wird zusammen mit dem „Wissen der Almosen" den „Gesängen" bzw. „Stimmen der Begierde (ἐπιθυμία)", den Worten der „Magie (μαγεία)" und den „bösen Mysterien (μυστήριον)" gegenübergestellt (143,11–19).

Eine Übertreibung, die auch in orthodox-christlichen Texten der gleichen Zeit vorkommt, ist natürlich das unablässige Singen von Psalmen und Sprechen von Gebeten (214,24–25). Ob hier und sonst auch – oder sogar nur – manichäische Psalmen gemeint sind, wird nicht klar, da keine Texte zitiert werden.

Zur Erlassung von Sünden der Katechumenen kommt es u.a. dadurch, daß eine(r) „die Erkenntnis (γνῶσις) besitzt (und) Licht und Finsternis getrennt hat (und) einen Hymnos (ὕμνος) und ein Gebet (ⲱⲖⲎⲖ) an den Erleuchter (φωστήρ) der Höhe gerichtet hat" (233,26–28).

Vom Kontext des Kapitels XCIII her (236,7 – 239,2) ist die folgende fragmentarische Belehrung wahrscheinlich auf das Almosen bezogen: „… und es wird geheilt durch die Elekten, durch die Psalmen (ψαλμός), durch die Gebete (ⲱⲖⲎⲖ), durch Hymnen (CM[ⲀⲘⲈ]), und Preis (ⲈⲀⲨ) wird …" (238,3–4).

Das bisher letzte edierte Kapitel verdient besondere Beachtung, nicht nur, weil der Text von K. 290,29 – 291,31 ergänzt und ersetzt wurde durch die separate Edition und Übersetzung von K. 290,29 – 292,32 durch A. BÖHLIG, sondern auch durch dessen gleichzeitigen „Versuch einer Interpretation" (Ja und Amen, in: ZPE 58 [1985] 59–70, bes. 59–63; der Rest oder zumindest ein weiteres Stück von Kapitel CXXII wird auf der in Berlin wiedergefundenen Abschrift von K. 293 stehen, die noch nicht publiziert ist).

Das „Ja und Amen", nämlich das dem aktiven „Ruf" zugeordnete „Ja" (CⲈ [passim], ναί nur in der liturgischen Formel ναὶ καὶ ἀμήν [292,6–7]) und das dem passiven „Hören" zugeordnete „Amen" (2 ⲀⲘⲎⲚ [ἀμήν]), wird auf die Frage eines Jüngers hin vom Φωστήρ mythologisch gedeutet. Die Frage ist von der rituellen Sorge geleitet, „damit wir es aussprechen bei dem Lobpreis (CMⲀⲘⲈ), mit dem wir preisen, und dem Gebet (ⲱⲖⲎⲖ), mit dem wir beten" (291,1–2).

„292,1–8 weist darauf hin, daß das Ja und Amen als liturgische Handlungen Gebet und Lobpreis bestärken. Sie können zur Besiegelung dienen oder die Antwort auf sie reinigt den Lobpreis" (BÖHLIG, Ja 68; vgl. 69–70 zu ntl. Stellen wie II Kor 1,19–22 und Röm 15,8, vor allem aber Apk 1,6–7; 14,13; 22,20): „sie sollen es sprechen bei dem Psalm (ψαλμός) und bei [dem Gebet] [und] der Bitte und dem Flehen. Wenn sie nämlich (γάρ) preisen (CMⲀⲘⲈ) werden und auf das Ja und das Amen antworten, reinigt das Ja und das Amen den Lobpreis" (ⲤⲘⲀⲀⲘⲦ [?]). Dieses Zitat von 292,1-4 soll überleiten zum manichäischen Psalmenbuch, auf das auch BÖHLIG mit Recht hinweist (Ja 62–63 [Text u. Übers.], 64–66, zu P. 179,7 – 181,18; 185,28 – 186,32; 189,30 – 191,17).

6. Koptisch-manichäisches „Psalm-book" (4. Jh. n.Chr.)[1]

Die besser erhaltenen, konservierten und mustergültig edierten Überreste des einst umfangreichen Gebet- und Gesangbuchs subachmimischer Manichäer bestehen zunächst aus den Nummern CCXIX–CCLXXXIX + Schlußdoxologie von Nr. CCXVIII (P. 1–113). Im Index der numerierten Sammlung liturgischer Poesie (229–233, bes. 232, b 16 – 233, b 32) entsprechen diese verschieden langen, unmittelbar aus dem Griechischen übersetzten Texte syrischen Ursprungs den ersten vier von bisher neun veröffentlichten Gruppen (vgl. die Einleitung von ALLBERRY, Psalm-book XIX–XXIII).

Alle Stücke außer den Thomaspsalmen (203–227) enden in ziemlich stereotypen Doxologien, die ⲈⲀⲨ (manchmal + ⲦⲀⲒⲞ [vgl. δόξα καὶ τιμή]) und ϬⲢⲞ (= ⲬⲢⲞ, u.a. „Kraft", „Sieg" [WESTENDORF, Handwörterbuch 430–431]) in Beziehung setzen zu Mani (unter diversen Epitheta), zu den Elekten (u.ä.), zum Bema oder zur „Trinität" (vor allem zu Jesus, bes. in der 2. Gruppe), bzw. an zweiter Stelle zu bestimmten, namentlich genannten Personen, unter denen eine Maria am häufigsten auch allein kommemoriert wird (vgl. Index C.ii. „Doxological Names", ALLBERRY, Psalm-book 44*).

Die vielleicht in Ägypten erst angehängten Doxologien allein bedeuten aber nicht, daß diese Dichtungen als ganze Hymnencharakter haben. Die „Psalmen des Thom[as]" sind ja ohnehin keine Hymnen.[2] Eine erste Orientierung über

---

[1] Zu der Edition von ALLBERRY vgl. die Rezension von Anton BAUMSTARK, in: OrChr 36 = 3. Ser., 14 (1939/41) 122–126, zitiert nach dem Auszug in: WIDENGREN, Manichäismus (1977 [WdF 168]) 287–293. Immer noch grundlegend, wenn auch umstritten, sind die Studien von SÄVE-SÖDERBERGH (Studies [1949]), nicht nur in religionsgeschichtlicher Hinsicht wegen der mandäischen Parallelen (passim, bes. in Kap. V zu den Thomaspsalmen [85–154]), sondern auch in bezug auf die Prosodie (Kap. I–IV zu „Accentuation" [3–27], „Doxologies" [28–31], „Introduction" & „Refrain" [32–40], „Metre" [41–84]). Was die Thomaspsalmen im besonderen angeht, danke ich W.-B. OERTER in Prag für eine Xerokopie seiner Leipziger Dissertation (1976) und weise hin auf die kommentierte Übersetzung von NAGEL (vgl. meine Rezension in: ThLZ 106 [1981] 663–665). Von Peter NAGEL erhielt ich auch brieflich einige wertvolle Hinweise (22. 3. 1988).
[2] Die Begrifflichkeit von BÖHLIG (Gnosis III 50–53) ist hier etwas ungenau, wenn er, allerdings ohne besondere Betonung und abwechselnd mit anderen Begriffen, von „Hymnen", „Hymnendichtung", „Hymnenbestand", „Hymnengruppen" oder „Hymnodik" spricht; nur die „Preislieder" (53) sollte man als „Hymnen" bezeichnen, ohne dabei den Aspekt des Gesangs

(Fortsetzung s. nächste Seite)

hymnische Partien und weitere hymnologische bzw. musikologische Terminologie bietet der leider nicht vollständige Index von ALLBERRY (1*–48*, bes. 1* [ἀμήν], 4* [κιθάρα, μακάριος], 7* [ὑμνεύειν, ὕμνος, ὑμνῳδία, χαῖρε, ψάλλειν, ψαλμός, ψαλμῳδός], 9* [ΒΑΙΝΕ], 10* [es fehlt ΕΑΥ!], 11* [ϊ ά´], 17* [ΝΕΪΕΤ´], 21* [ΡΕϢΕ], 22* [ϹΜΟΥ], 25* [ΤΑϊ Ο], 30* [ΟΥΛΛΕ, ΟΥΡΑΤ], 31* [ΟΥϢϢΤ̄], 33* [ϢΛΗΛ], 39* [ⲌΡΑΥ, ⲌϢϹ], 41* [ΑϢ, ΑΡΟ], 42* [ΑΙϹΕ], 43* [ϬΝ̄ϬΝ̄], 46* [Column of Glory, King of Glory, King of Honour]).

Bevor die einzelnen Gruppen näher betrachtet werden, sollen der Vollständigkeit halber die auch hier wieder z.T. identischen, z.T. abweichenden Titel der kanonischen Bücher des Mani Erwähnung finden. Sie werden ja nicht nur genannt, sondern sind auch Objekt der Verehrung durch die Manichäer, wie Manis Schriften (γραφαί ΓΡΑΦΑΥΕ [vgl. vielleicht 8,13, nicht jedoch die Bezüge auf die Bibel in 12,31 und 13,11]) umgekehrt auch den manichäischen Jesus preisen (ϹΜΑΜΕ [145,18]).

Die am Schluß fragmentarische Liste in CCXLI fügt den Titeln bilderreiche Kurzbeschreibungen hinzu: Großes Εὐαγγέλιον (22 Kapitel), Θησαυρός des Lebens, Πραγματεία, Buch (ΑϢΜΕ) Μυστηρίων, ~ der Giganten (ϬΑΛΑϢΙΡΕ [vgl. zu diesem Begriff 2,30; 138,53; 163,6; 178,11]), ~ seiner Ἐπιστολαί (46,20–31); dazu kommen wohl zwei Ψαλμοί sowie seine Gebete (ϢΛΗΛ) und alle seine Worte (ϹΕΑΕ = ϢΑΑΕ [vgl. WESTENDORF, Handwörterbuch 341], „Adresses?“ [P. 47, Anm. zu Z. 2–4]).

Die andere Liste „seiner Schriften“ (γραφαί ΓΡΑΦΑΥΕ [139,53])[1] begegnet innerhalb einer langen Litanei (136,13 – 140,53) und ist mit ähnlicher „Bildersprache“ angereichert.[2] „Seine fünf heiligen Bücher (ΑϢΜΕ)“ sind: Großes Εὐαγγέλιον (hier sogar als „sein Neues Testament“ bezeichnet), Θησαυρός des Lebens, Buch (ΑϢΜΕ) der Πραγματεία, ~ [Μυστηρίων?], ~ der Ἐπιστολαί (139,54 – 140,8). Danach ist in der Handschrift auf jeden

---

überzubetonen. Glücklicherweise hat ALLBERRY die im ganzen titellose Sammlung nicht als „Hymn-book“ ediert, obwohl er durch den ausgeweiteten Begriff „hymn“ in der englischsprachigen Welt noch stärker beeinflußt gewesen sein dürfte als deutsche Protestanten durch die moderne Hymnologie. Im Index des antiken Buches findet sich als Überschrift einer Gruppe das Wort Ψαλμοί (P. 230, b 28).

[1] Auf die exakte Wiedergabe des koptischen Plurals auf -ΑΥΕ habe ich bei allen griechischen Lehnwörtern Wert gelegt.
[2] Vgl. die beiden Darstellungen der „Bildersprache“ des Manichäismus und der Gnosis von ARNOLD-DÖBEN, passim.

Fall lesbar: „Die **Gebete** (ϣⲗⲏⲗ) unseres Herrn [Mani]" (140,13), und: „Die beiden **Psalmen** (ψαλμός)" (140,16).[1]

Auf Grund dieser Listen muß man zumindest fragen, ob nicht auch an zwei anderen Stellen die Bücher **Εὐαγγέλιον** und **Θησαυρός** gemeint sind. In Nr. CCXXVII, einem der Bema-Psalmen, heißt es nämlich u.a.: „We worship (ⲟⲩⲱϣⲧ) thy Bema and thy new covenant (διαθήκη)" (20,24–25). Da hier derselbe Ausdruck gebraucht wird wie in 139,57 (ⲆⲓⲀⲐⲎⲔⲎ ⲚⲂⲢ̄Ⲣⲉ), legt sich die Vermutung nahe, daß die Verehrung dem „Neuen Testament" Manis, d.h. seinem „Großen Evangelium" gilt. Die andere Stelle ist eine Zeile in einem der hymnischen „Psalmen der Wanderer" (s.u.): „Thou makest music unto the Thesaurus (θησαυρός), thou proclaimest the Covenant (διαθήκη)" (168,30). Vielleicht hat der Herausgeber durch die Großschreibung angedeutet, daß es sich bei diesen beiden Objekten der Verehrung um technische Begriffe handelt.[2]

Nun zu den einzelnen Gruppen im edierten „Psalm-book", die trotz der nivellierenden Schluß-Doxologien durchaus verschiedenen Charakter auch in hymnologischer Hinsicht aufweisen.

[1] 1,1 – 47,25: 24 Bema-Psalmen (abgekürzte Überschrift ⲂⲎⲘⲀⲦⲓⲔ im Index [P. 232, b 15–17]), Nrn. CCXVIII–CCXLI, bis auf den ersten Psalm vollständig (von CCXVIII nur Doxologie erhalten und von CCXXI nur einige Reste [vgl. P. 5–6]).

Während diese *koptischen* Bema-Psalmen insgesamt keine Hymnen sind, ist das „Wir" für diese Gruppe typisch: „We sing (ϩⲱⲥ) to him, we glorify (ϯⲉⲁⲩ) him" (2,11); „Let us worship (ⲟⲩⲱϣⲧ) ‖ Let us bless (ⲤⲘⲀⲘⲉ)" (9,3–4; vgl. 11,26–27); „Let us bless (ⲤⲘⲀⲘⲉ) him now, …, and sing to him" (24,6); „We will bless (ⲤⲘⲟⲩ) thee today, …, Glory (ⲉⲁⲩ) to thee, o glorious throne (θρόνος), …, We worship (ⲟⲩⲱϣⲧ) thee" (27,20–24; vgl. 20,19–20 und die Fragmente 31,20–30). „Ich"-Passagen wie die folgende sind

---

[1] Daß das „Buch der Giganten" in der zweiten Liste fehlt, ist bemerkenswert und läßt den Schluß zu, daß der Kanon der Manichäer (oder genauer, der Manichäer dieser Region) zu dieser Zeit noch nicht so gefestigt ist, wie es die gelehrten Ausführungen von BÖHLIG zum manichäischen „Schrifttum" und insbesondere zum „Kanon Manis" suggerieren (Gnosis III 44–54, bes. 45–48). Es ist unwahrscheinlich, daß die erwähnten Gebete und Psalmen Manis in das nicht von Mani selbst verfaßte „koptische manichäische Psalmbuch", das ja „eine Kombination verschiedener Sammlungen" darstellt (47), integriert sind.
[2] Nicht ganz sicher bin ich mir darüber, ob in 192,4 auch auf Manis Εὐαγγέλιον angespielt wird, oder nicht doch nur auf Mt 13,45–46. Die Gleichsetzung der Perle mit Jesus ist auf jeden Fall eine interessante Interpretation.

Ausnahmen: „I will keep festival (ϥ ⲱ ⲁ ï ⲉ) for thee today; ... I bless (ⲥ ⲙ ⲁ ⲙ ⲉ) thee, o glorious seat, the sign of the Wisdom (σοφία)" (26,4–7).

Doxologien am Anfang (oder inmitten) von Psalmen sind zwar bewußter Ausdruck der Intention des Preisens, machen aber auch nicht immer den ganzen Psalm zum Hymnus (vgl. 3,15–19, Anfang von Nr. CCXX [ⲉ ⲁ ⲩ]). Die folgenden Psalmen oder Stücke von Psalmen könnte man jedoch mit mehr oder weniger großem Recht als Hymnen im eigentlichen Sinne bezeichnen:

8,10–13, ein kleiner „Chairetismos" auf das Bema, mitten in Nr. CCXXII;

12,1 – 14,18, besonders 12,1–5 (verbunden mit dem himmlischen Gottesdienst in 12,20–26) und 14,9–13 (vielleicht die ursprüngliche Doxologie von Nr. CCXXIV, an die 14,14–18 angehängt wurde);

24,16 – 25,32, Nr. CCXXIX, elf χαῖρε-Strophen (24,16 – 25,17) mit der Bitte um Sündenvergebung (25,18–23) und ursprünglicher Doxologie (25,24–29);[1]

27,16 – 29,4, Nr. CCXXXI, wie Nr. CCXXV – und übrigens auch Nr. CLXXI (vgl. Index 231, b 26–27) – einem unbekannten „Herrn (κύριος) Syros" zugeschrieben, leider sehr fragmentarische „Prädikationen im σύ-Stil", die auch sonst begegnen (vgl. BAUMSTARK, Rezension, in: WIDENGREN, Manichäismus 289);[2]

29,6–7, verstümmelte χαῖρε-Strophe am Anfang von Nr. CCXXXII;

30,22–24, χαῖρε-Strophe mit vierfachem Gruß an Mani und das Bema am Anfang von Nr. CCXXXIII (Überschrift zweiter Hand: ⲭ ⲁ ⲓ ⲣ ⲟ ⲓ ⲥ etc.);

32,14–15, hymnischer Auftakt zum stark stilisierten Psalm Nr. CCXXXV;

36,13 – 38,10, Nr. CCCXXXVII, in der Überschrift von zweiter Hand ausdrücklich als „Hymnody (ὑμνῳδία)" bezeichnet;

41,8–29, Nr. CCXL, schon von erster Hand versehen mit der programmatischen, wahrscheinlich ursprünglich griechischen Überschrift, in Abkürzung: ⲩ ⲙ ⲛ ⲟ ⲓ ⲥ ⲁ ⲛ ⲁ ⲙ ⲉ ⲗ ⲯ, also entweder „wir singen (-ψομεν)" oder „laßt uns singen (-ψωμεν)" (vgl. ALLBERRY, Ps.-book XXI); der achtmalige Refrain ⲱ ⲡ ⲡ ⲁ ⲛ ⲉ ⲁ ⲩ („o glorious one") in sich selbst hymnisch;

42,1 – 47,24, Nr. CCXLI, wovon besonders 42,1–29 wie eine Konzentration hymnologischer Terminologie erscheinen.

---

[1] Vgl. dazu schon die Rezension von BAUMSTARK: „Bemerkenswertestes Material bietet sich endlich vor allem für die am zweckmäßigsten als Chairetismos zu bezeichnende Stilform des Grußgebets, die auf griechischem (und koptischem) Boden durch den Anfang bzw. die anapherhafte Wiederholung eines Χαῖρε [und] auf aramäischem durch den entsprechenden Gebrauch eines ܫܠܡ ܠܟ (Friede dir) bedingt wird" (in: WIDENGREN, Manichäismus 289).

[2] Der griechisch-koptische Titel Κύριος ist natürlich eine Übersetzung des geläufigen syrischen Mār.

Da 42,15–20 (+ Doxologie 21–24) das Ende der Bema-Psalmen bilden, sagen diese Schlußstrophen vielleicht auch etwas darüber aus, wie die Dichtungen von den Manichäern selbst bezeichnet und verwendet wurden: „He that sings (ⲀⲰ) a psalm (ψαλμός) is like them that weave a garland. They that answer after him are like them that put roses into his hands."

[2] 49,4 – 97,13: 35 „Psalms to Jesus", Nrn. CCXLII–CCLXXVI (Titel im Index nicht erhalten, vgl. 233, b 10–11).

Im Vergleich mit der ersten Gruppe ist es typisch für diese Gebete oder Gebetsgedichte, mit den Elementen von Bekenntnis, Bitte und Dank, daß in ihnen ähnlich wie in den Oden Salomos ein „Ich" spricht, das man als ein *simul salvatum et salvandum* charakterisieren kann (vgl. vor allem Nr. CCXLVI: 54,7 – 55,15).

Viel weniger häufig sind die hymnischen Elemente. Ganz vereinzelt ist eine Aussage wie diese: „I myself therefore now will praise (ⲤⲘⲞⲨ) ..." (65,15; vgl. 95,30 als typisch manichäisch-gnostische Aussage). Auch in dieser Gruppe begegnen einige χαῖρε-Strophen (83,2.21.25; vgl. auch 85,16 [ⲀⲢⲞ ⲘⲚ̄Ⲓ̈Ⲟ] und dazu die Anmerkung zu 210,14–15).

Wie eine verlängerte Doxologie erscheint das letzte Drittel von Nr. CCLI: „Glory (ⲈⲀⲨ) to the King of Light, ..." (60,30 – 61,10). Die „trinitarische" Erweiterung über den manichäischen Jesus hinaus findet sich auch in anderen Schluß-Doxologien (vgl. z.B. 49,29–30; 57,31–33; 62,30-31; 75,7–8; 82,30–31; 87,11–13).

Seine eigenen Äußerungen charakterisiert das „Ich" als Gebete (ⲰⲀⲎⲀ), Lieder (ⲀⲰⲤ) und Psalmen (ψαλμοί) in Nr. CCLXX (89,10; ALLBERRY übersetzt hier ⲚⲀⲀⲰⲤ mit „my hymns").

[3] 97,14 – 110,16: zehn Psalmen des Κύριος (= *Mār*) Herakleides, Nrn. CCLXXVII–CCLXXXVI (vgl. Index 233, b 16–28; zu den nicht vorhandenen Psalmen Nrn. CL–CLIV des Mani-Apostels Herakleides vgl. Index 231, b 1–6; zu einer weiteren Gruppe von Herakleides-Psalmen s.u. [7] 187–202).

Vom letzten Psalm sind nur noch unübersetzte Fragmente erhalten (109,1 – 110,16). Gut lesbar ist allerdings die Selbstaussage ⲈⲒ̈Ⲣ̄ⲮⲀⲖⲈ ⳅⲚ̄ ⲞⲨⲈⲀⲨ, „ich psalliere mit Lobpreis" (109,21–22). Der „Ich"-Stil ist auch für die meisten Psalmen dieser Gruppe charakteristisch.

So redet in Nr. CCLXXVIII das befreite „Ich", dessen Seele (ψυχή [Z. 29]) Leib (σῶμα [4]), Erde (ⲦⲞ [20]) und Fleisch (σάρξ [22.27]) verachtet, über die himmlische Stadt (†ⲘⲈ [6.21]) bzw. den Ort (ⲘⲀ [5]): „O virtuous assembly of the righteous (δίκαιος), sweet and pleasant singers (-ψάλλειν), –

the lamps (λαμπάς) that are gathered, that are full of hymns (ὕμνος), light them quickly in your joy" (99,31–33, auf einer der gut erhaltenen Seiten).

Ein seltsames Bild findet in Nr. CCLXXXII Verwendung: „Ο Σωτήρ, ..., wasche mich in den Tauwassern der Säule (στῦλος) der Herrlichkeit / des Lobpreises (ⲉⲁⲩ)" (103,34–35; vgl. WESTENDORF, Handwörterbuch 107; ARNOLD-DÖBEN, Bildersprache des Manichäismus 84).

In Nr. CCLXXXIV werden nicht nur die Eröffnungsworte als Refrain wiederholt (†ϩⲱⲥ ⲁⲣⲁⲕ ⲡⲭⲣⲥ), sondern das singende „Ich" qualifiziert auch seinen Gesang: „What singer of praises (ⲥⲙⲁⲙⲉ) shall be able to praise ([ⲥ]ⲙⲟⲩ) with me, o King, ..." (106,27 – 107,30, bes. 106,32).

Schließlich findet sich auch in dieser Gruppe, die wiederum große Affinität zu den Oden Salomos zeigt, eine allerdings schlecht erhaltene χαῖρε-Strophe (108,2), die vielleicht von weiteren gefolgt wurde.

[4] 110,17 – 113,20: drei ψαλμοὶ διάφοροι, Nrn. CCLXXXVII–IX (vgl. Index 233, b 29–32 [abgekürzte Überschrift: ⲆⲒⲀⲫ]; vgl. weitere von so überschriebenen Gruppen im Index 231, b 6 und 28).

Diese „ψαλμοὶ διάφοροι, miscellaneous psalms designed for various occasions" (ALLBERRY, Psalm-book XXI), von denen der Anfang des ersten nur fragmentarisch erhalten ist (110,17–28), tragen bis auf die wahrscheinlich nachträglichen Schluß-Doxologien keine hymnischen Merkmale.

[5] 115,1 – 132,33: ca. sieben Psalmen ohne Titel (vgl. die editorischen Bemerkungen von ALLBERRY, Ps.-book XXI, 115 [zu Z. 1–3], 118, 120, 127).

Im dogmatisch interessanten „Psalm to the Trinity" (115,5 –116,23) sagt die Gemeinde u.a.: „The Father rejoices always, the Son also makes music (ψάλλειν) to the Father, but his is wisdom (σοφία) entire, even the holy Spirit" (115,25–27; vgl. bes. 116,7.10 zum manichäischen „Jesus, the Tree of Life, ..., the glorious [ⲡⲁⲡⲉⲁⲩ]").

Der durch Refrain ausgezeichnete „Psalm to Christ" (116,24 – 117,33) läßt das „Ich", das im Fleisch (σάρξ) seine Göttlichkeit (ⲙⲛ̄ⲧⲛⲟⲩⲧⲉ) vergaß (117,19–20), seinen Herrn Jesus (117,25) bitten: „Take me into thy bride-chambers that I may chant (ϭⲛ̄ϭⲛ) with them that sing (ϩⲱⲥ) to thee" (117,29–30).

In den Resten des ziemlich langen „Psalm to Jesus" (120,1 – 126,22), in dem nach fast jeder Zeile die anrufenden Worte „My Lord" wiederholt werden, findet sich durch die weitgehende Identität von 120,1–22 mit 126,1–22 auch die folgende Versicherung zweimal: „Ich werde nicht aufhören, dich zu preisen (ⲥⲙⲟⲩ)" (120,1; 126,1; zu ⲟⲩⲁϣⲣⲉ, „meaning not clear" [so Anmerkung

von ALLBERRY], vgl. jetzt WESTENDORF, Handwörterbuch 286 s.v. ⲟⲩⲱ²ⲣ, nach dem Vorgang von KASSER, Compléments 76b [CRUM 492a].
Von dem „χαῖρε-Psalm" (127,22 – 131,29) ist leider nicht viel übrig. Es ist aber beachtenswert, daß χαῖρε hier nicht am Anfang der Zeilen bzw. Strophen steht, sondern das erste Wort des in seiner ganzen Länge unbekannten Refrains bildet.
[6] 133,1 – 186,32: 38 (37) Ψαλμοὶ Σαρακωτῶν (gräzisierte Genitivendung des kopt. Plurals ⲤⲀⲢⲀⲔ ⲰⲦⲈ [in itazistischer Schreibweise = σαρακωταί]; vgl. CRUM, Dict. 354b, „wanderer, vagrant"; nicht ganz korrekt die Angabe von WESTENDORF, Handwörterbuch 194).[1]
Zunächst ist eine Übersicht notwendig, weil diese 37 „amatoria cantica" der „Electi beim Mahl" (MERKELBACH, Mani 56) keine eigenen Überschriften oder Nummerierungen haben, und weil diese Gruppe in hymnologischer Hinsicht wohl die wichtigste im ganzen, bisher edierten Teil des „Psalm-book" ist. Einige der Doxologien weichen von der sonst üblichen Form ab (Nrn. 1, 15, 23, 26, 31); einige andere sind nur noch „Sieg"-Kommemorationen (Nrn. 9 und 35); die Doxologie von Nr. 33 sieht aus wie ein ursprünglicher Bestandteil des „Amen"-Lieds.

Nr.	Umfang	Vorläufige Bemerkungen bzw. Initium
1.	133,1 – 136,12	Refrain nur am Anfang (133), doch vgl. 134,27
2.	136,13 – 140,53	Litanei (s.o. zu den Büchern Manis)
3.	141,1 – 143,34	„Psalm of Endurance (ὑπομονή)" (143,32); Refrain
4.	144,1 – 146,13	Lied an „Sethel our Saviour", mit Refrains
5.	146,14 – 147,43	Gedicht an die Seele (vgl. 147,32)
6.	147,44 – 148,20	Begrüßung des Πρεσβευτής durch ein „Ich"
7.	148,21 – 149,30	Dialog zwischen Erlöser und Seele
8.	150,1 – 151,3	Gebet des „Ich" um Führung, mit Einleitung
9.	151,4 – 152,9	Gedicht an und über Jesus
10.	152,10 – 153,7	„Ich"-Adresse an Νοῦς (vgl. 153,5); ⲥ (?) = Refrain

---

[1] Vgl. NAGEL, Psalmoi (passim); MERKELBACH, Mani 51–58 (Exkurs II: Die „Psalmen der Wanderer" im koptisch-manichäischen Psalmbuch und Augustins *Canticum amatorium*). Die Vermutung von A. ADAM, „daß es sich bei den Sarakōte um die sog. gyrovagi (κυκλευταί) handelt" (Psalmen des Thomas 29, Anm. 4; vgl. dazu übrigens schon CRUM, Dictionary 354b), ist mit den Ausführungen von MERKELBACH, der ja auch u.a. auf ein Zitat aus Manis Evangelium verweisen kann (καὶ ἀλήθειαν μὲν ἐξέφηνα τοῖς ἐμοῖς ξυνεμπόροις [KMK 66,23–67,2: KOENEN/RÖMER, KMK-Abb. 130–133 bzw. KMK-Ed. 46–47; CAMERON/DEWEY, CMC 52–53]), überholt. Bedenkenswert aber ist immer noch, was BÖHLIG sagt: „Die «Psalmen der Pilgrime» stehen unter dem Gesichtspunkt, daß der Mensch durch diese Welt irrt, in die er geworfen ist, und daß sich die Seele auf der Pilgerfahrt zurück ins Lichtreich befindet" (Gnosis III 51).

Nr.	Umfang	Vorläufige Bemerkungen bzw. Initium
11.	153,8 – 154,21	Kranz-Lied mit Refrain: „Wir flechten"
12.	154,22 – 155,15	Bittgedicht eines „Ich" um Öffnung (Refrain)
13.	155,16–42	„Ich"-Hymnus im „Du"-Stil
14.	156,1 – 157,13	„We are thy peoples (λαός)"
15.	157,14 – 158,17	Mischung von Erlösungsaussagen und Bitten
16.	158,18 – 159,20	Variationen über Ps 33,9 𝕲 mit Refrain
17.	159,21 – 160,25	Bittgedicht und gnostische „Auferstehung"[1]
18.	161,1 – 162,20	Ethisches Gemeindegebet
19.	162,21 – 163,32	Hymnus im „Du"- und „Er"-Stil mit Bitten[2]
20.	164,1 – 165,6	Gemeindelied mit hymnischen Elementen
21.	165,7 – 166,22	„Light your lamps (λαμπάς)"
22.	166,23 – 167,22	Jesus-Litanei mit Bitte um Erleuchtung
23.	167,23 – 168,19	Litanei des erlösten „Ich"
24.	168,20 – 169,14	Hymnischer Agape-Psalm (vgl. 169,12)
25.	169,15 – 170,15	„Fair is thy Light, my Spirit (πνεῦμα)"[3]
26.	170,16 – 171,24	„We are men of rest"
27.	171,25 – 173,12	„Thou dost not weary, o Wisdom (σοφία)"
28.	173,13 – 174,10	„O Mind (νοῦς) of Light"
29.	174,11 – 175,1	„Fair […] God, he singing hymns (ὑμνεύειν)"[4]
30.	175,2 – 176,10	„Ich"-Aretalogie der Tochter des Urmenschen
31.	176,11 – 177,30	Ἐντολή-Psalm
32.	177,31 – 179,6	Fast identisch mit Nr. 19 (s.o.)
33.	179,7 – 181,18	„Amen"-Lied (ⲍ ⲱⲥ [vb.]), -Psalm (ψάλλειν)
34.	181,19 – 182,19	„O soul (ψυχή), o soul, be mindful of thy Aeons"
35.	182,20 – 183,18	Poetische Paränese für die Seele (ψυχή)
36.	183,19 – 185,2	„Ich"-Rede einer/s geliebten Liebenden (= Seele?)
37.	185,3–27	„Thou art a spring (πηγή), … of living water"
38.	185,28 – 186,32	„Der Hymnos des Amen" (s.u.)

---

[1] Der Rest der Seite 160 ist leer. Da sich auf Seite 161 keine neue Überschrift findet, können die Nrn. 18–38 in dieser Gruppe mitbehandelt werden, zumal sie eine ähnliche Mischung darstellen wie die bisherigen Nrn. 1–17.

[2] Nr. 19 ist fast identisch mit Nr. 32 (177,31 – 179,6). Da Nr. 32 die Refrain-Serie von Nr. 25 bis Nr. 38 unterbricht, ist Nr. 19 die ursprüngliche Fassung und Position.

[3] Hier beginnt die bis zum Abschluß der Gruppe laufende Serie der Psalmen mit Refrain (vgl. auch die Nrn. 1, 3, 10–12). Das als *nomen sacrum* geschriebene Wort πνεῦμα bezieht sich auf den Lebendigen Geist. Die *nomina sacra* der griechischen und koptischen Manichaica bedürfen einer eigenen Untersuchung.

[4] Leider ist die erste Zeile, die wohl gleichzeitig den Refrain bildet (ⲚⲈⲤⲈ), z.T. zerstört. Die Pentade in 174,12–18, außer νοῦς (Z. 12) in koptischen Begriffen, bringt die pneumatischen Aspekte der fünf Söhne des Urmenschen bzw. des Lebendigen Geistes zum Ausdruck (vgl. ψυχή in Z. 19). Da „Gott" (ⲠⲚⲞⲨⲦⲈ) in der ersten Zeile wohl Rest eines Genitivs ist, wird man „Sohn" oder „Erstgeborener" ergänzen dürfen, jedenfalls irgendein grammatisches Masculinum.

Zumindest der erste Teil von Nr. 1 hat hymnischen Charakter, wie zunächst der im Refrain z.T. wiederholte Auftakt zeigt: „... The Father of Greatness is worthy of all glory (ⲉⲁⲩ)" (133,3). Vielleicht sollte man ⲉⲁⲩ hier eher mit „Lobpreis" als mit „Herrlichkeit" übersetzen, weil ja die himmlische Liturgie dargestellt wird (vgl. bes. 133,19–24).

Die Litanei mit ihren fast 300 Monostichoi (Nr. 2) kann man nicht nur als eine Parade manichäischer Mythologumena, sondern insgesamt auch als einen Hymnus bezeichnen, der mit den Worten der Gemeinde beginnt: „O rest of the Universe, we glorify (ϯⲉⲁⲩ) thee" (136,13).

Hymnisch ist auch das an Sethel gerichtete Gemeindelied Nr. 4 (zu Refrain und Strophen vgl. SÄVE-SÖDERBERGH, Studies 38, 81–83). *Subjekte* des Lobpreisens (ⲥⲙⲁⲙⲉ, sonst meist ϯⲉⲁⲩ) sind darin, vereint mit der Gemeinde, u.a. Engel und Äonen (144,5.11), Sonne und Mond (144,26),[1] die Apostel und der Paraklet Mani (145,9.12–13), Manis Kirche (ἐκκλησία) und Schriften (145,15.18 [s.o.]).

Wie die vierzeilige Einleitung mit ihrem fünffachen ⲉⲓⲛⲁϯⲉⲁⲩ ⲛⲉⲕ sowie die ursprüngliche Kurzdoxologie ⲡⲱⲕ ⲡⲉ ⲡⲉⲁⲩ ⲧⲏⲣϥ anzeigt, will die kleine Litanei Nr. 13 auch als Hymnus verstanden sein (155,16–19.39).

Der Hymnus Nr. 19 beginnt wie seine Dublette Nr. 32 mit den Worten: „With our holy voice we glorify (ϯⲉⲁⲩ) the Mind (νοῦς)" (162,21; 177,31).

Die hymnischen Elemente in der ersten Hälfte von Nr. 20 preisen die „Trinität" (164,11–14) und fordern auf zum Musizieren, Feiern und Singen (164,9 und 164,16–19).

Nr. 24, ausdrücklich als „Psalm (ψαλμός) of the Love (ἀγάπη)" bezeichnet (169,12; zu ergänzen bei MERKELBACH, Mani 57), ist gleichzeitig Hymnus und von Kithara begleitete Musik: „Thou art a lover of hymns (ὕμνος), thou art a lover of music" (168,20–21; 169,7.9 und passim; vgl. auch 184,15–16 in Nr. 36: „But the provisions of the holy Spirit are these prayers [ϣⲗⲏⲗ], these songs [ϩⲱⲥ], and these psalms [ψαλμός]").

Das durchstrukturierte „Amen"-Singen bzw. -Psallieren von Nr. 33 über den jeweiligen Schrei von παρθένος, ἐγκρατής und ἔγγαμος (d.h. Electus, Auditor und Nicht-Manichäer) kann man kaum als Hymnus bezeichnen (179,7–181,18; vgl. BÖHLIG, Ja 65–66, allerdings mit der m.E. sehr suggestiven Übersetzung von ϩⲱⲥ durch „preisen" und von ψάλλειν durch „lobsingen").

---

[1] Zur viel typischeren „Sonnenanbetung in der manichäischen Kirche" vgl. RIES, Sonnenkult 175-176.

Dagegen ist Nr. 37, auch ohne alle spezielle Terminologie, ein Hymnus, zunächst durch „Prädikationen im σύ-Stil" (BAUMSTARK, Rez., in: WIDEN-GREN, Manichäismus 289), die dann übergehen in „Er"- und „Sie"-Aussagen (185,3–13.14–25).

Abgeschlossen wird die ganze Gruppe durch den „Hymnus (ὕμνος) des Amen" (so 185,29–30; 186,1.28), dessen „Ich"-Sprecher am Anfang (185,28–29) um Reinigung und Kraft bittet zu preisen (ϹⲘⲞⲨ), zum responsorischen „Amen" einlädt (186,1–4.28–29) und vor allem im „Du"-Stil – mit vorange-stelltem „Amen, du bleibst" (186,9–27, in jedem Stichos) – die „trinitarische" Gottheit, die dreifach heilige (vgl. 186,3–8), adressiert (vgl. BÖHLIG, Ja 65).

[7] 187,1 – 202,26: sieben Psalmen (ψαλμοί) des Κύριος (= Mār) Heraklei-des (so die Überschrift 187,1).

Unter diesen sieben Stücken, die von den Herakleides-Psalmen der Gruppe 3 sehr verschieden sind, findet sich als einziges einschlägiges Stück ein weiterer „Amen"-Hymnus (189,30 – 191,17; vgl. NAGEL, Apostelakten 168–171 [Ein-wirkung des gnostischen Hymnus in ActJoh 94–96 auf den manichäischen Psalm]; BÖHLIG, Ja 66–67). Die übrigen, untereinander uneinheitlichen Stücke, die stark auf biblischer und apokrypher Tradition aufbauen, haben folgende Abgrenzungen: 187,2–36; 188,1–24; 188,25 – 189,29; 191,18 – 193,12; 193,13 – 197,8; 197,9 – 202,26.

Auch hier ist das vorangestellte „Amen" in fast allen „Appellationen" (BÖHLIG) das Hauptmerkmal des mit Refrain versehenen Psalms, dessen hym-nologisches Selbstverständnis in dem Ausdruck ⲡⲉⲁⲨ ⲙ̄ⲡ̅ⲍ̅ⲁⲘⲎⲚ (statt „glory of Amen" vielleicht eher „Lobpreis des Amen") durchscheint (190,31). In der ursprünglichen Doxologie, an die „eine zweite Schlußdoxologie ange-klebt" ist (NAGEL, Apostelakten 171, Anm. 110), wird der manichäische „Vater der Größe" selbst als „Amen" bezeichnet und „Jesus" als der „Sohn des Amen" (191,13–14; vgl. 190,8).[1]

[8] 203,1 – 227,19: 20 (21) Psalmen des Thom[as] (so Überschrift 203,1; mit eigener Nummerierung [außer II, IV, X, XI, XIII] und z.T. mit Einzelüber-schriften [I–XIII]; das Stück 220,1–24 hat weder Nummer noch Titel).

Religionsgeschichtlich von größter Bedeutung (vgl., außer der schon ge-nannten Literatur, LATTKE, Oden III 229, 247, 270, 287, 294, 346), sind die dem Manijünger Thomas zugeschriebenen Lehr-Dichtungen in direkter hym-

---

[1] Wo ist die konkrete Textgrundlage für die Aussage von BÖHLIG: „Das Amen ist aber auch der Sohn Gottes. Der Manichäismus denkt ja modalistisch" (Ja 66)? Vgl. übrigens auch die vorzügliche Darstellung der „Christologie" von BÖHLIG, in: KWCO (1975) 89–97.

nologischer Hinsicht nicht bedeutsam. Daß es sich wirklich um Dichtungen handelt, zeigen nicht nur die Untersuchungen von SÄVE-SÖDERBERGH (Studies 180–182 [Index]), sondern auch die Übersetzungen von ADAM (BZNW 24 [1959] 1–28 [Nr. I–XX]) und BÖHLIG (Gnosis III 263–267 [Nr. I]).

Ist schon der Titel „Psalmen" eine recht eigenartige Kategorie, so kann man sie insgesamt auf keinen Fall als „Hymnen" bezeichnen, wenn sie auch „als genuiner Bestandteil der manichäischen Literatur" (OERTER) zur *inhaltlichen* Interpretation gnostischer Hymnographie herangezogen werden müssen.

Die einleitenden drei Distichen des einzigartigen Psalms Nr. I haben allerdings hymnischen Charakter, indem „mein Vater" als das frohlockende (ⲉⲧⲧⲁⲗⲏⲗ), herrliche (ⲡⲡⲁⲛⲉⲁⲩ), gepriesene (ⲉⲧⲥⲙⲁⲙⲁⲁⲧ) und geehrte (ⲉⲧⲁⲓ̈ⲁⲓ̈ⲧ) Licht bezeichnet wird (203,3–6; BÖHLIG, Gnosis III 263).

Im weiteren ist aber sogar das kleine Lied (ϩⲱⲥ vb.) der dämonischen Κόσ-μοι (214,4.15), das im „Du"-Stil ans „image (εἰκών) of Light" (214,1) gerichtet wird, kein Hymnus (214,10–15).

[9] 228,1–30; 234,1–33: zwei Fragmente (vgl. ALLBERRY, Ps.-book XXII zu diesen beiden Stücken von dritter Hand; beim ersten könnte es sich um einen Hymnus im „Du"-Stil und mit dem Refrain „Thou art sweet" handeln).

7. Koptisch-manichäischer Synaxeis-Codex (4./5. Jh. n.Chr.)[1]

In seiner Rezension der Facsimile Edition I–II von S. GIVERSEN kommt W.-P. FUNK auch auf den sogenannten Synaxeis-Codex zu sprechen, mit dessen Edition er selbst langfristig beschäftigt ist (S. 36–39 im Typoskript für Orientalia [Roma]). In einem Brief von 18. 10. 1990 teilt er dazu folgendes mit:

„Hier finden sich, soweit ich das nach dem bisher Gelesenen (ca. ein Fünftel des ursprünglichen Buches, vielleicht knapp die Hälfte des Erhaltenen) beurteilen kann, keine wirklichen "Hymnen". Es gibt jedoch eine ganze Reihe von Stellen, an denen literarisch "gebundene" Stücke stehen, teils wie eine Litanei oder etwas ähnliches. ... Welchen Rang diese Stücke im Buch einnehmen, ist nicht ganz klar. Wenn ich mit meiner Vermutung recht habe, daß es sich bei dem Buch um eine liturgische Ausgabe des Lebendigen Evangeliums handelt, könnten solche Stücke, falls sie nicht etwa selbst zum

---

[1] Vgl. Alexander BÖHLIG, Zu den Synaxeis des Lebendigen Evangeliums, in: BÖHLIG, Mysterion (1968) 222–227; Paul Allan MIRECKI, The Coptic Manichaean Synaxeis Codex: De-scriptive Catalogue of Synaxis Chapter Titles, in: BRYDER, Manichaean Studies (1988) 135–145.

Evangelientext gehören, leicht als einen Abschnitt beschließende Invokationen aufgefaßt werden. Aber das ist alles nicht klar."

Eines der beiden beigelegten Beispiele (Berlin P. 15995, Plate 21, verso, 3–9), in der Tat „eine schöne Parallele zu NHC VI,2", soll hier im Auszug (3–6) und in der Übersetzung von FUNK den koptischen Teil der Manichaica beschließen:

> She is the father, she is also the son,
> she is the son, she is also the father,
> she is the hidden, she is also the revealed,
> she is the revealed, she is also the hidden.

8. Iranisch-manichäische Hymnen[1]

Von den iranischen liturgischen Texten, die KLIMKEIT im ersten, umfangreicheren Teil präsentiert (57–210), sind diejenigen „über den Vater des Lichts und das Lichtreich ... grundsätzlich Preishymnen" (57).

Die parthischen Vers-Fragmente M 40, M 538 und M 75 stammen aus den „zwei längeren Psalmen, die Mani ursprünglich auf Aramäisch verfaßte" (58–

---

[1] Obwohl die folgenden drei Abschnitte (8–10) sowohl zeitlich als auch räumlich den Rahmen dieser Materialsammlung zu einer Geschichte der antiken Hymnologie überschreiten, werden die iranischen, türkischen und chinesischen Manichaica wegen der *wesentlichen* Einheitlichkeit des Manichäismus als „Religion des Lichts" (KLIMKEIT) nicht ausgeschlossen.
Schon aus Gründen der sprachlichen Kompetenz muß sich die Darstellung dabei auf die Untersuchungen und Übersetzungen von Fachleuten stützen, was um so leichter fällt, als es nun glücklicherweise zum einen die Ausgabe der übersetzten und mit einem Glossar versehenen chinesischen Manichaica von SCHMIDT-GLINTZER gibt, und zum anderen die für unseren Zweck noch vorteilhaftere, glänzend eingeleitete und dokumentierte Sammlung iranisch- und türkisch-manichäischer Hymnen und Gebete von KLIMKEIT.
Was bei der Terminologie des zuletzt genannten Spezialisten der Religionsgeschichte Zentralasiens auffällt, allerdings auch zu erklären ist durch die starken englischsprachigen Einflüsse, ist die ausgeweitete Bedeutung von „Hymnen" („hymns") als liturgische Lieder. KLIMKEIT ist sich dessen wohl bewußt, wenn er immer wieder von „Preishymnen" (57 u.ö.) spricht. Auf solche Preishymnen und andere Lobpreisungen konzentriert sich die folgende kritische Analyse des schönen Buchs, nach dem zitiert wird unter gelegentlicher Heranziehung der Erstausgaben (vgl. Turfan-Forschung I–II; HENNING, Papers I–II) und der Werke von Mary BOYCE (Hymncycles, Reader, Word-list) und Ilya GERSHEVITCH (Grammar).
Vgl. außer den kleinen Anthologien von BÖHLIG (Gnosis III 241–242, 245–247, 255–257, 260–262, 267–284) und BARNSTONE (Other Bible 314–325, mit Einleitung von Jes P. ASMUSSEN) zunächst auch die linguistischen Bemerkungen von W. B. HENNING (HO, 1. Abt., 4. Bd., 1. Abschnitt [1958] 76–77: „Westiranisches bei soghdischen, türkischen und chinesischen Manichäern"), die literaturwissenschaftlichen Orientierungen von BOYCE (HO, 1. Abt., 4. Bd., 2. Abschnitt, Lief. 1 [1968] 55–57 und 73–75) und die musikologischen Ausführungen von C. J. BRUNNER (passim).
Bei der Quellenangabe der übersetzten Texte (vgl. KLIMKEIT, Hymnen 267–269) werden die ursprünglichen Signaturen (M etc.) benutzt, manchmal auch zusätzlich die neuen von BOYCE (Hymn-cycles 62–65).

60). M 40 beginnt mit den Worten: „Gepriesen und gelobt bist Du, Vater" –
ʿstʾwʾd ʾwd ʾfryd ʾyy tw, pydr (58; vgl. BOYCE, Reader 91 [af]; Word-list 8–9,
23). Der „Du"-Stil der folgenden Prädikationen im „Preis der Großen"
(Wuzurgān [Āfriwan]) wird durch eine Antiphon im „Er"-Stil unterbrochen.
Ob Qšūdagān Āfriwan „Praise of Sanctification" heißt (BOYCE, Reader 91 zu
ag; vgl. Word-list 53) oder „Preis (Lobgesang) der Kleinen" (so KLIMKEIT
mit W. SUNDERMANN), das vielfache „Heilig" von M 538 (Abschnitt 3) ist jedenfalls ein Hymnus, dessen preisende Intention die anrufenden und singenden
Manichäer (M 538, 2) deutlich zum Ausdruck bringen: „... ewig wollen wir
Dich preisen" (M 538, 1).

In den übrigen Fragmenten parthischer „Hymnen an den Vater der Größe"
(60–63) mischen sich beschreibende Partien (M 730, 1–2; M 5262; M 6232
[mit Doxologie auf Mani u.a.]) mit echtem Lobpreis (M 730, 3; bes. „M 94 V
und M 173 V mit zwei kleinen Fragmenten" [62]). Aber auch der zuletzt genannte Abecedarius, dessen einleitendes Distichon „Preiswürdigkeit" und
„Benediktion" parallelisiert (BOYCE, Abecedarian hymns 438 [Text], 440
[Üb.]), ist nicht in allen erhaltenen Distichen (von ʾ bis z) hymnisch, sondern
verbindet Prädikationen im „Du"-Stil (ʾ) und Bericht über himmlischen
Lobpreis (b) mit Bitten (g–w).

In den „Hymnen über Kosmogonie und Eschatologie" (63–73) beschränkt
sich das Hymnische im engeren Sinne auf Mythologisches über den Lobpreis
(ʿstʾwyšn o.ä.), sei es durch die Götter und Gottheiten (M 533 V, h-Strophe:
65), sei es durch den gnostischen Urmenschen (M 710, 1-Strophe: 67; vgl.
BOYCE, Abecedarian hymns 444–446, Str. 17a), sei es durch die Quellen der
lebendigen Wasser (S 9 R II 33f., p-Strophe: 72).[1]

Einige der zumeist parthischen „Hymnen an das Lebendige Selbst" –
Grīwžīwandagīg Bāšāh (73–89) sind wieder stärker hymnisch orientiert (zu
bāšāh, eher mit „Gesang" zu übersetzen [75], vgl. BOYCE, Word-list 26).

In Bāšāh M 10 (75) ist zwischen den Strophen b und g ein preisendes Responsorium, das auch Mani einschließt, „eingeschmuggelt" (HENNING, Geburt
308 = Papers I 263).[2]

---

[1] Zur Überschrift מחראן „Hymnen" von S 9 V + R vgl. HENNING, Hymnus 215 = Papers I
50; daß HENNING auch hier mehr am Dichterischen im allgemeinen als am Hymnischen im
besonderen interessiert ist, zeigen seine weiteren Ausführungen (bes. 225–228, mit Text von S
13 und S 9 R II 30).
[2] Vgl. schon WALDSCHMIDT/LENTZ, Stellung Jesu 70, 126 (Text); zum rythmischen, d.h.
weder silbenmessenden noch silbenzählenden „Versprinzip" des „Liedes" vgl. HENNING, Geburt 317–318 = Papers I 272–273 (mit dem „Text der Hymne").

Mit *Bāšāh* M 83 ist „ein vollständiger, kurzer alphabetischer Hymnus" im „Du"-Stil erhalten, dessen rahmender Abschluß lautet: „Gesegnet und gepriesen bist Du mit vielen Segenssprüchen" – *ʾfryd ʾyy ʾwṯ ʿsṯʾwʾd pd ws ʾfrywn* (76–77; BOYCE, Reader 105 [**au**]).

In den imperativischen, u.a. zu (bestimmtem) Gesang auffordernden Versen des Abecedarius M 7 I R I 1 – R II 81 (79–81) wird auch zum einstimmigen „Lobpreisen" aufgerufen (ẖ). Eine „ziemlich langweilige *Litanei*" wird man diesen Text, der „jedoch über Liturgisches Auskunft geben kann" (ANDREAS/HENNING, Manichaica III 869–871 = HENNING, Papers I 296–298 [meine Hervorhebung]), kaum nennen können.

Das „Zarathustra-Fragment" M 7 I V I 82–118 (81–82) mag zwar „rein manichäisch" (NYBERG, Forschungen 18, gegen REITZENSTEIN), vielleicht auch „rein manichäisch–mandäisch" sein (SCHEFTELOWITZ, Zar.-Hymne 268, 282, im Rahmen einer vernichtenden Kritik ebenfalls an REITZENSTEIN), aber ein „Hymnus" oder eine „Hymne" sind die erhaltenen Verse ʾ bis ṯ auf keinen Fall.[1]

Ein echter Hymnus dagegen ist T II K = M 6650 (87–88; vgl. die Edition mit Übersetzung und Einleitung von WALDSCHMIDT/LENTZ, Stellung Jesu 115–116; dort übrigens 73, 115, Anm. 6: „Zarathustralied" [s.o.]), gerichtet an das „Lebendige Ich" = Jesus. Ob die anderen, nicht erhaltenen „*bōšōhōn* באשאהן" (so in der Überschrift) von ähnlich hymnischem Charakter waren, ist eine offene Frage.

Auch die Gruppe der fast ausschließlich parthischen „Hymnen an den Dritten Gesandten" (90–99), z.T. mit der erhaltenen Überschrift *bʾšʾhʾn* bzw. *bʾšʾh* „an den Gott Narisaf" (vgl. BOYCE, Reader 115 [**bg**], 120 [**bo**]), enthält außer – teilweise responsorischen – Einzel-Benediktionen und stereotypen Berichten über das Preisen ausdrückliche Hymnen, wie z.B. M 77 R–V (93–94), M 39 V (96–97) oder vor allem M 32 V (98).[2]

---

[1] Der Umstand, daß bei ANDREAS/HENNING, Manichaica III 872 (= HENNING, Papers I 299), „das sogenannte 'Zarathustra-Fragment'" als „Hymnus" bzw. „Hymne" bezeichnet wird, ist weniger wichtig als die Kritik an der „Annahme R e i t z e n s t e i n s, dies sei »ein Bruchstück einer Mani vorausliegenden persischen Offenbarungsschrift aus den Kreisen der Zarathustra-Gläubigen, die in frühmanichäischer Zeit zum Hymnus umgearbeitet bzw. unter die Hymnen der Sekte aufgenommen ist«" (Erlösungsmyst. 4)"; vgl. zu diesem von SCHAEDER stammenden Zitat (aus 'Islam' XIII 329) die Korrektur von SCHAEDER selbst: „Das *Lied* ist ein rein manichäisches Erzeugnis und nie etwas andres gewesen" (Urform 105 = SCHAEDER, Studien 55, Anm. 3 [meine Hervorhebung]).

[2] Zu M 39 V I 50–62 (96–97) vgl. ANDREAS/HENNING, Manichaica III 885 = HENNING, Papers I 312, Anm. 4: „'Hymnen' dieser Art, in denen jedes Wort einem Buchstaben des Alphabets entspricht, sind kaum übersetzbar."

Die „Hymnen an Jesus den Glanz" (100–107) sind vor allem deshalb wichtig, weil sich unter ihnen sogdische und parthische Übersetzungen von ursprünglich aramäischen Dichtungen Manis befinden.

Dabei preisen die umfangreichen Verse aus Manis Hymnus (sogd. חובתיא) „Voll wollen wir machen" – *Pur korōm* (Titel im Norddialekt des Originals, vgl. WALDSCHMIDT/LENTZ, Stellung Jesu 70, 93–97) im „Du"-Stil und mit vielen Prädikationen bzw. Epitheta das Gekommensein des Königs Jesus (T II D 169 [sogd.]; M 680, M 189 [parth.]).

Ein weiteres Fragment aus dem schon erwähnten Mani-Psalm „Preis der Großen" ist M 369 (parth., ursprünglich aram. [102]). Das vorangestellte *istāwādag* („praised", vgl. BOYCE, Word-list 23) verbindet sich wiederum mit „Du"-Prädikationen.[1]

Die z.T. ursprünglich aramäischen, jedoch persisch überlieferten Hymnen an Jesus (M 28 II + M 612 V: 103–105) tragen nicht nur die Überschrift *istāyišn* – „Preis", sondern bringen die Intention des Preisens auch immer wieder zum Ausdruck. Dabei ist es auffällig, wenn die manichäische Gemeinde sagt: „Wir wollen unser *Auge* mit Lobpreis (*istāyišn*) füllen" (104).[2] Daß das persische *āfrīn* bzw. das parthische *āfrīwan*, gewöhnlich mit „Segen" übersetzt (104–105), hymnologischer Terminus technicus ist, zeigen gerade diese Texte deutlich (vgl., außer den genannten, M 32 R [105–106]).

Unter den 22 „Uranfänglichkeitsanrufungen" (106–107) des sog. Phonetischen Hymnus auf Jesus (chinesische Hymnenrolle 176–186: vgl. SCHMIDT-GLINTZER, Chin. Manichaica 6, 33, 191 [Tafeln]), die ja nach der Überschrift „preisen" wollen, finden sich sicher zwei, vielleicht auch drei Bezeichnungen Jesu, die hymnologische Bedeutung haben: „Uranfänglicher Lobpreis (?)", „Uranfänglicher Segen", „Uranfänglicher Preis" (WALDSCHMIDT/LENTZ, Stellung Jesu 84–92, bes. 91 [Nrn. 17–19]).

Trotz der vereinzelten Doxologie in M 891b (110) sollte man die Kreuzigungstexte, die ja – wie KLIMKEIT selbst feststellt – eher „homiletischen

---

[1] In WALDSCHMIDT/LENTZ, Stellung Jesu 118–119, finden sich Text und Übersetzung nicht nur von M 369 (118), sondern auch von M 306 (119), aus „einer anderen Handschrift" (118), beide unter der Überschrift:»Hymnen an Jesus „Gepriesen, lebendig"«.

[2] Auch bei ANDREAS/HENNING, Manichaica II 316 (= HENNING, Papers I 213), findet sich dazu keine Erklärung, wenn es lediglich heißt, daß sich die „Einleitungsformeln" der zusammengehörigen Texte gleichen. Ist nicht doch vielleicht die Ambivalenz der aramäischen Wurzel *šbḥ* Ursache für den seltsamen Ausdruck? Vgl. dazu, allerdings im Zusammenhang mit der „Lichtsäule", die Bemerkungen von WALDSCHMIDT/LENTZ, Stellung Jesu 57, zu dem mit Übersetzung abgedruckten „Strophenanfang in nordiranischen Hymnen an Srōš …, z.B. T II D 77 R 13 bis 15 (unveröffentlicht)".

Charakter" haben (108), nicht als „Kreuzigungshymnen" bezeichnen (108–112). Der parthische Begriff *bāšāhān* in der Überschrift von M 18 (108–109) entspricht hier vielleicht einem syrischen *mēmrē*.[1]

Nur wenige der „Texte über die zwölf Herrschertümer" (117–122) sind Hymnen, obwohl einige von ihnen hymnische Elemente enthalten, wie z.b. der persische „Hymnus zu Ehren der Lichtherrschertümer" (M 798a R) mit dem responsorisch anmutenden „Dich, oh Herr, will ich preisen" bzw. „segnen" (121; zu *ʾfwr-, ʾpwr-* vgl. BOYCE, Word-list 9).

Was die „Hymnen an Mani und einzelne Kirchenführer" angeht (122–131), so sind einige davon gar keine Hymnen, wie z.b. der parthische, aus dem 4. Jh. n.Chr. stammende, mit *Bāšāh* überschriebene Parinirvāṇa-Text M 5 (126–127), der eben so wie die beiden folgenden Fragmente (M 8171) die „frühe Buddhisierung" in den „frühesten erhaltenen lyrischen Texten des östlichen Manichäismus" zeigt (128–129; vgl. die Angaben zu den sog. „Parinirvana-Hymnen" bei ANDREAS/HENNING, Manichaica III 862–869 = HENNING, Papers I 289–296).

Das in Hymnen an Jesus formelhafte „Gekommen bist Du mit Heil" (vgl. schon 101–102) wird auch in einem persischen, alphabetischen „Preishymnus an Mani" verwendet (121–122 [Pelliot Chinois 9142]). Noch ausdrücklicher preisend sind die persisch–parthischen Fragmente M 224 I (Überschrift: *āfurišn* - „praise, hymn of praise" [BOYCE, Word-list 14]) und M 6232 V (125–126).

Der fast vollständig erhaltene Abecedarius auf den Mani-Jünger Mār Zakū (M 6), den KLIMKEIT „Gedächtnishymnus" nennt (123, 129–131), und der „zu den schönsten Dichtungen der parthischen Literatur" gehört (129), wechselt ab zwischen Prädikationen im „Er"- und „Du"-Stil und klagenden Selbstaussagen derer, die seine Liebe „im Gedächtnis haben" (130 [ᶜ-Strophe]).

Überladen mit Wörtern des Preisens und mit von Mani auf den „Kirchenlehrer Šād-Ohrmizd" übertragenen „Epitheta" sind die in Persisch und Parthisch erhaltenen Verse (M 315 I R) „zu Ehren des Gründers der Dēnāwarīya-Sekte des Ostens" (131; vgl. dazu und zu M 785 R WALDSCHMIDT/LENTZ, Stellung Jesu 60).

---

[1] Zum Begriff der „Kreuzigung" in der manichäischen Literatur s.o. die Anmerkung zu [3] in: A.VIII.c.4. Zur frühen Abfassungszeit von M 104 (110–111) vgl. ANDREAS/HENNING, Manichaica III 881–883 = HENNING, Papers I 308–310, bes. 882 = 309, Anm. 3; übrigens „spricht der Umstand, daß die Hymne nicht 'alphabetisch' ist, dafür, daß sie aus dem Syrischen übersetzt ist" (882 = 309, Anm. 4).

In den stark schematischen „Hymnen an die Hierarchie und an kirchliche Würdenträger" (131–142) liegen zunächst einmal ostmanichäische Dokumente vor, die u.a. auch den „Lobpreis (pers. *istāyišn*) in allen Gemeinden" bezeugen (M 36, 3: 133–134).[1] Dieser Lobpreis ist nicht nur Gotteslob, sondern erstreckt sich auch auf alle Rangstufen von den *magistri* bis zu den *auditores* (M 11: 134–135).

Mahrān-Texte wie M 31 (136–138; zu pers. *mahr*, „hymn", vgl. BOYCE, Word-list 57) sind wohl weniger „Lobpreisungen" (136) als zeremonielle Segensgesänge für kirchliche Führer (vgl. 139 zu M 729, „in dem göttlicher Segen ... herabgefleht wird"). Doch hat sich die Übersetzung von מהראן durch „Hymnen" in der Erstedition, wo allerdings auch völlig austauschbar der Begriff „Lied(er)" auftaucht, anscheinend ziemlich festgesetzt (vgl. ANDREAS/ HENNING, Manichaica II 327–333 = HENNING, Papers I 224–230); die Überschrift von M 729 ist freilich: „Erster Lobpreis (עסתאישן)" (330 = 227, s. 354 = 251 im Glossar [334–362 = 231–259]).

Die persischen Texte S 7 Rii, Vi und ii, die bei BOYCE als Fragmente von zwei „hymns in praise of the apostles" erscheinen (Reader 151–152 [ct]), sind nach ihrem Inhalt wohl eher auf „Engel" als „himmlische Boten" bezogen (141–142) und somit hier nicht ganz an der richtigen Stelle.

Die hymnologische Bedeutung der parthischen Zyklen *Huyādagmān* (142–150) und *Angad Rōšnān* (151–155) liegt darin, daß vor allem im erstgenannten verschiedentlich auf „Lobgesänge" o.ä. angespielt wird (144 [I 59–61], 148 [VIc 3], 150 [VIII 1]; vgl. BOYCE, Hymn-cycles 74–77 [mit Hinweis auf die chinesische Übersetzung in der Hymnenrolle], 100–101, 108–109; vgl. auch die Übersetzung der bei BOYCE noch fehlenden sogdischen Version von V 8: 150–151, bes. 151).[2]

Wenn in der Zusammenstellung verschiedener „Verstexte" (155–166) die Fragmente M 842 (pers.) und M 215 (parth.) „von Mani selbst stammen" (156–157; vgl. BOYCE, Reader 169–170 [da + db]), wäre es interessant zu wissen, ob die mit *drīst* bzw. *drōd* beginnenden Grußformeln einem aramäischen

---

[1] „M 35" bei KLIMKEIT (Hymnen 133, 267) ist ein Versehen, vgl. ANDREAS/HENNING, Manichaica II 323–326 = HENNING, Papers I 220–223.

[2] Hier ist wenigstens ein Hinweis angebracht auf die von SUNDERMANN herausgegebenen, mit Wörterverzeichnissen (145–193) und Tafeln I–LXXXI (199ff) versehenen kirchengeschichtlichen Texte. In ihnen werden u.a. die von Mani übergebenen „sieben Hymnen" erwähnt (Text 3.3: 41–45, bes. 44 [/II/R/14/]; vgl. 186 zu *p'šykh*, „Hymne"). In Text 3.4 ist einerseits vom „Lobpreis" (*'wšt't*) des Mani-Jüngers Mār Gabryab die Rede, sogar mit einem kurzen Zitat von Anrufung Jesu und Bitte (47 [/R/24/–34/]), andererseits, wie in vielen christlichen Texten, vom Hymnensingen der Menge (48 [/V/1/: ... *p'šykh p'šnt* ...]).

šᵉlām (lāk) entsprechen und damit in die Kategorie des „Chairetismos" (BAUMSTARK) eingeordnet werden können.[1]

Die Bruchstücke des Abecedarius M 554 (159–160) lassen es kaum zu, über die Eröffnungsformel „Segen, Verehrung und Lobpreis" hinaus (159; vgl. die verschiedenen Übersetzungsmöglichkeiten mit BOYCE, Word-list 8 [*āfrīn*], 102 [*yasn*], 91 [*wahm*]), etwas über den hymnischen Charakter auszusagen.

Hymnische Elemente enthalten der aus M 83 I V, M 82 R und M 235 zusammengesetzte Abecedarius einerseits, „in dem Segenswünsche für Götter, Engel und die (sc. östliche) Gemeinschaft ausgesprochen werden" (164–165), und andererseits die wenigen Reste (M 90) eines rückläufigen Abecedarius, einer Art „Sanctus" mit „Er"- und „Sie"-Prädikationen „auf die Götter im Mondschiff" (165).

Mit den älteren koptischen B H M ⲁ-Psalmen (s.o.) muß man die gesamte „Bēma-Liturgie" aus dem falsch zusammengebundenen „Bet- und Beichtbuch" M 801 (166–174) vergleichen, das übrigens die für manichäische Bücher typischen Kopfleisten mit Überschriften auf gegenüberliegenden Seiten aufweist (vgl. dazu KOENEN/RÖMER, KMK-Abb. XV), was für die Zuordnung und hymnologische Einordnung gewisser Stücke wichtig ist.

Im „Du"-Stil bringt das „Wir" der kultischen „Lichtgemeinde" die Intention des Preisens Manis unter vielen Namen und Prädikationen in kurzen Strophen zum vollen Ausdruck (167–168; vgl. HENNING, Bet- und Beichtbuch 18–21 = HENNING, Papers I 432–435).

Vom persischen „Preis (wahrscheinlich *āfurišn*) des Narisah-yazd (d.h. des Dritten Gesandten)" (168–169), kann man hymnologisch nur sagen, daß in bezug auf die Namens-Vielzahl der Wunsch nach himmlischem Segen (Lobpreis [*āfrīn*]) und kirchlichem Lobpreis (*istāyišn*) ausgesprochen wird (vgl. HENNING, Bet- und Beichtbuch 21–22 = HENNING, Papers I 435–436).

Kann man von dem vollständig erhaltenen sechsten Preis (vgl. Überschrift *ʾpwryšn* auf S. 8 der Hs.) des Srōšahrāy (= „'the righteous Sraoša', used as pr[oper] name for the Column of Glory" [BOYCE, Word-list 82]) auf die übrigen fünf Stücke schließen, dann sind es Benediktionen, verbunden mit dem Wunsch, daß „der vollkommene Mann" u.a. „dieses reine Gebet (*ʾfrywn*) annehmen [möge], diesen lebendigen Klang (*wcn [wažan]*) und (diesen) göttlichen

---

[1] Die Aussage, daß M 42, „Ein Dialog zwischen der Seele als Knabe und dem Erlöser" (157–159), „in der Form eines Hymnus gestaltet" und „wahrscheinlich *auch* im Wechselgesang gesungen" worden sei (157, meine Hervorhebung; vgl. schon ANDREAS/HENNING, Manichaica III 878 = HENNING, Papers I 305: „... in Form einer Hymne"), bedarf einer Erklärung.

Gesang (*srōd*)" (169, 4.[vi]; vgl. zu den liturgisch–musikologischen Begriffen BOYCE, Word-list 9, 82, 90).

Ähnlich steht es mit den folgenden persischen *Āfurišn*-Stücken auf Jesus den Beleber (169–170), während diejenigen auf die „Gesandten" trotz gelegentlicher Lobpreisungen eigentlich Kommemorationen sind (170–171). In diesen Gedächtnisformeln wird allerdings auch derjenigen Personen gedacht, die liturgische und kirchenmusikalische Ämter innehaben (z.B. 170, Anm. 15).

In ihrem Zentrum sind die von den ersten *Mahr*-Texten auf Mani (167f) verschiedenen Bēma-*Āfurišn*-Texte „tatsächlich Hymnen an Mani" (171–172, bes. Anm. 17; vgl. die Überschrift der Seiten 20–21, *ʾpwryšn | pry[stg]*, „Preis des Apostels", bei HENNING, Bet- und Beichtbuch 27 = HENNING, Papers I 441).

Wie schon der „Preis der Gesandten" (170–171), so erinnern „die Hymnen (*mahr*) der Frohen" oder „Freudenhymnen" (*mhrʾn ʿyg | šʾdyhʾn* [so Seitenüberschrift von S. 28–29, vgl. HENNING, Bet- und Beichtbuch 30 = HENNING, Papers I 444]), z.t. mit Melodienangaben (173–174), an einige der „Hymnen an die Hierarchie etc." (133–140 [s.o.]). Auf wen sie sich auch beziehen (auf Mani allein oder auch „auf die Einsetzung eines neuen kirchlichen Oberhaupts" [173, Anm. 21]), diese „Hymnen" sind kurze Kirchenlieder von mehr oder weniger preisendem Charakter.

Sogar in dem erhaltenen „Beichttext für Electi" (174–179) gibt es Hinweise auf Hymnen, und zwar einerseits auf „die sieben Gebete, die sieben Hymnen, etc." (178 mit Anm. 21; s.o. die Anmerkung zu SUNDERMANN), andererseits auf „Gebete und Hymnen" (178 [Nr. 7], 179 [Nr. 9]; zu den sogdischen Wörtern *ʾfrywn* und *bʾšyk* bzw. *pʾšyk* vgl. GERSHEVITCH, Grammar §§ 44, 995, 1084; zum „Gebot der vier oder sieben Gebete" im Fihrist vgl. FLÜGEL, Mani 96, 303).

An dieser Stelle kann man gleich auch den liturgischen Hinweis von M 577a auf *pʾšyk* bzw. *pʾšyk* an Mani, mit sieben Initien, unterbringen (191–192; vgl. HENNING, Bet- und Beichtbuch 45–46 = HENNING, Papers I 459–460 [T II D 123]). Die Erwähnung von drei weiteren Initien von Nachtmahlgebet-*pʾšyk* an Mani findet sich in M 114 (192–193; vgl. HENNING, Bet- und Beichtbuch 46–47 = HENNING, Papers I 460–461).

Die „Anfangsworte des Evangeliums Manis" (M 17 und M 172 I) haben eine „doxologische Einleitung", die sich wirklich wie ein Hymnus liest (184–185).

Keinen der parthischen *bāšāhān* von M 4a sollte man dagegen als „Hymne" oder „Hymnus" bezeichnen (185–188; vgl. BOYCE, Reader 160–162 [**cv**]). Es sind Seelen-, Sterbe- und Toten-„Lieder" (so auch einmal KLIMKEIT [186]), denen ein Lied „vom Weltende" folgt sowie „ein manichäisches Gedicht" im „Ich"-Stil, das dem „Mani als Schüler" in den Mund gelegt ist (188 mit Anm. 16, Hinweis auf Mark LIDZBARSKI, Ein manichäisches Gedicht, in: NGWG [1918] 501–505; vgl. zu den „Blättern von M 4" auch WALDSCHMIDT/LENTZ, Stellung Jesu 66–67, 69).

An den Schluß seiner wohlgeordneten und für das weitere Studium vorbildlich erschlossenen Sammlung iranischer liturgischer Texte stellt KLIMKEIT „Gebete, Anrufungen und Beschwörungen" (194–210). Unter diesen enthalten die persische „Anrufung der Himmlischen" in M 4b (198–201) und die persisch–parthische „Anrufung der erlösenden Götter und Manis" in M 176 (202–203; vgl. WALDSCHMIDT/LENTZ, Stellung Jesu 40) zahlreiche hymnische Elemente, ja ganze Passagen, die man durchaus als Hymnen im eigentlichen Sinne, nämlich als poetische Lobpreisungen bezeichnen kann.

9. Türkisch-manichäische Texte[1]

Unter den türkischen Turfan-Texten ragt der „Große Hymnus an den Vater Mani" an Umfang und Bedeutung hervor (212–219). Mehr als 50 vierzeilige Strophen, „die durch Silbenalliteration verbunden sind", haben sich von den ca. 120 Strophen einigermaßen erhalten; dieser poetische „Anfang eines *pothī*-Buches",[2] dessen Seiten jeweils, natürlich nicht in stichischer Form, „mit 5 Zeilen schöner und gut lesbarer manichäischer Schrift beschrieben" sind (vgl. BANG/VON GABAIN, Türk. Turfan-Texte III 184–185 = Turfan-Forschung II 52–53), preist den Buddha–Mani mythologisch und synkretistisch im „Du"-Stil.

Bezeugt werden in dieser alttürkischen „Originaldichtung" (212), die sich selbst als „Preisgebet" (Str. 119) versteht, nicht nur Manis Evangelium (Str. 34 [*ävngliun*]) und die Siebenzahl seiner „Lehren" (= Bücher, Str. 39), sondern auch sein Gebot, „Preisgebete und Hymnen zu rezitieren" (Str. 114). Der Be-

---

1 Über die am Anfang dieses Kapitels und am Anfang des vorigen Abschnitts genannte Literatur hinaus vgl. MACKERRAS, Uighur Empire 1–13, 42–43, 109, 114, 141, 168–169. Aus dem Fihrist vgl. das „Bruchstück aus der Geschichte der Manichäer, ihrer Auswanderungen in verschiedene Länder und Nachrichten über ihre Vorsteher" bei FLÜGEL, Mani 105–106, mit den entsprechenden Anmerkungen 385 bis 405 (S. 385–400).
2 Vgl. schon VON LE COQ, Türk. Manichaica III 46–48 = Turfan-Forschung I 508–510 (Teil-Edition ohne Übersetzung) und dazu 3 = 465: „Es ist nämlich das erste (und bisher einzige) Mal, daß wir einen manichäischen, in manichäischen Lettern geschriebenen Text in der Form eines indischen Buchbündels (*pothī*) vor uns sehen."

griff für Hymnen (*pašik*)ist in diesem Fall sogdisches Lehnwort und belegt u.a. die inspirierenden Einflüsse der „iranisch-manichäischen Hymnik" (212).[1]

An Vater und Buddha Mani, vielleicht sogar an „ein Kultbild des Mani" gerichtet ist auch der „in Form und Inhalt" dem Großen Hymnus ähnliche, zweisprachige Hymnus in Westtocharisch (B) mit „alttürkischer Übersetzung" (220–221).

Mit W. BANG (Manichäische Hymnen 50–51) sieht KLIMKEIT auch das durch A. VON LE COQ edierte Buchblatt-Fragment T M 419 R, ein „Lied des Aprin-čor tigin" (Türk. Manichaica II 7–8 = Turfan-Forschung I 456–457), als „einen Lobpreis auf Mani" (221–222).

Von den drei türkisch-manichäischen Stücken „auf einem Blatte (16 × 9.4 cm groß) eines Doppelbuchblatts" aus Papier (T II D 169; vgl. VON LE COQ, Türk. Manichaica II 9–12 = Turfan-Forschung I 458–461), sind eigentlich nur die beiden ersten, mit *baš* bzw. *bašta* überschriebenen Dichtungen Hymnen (223–235). Der erste ist „an die Gottheit Morgenröte" gerichtet, deren Gekommensein zu der Aufforderung führt: „… lasset uns lobpreisen" – *ögälim* (224–225). Schon der zweite Text, „eine Übersetzung aus dem Iranischen", ist mehr ein Bittgebet als ein „Hymnus" (223; zum Begriff „Großherrlichkeit" vgl. FLÜGEL, Mani 178 und 274).

Der dritte und längste Text, in der Überschrift durch *(türkčä) bašik*, einer dritten „Form des Lehnwortes *bāša, bāšāh*" charakterisiert (vgl. VON LE COQ, Türk. Manichaica II 10 = Turfan-Forschung I 459, Anm. 1), ist zwar „türkische Originaldichtung", nämlich „über das Los der Gottlosen", aber ganz sicher kein „Hymnus" (229–230; dieses Urteil gilt in gewisser Weise auch für T M 296 [225–226], bestimmt für T M 512 [227–228]).

Die Fragmente T II D 78a–c, in der Edition als „Hymnus" bezeichnet (VON LE COQ, Türk. Manichaica III 24–25 = Turfan-Forschung I 486–487), werden trotz gelegentlicher preisender Elemente (a, I, Vorderseite; c, I, Rückseite) von KLIMKEIT mit Recht als „manichäisches Gebet" (232), „Bitte um Befreiung" (232–233), „Bitte um Erbarmen" (234) und „Bitte um Vergebung" (234–235) eingeordnet.

Der letzte hier einschlägige Text (Pelliot Chinois 3094) ist eine preisende „Anrufung [Buddha] Manis und der Götter (Gesandten)" mit „zwei Götterlisten", d.h. einer „Aufzählung der zwölf Herrschertümer" einerseits und einer

---

[1] Vgl. Alois VAN TONGERLOO, Notes on the Iranian Elements in the Old Uygur Manichean Texts, in: BRYDER, Manichaean Studies (1988) 213–219, bes. 217: „*pašik*: (< MSogd.) (+ variants with *b*-) "hymn", otherwise *küg* used (loan-word from Chin.), attested in runic too."

einzigartigen, die Vollständigkeit symbolisierenden „Liste von zweiundzwanzig Gottheiten" als „Verkörperungen bestimmter Tugenden bzw. Qualitäten" andererseits (235–237). Zwei von diesen „Er"- bzw. „Sie"-Prädikationen, die wie erklärende Erweiterungen der phonetisch-chinesisch transskribierten „Uranfänglichkeitsanrufungen" aussehen (106–107 [s.o.]), sind „Segen" (Nr. 18) und „Lob" (Nr. 19). Da „Lob" mit dem ursprünglichen Gott „Ruf" (*Xrōštag*) identifiziert wird, mag man wegen des Zusammenhangs mit dem koptischen „Ja und Amen" (BÖHLIG) auch auf die „Erlangung" = „Antwort" (*Padwāxtag*) in Nr. 20 hinweisen.

Damit wird der pragmatische Überblick über ein gelehrtes und reichhaltiges Buch abgeschlossen, das für jede Interpretation auch älterer und sozusagen „westlicher" Manichaica herangezogen werden muß. Denn „östliche", vor allem iranische und buddhistische Einschläge finden sich auch in den von bildersprachlichen Mythologumena überquellenden Zeugnissen koptisch-gnostischer Hymnographie.

10. Chinesisch-manichäische Übersetzungen (8.–10. Jh. n.Chr.)[1]

Im dritten Abschnitt des i.J. 731 n.Chr. nur abrißartig übersetzten „Kompendiums der Lehren und Regeln Manis, des Buddhas des Lichts" (69–75) wird der Kanon der sieben Schriften des *Mo-ni kuang-fo* wie folgt aufgeführt (K. b14–21: 72–73): Großes **Evangelium**, Schrift des **Schatzes**, ~ der Disziplin bzw. der Heilung („Die **Episteln**" [148 im Glossar]), ~ der esoterischen Lehre

---

[1] Es sei noch einmal nachdrücklich auf die Monographie von LIEU hingewiesen (Manichaeism [1985]), „in fact the first history of Chinese Manichaeism ever written" (Han J. W. DRIJVERS, Review, in: VigChr 41 [1987] 399–402, bes. 399). Vgl. auch die Miszelle von LIEU (nicht LIEN), ZRGG 39 (1987) 337–341, eine kritische Besprechung der Dissertation von Peter BRYDER (Lund; ein Jahr wird nicht genannt; Titel offenbar: *The Chinese Transformation of Manichaeism* [339]): „Bryder's thesis is more correctly a study of the Chinese *translation* of Manichaeism and here I am using the word "translation" in the widest possible sense" (339). Zitate und Belege beziehen sich im folgenden, wenn nicht anders vermerkt, auf die Übersetzung und das Glossar von SCHMIDT-GLINTZER (Chinesische Manichaica; mit Texttafeln [185–203] der Taishô-Edition No. 2140 [= H.], No. 2141 A [= K.] und No. 2141 B [= T.]), bei dessen Benutzung mir Dr. Rod BUCKNELL (University of Queensland) kollegiale Hilfestellung leistete. Wie TSUI CHI, der Erstübersetzer der Londoner Hymnenrolle in eine europäische Sprache, vor fast einem halben Jahrhundert betonte, ist der chinesische Text „so difficult and always extremely ambiguous, that even if there were many translations of the same text it [sc. his own literary translation] will be a great help to those who are interested in this study" (Mo Ni 174–175).
Abkürzungen für diesen Abschnitt:
H. Hymnenrolle (London, British Museum, Or. 8210, S. 2659),
K. Kompendium (London, British Museum, S. 3969 [+ „Fragment Pelliot"]),
T. Traktat Pelliot (Peking, Imperial Library).

(wohl das Buch der **Mysterien**), Lehrbuch zur Darlegung und Erhellung der Vergangenheit (wohl **Pragmateia**), Buch der **Giganten**, ~ der **Hymnen und Gelübde** (*Tsan-yüan ching* [165]).

Wie im „Fragment Pelliot" (74–75; vgl. 6 und 183) weiter berichtet wird, gibt es in den manichäischen Klöstern für diese sieben Schriften – und die „Tafel der großen zwei Prinzipien" (K. b22) – eine eigene Halle (K. 80c14); und „einer der drei Klostervorsteher" ist zuständig „für die Rezitation der Hymnen und Gelübde" (K. 80c21: 74; vgl. 107 zur Transskription *A-fu-yin-sa*).

Der „Traktat Pelliot", der sogar je ein Zitat aus dem Evangelium und aus den Episteln bietet (T. 83a12–17: 87), kommt verschiedentlich auf die Rezitation der Hymnen zu sprechen (T. 83c12, 85a7: 90, 97).[1]

Ziemlich allgemein heißt es von den Manichäern: „sie lieben es zu loben und zu preisen" – *ai-lo ch'eng-tsan* (T. 85b26: 99[?], 107, 202 [Tafel]), oder etwas konkreter: „Sie freuen sich ständig, die reinen Menschen, die Weisheit besitzen, zu preisen und zu besingen (*tsan-t'an*)" (T. 84c5: 95, 165). Objekt des Preisens (*ch'ung-chien*) kann aber auch das wahre Gesetz sein (T. 83c15: 90).[2]

Der 15-zeilige „Schlußhymnus" auf den „Großen Heiligen" im „Er"-Stil (T. 85c26 – 86a4: 101) ist nicht nur wegen seiner christologischen und soteriologischen Metaphorik interessant (z.B. Zeile 2: „Er ist insgesamt aller Lebewesen Mitleidsvater und -mutter"),[3] sondern auch insofern wichtig, als die Zwischenworte der verschiedenen Lehrer (*mu-she*) und der übrigen Versammlung vor dem „Schlußgebet" (T. 86a8–20: 102) eine programmatische Erklärung über Manis subordinatianische „Stellung zu Jesus" enthalten (T. 86a6–7: 101–102; vgl. dazu besonders WALDSCHMIDT/LENTZ, Stellung Jesu 60, 124–125). Das „Preisen" (*ch'eng-tsan*) des Tathâgata (d.h. Jesus) durch Mani, der selbst „der Eine Verehrungswürdige des großen Lichts" ist, soll überleiten zur Hymnenrolle.

---

[1] Zum früher als „Traktat Pelliot" oder „Traktat Chavannes–Pelliot" bezeichneten Teil der chinesischen Manichaica, dessen korrekter Titel wahrscheinlich „Der Sermon vom Lichtnûs" war, vgl. neben SCHMIDT-GLINTZER, Chin. Man. 7–8, auch MERKELBACH, Mani 28, Anm. 17: „Die weite Verbreitung des Textes legt die Vermutung nahe, daß dies ein authentisches Werk von Mani selbst ist" („Pragmateia"?).

[2] Wie umfangreich und welcher Gestalt das von Mani dargelegte und von seinen Schülern aufgezeichnete „wahre Gesetz" (*cheng-fa*) war, wird leider nirgends gesagt (vgl. zunächst K. 80b25 am Ende des Kanonsverzeichnisses, sowie dann z.B. H. 53, 114, 135, 198, 210, 228, 340, 344, 355; T. 82c25, 83a8, 84c28, 85a7 und 85a22).

[3] Eine ähnliche Aussage findet sich in M 36 R, dort in der „Anrufung des Lehrers" (vgl. ANDREAS/HENNING, Manichaica II 323 = HENNING, Papers I 220; KLIMKEIT, Hymnen 133 [M 35 zu verbessern zu M 36]).

Die unvollständige 7,5 m lange Rolle mit chinesischen Übersetzungen manichäischer Hymnen (*tsan*, in Über- und Unterschrift), von denen sich einige Stücke auch unter den parthischen und alttürkischen Manichaica finden (vgl. BOYCE, Hymn-cycles 67–77: „First canto of *Huwīdagmān*"), einige andere freilich nur – hier nicht berücksichtigte – phonetische Transskriptionen sind (H. 1–5, 154–158, 176–183), hat ein als indirektes Zeugnis wichtiges Kolophon, in dem der Übersetzer Tao-ming zu seiner Übersetzung dieser Hymnen und Lieder (*tsan-pai*; *pai* = Sanskrit *pāṭhaka* [H. 415]) schreibt:

> From three thousand passages in the Sanskrit books, more than twenty pieces are here translated. Moreover, the Canons, Praises (*tsan*), Chants and Wishings have been created (revised?) for the different countries (lit. the four places) (H. 416–417).[1]

Abschließend folgt eine kurze Charakterisierung der einzelnen, zwar verschieden langen, aber meist aus Strophen zu vier Zeilen (a–d) mit je sieben Zeichen bestehenden Stücken, wiederum vor allem unter hymnologischem Aspekt.

[1] H. 6–44, 45–82: „Lobpreisung (*[lan-]tsan*) Jesu" I–II (11–20). Dieses „große Preislied auf Jesus", das im oft parallelen Strophenbau „auf semitische Vorlagen" weist (WALDSCHMIDT/LENTZ, Stellung Jesu 11, 30, 97–111 [Text u. Übers.]), ist keineswegs insgesamt ein „Hymnus".

Der Lobpreis des „Ich"-Sprechers im „Er"-Stil, der in Strophe 7 (vgl. Str. 160, die fast identisch auf Mani geht) mit der häufig gebrauchten Formel des Preisens und Lobens (*ch'eng-tsan*) beginnt, geht schon in 9b erst in Bitte, dann in 10a zu Dank über, beides im „Du"-Stil. Nach erneutem Einsatz (mit *ch'eng-tsan*) in 11a folgt sogleich ein Sündenbekenntnis (11b–d) und eine weitere Mischung aus „Du"-Prädikationen und Bitten um Erhörung und Errettung (12–13).

Der eigentliche Hymnus im „Er"-Stil (14–18) und, den ersten Teil abschließend, im „Du"-Stil (44), wird unterbrochen von einer ähnlichen Mischung aus sehr synkretistischen Klagen über das körperliche Dasein und Bitten um Erlösung bzw. Befreiung mit gelegentlichen preisenden Prädikationen (19–43).

---

[1] TSUI CHI, Mo Ni 215; vgl. damit die ziemlich abweichende Übersetzung von SCHMIDT-GLINTZER, Chin. Manichaica 67. Zu der durchgängigen Wiedergabe von „*fan*, the transscription of Brahma, used for „Sanskrit, Pali", etc." durch „Sanskrit" bei TSUI gibt HENNING in seinen „Annotations to Mr. TSUI's translation" folgende Erklärung: „The Manichæans evidently borrowed this term from Buddhists and employed it for the language of their own Scriptures (Middle Persian and Parthian)" (TSUI CHI, Mo Ni 216).

Im zweiten Teil findet diese Mischung ihre Fortsetzung (46–71 und 76–78).[1] Erst nach der Anruf-Formel in 72a (vgl. auch 46a, 48a, 51a, 64a, 76a, 79a) wird der Text hymnisch, mit „Er"- und „Du"-Prädikationen (72b–74d [75]). Die Wiederaufnahme (79b–82) führt mit Bitten (80c–d) und Vertrauensbezeugung (82b) zur hymnischen Abschlußklammer (*ch'eng-tsan* [82c]) mit bekräftigendem „Amen" (82d).[2]

[2] H. 83–119: „Klage über die Unbeständigkeit" (21–25). Dieser dem *Mo-ssu-hsin* (= Mār Sisim, Manis Nachfolger Sisinnios?), dem „Gesetzeskönig", zugeschriebene Text ist kein Hymnus.

[3] H. 120–153: „Allgemeines Anrufungs- und Preislied (*ch'i-tsan wen*)" (26–29, 113; vgl. BÖHLIG, Gnosis III 284–290). Die Anrufungen des Lehrers *Mo-yeh* (= Mani-Jünger Mār Zakū?) finden einen gewissen Abschluß in der Glaubensbeteuerung und Bitte (143–144). Zwischen diesen Strophen und weiteren Anrufungen (150–153), die „eine Art *gāthā*, ein zusammenfassender Gemeindeschlußgesang" sind (BÖHLIG, Gnosis III 284), steht das eigentliche Preislied (Str. 145–148). Die Zeichen *t'an-chieh* (= „Gāthā of Praises" [TSUI, Mo Ni 189]) in 149a beziehen sich wohl auf die folgenden, schon genannten Anrufungen.[3]

[4] H. 159–163: „Lob und Preis (*ch'eng-tsan*) sei Mani, dem allwissenden König" (30). Wie oben erwähnt, ist die erste Strophe (160) dieses kleinen, von Lehrern verfaßten Hymnus ein von Jesus auf Mani übertragener Lobpreis (*ch'eng-tsan*, wie in der Überschrift [159], auch in 160a und 162d). Die letzte Strophe besteht hier nur aus zwei Zeilen: „Esteem [as precious], esteem as precious the name of the compassionate Father! Eternally, eternally, we wish to be like this!" (TSUI, Mo Ni 190).

[5] H. 164–167: „Erstens Lichterhabenheit" (31),

[6] H. 168–172: „Gâthâ bei Empfang des Mahles" (32),

[7] H. 173–175: „Gâthâ bei Empfang des Mahles. Zweiter Gesang" (32). Solche „Aufzählungen der L i c h t h e r r s c h e r t ü m e r in zwei Teilen (WALDSCHMIDT/LENTZ, Stellung Jesu 6) sind natürlich keine Hymnen, auch wenn am

---

[1] Die Bitte in Strophe 76c, „Laß' meinen Fleischeskörper immer gesund und glücklich sein" (19), steht in einem seltsamen Gegensatz zur dualistischen Abwertung des Körpers, wie sie in Strophe 89a typisch zum Ausdruck kommt: „Der stinkende, faule Fleischeskörper wird nicht auf Dauer bestehen" (21).

[2] Vgl. zum „Amen" WALDSCHMIDT/LENTZ, Stellung Jesu 111, Anm. 4: „Die Schlußformel (sc. So sei es!) kehrt ähnlich bei fast allen Hymnen wieder."

[3] Im Glossar von SCHMIDT-GLINTZER ist „t'an-chi" zu verbessern zu „t'an-chieh" (162). Dabei ist *chieh* chinesisch-phonetische Transkription von *gāthā(s)* (Sanskrit; vgl. das entsprechende Zeichen bei WALDSCHMIDT/LENTZ, Stellung Jesu 5).

Ende von Str. 175 Lob und Preis (*ch'eng-tsan*) an „die vier stillen Buddhas" zum Ausdruck gebracht wird (32).

[8] H. 184–196, 197–208, 209–221: „Preisung der das Gesetz beschützenden Lichtgesandten" I–III (34–38). Auch diese drei Gesänge auf die „Preiswürdigen" (*k'an pao-yü* [185c, 198a, 205d]), denen „Preis und Lob" (*pao-yü* [195c], *ch'eng-tsan* [205c]) zukommt, sind nur teilweise Hymnen mit vielen pluralischen „Sie"-Prädikationen (bes. 186–192, 198–203). Der dritte Gesang hat gar keinen hymnischen Charakter mehr.

[9] H. 222–234: „Gâthâ (*chieh-wen*) zum Lobe des unübertrefflichen Lichterhabenen" (39–40). Der Verfasser „König des Gesetzes" (222 [Überschrift], 229c; s.o. Str. 83), der für das „Wir" der „Buddha-Familie" (234b) belehrend im „Er"-Stil spricht, nennt sich selbst eben so „preiswürdig" (*k'an pao-yü*) wie die im reinen Gesetz Gereinigten (229c, 231a).

[10] H. 235–247, 248–260: „Preisung der fünf Lichten" I–II (41–43). Ausdrückliches Preisen der „fünf großen lichten Buddhas" (236a) durch das „Wir" der Lehrer verbindet sich mit der allgemeinen Aufforderung an die „Brüder des Lichts" (249a): „preist und rezitiert" – *tsan-sung* (258b).

[11] H. 261–338: „Preisung der Lichtwelt" (44–52).[1] Dieses letzte der längeren Stücke „enthält eine sehr breite und ausführliche Beschreibung des L i c h t r e i c h s , in der die lichte Vollkommenheit und Befreitheit von allem irdischen Unrat wieder und wieder variiert zum Ausdruck gebracht wird" (WALDSCHMIDT/LENTZ, Stellung Jesu 6). In der Lichtwelt „gibt es kein einziges Ding, das nicht zu preisen (*k'an pao-yü*) wäre" (288b: 46, 137); was dort „hervorquillt", ist in der Lage, „zu loben und zu preisen (*ch'eng-tsan*), zu besingen und zu verkünden die Majestät des großen Heiligen" (309a–d: 49, 111). Besonders die Strophen 320–322 malen diese Lichtwelt-Liturgie aus mit ihrem Preisen (*tsan-li* [320c]) und ihren Hymnen (*tsan-pai* [321a]).

[12] H. 339–346: „Erstens. Schlußgebet beim zehntägigen Fasten" (53). Dies ist ein kommemorierendes Bittgebet mit hymnischer Einleitung (*ch'eng-tsan* [340a.c]) an Mani und alle Lichtgesandten.

[13] H. 347–355: „Zweitens. Tägliches gemeinsames Schlußgebet" (54). Dies ist ein mahnendes Gebet mit Anweisungen zur Rezitation bestimmter Gâthâs, mit ähnlicher hymnischer Einleitung (*ch'eng-tsan* [348a.c]).

---

1 Die in der Überschrift ausdrücklich genannten „achtundsiebzig vierzeiligen Strophen" des Lehrers *Wei-Mao* (= Mār Ammō?) beziehen wahrscheinlich die Überschrift selbst mit ein, obwohl diese nicht vierzeilig ist. Jedenfalls gibt es außer der Überschrift nur 77 Strophen.

[14] H. 356–359: „Diese Gâthâ, die Preisung des Lichterhabenen. Ein Schlußgebet" (55; vgl. WALDSCHMIDT/LENTZ, Stellung Jesu 61). Acht Prädikationen bzw. Anrufungen, vom großen und wahren Herrn über das preiswürdige (k'an pao-yü) Land („Erde"?) bis zum Mani Buddha als ihren Objekten (357a.f, 358b), gehen über in die Bitte um Sündenvergebung (358c–f, 359a–f; also abweichender Strophenbau).

[15] H. 360–363: „Gâthâ zum Lobpreis des Sonnenglanzes. Ein Schlußgebet" (56). Die ersten beiden vierzeiligen Strophen im „Sieben-Zeichen-Rhythmus" (WALDSCHMIDT/LENTZ, Stellung Jesu 119–120 [Text und Üb.], 119, Anm. 7) sind Lob und Preis (ch'eng-tsan [361a]) auf den „Sonnenglanz (Mihr)" usw.; die dritte Strophe ist ein Bittgebet.[1]

[16] H. 364–367: „Gâthâ zur Preisung von Lu-she-na. Ein Schlußgebet" (56; vgl. WALDSCHMIDT/LENTZ, Stellung Jesu 57). Die ersten zwei der drei fünfzeiligen[2] Strophen loben und preisen (ch'eng-tsan [365a]) Su-lu-sha-lo-i (= Srōšahrāy [s. KLIMKEIT, Hymnen 90]), den vollkommenen Mann, die diamantene Gloriensäule (365b–d) etc. Auf die „Er"-Prädikationen folgt die Petitionsstrophe, in der formelhaft zum Ausdruck gebracht wird, nicht vollkommen preisen (tsan) zu können (367b).

[17] H. 368–371: „Gâthâ zur Preisung Jesu. Ein Schlußgebet" (58; vgl. schon WALDSCHMIDT/LENTZ, Stellung Jesu 120 [Text u. Üb.]). Bis auf die letzten zwei Zeilen, die um Sündenvergebung und Frieden bitten (371b–c), sind die etwas unregelmäßig gebauten Strophen 369 und 370 (vgl. 195 [Tafel]) ein Hymnus (vgl. ch'eng-tsan [369a]) auf „Jesus, Lichtjungfrau, Monuhmēδ, Ormuzd, späterhin die fünf sammelnden Lichtgesandten, die sieben Schiffsherren und zum Schluß (sc. in 371a) Mani" (WALDSCHMIDT/LENTZ, Stellung Jesu 61).

[18] H. 372–379: „Gâthâ zur Preisung Manis, des Buddhas. Ein Schlußgebet" (59–60; vgl. 183 zur Textkritik). Der eigentliche Hymnus (ch'eng-tsan [373a]) auf Mani, hier auch selbst „Gesetzeskönig" genannt (373g), geht über in den Dank der Freude (376–377) und das Versprechen zum Halten des „Gesetzes der oberen Region" (378–379, bes. 378f).

[19] H. 380–386: „Diese Gâthâ ist das Gebet bei Sonnenuntergang. Ein Schlußgebet" (61). Auch diese Gâthâ (chieh) in fünf Strophen (je fünf Zeilen

---

[1] Zum „Gott Mihr" vgl. ANDREAS/HENNING, Mitteliranische Manichaica aus Chinesisch-Turkestan I 221 = HENNING, Papers I 47.
[2] Str. 365b muß fünf Zeichen haben und nicht vier wie die übrigen Zeilen (s. 195 [Tafel]). Die sechste Zeile von Str. 367 ist überschießende Schlußformel, dem „Amen" entsprechend.

mit je fünf Zeichen, plus zwei Zeilen am formelhaften Schluß)[1] besteht aus einem hymnischen (381–383) und einem bittenden Teil (384–386). Der Hymnus selbst, mit seinem dreimal wiederholten *ch'eng-tsan* auf diese Stunde (= Jesus [WALDSCHMIDT/LENTZ, Stellung Jesu 54]), auf Jesus–Buddha und auf Mani (381a, 382d, 383b), klingt wie ein Höhepunkt und Abschluß der ganzen Sammlung.

[20] H. 387–400: „Diese Gâthâ ist ein Beichtgebet, das bei Sonnenuntergang mit den Hörern gebetet wird" (62–63; s. WALDSCHMIDT/LENTZ, Stellung Jesu 122–124 [Text u. Üb.], bes. 123, Anm. 1 zur Zählung; vgl. BÖHLIG, Gnosis III 207–208). Die hymnologische Bedeutung dieser „Beichte" (388–393) und poetischen „Schilderung des Aufstiegs zum Lichtreich" (394–400) liegt zum einen in der Aufzählung der Gottheiten (388–391), unter denen die drei „Mitleidsväter" und die „Stunde" (= Jesus [s.o.]) als „preiswürdig" bezeichnet werden (*k'an pao-yü* [390], *k'an pao t'an* [391]), was man ohne weiteres auf *Lu-she-na*, die Säule u.a. übertragen darf.

Zum anderen liegt die hymnologische Bedeutung darin, daß diejenigen, die den Fleischeskörper verlassen (394) und „unter dem Gesang und Preis vieler Heiligen" (396) übersetzen „ins Nirvāṇa, das ewige Lichtreich" (399), selbst „unendlich zu preisen sind" (*tsan-t'an* [396, 399]).[2]

---

[1] Vgl. BÖHLIG, Gnosis III 337, Anm. 78: „Die Häufung der Fünfzahl ist typisch für die chinesische und gnostische Ausdrucksweise."
[2] Der Vollständigkeit halber nenne ich hier die drei letzten Stücke vor dem Kolophon, der schon behandelt wurde:
[21] H. 401–404: „Diese Gâthâ beschließt die verschiedenen Gesänge und Gebete" (64);
[22] H. 405–409: „Diese Gâthâ beschließt das Gebet bei den Totenopfern" (65);
[23] H. 410–414: „Diese Gâthâ ist die Beichte der Hörer" (66).

Teil B

Christliche Antike

I. Neues Testament

a. Formgeschichtliches

Das Mißverhältnis zwischen der kleinen Textmenge des ntl. Kanons und der großen Zahl der neuzeitlichen Neutestamentler (Bibelforscher) spiegelt sich nicht nur wider in der unüberschaubaren Flut von Kommentaren, Monographien und Artikeln (in Festschriften, Lexika und Zeitschriften) zu einzelnen „hymn(olog)ischen" Texten und Begriffen, sondern auch in der relativ häufigen Behandlung literarischer Formen und Gattungen (vgl. BORNKAMM, Formen 1003) und liturgischer Formeln (vgl. KÄSEMANN, Formeln 995), wie denen von SCHILLE, DEICHGRÄBER, SANDERS, BRIOSO SANCHEZ und WENGST (vgl. LATTKE, Oden III im Index, und zu einigen der genannten Autoren RESE, Formeln).

Nach frühen, immer noch wichtigen form- und stilgeschichtlichen Untersuchungen (NORDEN, KROLL, DIBELIUS; vgl. religionsgeschichtlich auch BAUER, Wortgottesdienst 20–29 [=171–179]) stellt K. BERGER mit der antiken Einordnung von „Hymnus und Gebet" (Formgeschichte 239–247 [§ 69]; nach 231–239 [§ 68], „Akklamation, Prädikation und Doxologie") unter epideiktische Gattungen und Texte (18, 221–360) fast alles in Frage, was anachronistisch (z.B. durch JOHANSEN, Hymnodie), enthusiastisch (z.B. durch R. P. MARTIN, Worship 39–52) und unkritisch (z.B. durch CHARLESWORTH, Prolegomenon) in den vergangenen Jahrzehnten zu ntl. Hymnen und Liedern behauptet wurde:

> „Andere neutestamentliche Texte, die üblicherweise als Hymnen bezeichnet werden, verdienen diese formgeschichtliche Bezeichnung nicht. Unter ihnen haben jedoch besonders Doxologien und Christus-Enkomien hymnische Elemente in sich aufgenommen."[1]

---

[1] BERGER, Formgeschichte 240; vgl. 344–346 [§ 99], „Enkomion", u.a. zu „den bislang fälschlich ,Christus-Hymnen' genannten Texten" (Phil 2,6–11; Kol 1,15–20; I Tim 3,16; Hebr 1,1–4); vgl. auch 372 zum Logos-Enkomion Joh 1.

Sieht BERGER nur in Apg 4,24b–30 und Apk 19,5–8 sowie teilweise in den
beiden ntl. Vaterunsertexten (zu diesen vgl. auch SCHATTENMANN, Prosahymnus 44–45) Analogien zum „Aufbau" des griechischen – und z.t. alttestamentlichen – Hymnus (Formgeschichte 239–242),[1] so erkennt er z.b. sonst im
Neuen Testament folgende „hymnische Elemente" mit „Analogien in paganen
Hymnen" (240):[2]

> „Reihung von Attributen Gottes" (Apk 11,17a);
> „Beschreibung der Herkunft des Gelobten aus Gott" (Kol 1,15; Hebr 1,3);
> „Prädikationen" im „Du"-, „Er"- und „Alles"-Stil (Joh 1.3.7.9; Röm 16,27; Phil 2,10–11;
> Kol 1,15–20; I Tim 1,17; Hebr 1,2–3; Apk 4,11; 5,9; 15,4);
> „Der Gelobte als Anfang, Anführer, Erster" (Joh 1,1–2; Kol 1,15.18);
> „Schöpfermacht und Weltherrschaft" (Joh 1,3–4.10; I Kor 8,6; Kol 1,15–17; Hebr 1,3);
> „Aretalogie im Ich-Stil" (Apk 1,17–18; 21,6).

Zur „Semantik", d.h. „Retten und Retter, Licht, Geben, Erlösen und Befreien",
muß man aber nun doch auch das Vokabular heranziehen, mit dem über den
Gebrauch von ὑμνεῖν und ὕμνος hinaus ausdrücklich vom Lobpreis die Rede
ist.[3]

b. Terminologisches

1. Kol 3,16 und Eph 5,19 im griechischen Neuen Testament und in einigen alten Übersetzungen[4]

Die beiden traditions- und interpretationsgeschichtlich zusammenhängenden,
vielzitierten deuteropaulinischen Texte (vgl. LATTKE, Oden III 467) sind die
einzigen ntl. Stellen, an denen ὕμνος vorkommt, zusammen und mehr oder
weniger synonym mit „Psalmen" (ψαλμός auch in Apg 13,33 mit Bezug auf
den atl. Ps 2; in I Kor 14,26 vielleicht christlich; ψαλμοί nur in Lk 20,42 und

---

[1] Diese seien von Nachahmungen und besonders vom Danklied atl. Prägung zu trennen, vgl.
BERGER, Formgeschichte 242–243 zu Apk 11,17–18 und Lk 1,46–55, dem Magnifikat.

[2] Vgl. viel ausführlicher BERGER, Gattungen 1149–1194; BERGER, Gebet.

[3] Leider findet sich bei HENGEL, Christuslied, worauf im folgenden öfter (und nachträglich)
hingewiesen wird, keine direkte Bestimmung dessen, was ein neutestamentlicher bzw. frühchristlicher Hymnus ist.
Eine schöne Zusammenstellung traditioneller Kriterien für die Identifikation der sich z.T.
überschneidenden „Homologien" und „Hymnen" im Neuen Testament findet sich bei GLOER
(Homologies 124–129, 131–132), dem ich für die Zusendung einer Kopie seines Artikels zu
danken habe.

[4] Vgl. Sebastian P. BROCK / Kurt ALAND / Viktor REICHMANN / Barbara ALAND / Gerd
MINK / Christian HANNICK, Bibelübersetzungen I. Die alten Übersetzungen des Alten und
Neuen Testaments, in: TRE VI (1980) 160–216.

24,44 sowie in Apg 1,20 für das atl. Psalmen-Buch, den „Psalter") und „pneumatischen Oden" (ᾠδή, meist mit ᾄδω, nur noch in Apk 14,3 und 15,3, je zweimal, vgl. SCHLIER, ᾄδω 163–165; DELLING, ὕμνος 501–505; HENGEL, Christuslied 389–393, 391: „austauschbar").

Ein Blick auf die alten Übersetzungen im lateinischen Westen und im christlichen (syrischen, armenischen, georgischen, koptischen, äthiopischen) Orient ist aufschlußreich für die antike Differenzierung der musikalischen Synonyme – und auch im Hinblick auf die späteren technischen Bezeichnungen von „Hymnen" und „Hymnarien".[1]

Ψαλμός erscheint immer als Fremdwort in den lat., arm., georg. und kopt. Versionen; in den syr., äth. (und übrigens auch arabischen) Versionen als ܟܬܒܐ bzw. ⲙⲎⲙⲤⲈ (zur Wurzel zmr gehörig).

Ὕμνος, lat. hymnus, wird syr. ܬܫܒܘܚܬܐ, äth. ስብሐት, arab. tasābīḥ (von der Wurzel šbḥ/sbḥ), und arm. ﬡﬥﬠ‍ﬨ, georg. გალობა, kopt. ⲤⲘⲞⲨ.

Und ᾠδή schließlich bleibt Fremdwort in den kopt. Übersetzungen, wird lat. canticum (nicht carmen), syr. ܬܫܒܘܚܬܐ (vgl. OdSal und PsSal!), äth. ማኅሌት (von ﬡﬤﬠ),[2] arm. ﬨ‍ﬤﬡ und georg. Გალობა.

Nun stehen noch im Kontext außer εὐχαριστεῖν (Kol 3,17 und Eph 5,20) die Verben ᾄδειν und – nur in Eph 5,19 – ψάλλειν, deren Übersetzungen schon frühe Differenzierungs- und Verstehensschwierigkeiten widerspiegeln: griech. ᾄδοντες (Kol), ᾄδοντες καὶ ψάλλοντες (Eph); lat. cantantes (Kol [canentes in k]), cantantes et psallentes (Eph); syr. ܟܬܒܐ ܘܬܫܒܘܚܬܐ (Kol und Eph!);

---

[1] Die folgende Übersicht erhebt keinen Anspruch auf textkritische Differenzierung. Die Belege stammen aus kirchlichen Textus-receptus-Ausgaben der Bibelgesellschaften und anderer, einheimischer Druckereien (vgl. NTArm, NTGeez, NTGeo, NTSyr, jeweils zu den Stellen). Eine gewisse Ausnahme bilden die koptischen und lateinischen Übersetzungen, vgl. HORNER, NT Northern I 246–247, 448–449; III 368–369, 424–425, 480–481; IV 312–313; NT Southern I 304–307, 592–593; V 14–15, 244–247, 352–353; VI 382–383; für die Vulgata BSV II 1568, 1600, 1726, 1813, 1823, 1845. Für das Georgische vgl. das Glossarium von Joseph MOLITOR: CSCO 228 = CSCO.Sub 20 (1962) II–III [Einleitung], 31–32 [გალობა], 165 [მაქოლობა]; CSCO 243 = CSCO.Sub 23 (1964) 105* [ὑμνέω]; CSCO 265 = CSCO.Sub 25 (1965) 6 [გალობა hymnus ᾠδή Apc 5, 9.], 85 [ᾄδω], 119 [ᾠδή]; CSCO 280 = CSCO.Sub 30 (1967) 28 [cantare], 102 [hymnus].

[2] Vgl. arab. aġānin (von ġny, ġaniya II).

armenisch *աղթնել* (Kol), *երգել եւ սաղմոս ասել* (Eph); georgisch
�·გალობდით (Kol), ·გალობდით და აქებდით (Eph); kopt. Ⲁ ⲱ/ⲍ ⲱ ⲥ
(Kol, sah./bo.), Ⲁ ⲱ/ⲍ ⲱ ⲥ + Fremdwort ψάλλειν (Eph); äth. በበሐ + Ⲏ፞ ⳓ
(Kol und Eph!).

Das im Neuen Testament drei- bzw. viermal vorkommende Verb ὑμνεῖν wird
folgendermaßen übersetzt. In Mt 26,30 ‖ Mk 14,26 wird ὑμνήσαντες zu lat.
hymno dicto; syr. ܐܝܘܕ; arm. *զողացեալ աղթնեցին*; georg. ჰაჲრთდა;
kopt. -ⲤⲘⲞⲨ; äth. ℏ፝ⲒⲠ.Ⲡ ፞ (von ℏⲠⲠ). Und in Apg 16,25 wird (προσ-
ευχόμενοι) ὕμνουν (τὸν θεόν) zu lat. *laudabant;* syr. ܐܘܚ ܗܝܘܕܙ; arm.
աղթնեին; georg. ·გალობდეს; kopt. -ⲤⲘⲞⲨ; äth. በበⲭ. In Hebr 2,12
schließlich wird ὑμνήσω (σε, Zitat von Ps 21,23 LXX) zu lat. *laudabo (te);*
syr. ܐ ܟܝܘܕ; arm. *աղթնեցից*; georg. ჯოგალობდჯ; kopt. –ⲤⲘⲞⲨ; äth.
ℏⲒ፞በⲭℏ.

2. Weitere Wörter des Preisens

Eine genaue Untersuchung der alten Übersetzungen würde untermauern, wie
die Bedeutungen der anderen Verben des Preisens wie (ἐπ)αινεῖν, δοξάζειν,
ἐξομολογεῖσθαι, εὐλογεῖν (zur kontextuellen Synonymität mit εὐχαριστεῖν
und dem Zusammenhang mit „Anamnesis" vgl. LEDOGAR, Acknowledgment
125–135), μεγαλύνειν und auch ψάλλειν (vgl. HENGEL, Christuslied 387–
388), zusammen mit dazugehörigen Adjektiven und Nomina ineinander
übergehen.[1]
An einigen Stellen führen Wörter des Dankens und Lobens direkt zu traditionellen oder *ad hoc* ausgeformten Texten, die nun quer durch das Neue Testament auf ihren hymnodischen und hymnologischen Charakter hin nach Form,
Inhalt und Intention abgeklopft werden müssen.[2]

---

[1] Vgl. die entsprechenden Artikel im ThWNT und EWNT, aber auch die Artikel Bekennen,
Danksagung, Ehre, Lied und Segen im TBLNT, sowie STUIBER, Eulogia 906–914 und LEDO-
GAR, Acknowledgment 135–142.
[2] Vgl. auch LODI, Enchiridion 78–86, bes. 79–80, und immer noch CABROL/LECLERCQ,
MELi I,1 1–51, Nrn. 1–604 und I,2 119–122, Nrn. 5112–5126. Eine zu großzügige Zusam-
menstellung in französischer Übersetzung findet sich bei DEISS, Hymnes 11–125.

c. Texte des Lobpreises[1]

Die griechische und griechisch–englische Synopsis von K. ALAND überschreibt Mt 11,25–27 ‖ Lk 10,21–22 (aus Q) zu Recht mit „Lobpreis des Vaters" (154 bzw. 100).

Wie ein „Lobpreis" der Hallelpsalmen (s.o. zu Mt 26,30 ‖ Mk 14,26) klingt auch Mt 21,9 ‖ Mk 11,9–10 ‖ Lk 19,38 ‖ Joh 12,13 (vgl. REBELL, ὡσαννά). In Lk 19,37 wird der kleine messianische Hymnus angekündigt und darüberhinaus interpretiert als αἰνεῖν τὸν θεόν.

Trotz BERGER (Formgeschichte 242–243) wird wohl weiter diskutiert werden müssen, was von SPITTA (Notizen 303–304) über BLACK (Approach 151–156) und DUNN (Unity 132–141) bis zu FARRIS (Hymns) mehr oder weniger emphatisch behauptet wird, ob nämlich das jubelnde Magnificat/Μεγαλύνει der Elisabeth/Maria in Lk 1,46–55, das prophetisch inspirierte Benedictus/Εὐλογητός des Zacharias in Lk 1,68–79 und das eulogische, ebenfalls inspirierte Nunc dimittis / Νῦν ἀπολύεις des Simeon in Lk 2,29–32 Hymnen (oder Psalmen, vgl. HENGEL, Christuslied 360–363) oder Danklieder bzw. Dankgebete sind (vgl. die Überschrift προσευχή für alle drei LXX-Oden [Cantica], Nrn. 9 und 13, s.o. A.II.b.1).

Was der Engelchor in Lk 2,14 zur Ehre Gottes und zum Frieden der Erde singt, bildet später den Auftakt des ὕμνος ἑωθινός (LXX-Ode Nr. 14; vgl. zum Gloria FLUSSER, Sanctus) und stellt selbst „formal einen stlechten Hymnus" dar (HENGEL, Christuslied 363; zum Verhältnis aller erwähnten „songs" aus Lk 1–2 zu alten jüdischen Gebeten vgl. schon die Synopse bei CHASE, Prayer 147–151). Was dagegen die Hirten, δοξάζοντες καὶ αἰνοῦντες τὸν θεόν, gesagt oder gesungen haben sollen, wird in Lk 2,20 nicht ausgeführt (vgl. Lk 18,43; Apg 2,46–47 und 3,8–9, ähnlich pauschal).

Ob und wie genau man „einen von dem Evangelisten glossierten urchristlichen (?) Hymnus auf den Logos" (BORNKAMM, Formen 1003) strophisch und ursprachlich aus Joh 1,1–14(18) rekonstruieren kann, wird weiterhin die Seiten von Kommentaren und Aufsatzsammlungen füllen (vgl. z.B. kürzlich erst

---

[1] Vgl. MITSAKIS, Byz. Hymnography I 39–46; HENGEL, Christuslied 393–404: „Neutestamentliche Christuspsalmen und Psalmenfragmente", bes. zu Eph 5,14; I Tim 3,16; Phil 2,6–11. HENGEL betont mehrfach, daß man statt von ntl.–urchristlichen „Hymnen" besser von „Psalmen" sprechen sollte (393, 399). Zu den Texten Phil 2,6–11, I Kor 8,6, Kol 1,15–20, Hebr 1,1–4.10 (auch 2,10 und 7,3) und Joh 1,1–18 vgl. jetzt vor allem HABERMANN, Präexistenzaussagen 91–157 (bes. 92), 159–188, 225–266, 267–299, 303–307, 310–315, 317–414.

wieder die Studie von HOFIUS, ZNW 78 [1987] 1–25; zur Struktur schon
SCHATTENMANN, Prosahymnus 26–32; auch 33–39 zum „Hymnus Johannes 6",
wenig überzeugend).[1]

Was die kanonischen Briefe betrifft, so sollte man weder Röm 3,24–26 als
„hymnische[s] Fragment" bezeichnen noch Röm 8,31–39 oder I Kor 13 Hymnen nennen (gegen NORDEN, Kunstprosa II 509; SCHATTENMANN, Prosahymnus 19–23; R. P. MARTIN, Carmen 19; HOULDEN, Hymns 307).

Mit größerem Recht kann man dagegen in Röm 11,33–36 einen Gottes-
Hymnos sehen (DEICHGRÄBER, Gotteshymnus 61–64; vgl. HENGEL, Christuslied 396), mit rhetorischer Frage (11,34–35) und Amen-Doxologie (11,36;
vgl. I Kor 8,6; Eph 4,5–6; Röm 16,25–27).

Daß Paulos doxologisch und hymnologisch aus den atl. Psalmen schöpft (die
für ihn wie für Philon ganz unenthusiastisch Hymnen par excellence gewesen
sein mögen), zeigt Röm 15,9–11 (vgl. auch I Kor 14,26 und dazu HENGEL,
Christuslied 386–389).[2]

Bei der „Briefeingangseulogie" in II Kor 1,3–4 „läßt sich das genaue Ende
des Lobpreises nicht angeben" (DEICHGRÄBER, Gotteshymnus 87).

Sind Eph 1,3–14 und Kol 1,12–14 ausführliche Eulogien Gottes
(DEICHGRÄBER, Gotteshymnus 65–76, 78–82; vgl. die Sezierung des langen
Satzes in Eph durch SCHATTENMANN, Prosahymnus 1 10), so handelt es sich
bei dem Fragment unbekannter Herkunft in Eph 5,14 um einen „Weckruf"
(SCHILLE, Hymnen 95) und kaum um einen sakramentalen Hymnus (gegen R.
P. MARTIN, Carmen 19; doch vgl. die weitausholende Diskussion bei HENGEL,
Christuslied 396–399).

An dieser Stelle sei ausdrücklich auf die gattungsgeschichtliche Monographie
von SCHILLE hingewiesen, die ihren methodischen „Einsatzpunkt" beim hymnologischen Material von Eph und Kol nimmt, Eph 1,3–12 und 2,4–10 sowie
Kol 1,12–20 (vgl. PÖHLMANN, All-Prädikationen; BURGER, Schöpfung 3–
114) als „Initiationslieder" bestimmt (Hymnen 53–85), Eph 2,14–18 (vgl.
BURGER, Schöpfung 117–157; WILHELMI, Versöhner-Hymnus) und Kol 2,9–

---

[1] Zur doppelten Frage „nach der literarischen Einheit und Eigenart ... des sog. Johannespro-
logs" vgl. den Forschungsbericht von J. BEUTLER, Gattungen 2558–2560; weniger exegetisch
als vielmehr bibliographisch vgl. auch HAENCHEN, Johannesevangelium 110–154; über Neuer-
scheinungen informiert umfassend EBB, seit 1988 nicht mehr „Elenchus Bibliographicus Bibli-
cus" (1–65 [1920–1984]), sondern „Elenchus of Biblical Bibliography" (1–3 [= Robert
NORTH, Elenchus of Biblica 1985 /1986 /1987, Roma: Editrice Pontificio Istituto Biblico, 1988
/1989 /1990]; wird fortgesetzt).

[2] Der Gebrauch der Psalmen (und anderer Teile der Schrift) für „Christian hymnody"
(DUNSTAN, Hymnody 303, 306) beginnt also schon im Neuen Testament!

15 dagegen der „Gattung der Erlöserlieder" zurechnet (24–37), zu der auch als „bekenntnisartige Erlöserlieder" I Tim 3,16; Hebr 5,5.7–10; I Petr 3,18–22, vor allem aber Phil 2,6–11 gehören (37–38; vgl. J. GNILKA, Christushymnus).[1]

Ob „Christushymnus" (so DEICHGRÄBER, Gotteshymnus 118–133; RISSI, Christushymnus; U. B. MÜLLER, Christushymnus), „Christuspsalm" (so HENGEL, Christuslied 401–403) oder „Enkomion" (so BERGER, Formgeschichte 240, 345, 367), der weitgehend vorpaulinische Text Phil 2,6–11 fordert erst am Schluß zur doxologischen Exhomologese auf.[2] In diesem Zusammenhang kann man auslegungsgeschichtlich Brief 8 von Leo I. (5. Jh. n.Chr.) heranziehen, der mit dem Zitat von Phil 2,10–11 schließt und es erweitert durch den Wunsch nach einem und demselben Bekenntnis und Glauben εἰς ὕμνον καὶ δόξαν τοῦ θεοῦ (ed. E. SCHWARTZ, ACO 2,1,1 = CUC 1,1 [1933] 44,25; vgl., in demselben Brief, 43,23–24, den Hinweis mit τὸ ἐν τῇ τούτου ὁμολογίᾳ ὑμνούμενον auf Mt 16,13–18, dazu auch SCHATTENMANN, Prosahymnus 40–44).

Der oft als (Fragment eines) Hymnus herangezogene Text I Tim 3,16 (vgl. LATTKE, Oden III 467)[3] zeigt mit seinem doppelten inhaltlichen Chiasmus (ab, ba, ab) nach der typischen Verknüpfung mit dem Relativpronomen eine hübsche poetische Struktur, ist kaum „eine Art Symbol" (BAUER, Wortgottesdienst 59 [= 205]), kann aber durchaus als „rhetorical prose" angesehen werden (McKINNON, Music 16; vgl. die Entwicklung bei NORDEN von Kunstprosa 852–854 zu Agn. Theos 254–257), was wohl auch für Hebr 1,3 und I Petr 3,18–22 gilt, die alle als fragmentarische bzw. kürzere Hymnen bezeichnet worden sind (DUNN, Unity 138–139; ausführlicher SCHILLE, Hymnen 37–38 und DEICHGRÄBER, Gotteshymnus 133–139, 161–178 mit mehr Beispielen).

---

[1] Unter der Überschrift „Liturgische Traditionen im Epheserbrief" berichtet MERKEL u.a. auch über die neuere exegetische Diskussion von Eph 1,3–14 und 1,20–23 (Epheserbrief 3222–3227). Der neueste Beitrag zu Kol 1,15–20 von N. T. WRIGHT „avoids precise conclusions as to whether or not the passage is or reflects an early Christian *hymn* as such" (Poetry 448) und spricht allgemeiner von „poem" (passim).

[2] Zur älteren und neueren Forschungsgeschichte und ganz unterschiedlichen Interpretation vgl. die Monographien von R. P. MARTIN (Carmen) und HOFIUS (Christushymnus), und natürlich immer noch die bahnbrechende Studie von LOHMEYER (Kyrios); vgl. dazu LATTKE, Oden III 199–200. Vgl. aber auch die Studie von L. ABRAMOWSKI, auf die schon zu Proklos hingewiesen wurde: „Phil. 2,6 οὐχ ἁρπαγμὸν ἡγήσατο τὸ εἶναι ἴσα θεῷ und Oracula chaldaica 3 (DES PLACES) ὁ πατὴρ ἥρπασσεν ἑαυτόν" (Untersuchungen 1–17, bes. 9–17).

[3] Zu ergänzen ist neben HENGEL (Christuslied 400–401) die kleine Studie von R. P. MARTIN (Aspects, bes. 21–26).

Die kunstvolle „Aufzählung hymnischer Gottesprädikate" in I Tim 6,15–16 kann „eine ad-hoc-Bildung des Verfassers" sein (DEICHGRÄBER,Gotteshymnus 29, 60, 80), was nicht ausschließt, in ihr einen Hymnus zu sehen von der Art gewisser Apollo-Hymnen (s.o. A.I.a.51).

Kontrovers ist das Verständnis von θυσία αἰνέσεως in Hebr 13,15, wo das „Opfer des Lobes" als Frucht der preisenden (bekennenden?) Lippen definiert wird, also allgemein die Rede ist „von Lobgesängen" und kaum dezidiert „vom hymnischen Christusbekenntnis" (vgl. neben dem Exkurs bei DEICHGRÄBER, Christushymnus 117–118, auch die liturgischen Hinweise von BRAUN, Hebräer 470). Wie in Kol 3,16 ‖ Eph 5,19 kann damit durchaus das Singen von Psalmen (oder anderen „Hymnen") gemeint sein (vgl. MCKINNON, Music 16, mit Hinweis auf Jak 5,13).

Noch kontroverser ist die Diskussion der „hymnischen Stücke in der Apokalypse" (vgl. DEICHGRÄBER, Christushymnus 44–59, zu den einzelnen literarischen, nicht liturgischen Texten, ihrer Stellung in der Gesamtkonzeption und zur Vorstellung der himmlischen Liturgie; vgl. auch HALPERIN, Faces 87–96; zum Gesang der Engel bzw. himmlischen „Märtyrer", die „im Hymnus ihren Erlöser preisen", vgl. auch W. S. SMITH, Aspects 123–133, bzw. HENGEL, Christuslied 358–359).

Ist auf der einen Seite für JÖRNS sozusagen die ganze Johannesoffenbarung „das hymnische Evangelium", so steht auf der anderen Seite das Verdikt von HAHN:

> „Von »Hymnen« der Apokalypse sollte man am besten überhaupt nicht sprechen, lediglich an jenen beiden Stellen, wo der Verfasser selbst von ᾠδαί spricht, in 5,9f und 15,3f, ist mit der Akklamation eine Begründung verbunden, die bis zu einem gewissen Grad »hymnischen« Charakter trägt, aber ebenfalls in der vorliegenden Gestalt kaum aus dem Gemeindegottesdienst stammen dürfte" (Gottesdienst 67).[1]

Die in Frage kommenden Texte sind, weitgehend nach DEICHGRÄBER und JÖRNS, Apk 4,8 (zu diesem Tersanctus der Engel vgl. MCKINNON, Music 16–17); 4,11; 5,9–10; 5,12–13 (zu ἄξιος vgl. den Exkurs bei JÖRNS 56–73); 7,10; 7,12; 11,15; 11,17–18 (Antiphonien nach JÖRNS 77–108); 12,10–12 („Siegesruf" bei DEICHGRÄBER 54; „Siegeslied" bei JÖRNS 109–120); 13,4 (zu

---

[1] Vgl. auch HAHN, Elemente; ähnlich zurückhaltend, wenn auch nicht mit solch neuzeitlicher hymnologischer Argumentation, DELLING, ὕμνος 505. „Die hymnische Form des Prologs Apk 1,1–8" stellt dagegen SCHÜSSLER FIORENZA heraus (Priester 175–179; vgl. auch 389–397, 400–401 zu Apk 7,9–17).

dieser „Huldigung vor dem Tier" fragt sogar JÖRNS: „Ein Hymnus?" [121]);
15,3–4 (von DEICHGRÄBER emphatisch als „Gotteshymnus" bezeichnete „Ode"
des Mose [55–56]); 16,5–7 (von JÖRNS wiederum als Antiphonie bestimmte
„Gerichtsdoxologien" [132–137]); 19,1–8 (sowohl von DEICHGRÄBER [56] als
auch von JÖRNS [144–160] als „hymnisches Finale" hervorgehoben; vgl. zu
19,5–8 auch BERGER, Formgeschichte 241–242).
Dem zuletzt genannten hymnischen Text, durch das erste bezeugte christliche Halleluja ausgezeichnet (Apk 19,1.3.4.6, nur hier im NT), wären nun noch
21,6 und 22,13 mit dem formelhaften ἐγώ ... ἡ ἀρχὴ καὶ τὸ τέλος hinzuzufügen, worauf neben der „χαῖρε-Formel" KOENEN/KRAMER (Hymnus 21) aufmerksam machen.[1]

---

[1] Vgl. zur „Doxologie" Apk 19,1–8 auch ENGBERDING, Alleluja 295–296 („Verwendung bei
hymnischen Stücken").

II. Apostolische Väter und frühe Apologeten[1]

a. Apostolische Väter[2]

Fehlen die Wörter ὑμνεῖν, ὕμνος, ψαλμός und ᾠδή ganz, so sind auch andere Wörter des Preisens selten, vielleicht mit Ausnahme von δόξα und δοξάζειν (vgl. KRAFT, Clavis 115–117); Begriffe wie (ἐξ)ομολογεῖν, εὐχαριστεῖν oder εὐχαριστία verfestigen sich schon beträchtlich zu sakramentalen Termini technici. Gebete, Formeln und Doxologien sind häufiger als hymnische Stücke (s. LODI, Enchiridion 87–100). Das „Zurücktreten früher christlicher Zeugnisse über das Lied im Gottesdienst" mag zu tun haben mit der „Verdrängung des freien Lieds aus dem frühchristlichen Gottesdienst durch den kanonischen Psalter" (HENGEL, Christuslied 357–365, 366–370).

1. Erster Klemensbrief (I Klem; 1./2. Jh. n.Chr.)[3]

Der Ausdruck θυσία αἰνέσεως erscheint in Zitaten aus der Septuaginta (35,12; 52,3; vgl. Hebr 13,15 im NT, s.o. B.I.c; zu den „Quellen des Schreibens" vgl. KNOCH, Eigenart 50–101, bes. 50–56). Er ist als „Lobopfer" und nicht als „Dank(es)opfer" zu übersetzen (gegen KNOPF, Väter I 106, 130).

Im engeren Kontext von 35,12 findet sich der Hinweis auf die Engel-Liturgie mit ihrem Tersanctus als Vorbild für „uns" (34,5–7; vgl. W. S. SMITH, Aspects 134) und vor allem der aus der (römischen?) Liturgie stammende Christus-Hymnos (36,2a) mit fünfmaligem διὰ τούτου und freiem Zitat von Hebr 1,3–4 als Abschluß (36,2b; vgl. KNOCH, Eigenart 57–61 zur „Liturgie", 325–335 zur „Gnosis" und „Unsterblichkeit"; zu Gebet und Lied in I Klem vgl. HENGEL, Christuslied 384).

---

[1] Vgl. die Auswahl in CABROL/LECLERCQ, MELi I,1 52–81, Nrn. 605–842.

[2] Vgl. ALTANER/STUIBER §§ 6–12 und QUASTEN, Patrology I 40–105. Benutzte Textausgaben: FUNK, Doctrina; VON GEBHARDT/HARNACK/ZAHN; LAKE I–II; BIHLMEYER/SCHNEE-MELCHER; J. A. FISCHER, SUC I; WENGST, SUC II.

[3] Vgl. Alfred STUIBER, RAC III (1957) 188–197; Douglas POWELL, TRE VIII (1981) 113–120, bes. 113–118.

2. Ignatios (Ign; 1./2. Jh. n.Chr.)

Gegenüber SCHILLE (Hymnen 39, 117–119) und THIERRY (Christ 1–2, Nr. 1–2) ist die Zurückhaltung von PAULSEN (Väter II 33–34, 43–44) zu begrüßen, ja die Warnung zur Vorsicht von SCHOEDEL (Ignatius 8, 61, 87–88) zu unterstreichen, die beiden wohlgeformten Stellen IgnEph 7,2 (εἰς ἰατρὸς κτλ.) und 19,2–3 (ἀστὴρ ἐν οὐρανῷ ἔλαμψεν, daher von SCHILLE „Sternlied" genannt, beide Texte als Hymnen abgedruckt bei THIERRY) als traditionelle Hymnen anzusehen.[1]

Hymnodisch wichtiger ist IgnEph 4,1 (vgl. schon KROLL, Hymnodik 19, und nun HENGEL, Christuslied 385): „Das Ἰησοῦς Χριστὸς ᾄδεται beweist auch in seiner übertragenen Sprache die kirchliche Sitte des Lobgesangs" (PAULSEN, Väter II 31; ähnlich SCHOEDEL, Ign. 52; vgl. IgnRöm 2,2 und dazu DELLING, ὕμνος 506).

Die Häufung der Prädikationen in IgnPol 3,2 ergibt auch noch keinen „Hymnus christologicus" (so LODI, Enchiridion 98, allerdings selbst mit Fragezeichen).[2]

3. Didache (Did; 2. Jh. n.Chr.)[3]

In dieser frühesten christlichen „Kirchenordnung" (SCHÖLLGEN; HENGEL, Christuslied 365) finden sich nach dem Vaterunser in 8,2 die Eucharistiegebete in 9,2–4 und 10,2–7 (vgl. auch die Regelung in 14,1 für den Herrentag; kolometrisch edierte und übersetzte Texte bei WENGST, SUC II 78–83, Diskussion dazu 43–57, bes. 48–53).[4]

Obwohl diese rhythmischen Dankgebete keine Hymnen im engeren Sinne sind, „ce sont, on peut le dire, les sources et les modèles de l'hymnographie chrétienne" (LECLERCQ, Hymnes 2937). Allerdings ist zu beachten, daß in Did nirgends Psalmodie oder Hymnodie erwähnt wird: „Der Wortgottesdienst

---

[1] Vgl. die neueste Strukturanalyse von IgnEph 19,2–3 bei STANDER, Starhymn 211–213.
[2] Zu PsIgn, Ant. XII 1–2 (PG V 908) aus dem späten 4. Jh. n.Chr. vgl. MCKINNON, Music 19; im übrigen vgl. Sokrates (s.u. B.V.a.22) und dazu wiederum HENGEL, Christuslied 385.
[3] Vgl. Josef SCHMID, RAC III (1957) 1009–1013; André TUILIER, TRE VIII (1981) 731–736, bes. 732–733 („Liturgischer Teil", Kap. 7–10).
[4] Vgl. jetzt den gründlichen Kommentar zur „Mahlfeier (9,1 – 10,7)" von NIEDERWIMMER, Didache 173–209. Die Problematik des Myron-Verses (Did 10,8) wird ausführlich diskutiert von WENGST (SUC II 57–59) und NIEDERWIMMER (Didache 205–209).

bleibt fast vollkommen unberücksichtigt" (SCHÖLLGEN, Didache 17). Das stellt viele Urteile über ntl.–frühchristlichen Hymnengesang in Frage.[1]

4. Martyrium des Polykarp (MartPol; 2. Jh. n.Chr.)

Auch das Gebet in 14,1–3 ist zwar voll von hymnologischem Vokabular, wird aber in 15,1 ausdrücklich als εὐχή bezeichnet. Es klingt jedoch durchaus wie eine liturgische *formula* (QUASTEN, Patrology I 78).

5. Brief/Schrift An Diognet (Diog; 2. Jh. n.Chr.)

Die z.T. bei CABROL/LECLERCQ (MELi I,2 125–127, Nrn. 5130–5137) und LECLERCQ (Hymnes 2839–2840) abgedruckten Stücke sind mit WENGST (SUC II 287) zu differenzieren:

> „Wenn sich auch in den Kap. 1–10 stark durchstilisierte Passagen finden (7,2; 9,2; 10,2), so ist die asianische Rhetorik in 11,2–6 und 12,8f doch eine Besonderheit der beiden letzten Kapitel, die in der Passa-Homilie Melitos eine Entsprechung hat, nicht aber in den Kap. 1–10."

Fänden sich diese durch WENGST (SUC II 324–325, 330–341) kolometrisch edierten und übersetzten Passagen im Neuen Testament, so wären sie längst schon als Hymnen eingestuft worden.

6. Zweiter Klemensbrief (II Klem; 2. Jh. n.Chr.)[2]

Trotz der Bezeichnung ist II Klem kein Brief, sondern eine „Mahnrede" (WENGST, SUC II 210–217) und als solche „die älteste erhaltene christliche Homilie".[3] Das dem Clemens Romanus fälschlich zugeschriebene Dokument für ein (ägyptisches?) katholisches „Vulgärchristentum" (KÖSTER, Einführung 670–673) enthält kein hymn(olog)isches Material, vielleicht mit Ausnahme der Verse 1,4–8, die von Form und Hintergrund her als „hymnic confession" verstanden werden können (vgl. DONFRIED, Setting 38–39, 103–110, 179–191, 235).

---

[1] Zu der sog. Kirchenordnung Hippolyts und den Apostolischen Konstitutionen s.u. B.IV und B.V.a.2.
[2] Vgl. Bernhard REHM, RAC III (1957) 197–206 (auch zu den Pseudoklementinen); Douglas POWELL, TRE VIII (1981) 121–123.
[3] ALTANER/STUIBER § 25; vgl. KNOPF, Väter I 151: „Homilie", „Predigt".

b. Apologeten des zweiten Jahrhunderts[1]

1. Justinos[2]

Mit dem LXX-Zitat von Ps 71,1–20 steht in Dial 34,6 auch die Schlußbemer-
kung des zweiten Buches der Psalmen: ἐξέλιπον οἱ ὕμνοι Δαυείδ (Ed. 129).
Die übrigen hymnologischen Stellen des literarischen Dialogs sind ebenfalls
LXX-Zitate, nämlich von Jes 42,10 (Dial 65,5: Ed. 173), Ps 21,23 (Dial 98,5:
Ed. 213; Dial 106,2: Ed. 222); das letztgenannte Zitat ist durch die unmittel-
bare Verknüpfung mit der Aussage, daß Jesus zum αἰνεῖν τὸν θεόν mahnte,
ja nach den „Denkwürdigkeiten der Apostel" selbst Gott pries – ὕμνησε τὸν
θεόν (Dial 106,1: Ed. 222; vgl. Mk 14,26 und Mt 26,30), ein typisches Beispiel
für den Schriftgebrauch des „philosophischen" Exegeten.[3]

Eine für das Eucharistieverständnis wichtige und umstrittene Stelle aus der
1. Apologie, Kapitel 13 (vgl. QUASTEN, Patr. I 214–218), ist auch hymnologisch interessant, insofern im Zusammenhang mit der Verehrung des Demiur-
gen des Alls durch das Wort von Gebet und Eucharistie „wir" ihm διὰ λόγου
πομπὰς καὶ ὕμνους „senden" (13,2: Ed. 33); sind damit liturgische Prozessionen und Hymnen „im Gottesdienst" gemeint (so HENGEL, Christuslied 382)
oder nur geistige Feierlichkeiten?[4]

Schließlich ist aufmerksam zu machen auf eine Lesart von Codex C (15. Jh.
n.Chr.) im eucharistischen Kapitel 65, wo der Vorsteher Brot und Becher ent-
gegennimmt und als eucharistisches Gebet ὕμνον (A; B: αἶνον) καὶ δόξαν
dem Allvater durch den Namen des Sohnes und des heiligen Geistes ἀναπέμπει
καὶ εὐχαριστίαν ... ποιεῖται (65,3: Ed. 74).

Zu der dem Justinos zugeschriebenen Schrift Ψάλτης, „der Psalmsänger",
ist auf Eusebios hinzuweisen (KG IV 18,5; s.u. B.V.a.9); „ihr Inhalt ist jedoch
völlig unbekannt" (HENGEL, Christuslied 382).

---

[1] Vgl. ALTANER/STUIBER §§ 13–19; QUASTEN, Patrology I 186–242; DELLING, ὕμνος
505. Zur benutzten Textausgabe (= Ed.) von GOODSPEED vgl. auch seinen Index.

[2] Vgl. Oskar SKARSAUNE, Justin der Märtyrer, in: TRE XVII (1988) 471–478.

[3] Vgl. außer MCKINNON, Music 21 und HENGEL, Christuslied 382 auch SHOTWELL, Exegesis 116–117 und OSBORN, Justin 87–138. Grundlegend zu Justins exegetischer Tradition
und Methode ist jetzt SKARSAUNE, Proof [1987], ein Werk, das mir erst nach Abschluß der
Arbeit bekannt wurde.

[4] Vgl. PGL 1120, πομπή: „2. solemnity, of eucharistic worship"; offenbar ohne Kenntnis
des Hapaxlegomenon sagt Helmut GUGEL, Pompa, in: KP IV (1972) 1017–1019, 1019: „Das
Wort P[ompa] wird deshalb tabu, chr[istliche] Umzüge heißen nur πρόσοδοι und *processio-
nes*."

2. Athenagoras[1]

In seiner Bittschrift (πρεσβεία, *supplicatio*) für die Christen zitiert der Philosoph aus Athen unter anderem Aischylos (Frgm. 350, erhalten in Platons Politeia II 383b: EIGLER, Platon IV [1971] 176). Das Zitat, in dem der Sänger Apollon ὁ ὑμνῶν genannt wird, erfährt seine Uminterpretation dergestalt, daß Aischylos den Gott als ψευδόμαντις bezeichnet (21,5: Ed. 338)[2].

---

[1] Vgl. P. KESELING, Athenagoras, in: RAC I (1950) 881–888, bes. 883–887 („Auseinandersetzung mit dem Heidentum").

[2] Vgl. zur christlichen Auseinandersetzung mit Apollon D. DETSCHEW, Apollon, in: RAC I (1950) 524–529, bes. 528–529: Es „hielten die Christen wie die übrigen heidnischen Götter so insbesondere A[pollon] für einen bösen Dämon. ... Jedoch gab es Fälle, in denen die heidn[ische] Vorstellung von A[pollon] mit christl[ichem] Geist erfüllt wurde. So erscheint zB. Christus in einem Osterhymnus, der von einem unbekannten christl[ichen] Dichter des 5. Jh. verfaßt ist (CSEL 30, 349 Hartel), völlig unter dem Bilde des A[pollon] u. seines Kampfes mit dem Drachen Python: Salve, o Apollo vere .. (vgl. darüber Dölger, ACh 3 [1932] 226f)." [Bei dem genannten Beitrag von Franz Joseph DÖLGER handelt es sich um: „Amor und Christus nach Arnobius dem Jüngeren", in der vom Hg. allein bestrittenen Zeitschrift AuC, Bd. III, Heft 4, 1932, 225–230].

III. Außerkanonische Schriften neben dem Neuen Testament, Oden Salomos, Gnostica, Papyri

a. Neutestamentliche Apokryphen[1]

1. Protevangelium des Jakobus (Protev; 2. Jh. n.Chr.)[2]

Die vom Priester erwähnten Hymnen der Engel, die die tanzende Maria gehört haben soll, beziehen sich wohl auf das Allerheiligste (15,3: TISCHENDORF 29; TESTUZ 92–93; DE STRYCKER 134–135). Das Wort ὕμνος ist Hapaxlegomenon (FUCHS, Konkordanz 160, doch vgl. häufigere Wörter des Preisens wie δοξά-ζειν, εὐλογεῖν, μεγαλύνειν). Das „Lied" (ᾆσμα) der Anna in 6,3 (vgl. TISCHENDORF 13), das sie selbst als „Ode" (ᾠδή) charakterisiert, sollte man nicht als „hymne" bezeichnen (gegen CABROL/LECLERCQ, MELi I,2 140–141, Nrn. 5160–5161; TESTUZ 56–57; vgl. dagegen DE STRYCKER 93–95: „cantique"). Hier liegt übrigens ein gutes Beispiel für die Synonymität von λέγειν und ᾄδειν vor, wodurch die Ausführungen von HENGEL zum „Singen" ein wenig relativiert werden (Christuslied 361).

2. Johannesakten (ActJoh; 2. bis 4. Jh. n.Chr.)[3]

Die auch für die frühe Liturgiegeschichte wichtigen Akten (vgl. z.B. zu den preisenden und dankenden Gebeten in 85 und 106 R. H. MILLER, Materials 376–377; ergänzend zur Dormitio VAN ESBROECK, Formes 14–15) enthalten als ältesten Teil der „Evangeliumsverkündigung des Johannes" (87–105 [88–

---

[1] Vgl. HENNECKE/SCHNEEMELCHER, NTApo I–II; SCHNEEMELCHER, NTApo I–II (Bd. II der 5. Aufl. erschien erst nach Abschluß der Arbeit); ALTANER/STUIBER §§ 28, 35–41; QUASTEN, Patrology I 106–157; PLÜMACHER, Apostelakten; CABROL/LECLERCQ, MELi I,2 3–26, Nrn. 4404–4558.

[2] Vgl. Oscar CULLMANN in: SCHNEEMELCHER, NTApo I (1987) 334–349. Texte und Belege, unter Benutzung der Konkordanz von A. FUCHS, nach TISCHENDORF (Evangelia), TESTUZ (Pap. Bodmer V) und DE STRYCKER (Forme).

[3] Die Johannesakten enthalten wohl noch spätere Erweiterungen, vgl. K. SCHÄFERDIEK in: HENNECKE/SCHNEEMELCHER, NTApo II (1964) 125–176. Der Text von LIPSIUS/BONNET, Acta II,1 (151–216) ist nun überholt durch die zweibändige Ausgabe von JUNOD/KAESTLI.

102?]) den seltsamen Hymnos Christi in 94–96 (vgl. LATTKE, Oden III 464), eingeleitet durch eine Anspielung auf Mk 14,26 und Parallelen: … ὑμνήσωμεν τὸν πατέρα … Τὸ ἀμὴν ὑπακούετέ μοι. Ἤρξατο οὖν (ὕμνον) ὑμνεῖν καὶ λέγειν· Δόξα σοι πάτερ. κτλ. (JUNOD/KAESTLI 199).

Auch wenn der darauf folgende Text, der durchaus verschieden in Zeilen, Strophen und Abschnitte eingeteilt worden ist,[1] wirklich jemals ein liturgisches Tanzlied gnostisch-vulgärchristlicher Gemeinden johanneischer Prägung gewesen sein sollte (vgl. KÖSTER, Einführung 635–636 und, mit Verbindungslinien zur Paschahomilie des Meliton, schon VAN UNNIK, Note), so gehört ὑπακούειν doch noch einem frühen semi-liturgischen Stadium des Responsoriums an (vgl. PGL 1433).

Die interessante, aber letztlich überzogene Interpretation von 94–96 als Hyporchema[2] durch DEWEY (Hymn) erfährt mehr oder weniger starke Kritik durch KAESTLI (Response), der mit Ausnahme des traditionellen Materials in 95 den Hymnos in den weiteren Kontext von 94–102 und 109 integriert sieht (vgl. schon JUNOD/KAESTLI 581–677 und dazu HENGEL ohne Einwand: „Die Herausgeber halten c. 94–102 und 109 für eine spätere valentinianische Ergänzung, die jedoch noch in der 2.H. des 2. Jh.s anzusetzen ist" [Christuslied 368]).

3. Thomasakten (ActThom; 3. Jh. n.Chr.)[3] und Passio (4. Jh. n.Chr.)

Von einigen kürzeren lobpreisenden Stücken abgesehen (z.B. in 25 und 39), sind es die beiden traditionellen Dichtungen in 6–7 und 108–113, „gnostische Schöpfungen von großer Schönheit" (HENGEL, Christuslied 368), die hier unter hymnologischem Aspekt in Frage kommen (LIPSIUS/BONNET II,2 108–111, 219–224; die griechischen Texte, mit kurzen Einleitungen, kolometrisch ediert, auch in THIERRY, Christ 38–40, 41–49, Nrn. 19–20; vgl. LATTKE,

---

[1] Vgl. z.B. KROLL, Hymnodik 59–67; ΠΑΛΛΑΣ, ὕμνος; SCHATTENMANN, Prosahymnus 97–101; THIERRY, Christ 32–37, Nr. 18; MITSAKIS, Byz. Hymnography I 152–156 (Textauswahl); JUNOD/KAESTLI 198–207, 632–655.

[2] Vgl. Franz STOESSL, KP II (1967) 1284.

[3] Die Thomasakten enthalten Tradition, die älter ist als das 3. Jh. n.Chr., vgl. Günther BORNKAMM in: HENNECKE/SCHNEEMELCHER, NTApo II (1964) 297–372; KLIJN, Acts 1–61; DIHLE, Literatur 317–318. Der griechische Text findet sich teilweise bei MITSAKIS, Byz. Hymnography I (147–151), vollständig in LIPSIUS/BONNET, Acta II,2 (99–288); dort ist im Index zu ergänzen: „ἐξομολογέω Th 140,1", und zu ὑμνέω: „Th 157,16". Die letztgenannte Stelle lautet: δοξάζομεν καὶ ὑμνοῦμεν σὲ καὶ τὸν ἀόρατόν σου πατέρα καὶ τὸ ἅγιόν σου πνεῦμα καὶ τὴν μητέρα πασῶν κτίσεων. Vgl. auch LIPINSKI, Konkordanz 448 (mit einer neuen „Verseinteilung nach dem Satzprinzip" [Vorwort, S. x]).

Oden III 470). Dabei muß auch gleich der syrische Text mitbeachtet werden (W. WRIGHT, Acts I ܩܠܗ - ܩܠܘ, ܪܠܙ - ܪܠܛ + ܪܠܛ - ܪܦܛ).[1]

Das Braut- oder Hochzeitslied (6–7) – ein Epithalamios (vgl. SPENGEL, Rhetores III 399) – wird eingeleitet dadurch, daß der Apostel zu psallieren beginnt, ἤρξατο ψάλλειν καὶ λέγειν τὴν ᾠδὴν ταύτην, was im hier sekundären, verkirchlichten syrischen Text folgendermaßen erscheint:

ܗܘܐ ܡܘܕܐ ܘܡܙܡܪ ܙܡܝܪܬܐ ܗܕܐ.

Nach der „Ode" (ܙܡܝܪܬܐ wie die syrischen Oden und Psalmen Salomos) heißt es: ὅτε ὕμνησεν καὶ ἐτέλεσεν τὴν ᾠδὴν ταύτην, was auch wieder verkürzt ist zu:

ܘܟܕ ܙܡܪ ܗܘܐ ܗܕܐ ܙܡܝܪܬܐ.

Der syrische Text streicht also die hymnologische Deutung, läßt dafür aber vorher in Kapitel 5 Judas [Thomas] Gott preisen:

ܠܐܠܗܐ ܡܫܒܚ ܗܘܐ.

Im Lied selbst sind die 32 die Tochter des Lichts „Preisenden" (griech. ὑμνολογοῦντες) ersetzt durch „Lobpreisungen" (ܬܫ̈ܒܚܢ) der Kirche (vgl. zu Zeile 12 die Doppelzeile 7 und die Diskussion bei KRUSE, Brautlied 302–304; MARCOVICH, Hymn 368, 380–381 mit Emendation von ταύτην zu ἐν ταύτῃ). Das griechische „Tanzen" ist durch den syrischen „Lobpreis" (ܫܘܒܚܐ) entschärft, auch wieder „verkirchlicht". KRUSE spricht sogar von manipulierender Zensur (Brautlied 315; vgl. KLIJN, Acts 173–174). HOFFMANN will umgekehrt „eine Verweltlichung von G[riech.]" erkennen (Hymnen 304). In den Zeilen 36 und 44 bedeutet ܫܘܒܚܐ „Herrlichkeit", ohne direkte griechische Entsprechung, während in Z. 45 die Wendung δοξάσουσιν τὸν πατέρα (τῶν ὅλων) fast richtig übersetzt ist durch:

ܢܫܒܚܘܢ ܠܐܒܐ (ܚܝܐ!).

In beiden Versionen verlagert sich zum doxologischen Ende hin das hymnologische Gewicht, allerdings mit gravierenden Unterschieden, von der „Lichttochter" weg auf den „Vater der Wahrheit" und die „Mutter der Weisheit" hin

[1] Vgl. die syrischen Texte bzw. zu diesen auch in: BEVAN, Hymns; PREUSCHEN, Hymnen; HOFFMANN, Hymnen; KRUSE, Return; KRUSE, Brautlied. Vgl. auch LODI, Enchiridion 177–199, bes. 191–192, Nr. 329-a, und vor allem schon REITZENSTEIN, Wundererzählungen 103–150.

(griechisch: ἐδόξασαν δὲ καὶ ὕμνησαν σὺν τῷ ζῶντι πνεύματι) bzw. auf den „Vater, den Herrn des Alls", den „Sohn" und den „Geist, seine Weisheit" (syrisch: ܐܒܘܟ [Vater und Sohn]; ܪܘܚܐ [Geist], von HOFFMANN, Hymnen 308, und PREUSCHEN, Hymnen 17, zu ܪܘܚܐ korrigiert, also das denominative Aphel ܐܘܪܚ von Perf. 3. pl. m. zu Imperat. pl. m.).

Ob man diesen Lobpreis als „additamentum Manichaeorum" ansehen muß, wie MARCOVICH meint (Hymn 370–371, 383, nach Vorgang von W. BOUSSET und G. BORNKAMM), wird ebenso weiter zu untersuchen sein wie die Herkunft der erst zu rekonstruierenden „Urfassung" von Bardaiṣan (vgl. KRUSE, Brautlied [passim]).

Beim sogenannten Perlenlied oder Seelenhymnus (108–113) verdient vielleicht sogar die erhaltene syrische Rezension den Vorzug, wo sich als Einleitung und z.T. in zusätzlicher Super- und Subscriptio die Gattungsangabe *Madrāšā* findet, die viel zu wenig Beachtung gefunden hat (doch vgl. neben PREUSCHEN, Hymnen 45, jetzt POIRIER, Hymne [1981] 199–200); dies gilt auch für den guten Forschungsbericht von COLLESS, der in eigener Übersetzung eine Einteilung in dreizehn Stanzen vornimmt (Letter 49–55), allerdings eine ziemlich gewagte These aufstellt.[1]

Der syrischen Einleitung des Textes entspricht die griechische Einleitung (ἤρξατο λέγειν ψαλμὸν τουοῦτον) genau:

.ܫܪܝ ܗܘܐ ܠܡܐܡܪ ܕܐܝܢ ܒܬܪܝܬܐ ܗܕܐ.

Während aus den Verben für die Art des Vortrags nichts abgeleitet werden kann, wie es immer wieder geschieht,[2] gibt die Gleichsetzung von „Madrāšā" und „Psalm" jedenfalls insofern zu denken, als eben nicht das griechische Wort ὕμνος erscheint.

Diese „märchenhafte Erzählung" (BORNKAMM, NTApo II 303)[3] hat als „Epos" (ADAM, Gnosis 55) eher etwas Lehrhaftes und Kommentierendes (näm-

---

[1] „The hypothesis is that the poem is not Gnostic or Manichean or Mandean (even though it may have been known in such circles, hence the striking similarities), but is simply the teachings of the Apostles presented in parable form, modelled on the prodigal son (Luke 15:11–32) and the pearl merchant (Mat. 13:45–46)" (COLLESS, Letter 41); „The most notable point is the presence of the Atonement of Christ (Heb. 9:11 – 10:22), symbolized by the scarlet toga ([stanza] II) and the offering (XIII). This virtually precludes any Gnostic exegesis of the poem, since Gnosticism envisages salvation by knowledge (*gnosis*) and not by faith in a blood sacrifice" (47).

[2] Vgl. KRUSE, Brautlied 302, in anderem Zusammenhang: „Auch befremdet das Wort "sagen" mit dem Objekt "Lobgesang"." Zu Lk 1–2 vgl. HENGEL, Christuslied 361.

[3] Vgl. auch BORNKAMM, Mythos 111–121: „Das Erlöserlied".

lich des gnostischen Erlösungsmythos) an sich als etwas Hymnodisches oder Hymnologisches.

Nur zum Ende heißt es, daß den Vater alle seine Diener preisen (syr. ܡܫܒܚܝܢ / griech. ὑμνοῦσιν, Doppelzeile 103b; zur poetischen Anordnung in „couplets" vgl. schon BEVAN, Hymns 7).

Es wird – vor allem zu Afrēm (s.u. B.VI.b.3) – zu fragen sein, ob die Konvention, madrāš(ā) als „hymnorum species" anzusehen, sich behaupten kann (vgl. den Einfluß von R. PAYNE SMITH, Thes. Syr. I 956). Vorläufig ist zu sagen, daß das Perlenlied kein Hymnus ist, sondern ein lehrhafter Madrāšā.[1]

Hymnologisch ist dagegen der unmittelbar vorangehende Kontext (nämlich Kap. 107), in dem der Apostel den Herrn Jesus Christus preist (griechisch einmal ἐξομολογοῦμαί σοι, zweimal εὐχαριστῶ σοι) mit viermaligem:

ܡܘܕܐ ܐܢܐ ܠܟ.

Noch hymnologischer ist der spätere und liturgische Einschub, der sich nur im syrischen Text an Kapitel 113 anschließt und mit ܬܫܒܘܚܬܐ überschrieben ist. Er wird zwar erwähnt von JAMES (Apocryphal NT 415) und KLIJN (Acts 2), aber ausgespart von Übersetzungen wie Kommentaren. Die sehr monotone Doxologie des Vaters und des Sohnes besteht aus je 21fachem

ܡܫܒܚܐ ܐܒܐ

und

ܡܫܒܚ ܗܘ ܒܪܐ

sowie nochmaligem Preis der Trinität mit

ܡܫܒܚܝܢ, ܣܓܕܝܢ und ܡܗܠܠܝܢ

und vier abschließenden Benediktionen mit

ܒܪܝܟ

(zur „teshbuhta" und Traditionsgeschichte vgl. die Diskussion von POIRIER, der den syrischen Begriff mit „hymne de louange" wiedergibt [Étude 21–22]).

---

[1] Als neueste metrische Edition (in frühmittelsyrischer Transskription) mit Übersetzung und kritischen Anmerkungen vgl. BEYER, Perlenlied. Der u.a. durch ATTM ausgewiesene Kenner des Aramäischen schlägt als richtigeren Titel „Gedicht vom Strahlengewand" vor (234) und interpretiert das Gedicht weder als „gnostisch" noch als „christlich", sondern als synkretistisch „in der Nachfolge Platons" (240–241).

Nur in der lateinischen *Passio sancti Thomae apostoli* findet sich folgende Stelle, eine Reflexion der Verhältnisse des 4. Jh.s n.Chr., in der es von der Leichenüberführung nach Edessa heißt: *Corpus autem apostoli cum honore apostolico, cum laudibus, cum hymnis transtulerunt ad ecclesiam* (ZELZER, Thomasakten 41, cap. 61; vgl. XXIV–XXVI zur Abfassungszeit).

4. Andreasakten (ActAndr; 2. Jh. n.Chr.)[1]

Der Schluß der ersten, am Anfang verstümmelten Homilie des griechischen Codex Vaticanus 808 scheint nicht ganz in Ordnung zu sein, doch ist soviel klar, daß es als angemessen (ἄξιον) bezeichnet wird, εὐχαριστίαν ἢ παρρησίαν ἢ ὕμνον ἢ καύχημα zu „sagen" εἰς τὸν ἐλεήσαντα ἡμᾶς θεόν (38,18–19; cap. 1).

5. Philippusakten (ActPhil; 4./5. Jh. n.Chr.)[2]

Auf ein Augenöffnungswunder des Apostels hin ὕμνησαν τὸν θεὸν πάντες … λέγοντες· Εὐλογοῦμέν σε Χριστὲ κτλ. (14,1–2; cap. 25 [20]; mit geringfügigen Abweichungen in anderen Hss.). In einem anderen Bruchstück läßt sich noch folgende traditionelle Wendung erkennen: ἀναπέμπειν ὕμνον τῷ θεῷ (84; cap. 144 [38]; nur in einem Teil der Hss.).

6. Martyrium des Bartholomäus (5./6. Jh. n.Chr.)[3]

Im Schlußabschnitt der griechisch und lateinisch erhaltenen Passio klingt es ähnlich wie in der Passio des Thomas: *abstulerunt cum hymnis et cum omni gloria corpus eius* – μετὰ ὕμνου καὶ πάσης δόξης (149; cap. 9).

---

[1] Vgl. M. HORNSCHUH, in: HENNECKE/SCHNEEMELCHER, NTApo II (1964) 270–297. Text nach LIPSIUS/BONNET, Acta II,1 38–57.

[2] Vgl. W. SCHNEEMELCHER und A. DE SANTOS, Jüngere Apostelakten, in: HENNECKE/SCHNEEMELCHER, NTApo II (1964) 399–404, 404; JAMES, Apocryphal NT 439–453. Text nach LIPSIUS/BONNET, Acta II,2 1–90 + 91–98.

[3] Vgl. W. SCHNEEMELCHER und A. DE SANTOS, Jüngere Apostelakten, in: HENNECKE/SCHNEEMELCHER, NTApo II (1964) 399–404, 404. Text nach LIPSIUS/BONNET, Acta II,1 128–150.

7. Taten des Andreas und Matthias (6. Jh. n.Chr.)[1]

Zwei handschriftliche Varianten in diesem die Andreasakten weiterführenden
Abenteuerbericht sind hymnologischer Natur: Matthias psallierte – ἦν ψάλλων
[+ καὶ ὑμνῶν τὸν θεόν] – im Gefängnis der Menschenfresser (68; cap. 3);
und in einer Traumvision sehen die Jünger des Andreas Jesus auf dem Thron
der Herrlichkeit und alle Engel κυκλοῦντες αὐτόν [+ καὶ ὑμνοῦντες] bzw.
εὐλογοῦντες καὶ ὑμνοῦντες αὐτόν (86; cap. 17), also im himmlischen
Gottesdienst.

8. Taten des Petrus und Andreas

In dieser „Fortsetzung der Acta Andreae et Matthiae"[2] beschließt Petrus sein
Gebet mit den an die geträumte Himmelsliturgie erinnernden Worten: σὺ γὰρ
εἶ ὁ ὑμνούμενος ὑπὸ τῶν χερουβίμ (124; cap. 15).

9. Martyrium des Matthäus[3]

Die längere *varia lectio*, die die Aussage am Ende von Kapitel 8 (ἔψαλλον
πάντες ... δοξάζοντες τὸν θεόν) durch den Eintrag von Hymnodie aus-
schmückt, offenbart gleichzeitig den scheinbaren Anschluß an die Taten des
Andreas und Matthias: ὁ ματθίας ἤρξατο ψάλλειν προκαταρχόμενος τὸν
ὕμνον ... ἐπὶ τοὺς ὕμνους ... (226).
    Noch stärker zeigt der Wortgottesdienst in Kapitel 25 nach dem Tode des
Matthäus spätere, zeitgenössische liturgische Züge. Davids Psalter ist offenbar
immer noch — oder schon wieder? — das kirchliche Hymnenbuch: ψάλλειν
ἤρξατο ἐν ὕμνοις ᾠδῆς τῷ θεῷ (253, in einem Teil der Hss.). Die Begriffe
ὑπακούειν und ὑποψάλλειν sind hier Termini technici der responsorischen
Hymnodie bzw. Psalmodie, wie die lateinischen Handschriften unterstreichen
(253–254).

---

1 Vgl. W. SCHNEEMELCHER und A. DE SANTOS, Jüngere Apostelakten, in: HENNECKE/
SCHNEEMELCHER, NTApo II (1964) 399–404, 403; JAMES, Apocryphal NT 453–458. Text
nach LIPSIUS/BONNET, Acta II,1 65–116.
    2 Vgl. W. SCHNEEMELCHER und A. DE SANTOS, Jüngere Apostelakten, in: HENNECKE/
SCHNEEMELCHER, NTApo II (1964) 399–404, 403; JAMES, Apocryphal NT 458–460. Text
nach LIPSIUS/BONNET, Acta II,1 117–127.
    3 Vgl. neben W. SCHNEEMELCHER und A. DE SANTOS, Jüngere Apostelakten, in: HEN-
NECKE/SCHNEEMELCHER, NTApo II (1964) 399–404, 404, auch SÖDER, Apostelgeschichten
17. Text nach LIPSIUS/BONNET, Acta II,1 217–262.

10. Christliche Sibyllinen (Sib; 2./3. Jh. n.Chr.)[1]

Im byzantinischen Prolog des 6. Jh.s n.Chr. findet sich mit 94–100 ein vielleicht traditionelles Stück, in dem εἷς θεός im prädikativen und pronominalen „Er"-Stil als Schöpfer gepriesen wird, eingeleitet durch: ἐξηγήσατο τοίνυν περὶ τοῦ ἀνάρχου θεοῦ τάδε (92–93: Ed. 4; vgl. das ältere, ähnliche Material in III 11–28, beides zu ergänzen bei PETERSON, Θεός).

Das kurze Buch VI ist, obwohl kein Name erwähnt wird, ein „Hymnus auf Christus" (KURFESS, NTApo II 501, 509), 1–20 im „Er"-Stil auf den Sohn, 26–28 im „Du"-Stil auf das am/im Himmel erscheinende ξύλον μακαριστόν, auf dem θεὸς ἐξετανύσθη (vgl. REIJNERS, Cross 74–75, und zu ἐκτείνειν GEL 521 [ἐκτανύω] bzw. PGL 439–440). Die unterbrechenden Verse 21–25 sind eine fluchende Anklage des sogenannten sodomitischen Landes (der Juden) und werden schon am Anfang des 4. Jh.s n.Chr. von Lactantius zitiert (Ed. 129–132; vgl. GEFFCKEN, Komposition 31–32: „häretischer Hymnus" des 2. Jh.s[!]; Text auch bei THIERRY, Christ 3–4, Nr. 3).

Derselbe Kirchenvater kennt auch Buch VIII, „eine Musterkarte sibyllinischer Dichtung" (GEFFCKEN, Komposition 38; Ed. 142–173). Das abgebrochene Ende VIII 498–500 (Ed. 173), das aufruft zum ἐξυμνεῖν Gottes mit Psalmengesang und Liedern, erinnert an den Abschluß des Stückes 324–336 (Ed. 163; Text auch bei THIERRY, Christ 7, Nr. 5). Diese Zeilen beginnen mit der χαῖρε-Formel (324) und mahnen zum Hymnos (ὕμνον, 335), mit dem die „reine Tochter Sion" verherrlicht werden soll. Auch die Poesie von 429–479 enthält durchaus hymnologische Elemente und Partien (Ed. 169–172; Text von 456–479 bei THIERRY, Christ 8, als Nr. 6). Die Zeilenanfänge der Dichtung 217–250, ἐν ἀκροστιχίοις (249), ergeben Ἰησοῦς Χρειστὸς θεοῦ υἱὸς σωτὴρ σταυρός (außer dem letzten Wort auch in der lateinischen Übertragung des Augustinus, De civ. dei 18,23); die ersten fünf Worte bilden wiederum akrostichisch ἰχθύς. Dieses Stück hat es zwar mit dem letzten Gericht zu tun, ist aber deshalb noch kein eschatologischer „Hymnus" (gegen LODI, Enchiridion 72; griechischer Text und Kontext von Augustinus auch bei THIERRY, Christ 5–6, Nr. 4, und 50–51).

---

[1] Die Sibyllinischen Orakel enthalten auch noch spätere Zufügungen, vgl. A. KURFESS in: HENNECKE/SCHNEEMELCHER, NTApo II (1964) 498–528; J. J. COLLINS in: OTP I (1983) 317–472; GEFFCKEN, Komposition. Texte und Belege nach GEFFCKEN, Oracula [= Ed.].

b. Oden Salomos[1]

Im Laufe der Jahrzehnte seit der Editio princeps von J. R. HARRIS (1909) wurden die 42 pseudosalomonischen „Oden", von denen eine griechische ᾠδή (11),[2] fünf ausdrücklich mit dem Fremdwort ᾠδή bezeichnete koptische Zitate in der gnostischen Pistis Sophia (Frgm. von 1; 5; 6; 22; 25), ein lateinisches Zitat aus „*ode* 19" bei Lactantius (19,6–7) und in zwei unvollständigen Handschriften 40 syrische *zmyrātā* (Plural von *zmyrtā*)[3] erhalten sind, als „Hymnenbuch" (HARRIS, W. BAUER u.a.), „Psalter" (HARRIS u.a.), „Psalmbuch" (HARNACK), „Liedersammlung" (DIETTRICH u.a.), „Gesang- und Gebetbuch" (LUDWIG) bezeichnet, was in hervorragender Weise die Schwierigkeiten differenzierender Definitionen antiker Cantica, Carmina, Gebete, Hymnen, Lieder, Oden oder Psalmen widerspiegelt, gleichzeitig aber auch die in den verschiedenen europäischen Kulturen und Sprachen mit der modernen Wissenschaft der Hymnologie und mit den Konventionen kirchlicher und feierlicher Hymnodie zusammenhängenden Begriffsverschwommenheiten durchschimmern läßt.

Die Frage, ob und welche OdSal vor ihrem durch das responsorische Halleluja der Handschriften (schon im griechischen Papyrus Bodmer XI des 3. Jh.s n.Chr.) angezeigten liturgischen Gebrauch als „Lobpreisung[en] Gottes in gehobener – metrischer oder stilisierter prosaischer – Diktion" (so die Definition des christlichen Hymnus von KROLL, Hymnodik 11) intendiert und angesehen waren, bedarf auch nach solchen form- und gattungsgeschichtlichen Arbeiten wie denen von GUNKEL/BEGRICH (Einleitung),[4] SCHILLE (Hymnen)[5] oder BLASZCZAK (Study)[6] immer noch einer gründlichen und umfassenden Unter-

---

[1] Die Entstehungszeit ist eine immer noch ungelöste Frage (2./[3.?] Jh. n.Chr.); vgl. S. P. BROCK in: SCHÜRER/VERMES III,2 (1987) 787–789; LATTKE, Oden I–Ia (Texte), II (Konkordanz), III (Bibliographie; ergänzend dazu u.a. CABROL/LECLERCQ, MELi I,2 [1913] 149–156, Nrn. 5174–5215); HENGEL, Christuslied 360 („Außenseiterrolle"), 368–370; DIHLE, Literatur 316 („Hymnen aus dem 2. Jh. n.Chr.").

[2] Vgl. MITSAKIS, Byz. Hymnography I 144–146 (bibliographische Angabe zu ergänzen in LATTKE, Oden III 295).

[3] ܙܡܝܪܬܐ ist auch dort der syrische Titel der „Psalmen" Salomos.

[4] In Ergänzung zu LATTKE, Oden III 209–210 vgl. die 4. Auflage von GUNKEL/BEGRICH (1985) mit einem Stellenregister von Walter BEYERLIN (467–637).

[5] Vgl. die Tabelle in LATTKE, Oden III 278 und den Abschnitt „Lieder" bei VIELHAUER, Geschichte 40–49, 48.

[6] Vgl. dazu die Rezension von M. LATTKE in: ThLZ 112 (1987) 183–185.

suchung,[1] ehe ein auch diesen Aspekt einschließender Kommentar zu den religions- und literaturgeschichtlich schwer einzuordnenden, in den Überlappungsbereich von Christentum, Gnostizismus und Judentum fallenden Dichtungen geschrieben werden kann, der den ineinander übergehenden „Ich"-, „Du"-, „Er"-, „Sie"-, „Wir"- und „Ihr"-Stil ebenso beachtet wie die Bildersprache oder das Fehlen formaler Aufbauelemente (BERGER, Formgeschichte 239–240) bzw. expliziter inhaltlicher Angaben wie z.B. des Jesus-Namens, der Taufe, der Eucharistie usw.

Abgesehen vom häufigen Ausdruck der Freude (ܪܘܙܐ) und des Jubels (ܗ ܕ und ܪܢ) und dem nur in einer syrischen Handschrift vorkommenden, vielleicht noch ganz untechnischen Hapaxlegomenon ܥܢܝܬ (40,3; später erst „responsorium, antiphona", vgl. R. PAYNE SMITH, Thes. Syr. II 2929–2930) verdienen folgende Wörter des Bekennens, Preisens und Singens nähere Beachtung, die zugleich in Kontexte führen, in denen sich das hymnologische Selbstverständnis des bzw. der Poet(inn)en ausspricht:

ܐܘܕܝ	7,17.22; 16,3; (24,2); 41,2;
ܬܘܕܝܬܐ	14,7; 26,2–3.8; 36,2; 40,3;
ܡܘܕܝܢܘܬܐ	7,17.22; 16,1;
ܡܘܕܝܢܘ	26,12;
ܐܘܡܢ	5,1; 7,25; 10,5; 21,7; (zu 5,1 vgl. den koptischen Hymnus der Pistis Sophia, mit der Verwendung des Lehnworts ὑμνεύειν: LATTKE, Oden I 84–85 und 188–189, wo 188 [Mitte] ⲁⲥϩⲩⲛⲉⲩⲉ zu ⲁⲥϩⲩⲙⲛⲉⲩⲉ zu korrigieren ist);
ܡܘܡܚ	12,4;
ܬܘܡܚܬܐ	26,6;
ܣܒܚ	11,17; 39,13;
ܣܒܚܬܐ	14,8;
ܫܒܚܘ	11,24;
ܫܒܚ	17,7;

---

[1] Vgl. nun Majella FRANZMANN, An Analysis of the Poetical Structure and Form of the Odes of Solomon (University of Queensland, PhD Thesis, 1990). Diese Dissertation erscheint 1991 in der Serie NTOA (Fribourg/Göttingen).

ܫܒܚ	6,7; 7,19; 14,8; (17,7); 18,1; 21,7; 26,4; 36,2.4; 41,1;
ܬܫܒܘܚܬܐ	6,7; 10,4; 11,17; 12,4; 13,2; 14,5; 16,1–2.4–5.20; 17,16;
	18,16; 20,9–10; 21,9; 26,1.5; 29,2.11; 31,3; 36,2; 40,2;
	41,4.16;
ܡܫܒܚܘܬܐ	7,24;
ܡܫܒܚܢܐ	36,4.

Sind Stellen wie 17,16; 18,16; 20,10 oder 29,11 typische Schlußdoxologien
und 12,4 (ähnlich wie 19,10–11) vielleicht vorgeformte Tradition, so haben
Texte wie 6,1–7; 7,17–25; 13,2; 14,7–8; 16; 18,1; 21,7–9; 26; 31,3; 36,2–4;
37; 40 und 41 größte Bedeutung für die in den Oden Salomos selbst sich aus-
drückende bzw. hinter ihnen stehende Hymnodik. Ob mit dem „Opfer seines
Denkens" (20,2 ܩܘܪܒܢܐ ܕܡܚܫܒܬܗ; vgl. zu λογικὴ θυσία bei Justinos
QUASTEN, Patrology I 218) auch so etwas gemeint ist wie θυσία αἰνέσεως
(Hebr 13,15, s.o. B.I.c, B.II.a.1)?

c. (Weitere) Gnostiker und (koptisch-)gnostische Schriften[1]

1. Valentinos (2. Jh. n.Chr.)[2]

Als *Valentini hymnus* ist der siebenzeilige kosmologische „Psalm" (so Hippoly-tos, Ref. VI 37,6–7 [ed. WENDLAND 167; ed. MARCOVICH 252–253; VÖLKER, Quellen 59–60]) neu ediert und erläutert (HEITSCH, Dichterfragmente I 155 [Nr. XLIII] bzw. WOLBERGS, Gedichte 5, 23–36 mit weiterer Literatur; vgl. die Übersetzung von LATTE, RGL 5 [1927] 60 und, mit weiterführender Kritik, die von KEHL, Beiträge 93–95).

Es ist durchaus möglich, daß der genannte Text aus irgendwelchen – den davidischen Psalmen entgegengesetzten – „Psalmen" des Valentin stammt (vgl. Tertullianus, De carne Christi 17,1 und 20,3: CChr.SL 903, 909) oder gar aus dem „Psalmenbuch für Markion" (vgl. Canon Muratori 81–85, 83: SCHNEE-MELCHER, NTApo I 29).

Die Überschrift θέρος („Ernte"?) des mit dem zweimaligen Akkusativ πάντα (1–2) beginnenden Lehrgedichts, dessen partizipiale Akkusativobjekte alle von βλέπω bzw. νοῶ regiert sind, bleibt weiterhin rätselhaft (vgl. neben FOERSTER, Valentin 96–97, schon HILGENFELD, Ketzergeschichte 304–305 mit Text und Textkritik).

An dieser Stelle müssen auch die erhaltenen vier Zeilen der römischen Inschrift aus der Mitte des 2. Jh.s n.Chr. erwähnt werden, auf die HENGEL mit Text und Übersetzung aufmerksam macht (Christuslied 367–368);[3] die dritte rekonstruierte Zeile lautet:

ὑμ)νοῦντες γενέτην καὶ υἱέα δοξάζον(τες

und spricht also mit synonymen Verben vom „*Lobpreis* des Vaters und des Sohnes" (368).

---

[1] Vgl. HILGENFELD, Ketzergeschichte; HARNACK, Geschichte; CABROL/LECLERCQ, MELi I,2 95–115, Nrn. 4946–5111; LECLERCQ, Hymnes 2859–2868; LATTE, RGL 5 (1927) 56–85; VÖLKER, Quellen; FOERSTER u.a., Gnosis I–II; MITSAKIS, Hymnography 37–38; RUDOLPH, Gnosis; ALTANER/STUIBER §§ 29–34; LATTKE, Oden III 463.

[2] Vgl. BROOKE, Fragments; FOERSTER, Valentin; LATTKE, Oden III 470. Vgl. auch den Hinweis auf Pap. Oxy. 2074 (s.u. B.III.d.6). Für diesen und den übernächsten Abschnitt vgl. auch L. ABRAMOWSKI, Ein gnostischer Logostheologe. Umfang und Redaktor des gnostischen Sonderguts in Hippolyts "Widerlegung aller Häresien" (DIES., Untersuchungen 18–62).

[3] Vgl. M. GUARDUCCI, Valentini a Roma, in: MDAI.R 80 (1973) 169–189 + Tafel 47; DIES., Ancora sui Valentini a Roma, in: MDAI.R 81 (1974) 341–343 [Angaben nach HENGEL].

2. Markion (1./2. Jh. n.Chr.) und Markioniten[1]

Es reicht hier, auf die Beilagen der immer noch unüberholten Monographie von A. VON HARNACK zu verweisen, wo die Polemik des Bischofs Maruta vom Anfang des 5. Jh.s zitiert (Marcion 363*–364*) und in Beziehung gebracht wird zu der eben angegebenen „dunklen Stelle am Schluß des Muratorischen Fragments" (175*): „Uns muß die Tatsache, daß es in den Kirchen Marcions nicht-davidische Psalmen [scil. „Hymnen – Arab.: Psalmen", (363*)] gegeben hat, genügen" (176*).

3. Naassener/Ophiten (2./3. Jh. n.Chr.)[2]

Daß die phrygischen Naassener des Hippolytos einen Attis-Hymnos gekannt und gnostisch gedeutet haben, zeigt die sogenannte Naassener-Predigt (Ref. V 6,4 – 10,2: ed. WENDLAND 78–104; ed. MARCOVICH 141–172).[3]

Von den sich selbst „Gnostiker" nennenden Naassenern (Ref. V 2 und 11: ed. W. 77, 104) heißt es, daß sie ὄφιν (hebr. שֶׁחָנ) lobpreisen (ὑμνεῖν, V 6,3); daß viele und vielfältige ὕμνοι auf Adamas entstanden seien (V 6,5: ed. W. 78, mit Beispiel eines Kurzhymnos: ἀπὸ σοῦ πατὴρ καὶ διὰ σὲ μήτηρ, τὰ δύο ἀθάνατα ὀνόματα, αἰώνων γονεῖς, πολῖτα οὐρανοῦ, μεγαλώνυμε ἄνθρωπε); und daß Adam εἰκών sei ἐκείνου τοῦ ἄνω, τοῦ ὑμνουμένου ’Αδάμαντος ἀνθρώπου (V 7,6: ed. W. 80).

Während es von den Attis-Verehrern ausdrücklich heißt, ὑμνοῦντες λέγουσιν οὕτως· ”Ατπιν ὑμνήσω κτλ. (V 9,9: ed. W. 99–100), spricht die Einleitung des oft edierten und übersetzten „Hymnus" (HILGENFELD, Ketzergeschichte 260 mit Text; DIHLE, Literatur 391) – oder „Naassenerhymnus" (LATTE, RGL 5 [1927] 56–57) oder „Naassener-Psalm[s] von der Seele" (VÖLKER, Quellen 26–27 mit Text) oder „Naassenorum carmen" (WOLBERGS, Gedichte 6–7 mit Text, 37–59 mit Literatur und Erklärung; KEHL, Beiträge 95–101 mit Text und Teilübersetzung; vgl. schon HEITSCH, Dichterfragmente I 155–156 [Nr.

---

[1] Vgl. LATTKE, Oden III 465; HENGEL, Christuslied 367. Zur nicht-gnostizistischen Einzigartigkeit Markions bei gleichzeitiger Abhängigkeit von der Gnosis vgl. B. ALAND, Marcion 423, 433. Zu Tertullianus s.u. B.V.b.1.

[2] Vgl. KROLL, Hymnodik 93–97; MITSAKIS, Byz. Hymnography I 157–159; LATTKE, Oden III 465; HENGEL, Christuslied 367, 375.

[3] Text von Ref. 7,2 – 9,9 auch in REITZENSTEIN/SCHAEDER, Studien 161–173; vgl. zur gnostischen Naassenerschrift die quellenkritische Monographie von FRICKEL (NHS 19) und dazu die Rezension von Gilles QUISPEL in: VigChr 39 (1985) 196–199.

XLIV 1]) – von ψαλμός (so die Überschrift bei CHRIST/PARANIKAS 32–33), δι' οὗ πάντα αὐτοῖς (ed. M. 171: [αὐτοῖς]) τὰ τῆς πλάνης μυστήρια δοκοῦσιν ὑμνῳδεῖν (ed. M.: [διὰ ὕμνου] ᾄδειν) οὕτως (V 10,1: ed. W. 103). „Die Verse 8–10 sind Einschübe" (KROLL, Hymnodik 94, wo sich auch der Text mit HARNACKs Übersetzung findet). Verse 3–7 und 11–13 singen im „Sie"-Stil von der verzweifelten und verirrten ψυχή. Verse 14–25 sind eine bittende Rede Jesu, der vielleicht „eine andere Erlösergottheit verdrängt" hat (KROLL, Hymnodik 96; anders WOLBERGS, Gedichte 53, 57), an den Vater um Sendung, gipfelnd in folgenden „Ich-Prädikationen" (KROLL, Hymnodik 95, auch zum Metrum):[1]

σφραγῖδας ἔχων καταβήσομαι	(Die) Siegel habend werde ich hinabsteigen
αἰῶνας ὅλους διοδεύσω	Ganze Äonen werde ich durchziehen
μυστήρια πάντα δ' ἀνοίξω	Alle Mysterien werde ich öffnen
μορφὰς δὲ θεῶν ἐπιδείξω	Der Götter Gestalten werde ich zeigen
τὰ κεκρυμμένα τῆς ἁγίας ὁδοῦ	Die Verborgenheiten des heiligen Weges
γνῶσιν καλέσας παραδώσω	Gnosis rufend, werde ich überliefern

4. Codices Askewianus und Brucianus (Pistis Sophia etc.)[2]

Zunächst sei aufmerksam gemacht auf die gelegentliche Erwähnung von „Hymnen (ὕμνοι) des Lichts" in der Pistis Sophia (134,32; vgl. 107,4–5 in [22], s.u.) bzw. auf die Erwähnung der seltsamen Übergabe von „Hymnen (ὕμνοι)" [188,15.37; 189,22; 190,11, immer zusammen mit „Siegel (σφραγῖδες)"; vgl. auch die „24 Myriaden Lobpreiser (ὑμνευταί)" in 142,36 und natürlich andere, koptische Wörter des Lobens und Preisens wie ΕΟΟΥ, ϹΜΟΥ oder ΤΑΪΟ].

Sonst konzentriert sich das Hymnologische in den Büchern der Pistis Sophia (1–254) auf die Kapitel 32–62 am Ende des ersten Buches (28–81) und Kapitel 63–82 am Anfang des zweiten (82–118).

---

[1] Vgl. auch die Übersetzungen von KEHL, Beiträge 96, und FOERSTER, Gnosis I 362, besonders zu den beiden letzten Versen, in denen es ja auch um das Hervorrufen, Herbeirufen der Gnosis gehen kann. Näheres zu den beiden Attis-Hymnen bei Hippolytos, s.u. B.V.a.2.

[2] Außer der Pistis Sophia (Codex Askewianus) handelt es sich hier noch um die beiden Bücher des Jeû (mit Anhängen) und um ein sogenanntes Unbekanntes altgnostisches Werk (Codex Brucianus). Vgl. schon CABROL/LECLERCQ, MELi I,2 29–34, Nrn. 4559–4591 und 177–195, Nrn. 5234–5285; dann vor allem COLPE, Überlieferung X; auch LATTKE, Oden I 24–31, 188–225; III 468–469. Angaben und Zitate nach SCHMIDT/TILL bzw. SCHMIDT/TILL/ SCHENKE, Schriften; koptische Texte von C. SCHMIDT nach MACDERMOT (NHS 9 [Pistis Sophia] und 13).

Eingebettet in gnostische Mythologie und voll von derselben werden der verfolgten und bedrängten Gestalt ΠΙⳋΤΙⳋ ⳋⲞⲪΙⲁ Texte in den Mund gelegt, die davidischen „Psalmen" und salomonischen „Oden" nachgebildet sind; jene Psalmen und Oden erscheinen dabei als prophetische Auflösungen und Interpretationen der z.T. „Reue (μετάνοια)" genannten Hymnen der Pistis Sophia (vgl. KRAGERUD, Hymnen; WIDENGREN, Hymnen).

Unter leichter Korrektur einiger Angaben von COLPE (Überlieferung X 77) seien die gnostischen Texte, die selbst mehr oder weniger voll sind von hymnologischen Elementen, im folgenden mit knappen Bemerkungen zum Thema zusammengestellt.

[1] 28,29 – 32,4 (Metanoia Nr. 1). Zu beachten ist der Wechsel von griech. ὑμνεύειν (31,22), ὕμνος (31,23) und kopt. ⳋⲘⲞⲨ (31,33). Die ganze „Reue" wird rückblickend als ὕμνος bezeichnet (32,6–7).

[2] 35,1–37 (Metanoia Nr. 2), als ὑμνεύειν bezeichnet (34,33–34; 36,1–2).

[3] 37,34 – 38,10 (Metanoia Nr. 3).

[4] 39,16 – 40,37 (Metanoia Nr. 4).

[5] 43,1 – 44,10 (Metanoia Nr. 5). Ausdrücklich ὑμνεύειν und ὕμνος am Anfang (43,1–5) und rückblickend (43,36), z.T. als Zusatz, z.t. als Uminterpretation von „schreien".

[6] 47,14–34 (Metanoia Nr. 6). Anfang: „Ich habe gepriesen (ὑμνεύειν) Dich, o Licht" (47,14), mit ähnlicher Umdeutung.

[7] 49,34 – 51,16 (Metanoia Nr. 7).

[8] 54,6–27 + 54,36 – 55,32 (Metanoia Nr. 8); „preisen (ὑμνεύειν)" für εὐ-φραίνεσθαι (54,21), für „schreien" (55,27).

[9] 57,29 – 60,11 (Metanoia Nr. 9); „preisen (ὑμνεύειν)" für ⲞⲨⲰⲚ2, „bekennen" (59,14, dort allerdings auch Ⲱⲱ, „schreien", für ⳋⲘⲞⲨ, also eigentlich als Synonym austauschbar), und für ⲦⲈⲗΗⲗ, „jubeln" (60,11).

[10] 63,31 – 64,5 (Metanoia Nr. 10).

[11] 65,5–26 (Metanoia Nr. 11).

[12] 67,4 – 69,8 (Metanoia Nr. 12). Nicht nur ausdrücklich ὑμνεύειν in Vergangenheit und Gegenwart (67,9–10.12.14), z.T. für ⲱλΗλ, „beten", sondern auch Gleichsetzung von kopt. ⳋⲘⲞⲨ (69,15) mit griech. ὕμνος (67,4), beides „Lobpreis".

[13] 71,12–31 (Metanoia Nr. 13). Zum doppelten „Erhöre mich, indem ich Dich preise (ὑμνεύειν)" (71,12.18–19) vgl. die zwei Gebetsfragmente A. und

B. im Anhang (330–334: 330,1.11.20.29; 331,9.18.28.37; 332,8.22.29; 333,3.6.11.16.23.30).[1]

[14] 72,35 – 73,23. Sophia „pries (ὑμνεύειν)" (72,34); hymnologische Anreicherung von OdSal 5,1–11 (72,35–36; 73,2).

[15] 74,34 – 75,6. „Sie pries (ὑμνεύειν)" (74,31–33, bes. 33); OdSal 19 (75,25) = OdSal 1. Die von COLPE als Nr. 16 bezeichnete „prophetische Liturgie" (76,33 – 83,11[?]) ist eine Reihe weiterer „Auflösungen" von Metanoia Nr. 13 (76,8!) am Ende des ersten und Anfang des zweiten Buches. Zur „Auflösung" mit OdSal 6,6–18 (85,21 – 86,7) fehlt der „Hymnos", vgl. LATTKE, Oden I 220–222; der „Mythos" wird von COLPE als Nr. 17 und „Lehrgedicht" bezeichnet.

[16] (COLPE: Nr. 18, mit falscher Angabe 89,26 – 95,33) 89,26–32, mit Mythos und Auflösung in 89,33 – 95,33. Sie „pries (ὑμνεύειν)" (89,24).

[17] (COLPE: Nr. 19) 96,1–28; „schrie sie wiederum" (95,36–37); ausdrücklich als „Metanoia" bezeichnet (96,29, so auch richtig COLPE); „Auflösung des Hymnus" (97,4–5) = „Auflösung der Reue (μετάνοια)" (97,32; 99,20–21) durch OdSal 25 etc.

[18] (COLPE: Nr. 20) 99,30 – 100,28. „Pistis Sophia ... pries (ὑμνεύειν) mich" (99,28–29); seltsamerweise bezeichnet als „der zweite Hymnus (ὕμνος)" (100,29) = „Reue (μετάνοια)" (100,30); „Auflösung" bzw. „Erklärung des Hymnus (ὕμνος)" (100,34; 101,1–4.30; 103,34.38–39) durch OdSal 22 etc.

[19] (COLPE: Nr. 21) 104,4–12. „Sophia wiederum in diesem Hymnus (ὕμνος)" (104,2–3); „ich pries (ὑμνεύειν)" (104,8) entspricht „ich schrie" (105,1) in der Auflösung.

[20] (COLPE: Nr. 21a) 105,12–15. „Sophia in diesem Hymnus (ὕμνος)" (105,11).

[21] (COLPE: Nr. 22) 105,29 – 106,5. „Sophia in dem Hymnus (ὕμνος)" (105,28; vgl. 106,6.13); zu beachten sind die Imperative im Hymnos: „preise(t) (ὑμνεύειν)" (105,29.31); das griechische Lehnwort ὑμνεύειν ersetzt koptisch ⲤⲘⲞⲨ (106,15–17) in der Auflösung durch Ps 102,1–2.

[22] (COLPE: Nr. 23) 107,11–22. „Und ferner gab ich ihr einen Hymnus (ὕμνος) des Lichtes" (107,4–5); „sprach sie wiederum diesen Hymnus (ὕμνος)" (107,10; vgl. 107,23.27).

[23] (COLPE: Nr. 24) 111,25 – 112,6. „Sophia ... pries (ὑμνεύειν) das Licht, da ja (ἐπειδή) ich zu ihr gesagt hatte: «Wenn Du bedrängt wirst und mich

---

[1] Notabene: Die bisherigen Nrn. 1–13 sind auch im Text durchgezählt als Metanoia Nr. 1, Nr. 2, usw.

preisest (ὑμνεύειν), ...»" (111,18–20; vgl. 109,38 – 110,1); „da pries (ὑμνεύειν) sie das Licht" (111,23–24; vgl. 112,11–12.34).

[24] (COLPE: Nr. 24a) 113,30 – 114,2. Rückblickend: „Sophia in ihrem Hymnus (ὕμνος)" (114,3–4.6.13; vgl. 114,35–36).

[25] (COLPE: Nr. 25, allerdings mit irreführender Angabe; Nr. 26 ist zu streichen!) 115,19 – 116,34. „Sie ... pries (ὑμνεύειν) mich" (115,16–17); im Hymnos selbst, rückblickend und in der Auflösung ausdrücklich als „Hymnus (ὕμνος)" bezeichnet (115,21; 116,35; 117,3.8; 118,16.24–25.35); außerdem ersetzt der Ausdruck „pries (ὑμνεύειν)" (115,33; 116,16) wiederum die Aussage „schrieen" in der Vorlage (117,20.34), also nochmals hymnische Erweiterungen und Interpretation von Verben des Klagens (wie ⲁ̄ⲓ ⲱⲕⲁⲕ), was durch die Beobachtung zu [9] allerdings etwas relativiert wird.

In I Jeû (257–302 = Kapitel 1–41) des Codex Brucianus findet sich ein kleiner Hymnos der Apostel an Jesus, in dem Licht, Logos und Gnosis gepriesen werden (258,28–34).

Was in 262,2 anklingt, nämlich „zu preisen (ὑμνεύειν) den Vater", wird in größter Monotonie im folgenden, kaum variierten Satz 24mal wiederholt: „Und es sind zwölf Häupter in dem Orte (τόπος) des Schatzes (θησαυρός) von seinen Ordnungen (τάξεις), d.h. diese Namen, die in jedem Orte (τόπος) sind, und es sind zwölf in jeder Ordnung (τάξις), und es ist den Zwölf dieser Name, abgesehen (χωρίς) von denen, die in ihnen sein werden, wenn sie meinen Vater preisen (ὑμνεύειν), ihnen Lichtkraft (-δύναμις) zu geben" (266,12–17; vgl. 267–289 jeweils unter dem Diagramm).

Im Schlußkapitel 41 (297–302) spricht der Offenbarer zu den ihn umgebenden Zwölfen: „Antwortet mir und preiset mit mir, auf dass ich meinen Vater wegen der Emanation aller Schätze (θησαυροί) preise" (297,19–21, zweimal † ⲉⲟⲟⲩ).

In der Einleitung zu einem großen, mit „Amen" etc. responsorischen Hymnos im „Du"-Stil (297,24 – 302,6; vgl. NORDEN, Agn. Theos 177–201), dessen mythologische Strophen alle mit „Ich preise Dich" (meist ὑμνεύειν) beginnen, wird ὑμνεύειν gleichgesetzt mit kopt. † ⲉⲟⲟⲩ (297,22; vgl. auch ⲉⲟⲟⲩ, „Lobpreis", in 297,33).

Auch in II Jeû (303–329 = Kapitel 42–52) ist ὑμνεύειν synonym mit † ⲉⲟⲟⲩ (320,31.38). Auf die hymnologischen Anfänge der Gebetsstrophen im Anhang (330–334) wurde schon bei Metanoia Nr. 13 der Pistis Sophia hingewiesen. Spricht COLPE für Fragment A (331,3 – 332,37) von „Hymnus oder

Gebet" (Überlieferung X 71), so ist Fragment B (333,3–32) für MACDERMOT „Fragment of a Gnostic Hymn" (NHS 13 [1978] 139).

Im titellosen gnostischen Text des Codex Brucianus (335–367) erscheint ein kosmologisch-mythologisches Trishagion (344,4–13), in dem dreimal kopt. ⲤⲘⲞⲨ die hymnologische Einleitung bildet. Weitere Hymnen finden sich in 346,32–39; 347,1–4 (jeweils eingeleitet durch ⲤⲘⲞⲨ); 358,15 – 359,15 („großer" ὕμνος, „indem sie den Einigen Alleinigen priesen"; kopt. ⲤⲘⲞⲨ, im „Du"-Stil, mit Gebetselementen); 364,37 – 366,13 (Einleitung: „es geziemt sich, ihn zu preisen", kopt. ⲤⲘⲞⲨ; dann mit ursprünglich mehr als 40 Einsätzen: „Ich preise Dich", kopt. †ⲤⲘⲞⲨ ⲈⲢⲞⲔ; die Anmerkung von MACDERMOT, NHS 13 [1978] 273, zum letzten davon, „the last and 40th extant blessing", ist ungenau). Diese gnostischen Hymnen verdienen eine genauere Untersuchung (vgl. auch die „Myriaden Lobpreisungen": 350,8; 354,11; 363,19, jeweils mit ⲈⲞⲞⲨ).

Schließlich sei auf zwei seltsame Vorstellungen hingewiesen, die gleichzeitig wegen der Parallelbegriffe interessant sind.

[1] „und das Gebet (kopt. ϢⲖⲎⲖ), der Lobpreis (kopt. ⲤⲘⲞⲨ) und der Hymnus (ὕμνος) der Geschöpfe werden auf jenen Korb (κανοῦν) gelegt, der sich in der Mitte der Allmutter (παμμήτωρ) ... befindet" (346,21–26; ähnlich, mit Pluralformen und ergänzenden „Bitten", kopt. ⲚⲤⲞⲠⲤ̄, 349,23–25).

[2] „Und es sahen ihn (scil. den Funken, 359,22) die Kräfte (δυνάμεις) des Pleroma (πλήρωμα) und liebten und priesen (kopt. ⲤⲘⲞⲨ) ihn in Hymnen (ὕμνοι), die unbeschreiblich und unsagbar mit Fleischeszungen (-σάρξ) sind, die der Mensch in sich ausdenkt. Und er empfing ihren Hymnus (ὕμνος) und machte ihn zu einem Vorhang (καταπέτασμα) für ihre Welten (κόσμοι)" (359,31–35; vgl. 363,21–22: „Und der Vater nahm das Lob (kopt. ⲈⲞⲞⲨ) und machte es zum Kleid").

5. Nag Hammadi Codices

Hätte man die vorhergehenden Abschnitte zu den Ophiten und nur Pistis Sophia usw. mit gewissem Recht z.T. zu den außerchristlichen Gnostica stellen können, so müßte man die mehr oder weniger christlichen Texte aus den Schriften von Nag Hammadi hier unterbringen. Um die überlieferungs-, entdeckungs- und forschungsgeschichtliche Einheit der NHC nicht zu zerstören, stehen sie alle zusammen unter A.VIII.a.

d. Papyri[1]

1. Pap. Amh. I (1900), 23–28, Nr. II (3. Jh. n.Chr.)[2]

Schon PREUSCHEN stellte fest, daß der akrostichische „Hymnus in erster Linie
eine Mahnrede, nicht ein Lobgesang" ist, und sah „hier älteste christliche Poesie" des 2. Jh.s n.Chr. (Hymnus 75–76, 81, mit dem griechischen Text der 25
Zeilenstrophen; gegen die Frühdatierung vgl. z.b. LECLERCQ, Hymnes 2853–
2859, mit Textrekonstruktionen des „Hymne acrostiche", und NORDEN, Agn.
Theos 179–180, Anm. 3).

Dieser „Abecedarius" ist also gar „kein Hymnos" (WOLBERGS, Gedichte
123), sondern „nimmt sich aus wie ein versifizierter Katechismus" (KROLL,
Hymnodik 31, Anm. 4), kann daher durchaus überschrieben werden mit
„Carmen de moribus Christianorum" (WOLBERGS, Gedichte 16; zum Metrum
vgl. auch Pap. Oxy. 1383 [„Sailor's Song"], GRENFELL/HUNT, Oxy. Papyri XI
[1915] 236–237, bes. 237: „in 1383, as in P. Amh. 2, accent is often more im-
portant than quantity").

2. Pap. Oxy. XV (1922), Nr. 1786 (3. Jh. n.Chr.)[3]

Die liturgie- und musikwissenschaftliche Bedeutung dieses „altchristlichen
Hymnus mit Musiknoten" kann hier nur nebenbei erwähnt werden (vgl. LIETZ-

[1] Vgl. schon SCHERMANN, Abendmahlsliturgien 211–230; CABROL/LECLERCQ, MELi I,2
CXXXVII–CCXLVI [auch Ostraka]; DEL GRANDE, Liturgiae (s.u. B.III.d.1–3 und 6);
LECLERCQ, Papyrus 1390–1396, 1407–1408, 1411–1420, 1477–1482, vor allem 1482–1520
(Bibliographie!); zu den Sammlungen von DEL GRANDE, WESSELY (PO IV,2 [1907] +
XVIII,3 [1924]) und LECLERCQ (Papyrus) vgl. TREU, APF 21 (1971) 58.
[2] Vgl. GRENFELL/HUNT, Amh. Papyri I 23–28 („II. Christian Hymn" + Plate II); WESSE-
LY, PO IV,2 (1907 = 1946) 205–209 (= [111]–[115]; Nr. 28: „Vieil hymne chrétien"); LE-
CLERCQ, Papyrus 1411–1416, Nr. 1; DEL GRANDE, Liturgiae 27–30, Nr. II (20); HEITSCH,
Dichterfragmente I 161–164 (Nr. XLV 4 „de moribus Christianorum"); WOLBERGS, Gedichte
16–20, 121–135 mit weiterer Literatur; KEHL, Beiträge 116–118, „nur wenige Bemerkungen
zu diesem langen und ziemlich fragmentarisch überlieferten Gedicht" (117, Anm. 125); MITSA-
KIS, Byz. Hymnography I 113–117; HENGEL, Christuslied 377–378 mit Hinweis auf DIHLE,
Anfänge 184, 187.
[3] Vgl. GRENFELL/HUNT, Oxy. Papyri XV 21–25 + Plate I; LECLERCQ, Papyrus 1477–
1480; DEL GRANDE, Liturgiae 26–27, Nr. I (19); HEITSCH, Dichterfragmente I 159–160 (Nr.
XLV 2 „in Trinitatem"); WOLBERGS, Gedichte 13–14, 100–111 mit weiterer Literatur; KEHL,
Beiträge 109–112, mit neuer Übersetzung und „Disposition der Verse 17–28"; LODI, Enchiri-
dion 173, Nr. 308; QUASTEN, Patrology I 159–160; DIHLE, Anfänge 189–190; MITSAKIS,
Byz. Hymnography I 111–112; HENGEL, Christuslied 376–377, mit weiterer Literatur.

MANN, mit „Text und Umschrift in modernen Noten auf S. 237" [Notizen 236–238]; STÄBLEIN, Frühchr. Musik 1048–1056 [allgemein zum Hymnus], besonders 1051–1056 zu Pap. Oxy. XV 1786, mit Foto und verschiedenen Notenumschriften; E. PÖHLMANN, Denkmäler 106–109 [beste forschungsgeschichtliche Zusammenfassung]; HANNICK, Christ. Church. music 367–368).

Dagegen soll der explizit hymnodisch–hymnologische Aspekt hervorgehoben werden: „Inhaltlich ist das Lied ein Hymnus, in dem alle Kreaturen zum Lob der Trinität aufgefordert werden" (LIETZMANN, Notizen 236). Der Beginn der besser erhaltenen Zeilen 17–28, ὑμνούντων δ' ἡμῶν κτλ., bezieht sich sicher nicht nur, aber auch auf die Doxologie 24–27 mit ihrer responsorischen Epiphonesis in der Form eines doppelten „Amen" (Epiphonesis = „Akklamation" [KEHL, Beiträge 111]; zum ἐπιφωνεῖν von Zeile 22 vgl. neben I Esr 9,47 auch II Makk 1,23–30 LXX). Es ist natürlich auch möglich (vgl. Apk 7,12), daß die „kleine Doxologie" vom je zweifachen „Amen" (Z. 23 und 28) eingerahmt ist (WOLBERGS, Gedichte 110); dann wäre die Beziehung zwischen der Einleitung (Z. 17–18) und der Amen-Doxologie insofern lockerer, als „der eigentliche Hymnus fehlt" (KEHL, Beiträge 111 [„befremdend"]).

3. Pap. Berol. 8299 (4. Jh. n.Chr.)[1]

Die erhaltenen sechs zweizeiligen „Schlußverse des alphabetisch-akrostichischen Gedichts auf Christus" (WOLBERGS, Gedichte 112; vgl. 122: „Zur Kompositionsform der ἀκροστιχὶς κατ' ἀλφάβητον") enden mit einem hymnischen Preis des Logos (6a) auf den unendlichen Vater und einer kurzen Doxologie (6b), in der HENGEL „doxologischen Stil der traditionellen Psalmen" sieht (Christuslied 378).

Die Polemik von KEHL gegen die gnostischen Parallelen bei WOLBERGS ist müßig, zumal mit dem Hinweis auf Kapitel 10 des Johannesevangeliums, da sie viel zu sehr von einer scharfen Trennung von Orthodoxie und Häresie ausgeht.[2] Daß sich Vers 5 mit den „Harfen" (ψαλτήρια) und „Reigen" auf „ewiges

---

[1] Vgl. LECLERCQ, Papyrus 1416, Nr. 2; DEL GRANDE, Liturgiae 31, Nr. III (21); HEITSCH, Dichterfragmente I 160–161 (Nr. XLV 3 „in Christum"); WOLBERGS, Gedichte 15, 112–120, mit weiterer Literatur; KEHL, Beiträge 112–116, mit wichtigen Ergänzungen; DIHLE, Anfänge 188; MITSAKIS, Byz. Hymnography I 123; HENGEL, Christuslied 378.

[2] Vgl. hier auch TRIPPs Klassifikation christlicher Minoritäten (Worship 212–213) und seine liturgiewissenschaftliche Einordnung unseres Dokuments: „Papyrus Berlin 8299 contains a post-initiation hymn which, when contrasted with the equivalent hymn in the Amherst Papyrus 2, has a Valentinian air" (214).

Lob im Himmel in der Gemeinschaft der Seligen" bezieht, ist eine Eintragung, die KEHL allerdings sogleich relativiert (Beiträge 114, mit Anm. 113). Schade ist, daß die X-Zeile (4a), in der die hymnische „Anrede" μάκαρ (WOLBERGS, Gedichte 117) klar zu lesen ist, am Anfang „heillos verdorben" ist (KEHL, Beiträge 115, mit weiteren Wiederherstellungsversuchen). Könnte man es neben χάρις oder Χριστὲ auch irgendwie mit der „χαῖρε-Formel" (KOENEN/KRAMER, Hymnus 19–21) versuchen?

4. Pap. Barc. Inv. 149b–153 (4. Jh. n.Chr.)[1]

Dieser unvollständige Abecedarius aus Ägypten mit der Überschrift *psalmus responsorius* und einer vierzeiligen Gebetseinleitung, die vielleicht „constituted a refrain, i.e. the responsorial element" (EMMETT, Hymn 144), ist wichtiger „für die Apokryphenforschung und für die Geschichte der altchristlichen Dichtung, Frömmigkeit und Kunst" sowie für die Tatsache, „daß es in Ägypten lateinisch sprechende Christen gab" (SPEYER, Psalmus 212, 214), als für die eigentliche Hymnologie bzw. für die spätere Blüte der Marienhymnen.

Es ist nämlich die Frage, ob dieser rhythmisch erzählende Psalm, der durchaus schon im 3. Jh. n.Chr. gedichtet worden sein kann, überhaupt Maria zum Thema hat, also ein „Marienhymnus" ist, mit dem der nicht sehr gebildete Verfasser „die hl. Jungfrau zu verherrlichen" suchte (SPEYER, Psalmus 214, 216), oder ob er nicht doch noch ganz der Christologie gewidmet ist (EMMETT, Hymn 144). Außerdem geht nicht nur das *benedictus et potens est ipse pater* am Anfang von Strophe B [= 2], sondern auch immer wieder die Betonung zurück zur Macht Gottes, der ja im „Du"-Stil und Relativsatz in der Einleitung angeredet wird mit *pater, qui omnia regis*.

Zusätzlich zu den benutzten Quellen (NT, Protev) mag an dieser Stelle ein Hinweis auf den koptischen Text des Evangeliums nach Maria aus Pap. Berol. 8502 angebracht sein, in dem Maria nach dem Weggang des Erlösers zu ihren Brüdern u.a. sagt: „Laßt uns vielmehr (μᾶλλον δέ) seine Größe preisen (kopt. ϹⲘⲞⲨ)", also von sich selbst wegweist (vgl. TILL/SCHENKE, Schriften 24–32, 62–77, 66–67).

---

[1] Vgl. SPEYER, Psalmus, mit Strophen A–H; EMMETT, Hymn, mit Text, Übersetzung und Literatur.

5. Pap. Mich. Inv. 6427 (4. Jh. n.Chr.)[1]

Dieses fragmentarische „Papyrus-Einzelblatt" wird hier nicht nur deshalb erwähnt, weil in dem Recto-Gebet „Allwissenheit, Grösse und Barmherzigkeit Gottes" gepriesen werden (Frgm. I 1–4: GRONEWALD, Papyrus 193, 195), sondern vor allem darum, weil die Verso-Ode Nr. 8 [= Dan 3,52–88] damit, über Vermutungen und indirekte Bezeugung hinaus, erwiesen wird als ägyptischer Hymnos schon des 4. Jh.s n.Chr. (zu ergänzen bei JENNY, Cantica).

6. Spätere Papyri (i.a. ab 5./6. Jh. n.Chr.)

Sehr summarisch folgt schließlich, in chronologischer Reihenfolge und als eine Art Anhang, eine kleine Liste von meist neueren Veröffentlichungen (mit weiterführender Literatur) von und zu späteren Papyri, die natürlich alle ältere Tradition enthalten können, wie ja Pap. Lond. Lit. 244 aus dem 6./7. Jh. n.Chr. schön zeigt mit dem alten Hymnos Φῶς ἱλαρόν, einem „Christuslied, das zum Anzünden der Lichter am Abend gesungen wurde" und „bis heute seinen festen Platz in der byzantinischen Liturgie" hat (HENGEL, Christuslied 376; Text: CHRIST/PARANIKAS 40). Auf einige wenige hymnologische Aspekte wird jeweils hingewiesen.[2]

MAAS, Kirchenpoesie I (1910) 4, Nr. I 1: Pap. Lond. 1029 (vgl. F. G. KENYON / H. I. BELL, Greek Papyri in the British Museum III, London 1907, 284–285; vgl. MAAS, a.a.O. 11, Nr. II 4, ὁ χερουβικὸς ὕμνος, in dem auch die Cherubim τὸν τρισάγιον ὕμνον προσᾴδοντες sind; vgl. dazu auch MITSAKIS, Byz. Hymnography I 86–87). BAUMSTARK, Theotokion (1920): zur Rückseite des genannten Pap. Lond. 1029. LECLERCQ, Hymnes (1925) 2889–2897, Nrn. 57–64 (Nr. 58 wie MAAS, Kirchenpoesie I 11; Nrn. 61–63 koptische Fragmente; in Nr. 64 Parallelität von ὑμνεῖν, μεγαλύνειν und ὁμολογεῖν).

---

[1] Vgl. GRONEWALD, Papyrus; vgl. hier auch den Hinweis auf KOENEN, Prosahymnus, bei HENGEL, Christuslied 379–380, Anm. 78.

[2] Zu weiteren griechischen Papyri und Ostraka s.u. B.VI.c. An dieser Stelle sei auch Pap. Oxy. 2074 (5. Jh. n.Chr.) untergebracht, auf den ich durch TRIPP nachträglich aufmerksam werde, und den dieser „a hymn to Sophia" „of Valentinian origin" nennt (Worship 214). Der Herausgeber nannte den auf zwei mehr oder weniger fragmentarischen Blättern erhaltenen Text „Apostrophe to Wisdom (?)" (HUNT, Oxy. Papyri XVII [1927] 18–21). In Z. 1–2 steht σοφιαν, am Ende von Z. 3 als *nomen sacrum* πνα (18); die zwölf lesbaren bzw. konjizierbaren Anredeformeln mit σὺ εἶ beziehen sich eindeutig auf eine weibliche Hypostase, die – wohl auch – als παρθένος (Z. 4) in offenbarer Beziehung zum „Vater" steht (Z. 4–16) und u.a. als διάδημα τοῦ φωτός im aretalogischen „Du"-Stil angeredet wird (ähnlich wie Isis, vgl. den Hinweis von HUNT auf Pap. Oxy. 1380 [18]). Es sind besonders die Zeilen 16–21, die gnostische Färbung haben könnten: „it was thou who didst search out the depths and assemble the heights; it was thou who didst reveal the secrets of darkness and break its power and its might" (20).

DEL GRANDE, Liturgiae (1934) 19–23, Nr. I (16): Pap. Berol. 9794; 23–24, Nr. II (17): Pap. Vindob. arch. Raineri 19896; 25, Nr. III (18): Pap. Vindob. arch. Raineri 19898. Diese drei schon länger bekannten Texte stehen unter der Überschrift: „Hymni non liturgici, sermone soluto confecti" (19); man sollte sie eher als (Gemeinde)-Gebete bezeichnen, die allerdings in Vokabular und „Du"-Stil hymnische Elemente aufweisen, wie das häufige ἅγιος εἶ im Berliner Text, oder die Verben des Preisens (αἰνεῖν, εὐφημεῖν, ὑμνεῖν, neben εὐχαριστεῖν und ὁμολογεῖν), das wiederholte σύ bzw. σὺ εἶ und die dreimalige Anrede πολυύμνητε ἀθάνατε ἀκοίμητε ἀίδιε in den beiden offenbar zusammenhängenden Wiener Texten.[1]

BELL/SKEAT, Fragments (1935) 56–60, Nr. 4 (Pap. Egerton 5, 4./5. Jh. n.Chr.: „Leaf from a Liturgical Book"): Gebet β enthält eine liturgiegeschichtlich wichtige Differenzierung, wenn es heißt: ... προσδέξαι παρ' ἡμῶν τὰς ψαλμῳδίας, τὰς ὑμνῳδίας, τὰς εὐχάς, τὰς παρακλήσεις, τὰς δεήσεις, τὰς ἀξιώσεις, τὰς ἐξομολογήσεις, τὰς αἰτήσεις, τὰς εὐχαριστίας, κτλ. (Z. 27–30).

LECLERCQ, Ostraka (1937) 93–94, Nr. 11 (O. Lond. 5852ʳ, 7. Jh. n.Chr.: „Hymne. Impropères"), 95–105, Nr. 18 (vor allem von genereller Bedeutung für „Doxologie").

LECLERCQ, Papyrus (1937) 1407–1408 (Pap. Berol. 7561, 7./8. Jh. n.Chr.: „XX. Fragment liturgique"), 1416–1420, Nrn. 3, 4, 6–8 (trotz der Überschneidungen mit LECLERCQ, Hymnes, wichtig wegen des größeren papyrologischen Zusammenhangs).

ROBERTS, Catalogue III (1938) 28–35: Pap. Ryl. 466, 7. Jh. n.Chr. (zwei sonst nicht bekannte byzantinische vier- bzw. dreistrophige Hymnen, die ein primitives Stadium in der Entwicklung des κανών bzw. der τροπάρια repräsentieren; sie sind auf Ode 8 bzw. 9 bezogen und voll von hymnologischer Diktion);
— 36: Pap. Ryl. 467, 6. Jh. n.Chr. (liturgisches Fragment von nur 13 Zeilen, das aufruft u.a. zum ἀνυμνεῖν [Z. 6]).

MAAS, Gleichzeilige Hymnen (1957): Ergänzungen zu MAAS, Kirchenpoesie I (1910); musikologische Erwägungen zur Verdrängung der gleichzeiligen Dichtungen durch „Gattungen, deren Rhythmus uns so gar nicht ins Ohr fallen wollen" (47–48).

TREU, Christliche Papyri I (1969) 194–195: unter „Liturgica" Hinweis auf Pap. Erl. 2, „Hymnen zum Preise Christi und der Gottesmutter" (194).

TREU, Neue Berliner liturgische Papyri[2] (1971) 60–62, Nr. 1: Pap. Berol. 8687 („Weihnachtshymnus");
— 62–65, Nr. 2: Pap. Berol. 1163 („Theophanie-Hymnus");

---

[1] Neben den bereits erwähnten Papyrustexten (C. Hymni non liturgici)enthält die Sammlung von DEL GRANDE, nach einer knappen hymnologischen Einleitung (Liturgiae V–XIII), die von textkritischem Apparat u. einigen Parallelen begleiteten Texte folgender griechischer Papyri:
  A. Liturgiae: I (1) Pap. von Dêr-Balyzeh; II (2) Pap. 254 Argentor. Univ. Bibl.; III (3) Pap. Graec. 2 Heydelbergensis; IV (4) Pap. Berol. 13918; V (5) Pap. Vind. [= Vindob. arch. Raineri] 542; VI (6) Pap. Berol. 13269; VII (7) Pap. Berol. 7561; VIII (8) Pap. Berol. 9050 (Liturgiae 1–12);
  B. Hymni et preces liturgicae ad communionem fidelium pertinentes: I (9) Pap. Berol. 13415; II (10) Pap. Oxy. 1927; III (11) Pap. Vind. 19931; IV (12) Pap. Vind. 19917; V (13) Pap. Vind. 19879; VI (14) Pap. Berol. 5103; VII (15) Pap. Berol. 3281 (Liturgiae 13–18);
  D. Preces ad singulos homines pertinentes: I (22) Pap. Oxy. 407; II (23) Pap. Oxy. 1058; III (24) Pap. Oxy. 1059; IV (25) Pap. Oxy. 925; V (26) Pap. Russ. Georg. 23; VI (27) Pap. Oxy. 1150; VII (28) Pap. Oxy. 1926; VIII (29) Pap. Russ. Georg. 24; IX (30) Pap. Vind. 19929; X (31) Pap. Vind. 19909 (Liturgiae 32–35).
  Vgl. zu den Nummern I (1), V (5), II (10) und III (11) und weiteren Papyri (z.B. Pap. Vind. 19887 und Pap. Rylands 470) auch MITSAKIS, Hymnography I 52–53, 60–64, 82–84.

[2] Diese Zusammenstellung von elf Stücken aus byzantinischer Zeit umfaßt auch fünf Pergamente, von denen zwei hymnologische Bedeutung haben, nämlich P. 13220 („Hymnus auf Mariä Heimsuchung" [66–68, Nr. 4]) und P. 16701 („Schluß eines Hymnus" [71–72, Nr. 7]).

— 66, Nr. 3: Pap. Berol. 11842 („Weihnachtslied", in dem sich ὁ ὕμνος τῶν ἀγγέλων in Zeile 4 auf „eine Abwandlung des Engelhymnus Lc. 2,14" bezieht);
— 75–78, Nr. 10: Pap. Berol. 17449, 4./5. Jh. n.Chr. („Große Doxologie", der einzige literarisch bisher bekannte Text [vgl. 57] und „ein Beleg für die frühe Verbreitung und Beliebtheit des Hymnus in der ägyptischen Provinz" [77]).
TREU, Christliche Papyri IV (1974) 381–387: wiederum unter „Liturgica" Besprechung von Pap. Amsterd. inv. 86, 3./4. Jh. n.Chr. („Schluß eines Hymnus mit Trishagion, Z. 2 ἅγιοι ὕμνοι, dann 3–5]ν / ἅγιος ἅγιος ǀ ἅγιος ὁ καθή]μενος ἐν δεξιᾷ ǀ τοῦ πατρ]ός" [381]), und vor allem von relevanten Stücken aus der „gründlichen Arbeit" von Otto STEGMÜLLER [383–387]).[1]
TREU, Varia I (1976) 114–117, Nr. 1: P. 364 der Berliner Papyrus-Sammlung, 5./6. Jh. n.Chr., Kalkstein aus Theben („Große Doxologie und erweitertes Trishagion"; zur Doxologie vgl. Pap. Berol. 17449 [s.o.]; zur ungewöhnlichen Verbindung von Doxologie und Trishagion vgl. die koptische Hs. M 574 der Pierpont Morgan Library [s.u. B.VI.c.3]);
— 121–123, Nr. 5: Pap. Berol. 16595 („Theophanie-Hymnus mit musikalischen Vokalverdoppelungen" bzw. „Theophanie-Hymnus über Jordantaufe und Mirjamlied" – so TREU, Christliche Papyri VI [1978] 155; auf Rekto und Verso jeweils acht sehr fragmentarische Zeilen aus dem 5./6. Jh. n.Chr.);
— 126–127, Nr. 8: P. 21233, ca. 6./7. Jh. n.Chr., Papierfragment von sieben Zeilen („Hymnisches Gebet an die Gottesmutter"; „der Schluß des ersten Abschnitts" [126] redet Maria hymnisch an mit δέσποινα, παναγία, θεοτόκε [Z. 2–3]).
TREU, Christushymnus (1977): Pap. Berol. 16389 (mit Text und Übersetzung des „Trishagios-Hymnos mit Erweiterungen" [144]).
KOENEN, Trishagion-Hymnus (1978): Ms. Insinger und Pap. Berol. Inv. 16389 (mit Übersetzung von ἅγιος ὁ θεός durch „Heilig ist Gott" [72, 76]).
R. W. DANIEL, Hymn (1981): Pap. Vindob. G 40195 und Pap. Ryl. Copt. 33 (auch hier im Zentrum das Tersanctus von Jes 6,3).
EMMETT, Hymn 145–146 (1982): Liste von Papyri mit Hymnen und Gebeten zu Maria (vgl. auch HORSLEY, NDIEC II 146 164, Nrn. 93–100, mit wichtigen Ergänzungen zu verschiedenen Editionen von K. TREU und J. VAN HAELST, z.B. Nr. 95 zum Trishagion, Nr. 93 zum Hymnos der Engel Lk 2,14).
HAGEDORN, Hymnen (1983): Pap. Amh. I 9(a) (Ergänzungen zu den ägyptischen Papyri Pap. Lond. III 1029 und Pap. Lond. Inv. 873 = Pap. Lond. Lit. 235, und damit zu MAAS, Kirchenpoesie I 3–8).
BRASHEAR, Hymnus (1985): Pap. Rainer Cent. 31, Pap. Louvre E 6581, Pap. Berol. 5478 und 21292 (mit „Rekonstruktionsversuch" [92] und Schlußurteil: „kein Höhenflug der byzantinischen Kirchenpoesie" [105]).
STEPHANOPOULOS, Marienhymnus (1986): Pap. Heid. 294, 5./6. Jh. n.Chr. (mit der wahrscheinlichen Lesung in Z. 8: πρὸς ὕμνοις, „zusätzlich zu den Hymnen" [78], d.h. Bezeugung von anderen Hymnen außer diesem fragmentarisch erhaltenen „akrostichischen Marienhymnus" [77]; die parallelen Verbformen ὑμνολογοῦσιν und μεγαλύνομεν in Z. 12 bzw. Z. 14 zeigen den Wechsel von „Sie"- und „Du"-Stil).
TREU, Varia II (1986) 23–24, Nr. 1: Pap. Berol. 21124, Faijum, 4. Jh. n.Chr. (vier bis fünf fragmentarische Zeilen [Abb. 7] eines „Hymnus auf die Höllenfahrt Christi [?]").
KRAMER/HAGEDORN, Griechische Texte (P.Heid.IV [1986]) 21–24: Inv.G 368, 6./7. Jh. n.Chr. („Christliche Hymnen");
— 25–33: Inv.G 558, 9./10. Jh. n.Chr., Hadernpapier („Abendhymnus"; im Anhang: P.Lond.Lit. 235 [31–33]);

---

[1] Titel der maschinenschriftlichen Dissertation von Otto STEGMÜLLER nach TREU, Christliche Papyri IV (APF 22/23 [1974]) 383: Fragmente frühchristlicher Poesie zum Epiphaniefestkreis. Diss. theol. Freiburg i.Br. 1941. 128 S.

— 35–38: Inv.G 1058, 5./6. Jh. n.Chr. („Marienhymnus", bearbeitet von Cornelia RÖMER).[1]
DIETHART/NIEDERWIMMER, Psalm (1986) 64–66: Pap. Vindob. G 42377 Recto, 8. Jh. n.Chr. (byzantinischer Hymnus auf Papyrus).
A. L. CONNOLLY, Variations (1987) 198, Nr. 108 („Variations on the Trishagion"; vgl. auch HORSLEY, NDIEC IV [1987] 199–200, Nr. 109 [„Liturgical prayers"], zu LODI, Enchiridion).

---

[1] Vgl. zu diesen und weiteren Beispielen „christl[icher] Gebrauchsliteratur", auch „aus der Berliner Papyrussammlung", den Literaturbericht von BRAKMANN (Gottesdienst 330).

IV. Kanonslisten, Bibelhandschriften, Kirchenordnungen und Konzilien

Hier wird nur aufgelistet, was sich zu Hymnos (Hymnus) und Hymnologie bzw. Psalmodie in den einschlägigen Dokumenten der Alten Kirche erhalten hat. Manchmal genügt ein einfacher Querverweis; frühe monastische Regeln werden eigens behandelt (s.u. B.V.b.25, 26 und 32), wobei das Stundengebet als solches ausgeklammert bleibt. Auszusparen sind zunächst auch die erst später kodifizierten (ritualisierten) Liturgien (doch s.u. B.VI) bzw. Sakramentarien sowie die frühmittelalterlichen liturgischen Gesangbücher wie Gradualien, Antiphonarien, Sequentiarien, Hymnarien oder Troparien.[1]

a. Kanonslisten und Bibelhandschriften

1. Canon Muratori (2. Jh. n.Chr.)

Nach Zeile 80 verfaßte der Gnostiker Basilides *novum psalmorum librum Marcioni*, das nicht erhalten ist (vgl. dazu LATTKE, Oden III 35, 111; zu Markion s.o. B.III.c.2).

2. Codex Alexandrinus (5. Jh. n.Chr.)

Dieses Manuskript „zeigt mit seinen 14 (eigentlich 15) Cantica, die als geschlossenes Corpus auf das Buch der Psalmen folgen, daß damals im Cantica-Gebrauch bereits eine feste Tradition bestand" (JENNY, Cantica 625; vgl. Anm. 7 der Tabelle nach S. 624, zu Lk 2,14, Nr. 14, Gloria: „Canticum angelorum in der erweiterten Fassung", und dazu CABROL/LECLERCQ, MELi I,2 130–131, Nr. 5148 im Kontext anderer *carmina liturgica*; zu den Oden/Cantica s.o. A.II.b.1).

---

[1] Vgl. CABROL/LECLERCQ, MELi I,1 213–271, Nrn. 2317–2774; I,2 127–132, Nrn. 5138–5151.

b. Kirchenordnungen[1]

1. Didache (2. Jh. n.Chr.; s.o. B.II.a.3)

2. Apostolische Überlieferung (2./3. Jh. n.Chr.; s.u. B.V.a.2 zu Hippolytos)

3. Didaskalia (3. Jh. n.Chr.) und Apostolische Konstitutionen (4. Jh. n.Chr.)[2]

C.A. I 5,2: καθεζόμενος ἔνδον ... ψάλλε τοὺς Ὕμνους (= atl. Psalmen; Ed. I 13,23–24).

D./C.A. I 6,5: *Si vero canticorum desideras, habes Psalmos* / εἴτε ἀσματι- κῶν ὀρέγῃ, ἔχεις τοὺς Ψαλμούς (Ed. I 14,7–8 bzw. 15,8).

C.A. II 54,1: Psalmodie (Ed. I 155,1).

D./C.A. II 56,3: *ut gauderent et exultarent ac confiterentur glorificarentque Deum* / εὐφραινομένων ... καὶ ἀγαλλιωμένων, ὑμνούντων καὶ δοξαζόντων τόν ... θεόν (Ed. I 158,7–8 bzw. 159,5–7).

C.A. II 57,6: ἕτερός τις τοὺς τοῦ Δαυὶδ ψαλλέτω ὕμνους, καὶ ὁ λα- ὸς τὰ ἀκροστίχια ὑποψαλλέτω (Ed. I 161,12–14 mit Anm.zu 6., 160–161!).

C.A. II 58,4: ὁ ἀκούων τοῦ ψάλλοντος (Ed. I 169,11).

C.A. II 59,2: ἑσπέρας ψάλλοντες ... λέγοντες ψαλμόν ... (Ed. I 171,19).

C.A. III 7,7: ἐν τῇ οἰκίᾳ αὐτῆς ψάλλουσα, ..., προσομιλοῦσα ᾠδαῖς καὶ ὕμνοις (Ed. I 197,7–8, vielleicht beeinflußt von Kol 3,16 und Eph 5,19, s.o. B.I.b.1).

C.A. III 11,1: „Psaltes" und andere Ämter (Ed. I 201,25; zum ψάλτης / *cantor* vgl. auch VIII 10,9; 12,43; 13,14; 28,7–8; 31,2; 47,26.43.69: Ed. I 490,7–8 bzw. 491,7; 512,8 bzw. 513,7; 516,23 bzw. 517,21; 530,26.28 bzw. 531,24.26; 532,26 bzw. 535,1; 570,16 bzw. 571,16; 576,29 bzw. 577,26; 584,17 bzw. 585,17).

---

[1] Vgl. schon W. C. VAN UNNIK, RGG III (1959) 1496–1497, mit Querverweisen auf weite- re Artikel, und nun bes. Paul Frederick BRADSHAW, Kirchenordnungen I. Altkirchlich, in: TRE XVIII (1989) 662–670.

[2] Vgl. CHRIST/PARANIKAS 38–40; LECLERCQ, Hymnes 2835, 2838, 2847; PERLER, Hymnus 80–81; MITSAKIS, Byz. Hymnography I 58–61; LODI, Enchiridion 373; MCKINNON, Music 40–41, 108–111; HENGEL, Christuslied 363, 365, 369–370. Texte und Belege nach FUNK, Didascalia I–II (= Ed. I–II). Abkürzungen: C.A. = Constitutiones apostolorum; D. = Didascalia.

D./C.A. V 10,2: *cantilenas gentilium* / ᾠδὴν ἐθνικήν (Ed. I 264,14 bzw. 265,13; „gedenken" des *nomen idolorum* / der εἰδώλων ὀνόματα im unmittelbaren Kontext der Warnung).

C.A. V 14,7: ὑμνήσαμεν κατὰ τὸ ἔθος (Ed. I 273,21; vgl. Mt 26,30).

C.A. V 19,3: ἀναγινώσκοντες τὸν Νόμον, τοὺς Προφήτας, τοὺς Ψαλμούς (Ed. I 291,9–10).

C.A. VI 30,2: ψάλλοντες ὑπὲρ τῶν κεκοιμημένων (Ed. I 381,8–9).

C.A. VII 35,3: τὴν ἐπινίκιον ᾠδὴν ψάλλοντα / *victoriae canticum psallentes* ... + Tersanctus Jes 6,3 (Ed. I 430,7 bzw. 431,7).

C.A. VII 35,6: ὕμνος = *laus* (Ed. I 430,23 bzw. 431,23).

C.A. VII 47–49: Drei Hymnen, nämlich Δόξα / *Gloria* als „*Oratio matutina*", Αἰνεῖτε / *Laudate* als „*Oratio vespertina*" und Εὐλογητός / *Benedictus* als „*Oratio in prandio*" (Ed. I 454,17 – 459,9, mit kritischem Apparat).

C.A. VIII 7,6: ὃν αἰνεῖ τὰ νήπια καὶ εὐλογεῖ τὰ θηλάζοντα, ὃν ὑμνοῦσιν καὶ προσκυνοῦσιν ἄγγελοι / *quem laudant infantes et benedicunt lactentes, quem celebrant atque adorant angeli* (Ed. I 482,19–20 bzw. 483,16–17).

C.A. VIII 31,2: Eulogien ἐν τοῖς μυστικοῖς / *in mysticis* (Ed. I 532,23 bzw. 533,19).

C.A. VIII 34,10: ἕκαστος παρ' ἑαυτῷ ψαλλέτω, ἀναγινωσκέτω, προσευχέσθω / *unusquisque apud se psallat, legat, precetur* (Ed. I 542,7–8 bzw. 543,7–8).

C.A. VIII 35,2: ἐπιλύχνιος ψαλμός / *psalmus lucernalis* zur Vesper (Ed. I 544,4 bzw. 545,4 mit Hinweis auf Ps 140).

C.A. VIII 40: Hymnische Danksagung des Bischofs (Ed. I 548,22 – 551,8).

Ausnahmsweise sei hier auch auf die zwei Gebete X (XXIV) und XIII (I) des Sacramentarium Serapionis aus dem 4. Jh. n.Chr. hingewiesen (Ed. II XL–XLII, 158–195, besonders 168–169, 172–177), weil in ihnen ὑμνεῖν durchweg als *hymnis celebrare* erscheint und vor allem das zweite, die *Oratio oblationis*, zu Beginn hymnologischen Charakter hat mit dem vierfachen αἰνοῦμεν σέ / *laudamus te*.

4. Testamentum Domini (5. Jh. n.Chr.)

Liber I, XXVI: ܟ̈ܘܼ̈ܝܐ ܟ̈ܘܢܙܐܕ̇ / *Laudatio aurorae* (Ed. 50–59).

Liber II, XXII: Über das Psallieren (ܙܡܪ, Ed. 142–143).

Liber II, XXIV: Über das Stundengebet (Ed. 144–147; voll von hymnologischer Terminologie, vor allem ܫܘܒܚ und ܙܡܪ; vgl. auch Dissertatio VI von RAHMANI: *De oratione privata et publica et de sacro conventu ad orationem persolvendam* [206–209]).[1]

c. Konzilien (Synoden)

1. Laodikeia (ca. 360 n.Chr.)[2]

Canon 59 bestimmt, ὅτι οὐ δεῖ ἰδιουτικοὺς ψαλμοὺς λέγεσθαι ἐν τῇ ἐκκλησίᾳ οὐδὲ ἀκανόνιστα βιβλία ἀλλὰ μόνα τὰ κανονικὰ τῆς ... διαθήκης (vgl. ein ähnliches Verbot schon zu Paulos von Samosata, s.u. B.V.a.6; zu beidem KROLL, Hymnodik 26–27, 38: „Beschränktheit" des „Biblizismus").

2. Concilia Galliae (5./6. Jh. n.Chr.)[3]

Concilium Veneticum (461–491 n.Chr.): can. 14 richtet sich gegen Kleriker, die ohne triftige Entschuldigung den Matutin-Hymnen (*matutinis hymnis*) fernbleiben (I 155, 93–98).

Conc. Agathense (506 n.Chr.): can. 30 erwähnt Antiphonen, Matutin- und Vesper-Hymnen (*hymnos matutinos uel uespertinos*), deutlich unterschieden von den atl. Psalmen (*capitella de psalmis*) und der Benediktion (I 206,256–263).

Conc. Arausicanum (529 n.Chr.): cap. 2 zitiert die ersten zwei Zeilen der zweiten Strophe des Hymnus *Hic est dies uerus Dei* des Ambrosius, *dicens in ymno paschali* ... (II 70,27–30).

Conc. Turonense (567 n.Chr.): can. 24(23) scheint mit *libros Ambrosianos* auf Hymnenausgaben anzuspielen (II 192,476–480; 478: *cantare*).

Conc. Matisconense (585 n.Chr.): can. 1 mahnt im Zusammenhang mit anderen liturgischen Vorschriften: *Estote omnes in himnis et laudibus Dei animo*

---

[1] Vgl. H. ACHELIS / W. C. VAN UNNIK, RGG VI (1962) 702; Hubert KAUFHOLD, Testament Unseres Herrn Jesus Christus, in: KWCO (1975) 351; syrischer Text der ursprünglich griechisch verfaßten, auf Hippolyts Apostolischer Überlieferung basierenden Kirchenordnung, mit lateinischer Übersetzung, bei RAHMANI, Testamentum (= Ed.). Aus den äthiopischen Fragmenten vgl. z.B. auch BEYLOT, Testamentum 178–180 („Chant du matin").
[2] Vgl. W. S. SMITH, Aspects 36, 93; WILLE, Musica 378; LATTKE, Oden III 35, 185, 462; HENGEL, Christuslied 370; MCKINNON, Music 118–120.
[3] Vgl. die Editionen von MUNIER (= I) und DE CLERCQ (= II), nach denen zitiert wird.

corporeque intenti (II 239,46–47); can. 2 spricht allgemein von Pascha-Hymnen (*himn. paschal.*), die abends, morgens und mittags den Schöpfer loben (*laudantes*, II 240,74–82); can. 13 fordert wegen der Gastfreundlichkeit, *quod episcopalis domus, ..., canes non habeat, ... Custodienda est igitur episcopalis habitatio hymnis, non latratibus, operis bonis, non morsibus uenenosis* (II 245,240–251, besonders 243–245, 248–250).

3. Toledo IV. (633 n.Chr.)[1]

Nur Hilarius und Ambrosius werden „als Verfasser von Hymnen" anerkannt, „zum Lobe Gottes und der Apostel und auf die Triumphe der Märtyrer" (BULST, Hymni 9).

---

[1] Vgl. WILLE, Musica 289, 378; zu Hilarius s.u. B.V.b.5.

V. Übrige griechische und lateinische Patristik[1]

a. Griechische Patristik[2]

1. Meliton (2. Jh. n.Chr.)[3]

Von „Hymnus de Pascha" (LODI, Enchiridion 104) sollte man nicht reden, auch wenn Melitons poetische Homilie als Quelle byzantinischer Hymnographie angesehen werden kann und selbst einige hymnodische Passagen enthält (so WELLESZ, Melito's Homily).

Daß ausgerechnet in und nach der gegen Israel gerichteten Polemik (72–99: HALL 38–57), die jede rechte Theologie pervertiert, Christus hymnisch gepriesen wird (82, 101–102: HALL 44–47, 56–59; vgl. QUASTEN, Patrology I 244–245), ist besonders geschmacklos und wirft dunkle Schatten voraus, weit über die Antike hinaus.

Mit Pap. Bodmer XII (3./4. Jh. n.Chr.) existiert ein sechszeiliges Fragment, das unmittelbar auf Pap. Bodmer XIII (Περὶ πάσχα 6–105) folgt (vgl. PERLER, Hymnus; PERLER, Méliton 128–129). Die Monographie von PERLER ist zwar in hymnologischer Hinsicht wichtig (vgl. z.b. Hymnus 79–89 zur literarischen Gattung dieses „hymnenartigen Dialog[s]" mit ὑμνήσατε ‖ ᾄσατε und ὑμνοῦμεν ‖ ὑπερυψοῦμεν in den Zeilen 1–3). Seine liturgiewissenschaftliche Einordnung ist jedoch ebenso spekulativ wie seine Vermutung zur Verfasserfrage (vgl. HALL, Melito xxxviii; Fragezeichen also auch zu LODI, Enchiridion 109, Nr. 190: „Hymnus agapicus", „In pervigilio paschae Quartodecimanorum").

Auch die Frage, „Gnostisch oder kirchlich?", problematisch in sich selbst, wird von PERLER zu schnell abgetan (Hymnus 11–13), obwohl er das Problem

---

[1] Vgl. HARNACK, Geschichte I,1–II,2; BARDENHEWER, Geschichte I–V. Vgl. auch William HORBURY, Old Testament Interpretation in the Writings of the Church Fathers, in: MULDER/SYSLING, Mikra (1988) 727–787, bes. 751–755 („Poetry").

[2] Vgl. Otto STÄHLIN, Christliche Schriftsteller, in: CHRIST/SCHMID/STÄHLIN II 1105–1492; GEERARD, CPG I–V; HENGEL, Christuslied.

[3] Vgl. ALTANER/STUIBER §§ 14,5; 25,2; QUASTEN, Patrology I 242–248; MITSAKIS, Hymnography 34–35; DERS., Byz. Hymnography I 47–50; HENGEL, Christuslied 381–382. Texte und Belege nach HALL (und PERLER).

von „Vater" und „Mutter" sowie von „Bräute und Bräutigam" sieht (Pap. Bodmer XII 1–2, 3–6 [Text]).

2. Hippolytos (2./3. Jh. n.Chr.)[1]

Außer den Psalmen des Valentinos (s.o. B.III.c.1) und der Naassener (s.o. B.III.c.3) werden in der Naassener-Predigt zwei Hymnen auf Attis aus dem frühen 2. Jh. n.Chr. zitiert.[2] Im ersten Hymnos (Ref. V 9,8) besingt ein Kitharode im Theater τὰ μεγάλα μυστήρια (V 9,7: Ed. W. 99,8–10; Ed. M. 166,38–39) bzw. πολύμορφον Ἄττιν (V 9,9: Ed. W. 99,24; Ed. M. 167,53), in der Überleitung zum zweiten Zitat. Nach der Anrede mit μάκαρ und der χαῖρε-Formel in den Zeilen 1–2 wird Attis identifiziert mit Adonis, Osiris und anderen „fremden Gottheiten" (KROLL, Hymnodik 93,2 [mit Text]; vgl. zu Pap. Col. Inv. 1171 aus derselben Zeit, nicht nur wiederum wegen der „χαῖρε-Formel", sondern auch wegen verschiedener Götternamen, KOENEN/KRAMER, Hymnus 19, Anm. 4: „Es scheint, daß der Anfang mit χαῖρε in den Mysterien beliebt war").

Im zweiten „Liedchen" (REITZENSTEIN, Poimandres 98 [mit Text von Ref. V 9,9]) beginnt die erste Zeile ausdrücklich mit Ἄττιν ὑμνήσω (Ed. W. 100,1; Ed. M. 167,55), was wohl zum ὑμνοῦντες in der schon erwähnten Überleitung geführt hat. „Die programmatische Ankündigung des Gesanges ist seit Hesiods Theogonieproömium und den homerischen Hymnen Topos in der Hymnenpoesie" (WOLBERGS, Gedichte 77; vgl. schon ADAMI, De poetis 220–221). Auch hier wird Attis mit anderen Göttern verglichen, z.B. mit Pan und Dionysos (Z. 9 bzw. 7 in der metrisch rekonstruierten Form bei MARCOVICH), aber auch mit dem „Himmelsgott" (WOLBERGS, Gedichte 82; NILSSON, Religion II 655), der „Hirt der Sterne" heißt (Schlußzeile 10 bzw. 8: Ed. W. 100,10; Ed. M. 168,62; vgl. dazu mit Übersetzung LATTE, RGL 5 [1927] 49, 80–81).

Die „heidnischen" und christlich-gnostischen Hymnen (vgl. auch Ref. IV 32,3 und 35,5, eher magische Invokationen von Asklepios und Hekate als

---

[1] Vgl. ALTANER/STUIBER §§ 22, 45; QUASTEN, Patrology II 163–207; Miroslav MARCOVICH, TRE XV (1986) 381–387; DIHLE, Literatur 341–344; HENGEL, Christuslied 371–372; CABROL/LECLERCQ, MELi I,1 202–205, Nrn. 2272–2287; MCKINNON, Music 46–47; Texte und Belege nach den Editionen von WENDLAND (= Ed. W.) und MARCOVICH (= Ed. M.).
[2] Vgl. HEITSCH, Dichterfragmente I 156–157; WOLBERGS, Gedichte 8–9, 60–75, 76–82, mit weiterer Literatur. Zum christlichen „Spott" über Attis und den gnostischen Attisdienst vgl. H. STRATHMANN, Attis, in: RAC I (1950) 889–899, bes. 898.

Hymnen [Ed. M. 20, gegen HEITSCH, Dichterfragmente I 170–171]) mögen
nun auch sonst die Vorstellungen des Hippolytos beeinflußt haben, der zwar
anders als Philon den David einen Psalmoden nennt (Ref. VIII 17,4: Ed. W.
237,11; Ed. M. 337,20), aber ähnlich wie Philon über die Therapeuten (s.o.
A.IV.b.1) vom täglichen ὑμνεῖν τὸν θεόν der Essener spricht (Ref. IX
21,1.3: Ed. W. 257,9.19; Ed. M. 366,2.12; vgl. ADAM/BURCHARD, Berichte
41–51, mit einer sehr freien Übersetzung des Paralleltextes von Josephus [s.o.
A.IV.b.2]).

Ob das, was stereotyp von den Brahmanen gesagt wird, der Wirklichkeit
entspricht, daß sie nämlich ἀεὶ δὲ ἰδίᾳ φωνῇ θεὸν δοξάζουσιν, ..., ὕμνους
τε ἀναπέμπουσιν (Ref. I 24,3: Ed. W. 28,11–12; Ed. M. 87,12–13 mit dem
Zusatz [φῶς τὸν]), muß doch sehr bezweifelt werden (vgl. noch die allgemeine Aussage über mythologische Hymnik in VI 19,3: Ed. W. 146,1; Ed. M.
226,13).

Was die komplexen Probleme der zwar bezeugten, doch nicht erhaltenen,
aber durch H. DIX und B. BOTTE rekonstruierten ἀποστολικὴ παράδοσις
angeht, so sind in dieser ägyptisch–römischen „Kirchenordnung" (KLAUSER,
Liturgiegeschichte 16–22) keine Hymnen enthalten. Für die indirekte Bezug-
nahme auf Hymnodie bzw. Psalmodie muß auch auf den größeren Zusammenhang der „Grundformen" von altchristlichen „Kirchenordnungen" hingewiesen
werden (vgl. J. QUASTEN, LThK VI [1961] 238–241); hier sei wenigstens die
Stelle genannt, an der das Singen von Psalmen (Hymnen?) bei der Agape
geregelt und das responsorische Halleluja definiert wird als: *„laudamus qui est
deus; gloria et laus ei qui creavit omne saeculum per verbum tantum"* (BOTTE,
Tradition [2. Aufl. 1968] 102; vgl. MCKINNON, Music 47, mit Besprechung
von BOTTE, Tradition [1. Aufl. 1963] 64–66; weitere Angaben bei HENGEL,
Christuslied 372, Anm. 51). Wird die Definition von ἀλληλούϊά (הַלְלוּיָהּ) =
laus Dei in Zukunft aufrechterhalten (vgl. Isidor, s.u. B.V.b.35), so klingt die
Erwähnung von singenden Knaben und Jungfrauen schon sehr traditionell an-
tik.

3. Pseudo-Hippolytos (4. Jh. n.Chr.)

Obwohl vielleicht „in dieser Homilie [PG LIX 735–746] die verlorene Hippo-
lytschrift *Über das heilige Pascha* benützt wurde" (ALTANER/STUIBER § 45,5)
und sich ähnlich wie in Melitons Homilie durchaus hymnologisch–panegyrische
Elemente finden, sollte man weder für Teile noch für die ganze Homilie von
„Hymnus paschalis" sprechen (gegen LODI, Enchiridion 110–114, 111; vor-

sichtiger ist QUASTEN, Patrology II 178–179, 179: „almost a hymn"; zum christlich-poetischen „Übergang vom Hymnus in den Panegyricus" vgl. auch THRAEDE, Arator 571).

4. Klemens von Alexandreia (2./3. Jh. n.Chr.)[1]

Sozusagen als hymnologische Einleitung zu dem oft edierten, übersetzten und kommentierten anapästischen Hymnos am Ende von Paid. III (zum Versfuß Anapäst vgl. SNELL, Metrik 23–25) soll hier ein kleiner Überblick über den Gebrauch und das Verständnis von ὑμνεῖν und ὕμνος geboten werden (mit Angabe von Bd. [Ed. I–IV] und Seite,Zeile der GCS-Edition von O. STÄHLIN; die Stellen im Index [IV 768] beziehen sich fast alle auf Protr., Paid. und Strom.).

Beginnen wir mit der mythischen Urzeit. Von dem sagenhaften Sänger Eunomos weiß der alexandrinische Gelehrte nicht zu sagen, ob dessen „Ode" (ein Epitaphios [SPENGEL, Rhetores III 418–422]) ὕμνος ἢ θρῆνος auf die tote Schlange war (Protr. I 1,2: Ed. I 3,11; zur Relativierung des Gegensatzes vgl. Protr. II 13,5: Ed. I 12,15, πένθος ὑμνούμενον).

Wie David Subjekt des ὑμνεῖν τὸν θεὸν ἐμμελῶς war, pries Terpandros im 7. Jh. v.Chr. Zeus, den Anfang und Herrscher des Alls (Strom. VI 88,1–2: Ed. II 475,27 – 476,4 mit Frgm. 1 Bergk[4], s.o. A.I.a.4; vgl. MCKINNON, Music 35–36; als dämonischen Kontrast vgl. Protr. I 5,4: Ed. I 6,20). Im Widerspruch dazu soll Stesichoros von Himera erst im 7./6. Jh. v.Chr. den Hymnos erfunden haben (Strom. I 78,5: Ed. II 51,6; s.o. A.I.a.6).

In einem ebenfalls zitierten Pindaros-Fragment [132 Schroeder] „singen" die Seelen der Frommen „in Hymnen Lob dem großen, seligen Gott" (O. STÄHLIN [Übersetzung von Strom. IV 167,3: Ed. II 322,25–28], BKV 19 [1937] 113).

An anderer Stelle läßt Klemens den Kallimachos ἐν ὕμνοις zwei Zeilen aus dem 4./3. Jh. v.Chr. „sagen" (Protr. II 37,4: Ed. I 28,8).

Von den Ägyptern kennt er ein Buch, das ὕμνους περιέχει θεῶν, und ein anderes περὶ ὕμνων (Strom. VI 35,3; 36,2: Ed. II 448,28; 449,19).

---

[1] Vgl. ALTANER/STUIBER § 54; QUASTEN, Patrology I 158, II 5–36; Ludwig FRÜCHTEL, RAC III (1957) 182–188; André MÉHAT, TRE VIII (1981) 101–113; Hans Ludwig HEUSS [nicht: Harry MAOR], KNLL V (1989) 617–620; DIHLE, Literatur 338–340, 391; CABROL/LECLERCQ, MELi I,1 102–108, Nrn. 971–1036; MITSAKIS, Byz. Hymnography I 124–126; LODI, Enchiridion 120–126; HENGEL, Christuslied 373–375; MCKINNON, Music 28–36.

Dem vergöttlichten Gnostiker und Sozialkritiker Epiphanes, Sohn des Kar-
pokrates (vgl. RUDOLPH, Gnosis [2. Aufl.] 288–289, 320), so weiß offenbar
der weitgereiste Alexandriner, werden u.a. Hymnen gesungen (ὕμνοι
ᾄδονται) in der Stadt Same auf der westgriechischen Insel Kephallenia (Strom.
III 5,2: Ed. II 197,25).[1]
Des Klemens eigene Anschauung, die auch manche dieser die Überlieferung
betreffenden Äußerungen mitgeprägt haben mag, wird an folgenden fünf
Stellen deutlicher.

„Ein eigenartiger Text, in dem sich griechischer Hymnen- und traditioneller
Psalmstil verbinden" (nämlich Protr. XI 113,4–5: Ed. I 80,5–12, bes. 8–12),
könnte „ad hoc formuliert" sein: „Darin wird Christus selbst im Anschluß an
Ps 21,23 aufgefordert, den Vater hymnisch preisend zu verkünden und den
Beter zu ihm zu führen" (HENGEL, Christuslied 375, mit kolometrischem Text
in Anm. 61).

Die christlichen „Oden" beim Gastmahl (ἑστίασις) sollen ὕμνοι τοῦ θεοῦ
sein (Paid. II 44,4: Ed. I 184,15, im Zusammenhang des ganzen, von hymnologischem Vokabular der Psalmen und des Neuen Testaments geprägten vierten
Kapitels [= III 40–44: Ed. I 181,14 – 184,26]; vgl. auch MCKINNON, Music
32–34). Welche „Oden" sind damit gemeint?

Noch weniger konkret ist die bildliche Rede vom Chor der Gerechten, um
den Logos und seine Mysterien zu erklären: τὸ ᾆσμα ὕμνος ἐστὶ τοῦ πάντων βασιλέως (Protr. XII 119,2: Ed. I 84,13–14; vgl. MCKINNON, Music 31–
32).

Besonders charakteristisch ist das siebte Kapitel (35–49) von Strom. VII.
Für den Gnostiker (= Christen) ist das ganze Leben wie ein Fest (ἑορτή bzw.
πανήγυρις ἁγία), auf dem Feldarbeiter und Seefahrer αἰνοῦντες ‖ ὑμνοῦντες sind (Strom. VII 35,6: Ed. III 27,28), und dessen Festopfer vor dem
Mahl aus εὐχαὶ καὶ αἶνοι bestehen bzw. aus ψαλμοὶ καὶ ὕμνοι beim Mahle
(ἑστίασις wie oben; Strom. VII 49,4: Ed. III 37,3–5; vgl. MCKINNON, Music
36).

Das Zitat und die poetische Fortsetzung von Eph 5,14 (Protr. IX 84,2: Ed. I
63,17–20) wird man kaum als „Hymnus baptismalis" bezeichnen können (gegen
LODI, Enchiridion 120, Nr. 208, dort schon mit Fragezeichen; vgl. auch
WLOSOK, Laktanz 159–164: „Taufhymnus"; skeptischer ist HENGEL, Christuslied 397).

---

[1] Zu ergänzen bei Ernst MEYER, KP III (1969) 187–188, und sogar auch bei WARNECKE,
Romfahrt 145–156.

Bei dem „herrlichen Hymnus auf Christus" hingegen (ALTANER/STUIBER 192), der, wo er handschriftlich erhalten wurde,[1] überschrieben ist mit ὕμνος τοῦ σωτῆρος Χριστοῦ τοῦ ἁγίου Κλήμεντος, kann es sich durchaus um authentische Kaiserzeit-Poesie handeln (vgl. HENGEL, Christuslied 374–375), über deren Sitz im Leben der „alexandrinischen Schule" man allerdings nur spekulieren kann (wie z.b. O. STÄHLIN, mit U. VON WILAMOWITZ-MOELLENDORFF, in: CHRIST/SCHMID/STÄHLIN II 1311).

Ausgaben, Übersetzungen und/oder wichtige und weiterführende Bemerkungen zu diesen 65(66) monometrischen Versen finden sich z.b. in:

CHRIST/PARANIKAS 37–38;
STÄHLIN, GCS-Edition I 291–292; BKV 8 (1934) 222–223 (Übersetzung);
BAUMSTARK, Hymns 6;
KROLL, Hymnen, in: HENNECKE, NTApo (2. Aufl. 1924) 596–601, besonders 600–601;
LECLERCQ, Hymnes 2843–2844 (Nr. 27; der zweite Hymnos, Nr. 28, stammt nicht von Klemens, sondern „wahrscheinlich von Arethas", vgl. STÄHLIN in: BKV 7 [1934] 41);
RYDEN, Hymnody 8–10;
KIRCH/UEDING, Enchiridion 87–89 (mit lateinischer Übersetzung);
HEITSCH, Dichterfragmente I 157–159 (Nr. XLV 1 „in Christum salvatorem");
MONDÉSERT/MATRAY/MARROU, Pédagogue III 192–207 (mit französischer Übersetzung);
WOLBERGS, Gedichte 10–12, 83–99;
KEHL, Beiträge 101–109 (mit deutscher Übersetzung);
THIERRY, Christ 9–11, Nr. 7;
LODI, Enchiridion 123–124, Nr. 212;
MICHELS, Mysterien 12–17,
MAY, Christushymnus 260–262 (Text und Übersetzung).

Die letzten Worte vor dem Hymnos kündigen diesen an als ein αἶνον ἀναπέμ-ψαι κυρίῳ (Paid. III 101,3: Ed. I 291,16). Zu beachten ist aber auch die geformte, mit Amen schließende Doxologie kurz vorher im dativischen „Er"-Stil, eingeleitet durch αἰνεῖν εὐχάριστον αἶνον (Paid. 101,2: Ed. 291,7–12).

Ohne auf die bildersprachlichen Epitheta, den Wechsel von „Du"- und „Er"-Prädikationen sowie Gebetsimperativen der beiden Teile (1–32 und 33–66) und notwendige Emendationen besonders am Ende des ersten Teils einzugehen, wird hier nur auf das explizit Hymn(olog)ische hingewiesen (mit Angabe der Verszeilen).

Ziel der Sammlung der Kinder des Paidagogos ist αἰνεῖν ἁγίως || ὑμνεῖν ἀδόλως ... Χριστόν (7–8.10).

In den Versen 39–40 bzw. 40–41 ist, ohne Änderung in den instrumentalen Dativ, entweder das Leben der Gott Preisenden (θεὸν ὑμνούντων) fromm

---

[1] Hss. FM; in Hs. P fehlen u.a. „Blätter nach dem Schluß des Paidagogos" (O. STÄHLIN, BKV 7 [1934] 41).

(WOLBERGS, Gedichte 94), oder Christus ist „metonymisch" σεμνὴ βιοτή (KEHL, Beiträge 105).

Die Aufforderung, αἴνους ἀφελεῖς ‖ ὕμνους ἀτρεκεῖς (53[54]–54[55]) dem König Christus als heilige „Löhne" für die Lebens-Lehre gemeinsam zu singen (μέλπωμεν ‖ πέμπωμεν, 58[59]–59[60]), läßt ebenso manches im Gesamtwerk anklingen wie das Schlußbild vom Friedenschor, den die χριστόγονοι darstellen (61[62]–62[63]). Jene Aufforderung wird in der theologischen Klimax wiederaufgenommen, die noch einmal den ganzen Christushymnus in eine fast monarchianistische Perspektive bringt: ψάλλωμεν ὁμοῦ θεὸν εἰρήνης (64[65]–65[66]; vgl. Paid. III 101,1–2: Ed. I 290,29 – 291,12; MAY spricht von „sabellianisch" [Christushymnus 269]).

5. Origenes (2./3. Jh. n.Chr.)[1]

Außer Doxologien (vgl. LODI, Enchiridion 151–156) findet sich sehr wenig Hymnologisches in den erhaltenen Schriften des umstrittenen Gelehrten und Schriftstellers.

Im allgemeinen ersten Teil des praktischen Traktats Περὶ εὐχῆς (GCS-Ed., KOETSCHAU, Origenes II 297–403) ist es trotz der musikalischen Adverbien schwer zu entscheiden, ob ψάλλειν und ὑμνεῖν im eigentlichen oder übertragenen Sinne gebraucht sind (2,4: PG XI 421; zum Text der Stelle s.u. B.V.a.18).

Wichtiger ist auch hier die Auseinandersetzung mit dem Platoniker Kelsos,[2] der sich Ende des 2. Jh.s n.Chr. im größeren Zusammenhang mit dem Kaiserkult über die hymnische bzw. hymnodische Verehrung von Sonne, Athene und damit auch des großen Gottes äußert (Gegen Kelsos VIII 66: PG XI 1616–1617; vgl. KOETSCHAU, BKV 53, 381[813]–382[814]). Origenes lehnt natürlich sowohl einen Kult der sagen- und fabelhaften Athene als auch eine Anbetung des Helios völlig ab. Ein Preisen (εὐφημῶμεν) der den Schöpfer selbst hymnisch besingenden Sonne läßt er mit dem Hinweis auf Ps 148,3 (αἰνεῖτε LXX) allerdings zu (VIII 67–68: PG XI 1617–1620); dann läßt er die

1 Vgl. ALTANER/STUIBER §§ 13,3; 55; QUASTEN, Patrology II 37–101; BERNER, Origenes; DIHLE, Literatur 344–349; CABROL/LECLERCQ, MELi I,1 109–140, Nrn. 1039–1498; 145*–147*, Nrn. 4103–4137; LECLERCQ, Hymnes 2845–2847, 2860, 2864; HENGEL, Christuslied 378–379; MCKINNON, Music 36–40. Vgl. auch den Literaturbericht unter der Abteilung „Current Theology" von Henri CROUZEL, The Literature on Origen 1970–1988, in: TS 49 (1988) 499–516. Texte und Belege nach KOETSCHAU und PG.
2 Vgl. Heinrich Dörrie, KP III (1969) 179–181.

Gestirne mit den Gerechten unter den Menschen einen göttlichen Chor bilden, „um Gott und seinem Sohn zu lobsingen" ([ὑμνεῖν], HENGEL, Christuslied 379; vgl. SCHÜTZ, Gottesdienst [passim]). Wiederum bleibt es unbestimmbar, ob die erwähnten „Hymnen" (1617–1618 B) konkrete Texte oder Lieder sind.

6. Paulos von Samosata (3. Jh. n.Chr.)[1]

Nach Eusebios verbot der antiochenische Bischof „Psalmen" auf Christos als zu neu, ließ aber angeblich εἰς ἑαυτὸν Frauen ψαλμῳδεῖν inmitten der Ekklesia am großen Paschatage (KG VII 30,10; s.u. B.V.a.9). Wieweit das letztere sogenannte orthodoxe Polemik gegen einen Häretiker enthält, sei dahingestellt; worauf es ankommt ist, daß damit Licht fällt auf „eine reiche Hymnodik" (KROLL, Hymnodik 27) und auf die Teilnahme von Frauen daran (vgl. außer HENGEL, Christuslied 369, Anm. 43, HANNICK, „Women and chant", in: NGDMM IV [1980=1981] 363).

7. Methodios von Olympos (3./4. Jh. n.Chr.)[2]

Zwischen dem Ende von Logos 11 und dem Epilog des platonische Form nachahmenden „Symposion" (Περὶ ἁγνείας) steht ein alphabetisches Akrostichon. Dieses ist zwar mit „Psalm" überschrieben, jedoch vor dem beigegebenen Refrain bzw. Responsorium (ὑπακοή) von einer der zehn Jungfrauen (vgl. Mt 25,1–13) eingeleitet als εὐχαριστήριον πρεπόντως ὕμνον ἀναπέμψαι τῷ κυρίῳ, wobei Thekla ψάλλειν soll, die übrigen als kreisförmiger Chor aber ὑπακούειν sollen (MUSURILLO/DEBIDOUR 308,60–65, § 284).

In diesen zweizeiligen Refrain stimmen dann ebenso fiktiv (und literarisch [HENGEL]) in sieben von den vier- bis fünfzeiligen Strophen, deren quantitierende Jamben vielleicht unter dem Einfluß von Musik und/oder syrischer Akzentuierung metrische Unregelmäßigkeiten zeigen, genau sieben biblische „Typen" ein: in Strophe 11 Abel, in Str. 12 Joseph, in Str. 13 Jephtes Tochter, in

---

[1] Vgl. ALTANER/STUIBER § 57,1; QUASTEN, Patrology II 140–142; KROLL, Hymnodik 26–27; LECLERCQ, Hymnes 2847; HENGEL, Christuslied 369.
[2] Vgl. CHRIST/SCHMID/STÄHLIN II 1355–1357, § 999; ALTANER/STUIBER § 57,3; QUASTEN, Patrology II 129–137; DIHLE, Literatur 390–392, 396; HENGEL, Christuslied 376; MITSAKIS, Hymnography 47; DERS., Byz. Hymnography I 127–130. – Texte (und Übersetzungen): CHRIST/PARANIKAS 33–37; PELLEGRINO, L'inno 51–56; MUSURILLO, ACW 27 (1958) 151–157; MUSURILLO/DEBIDOUR, SC 95 (1963) 310–321; THIERRY, Christ 14–19, Nr. 9; MICHELS, Mysterien 20–28; LODI, Enchiridion 252–257.

Str. 14 Judith, in Str. 15 Susanna, in Str. 17 (Johannes) der Täufer, und in Str. 18 die Jungfrau (Maria).

Hymnologisch interessant ist, daß die zehn aus dem χαρᾶς ταμεῖον ausgeschlossenen Jungfrauen θρηνοῦσιν (Str. 8; zur hymnischen Freude vgl. auch Str. 21,4). Durch das ganze Hochzeitslied (vgl. θαλάμων Str. 3,4; 7,2; und zu ἐπιθα-λάμιος SPENGEL, Rhetores III 399–405; γάμον Str. 7,5; 10,4) zieht sich die bekannte hymnische „Du"-Prädikation μάκαρ (2,4; 4,2; 11,1; 13,4; 17,4; 18,4; 19,1; 22,4; 24,1) bzw. μάκαιρα (20,1); von den anderen „Du"-Prädikationen auf Christos (5,4; 6,1) dominiert λόγε (5,1; 6,4; 11,4; 12,2; 19,3); einmal findet sich die χαῖρε-Formel (6,1); die Jungfrauen verstehen sich als μέλπουσαι (7,5 [die Braut ist die Kirche]); ihr Chor ist mit situationsgemäßer Anspielung an Apk 5,9 ψάλλων τὸ καινὸν ᾆσμα (23,1).

Am direktesten drückt es Strophe 20 aus, nicht nur in bezug auf die Braut Ekklesia (20,3), sondern auch auf das hoffende Selbstverständnis der symbolischen Jungfrauen am Tage der Auferstehung: ὕμνοις, μάκαιρα νεόνυμφε, θαλαμηπόλοι, αἱ σαὶ γεραίρομεν σὲ κτλ. (20,1–2).

8. Athenogenes (3./4. Jh. n.Chr.)[1]

Basileios der Große erwähnt in seiner dogmatischen Schrift über den heiligen Geist (Kap. XXIX, § 73: PG XXXII 203–206, bes. 205–206) den wahrscheinlich in der Diokletianischen Christenverfolgung verbrannten Chorbischof von Sebaste als Verfasser eines ὕμνος. Dieser den Freunden als (ἀλ)εξιτήριον hinterlassene allbekannte Hymnos dürfte aber kaum Δόξα ἐν ὑψίστοις oder Φῶς ἱλαρόν gewesen sein (gegen JACKSON, NPNF, 2nd ser., VIII 46, Anm. 3), eher wohl „one of those primitive prose hymns" auf die Gottheit des Geistes (BAUMSTARK, Hymns 6; zum Kontext s.u. B.V.a.12).

---

[1] Vgl. Joh. Peter KIRSCH, LThK I (1957) 996; vgl. auch BAUMSTARK, Hymns 6, mit der zeitlichen Angabe „193–211".

9. Eusebios (3./4. Jh. n.Chr.)[1]

Bei Porphyrios (s.o. A.I.a.48),[2] Philons Therapeuten (s.o. A.IV.b.1) und Paulos von Samosata (s.o. B.V.a.6) war schon die Rede vom ersten Kirchenhistoriker, der leider keine Listen von Hymnen oder Hymnographen hinterlassen hat, wohl aber eine Reihe von wichtigen terminologischen und historischen Mitteilungen.

In seinem Psalmenkommentar (PG XXIII und XXIV) unterscheidet Eusebios „Psalm" als auf dem „Psalterion" gespieltes Lied (ᾠδή) von „Ode" als musikalischer Rede ohne Instrument (PG XXIII 71–72D). Die weitere Erklärung des Unterschieds zwischen ψαλμὸς ᾠδῆς und ᾠδὴ ψαλμοῦ (vgl. schon die Psalmen-Überschriften der LXX, s.o. A.II.b.1) ist gekünstelt und in der Tat musikologisch verwirrend (MCKINNON, Music 97).

In die folgende Szene mit David und seinen vier ψαλτῳδοί, deren jeweiliges ψάλλειν καὶ ᾄδειν ... ὑμνῶν τὸν θεόν von den anderen mit Halleluja respondiert wird (ὑπακούοντες συμφώνως, PG XXIII 73–74AB), ist sicher auch Zeitgenössisches eingeflossen.

Der sich auf Röm 2,28–29, Eph 5,19 und I Kor 14,15 berufende Gegensatz zwischen äußeren instrumentalen Hymnen der Juden und pneumatischen Hymnen der Christen (PG XXIII 1171–1172D bis 1173–1174A) ist über seine Polemik hinaus ein Zeugnis christlicher Psalmodie (vgl. auch die „Hypotheseis" [PG XXIII 67–72], wo folgende Psalmen als Hymnen bezeichnet werden: 10, 47, 92, 96, 98, 100, 144–149, vgl. auch 32 und 150).

Nun zu den restlichen Stellen der Kirchengeschichte, Ἐκκλησιαστικὴ ἱστορία, die in den ersten Jahrzehnten des 4. Jh.s n.Chr. nach und nach entstand.[3]

Die berühmte und umstrittene *„quasi Deo"*-Passage aus den Briefen von Plinius d.J. (X 96; vgl. HENGEL, Christuslied 383; LATTKE, Oden III 469) er-

---

[1] ALTANER/STUIBER § 58; QUASTEN, Patrology III 309–345; Jacques MOREAU, RAC VI (1966) 1052–1088; David S. WALLACE-HADRILL, TRE X (1982) 537–543; Peter WIRTH / Annemarie ARNOLD-KUBINA / Hans Ludwig HEUSS [nicht: Harry MAOR], KNLL V (1989) 330–335; CABROL/LECLERCQ, MELi I,1 91–101, Nrn. 895–969; HENGEL, Christuslied 371, 378, 383; MCKINNON, Music 96–101.

[2] Vgl. noch HEITSCH, Dichterfragmente I 168, Nr. LI: „Hymnus in Apollinem", bezeugt von Eus., Praep. ev. III 14,4–5 (GCS-Ed. von MRAS, Eus. VIII,1 152–153), wohl eher ein Orakel als ein Hymnos.

[3] Vgl. Hans Armin GÄRTNER, Zur Textgeschichte, in: KRAFT, Eusebius KG (1967) 75–77. Zitiert wird nach der kleinen Edition von E. SCHWARTZ; benutzt wurde auch die griech.–engl. Ausgabe von LAKE/OULTON/LAWLOR. Vgl. auch LATTKE, Oden III 462.

fährt insofern klärende Interpretation, als nun ὑμνεῖν für *carmen dicere* erscheint (III 33,1: Ed. 113).

Um was für eine Schrift Justins es sich bei dem verlorenen, mit ψάλτης betitelten Werk handelte, läßt sich nicht sagen (IV 18,5: Ed. 154; vgl. HENGEL, Christuslied 382: „völlig unbekannt").

Im Zitat (V 28) des antihäretischen „kleinen Labyrinths" von Hippolytos wird etwas in rhetorischer Frage erwähnt, was für die Hymnographie und Hymnodik des 2./3. Jh.s von größter Bedeutung ist: Wie viele „Psalmen" und „Oden", verfaßt von Anfang an durch gläubige Brüder, τὸν λόγον τοῦ θεοῦ τὸν Χριστὸν ὑμνοῦσιν θεολογοῦντες (V 28,5: Ed. 215–216; irreführende Angaben bei CABROL/LECLERCQ, MELi I,1 201, Nr. 2270). „Hier handelt es sich eindeutig um nichtbiblische, neue Christuslieder" (HENGEL, Christuslied 371, Anm. 48 mit CASPARI, Untersuchungen 464–465). Hat Paulos von Samosata, der auch im Kontext auftaucht (V 28,1), die „Psalmen auf unseren Herrn Jesus Christus" vielleicht nur aus christologischen Gründen gestoppt (παύσας), weil sie nämlich die Menschheit des Erlösers nicht genügend betonten? (vgl. auch VII 30,10: Ed. 303).

Was Dionysios von Alexandreia über Nepos, den verstorbenen Bischof von Arsinoe [Krokodilopolis] sagt,[1] wirft auch Licht auf eine reiche ägyptische „Psalmodie", „Psalmendichtung" (HENGEL, Christuslied 378), an der sich zwar noch zur Zeit des Dionysios viele der Brüder [und Schwestern] erfreuen, die aber wohl auch unterdrückt und vernichtet wurde (VII 24,4: Ed. 293).

Weiter südlich führt der grauenhafte Bericht des Zeitgenossen und Augenzeugen über die Märtyrer in der Thebais (VIII 9) in der später eingefügten „Epitome" (vgl. VIII 2,3). Im starken und idealisierenden Kontrast dazu, und wohl auch nicht ohne literarische Vorbilder, steht das ψάλλειν καὶ ὕμνους καὶ εὐχαριστίας εἰς τὸν τῶν ὅλων θεόν bis zum letzten Atemzuge (VIII 9,5: Ed. 323).

Friedliches und ruhiges Fahrwasser herrscht dann im letzten Buch, besonders auch im Panegyrikos über die Erbauung der Kirchen (X 4: Ed. 371–388). Rückblickend auf den θεολογίας ὕμνος (zu θεολογία vgl. die genannten „Hypotheseis") und die Psalmodien zum Dank und zur Ehre Gottes (X 3,3–4: Ed. 370) erinnert der Festredner, d.h. Eusebios, ans ὕμνους εἰς θεὸν καὶ ᾠδὰς ἀναπέμπειν/λέγειν (X 4,5: Ed. 371, mit Zitat von Ps 43,2); Grund ist

---

[1] Mitte des 3. Jh.s n.Chr., vgl. Jean KIRCHMEYER, LThK VII (1962) 878; QUASTEN, Patrology II 103–105.

genug, δεύτερον ὕμνον ἐπινίκιον ... ἀναμέλπειν ... ἀναφωνεῖν (X 4,6: Ed. 371–372, mit Zitat von Ps 47,9): Hymnodie also als Psalmodie!

10. Asterios der Sophist (4. Jh. n.Chr.)[1]

Kaum die ganze panegyrische Homilie 19 zu Ps 5, wohl aber ihren Schluß mit dem 13maligen ὦ νύξ könnte man als „Hymnus paschalis" des arianischen Schülers von Lukian von Antiocheia gelten lassen (LODI, Enchiridion 274, Nr. 477).

11. Athanasios (4. Jh. n.Chr.)[2]

Es genügt hier der Hinweis auf die schöne Zusammenstellung von MCKINNON mit seinen einleitenden Bemerkungen zur liturgischen und responsorischen Psalmodie im Alexandreia des 4. Jh.s und des ägyptischen Mönchtums.

Hymnologisch ist die Begründung der Psalmodie über die reine Psalmenlesung hinaus (Ep. ad Marcellinum de interpretatione psalmorum 27: PG XXVII 37–40; vgl. zum Kontext die Studie von FERGUSON).

Geben sogar die Dämonen vor zu psallieren (ψάλλειν μετ' ᾠδῆς), so klingt der Bericht über Klöster, gefüllt mit Mönchschören, die ständig Psalmen singen bzw. rezitieren, auch noch recht phantastisch (Vita Antonii 25, 44, 55: PG XXVI 835–976, 881, 908, 921; vgl. MERTEL, Antonius 681[5] zur „Mischung von Lobrede, ἐγκώμιον, und eigentlicher Biographie"; ähnliches gilt von der pseudathanasischen Vita Pachomii, in der z.B. in Kapitel 11 Pachom in der Thebais den Erzbischof Athanasios von Alexandreia in einer Pompa „mit Psalmen und Hymnen" empfängt, vgl. MERTEL, Pachomius 826[48]).

12. Basileios (4. Jh. n.Chr.)[3]

Unmittelbar vor der Erwähnung des Hymnos des Athenogenes (s.o. B.V.a.8) spielt das Buch De spiritu sancto (Kap. XXIX, § 73: PG XXXII 203–206, 205–

---

[1] Vgl. ALTANER/STUIBER § 67,4; QUASTEN, Patrology III 194–197; LODI, Enchiridion 273–275.

[2] Vgl. ALTANER/STUIBER § 68; QUASTEN, Patrology III 20–79; Günther GENTZ, RAC I (1950) 860–866; Martin TETZ, TRE IV (1979) 333–349; HENGEL, Christuslied 378–379; MCKINNON, Music 52–56.

[3] Vgl. ALTANER/STUIBER § 72; QUASTEN, Patrology III 204–236; Wolf-Dieter HAUSCHILD, TRE V (1980) 301–313; MITSAKIS, Hymnography 41–42; MCKINNON, Music 64–71.

206) höchstwahrscheinlich an auf den Hymnos Φῶς ἱλαρόν des 2. oder 3. Jh.s, ein „Christuslied, das zum Anzünden der Lichter am Abend gesungen wurde und das schon Basilius als ἀρχαία φωνή bezeichnet" (HENGEL, Christuslied 376).[1]

Was ΨΕΥΤΟΓΚΑΣ für die Homilien des großen Kappadokiers herausgestellt hat (Αἱ ὁμιλίαι, 272 mit französischem Résumé, Hinweis auf Romanos und die griechische Liturgie), müßte besonders für die Psalmenhomilien (und Psalmenkommentare) unter hymnologischem Aspekt systematisch untersucht werden.[2]

Paradigmatische und weiterführende analytische Gesichtspunkte für die frühbyzantinische Zeit finden sich in den Arbeiten von DATEMA und P. ALLEN, z.b. Homily on John; Leontius 177–179 (über die Beziehung zwischen Homilie und Kontakion); Acrostic Homily 49 (über Rhythmisches und Hymnisches im Enkomion, schon inspiriert durch die Kontakia); Leontii homiliae 50 (Doxologien), 86,23–24 (ὑμνολογία ‖ εὐλογία), 180–181 (kleine Eulogie auf Lazarus), 246–247 (stilisierter Lobpreis des Sohnes), 273–278 (geformte Stücke mit wiederkehrendem ὑποψάλλειν aus Ps 117,24), 382 (πανηγυρίζομεν κτλ.).

Die von MCKINNON (Music 64–71) zusammengestellten Passagen aus den Homilien und Briefen des Basileios sind vor allem wichtig für die antiphonale und responsorische Psalmodie seiner Zeit sowohl in Palästina als auch in Ägypten, vielleicht sogar schon zu bestimmten Tages- und Nachtzeiten. Auch hier scheint Hymnodie identisch zu sein mit Psalmodie; gleichzeitig ist sie aber eine Imitation der χορεία der Engel, ὕμνοις καὶ ᾠδαῖς γεραίρειν τὸν κτίσαντα (Ep. 2,2: PG XXXII 223–228, 225–226C).

---

[1] Text (z.T. mit Übersetzung): CHRIST/PARANIKAS 40; CONNOLLY, Eg. Church Order 115; KROLL, Hymnodik 32–33; LECLERCQ, Hymnes 2849–2850; QUASTEN, Patrology I 159; RYDEN, Hymnody 11; ROUET DE JOURNEL, Enchiridion 39, Nr. 108: „Hymnus vespertinus Graecorum, saec. II vel III"; LODI, Enchiridion 168.
[2] Vgl. als erste Orientierung zur Homilie, „die im 4. Jh. ihre Blütezeit erreichte", Joh. Baptist SCHNEYER, Predigt II. Die P[redigt] in der Väterzeit, in: LThK VIII (1963) 706–708; ähnliches gilt für die Hagiographien, vgl. HANNICK, Hymnen 763 und David H. FARMER, Hagiographie I. Alte Kirche, in: TRE XIV (1985) 360–364; Marc VAN UYTFANGHE, Heiligenverehrung II (Hagiographie), in: RAC XIV (1988) 150–183, bes. 165–168 („Lobschriften [u. ihr Verhältnis zur Biographie]"), 172–176 („Aretalogie u. Wundererzählungen").

13. Gregorios von Nazianzos (4. Jh. n.Chr.)[1]

Hymnen, Psalmodie und Danksagung erscheinen nivelliert in der antiheidnischen Passage einer der Kampf-Reden (Or. 5 [Contra Jul.] 2,35: PG XXXV 708–712, 709BC, ὕ., ψ., εὐχαριστήρ.). Psalmodie ist eher Parallelbegriff als Gegensatz zu (eschatologisch–himmlischer) Hymnodie (Or. 40 [In sanctum baptisma] 46: PG XXXVI 425A, ψ. ... τῆς ἐκεῖθεν ὑμνῳδίας προοίμιον), ist doch u.a. die kirchliche Psalmodie angeblich engelsgleich und übermenschlich (Or. 43 [In laudem Basilii Magni] 52: PG XXXVI 561–564, 561D, ἀγγελική).

Der poetische Rhythmus der Reden war einer der Gründe, warum sie später zur Grundlage wurden für die Hymnographie (vgl. QUASTEN, Patrology III 240). NORDEN geht sogar so weit, sie in „höherem Sinn" als „Hymnen" zu bezeichnen, „die zwar ἄνευ μέτρου, aber nicht ἄνευ ῥυθμοῦ sind" (Kunstprosa II 847; vgl. hierzu auch das mit „Hymnus(?)" überschriebene Schlußstück aus Or. 45 [In pascha] 30: PG XXXVII 663–664, bei LODI, Enchiridion 283–284, Nr. 484).

Unter den Gedichten des später zurückgezogenen Rhetorikers und Literaten, der meist „nach den Gesetzen der alten Prosodie in Hexametern, Distichen, Iamben und Anakreonten", dann aber auch schon nach „den neuen Gesetzen der rhythmischen, durch den Akzent geregelten Poesie" schrieb (STÄHLIN in CHRIST/SCHMID/STÄHLIN II 1419; vgl. BAUMSTARK, Hymns 6–7), finden sich nun einige ὕμνοι καὶ ᾠδαί (I–VIII, zitiert nach CHRIST/PARANIKAS).

Von den Hymnen auf bzw. über Christus (I 1–51, III 1–52, VII 1–28) richtet sich der erste an den Vater; er bittet um das ἀνυμνεῖν (I 2, parallel zu ἀείδειν) dessen, δι' ὃν ὕμνος, δι' ὃν αἶνος (I 4), und um Läuterung von jeder bösen Gesinnung, ἵνα δοξάσω τὸ θεῖον, ἵνα Χριστὸν εὐλογήσω (I 42.44).

Im anderen erinnert ἄναξ in der Anrede (III 1.15) an alte griechische Hymnen; ὑμνοπόλος drückt das Selbstbewußtsein des Dichters aus (III 26.50; vgl.

---

[1] Vgl. ALTANER/STUIBER § 73; QUASTEN, Patrology III 236–254; Bernhard WYSS, RAC XII (1983) 793–863, bes. 808–814 („Gedichte"), 835–859 („Literaturkenntnis Gregors"); Justin MOSSAY, TRE XIV (1985) 154–173; Hans Ludwig HEUSS, KNLL VI (1989) 855–860; CHRIST/PARANIKAS 23–32; CHRIST/SCHMID/STÄHLIN II 1413–1420, §§ 1035–1038; MITSAKIS, Byz. Hymnography I 131–136; THIERRY, Christ 20–22, Nrn. 10–12; LODI, Enchiridion 281–286; MICHELS, Mysterien 30–59; PALLA/KERTSCH; MCKINNON, Music 71–73.
Vgl. auch das nicht nur für die koptische Kirche Ägyptens wichtige Werk von GERHARDS (Gregoriosanaphora, passim, besonders 129, 166–168, 176–179, 193–195, 211–213, 239).

hier auch THIERRY, Christ 21, Nr. 11,2: ὑμνῳδὸς ἀργεῖ γλῶσσα), der sich mit dem großen χορὸς ἀγγελικός vereinigt, μέλπων ὕμνον ἐπιστέφιον (III 47–48, vgl. 24: μέλπουσιν τριάδος δόξαν ἐπουρανίης).

Schließlich kommt im „Hymnus vespertinus" (LODI, Enchiridion 281–282, Nr. 482), dem im neuen Metrum geformten ὕμνος ἑσπερινός („Abendlied" [STÄHLIN]), die hymnodische Absicht gleich zu Beginn zum Ausdruck: σὲ καὶ νῦν εὐλογοῦμεν (VII 1); es geht weiter im Wechsel zwischen „Du"- und „Er"-Stil.

Auch das Mahngedicht, πρὸς παρθένον παραινετικός (VIII 1–101), folgt dem akzentuierenden Metrum und liest sich wie ein Epithalamios (vgl. SPEN-GEL, Rhetores III 399–405), allerdings σὺν ἀγγέλοις χορεύσεις τὴν ἄπαυ-στον χορείαν (VIII 95).

Im ὕμνος εἰς θεόν (II 1–15) häufen sich nicht nur traditionelle Elemente wie der Bezug der „Du"-Prädikationen auf das All (II 1.6–8.11–12.15), son-dern auch hymnodisch–hymnologisches Vokabular wie μέλπειν (II 1.15), ὑμ-νεῖν (II 2) und γεραίρειν (II 6), προσεύχεσθαι (II 8; zu Zeile 9, σύνθεμα σὸν νοέοντα λαλεῖ σιγώμενον ὕμνον, vgl. PGL 1328a).

14. Gregorios von Nyssa (4. Jh. n.Chr.)[1]

Auch für den Bruder des Basileios, den dritten Kappadokier, ist Hymnodie identisch mit Psalmodie, für die es nun schon feste Stunden gibt, die von weib-lichen und männlichen Chören harmonisch vollzogen wird[2] und bei Begräbnis-sen wie an Märtyrerfesten laut erschallt (vgl. die Beispiele von MCKINNON, Music 73–74 aus Vita Macrinae: PG XLVI 961–964, 992–993; JAEGER VIII,1 [1952=1986] 373–374, 406–407 [ohne Kapiteleinteilung]).

Andere Stellen wie die in der großen dogmatischen Oratio catechetica, in der Gregor von der ganzen Schöpfung spricht, sind metaphorisch gemeint (26: PG XLV 68–69; vgl. QUASTEN, Patrology III 290; neben ἐπαινοῦμεν [PG XLV 68C] heißt es: ὁμόφωνος εὐχαριστία παρὰ πάσης ἔσται τῆς κτίσεως [69B]).

Wichtiger erscheinen die zwei Teile εἰς (τὴν ἐπιγραφὴν) τὰς ἐπιγραφὰς τῶν ψαλμῶν (PG XLIV 431–608; JAEGER V [1962 = 1986] 24–175), die wie

---

[1] Vgl. ALTANER/STUIBER § 74; QUASTEN, Patrology III 254–296; Heinrich DÖRRIE, RAC XII (1983) 863–895; David L. BALÁS, TRE XIV (1985) 173–181; MCKINNON, Music 73–74.

[2] Vgl. immer wieder Philons Therapeuten als (literarisches [?]) Vorbild, s.o. A.IV.b.1.

andere Psalmenkommentare einer genaueren Untersuchung unter hymnologischem Aspekt bedürfen. Hier sei nur neben I 3 (437–444, bes. 441AB, bzw. 74–79) vor allem hingewiesen auf II 3 (493–500 bzw. 74–79), weil Gregor dort differenzierende Definitionen gibt von ψαλμός, ᾠδή, αἴνεσις, ὕμνος, προσευχή und verschiedenen Verbindungen dieser Begriffe. Die Definition des Hymnos lautet: ὕμνος δὲ ἡ ἐπὶ τοῖς ὑπάρχουσιν ἡμῖν ἀγαθοῖς ἀνατιθεμένη τῷ θεῷ εὐφημία (493 bzw. 75). Gesang oder Intrumentalbegleitung sind offenbar keine Konstitutiva von ὕμνος oder αἴνεσις (αἶνος), wie die weiteren Ausführungen von Gregor zeigen.

15. Kyrillos von Jerusalem (4. Jh. n.Chr.)[1]

Es klingt wie in ähnlichen Berichten etwas übertrieben, wenn der Bischof in seinem Brief an Konstantius die „anläßlich der wunderbaren Erscheinung eines leuchtenden Kreuzes am Himmel über Jerusalem" (YARNOLD, TRE VIII 262) zusammengeströmten Volksscharen einen einstimmigen Hymnus auf den wunderwirkenden Herrn Christus anstimmen läßt (IV: PG XXXIII 1169–1170B, ὑμνεῖν bzw. ἀνυμνεῖν).

Dennoch sind vor allem die 24 Katechesen (PG XXXIII 331–1128) wichtige Quellen für die Liturgiegeschichte und für das Liturgieverständnis (in Jerusalem) des 4. Jh.s n.Chr. Kirchliche Psalmoden imitieren nicht nur durch ihr ἀνυμνεῖν ‖ ψάλλειν die Engel (Kat. XIII 26: 804–805), sondern alle Gläubigen partizipieren an der himmlischen Hymnodie, indem sie die „Theologie" der Seraphim, das Tersanctus aus Jes 6,3 rezitieren (Kat. XXIII [Myst. V] 6: 1113–1114B; vgl. MCKINNON, Music 76, zu dessen Erwähnung von ψάλτης auf die so betitelte Schrift von Justinos bei Eus. KG IV 18,5 hinzuweisen wäre).

16. Diodoros von Tarsos (4. Jh. n.Chr.)[2]

Der später selbst verurteilte Meister der Bekämpfung von nicht-orthodoxen Christen, aber auch von Juden und „Heiden", setzt in seinem erst kürzlich wiederhergestellten Psalmenkommentar zu Ps 22,1–3 den Siegespsalm Davids

---

[1] Vgl. ALTANER/STUIBER § 78; QUASTEN, Patrology III 362–377; Edward J. YARNOLD, TRE VIII (1981) 261–266; MCKINNON, Music 75–77.
[2] Vgl. ALTANER/STUIBER § 81; QUASTEN, Patrology III 397–401; Christoph SCHÄUBLIN, TRE VIII (1981) 763–767; MCKINNON, Music 77.

mit ὑμνεῖν τὸν θεόν gleich; das „neue Lied" ist synonym mit einem ὕμνος (vgl. OLIVIER, Diod. I 186–187).

17. Epiphanios (gest. 403 n.Chr.)[1]

Im „Arzneikasten" (Πανάριον) finden sich gelegentliche Erwähnungen häretischer und mariologischer Hymnik (vgl. z.b. Pan. haer. XXXVII 5,8: Ed. II 58,4, Ophiten [vgl. F. WILLIAMS, Panarion 245: „And they offer a hymn to the Father on high – again, as they say, through the snake – and so conclude their mysteries"]; LI 22,9–11: Ed. II 285–286, 286,3, Kore-Verehrung in Alexandreia; LXXVIII 11,6: Ed. III 462,25, Marienhymnen).

Der „Festgeankerte" ('Αγκυρωτός [sc. λόγος]) ist in mehrfacher Hinsicht interessant, wenn man die dogmatischen und hermeneutischen Unsinnigkeiten übersieht. Einmal wird Dan 3,52–88 (= LXX-Ode Nr. 8: ὕμνος τῶν τριῶν παίδων) als „Opfer des Lobes" interpretiert (Anc. 23,4: Ed. I 32,11–13 [ὕμνοις ὑμνεῖν τὸν θεόν]; vgl. außer Ps 49,23 und 106,22 LXX auch Hebr 13,15 im NT). Zum anderen wird noch einmal die Bedeutung des „Dreimalheilig" (Jes 6,3) für die antike Hymnologie bestätigt (25–26, bes. 26,1: Ed. I 34,21–23).

18. Euagrios aus Pontus (4. Jh. n.Chr.)[2]

Die für die Geschichte der Frömmigkeit und des (ägyptischen) Mönchtums äußerst wichtigen, im griechischen Original meist vernichteten Schriften des Kellia-Mönchs der nitrischen Wüste müßten systematisch auf Hymnologisches hin untersucht werden. Hier genüge der Hinweis auf die unter dem Namen des Nilos überlieferte Schrift Περὶ προσευχῆς (PG LXXIX 1165–1200), in der von „Psalmodie" als εὐρύθμως die Rede ist (82–83: 1185; Angabe zu verbessern bei MCKINNON, Music 59).

Das Adverb mag übrigens schon literarischer Topos sein, denn es steht bereits an erster Stelle bei Origenes (Περὶ εὐχῆς 2,4): ψάλαι καὶ εὐρύθμως καὶ ἐμμελῶς καὶ ἐμμέτρως καὶ συμφώνως ὑμνῆσαι (s.o. B.V.a.5).

[1] Vgl. ALTANER/STUIBER § 80; QUASTEN, Patrology III 384–396; Wilhelm SCHNEEMEL-CHER, RAC V (1962) 909–927; Claudia RAPP / Annemarie ARNOLD-KUBINA, KNLL V (1989) 232–233; LODI, Enchiridion 277–281; MCKINNON, Music 77–78. Texte und Belege nach der Edition von HOLL (I) bzw. HOLL/DUMMER (II–III).

[2] Vgl. ALTANER/STUIBER § 66,6; QUASTEN, Patrology III 169–176; Antoine GUIL-LAUMONT, TRE X (1982) 565–570; MCKINNON, Music 58–59.

19. Johannes Chrysostomos (4./5. Jh. n.Chr.)[1]

Die echten und erhaltenen Homilien des Dauerredners sind eine noch nicht ausgeschöpfte Quelle für die Existenz und das Verständnis griechischer Hymnodie bzw. Psalmodie von Antiocheia bis Konstantinopolis an der zeitlichen Grenze zur byzantinischen Kirchenmusik.[2] Einige Beispiele und kritische Bemerkungen müssen hier genügen.

Das von LODI (Enchiridion 291, Nr. 492) gegebene Stück ist sicher kein „Hymnus monachorum post coenam", sondern eine Mischung aus Benediktion, Doxologie und Gebet (In Matth. hom. 55,5: PG LVIII 545).

Die Homilie bzw. „Hermeneia" zu Ps 41,1–2 (PG LV 155–167; vgl. auch QUASTEN, Patr. III 435) ist geradezu ein Enkomion auf die responsorische Psalmodie (vgl. MCKINNON, Music 79, 82, 84, 86: ὑποψάλλειν, ὑπηχεῖν). „Psalmodie" erscheint gleichzeitig als melodische und rhythmische „Hymnodie"; liturgischer Gesang in Kirchen und Klöstern wird fordernd und idealisierend übertragen auf familiären Hymnengesang.

Das Gloria von Lk 2,14 wird als früher Morgenhymnus (Vigil) monastischer Chöre bezeichnet, die sich dadurch verbinden mit dem Engelshymnus (In Matth. hom. 68,3: PG LVIII 644).

Mit den heiligen bzw. prophetischen Hymnen, die harmonisch und melodisch erscheinen, sind wieder vor allem die Psalmen gemeint, die auch die Hymnodie bilden für die übrigen Horen (In Tim. hom. 14,3–4: PG LXII 575–577).[3]

Sogar bei Totenfeiern werden zur Verherrlichung Gottes und als Danksagung keine Trauergesänge, sondern gemäß Jak 5,13 Hymnen und Psalmen gesungen (In Hebr. hom. 4,5: PG LXIII 43; vgl. auch von den panegyrischen Reden De sanctis Bernice et Prosdoce 3: PG L 634; dazu QUASTEN, Patrology III 456–457).

Die Unterscheidung zwischen Psalmen und Hymnen ist nur insofern wichtig, als eben auch andere biblische Texte, vor allem der als Doxologie bezeichnete

---

[1] Vgl. ALTANER/STUIBER § 83; QUASTEN, Patrology III 424–482; Jean-Marie LEROUX, TRE XVII (1988) 565–570; LODI, Enchiridion 289–292; MCKINNON, Music 78–90. Was die byzantinische Chrysostomos-Liturgie im besonderen und die hymnologischen Aspekte der Anaphora im allgemeinen angeht, so verweise ich paradigmatisch auf die jüngste Untersuchung von TAFT, in der sich u.a. der griechische Text des in sich selbst hymnischen „presanctus" findet (Authenticity 15–17).
[2] Vgl. Karl Gustav FELLERER, Byzantinische Kirchenmusik, in: LThK II (1958) 848–849.
[3] Neben Matutin bzw. Laudes handelt es sich hier um die Horen Terz, Sext, Non, Vesper und Komplet; Prim fehlt noch; vgl. Joseph PASCHER, Brevier, in: LThK II (1958) 679–684.

τρισάγιος ὕμνος der Seraphim (Jes 6,3) und das schon erwähnte Gloria (Lk 2,14), liturgisch zum Tragen kommen (Hom. I in Oziam 1: PG LVI 97; vgl. auch DUMORTIER, Ozias 44–45 und im Index 242, ἀνυμνεῖν, ὑμνεῖν, ὑμνολογία, ὕμνος, ᾠδή). Ob es sich dabei schon um eine erweiterte Form des „Trishagion"[1] und die große Doxologie ὕμνος ἑωθινός (= LXX-Ode Nr. 14 [Codex Alexandrinus]) handelt, wird nicht klar; im Hinblick auf den griechisch–koptischen Engelshymnus im Codex Scheide des 5. Jh.s ist es zumindest teilweise möglich (vgl. H.-M. SCHENKE, Matthäus 2, 30–31, 46–47, 50, 128–131 [Text], äußerst wichtig für das Studium des hymnologischen Vokabulars).[2]

Wenn man also sagen kann, daß Psalmodie = Hymnodie, aber nicht alle Hymnodie = Psalmodie ist, so erscheint die „exegetische" Differenzierung von „Hymnen" (als nichts Menschliches enthaltende Gesänge der oberen Mächte) und „Psalmen" (als alle Dinge enthaltende Gesänge der zu erziehenden Kinder) als gekünstelt und untypisch (In Col. hom. 9,2: PG LXII 362–363 [zu Kol 3,16]; vgl. QUASTEN, Patrology III 449).

20. Theodoros von Mopsuestia (4./5. Jh. n.Chr.)[3]

Die in syrischer Übersetzung erhaltenen katechetischen Homilien werden hier deshalb erwähnt, weil sie „den Text des geltenden Rituals auslegen", der in Antiocheia am Ende des 4. Jh.s u.a. zur „Anaphora der Darbringung" bzw. „Liturgie der Darbringung" gesprochen wurde: „Und es sagt der Priester, während sie laut rufen und lobpreisen:»Heilig, heilig, heilig ist der Herr der Heerscharen, von dessen Lobe voll ist der Himmel und die Erde.« [vgl. Jes 6,3]" (LIETZMANN/ADAM, Texte I 28–32 [Nr. 9], 28, 31); nach dem Empfang bleiben alle, „Lob und Preis zu singen gemäß der Vorschrift der Kirche" (32; vgl. in derselben Auswahl 17–20 [Nr. 6], „die Hauptgebete der eucharistischen Liturgie" aus dem Euchologion des Serapion von Thmuis [4. Jh. n.Chr.], voll von hymnologischem Vokabular, und dazu ALTANER/STUIBER § 64,5 sowie HENGEL, Christuslied 385).

---

[1] Vgl. Hans-Joachim SCHULZ, LThK X (1965) 365.
[2] Zu dem Werk von SCHENKE vgl. meine Rezension in: ThLZ 109 (1984) 812–813. In der Wiener griechisch–koptischen Odenhandschrift (Pap. Copt. Vindob. K 8706) ist das Gloria leider „verloren" (vgl. TILL/SANZ, Odenhandschrift 22).
[3] Vgl. ALTANER/STUIBER § 82; QUASTEN, Patrology III 401–423; BULTMANN, Exegese 19–27 („Verzeichnis der Schriften Theodors"), bes. 27 („Ein *Hymnus* wird dem Theodor fälschlich zugeschrieben. Der von Sachau 58f. abgedruckte Hymnus stammt von Ephraem."), 136–138 („Bibliographie zu Theodor von Mopsuestia").

21. Synesios von Kyrene (4./5. Jh. n.Chr.)[1]

Was WÜNSCH (Hymnos 175) vom „Ende des Altertums" sagt, gilt zwar in gewisser Weise schon vom Hymnos des Klemens von Alexandreia (s.o. B.V.a.4), aber doch besonders von den neun literarischen (d.h. nicht-liturgischen [BAUMSTARK, Hymns 7]) Hymnen des christlichen Neuplatonikers:

> „So setzt Synesios einerseits die hymnische Lyrik der letzten heidnischen Jahrhunderte fort (WILAMOWITZ [Hymnen] 291) und eröffnet anderseits die christliche Hymnodie in griechischer Sprache. Doch diese hat bald auch für die Metrik neue Bahnen eingeschlagen, indem sie von der quantitierenden Poesie zur akzentuierenden Rhythmik überging."

Ohne auf die neuplatonischen Quellen (z.b. chaldäische Orakel), Ähnlichkeiten (z.b. Proklos) oder Eigenheiten der Theologie des Auf- und Abstiegs eingehen zu können, soll hier nur ein repräsentativer Querschnitt durch die im dorischen Dialekt verfaßten Hymnen *qua* Hymnen geboten werden, sind sie doch „selber Ausdruck des Aufstieges" (THEILER, Orakel 292 [= 34]), ja „selbst gottgewirkter Aufstieg zur Gottheit".[2] Zunächst ein Überblick nach der neuesten Edition (= Ed.) von LACOMBRADE:

I (olim III [z.B. CHRIST/PARANIKAS]) 1–734, und
II (IV) 1–299, in monometrischen Anapästen;
III (V) 1–68, im seltenen Metrum der „tétrapodie spondaïque catalectique" (Ed. 69; zu Mesomedes vgl. WÜNSCH, Hymnos 174–175);
IV (VI) 1–37, im Ioniker-Trimeter a minore;
V (II) 1–91, im oft anakreontischen Ioniker-Dimeter a minore;
VI (VII) 1–42, in Telesilleen mit und ohne Katalexe;
VII (VIII) 1–53, und
VIII (IX) 1–71(70), metrisch wie VI;
IX (I) 1–134, metrisch wie V;
X 1–20, eine spätere Imitation.[3]

---

[1] Vgl. ALTANER/STUIBER § 69,4; QUASTEN, Patrology III 106–114; O. STÄHLIN in: CHRIST/SCHMID/STÄHLIN II 1397–1401, §§ 1025–1027; CHRIST/PARANIKAS 3–23; MITSAKIS, Byz. Hymnography I 137–139; THIERRY, Christ 23–27, Nrn. 13–14: Hymn. V + VII; LODI, Enchiridion 480–485; MICHELS, Mysterien 62–66; MCKINNON, Music 56; LACOMBRADE, Syn. I (mit Einleitung, franz. Übers., Anmerkungen und Index verborum); THEILER, Orakel; SMOLAK, Himmelfahrt; VOLLENWEIDER, Theologie.
[2] So Christoph ELSAS in seiner Rezension von VOLLENWEIDER, Theologie, in: JAC 30 (1987) 217–219, 218.
[3] Vgl. zu den Metren SNELL, Metrik; DIHLE, Verskunst.

Finden sich in den meisten der Einzelüberschriften metrische Angaben, so werden in den Gesamttiteln der Handschriften (13. – 16. Jh. n.Chr.) die ca. 1500 κῶλα des Bischofs, Philosophen und Rhetors Synesios ausdrücklich als ὕμνοι (ἔμμετροι, εἰς θεόν, εἰς τὸ θεῖον, κτλ.) bezeichnet. Diese Klassifizierung hat ihre Berechtigung nicht erst durch variierten Hymnenstil in Form (Formeln) und Inhalt, sondern schon durch die explizite hymnische Intention und hymnologische Terminologie.

Die folgenden Beispiele, jeweils in ihrer Kolometrie, beleuchten zugleich die Synonymik und einige Lieblingsgedanken bzw. bevorzugte Prädikationen.

In der christlichen Trilogie VI–VIII („trilogie chrétienne" [Ed. 85]) ballen sich die hymnodischen Begriffe am Ende von VII: Ἐπὶ κύδεϊ σοῦ πατρὸς | καὶ κάρτεϊ σῷ, μάκαρ, | πάλιν ὑμνοπολεύσω, | πάλι σοι μέλος ᾄσω, | τάχα καὶ κιθάραν πάλιν | πανακήρατον ἁρμόσω (48–53; ᾄδειν nur hier; zum Selbstverständnis als ὑμνοπόλος vgl. IV 25).

Fast wie ein (christologischer!) Refrain im Siegeslied (vgl. VIII 40) der Höllenfahrt klingen die drei Trikola VIII 1–3, 10–12, 28–30: σέ, πάτερ, πάι παρθένου | ὑμνῶ Σολυμηΐδος (11–12).

Das Nomen ὕμνος wird qualifiziert durch ἅγιος (I 85, 107; II 45), ἱερός (I 2), νοερός (I 724–725: ἀνάγειν ὁσίως | νοεροὺς ὕμνους | …; vgl. V 43 und zum ἀνάγειν ὕμνους I 28; VIII 27). Es ist weit häufiger als αἶνος (I 399–400 mit φέρω, 400; αἰνεῖν nur I 269) und steht parallel zu εὐχή (II 29–30; zur Verbindung mit σοῖς vgl. auch II 283), ein auf die beiden ersten, zusammenhängenden Hymnen beschränktes Wort, das auch ähnlich durch ὁσία qualifiziert wird (I 364; II 50).

Weniger häufig als ὕμνος (vgl. noch I 71, 139; II 56; III 56; IV 5; V 4–5, 75–76; IX 4, und das Adjektiv πολύυμνος IX 26), aber genauso signifikant ist das Verb ὑμνεῖν, dessen Subjekt der Dichter und „Sänger" selbst ist: ὑμνῶ σε, μονάς | ὑμνῶ σε, τριάς (I 210–211); ὑμνῶ σε, μάκαρ (II 80, 82; vgl. 87–88); λόγος, ὃν μεγάλῳ | πατρὶ συνυμνῶ (II 130–131; ähnlich II 92–93).

Obwohl das Verb μέλπειν durch die Zusammenstellung mit ὕμνοι hymnodisch näher bestimmt werden kann (III 55; V 43), ist es doch mit ὑμνεῖν fast synonym: σέ, μάκαρ, μέλπω (I 21; II 26; vgl. II 7). Das gilt auch dort, wo sich im Gebrauch der 3. Person im Singular wie im Plural der Hymnode und Melode Synesios mit einschließt: μέλπουσιν, ἄναξ ‖ ὑμνοῦσι, μάκαρ (I 271, 275); πᾶσά σε μέλπει | γενεὰ μακάρων (I 278–279) ‖ σὲ μάκαιρα φύσις |…| ὑμνεῖ σε, μάκαρ (I 301–303; vgl. zu μέλος und ᾠδή IV 9, 42; VII 51; VIII 40; IX 2, 5, 12, 45, 51).

Deutlich genug ist der Auftakt von III: ὑμνῶμεν κοῦρον νύμφας (1). Dieser Selbstaufforderung ähnlich ist die Ankündigung in VI, nach der Feststellung, „als erster ein Lied auf Christus mit Kitharabegleitung verfaßt zu haben"
([CHRIST/SCHMID/] STÄHLIN II 1400, § 1027): ὑμνήσομεν ἄφθιτον | θεόν,
υἷα θεοῦ μέγαν (10–11). Die letzten Beispiele zeigen auch den Wechsel zwischen „Du"- und „Er"-Stil (vgl. NORDEN, Agn. Theos 143–166).

22. Sokrates (4./5. Jh. n.Chr.)[1]

In aller Kürze sollen hier einige stichwortartige Bemerkungen zur Kirchengeschichte der Epoche von 305 bis 439 n.Chr. folgen.

Christianisierung Äthiopiens (I 19, „Inder") und Georgiens (I 20, „Iberier")
zur Zeit Konstantins (PG LXVII 125–134). Gegen Ende von I 20,18 heißt es
von den den Glauben des Königs als wahr ausrufenden Menschen: ὑμνούντων
τὸν τῆς αἰχμαλώτου Θεόν (Ed. I 122).

Kapitel über Mani, den Gründer (ἀρχηγός) der „Häresie" der Manichäer (I
22: Ed. I 124–129; s.u. zu A.VIII.c.1).

Bericht über antiphonale „Oden" bzw. „Hymnen" der Arianer[2] und Homo-
usianer; Verbot der nächtlichen und öffentlichen Hymnodie der „Häretiker";
ganz phantastische Aitiologie, daß nämlich Ignatios nach einer Vision bzw.
Audition von antiphonaler Hymnodie der Engel diese Art des Gesangs zuerst
einführte in Antiocheia, von wo sie dann zu allen Kirchen gelangte (VI 8,1–12:
PG LXVII 687–692 bzw. Ed. II 683–685; zur Problematik des Begriffs ἀντί-
φωνος [in 2 und 12] vgl. MCKINNON, Music 101; zur „Legende" selbst vgl.
HENGEL, Christuslied 385; HUSSEY weist in seinen Anmerkungen schon hin
auf den Wechselgesang der Musen in Homeros, Ilias I 604, vgl. Ed. III 459).

Panegyrischer Bericht über „Hymnen" (ὕμνους ἐκ συμφωνίας πάντες
ἀνέπεμπον τῷ Θεῷ) zur Zeit des Theodosios II. und ihre Anstimmung durch
den Kaiser persönlich (VII 22,17: PG LXVII 783–788, bes. 788B; Ed. II 778–
783, bes. 782).

---

[1] Vgl. ALTANER/STUIBER § 59, I 5; QUASTEN, Patrology III 532–534; ZENOS, NPNF, 2nd
ser., II 1–178; MCKINNON, Music 101–102. Vgl. auch Pauline ALLEN, The Use of Heretics
and Heresies in the Greek Church Historians: Studies in Socrates and Theodoret. In: CLARKE,
Reading (1990) 265–289. Texte und Belege nach PG LXVII 29–842 und nach HUSSEY, Socr.
historia I–III (= Ed.).
[2] Zur Hymnographie der Arianer vgl. MITSAKIS, Byz. Hymnography I 160–164, aber auch
schon 141–143 (Ἡ ὑμνογραφικὴ δραστηριότητα τῶν αἱρετικῶν).

23. Sozomenos (und Philostorgios) (4./5. Jh. n.Chr.)[1]

Es folgen in ähnlicher Weise einige Punkte aus der von Sokrates abhängigen Kirchengeschichte des Sozomenos (323–425 n.Chr.).

Umstrittene Theorie über den Ursprung des ägyptischen Mönchtums in Philons „Judenchristen" („Jews who had embraced Christianity" [HARTRANFT, NPNF, 2nd ser., II 248]), mit Hinweis auf ihre „Psalmen" und „Hymnen" (I 12,9–11: Ed. 26,3–25, besonders 1–13.19; vgl. Eusebios, KG II 17, wo die „Therapeuten" schon Christen sind).

Christianisierung Georgiens (II 7, „Iberier") unter Konstantin (vgl. Sokrates, KG I 20); Christianisierung Armeniens und Persiens (II 8; bedarf wie vieles andere schärfster Quellenkritik).

Kapitel über den Syrer Ephraim und seine ins Griechische übersetzten Werke, 300000 Verse, als imitierende und orthodoxe Reaktion auf Harmonios (Sohn des Bardesanes), der „was the first to subdue his native tongue to meters and musical laws; these verses he delivered to the choirs, and even now the Syrians frequently sing (ψάλλουσιν), not the precise copies by Harmonius, but the same melodies"; Ephraim „composed similar poems …, and wrought also in sacred hymns (ἐν θείοις ὕμνοις) and in the praises of passionless men (ἐγκωμίοις ἀγαθῶν [T; ἀπαθῶν b] ἀνδρῶν). From that period the Syrians sang (ψάλλουσιν) the odes of Ephraim according to the law of the ode (ᾠ. bis) established by Harmonius" (III 16,5–7: Ed. 128,15 – 129,8; HARTRANFT, NPNF, 2nd ser., II 296).

Gesang von „Hymnen" bzw. „Oden" in Antiocheia als Ausdruck differierender Christologien zur Zeit des Konstans (III 20,8: Ed. 135,5–11).

Responsorischer Psalmengesang bei der Überführung von Gebeinen (V 19,18–19: Ed. 226,3–10).

Verlorene metrische „heilige Oden", zur Eulogie Gottes, des Apolinarios [sic] von Laodikeia (gest. um 390 n.Chr., vgl. ALTANER/STUIBER § 79), der in seiner Jugend den Sophisten Epiphanios einen Dionysos-Hymnos rezitieren hörte (VI 25,4–5.9: Ed. 270,23 – 271,4.16–20).[2]

---

1 Vgl. ALTANER/STUIBER § 59, I 6; QUASTEN, Patrology III 534–536; HARTRANFT, NPNF 2nd. ser. II 179–427; MCKINNON, Music 102–104. Der Text aus PG LXVII 844–1630 ist überholt durch die GCS-Edition von BIDEZ/HANSEN, nach der zitiert wird (= Ed.).

2 Zum „Bischof Apollinaris oder Apollinarios im syrischen Laodikeia" vgl. auch DIHLE, Literatur 437–438: „Daneben aber dichtete er auch Lieder und Hymnen für den Gottesdienst. Leider sind wir darüber nur aus der Kirchengeschichtsschreibung des 5. Jh. n.Chr. unterrichtet, als man diese Poesie noch las."

Mit etwas anderer Terminologie (vgl. MCKINNON, Music 103–104), ein mit Sokrates (KG VI 8) ziemlich übereinstimmender Bericht über arianische und antiarianische Hymnen und Prozessionen, ohne die Zurückführung antiphonaler Hymnodie bzw. Psalmodie auf Ignatios (VIII 8,1–5: Ed. 360,18 – 361,13).

An dieser Stelle ist auch auf die apologetischen Fragmente der Kirchengeschichte des Philostorgios (4./5. Jh. n.Chr.) hinzuweisen: „Psalmen" und volkstümliche „Lieder" des Areios; „Hymnen" der Arianer (II 2; III 14: BIDEZ/ WINKELMANN [GCS 54] 13,6–10.24–29; 44,1–7, bes. 2).[1]

24. Theodoretos (4./5. Jh. n.Chr.)[2]

Aus der in der Mitte des 5. Jh.s n.Chr. geschriebenen Kirchengeschichte des Zeitraums von 325 bis 428 n.Chr. und anderen Werken sind die von MCKINNON zusammengestellten musikologischen Stellen zur antiphonalen Psalmodie = Hymnodie zu vergleichen (z.B. II 24,8–9: Ed. 154,9–20; vgl. auch zu ὑμνῳδία und ψάλλω [nach dem Index, Ed. 444–445]: Ed. 320,7; 338,1; 339,3 bzw. 154,15; 197,20; 198,5; 337,24).

Auch hier wird von der Abhängigkeit des Ephraim von Harmonios berichtet (IV 29,1–3: Ed. 269,7–25; zu Sozomenos und Theodoretos s.u. B.VI).

In Theodorets Häretikergeschichte finden sich im Kapitel Περὶ ἀγγέλων die folgenden, auf den himmlischen Gottesdienst bezogenen Aussagen: Λειτουργία δὲ τῶν ἀγγέλων ἡ ὑμνῳδία (+ Jes 6,3; Ez 3,12 ⑤), und: Οὐ μόνον δὲ ὑμνοῦσιν, ἀλλὰ καὶ ταῖς θείαις οἰκονομίαις διακονοῦσι (V 7: PG LXXXIII 467D–474A, bes. 472A, mit Zitat von Hebr 1,14).

25. Auxentios aus Bithynia (5. Jh. n.Chr.)[3]

Wenn man der von Symeon Metaphrastes (auch Logothetes genannt) im 10. Jh. n.Chr. verfaßten byzantinischen Vita des aus Syrien stammenden Einsiedlers und Wundertäters Glauben schenken darf, so ist Auxentios der erste nament-

---

[1] Vgl. zur Gesamtbewertung Alanna EMMETT NOBBS, Philostorgius' View of the Past, in: CLARKE, Reading (1990) 251–264.

[2] Vgl. ALTANER/STUIBER § 59, I 7 und § 87; QUASTEN, Patrology III 536–554; MCKINNON, Music 104–107. Ähnlich wie bei Sozomenos ist der Migne-Text der Kirchengeschichte (PG LXXXII 882–1280) überholt durch die GCS-Edition von PARMENTIER/SCHEIDWEILER, auf die verwiesen wird (=Ed.).

[3] Vgl. Karl GROSS, LThK I (1957) 1138 (Quellenangabe „PG 124, 1377–1436" zu korrigieren in „PG 114, ..."); H.-G. BECK, Kirche 208; MITSAKIS, Byz. Hymnography I 78–84 (mit älterer Literatur und Textwiedergabe [79–80]).

lich bekannte Hymnograph der frühbyzantinischen Zeit. Einige seiner kurzen „τροπάρια" werden in Kap. VI sogar wörtlich zitiert (Abschnitt XLVI: PG CXIV 1415–1416).[1]

Im ersten, sechszeiligen Troparion heißt es vor dreifachem – sozusagen „trinitarischem" – Δόξα (Z. 3–5): ὑμνοῦμέν σε, Κύριε (Z. 2).

Das zweite, siebenzeilige Troparion leitet den leicht veränderten Text von Jes 6,4 (Z. 5–7) folgendermaßen hymnologisch ein und verbindet himmlischen mit irdischem Gottesdienst: Στρατιαὶ ἐν οὐρανοῖς | ὕμνον ἀναπέμπουσιν | καὶ ἡμεῖς οἱ τῆς γῆς | τὴν δοξολογίαν (Z. 1–4).

Auch die restlichen fünf dichterisch noch sehr primitiven Stücke, deren Anzahl ungleicher Zeilen zwischen 3 und 6 liegt, enthalten neben Dank und Bitte hymnische Elemente im „Du"- und „Er"-Stil. Das letzte, fünfzeilige Troparion verbindet den Aufruf zum Jubel mit der Verherrlichung Gottes: Ἀγαλλιᾶσθε, | δίκαιοι ἐν Κυρίῳ, | πρεσβεύοντες ὑπὲρ ἡμῶν. | Δόξα σοι, Κύριε, | ὁ Θεὸς τῶν ἁγίων (Z. 1–5).

Die Terminologie des anschließenden Abschnitts XLVII (ebd.) spiegelt ganz sicher auch die liturgische Sprache des 10. Jahrhunderts wider, wenn es von der anwesenden Menge (πλῆθος) heißt, ἔψαλλε ταῦτα, wenn der „selige" Auxentios selbst λοιπὸν εἰς τὸ τέλος τὸν ὕμνον τῶν τριῶν παίδων ... δι' ἑαυτοῦ ἐπεφώνει αὐτοῖς (+ Zitat von Dan 3,57a), alle darauf respondieren (ἀποκρινόμενων + Zitat von Dan 3,57b) und all dies schließlich als ὑμνολογία bezeichnet wird.

26. „Hierotheos"[2]

Pseudo-Dionysios Areopagites zitiert in Prosa (fiktive?) Auszüge aus Liebeshymnen (ἐρωτικοὶ ὕμνοι) eines in die apostolische Zeit gerückten Lehrers, der jedoch allenfalls Proklos gewesen sein könnte (vgl. MARSH, Book 233–246), als göttlich inspirierte Worte (De div. nom. IV 14; in IV 15–17 folgen die „Zitate").

---

[1] Weder SCHLÖTTERER (RGG VI 1048–1049) noch STEFANOVIĆ (LThK X 373) erwähnen in ihren Artikeln („Troparion") Auxentios. In der ungedruckten Dissertation von SCHLÖTTERER findet sich allerdings, ohne Quellenangabe, im Zusammenhang der Besprechung von „Troparion" und „Antiphonon" (Terminologie 26–38) ein Hinweis auf die Vita des Auxentios: „Die Troparia wurden ἐκ διαδοχῆς, im Wechsel (sc. mit Psalmversen) gesungen und zwar jedes Troparion oftmals (πλεονάκις). Allem Anschein nach haben wir einen Vortrag von Antiphona vor uns, allerdings auch wieder responsorisch vorgetragen" (35, mit Anm. 93).

[2] Vgl. Johannes KRAUS, LThK V (1960) 332; MARSH, Book.

Die Texte, eingeleitet durch eine Reflexion über Gott als Liebe und als Objekt der Liebe, sind typisch für die „Mystik" des spät-neuplatonischen Corpus Dionysiacum.

27. Pseudo-Dionysios Areopagites/Corpus Dionysiacum (5./6. Jh. n.Chr.)[1]

Neben den soeben erwähnten, im Zusammenhang mit „Eros" und „Agape" zitierten ἐρωτικοὶ ὕμνοι des „Hierotheos"[2] ist vor allem das Synaxis-Kapitel interessant, speziell auch für die Hymnologie, nicht nur allgemein für die sehr lückenhafte „Liturgie", die „immer noch zu den am meisten vernachlässigten Gebieten der Dionysius-Forschung [gehört]" (O'DALY, TRE VIII 773); es handelt sich um De eccl. hier. III (Text mit lateinischer Übersetzung in Fasc. VII, Pars VI des „Florilegium Patristicum": QUASTEN, Monumenta [VI]).

Zunächst läßt sich sagen, daß es im großen und ganzen die Psalmen sind, mit denen Gottes Werke durch Bischof und Gemeinde (der Initiierten, Nichtausgeschlossenen) gepriesen werden (III 2; 3,1.4–6.11–12.14–15: QUASTEN, Monumenta 294–315 [VI 20–41]; CAMPBELL, Dionysius 33–49).

Aber da ist (war?) offenbar mehr, nämlich ein Hymnus des katholischen Glaubens, gesungen als Bekenntnis bzw. als Danksagung (III 2; 3,7; vgl. Anm. 162 bei CAMPBELL, Dionysius 164: „Read again ὁμολογίαν for ὑμνολογίαν"; HEIL, Ps.-Dionysius 117, 168–169, Anm. 40; vgl. schon QUASTEN, Monumenta 295 [VI 21], Anm. 2 und 305 [VI 31], Anm. 2).

Mit der Schlußdanksagung, wahrscheinlich einem Psalm, preisen (ὑμνήσουσι) die Mysten τὰς ὑπερουρανίας ... τῆς θεαρχίας ἀγαθουργίας, „the supracelestial benefits of the Supreme Deity" (III 3,15 fin.; QUASTEN, Monumenta 315 [VI 41]; HEIL, Ps.-Dionysius 123; CAMPBELL, Dionysius 49).

Das führt zur Hymnodie in der urbildlichen himmlischen Hierarchie, nicht so sehr der eigenartigen μυκητικὴ ὑμνολογία in den ὑπερουράνια (De cael. hier. II 2: Ed. HEIL [SC 58] 76), als vielmehr der auf der Erde widerhallenden τῶν ὑπερουρανίων νόων ὑμνολογία (bzw. θεολογία): Εὐλογημένη ἡ δόξα κυρίου κτλ. ... Ἅγιος ἅγιος ἅγιος κτλ. (VII 4: Ed. 117–118; vgl. Jes 6,3;

---

[1] Vgl. ALTANER/STUIBER § 114; René ROQUES, Dionysius Areopagita, in: RAC III (1957) 1075–1121; Gerard O'DALY, Dionysius Areopagita, in: TRE VIII (1981) 772–780; ROLT, Dionysius (Divine Names, Mystical Theology); ROQUES/HEIL/DE GANDILLAC, Denys (Hiérarchie céleste); CAMPBELL, Dionysius (Ecclesiastical hierarchy); HEIL, Ps.-Dionysius (Himmlische und kirchliche Hierarchie); SUCHLA, Ps.-Dionysius (Namen Gottes).

[2] Vgl. ROLT, Dionysius 107–109, und SUCHLA, Ps.-Dionysius 53–54; zu den θεολογικαὶ στοιχειώσεις der fiktiven Autorität vgl. De div. nom. II 10 und III 2; MARSH, Book 236–238; ROLT, Dionysius 76–78, 83–85; SUCHLA, Ps.-Dionysius 36–41.

der frühere Traktat Περὶ τῶν θείων ὕμνων ist entweder auch fiktiv oder verloren, worauf HEIL [47, 82] nicht eingeht).

28. Romanos Melodos (5./6. Jh. n.Chr.)[1]

Überblick und Vergleichstabelle

GR. DE M.	M./T.	GR. DE M.	M./T.	GR. DE M.	M./T.
I: AT		III: NT		(IV)	
1	51	21	10	42	25
2	40	22	11	43	28
3	41	23	12	44	26
4	42	24	13	45	27
5	43	25	–	V: NT***	
6	44	26	14	46	30
7	45	27	15	47	31
8	46	28	49	48	32
Appendix*	52	29**	–	49	33
II: NT		30	50	50	34
9	36	31	47	51	48
10	1	IV: NT		52	53
11	2	32	16	53	55
12	37	33	17	54	54
13	–	34	18	55	56
14	4	35	19	56	(s.u.)
15	3	36	20	–	57
16	5	37	21	–	58
17	6	38	22	–	59
18	7	39	23	* „Ninive"	
19	9	40	29	** (inédit)	
20	8	41	24	*** etc.	

Ins Ende der frühbyzantinischen Epoche, die sich mit der patristischen Literaturgeschichte überschneidet, fällt die Dichtung der erst später so genannten Kontakia des aus Syrien stammenden „Sängers", der seinen Namen Romanos

---

[1] Vgl. ALTANER/STUIBER § 122,1; H.-G. BECK, Kirche 262–266, 425–430; Constantine A. TRYPANIS, Romanos, in: RGG V (1961) 1166; MITSAKIS, Byz. Hymnography I 357–509, 537–562 (Bibliographie!); MAAS/TRYPANIS, Cantica genuina; GROSDIDIER DE MATONS, Hymnes I–V; Origines; Liturgie; PETERSEN, Romanos & Diatessaron; Dependence; Diatessaron, bes. 1–19 („Romanos and the Kontakion"); BARKHUIZEN, Romanos; HANNICK, Metrik; HANNICK, Hymnen.

eingraviert hat in die Akrostichen seiner Homilien: „Das Kontakion war eben nicht Hymnus, sondern metrische Predigt" (H.-G. BECK, Kirche 426).[1]

Daß Romanos diese das Troparion integrierende, später durch den Kanon verdrängte Gattung selbst, akrostichisch verborgen, ὕμνος nennt (HANNICK, Hymnen 764), ist nur für einen winzigen Teil der echten und erhaltenen Kontakien richtig.

Zunächst einige Beobachtungen und Bemerkungen zu dem groben Überblick über die Zählung und Thematik nach der Edition von GROSDIDIER DE MATONS (Bde. I–V), der zusammen mit einer Vergleichstabelle gegenüber derjenigen von MAAS/TRYPANIS (Cantica genuina) an den Anfang gestellt wurde.[2]

In der Edition von MAAS/TRYPANIS finden sich also sechs Kontakien ohne Entsprechung in der griechisch–französischen Edition von GROSDIDIER DE MATONS: Nrn. 35, 38, 39, 57, 58, 59 (Ed. 276–280, 294–311, 487–510).

Das stichische Gebetsgedicht bei GROSDIDIER DE MATONS (Nr. 56: εὐχὴ …, ποίημα) steht dagegen schon bei MAAS, Kirchenpoesie 8–10 (I 7).

Verbürgt der Name des Romanos in den Akrostichen all dieser 60 Kontakien verschiedener Länge (bzw. in der Überschrift des Gebets) sehr wahrscheinlich die Authentizität der Verfasserschaft, so sind die gebrauchten literarischen Begriffe in zwei Dritteln von diesen eher musikologisch–dichterische Synonyme als hymnographisch differenzierende Willenserklärungen. Es finden sich folgende Termini, an verschiedenen Stellen des jeweiligen Akrostichs, in folgenden Nummern (nach der Zählung von GROSDIDIER DE MATONS, wenn nicht durch „M./T." [= MAAS/TRYPANIS] anders vermerkt):

αἶνος	2, 13, 19, 34, 37, 41, 42, 43, 52; 59 M./T.
δέησις	28.
ἔπος	6, 14, 18, 39, 50; 39 M./T., 57 M./T. (ἔπη).
εὐχή	56 (in der Überschrift).
ποίημα	24, 30, 31, 33; 56 (in der Überschrift).
προσευχή	55.
ὕμνος	1, 3, 10, 12.
ψαλμός	8, 22, 23, 36, 40, 47, 53, 54.
ᾠδή	44; 35 M./T.

Weder in den Kontakia selbst, „die nach Zahl der Silben, Platz der Akzente in der Zeile, syntaktischer Gliederung usw. völlig übereinstimmen" (H.-G. BECK,

---

[1] Vgl. auch Hans-Georg BECK, Byzantinisches Reich, Byzantinische theol[ogische] Literatur, in: LThK II (1958) 856–859, 860–863, bes. 856 und 860.

[2] Unberücksichtigt bleiben hier die auch von MAAS/TRYPANIS edierten Cantica dubia.

Kirche 263), noch in ihren ebenfalls, wenn auch „allometrisch" akzentuierenden und nicht quantitierenden Prooimia (κουκούλια) mit verschieden langen
Refrains (ἐφύμνια, ἀκροτελεύτια)[1] finden die genannten und akrostichisch
eingebauten Begriffe der Dichtung und Komposition irgendeinen spezifischen
Ausdruck.

Um die etwas vage Angabe „18 bis 24 Strophen" (Troparien, οἶκοι, H.-G.
BECK, Kirche 263–264; vgl. auch MAAS/TRYPANIS, Cantica genuina xi) zu
präzisieren, muß hier eine Dokumentation der größeren Vielfalt gegeben werden.

Fehlt das Prooimion nur ausnahmsweise (13 und natürlich 56), so haben die
meisten der „für den musikalischen Einzelvortrag bestimmt[en]" Kontakia (vgl.
HANNICK, Metrik 107–108) tatsächlich nur „eine Einleitungsstrophe" (H.-G.
BECK, Kirche 264), mehrere aber auch zwei (2, 8, 16, 21, 28, 32, 33, 36, 40,
47, 48; 38 M./T., 58–59 M./T.), drei (14, 34, 38, 46; 57 M./T.), vier (53) oder
sogar sechs Prooimia (31).

Die Zahl der Strophen, denen auch schon früh „Tonart (ἦχος)" und
„Musterstrophe (εἱρμός)" beigegeben wurde (H.-G. BECK, Kirche 264), variiert von drei (25, Akrostich ΡΩΜ für Romanos) bis vierzig (5); dazwischen
gibt es elf (44; 35 M./T.), 13 (12), 14 (59 M./T.), 15 (55), 16 (32), 17
(Appendix, 35), 18 (9, 11, 14–17, 20, 21, 26, 27, 38, 46, 48, 49, 51; 38 M./T.,
58 M./T.), 19 (4; 57 M./T.), 20 (2, 41, 45), 21 (18, 24, 30), 22 (6, 19, 28, 42,
52), 23 (24, 33, 34, 36, 37), 24 (1, 3, 10, 39, 40, 47, 50; 39 M./T.), 25 (22,
54), 30 (8, 53), 31 (31) und 33 Strophen (7, 13, 43).

Engt man ὕμνος nicht ein auf den „Gesang" (so anscheinend HANNICK,
Metrik 107; noch stärker JENNY, Hymnologie [TRE]), so ist das Hymnologische sicher ein noch genauer zu untersuchender Aspekt der formvollendeten
Rhetorik des Romanos, aber dominierend ist es nicht in diesen dogmatischen,
polemischen und moralischen Kunstliedpredigten, von denen einige „Meister-
werke der Weltliteratur" sind (H.-G. BECK, Kirche 426).

Wie man den oft ganz unreflektierten und fast durchgängigen Gebrauch von
Etiketten wie ὕμνοι, *hymni*, Hymnen, hymns, hymnes oder inni für die Kontakia zumindest in Frage stellen muß (vgl. MITSAKIS, Hymnography 46–49),
so wird später auch zu fragen sein: Sind „ähnliche Predigtformen vor allem im
syrischen Bereich" (H.-G. BECK, Kirche 264: „Memra", „Madraša",

---

[1] Vgl. syr. ܩܘܠܐ. Genaueres bei Ephraem, s.u. B.VI.b.3.

„Sughita"), besonders die vielleicht neben Methodios von Olympos einflußreichen *Madrāšē* des Ephraem überhaupt Hymnen?[1]

29. „Akathistos"[2]

Die Struktur des „Akathistos"

Strophe	Zeilen	χαῖρε-Zeilen	Refrain (*)	Refrain (**)
1	5	12	*	
2	5			**
3	5	12	*	
4	5			**
5	5	12	*	
6	5			**
7	5	12	*	
8	5			**
9	5	12	*	
10	5			**
11	5	12	*	
12	5			**
13	5	12	*	
14	5			**
15	5	12	*	
16	5			**
17	5	12	*	
18	5			**
19	5	12	*	
20	5			**
21	5	12	*	
22	5			**
23	5	12	*	
24	5			**

[1] Zur Verbindung zwischen Ephraem (Syrien) und Romanos (Byzanz) vgl. besonders
GRIMME, Strophenbau 77–95; PETERSEN (passim); GROSDIDIER DE MATONS, Romanos
(Paris 1977) 16–27; HANNICK, Hymnen 764.
[2] Vgl. ALTANER/STUIBER § 122,1; H.-G. BECK, Kirche 427–428; CHRIST/PARANIKAS
140–147; MEERSSEMAN, Hymnos I 36–39, 100–127 (Text); TRYPANIS, Cantica 17–39 (Text);
WELLESZ, "Akathistos"; History 449 (Index: „Akathistos hymn"); BAUMSTARK, Chairetismos
999–1001 („Byzantinische Kirchendichtung"); REHORK, Hymnus; REHORK, Hymnos; MITSA-
KIS, Byz. Hymnography I 483–509 (Romanos und der „Akathistos"), 533–536 (Bibliographie!). Dies ist nur eine repräsentative Literaturauswahl mit unendlich vielen weiterführenden
Hinweisen. Zum antiken Hintergrund der Marienverehrung vgl. auch FAUTH, Himmelskönigin
226–232.

Unter den anonymen Kontakien der frühbyzantinischen Kirchenpoesie (vgl. auch MAAS, KlT 52/53 [1910] 12–32) ragen zwei „Cantica" an Maria deutlich als Hymnen heraus.

Das eine ist der „nicht sitzend" gesungene Abecedarius „Akathistos" mit nunmehr drei Proömien und 24 auch verschieden langen Strophen und unterschiedlichen Refrains (s.u).

Bei dem anderen handelt es sich um ein nur in Codex Patmiacus (212, fol. 127ʳ–128ʳ) überliefertes alphabetisches Akrostichon mit zwei Proömien gleicher Länge und mit demselben Refrain (χαῖρε, ἡ μετὰ τόκον | ὑμνουμένη παρθένος), der wiederholt wird nach allen 24 Kurzstrophen zu je vier siebensilbigen Halbversen. Dieser Marienhymnus könnte noch aus dem 5. Jh. n.Chr. stammen und eine Quelle für den Akathistos gewesen sein.[1]

Obwohl dieses Ur-Kontakion, dessen hymnische χαῖρε-Formel in Strophe 22 ihre Klimax findet, ausdrücklich die „Gottesgebärerin" (Proöm. II; Str.8 und 15) als πανύμνητος preisen will (Proöm. I und II), erst im Singular des Dichters oder Vorsängers (ἀνυμνῶ, Str. 1 und 24; ὑμνῶ, Str. 3), dann auch im Plural der Gemeinde (ἀνυμνοῦμεν, Proöm. II) und natürlich im Gruß des Refrains (ὑμνουμένη), gilt das ganze Gedicht oder Lied mit seinen vielen Prädikationen im „Er"-Stil ebenso dem „Geborenen", d.h. Christus (Str. 17–18).

Nun zurück zum „Akathistos". Ohne auf die Fragen der Autorschaft (Romanos?) und genauen Entstehungszeit (6./7. Jh. n.Chr.) eingehen zu können, von der Wirkungsgeschichte ganz zu schweigen, soll zunächst die etwas komplizierte Struktur etwas durchsichtiger gemacht werden.

Von den zwei sich abwechselnden Refrains lautet der erste χαῖρε, νύμφη ἀνύμφευτε (Proöm. I–II; II macht das ganze Kontakion zu einem Siegesdanklied; das kurze Proömium III mit einem anderen Refrain hat keine direkte Verbindung, erklärt aber ausdrücklich die hymnische Absicht: οὐ παυόμεθα ...ἀνυμνοῦντες σε, θεοτόκε). Der zweite Refrain ist ein einfaches hymnisches ἀλληλούϊα (Str. 2, 4, 6, usw. bis 24).

Der historisierende und theologisierende Homiliefaden, der gebildet wird aus 24 isometrischen Strophen mit je fünf Zeilen ungleicher Länge, erscheint in den Strophen 1, 3, 5, usw. bis 23 angereichert durch jeweils zwölf χαῖρε-Zeilen, die man als die eigentlichen zwölf Hymnen innerhalb der „stehenden Ovation" für die „Theotokos" bezeichnen kann (vgl. z.B. Str. 11, 17, 19, 23),

---

[1] TRYPANIS, Cantica 160; vgl. 159–164: Einleitung und Text; Editio princeps in: ByZ 58 (1965) 327–328.

sind sie doch neben der χαῖρε-Formel selbst voll von Prädikationen im „Du"-
und „Sie"-Stil, Relativ- und Partizipialkonstruktionen und ὅτι-Sätzen. Diese
„ὕμνοι ἐν τῷ ὕμνῳ", den Engeln (Str. 3), Hirten (Str. 7) etc., aber auch der
Gemeinde (Str. 13) bzw. allen (Str. 19) in den Mund gelegt, sind explizit eingeleitet durch Verben wie ἀκούεσθαι (Str. 15), ἀναβοᾶν (Str. 11), βοᾶν (Str.
5, 9, 13, 17, 23), κραυγάζειν (Str. 1, 3, 21), προσφωνεῖν (Str. 19), ὑμνεῖν
(Str. 7, 13), ähnlich wie der Halleluja-Refrain durch die gleichen Verben, aber
auch durch κράζειν (Str. 2, 12) und ψάλλειν (Str. 4, 10).

Daß Strophe 20 mit ὕμνος beginnt (vgl. auch ἰσαρίθμους ψαλμοὺς καὶ
ᾠδάς im Zentrum der Υ-Strophe), ist für spätere, auch lateinische Abecedarien
nicht ungewöhnlich (vgl. auch ψάλλοντες am Anfang von Str. 23). Hymnologisch aussagekräftiger ist der Auftakt der letzten Strophe: ὦ πανύμνητε
μῆτηρ.

b. Lateinische Patristik[1]

1. Tertullianus (2./3. Jh. n.Chr.)[2]

Kennt der spätere Montanist natürlich „auch weltlichen Hymnengesang" (vgl. WILLE, Musica 376, mit Anm. 97, Adv. Valentinianos 12: *magno cum gaudii fructu hymnis patrem concinunt*), so betont er doch, daß die Christen *satis litterarum, satis uersuum* haben, *satis etiam canticorum, satis uocum* (De spectaculis 29,4: Ed. I 251).

Speziell den Psalmen des Valentinus setzt Tertullinanus diejenigen des David entgegen (De carne Christi 17,1; 20,3: Ed. II 903, 909) und fordert Marcion auf, einen Psalm zu produzieren (Adv. Marcionem V 8,12: EVANS, Tert. 560).

So konstituieren denn auch vor allem die atl. Psalmen die liturgische und eheliche Hymnodie (De anima 9,4: Ed. II 792; Ad uxorem II 8,8–9: Ed. I 394).

Das mag ebenfalls für „den Hymnengesang bei Märtyrerfeiern" gelten (WILLE, Musica 382 mit Anm. 151 aus Scorpiace 7: *hymnis*) und gilt ganz sicher für das (häusliche?) Respondieren mit Halleluja und anderen Schlußklauseln (De oratione 27: Ed. I 273), auch wenn neben *psalmi* manchmal *hymni* erwähnt werden (außer an der genannten „Ehepaar"-Stelle z.B. De oratione 28: Ed. I 273), die zumindest wahlweise über die Psalmen hinausgehen, wenn bei der Agape (*cena nostra*) der Test der Betrunkenheit bzw. Nüchternheit durch die Aufforderung durchgeführt wird, *in medium deo canere*, entweder *de scripturis sanctis*, oder *de proprio ingenio* (Apologeticum 39,18: Ed. I 153; C. BECKER, Tert. 188; vgl. LECLERCQ, Hymnes 2864; WILLE, Musica 372, 381).

Eher manche „alttestamentliche" und „heidnische" Opfervorstellungen als Hymnodie bzw. Psalmodie als solche werden kritisiert durch die Rede vom

---

[1] Vgl. SCHANZ, Geschichte IV,1 [= HAW VIII,4,1]; SCHANZ/HOSIUS/KRÜGER, Geschichte III und IV,2 [= HAW VIII,3 und VIII,4,2]; DEKKERS, CPL; RUBENBAUER, ThesLL VI,3 (1936–1942) 3143–3145; DU CANGE, Glossarium IV (1883–1887 [= 1954]) 271–272; WILLE, Musica 367–405 („Das Verhältnis früher römischer Christen zur Musik"); HALPORN/OSTWALD, Metrik.

[2] Vgl. ALTANER/STUIBER § 44; QUASTEN, Patrology II 246–340; HENGEL, Christuslied 367, 369, 372–373, 383; CABROL/LECLERCQ, MELi I,1 159–173, Nrn. 1578–1860; MCKINNON, Music 42–45. Zitate und Belege, wenn nicht anders vermerkt, stammen aus CChr.SL I–II.

Gebet als geistigem Opfer (*hostia spiritalis*), das *cum pompa operum bonorum inter psalmos et hymnos* zum Altare Gottes zu bringen ist (De oratione 28: Ed. I 273; vgl. zur rein symbolischen Interpretation DYER, Augustine 89).

Auf rein sprachlicher Ebene schließlich ist es interessant, daß Tertullian das später durch *laudare* übersetzte ὑμνεῖν von Ps 21,23 LXX durch *hymnum dicere* wiedergibt und das später als *oblatio munda* erscheinende *sacrificium mundum* (Mal 1,11 LXX: θυσία καθαρά) synonymisch als *gloriae relatio et benedictio et laus et hymni* definiert (Adv. Marcionem III 22,6: EVANS, Tert. 240 [ἔπαινος = *laus* in Ps 21,26 LXX]).

Als „der früheste Interpret" von Plinius d.J. (Briefe X 96) „deutet" Tertullianus „den Vorgang ... als Christuslied und als ethisch verpflichtende Predigt": *ad canendum Christo ut deo et ad confoederandam disciplinam* (Apologeticum 2,6: Ed. I 88 [mit dem griechischen Text von Eus. h.e. I 33,3]; HENGEL, Christuslied 383).

2. Cyprianus von Karthago (3. Jh. n.Chr.)[1]

In dem blumigen und geschraubten Stil seiner Bekehrungsapologie[2] empfielt der i.j. 258 enthauptete Märtyrerbischof für das Abendessen: *Sonet psalmus*, als *spiritalis auditio* und *religiosa mulcedo* (Ad Donatum 16: CChr.SL III A [ed. SIMONETTI] 13).[3]

---

[1] Vgl. ALTANER/STUIBER § 48; QUASTEN, Patrology II 340–383; Alfred STUIBER, RAC III (1957) 463–466; Maurice BÉVENOT, TRE VIII (1981) 246–254; HENGEL, Christuslied 372; CABROL/LECLERCQ, MELi I,1 173–186, Nrn. 1861–2099; MCKINNON, Music 48–49.

[2] Vgl. auch die Beurteilung von Ad Donatum durch Annemarie ARNOLD-KUBINA, KNLL IV (1989) 355–356, bes. 356: „Die Schrift ist ein nicht besonders originelles Beispiel für die in der Spätantike so beliebte Literaturgattung der »Confessio«. ... Zweifellos sind die *Confessiones* AUGUSTINS literarisch weitaus bedeutsamer." Zur hymnologischen Bedeutung der sogenannten Bekenntnisse von Augustinus s.u. B.V.b.7.

[3] Wegen der sicheren Abhängigkeit von Cyprianus soll hier auf die Carmina des Commodianus hingewiesen werden (vgl. ALTANER/STUIBER § 49; OPELT, Paradeigmata 113–120, bes. 114: „Falls der Frühansatz [sc. 3. Jh. n.Chr.] stimmt, hätten wir es mit dem Archegeten der christlichen lateinischen Dichtung zu tun.").
Die Y-Zeilen zweier Abecedarien der Instructiones, nämlich I 35,22 (*Ymnum sibi soli Dominus proferre praecepit* [I. MARTIN, Carmina 30]) und II 15,22 (*Ymnificato choro placitoque Christo seruire* [a.a.O. 55]), sind sehr frühe Beispiele des dichterischen Zwangs, der später häufiger zur – eigentlich nichtssagenden – Erwähnung von *(h)ymnus* führen sollte. Wichtiger als Zeugnis ist vielleicht der folgende Hexameter aus dem apologetischen Carmen de duobus populis: *Et sic honestati hymnos pariterque decantant* (978: a.a.O. 109).

3. Lactantius (3./4. Jh. n.Chr.)[1]

Was LODI (Ench. 171) als „Laudes imperatoris Licinii" bezeichnet (De mortibus persecutorum 46,6: BRANDT/LAUBMANN, CSEL 27 [Opera II,2] 226), ist ein Gebet.
Mit dem lateinischen Zitat von Ode 19,6–7 ist der von Cicero geprägte „Meister der Form" (ALTANER/STUIBER 185) ein wichtiger Zeuge für die Existenz der sogenannten Oden Salomos im 3. Jh. n.Chr. (vgl. HENGEL, Christuslied 368–369, Anm. 39).

4. Marius Victorinus (3./4. Jh. n.Chr.)[2]

Als „Libelli" 10–12 der theologischen Werke des römischen Rhetorikers und Neuplatonikers aus Africa fungieren drei in den Handschriften so betitelte *hymni de trinitate* in verschiedenen Metren (vgl. Prolegomena und kritische Edition von HENRY/HADOT [CSEL 83,1] IX, XVIII–XXI, 285–305): *Adesto, lumen verum* (1–79), *Miserere domine* (1–62), *Deus, Dominus* (1–285).
Der dritte von ihnen zeigt mit seinen vielen Prädikationen am deutlichsten Hymnenstil und, trotz des 60fachen Refrains *O beata trinitas*, neuplatonische Prägung. Der zweite ist eher ein litaneiartiger „Hymnus christologicus", in rhythmischer Prosa „secundum legem parallelismi psalmorum" komponiert (LODI, Enchiridion 236–237).

5. Hilarius (4. Jh. n.Chr.)[3]

Es ist erstaunlich und bedauerlich, daß von dem *liber hymnorum* (Hieronymus, De viris illustribus 100: PL XXIII 631–760, 739A ; E. C. RICHARDSON, NPNF, 2nd ser., III 380) des ersten lateinisch-christlichen Hymnendichters, dessen polymetrische Hymnen zusammen mit den Hymnen des Ambrosius noch

---

[1] Vgl. ALTANER/STUIBER § 52; QUASTEN, Patrology II 392–410; Annemarie ARNOLD-KUBINA, KNLL IX (1990) 958–961; CABROL/LECLERCQ, MELi I,1 189–190, Nrn. 2152–2172; MCKINNON, Music 50; LODI, Enchiridion 171; LATTKE, Oden III 464.

[2] Vgl. ALTANER/STUIBER § 95,6; SZÖVÉRFFY, Annalen I 74; Manlio SIMONETTI in: DI BERARDINO, Patrology IV 69–80; LODI, Enchiridion 236–237. Edition: HENRY/HADOT.

[3] Vgl. SCHANZ, Geschichte IV,1 [= HAW VIII,4,1] 226–228; ALTANER/STUIBER § 94; LECLERCQ, Hymnes 2902–2903; SZÖVÉRFFY, Annalen I 69–73; Manlio SIMONETTI in: DI BERARDINO, Patrology IV 36–61, 52–54; WALPOLE, Hymns 1–15; DREVES/BLUME I 1–5; LIETZMANN, Poesie 3–7; BULST, Hymni 8–9, 29–35 (Texte), 182, 204; LODI, Enchiridion 232–236; MCKINNON, Music 121–125; WILLE, Musica 288–289, 377–378, 404; PELLEGRINO, Poesia; FIGURA, Kirchenverständnis.

300 Jahre später auf dem vierten Konzil von Toledo (633 n.Chr.) als außerbiblische *hymni in laudem dei* (can. 13) zugelassen wurden in endgültiger westlicher Revision des unseligen can. 59 von Laodikeia,[1] im stark verstümmelten Codex Aretinus (VI 3, p. 27–30 [11. Jh. n.Chr.]) nur drei Hymnen fragmentarisch erhalten sind:

> *Ante saecula qui manens* (= I; 18 vierzeilige Strophen + drei Zeilen von Strophe 19; die Strophen 20–23 des Abecedarius fehlen);
> *Fefellit saeuam uerbum factum te caro* (= II; fünf zweizeilige Anfangsstrophen des Abecedarius fehlen);
> *Adae carnis gloriosae et caduci corporis* (= III; neun dreizeilige Strophen + eineinhalb Zeilen von Strophe 10).[2]

Das Prooemium ist so anspruchsvoll wie hymnologisch aufschlußreich: *Felix propheta Dauid primus organi / in carne Christum hymnis mundo nuntians* (BULST, Hymni 31; vgl. LIETZMANN, Poesie 3: *„Incipiunt hymni eiusdem [sc. Hilarii]"* im Codex von Arezzo).

Der von WALPOLE mit anderen Handschriften und Hymnenbüchern dem Hilarius zugeschriebene Hymnus *Hymnum dicat turba fratrum* ist nicht nur „dubius" (LODI, Enchir. 232), sondern anonym bzw. sogar pseudepigraphisch (BULST, Hymni 133–135; s.u. B.V.b.36).

Zumindest indirekt spricht I 3 vom Hymnengesang der Gläubigen: *Credens te populas rogat, / hymnorum resonans, etc.* (BULST, Hymni 8, 31; WILLE, Musica 377; PELLEGRINO, Poesia 208). Doch auch die Engel werden, u.a. in II 22, wie so oft ins Spiel gebracht: *Ymnos perennes angelorum cum choris / in hoc resurgens laeta psallam corpore* (BULST, Hymni 34, Y-Strophe; vgl. auch in III 4 die Anspielung aufs Gloria der Engel).

Man muß aber auch sehen, daß die klassisch gebauten „Strophenlieder" (WILLE, Musica 288–289; zur Metrik vgl. auch SIMONETTI, a.a.O. 52–53 und PELLEGRINO, Poesia [passim]), die durchaus literarischen Einfluß hatten auf Prudentius (s.u. B.V.b.15) oder Fortunatus (s.u. B.V.b.34), „unpopulär und

---

[1] Ca. 360 n.Chr.; vgl. LATTKE, Oden III 135–136, 185; HENGEL, Christuslied 370.

[2] Vgl., im Kontext der anderen Werke, Jean DOIGNON (Übers. Michael DURST), RAC XV, Lief. 113–114 (1989) 139–167, bes. 150–151: „Ein theologisches, liturgisches (?) u. poetisches Werk sind die drei echten Hymnen (unvollständig) des H[ilarius], darunter zwei Abecedarien (CSEL 65, 210/6; …). Der erste Hymnus, verfaßt in frei gehandhabtem Horazischen Versmaß, rühmt die Größe des Geheimnisses des menschgewordenen Gotteswortes. Der zweite preist in sechsfüßigen Jamben die Herrlichkeit der Auferstehung Christi u. einer christl[ichen] ‚Wiedergeborenen' (= Seele?; …). Der dritte beschreibt in vierfüßigen Trochäen den Kampf zwischen Christus u. Satan mit deutlichen Anleihen aus der klass[ischen] Dichtung (…); Thema u. Wortschatz entsprechen jedoch traditioneller christl[icher] Lehre."

wahrscheinlich auch schwierig zu singen waren" (HALPORN/OSTWALD, Metrik 51). Zugespitzt auf die Liturgiegeschichte heißt das: „Ob sie von Hilarius wirklich für die Liturgie oder eher für den außerliturgischen Gebrauch (sc. z.B. das Gebet) verfaßt wurden, ist eine offene Frage" (DURST, Besprechung [von FIGURA, Kirchenverständnis] 208).

Zu den von MCKINNON (Music 122–124) zusammengestellten Belegen aus der Instructio psalmorum 1–19 (PL IX 232–244; CSEL XXII 3–16), besonders zu Nr. 272 (Music 124; vgl. auch WILLE, Musica 404 mit Anm. 342: instr. psalm. 19), ist auch hinzuweisen auf Nr. 205 (Music 96–97: Eus. in psalmos [PG XXIII 72–73]), wo schon ganz ähnliche Begriffserklärungen von *psalmus, canticum* (ᾠδή), *canticum psalmi* und *psalmus cantici* erscheinen, aus denen sich ebenfalls keine Schlüsse ziehen lassen für die zeitgenössische Hymnodie bzw. Psalmodie.

6. Ambrosius (4. Jh. n.Chr.)[1]

Der „Vater der lateinischen Hymnendichtung" (HALPORN/OSTWALD, Metrik 51, zu Metrum und Melodie), ja der „Vater des Kirchenliedes" überhaupt (JENNY, Kirchenlied 606), „bezeugt selbst, Hymnen gedichtet zu haben, und wußte um ihre (verführerische) Wirkung" (WILLE, Musica 377 und 289 mit Anm. 1057: *hymnorum quoque meorum carminibus deceptum populum ferunt* [Sermo contra Auxentium 34]; vgl. BÜCHNER, Lyrik 339; vgl. auch die spätere Notiz in einem Distichon von Arator: *Qualis in Hyblaeis Ambrosius eminet hymnis* [Ep. ad Parthenium 45: MCKINLAY, CSEL LXXII 151]).

Die später oft nachgeahmten literarischen Ambrosiusstrophen, von denen jeweils acht einen einfach zu singenden Hymnus bilden, bestehen aus je vier akatalektischen jambischen Dimetern (BULST, Hymni 10). Folgende „ambrosianische" Hymnen können mehr oder weniger großen Anspruch auf Echtheit erheben (nach der Anordnung von BULST; abweichende Zählung und Schreibweise bei LIETZMANN, Poesie, Nrn. 4–17):

---

[1] Vgl. SCHANZ, Geschichte IV,1 [= HAW VIII,4,1] 228–233; ALTANER/STUIBER § 97; LE-CLERCQ, Hymnes 2901–2903; Wilhelm WILBRAND, RAC I (1950) 365–373; Ernst DASSMANN, TRE II (1978) 362–386; SZÖVÉRFFY, Annalen I 48–68; Maria Grazia MARA in: DI BERARDINO, Patrology IV 144–190 (Lit.!); WALPOLE, Hymns 16–114; DREVES/BLUME I 6–14; LIETZMANN, Poesie 7–15; BULST, Hymni 9–11, 37–52 (Texte), 161–163, 182–185; LODI, Enchiridion 239–248; MCKINNON, Music 125–134; WILLE, Musica 289–291, 370, 377, 401–402; RYDEN, Hymnody 17–21; MOHRMANN, Études I 165–168; LEEB, Psalmodie; BÜCHNER, Lyrik 338–344; FAUTH, Morgenhymnus; MERKELBACH, *Erronum cohors*; CHARLET, Richesse. – Nachtrag: NAUROY, Laurent (non vidi).

Aeterne rerum conditor	(I [BULST] bzw. 5 [LIETZMANN]);
Splendor paternae gloriae	(II bzw. 8);
Iam surgit hora tertia	(III bzw. 6);
Deus creator omnium	(IV bzw. 4);
Intende, qui regis Israel	(V bzw. 7);
Amore Christi nobilis	(VI bzw. 9);
Inluminans altissimus	(VII bzw. 10);
Agnes beatae uirginis	(VIII bzw. 11);
Hic est dies uerus dei	(IX bzw. 12);
Victor Nabor Felix pii	(X bzw. 13);
Grates tibi, Iesu, nouas	(XI bzw. 14);
Apostolorum passio	(XII bzw. 15);
Apostolorum supparem	(XIII bzw. 16);
Aeterna Christi munera	(XIV bzw. 17).

Nr. XIV „unterscheidet sich eigentümlich von allen übrigen" (BULST, Hymni 9; unentschieden ist hier auch WALPOLE [Hymns 104], der aber noch vier weitere Hymnen unter den Namen des Ambrosius stellt: *Nunc sancte nobis Spiritus; Rector potens, uerax Deus; Rerum Deus tenax uigor; Iesu corona uirginum* [108–114]). Durch Zitate bzw. Anspielungen von Augustinus und Coelestinus können freilich nur die Nrn. I, III, IV, V und XI mit großer Sicherheit als authentisch angesehen werden (BULST, Hymni 9, 162–163; vgl. die detaillierte Diskussion von WILLE [Musica 289–291], der auch Nr. II aus musikologischen Gründen für echt hält, zu den übrigen aber recht skeptisch bleibt).

Natürlich sind „der sogenannte *Ambrosianische Lobgesang (Te Deum)* und das österliche *Exsultet* nicht von Ambrosius" (DASSMANN, TRE II 369; zum *Te Deum* vgl. MOHRMANN, Études I 161–162).

Wenn die Arianer auch in Mailand ihre Lehre in Hymnen zum Ausdruck gebracht haben (vgl. Sokrates, KG VI 8; s.o. B.V.a.22–23), dann waren vielleicht wirklich die „arianischen Kämpfe" auch direkter „Anlaß" für die ambrosianischen „Hymnen, deren Inhalt biblische und dogmatische Themen sind" (WALSH, Hymnen 756–757; vgl. BOUCHÈRE, Hymne 1136). Bei der Interpretation müssen neben dieser dogmengeschichtlichen Frontstellung die „Quellen" des Ambrosius stets mitbeachtet werden (vgl. DASSMANN, TRE II 373–375).

Bleiben „synkritische" Studien wie die von FAUTH (Morgenhymnus, mit weiterer Literatur) und textkritische Notizen wie die von MERKELBACH (*Err. cohors*, zu I 3,4) ein Desiderat der Forschung, so ist durch die Monographie von LEEB zur responsorialen – nicht antiphonalen oder alternierenden (anders WILLE, Musica 374) – Psalmodie und die entsprechend umfangreiche Zusammenstellung von MCKINNON (Music 125–134) die hymn(olog)ische Terminologie, ja Synonymik in den Schriften des Ambrosius gut dokumentiert (vgl.

LEEB, Psalmodie 24–89, 27: „Ein Hymnus ist für ihn ein Lobgesang, den er zum Beispiel im Buch der Psalmen findet, den er aber auch selbst verfaßt").[1] Aus der Fülle der verstreuten Aussagen sei eine Stelle wegen ihrer doppelten Parallelität herausgegriffen: *Hymni//psalmi dicuntur//canuntur* (De Elia et jejunio XV 55: PL XIV 752A).

7. Augustinus (4./5. Jh. n.Chr.)[2]

Wären die von Metrik und Rhythmus handelnden sechs Bücher *De musica* (PL XXXII 1081–1194) nicht nur Teil eines größeren musikologischen Werkes (vgl. die Einleitung mit ausgewählter Bibliographie und Übersetzung von TALIAFERRO, Aug. on Music 153–166 bzw. 167–379, hier 153–154), dann würden sich vielleicht auch gezieltere theoretische Aussagen zu Hymnus, Hymnodie und Hymnographie finden (zur Bedeutung des ambrosianischen Hymnus *Deus creator omnium* für Augustinus überhaupt und für die Diskussion im 6. Buch von *De musica* im besonderen vgl. BRENNAN, Augustine 268–269, 273–276).

So muß man die zahlreichen Äußerungen Augustins, der nicht nur ambrosianische Hymnen kennt (BULST, Hymni 161–163), sondern auch z.b. den apokryphen Hymnos aus ActJoh 94–96 teilweise und in lateinischer Übersetzung zitiert (Ep. 237, ad Ceretium: PL XXXIII 1034–1038; vgl. auch LECLERCQ, Hymnes 2840–2841), zur liturgischen und Halleluja-responsorischen bzw. -akklamatorischen Psalmodie auf ihre hymnologische Bedeutung hin befragen (vgl. ROETZER, Quelle [passim] und die vorzügliche Zusammenstellung von MCKINNON [Music 153–168], die nun durch den Catalogus verborum zu den Bänden von CChr.SL noch erweitert werden kann).

Zunächst ist auch jetzt noch Hymnodie weitgehend identisch mit Psalmodie. Doch Augustinus war in Mailand *hymnis et canticis* zu Tränen gerührt worden (Conf. IX 6 [14]: VERHEIJEN, CChr.SL XXVII 141; BERNHART, Bekenntnisse 446–447). Im Zusammenhang mit dieser Erinnerung aus den letzten Jahrzehnten des 4. Jh.s macht er eine äußert wichtige Feststellung: „Damals ward das

---

[1] Die von LECLERCQ (Hymnes 2901) abgedruckte Definition ist wohl die von Augustinus, Enarr. in ps. 72,1 (s.u.).
[2] Vgl. ALTANER/STUIBER § 102; SZÖVÉRFFY, Annalen I 75–77; Bernard CAPELLE, RAC I (1950) 981–993; Agostino TRAPÈ in: DI BERARDINO, Patrology IV 342–462; Alfred SCHINDLER, TRE IV (1979) 645–698; LIETZMANN, Poesie 40–41; BULST, Hymni 21–22, 139–155, 161–163, 169–170, 197–198; MCKINNON, Music 153–168; WILLE, Musica 376–377; ROETZER, Quelle 12, 19, 65, 117, 216, 226–231; DYER, Augustine; VERHEIJEN, Prière.

Singen von Hymnen und Psalmen (*hymni et psalmi*) nach der Weise der Ostkirche (*secundum morem orientalium partium*) eingeführt ... und ist bereits von vielen, ja fast allen Kirchengemeinden auch sonst auf dem Erdkreis übernommen worden" (Conf. IX 7 [15]: BERNHART, Bekenntnisse 446–449; vgl. auch X 4 [5] *hymnus et fletus*, X 34 [53] *dico hymnum et sacrifico laudem*). „Es ist schwierig zu entscheiden, ob «orientalisch» oder «östlich» im Munde Augustins mit «griechisch» gleichzusetzen sei, oder ob man an Orientalen im Sinn des heutigen Wortgebrauchs zu denken habe" (DIHLE, Literatur 584).

Wichtiger noch und folgenschwer bis heute, d.h. bis zur modernen „Hymnologie" als Wissenschaft von Kirchengesang, Kirchenlied und Kirchenmusik (vgl. JENNY, TRE XV 770–778 bzw. XVIII 602–629; HENKYS, TRE XVIII 629–643; SCHUBERTH, TRE XVIII 649–662; ergänzend dazu PRICE, What is a hymn?),[1] sind die berühmten, vielzitierten und meist aus ihrem Zusammenhang der Psalmenerklärung gerissenen Definitionen:

Hymni laudes sunt Dei cum cantico: hymni cantus sunt continentes laudem Dei. Si sit laus, et non sit Dei, non est hymnus; si sit laus, et Dei laus, et non cantetur, non est hymnus. Oportet ergo ut, si sit hymnus, habeat haec tria: et laudem, et Dei, et canticum.
(Enarr. in ps. 72,1: CChr.SL XXXIX 986, 11–15, zum Stichwort *hymni Dauid*);

Hymnus scitis quid est? Cantus est cum laude Dei. Si laudas Deum, et non cantas, non dicis hymnum; si cantas, et non laudas Deum, non dicis hymnum; si laudas aliud quod non pertinet ad laudem Dei, etsi cantando laudes, non dicis hymnum. Hymnus ergo tria ista habet, et cantum, et laudem, et Dei. Laus ergo Dei in cantico, hymnus dicitur.
(Enarr. in ps. 148,17: CChr.SL XL 2176,38 – 2177,7).[2]

Daß Augustinus die Einengung von *hymnus* auf Gesang bzw. Lied für sich selbst nicht vollzogen hat, zeigen übrigens seine *confessiones*, die man als

---

[1] Zum Werk, Tod (am 10. März 1986) und zur Spezialbibliothek von Walter BLANKENBURG vgl. KDGK, 15. Ausgabe (1987) 349, 5304, sowie die Augsburger Allgemeine Zeitung Nr. 21 (27. Jan. 1987) 12.

[2] Vgl. auch die Definition von „Halleluja" als *laus Dei* bzw. *laudate Deum* (Sermo 252 [*in diebus paschalibus*] 23,9: PL XXXVIII 1176 [*dicere* // *cantare*]), dazu MCKINNON, Music 162, Nr. 373; zur systematischen Dreizahl vgl. aber auch De doctrina christiana II 17,27: PL XXXIV 49 bzw. CChr.SL XXXII 52–53, bei MCKINNON, Music 165, Nr. 382; zu den übrigen *hymnus*-Stellen der Enarrationes in Psalmos (CChr.SL XXXVIII–XL) vgl. besonders auch Catalogus verborum II–IV (1978–1981), jeweils s.v. *hymnus*.

„Lobpreisungen" verstehen muß (vgl. zu dem „ausgezeichneten" Aufsatz von BÖHMER [Lobpreisungen 420–426, 438 u.ö.] THEILER, Vorbereitung 132, im Zusammenhang von 127–134, einem Vergleich von Corpus Hermeticum 5 und Confessiones I).

Als Dichter erweist sich Augustinus besonders auch in seinem Anti-Donatisten-Psalm (PL XLIII 23–32; BULST, Hymni 139–155), einem Abecedarius von A bis V mit einzeiligem, zu respondierenden Hypopsalma, fünfzeiligem Prooemium, 20 zwölfzeiligen Strophen und einem Epilog von 30 Versen, „ein vereinzelt dastehendes Beispiel seiner Art und Zeit" (HALPORN/OSTWALD, Metrik 52–53: „Der früheste uns erhaltene Beleg für eine in rhythmischer lateinischer Dichtart abgefaßte Hymne", möglicherweise „von Psalmen entlehnt", „die seine donatistischen Widersacher sangen" am Ende des 4. Jh.s; vgl. schon BULST, Hymni 21–22 und 169–170 mit der Bezeugung von Augustinus selbst in Retractationes I 19 [20]: CSEL XXXVI 96–97 bzw. CChr.SL LVII 61, und in Ep. 55,34: PL XXXIII 220–221 bzw. CSEL XXXIV 208–209; zum letzteren, für den Gesang von Hymnen und Psalmen wichtigen Beleg vgl. MCKINNON, Music 163, Nr. 377).[1]

Dieser aufklärende Kampfpsalm, von Augustinus selber nicht als *hymnus* bezeichnet, beginnt mit der folgenden, für die gleichsilbigen Verse paradigmatischen Zeile: *Abundantia peccatórum / solet fratres conturbáre*, zeigt also schon u.a. das „Fehlen einer strengen quantitierenden Struktur" wie auch „akzentuierende Kadenz und häufige Verwendung des Reims" (HALPORN/OSTWALD, Metrik 53).

8. Hieronymus (4./5. Jh. n.Chr.)[2]

In seinen exegetischen Definitionen von *psalmus*, *hymnus* und *canticum* (ᾠδή) in Eph 5,19 (PL XXVI 528–529; vgl. MCKINNON, Music 144–145, Nr. 333) verweist der weitgereiste, doch zwielichtige Klostergelehrte nur auf den Psalter, bezieht also nicht ihm sicher bekannte außerchristliche Hymnen oder (anachronistisch) Hymnenbücher wie den *liber hymnorum* des Hilarius mit ein,

---

[1] Zu der nicht erhaltenen Schrift Contra Hilarum liber unus (Retractationes II 11) erwähnt Augustinus den Brauch (*morem*), *qui tunc esse apud Carthaginem coeperat, ut hymni ad altare dicerentur de Psalmorum libro* (MUTZENBECHER, CChr.SL LVII 98).

[2] Vgl. ALTANER/STUIBER § 100; Jean GRIBOMENT in: DI BERARDINO, Patrology IV 212–246; Pierre NAUTIN, TRE XV (1986) 304–315; Harald HAGENDAHL / Jan Hendrik WASZINK, RAC XV, Lief. 113 (1989) 117–139; WILLE, Musica 372, 379–382; MCKINNON, Music 138–145. Text der Briefe nach der griechisch–französischen Ausgabe von LABOURT (= Ed. I–VIII).

das er einige Jahre später am Ende des 4. Jh.s kennt, zumindest erwähnt (De viris illustribus 100: PL XXIII 631–760, 739A ; E. C. RICHARDSON, NPNF, 2nd ser., III 380; vgl. BULST, Hymni 161 [„ed. Richardson"]).

Hieronymus definiert Hymnen als solche Psalmen, die Gottes bewundernswerte Majestät verkünden, d.h. alle Halleluja-Psalmen. Das muß man im Auge behalten, wenn man die Briefe eines halben Jahrhunderts auf diejenigen Stellen hin durchgeht, an denen sich der geistliche Berater zur Psalmodie und speziell zum „Frauengesang" geäußert hat (vgl. WILLE, Musica 372–375, 378–380; zum polemischen Dial. contra Pelagianos I 25 vgl. auch HANNICK, NGDMM IV 368: „Women and chant").

Ep. 22,35 verbindet im Zusammenhang von 22,33–36 (ägypt. Mönchtum) die Lebensweise des *coenobium* mit derjenigen der „Essener" des Philo[1] und Josephus. Wenn die Coenobiten nach der neunten Stunde zusammenkommen, *psalmi resonant* (Ed. I 150,22); nach dem Essen stehen die Zehner-Gruppen auf und kehren *hymno dicto* (vgl. Mt 26,30!) zurück in ihre separaten, aber aneinandergrenzenden Zellen (Ed. I 151,12; vgl. 150,16).

Ep. 43,3,2 („Psalmengesang" als „Zusatz zum Gesang der Vögel" [WILLE, Musica 372]) mag man mit der idealisierenden Passage Ep. 46,12 zusammenstellen, wonach überall in Bethlehem Psalmen und Halleluja erschallen, sogar bei der Landarbeit (vgl. MCKINNON, Music 140, Nr. 318).

Ep. 52,5 erwähnt als klerikales *officium* neben *lector* und *acolythus* auch *psaltes* (Ed. II 179,25).

Daß sich Hieronymus auszukennen scheint in der griechischen und lateinischen Lyrik, zeigt Ep. 53,8: *Dauid, Simonides noster, Pindarus et Alcaeus, Flaccus quoque, Catullus et Serenus, Christum lyra personat et in decacordo psalterio ab inferis excitat resurgentem* (Ed. III 21,14–17; vgl. aber HAGENDAHL/WASZINK, RAC XV 135: „Was H[ieronymus] von griech[ischer] Dichtung weiß, hat er fast ganz von den griech[ischen] Kirchenvätern").[2]

Er verbindet in Ep. 77,11 sogar Zitate aus Vergilius (Aen. XI 139; besonders VIII 287–288: *Hic iuuenum chorus, ille senum, qui carmine laudes femineas et facta ferant*) mit dem Bericht über Fabiolas Exequien, wo *sonabant*

---

[1] Speziell zu Philos Περὶ βίου θεωρητικοῦ ἱκετῶν vgl. auch Hier., De viris 11, dazu ADAM/BURCHARD, Berichte 54–56, Nrn. 13–14. Bei MIEROW/LAWLER (Letters 169–172, 245) findet sich zwar mit Recht der Hinweis auf „Philo, *Quod omnis probus liber sit* 12" [= Prob 75–87] (Anm. 321), nicht aber auf VitCont und die Therapeuten (s.o. A.IV.b.1; Texte bequem bei ADAM/BURCHARD, Berichte 1–5, 7–22, Nrn. 1 und 3).

[2] Zu Simonides aus Keos (6./5. Jh. v.Chr.) vgl. Walther KRAUS, KP V (1975) 204–205; SCHRÖDER, Heilige Berichte 94, Anm. 90 (zu Aristeides, Rede L 37 [s.o. A.I.a.40]).

psalmi et ... alleluia quatiebat (Ed. IV 51,13–18; vgl. auch Ep. 108,29 [Ed. V 199,6–7], wo offenbar im „Gegensatz zum heidnischen Brauch" von „Klageliedern" bei Paulas Bestattung in Bethlehem „griechische, lateinische und syrische Psalmgesänge ertönten" [WILLE, Musica 381]).

Von besonderer Bedeutung sind die beiden Briefe 107 und 108, wie auch die Zusammenstellung von MCKINNON (Music 142–143) unter dem Gesichtspunkt der Psalmodie und Horen zeigt.

Laetas Tochter Paula soll in ihrer musikfeindlichen Erziehung (vgl. WILLE, Musica 380) als erstes den Psalter lernen (Ep. 107,12,1: Ed. V 156,15; ähnlich Ep. 128,4, vgl. MCKINNON, Music 143–144). Wenn sie ihren Großvater sieht, *alleluia decantet* (Ep. 107,4,8).

Die Regelung *de ordine monasterii*, wonach Psalmodien und Gebete (auch hier wieder die Herausstellung des Halleluja) so stattfinden sollen, daß die Nonnen *mane, hora tertia, sexta, nona, vespera, noctis medio, per ordinem psalterium canebant* (Ep. 108,20: Ed. V 185,13–28), spiegelt sich in der asketischen Empfehlung, das Mädchen durch das Beispiel einer *uirgo ueterana* zu lehren, *ad orationem et psalmos nocte consurgere; mane hymnos canere, tertia, sexta, nona hora quasi bellatricem Christi stare in acie, accensaque lucernula reddere sacrificium uespertinum* (Ep. 107,9: Ed. V 154,17–22; zu *sacrificium* vgl. θυσία αἰνέσεως in Hebr 13,15 u.ö. in der urchristlichen Literatur; zu den Horen vgl. auch Ep. 130,15: Ed. VII 186,18–20, sowie PASCHER, Brevier 680).

9. Drepanius Florus (Ende 4. Jh. [?] n.Chr.)[1]

Genauerer Untersuchung bedürfen sowohl die biographischen Angaben zu dem gallischen Dichter (1081D–1084A) als auch die darauf folgenden *psalmi et hymni* (1083B–1090D), von denen hier nur die gedruckten Überschriften, die Anfänge (Metren), die Umfänge nach Zeilen bzw. Strophen und einige das Selbstverständnis ausdrückende Aussagen stehen sollen.

Psalmus XXII: Me pater omnipotens clementi jure gubernat (1–21);
Psalmus XXV: Lux mihi pura deus, Deus est mihi vivida virtus (1–47, Z. 24: *Persolvam, gaudensque melos et carmina dicam*);

---

[1] Vgl. PL LXI 1081–1090, wonach zitiert wird. Weder in den einschlägigen Patrologien noch in den Werken von BULST, MEARNS oder WALPOLE findet sich ein Hinweis auf Drepanius Florus bzw. die ihm zugeschriebenen Hymnen.

Psalmus XXVII: *Ad te polorum conditor* (15 „ambrosianische" Strophen;
Str. 12,3–4: *Laudes sacrabo debitas / Dulces et hymnos concinam*);
*Hymnus Ananiae, Azariae et Misael: Omne quod aeternus per verbum con-
didit auctor* (1–67, voll von expliziten hymnologischen Aussagen);
Hymnus ad Michaelem Archangelum: Clarent angelici sublimia festa diei (23
zweizeilige Strophen; letzte Strophe dieses Gott nur indirekt preisenden
Engelshymnus: *Tum populus Christi perfecta pace fruetur, / Semper et
angelico concinet ore melos*);
De cereo paschali: Alme Deus rerum, coeli custodia cujus (1–50; letzte
Zeile: *Semper honos nomenque tuum laudesque canentur*);
*Drepanius Moduino Augustodinensi episcopo. Exhortatio ad legenda sacra
volumina: Solvo pater profluas hilari de pectore grates* (30 zweizeilige
Strophen; Str. 1b: „*Floro*"; Str. 2b: „*Ambrosius*"; Str. 22a: *In laudes
Christi etc.*);
Drepanius amico. Pro suscepta sui defensione gratiarum actio (!): *O quam
suavis odor vestri de pectoris aula* (21 zweizeilige Strophen);
*Drepanius Vulfino grammatico Aurelianensi. Hortatio ad rescribendum:
Annuus excurrit revolutis mensibus orbis* (17 zweizeilige Strophen, voll
von lyrisch–musischen Elementen).

10. Claudius Claudianus (um 400 n.Chr.)[1]

Der in seiner Authentizität umstrittene Christus- oder Osterhymnus von 23
(20) Versen, *Carmen de Salvatore* bzw. *Carmen paschale*, beginnt folgendermaßen: *Christe potens rerum, redeuntis conditor aevi* (PL LIII 788D–789A).[2]

Dieser Hymnus, der wahrscheinlich von dem in seiner Christlichkeit ebenso
umstrittenen Hofpoeten des weströmischen Kaisers Honorius (384–423 n.Chr.)
stammt, „enthält … eine komplette Christologie in nuce", ist mit seinen
„Anklängen an die johanneische Christologie", seiner „Paraphrase von Phil.
2,7f" und seinem „Relativstil der Prädikation" ein „eindrucksvolles Zeugnis für
den synkretistischen Charakter einer Übergangsepoche" (W. SCHMID, RAC III
162–163) und steht noch fest in der Tradition „heidnischer" Götterhymnen.

---

[1] Vgl. ALTANER/STUIBER § 101,8; Wolfgang SCHMID, RAC III (1957) 152–167; DI
BERARDINO, Patrology IV 307–309.
[2] Der Hymnus steht unter *Carmina dubiae auctoritatis* (*Ex Collectione Pisaurensi*), vgl. PL
LIII 785C–790C. Hier finden sich die folgenden anderen Stücke (in Klammern jeweils die Anfangszeile und weitere Informationen): *Contra poetas vanos carmen* (*Jam mihi polliceor sacris
tua carmina libris*, 1–165); *In Jacobum, magistrum equitum* (*Per cineres Pauli, per cani limina
Petri*, sieben Zweizeiler); Εἰς τὸν Σωτῆρα (Ὦ πυρὸς ἀενάοιο σοφὴν ὠδῖνα φυλάσσων, 1–
12); Εἰς τὸν δεσπότην Χριστόν (Ἀρτιφανὲς πολιοῦχε, παλαιγενὲς, υἱὲ νεοττέ, 1–3);
Laus Christi (*Proles vera Dei, cunctisque antiquior annis*, 1–30); *Miracula Christi* (*Angelus al-
loquitur Mariam, quo praescia verbo*, neun Zweizeiler).

11. Cyprianus Gallus (um 400 n.Chr.)[1]

Die Nachdichtungen von Ex 15, Num 21 und Dtn 32 (s.o. A.II.b.2) „contain possibly the best poetry of Cyprian" (DI BERARDINO, Patrology IV 313; zu Cypr., Heptateuchos 507–521 [aus Ex 15] vgl. auch Beda, s.u. B.V.b.36). Das „Canticum Moysi(s)" von Dtn 32,1–43 (Hept. 1068–1194: Ed. 151–156) wird folgendermaßen eingeleitet: *hymno dat uerba melodo* (Hept. 1067: Ed. 151).

12. Itinerarium Egeriae (4./5. Jh. n.Chr.)[2]

Dieses für die Liturgiegeschichte einzigartige Dokument ist auch von größter Bedeutung für die Hymnodie und Psalmodie. Die Reiseeindrücke aus dem Osten sind mit den Augen und Ohren einer westlichen Frau (Aeteria, Egeria, Etheria, Eucheria) wahrgenommen, sodaß sich in den für den Westen bestimmten und den Westen beeinflussenden Berichten immer schon zeitgenössische westliche Verhältnisse spiegeln können. Es ist hier unmöglich, die Fülle der Details auch nur der einschlägigen Jerusalem-Kapitel 24–49 auszubreiten (vgl. zu dem mitten in Kap. 49 abbrechenden Text [CChr.SL CLXXV 67–90] den Index [CChr.SL CLXXVI] s.v. *(h)ymnus* [717], *psalmus* [736]).

Begriffe des Stundengebets tauchen direkt und indirekt auf: z.b. *uigilare* (24,1), *matutinos ymnos dicere* (24,2; vgl. GINGRAS, Egeria 216: ἑωθινοὶ ὕμνοι), *licinicon* = λυχνικόν (24,2). Natürlich ist *dicere* = *canere, cantare*, wenn es stereotyp heißt: *dicuntur ymni et psalmi responduntur, similiter et antiphonae* (24,1; ähnlich 24,3–4.8; 25,5.7.10.12; 27,6–8; 29,2.4–5; 31,1–2; 32,1–2; 35,2–4; 36,1.3; 37,9; 38,2; 39,3; 40,1; 43,5–9; 44,2). Nirgends wird klar, auf was sich die Begriffe „Antiphon", „Hymnus" und „Psalm" beziehen (außer vielleicht in 32,2: *Benedictus, qui uenit in nomine Domini*, vgl. Mt 21,9).

Stereotyp ist auch die Verbindung von Hymnodie und massenhaften Prozessionen zwischen den verschiedenen Kirchen und Orten, besonders den Bischof

---

[1] Vgl. ALTANER/STUIBER § 101,10; Ludmilla KRESTAN, RAC III (1957) 477–481; DI BERARDINO, Patrology IV 312–317 (Textausgaben und Literatur!). Zitate und Belege nach der CSEL-Edition von PEIPER (= Ed.), die auch „Hilarii de euangelio" enthält (Ed. 270–274; vgl. bes. Vers 75, der mit Bezug auf Apk 4,4.10 lautet: *tum senior domino seruit chorus hymno peritus* [Ed. 273]).

[2] Vgl. ALTANER/STUIBER § 62,2; Bernhard KÖTTING, Aetheria, in: LThK I (1957) 996–997; GINGRAS, Egeria (engl. Übers.); Adalbert HAMMAN in: DI BERARDINO, Patrology IV 558–562; MCKINNON, Music 111–117. Belege und Zitate nach FRANCESCHINI/WEBER. Vgl. jetzt auch die von G. G. BETTS und D. R. BLACKMAN erarbeitete Concordantia in Itinerarium Egeriae (Hildesheim: G. Olms, 1989 [Verlagsankündigung]).

begleitenden Umzügen an Festtagen: *cum ymnis ducitur episcopus* (24,7; ähnlich 24,11; 25,2.10; 27,3; 28,6–7; 30,3; 31,1; 32,2; 34; 36,2; 39,4; 40,1–2; 41; 43,2.6–8; 44,2; 46,4; 47,1).

Ausdrücklicher Vergleich mit der westlichen Heimat findet statt, wenn es heißt: *Aguntur ibi quae consuetudinis est etiam et aput nos* (38,2), oder: *et ad nos* (39,1).

Die Liturgiesprache ist offenbar das Griechische (*grece*), aus dem ins Syrische (*siriste*) übersetzt wird für die syrischsprachige Bevölkerung (47,3; vgl. GINGRAS, Egeria 254), während *alii fratres et sorores grecolatini* denjenigen *latine exponunt*, die *latini sunt* (47,4). Dies gilt nicht nur für *lectiones* und *orationes*, sondern auch für *antiphonae* und *ymni* (47,5), womit wohl vor allem *apti psalmi* gemeint sind (vgl. nur den Begriffswechsel in 29,1–5; zur Begriffsverwirrung zwischen responsorialer und antiphonaler Psalmodie in 27,7–8 vgl. MCKINNON, Music 117).

13. Johannes Cassianus (4./5. Jh. n.Chr.)[1]

Der Austausch zwischen dem Osten und dem Westen kommt auch in den Bestimmungen des Klostergründers von Marseille zur Psalmodie zum Tragen. Ob De institutis coenobiorum III 4–6 Interpolation ist oder nicht, wichtig ist hier nur, daß die (Matutin-)Psalmen eindeutig als *(matutinales) hymni* bezeichnet werden (III 6: PL IL 135–136AB mit Anm. b).

14. Nicetas von Remesiana (4./5. Jh. n.Chr.)[2]

Daß der sogenannte Ambrosianische Lobgesang (*Te Deum laudamus*) auch dem Bischof des heutigen Bêla Palanka[3] zugeschrieben wird, hat zwei Gründe. Zum einen läßt Paulinus von Nola ihn als Hymnendichter erscheinen (vgl. Poema XVII bzw. XXVII: PL LXI 483–490 bzw. 648–663, besonders XVII 90–96 und XXVII 500).

---

[1] Vgl. ALTANER/STUIBER § 104,1; Adalbert HAMMAN in: DI BERARDINO, Patrology IV 512–523; MCKINNON, Music 146–152; DAVRIL, Psalmodie 460–461 (zur „Engelsregel" und zur „Verbindung *Psalmodie – Gebet*").

[2] Vgl. ALTANER/STUIBER § 98,2; Maria Grazia MARA in: DI BERARDINO, Patrology IV 190–194; LODI, Enchiridion 451–453 (auf der fragwürdigen Grundlage von WALPOLE, Hymns 205–211, 349–353); MCKINNON, Music 134–138; MESSANA, Remarques (als kritische Ergänzung, „in perspectiva «synergismi» humano–divini" [138], zu MCKINNON).

[3] In Serbien, südlich der Donau und „20 km östlich von Nisch" (GAMBER, TPL I 11).

Zum anderen ist Nicetas höchstwahrscheinlich der Verfasser des für die Hymnologie wichtigen „*sermo*" (§ 1) *de psalmodiae bono = de utilitate hymnorum*, auf den es hier ankommt (Text bei GAMBER, TPL I 92–100 als *liber* IV, *sermo* IV der *instructio de hymnorum et laudum ministerio*, so nach § 1; leider weicht die Zählung von GAMBER von der von C. H. TURNER [= T.] ab). Die ganze Predigt ist eigentlich nur eine Apologie des hörbaren Gesangs von Psalmen, (biblischen) Hymnen und Oden (*cantica*) gegenüber solchen „Häretikern" (§ 7; T. 2–3) im Osten und im Westen, *qui superfluam et minus congruentem diuinae religioni existiment psalmorum et hymnorum decantationem* (§ 3; T. 2).

Da zum Beweis erst das „Alte Testament" (bis § 24; T. 9), dann das „Neue Testament" aufgeboten wird, gerät die Homilie zu einer kleinen biblischen Hymnologie. Besonderes Gewicht liegt neben Ex 15, Jdc 5 und Dtn 32 (§§ 9–11; T. 3) auf dem Psalter als *carminum thesaurus* (§ 12; T. 4), der selbst fast wie in einem Enkomion gepriesen wird (§§ 13–16; T. 5; vgl. MCKINNON, Music 136).

Typischer als der atl. Begriff *sacrificium laudis* (Ps 49,14: § 21; T. 7) ist der häufige Begriff *ministerium (hymnorum [et laudum])* bzw. *officium psalmizandi* (§§ 1, 28, 30–31; T. 1, 9–10, bzw. § 21; T. 9). David heißt nicht nur *psalmista* (§ 22; T. 8), sondern auch *hymnografus* (§ 22; T. 8) und *hymnidicus* (§ 34; T. 13).

Der gewaltsamen Schriftauslegung gemäß – und in sich selbst inkonsequent – steht *laudatio* (vgl. § 39; T. 13–14) unter anderen ntl. *spiritalia* den atl. *carnalia* gegenüber (§ 25; T. 9). Als kirchliche Cantica stehen dann aber natürlich wieder atl. und ntl. Stücke zusammen, wobei das Magnificat der Elisabeth in den Mund gelegt wird (§ 32; T. 11; vgl. § 26; T. 9, zusammen mit dem Benedictus und dem Gloria der Engel; zur Diskussion der „lectio difficilior" in Lk 1,46 vgl. HENGEL, Christuslied 360–361 mit Anm. 14).

Der Sermo schließt mit dem Aufruf zur Konsonanz der Chöre (§§ 35–42; T. 13–14). Was die hymnologische Synonymik über die musikologischen Begriffe hinaus betrifft, so steht *laudare* (passim) parallel zu *glorificare* (§ 4; T. 2), *magnificare* (§ 26; T. 9) oder *benedicere* (§ 30; T. 10).

15. Prudentius (4./5. Jh. n.Chr.)[1]

Es wäre vermessen, hier mehr als einen knappen Überblick bieten zu wollen über diejenigen polymetrischen Dichtungen, die der große christliche Poet aus Spanien einerseits selbst *hymni* nennt und die andererseits mit dem Kriterium der Ähnlichkeit als solche bezeichnet werden können (vgl. auch die etwas konfuse Angabe von Gennadius, De scriptoribus ecclesiasticis 13 *[Fecit et in laudem martyrum, ..., et hymnorum alterum]*: PL LVIII 1068AB; E. C. RICHARDSON, NPNF, 2nd ser., III 388 mit Anm. 2).

Im Vorwort zu seinen gesammelten Werken, 15 Strophen zu je drei Verszeilen (Ed. 1–2), gibt sich auch die literarisch-hymnologische Intention zu erkennen: *Hymnis continuet dies | nec nox ulla uacet quin dominum canat* (Praef. 37–38); *carmen martyribus deuoueat, laudet apostolos* (42). Damit sind die beiden ‚griechisch' betitelten Bücher genannt, Liber Cathemerinon I–XII (Ed. 3–72) und Liber Peristefanon I–XIV (Ed. 251–389), denen die je verschiedene Auswahl in alten und neuen, handschriftlichen und gedruckten Hymnensammlungen entstammt, z.T. von der „Lesedichtung" (BULST, Hymni 11) zum Gesang umfunktioniert (vgl. besonders WILLE, Musica 291).

Alle zwölf verschieden langen „Tageszeitengedichte" tragen in den Überschriften die Bezeichnung *(h)ymnus* (zu Metren und Strophen vgl. die Übersicht von THRAEDE, Auferstehung 68, und ausführlicher, mit späteren musikologischen Angaben, WILLE, Musica 292–298). Es sind die folgenden, jeweils mit Titel, Initium, Verszahl und einigen hymnologischen Hinweisen (christliche und außerchristliche Parallelen finden sich in den Editionen und in den Anmerkungen zur recht freien Übersetzung von EAGAN [Poems 3–92]; kurze Inhaltsangaben bei SCHANZ, Geschichte IV,1 [= HAW VIII,4,1] 236–239):

   I. *Hymnus ad galli cantum: Ales diei nuntius* (1–100);
  II. *Hymnus matutinus: Nox et tenebrae et nubila* (1–112);
 III. *Hymnus ad cibum: O crucifer bone, lucisator* (1–205);

---

[1] Vgl. SCHANZ, Geschichte IV,1 [= HAW VIII,4,1] 233–258; ALTANER/STUIBER § 101,6; SZÖVÉRFFY, Annalen I 78–94; DI BERARDINO, Patrology IV 281–296; WALPOLE, Hymns 115–148; DREVES/BLUME I 15–24; BULST, Hymni 11, 53–67 (Texte), 185–187, 203; LIETZMANN, Poesie 18–40; WILLE, Musica 291–298; LODI, Enchiridion 447–451; M. P. CUNNINGHAM, Carmina (Texte mit Indices! [= Ed.]); EAGAN, Poems (Übers.). – Neuere Einzeluntersuchungen mit weiterer Literatur: BUCHHEIT, Resurrectio; FAUTH, Morgenhymnus (zu Cath. I); Chr. GNILKA, Natursymbolik (zu Cath. I–II und V–VI, in Auseinandersetzung mit dem Kommentar von M. M. VAN ASSENDELFT [Groningen 1976]); Chr. GNILKA, Zeugnis (zu Psych. 644–665); HENKE, Romanushymnus (zu Perist. X); THRAEDE, Untersuchungen II 151–157; THRAEDE, Auferstehung (zu Cath. III 186–205).

IV. *Hymnus post cibum: Pastis uisceribus ciboque sumpto* (1–102; zu 75, *grates reddimus et sacramus hymnos*, vgl. III 90: *nostra, deus, canet harmonia*);

V. *Hymnus ad incensum lucernae: Inuentor rutili, dux bone, luminis* (1– 160 + 161–164, doxologisch);

VI. *Hymnus ante somnum: Ades, pater supreme* (1–152);

VII. *Hymnus ieiunantium: O Nazarene, lux Bethlem, uerbum patris* (1– 220);

VIII. *Hymnus post ieiunium: Christe, seruorum regimen tuorum* (1–80);

IX. *Hymnus omnis horae: Da, puer, plectrum, choraeis ut canam fidelibus* (1–114; musikologisch besonders interessant, vgl. WILLE, Musica 292 mit Anm. 1102);

X. *Hymnus circa exequias defuncti: Deus, ignee fons animarum* (1–172);

XI. *Hymnus VIII Kal. Ianuarias: Quid est quod artum circulum* (1–116);

XII. *Hymnus epifaniae: Quicumque Christum quaeritis* (1–208; das Hymnenbuch schließt passend mit der letzten Strophe: *Laudate uestrum principem / omnes, etc.* [205–206]).

Obwohl die noch verschiedeneren vierzehn (Märtyrer)-„Kranzgedichte" in ihrer poetischen Mischung aus Hagiographie und Enkomion (*laudatio*) nicht alle mit *(h)ymnus* überschrieben sind, sondern z.T. mit *passio* (Perist. II [doch *hymnus* in Hs. A und *finit hymnus* in Hs. B], V, IX, X [nur in Hs. b], XII–XIV; vgl. noch III [*hymnus passionis* in Hs. U]) oder auch ganz anders (VIII und XI, metrisch zusammengehörend; IX, auch in Distichen, vgl. EAGAN, Poems xxii), werden sie oft vereinfachend als Hymnen bezeichnet (vgl. z.B. DI BERARDINO, Patrology IV 293–295; EAGAN, Poems 95–280). Da sich in einigen der „episch-lyrischen, manchmal sogar dramatischen" (ALTANER/STUIBER, Patr. 407) Gedichte wichtige spanische und römische hymnologische Anspielungen finden, seien sie hier ähnlich wie oben zusammengestellt (vgl. auch die kurze Skizze bei SCHANZ, Geschichte IV,1 [= HAW VIII,4,1] 239–244; zu den literarischen Parallelen vgl. wieder die Editionen, Übersetzungen und Einzeluntersuchungen).

I. *Hymnus in honorem sanctorum martyrum Emeteri et Chelidoni Calagurritanorum: Scripta sunt caelo duorum martyrum uocabula* (1– 120; zu 118, *State nunc, hymnite, matres etc.*, und zur Variante *hymnistae* vgl. EAGAN, Poems 105);

II. *Passio Laurenti beatissimi martyris: Antiqua fanorum parens* (1–584; römische Verhältnisse in 515–516: *Christi frequentans atria / hymnis resultat martyrem*);

III. *Hymnus in honorem passionis Eulaliae beatissimae martyris: Germine nobilis Eulalia* (1–215; vgl. zum spanischen Kult besonders das Ende

208–215, wo aber nicht von *hymnus* die Rede ist, sondern von der Verehrung *carmine*);

IV. *Hymnus in honorem sanctorum decem et octo martyrum Caesaraugustanorum* (1–200; in die Strophe 145–148 [u.a. *psalmis*] sollte man nicht „praise with loud hymns of joy" eintragen, gegen EAGAN, Poems 143);

V. *Passio sancti Vincenti martyris: Beate martyr, prospera* (1–576; zum *carmen* psallierenden Märtyrer vgl. Apg 16,25);

VI. *Hymnus in honorem beatissimorum martyrum Fructuosi episcopi, Augurii et Eulogii: Felix Tarraco,Fructuose, uestris* (1–162; spanische Verhältnisse in den beiden Strophen 148–150 und 151–153: gemischter Chor; zur freien Übersetzung von 150, *uestrum psallite rite Fructuosum!*, und 151, *Laudans Augurium resultat hymnus*, durch EAGAN [Poems 175] vgl. Chr. GNILKA [Zeugnis 68] mit seinen Bemerkungen zu *psalmus, psallere, hymnus*);

VII. *Hymnus in honorem Quirini beatissimi martyris episcopi ecclesiae Siscianae: Insignem meriti uirum* (1–90);

VIII. *De loco in quo martyres passi sunt nunc baptisterium est Calagorra: Electus Christo locus est, ubi corda probata* (1–18; sicherlich kein „hymn", gegen EAGAN, Poems 180);

IX. *Passio Cassiani Forocorneliensis: Sylla Forum statuit Cornelius; hoc Itali urbem* (1–106; was der Dichter nach der Rückkehr aus Rom mit diesem Gedicht tut, sagt er selbst am Schluß: *Cassianum praedico*);

X. *Romanus: Romane, Christi fortis adsertor dei* (1–1140; zu den handschriftlichen Problemen vgl. die Editionen und EAGAN, Poems 190, wo das lange Gedicht einerseits als „discourse", andererseits aber auch wieder ungenau als „hymn" eingestuft wird; ohne Begründung spricht auch HENKE von „Hymnus" [Romanushymnus 59–60]);

XI. *Ad Valerianum episcopum de passione Hippolyti beatissimi martyris: Innumeros cineres sanctorum Romula in urbe* (1–246);

XII. *Passio apostolorum: Plus solito coeunt ad gaudia; dic, amice, quid sit* (1–66; römischer Apostelkult: *et his et illis perfruamur hymnis* [60]);

XIII. *Passio Cypriani: Punica terra tulit quo splendeat omne quidquid usquam est* (1–106; kein Hymnus; auch die fiktive Invokation des Cyprianus in 55–69 ist eher ein Gebet; zur Rhetorik des Lobes in 9–15 im Vergleich mit c. Symm. I 632–637 vgl. THRAEDE, Untersuchungen II 151–157);

XIV. *Passio Agnes: Agnes sepulcrum est Romulea in domo* (1–133; 52–53 sind zwar z.T. Topos der Märtyrerliteratur seit den Makkabäern: *Ibat triumfans uirgo deum patrem / Christumque sacro carmine concinens*; doch von „a hymn of praise" [EAGAN, Poems 277] ist nicht die Rede).

16. Paulinus von Nola (4./5. Jh. n.Chr.)[1]

Nach Gennadius (De scriptoribus ecclesiasticis 48[49]: PL LVIII 1059–1120, 1086–1087A; E. C. RICHARDSON, NPNF, 2nd ser., III 394) hat der Dichterbischof Paulinus ein *Hymnarium* (bzw. *et hymnorum* [BULST, Hymni 163, test. 12, „xlix ed. Richardson"]) verfaßt *(fecit)*, das nicht erhalten ist. In seinen Gedichten *(carmina)* und Briefen finden sich aber einige hymnologisch interessante Passagen.

Gehört das „Lob des Adressaten" und die *laus epistulae acceptae* in den Bereich des rhetorischen Enkomions (vgl. THRAEDE, Unters. II 149–151), so ist der Poet selbst ein (Musik)-Instrument zur Ehre Gottes (vgl. WILLE, Musica 398, 403; FONTAINE, Symbolismes [passim]) oder zur Ehre des Kreuzes (Ende von Carm. XIX [718–730]: PL LXI 550; vgl. LODI, Ench. 454, Nr. 701: *Ad crucem).*

Daß Paulinus (ein) Hymnen(buch) von Sanctus erhalten hat, bezeugt er selbst am Anfang von Ep. XLI 1 (PL LXI 377; vgl. WALSH, Letters II 218); könnte man, statt auf Hilarius hinzuweisen (346), wegen der Jungfrauen an so etwas wie das Parthenion des Methodios von Olympos (s.o. B.V.a.7) denken?

In einem anderen Brief (nämlich Ep. XV 4: PL LXI 226–227; vgl. WILLE, Musica 387) scheint Paulinus das Hymnensingen *tacito corde* zu betonen, im Gegensatz zu Nicetas, den er ja als Hymnendichter kennt (s.o. B.V.b.14). Doch gibt es genügend Stellen in den Gedichten, die „vom Hymnen- und Psalmengesang" sprechen (z.B. Carm. XXIII 111–116: PL LXI 610; vgl. WILLE, Musica 382 zu „Märtyrerfeiern").

Paulinus „wünscht den Empfängern seines Gedichts einen hymnensingenden Bischof" (Carm. 25,198–199: PL LXI 637; vgl. LODI, Ench. 454, Nr. 702) und „fordert zum Lobpreis Gottes in festlichem Hymnengesang auf" (Carm. 14,108–109: PL LXI 467; vgl. WILLE, Musica 377 *[laus // carmina festa]*).

Metrische Hymnen sind ihm so geläufig, daß er sogar die Seeleute ihr *celeu(s)ma* in hymnischer Weise singen läßt (Carm. XVII 109–110: PL LXI 485; vgl. MCKINNON, Music 169, Nr. 394, wozu schon Augustinus, De cantico nouo 2 [PL XL 680] mit der Gleichsetzung von *celeuma* und *Halleluia* zu vergleichen ist, MCKINNON, Music 164, Nr. 380).

---

[1] Vgl. SCHANZ, Geschichte IV,1 [= HAW VIII,4,1] 259–276; ALTANER/STUIBER § 101,7; SZÖVÉRFFY, Annalen I 96–97; DI BERARDINO, Patrology IV 296–307; DREVES/BLUME I 25–28; BULST, Hymni 11–12, 163; WALSH, Letters II; WILLE, Musica 298, 373, 377, 382, 387, 398, 403; LODI, Enchiridion 453–455; MCKINNON, Music 169; THRAEDE, Untersuchungen II; FONTAINE, Symbolismes.

17. Sedulius (5. Jh. n.Chr.)[1]

Der später als *christianissimus poeta* bezeichnete Dichter, dessen hexametrisches Carmen paschale hymnische Stücke enthält (neben II 63–69 [*Salue, etc.*] vgl. z.b. I 350–368 [CSEL X 41–42, *Christe, etc.*] und dazu RATKOWITSCH, Seesturm 56: „Lobpreis Christi"; SCHANZ/HOSIUS/KRÜGER, Geschichte IV,2 [= HAW VIII,4,2] 373, Anm. 4), hat außer der in den Handschriften auch *hymnus* genannten Elegie von 55 Distichen den sehr einflußreichen Hymnus *A solis ortus cardine* verfaßt (zur Metrik der 23 „ambrosianischen" Strophen dieses Abecedarius vgl. BULST, Hymni 12; Text als H. II in: CSEL X 163–168).

Während die handschriftlichen Überschriften zwischen *carmen* und *hymnus* schwanken, kommt die hymnodische Intention, die in Strophe 1,3 anklingt (*Christum canamus principem*) und sich in Strophe 7 mit dem *chorus caelestium* verbindet (7,1; 7,2: *Et angeli canunt Deum*), zu ihrem Höhepunkt in der Y-Strophe 22: *Ymnis uenite dulcibus, / Omnes canamus subditum / Christi triumpho tartarum, / Qui nos redemit uenditus.* Die doxologische Schlußstrophe 24, *Gloria patri ingenito*, ist natürlich spätere Zufügung (vgl. CSEL X 168, krit. Apparat).

18. Secundinus (5. Jh. n.Chr.)[2]

Der seit dem 7./8. Jh. dem Zeitgenossen und Missionarskollegen von Patricius zugeschriebene Abecedarius, *Audite, omnes amantes Deum, sancta merita*, in 23 vierzeiligen Strophen, könnte zwar „aus späterer Zeit stammen", enthält aber „nichts, was die Abfassung durch einen Zeitgenossen unmöglich macht" (SCHANZ/HOSIUS/KRÜGER, Geschichte IV,2 [= HAW VIII,4,2] 533).

Dieser im Antiphonar von Bangor (7. Jh. n.Chr., vgl. BIELER, Works 59) „Hymnus auf Patricius, den Lehrer der Iren" genannte Panegyrikus spricht

---

1 Vgl. SCHANZ/HOSIUS/KRÜGER, Geschichte IV,2 [= HAW VIII,4,2] 372–374; ALTANER/STUIBER § 101,11; SZÖVÉRFFY, Annalen I 98–102; DI BERARDINO, Patrology IV 321–326; HUEMER, Opera (CSEL X [1885]); WALPOLE, Hymns 149–158; DREVES/BLUME I 29–31; BULST, Hymni 12, 69–73 (Text), 187; MEERSSEMAN, Hymnos I 133 („Mariengruß des Sedulius", Carmen paschale II 63–69: CSEL X 48–49); WILLE, Musica 298–299; LODI, Enchiridion 464–466; OPELT, Szenerie (Carm. pasch.); RATKOWITSCH, Seesturm. – Zum Paschale carmen vgl. nun auch SPRINGER, Gospel.
2 Vgl. SCHANZ/HOSIUS/KRÜGER, Geschichte IV,2 [= HAW VIII,4,2] 532–533; SZÖVÉRFFY, Annalen I 102–109; Text: PL LIII 837–840; LODI, Enchiridion 1127–1128; BIELER, Works 57–65, 100–103 (engl. Übers. mit Anmerkungen).

auch von der Hymnodie des „Apostels" selbst: *Ymnos cum Apocalypsi, psalmosque cantat Dei* (Anfang von Str. 22).

Spekulationen über „compositions of more recent times" (BIELER, Works 103, Anm. 20) sind müßig, zumal die Y-Strophe immer wieder, schon seit Hilarius (s.o. B.V.b.5), dazu dient, in Hymnen von *ymni* zu reden, wie es soeben bei Sedulius hervortrat und wie z.b. der „Abecedarius" im Codex Veronensis xc (85), f. 25^r/27^v, „scriptus ut uidetur circiter a. 739", noch zeigt: *Ymnum regi modolanter / cantemus altissimo* (Str. 22 von „Versum de Mediolano ciuitate", in: Itineraria et alia geographica [CChr.SL CLXXV, 1965] 370–377; vgl. auch neben der C-Strophe, u.a. *Cano illi imnum*, die Y-Strophe in Codex Einsiedlensis 27 [1125]:*Ymnus agni, Jesu almi, dei summi, / regis israel, regis magni, regis mundi* [DOLD, Hymnus 5, 8,14–17]).

19. Quodvultdeus (5. Jh. n.Chr.)[1]

Der in seiner Authentizität immer noch umstrittene, dem Augustinus nahestehende Liber promissionum spielt in II, xxxiv (74) auf Dan 3,49 bzw. 3,52–88 (= LXX-Ode 8) an: *Tres uero uiri inlaesi hymnum regi uero dum canerent in medio camini* (Ed. 140,57–58; dieser „alttestamentliche" Hymnus ist übrigens auch ein Lieblingstext von Augustinus selbst).

20. (Claudianus) Mamertus (5. Jh. n.Chr.)[2]

„Ein Hymnus, den Claudianus nach Angabe des Sidonius (sc. ep. 4,3,8 p. 55,29 L[UETJOHANN]) gedichtet hat, ist verloren gegangen" (SCHANZ/HOSIUS/KRÜGER, Geschichte IV,2 [= HAW VIII,4,2] 548–549).

Der Hymnus „de passione Domini", *Pange lingua gloriosi praelium certaminis*, dem Presbyter von Vienne durch Gennadius zugeschrieben (De scriptoribus ecclesiasticis 83[84]: PL LVIII 1106B–1107A; E. C. RICHARDSON, NPNF, 2nd ser., III 399; Text und Verfasserangabe: PL LIII 785–786), stammt von Venantius Fortunatus (s.u. B.V.b.34; vgl. auch A. ENGELBRECHT in: CSEL XI XLVIII–IL).

---

[1] Vgl. ALTANER/STUIBER § 103,2; Vittorino GROSSI in: DI BERARDINO, Patrology IV 501–503. Belege und Zitate nach der Edition (= Ed.) von R. BRAUN.
[2] Vgl. SCHANZ/HOSIUS/KRÜGER, Geschichte IV,2 [= HAW VIII,4,2] 447–450; ALTANER/STUIBER § 109,2; Wolfgang SCHMID, RAC III (1957) 169–179; ENGELBRECHT, Opera (CSEL XI [1885]).

21. Rusticus (5. Jh. n.Chr.)[1]

Das 149 Hexameter umfassende *carmen de Christi Iesu beneficiis* (PL LXII 545–548) des wahrscheinlich zum Kreis des Sidonius (ALTANER/STUIBER § 113,2) gehörenden Dichters Rusticus Helpidius enthält durchaus hymnologische Elemente, wie neben hymnischen Anreden und Prädikationen die ausdrückliche Wendung *celebrat laus nostra* zeigt (Vers 14; vgl. auch die Verse 38, 78, 121).

22. Gelasius I. (5. Jh. n.Chr.)[2]

Pseudo-Gennadius[3] berichtet unter anderem: *Gelasius urbis Romae episcopus* (sc. 492–496 n.Chr.) *fecit et hymnos in similitudinem Ambrosii episcopi, quos ego legi* (De scriptoribus ecclesiasticis 94[95]: PL LVIII 1115B–1116A; E. C. RICHARDSON, NPNF, 2nd ser., III 401; BULST, Hymni 163, test. 13 [„xcv ed. Richardson"]); von solchen „ambrosianischen" Hymnen, die man also auch lesen kann, ist namentlich nichts erhalten.

23. Dracontius (5. Jh. n.Chr.)[4]

Obwohl die drei hexametrischen Bücher *de laudibus dei* einen einzigen „Lobpreis auf Gott" darstellen (ALTANER/STUIBER, Patr. 498), hat der von nicht-christlichen (z.B. Vergilius) wie christlichen Poeten (z.B. Prudentius, Paulinus, Sedulius) abhängige nordafrikanische Dichter besonders in die ersten zwei Bücher eine ganze Anzahl hymnischer Passagen eingebaut: I 1–42, 118–128 (*lux* [!]), 562–569, 683–693, 696–742; II 1–59 (besonders 1–14), 154–164, 208–244, 594–609, 693–717 (vgl. die Einleitung von MOUSSY [/CAMUS], Ed. 42–86, speziell 45 mit Hinweis auf I 749 im Schlußgebet und III 736 als „thème général", 46–49, 52, 56–66, 71 mit Betonung des Ambrosius als prägender Größe, 78–86 sowie 377–382, *loci similes*).

---

[1] Vgl. ALTANER/STUIBER § 113,5.
[2] Vgl. SCHANZ/HOSIUS/KRÜGER, Geschichte IV,2 [= HAW VIII,4,2] 602–605; ALTANER/STUIBER § 107,4; BULST, Hymni 12, 163; WILLE, Musica 300; Bernard MORETON, TRE XII (1984) 273–276.
[3] Zur relativen Objektivität des Presbyters Gennadius von Marseille (5./6. Jh. n.Chr.) vgl. Theresia PAYR, LThK IV (1960) 677–678; Michaela LANGER, KNLL VI (1989) 215.
[4] Vgl. SCHANZ/HOSIUS/KRÜGER, Geschichte IV,2 [= HAW VIII,4,2] 59–69; ALTANER/STUIBER § 113,3; Pierre LANGLOIS, RAC IV (1959) 250–269. Zitate und Belege nach der Edition (= Ed.) von MOUSSY/CAMUS (Bd. I [1985]).

Die Qualifizierung des eigenen Werkes als *carmen* (I 2) gilt sicherlich nicht nur für den *liber primus* (Ed. 150). Der Autor verbindet sich mit dem *arcus dei, ubi dicuntur laudes sine fine perennes* (I 19, 21: Ed. 151). Neben einem Hymnus auf das Licht (I 118–128: Ed. 156, zwanzigmal *lux*) steht ein Hymnus auf den *solus deus* im „Er"-Stil (I 562–569: Ed. 181). Der kleine Hymnus auf den Schöpfer hat die Form eines Glaubensbekenntnisses (I 683–693: Ed. 187–188; *credamus* in Vers 684). „Er"-Stil und Relativkonstruktionen zeichnen auch den Hymnus im Epilog aus (I 696–742: Ed. 188–191).

Der mit *Omnipotens aeterne deus* beginnende *liber secundus* hebt gleich mit einem Hymnus an, voll von Prädikationen und von Anrede bis Schlußsatz durch „Du"-Stil gerahmt (II 1–14: Ed. 197). „Du"-Stil und Relativsätze zeigt typisch der Anfang des Hymnus auf den Allmächtigen: *Tu deus es quem terra tremit, quem mundus adorat* (II 154–164: Ed. 203). Der ausdrücklichste Hymnus beschreibt wieder im „Du"-Stil mit vielen Verben des Lobens und der Anbetung die hymnische Aktivität der ganzen himmlischen und irdischen Schöpfung (II 208–244: Ed. 206–207). Im „Du"-Stil bleiben auch die beiden letzten Stücke, ein Hymnus an den einzigen und ewigen Gott, *rerum fons, conditor et spes* (II 594–604: Ed. 223–224), und ein Hymnus, „célébrant la patience et l'indulgence de Dieu" (II 693–717: Ed. 228–229 und 195).

24. Ennodius (5./6. Jh. n.Chr.)[1]

In der Grabinschrift heißt es vom Bischof von Pavia (513–521 n.Chr.), der eher antiker Rhetor als christlicher Dichter war: *templa deo faciens ymnis decoravit et auro* (BULST, Hymni 163).

Unter vielen anderen Schriften, darunter auch Epigrammen und Gedichten, finden sich lediglich zwölf Hymnen, in „ambrosianischer" Strophenzahl (d.h. acht) und Form (d.h. jambischen Dimetern; Ausnahme: Nr. 8, Strophen „aus vier alkäischen Hendekasyllaben" bestehend, vgl. BULST, Hymni 13).

„Der erste Hymnus (sc. *Nigrante tectam pallio*) ist ein Abendlied, der zweite (sc. *Deus, perenne gaudium*) für die Stunden der Traurigkeit bestimmt, zwei

---

[1] Vgl. SCHANZ/HOSIUS/KRÜGER, Geschichte IV,2 [= HAW VIII,4,2] 131–149; ALTANER/STUIBER § 110,1; Jacques FONTAINE, RAC V (1962) 398–421; Annemarie ARNOLD-KUBINA / Michaela ZELZER, KNLL V (1989) 210–211; SZÖVÉRFFY, Annalen I 119–124; PL LXIII 309–334 (Carmina, Liber I); WALPOLE, Hymns 159–163; DREVES/BLUME I 32–35; BULST, Hymni 12–13, 75–88 (Text), 163, 187–189; MEERSSEMAN, Hymnos I 133–134 („Mariengruß des Ennodius": Text von Nr. 10 [s.u.]; WILLE, Musica 300; LODI, Enchiridion 475.

sind Festgedichte, und zwar (sc. Nr. 4, *Et hoc supernum munus est*) für Pfing-
sten und (sc. Nr. 7, *Iam Christus ascendit polum*) Himmelfahrt, die übrigen
acht sind Heiligen gewidmet, nämlich (sc. Nr. 3, *Vatis Cypriani et martyris*)
Cyprian, (sc. Nr. 5, *Quid Stephano potentius est*) Stephanus, (sc. Nr. 6, *Caelo
ferunt haec Ambrosium*) Ambrosius, (sc. Nr. 8, *Quae lingua possit, quis ualeat
stilus* [vgl. BULST, Hymni 188]) Euphemia, (sc. Nr. 9, *Angusta uitae tempora*)
Nazarius, (sc. Nr. 10, *Vt uirginem fetam loquar*) Maria, (sc. Nr. 11, *Cum
gesta Martini loquor*) Martinus und (sc. Nr. 12, *Dionysio Christus dedit*)
Dionysius. Die Hymnen ... sind Produkte ohne jede Poesie, steif und langwei-
lig" (SCHANZ/HOSIUS/KRÜGER, Geschichte IV,2 [= HAW VIII,4,2] 146).

Nur wenige Verszeilen bringen hymnologische Intention zum Ausdruck
oder fordern musikologisch auf zum Lobpreis: *nunc mente uoce psallite:* / *hoc
nostra debet mens deo* (Nr. 4, Str. 8,3–4); *laus haec breuis prolixa fit* (Nr. 5,
Str. 2,1); *cantate factum saecula* (Nr. 7, Str. 2,1); *quid laude dignum Mariae*
(Nr. 10, Str. 1,2); *nil laude dignum transeo* (Nr. 11, Str. 1,2).

Die Feststellung, „dass keiner dieser Hymnen in die Liturgie aufgenommen
wurde" (SCHANZ/HOSIUS/KRÜGER, Geschichte IV,2 [= HAW VIII,4,2] 146),
ist zu relativieren durch die Tatsache, daß z.B. Nrn. 4, 7 und 9 „noch im 11.
Jahrhundert in Italien liturgisch verbreitet" waren (BULST, Hymni 13).

25. Caesarius und Aurelianus von Arles (5./6. Jh. n.Chr.)[1]

Liegen die Wurzeln der für die altlateinische Hymnographie und Hymnodie
äußerst wichtigen Jungfrauen- und Mönchsregeln der beiden gallischen Bischö-
fe (502–542 bzw. 546–550 n.Chr.), von denen Aurelianus als zweiter Nachfolger Caesarius ausschreibt und weiterführt, in der „Regel des im Anfang des 5.
Jahrhunderts gegründeten Klosters Lerinum" (BULST, Hymni 13), so müssen
die Statuten zum Offizium (nicht zur Messe [!], vgl. ANGLÈS, Césaire 77) im
traditionsgeschichtlichen Zusammenhang mit Handschriften und bzw. von
Hymnarien des 8. und 9. Jh.s betrachtet werden (vgl. BULST, Hymni 172–177,
203–206).

Aus der Vita Caesarii (PL LXVII 1001–1042) geht hervor, daß er auch
compulit ut laicorum popularitas psalmos et hymnos pararet, altaque et modu-

[1] Vgl. SCHANZ/HOSIUS/KRÜGER, Geschichte IV,2 [= HAW VIII,4,2] 556–567; ALTANER/
STUIBER § 109,6; SZÖVÉRFFY, Annalen I 110–118; BULST, Hymni 13–16, 19–20, 89–116,
163–166, 189–195, 204–206; LODI, Enchiridion 547–550; WILLE, Musica 301–302; ANGLÈS,
Césaire.

lata voce instar clericorum, alii Graece, alii Latine prosas antiphonasque cantarent (1008B, vgl. dazu ANGLÈS, Césaire 75).

Die Regeln selbst zeigen nun u.a. die klare Unterscheidung von Psalmen und Hymnen bzw. von Psalmodie und Hymnodie, wobei *psallere*, parallel zu und synonym mit *dicere*, auch gelegentlich mit dem Akkusativobjekt *hymnum* begegnet (vgl. die Texte bei BULST, Hymni 163–166). Liest man die Regeln des Caesarius (= Caes.) und des Aurelianus (= Aur.) synoptisch, so ergibt sich, in der Reihenfolge der Regel und mit Angabe von VI 1–9 (BULST, Hymni 89–98), folgende Übersicht von Hymnen, z.t. anonym, z.t. anonym-„ambrosianisch", z.t. von Ambrosius (= Ambr. [mit Nr. von BULST, Hymni 39–52]) und z.t. anderer und älterer Herkunft wie das *Te deum* und *Gloria*:[1]

Iam surgit hora tertia	(Caes., Aur., Ambr. 3);
Iam sexta sensim uoluitur	(VI 5, Caes., Aur.);
Ter hora trina uoluitur	(VI 6, Caes., Aur.);
Hic est dies uerus dei	(Caes., Aur., Ambr. 9);
Christe precamur adnue	(VI 8, Caes.);
Christe qui lux es et die	(VI 9, Caes.);
Rex aeterne domine, rerum creator omnium	
	(VI 2, Caes., Aur.);
Magna et mirabilia	(Caes., Aur.);
Mediae noctis tempus est· prophetica uox admonet	
	(VI 1, Caes.);
Aeterne rerum conditor	(Caes., Ambr. 1);
Te deum laudamus	(Caes., Aur.);
Gloria in excelsis deo	(Caes., Aur.);
Splendor paternae gloriae	(Aur., Ambr. 2);
Aeterne lucis conditor	(VI 3, Aur.);
Fulgentis auctor aetheris	(VI 4, Caes., Aur.);
Deus qui certis legibus	(VI 7, Caes., Aur.);
Deus creator omnium	(Caes., Aur., Ambr. 4).

Darüberhinaus sind besonders von Caesarius zu verschiedenen Zeiten Hymnen vorgeschrieben, die man kaum identifizieren kann, weil ihre Initien nicht mitgeteilt werden. Können die 16 *hymni codicum VPΠpOT, praeter Ambrosianos et regularum Caesarii et Aureliani* (BULST, Hymni 103–116, vgl. auch 204–

---

[1] Vgl. STUIBER, Doxologie 221: „Noch vorkonstantinischer Zeit dürfte der doxologisch-akklamatorische Hymnus Δόξα ἐν ὑψίστοις (Gloria in excelsis) angehören, der sich wegen seiner hymnischen Form, seiner Abhängigkeit von biblischen u. spätjüdischen Texten u. wegen seiner schwankenden Textgestalt nur schwer in die Geschichte der D[oxologie] einordnen läßt".

206) hier auf sich beruhen, so sei für die neun spezifischen *hymni secundum regulas Caesarii et Aureliani dicendi* (BULST, Hymni 89, vgl. 204) darauf hingewiesen, daß sie nicht nur das Regel-Etikett *hymnus* tragen, sondern auch in sich selbst durch das hymnologische und musikologische Vokabular sich mehr oder weniger explizit als Lobgesänge reflektieren.

26. Benedictus von Nursia (5./6. Jh. n.Chr.)[1]

Die von Caesarius und älteren asketischen Schriften abhängige Regel von Monte Cassino ordnet in den Kapiteln 8–20 (Chor-)Gebet und Gottesdienst, den „Lobpreis Gottes" (SCHANZ/HOSIUS/KRÜGER, Geschichte IV,2 [= HAW VIII,4,2] 592).[2]

Auch hier sind *Hymnen* unterschieden von *Psalmen*, leider aber nicht benannt (Ausnahmen: *Te deum laudamus, Te decet laus*, Kap. 11 [BULST, Hymni 14]); statt Initien zu nennen, fordert die Regel ganz allgemein *laudes* (Kap. 12–13, 16), *Ambrosianum* (Kap. 12–13, 17), *hymnum eiusdem horae* bzw. *hymnos earundem horarum* (Kap. 17) oder auch einfach nur *hymnum* (Kap. 18; Texte zusammengestellt bei BULST, Hymni 166–167, vgl. 14 die Diskussion dazu).[3]

27. Boethius (5./6. Jh. n.Chr.)[4]

Während sich in den am Ende verstümmelten fünf Büchern über die Musik nichts direkt Hymnologisches findet (vgl. Übersetzung und Kommentar von O.

---

[1] Vgl. SCHANZ/HOSIUS/KRÜGER, Geschichte IV,2 [= HAW VIII,4,2] 591–595; ALTANER/ STUIBER § 110,5; BULST, Hymni 14, 166–167; Hilarius EMONDS, RAC II (1954) 130–136; Adalbert DE VOGÜÉ, TRE V (1980) 538–549. Speziell zur „Benediktusregel" vgl. Frumentius RENNER, TRE V (1980) 573–577.

[2] Vgl. Emmanuel VON SEVERUS, KNLL II (1989) 474–475, bes. 474: „Von nicht geringer Bedeutung für die mittelalterliche Literatur ist die Aufnahme des Hymnengesangs in das klösterliche Stundengebet geworden, wodurch die *Regula* zum ungeahnt fruchtbaren Ausgangspunkt der mittelalterlichen Hymnendichtung wurde."

[3] Nicht ohne Widerspruch blieb BLUME (Cursus) mit seiner Identifizierung der Regel-Hymnen (vgl. SCHANZ/HOSIUS/KRÜGER, Geschichte IV,2 [= HAW VIII,4,2] 592, Anm. 1; BULST, Hymni 205–206). Vgl. die im „Index verborum" s.v. **hymnus** zusammengestellten Belege im Kontext der kritischen Edition von HANSLIK (CSEL LXXV 56–75 [Benedicti Regula, cap. X–XX]).

[4] Vgl. SCHANZ/HOSIUS/KRÜGER, Geschichte IV,2 [= HAW VIII,4,2] 149–166; ALTANER/ STUIBER § 110,7; Friedrich WOTKE, RAC II (1954) 482–488; Lorenzo POZZI, TRE VII (1981) 18–28; Annemarie ARNOLD-KUBINA, KNLL II (1989) 860–861; THEILER, Forschungen 123, 299 (zum nur mittelbaren Zusammenhang mit Synesios 9,108), 319–325; WILLE, Musica 301. Zitate und Belege nach der Edition (= Ed.) von L. BIELER.

PAUL), hat „der letzte Philosoph der Römer" (SCHANZ/HOSIUS/KRÜGER,
Geschichte IV,2 [= HAW VIII,4,2] 164) in die kurz vor seiner Hinrichtung im
Jahre 524 geschriebene *Consolatio philosophiae* polymetrische *carmina* einge-
fügt (vgl. „Initia carminum": Ed. 123–124).

„Die Gesänge fügen sich organisch in den Text ein, resümieren oder antizi-
pieren auf höherer Stufe oder in vertiefter Weise den Inhalt des vorhergehenden oder folgenden Prosastückes" (POZZI, TRE VII 22). Diese *carmina* stehen
in antiker Hymnentradition und können z.T. selbst als Hymnen bzw. Aretalogi-
en bezeichnet werden, z.B.:

> I 5:   *O stelliferi conditor urbis* (Ed. 11–12; vgl. TH[EILER, Forsch.] 319);
> III 9: *O qui perpetua mundum ratione gubernas* (Ed. 51–52; TH. 321–325);
> III 12: *Felix, qui potuit boni* (Ed. 62–64; TH. 299);
> IV 6: *Si uis celsi iura Tonantis* (Ed. 84–85; TH. 319–320).

28. Fulgentius von Ruspe (5./6. Jh. n.Chr.)[1]

Der anti-arianische *psalmus abecedarius* des afrikanischen Bischofs ist im
Zeilenbau identisch mit dem Anti-Donatisten-Psalm des Augustinus (s.o.
B.V.b.7) und besteht aus *hypopsalma* (1–2), *prooemium* (1–12) und 23 Stro-
phen (A bis Y je 1–12, Z 1–24).

Dieser Abecedarius ist selber kein Hymnus, so wie umgekehrt die „Hymnen"
der Arianer auch „Psalmen" oder andere Kampfgesänge gewesen sein können
(vgl. BULST, Hymni 24 und 171, Test. 31 aus Cassiodorus/Epiphanius, „Hist.
eccl. q. d. tripartita X viii" etc.).

Der Psalm enthält aber einige hymnologisch wichtige Partien, z.B. in Str.
9,4–8 (Hinweis auf Jes 6,3; vgl. dazu HERTZSCH, Liturgik), Str. 11,1 (*Laudes
domino cantemus incessanter toto corde*) oder Str. 22,1, wegen des Anfangs
schon mehr oder weniger konventionell (*Ymnis trinitatem deum conlaudemus
cum tremore*).

---

[1] Vgl. SCHANZ/HOSIUS/KRÜGER, Geschichte IV,2 [= HAW VIII,4,2] 575–581; ALTANER/
STUIBER § 111,4; BULST, Hymni 23–24, 147–155, 179 (vgl. ed. princ. von C. LAMBOT,
RBen 48 [1936] 221–234), 198–199, 207.

29. Verecundus von Junca (6. Jh. n.Chr.)[1]

Die *commentarii super cantica ecclesiastica* (Ed. 1–203) des ebenfalls afrikanischen Bischofs sind nicht nur interessant wegen der Anzahl und Reihenfolge von neun „alttestamentlichen" bzw. apokryphen *cantica* (Ex 15,1–9; Dtn 32,1– 32; Thr 5,1–22; Dan 3,26–45; Jes 38,10–20 [Jes 26,1–21]; Hab 3,1–19; OrMan 1–15; Jon 2,3–10; Jdc 5,1–32; vgl. Ed. X–XI und die synoptische Übersicht XXVI–XXVII), sondern auch hymnologisch aufschlußreich für die zeitgenössische oder auch traditionelle Terminologie.

Dan 3,26 wird u.a. folgendermaßen erklärt: *An certe laudabile nomen eius in hymnis, in miraculis gloriosum* (IV 2,64–65: Ed. 85). Oder es heißt u.a. zu Dan 3,41–42: *..., et eructarint labia nostra hymnum* (IV 24,17–18: Ed. 108).

Lautet der Schlußsatz des *canticum Ionae*, Jon 2,10: *Ego autem cum uoce laudis et confessionis sacrificabo tibi*, so wirft die Auslegung Licht sowohl auf die christologische „Exegese" als auch auf die Geschichte des „Meßopfers": *Sine dubio sacrificium quod nunc ex corpore dominico ac sanguine delibamus, cum hymnis et canticis offerendum* (VIII 10,17–21: Ed. 172).

30. Flavius (6. Jh. n.Chr.)[2]

Der weitverbreitete Hymnus der Gründonnerstagsliturgie „zur Fußwaschung", *Tellus ac aethra iubilent*, des „als Bischof zu Chalon-sur-Saône bezeugten Flavius" (BULST, Hymni 16) wird in der letzten seiner neun leicht variierten „ambrosianischen" Strophen ausdrücklich lobpreisend: *uictori mortis inclitam / pangamus laude gloriam / cum patre et sancto spiritu, / qui nos redemit obitu* (BULST, Hymni 123).

31. Chilperic (6. Jh. n.Chr.)[3]

Nur in einer „einzigen Zürcher Handschrift" (BULST, Hymni 206) des 10. Jh.s überliefert, in der es heißt: *Chilbericus rex conposuit istud ymnum* (BULST, Hymni 168), stehen die 13 formal wie sprachlich germanisch-„barbarischen" Bikola des „fränkischen Königs", der nach Gregor von Tours *quasi Sedulium*

---

[1] Vgl. ALTANER/STUIBER § 111,6. Zitate und Belege nach der Edition von DEMEULENAERE (= Ed.).
[2] Vgl. SZÖVÉRFFY, Annalen I 126–128; WALPOLE, Hymns 201–204; BULST, Hymni 16– 17, 123, 168, 196, 207.
[3] Vgl. SZÖVÉRFFY, Annalen I 124–126; BULST, Hymni 16, 119, 168, 195–196 (ed. P. VON WINTERFELD, ZDA 47 [1904] 73–81), 206–207.

secutus / meditatus in Versen u.a. Hymnen schrieb (BULST, Hymni 168, hist. V
xlix und VI xlvi edd. KRUSCH et LEVISON), „weitab von allen älteren" Dichtungen (BULST, Hymni 16): *Deus mirande, virtus alma in sanctis proceribus*
(BULST, Hymni 119).

Strophe 12 gibt einen Einblick in den emendierten Text unter hymnologi-
schem Aspekt: *ftartus mundus renouatus iam cesso tartarecola / inmensas auere
Christi laudes te patrante cogitur* (BULST, Hymni 119, 196; vgl. 16 zur
Metrik).

32. Columbanus (6./7. Jh. n.Chr.)[1]

Kapitel VII der Regula monachorum des irischen Gründers von Bobbio, *De
synaxi vero, id est de cursu psalmorum et orationum etc.* (Ed. 128–133),
spricht in der Tat nur von (antiphonaler) Psalmodie, wobei das Singen nicht
näher gekennzeichnet ist. So muß wohl auch geschlossen werden, daß sich
psallere (Regula coenobialis patrum, Kap. XIII: Ed. 144–145) und *psalmodia*
(Regula coenobialis fratrum, Kap. IX: Ed. 158–159) strikt auf den Psalter
beziehen. Worauf sich der zu singende „Hymnus des Herrentags" an Festtagen
bezieht, bleibt Spekulation (vgl. Ed. 159, Anm. 1, mit Hinweis auf das Antiphonar von Bangor).

Unter den *carmina* (Ed. 182–197) finden sich zwar keine Hymnen, aber es
stecken in ihnen durchaus hymnologische Elemente und Reflexe, wie z.B.
Carmen de mundi transitu 97–98: *Ubi laudis Domini / Nulla vox retenitur* (Ed.
184), oder am Ende der Verslein an Fidolius, *Columbanus Fidolio fratri suo*
150–159: *Sic tibi Christus, / Arbiter nobis, / Omnipotentis / Unica proles, /
Dulcia vitae / Gaudia reddat, / Qui sine fine / Nomine patris / Cuncta gubernans
/ Regnat in aevum* (Ed. 196).

33. Gregorius I. (ca. 540–604 n.Chr.)[2]

Papst Gregor der Große (590–604) hat weder den „gregorianischen" Gesang
geschaffen (vgl. E. JAMMERS, RGG II [1958] 1848) noch ist er selbst Hym-

---

[1] Vgl. H. LÖWE, RGG I (1957) 1852; Arnold ANGENENDT, TRE VIII (1981) 159–162;
Klaus JOERDEN, KNLL IV (1989) 108–110. Zitate und Stellen nach der Edition (= Ed.) von
G. S. M. WALKER.
[2] Vgl. SCHANZ/HOSIUS/KRÜGER, Geschichte IV,2 [= HAW VIII,4,2] 605–623; ALTANER/
STUIBER § 108; Raoul MANSELLI, RAC XII (1983) 930–951; Robert Austin MARKUS, TRE
XIV (1985) 135–145; BULST, Hymni 14–15, 99–102, 167, 191–192, 204.

nendichter gewesen (gegen RYDEN, Hymnody 29–31; vgl. schon SCHANZ/
HOSIUS/KRÜGER, Geschichte IV,2 [= HAW VIII,4,2] 618–619 und BULST,
Hymni 15).

Aber er hat – nach Thomas ELMHAM (15. Jh.) – dem Augustinus von Can-
terbury u.a. ein Psalterium geschickt, an dessen Ende *sunt ympni tam noctur-
nales quam diurnales* (BULST, Hymni 167).

Von den nur 15 mit ihren Initien und Zeiten genannten Hymnen sind acht als
solche des Ambrosius zu identifizieren; weitere vier gehören als anonyme
Hymnen zu denjenigen, die (auch) schon in der Regel des Caesarius von Arles
(und z.T. in der des Aurelianus, s.o. B.V.b.25) erscheinen. „Von den drei
übrigen ist ein Hymnus zur Prim (sc. *Venite fratres ocius*) bis heute in keiner
Handschrift aufgefunden; den zur Sext (sc. *Bis ternas horas explicans* [BULST,
Hymni: VII 1]) hat schon Cassiodorus gekannt (test. 19.20 [BULST, Hymni
167–168]); auf das hohe Alter des Hymnus zur Complet (sc. *Te deprecamur,
domine* [BULST, Hymni: VII 2]) weisen die Umstände seiner handschriftlichen
Erhaltung (sc. 8. Jh.!)" (BULST, Hymni 15, 101–102, 167, 191).

Beide erhaltenen Hymnen sind formal „ambrosianisch", der *ad sextam* auch
achtstrophig, der *ad completorium* nur sechsstrophig.

Interessant ist die hymnodologische Selbstreflexion des Chorgesangs bzw.
Chorgebets im Hymnus *Bis ternas*, wenn es in Strophe 3,2–3 heißt: *orantes
cum psalterio / laudesque cantantes deo,* oder wo in Strophe 8,2 von der *oratio
canentium* die Rede ist (BULST, Hymni 101).

Der bittende und anbetende Hymnus *Te deprecamur* (vgl. *adoremus / adora-
mus* in Str. 4,4) schließt sehr schön hymnologisch mit Strophe 6,3–4: *ut tuam
semper gloriam / cuncta laudemus per saecula* (BULST, Hymni 102).

34. Venantius Fortunatus (6./7. Jh. n.Chr.)[1]

Auf der Schwelle von der Antike zum Mittelalter „ersteht in Venantius Fortunatus der Hymnendichter, der Ambrosius an die Seite zu treten berufen ist" (so
SCHANZ/HOSIUS/KRÜGER, Geschichte IV,2 [= HAW VIII,4,2] 634 im Rückblick, ohne näher darauf einzugehen).

---

[1] Vgl. ALTANER/STUIBER § 113,7; SZÖVÉRFFY, Annalen I 128–140; WALPOLE, Hymns
164–200 (unkritisch); DREVES/BLUME I 36–41; BULST, Hymni 17–18, 24–25, 125–129
(Texte), 156–158, 168–169, 196–197, 199, 207; MEERSSEMAN, Hymnos I 135–136; RYDEN,
Hymnody 23–25; WILLE, Musica 302–305; NORBERG, Fortunat (zum *Pange lingua*); LODI,
Enchiridion 556–560.

Unter den *carmina* des späteren Bischofs von Poitiers, der zuweilen in Hexametern, meist aber in elegischen Distichen gedichtet hat, stehen nur drei echte Hymnen (BULST, Hymni 125–129) sowie ein Abecedarius, ein „Kampflied", dessen 23 „ambrosianische" Strophen mit Ausnahme der konventionellen Y-Strophe nichts mit einem *hymnus* (so die Hss.) gemein haben (BULST, Hymni 24–25; Text des *psalmus*, zusammen mit den Psalmen des Augustinus und Fulgentius, 156–158). Die schon stereotyp beginnende Strophe 22 parallelisiert *hymnus* und *laus: Ymnum canendo ... laus eius est* (Z. 1 und 3).

Der Hymnus *Vexilla regis prodeunt* (BULST, Hymni 129) ist ein Prozessionslied in acht ebenfalls „ambrosianischen" Strophen, während die beiden anderen Kreuzeshymnen aus neun elegischen Distichen (*Crux benedicta nitet, dominus qua carne pependit* [BULST, Hymni 127]) bzw. aus zehn Strophen mit „je drei trochäischen Tetrametern" (*Pange, lingua, gloriosi proelium certaminis* [BULST, Hymni 17, 128]) bestehen.

Schließlich muß auf das „Briefgedicht" des Fortunatus hingewiesen werden (BULST, Hymni 17, 168–169), mit dem sich Radegundis für Kreuzesreliquien beim Kaiser Justinos II. (565–578 n.Chr.) bedankte, weil neben der allgemeinen inhaltlichen Verbindung (*crux* [!]) das erste elegische Distichon des Hymnus *Crux benedicta nitet* fast ganz zitiert wird (Z. 59–60); die im Anschluß daran erscheinende Doppelzeile (61–62, wiederholt 71–72) integriert das Herrscherlob in den doxologischen Lobpreis Christi: *gloria summa tibi, rerum sator atque redemptor, quod tenet augustum celsa Sophia gradum* (BULST, Hymni 169; zum „Palindrom" SATOR-ROTAS, in dessen Mitte ja TENET erscheint, vgl. Erich DINKLER, RGG V [1961] 1373–1374).

35. Isidorus von Sevilla (6./7. Jh. n.Chr.)[1]

Nur von der „Realenzyklopädie" (Etymologiarum sive originum libri XX) soll hier die Rede sein, weil „der letzte abendländische Kirchenvater" (ALTANER/STUIBER, Patr. 494–495) damit antike Tradition ans Mittelalter weitergibt und festschreibt (vgl. z.B. schon wenig später die u.a. dem Bonifatius zugeschriebene Ars metrica, ed. B. LÖFSTEDT: CChr.SL CXXXIII B [1980] 103–113, 109–113 [Text]).

Im ersten Buch, *De grammatica*, findet sich ein längeres Kapitel, *De metris* ([Lib.] I xxxix 1–26), in dem der Prophet David als der erste erscheint, *hym-*

---

[1] Vgl. ALTANER/STUIBER § 112,7; Roger John Howard COLLINS, TRE XVI (1987) 310–315. Zitate und Belege aus den *Etymologiae* nach LINDSAY.

nos ... in laudem Dei conposuisse ac cecinisse (I xxxix 17). Während Salomon
mit Cant ein *epithalamium* (*quod in thalamis decantetur*) – auch wieder angeblich als erster – *edidit in laudem Ecclesiae et Christi*, wird folgende generelle
Aussage darübergestellt: *Hymni autem ex Graeco in Latinum laudes interpretantur* (I xxxix 18).

Das Klagelied, *threnum* (vgl. die *Threni* des Jeremias schon in I xxxix 19),
wird in dem ebenfalls umfangreichen Kapitel, *De officiis* (VI xix 1–82), des
sechsten Buches, *De libris et officiis ecclesiasticis*, genauer definiert als das
Gegenteil von *hymnus* (VI xix 18), der hier nun auch, offenbar unter dem
Einfluß von Ambrosius und Augustinus, im Zusammenhang mit musikologischen Begriffen des Offiziums und der Psalmodie (VI xix 1–16: *chorus,
monodia, antiphona, responsorium, diapsalma, synpsalma, etc.*) eine ausführliche Behandlung erfährt:

*Hymnus est canticum laudantium, quod de Graeco in Latinum laus interpre-
tatur, pro eo quod sit carmen laetitiae et laudis. Proprie autem hymni sunt
continentes laudem Dei. Si ergo sit laus et non sit Dei, non est hymnus: si sit
et laus et Dei laus, et non cantetur, non est hymnus. Si ergo et in laudem Dei
dicitur et cantatur, tunc est hymnus* (VI xix 17).

Als kürzester Hymnus muß dann das Halleluja angesehen werden: *Alleluia duorum verborum interpretatio est, hoc est laus Dei, et est Hebraeum* (VI xix 19).

36. Beda Venerabilis (7./8. Jh. n.Chr.)[1]

Nicht mehr wegen der hymnologisch äußerst interessanten Hymnen (vgl.
FRAIPONT, Opera IV [CChr.SL CXXII] 406–450), die sich häufig als solche –
über die konventionelle Y-Strophe hinaus – reflektieren, sondern nur noch um
der antiken Zitate willen findet der frühmittelalterliche Gelehrte mit seinem
systematischen Buch De arte metrica hier Erwähnung (vgl. KENDALL, Opera I
[CChr.SL CXXIII A] 80–141 = Ed.).

In den einschlägigen Kapiteln XI–XXV (Ed. 111–141) des *liber primus* sind
es neben nicht-christlichen Klassikern wie Vergilius vor allem Sedulius, Fortunatus, Prosper, Paulinus, Prudentius und Ambrosius, aus deren Dichtungen
Beispiele zur Illustration der Metrik bzw. der einzelnen Metren genommen
werden.

---

[1] Vgl. Henry Royston LOYN (Quellen/Literatur: Knut SCHÄFERDIEK), TRE V (1980) 397–
402. Zu den benutzten Bänden der kritischen Gesamtausgabe s.o. im Text.

Von den ambrosianischen Hymnen heißt es allgemein: *Hymnos uero, quos choris alternantibus canere oportet, necesse est singulis uersibus ad purum esse distinctos, ut sunt omnes Ambrosiani* (XI 20–22: Ed. 113). Daß viele spätere, der Form nach „ambrosianische" Hymnen dem Ambrosius zugeschrieben wurden, zeigt sich auch hier im unkritischen Nebeneinander von authentischen und anonymen Texten, z.B. in XXI 7–23 (Ed. 135–136; 15–18 = erste Strophe von *Aeterna Christi munera* [vgl. BULST, Hymni 9, 52]) oder in XXIV 20–31 (Ed. 139; zu den beiden zitierten ersten Strophen von *Rex aeterne Domine* bzw. *Apparebit repentina dies magna Domini* vgl. WALPOLE, Hymns 211–217 [Hymn 42] bzw. 380–384 [Hymn 120]).

Anonym bleibt allerdings mit Recht *hymnus ille pulcherrimus: Hymnum dicat turba fratrum* (XXIII 6–8), der in der Edition immer noch dem Hilarius zugeschrieben wird (Ed. 137; vgl. dagegen schon BULST, Hymni 18 [zu 133–135, Text in Sektion XII]: „Seine Entstehung läßt sich im 5. Jahrhundert in Gallien vermuten").

Ungenannt bleibt wie oft der Dichter Cyprianus Gallus (s.o. B.V.b.11), dessen hymnischer Nachdichtung von Ex 15 die Ehre des Zitiertwerdens erwiesen wird: *Cantemus Domino Deoque nostro, etc.* (XVII 8: Ed. 132 + „8/22 Cyprian. Gall., Exodus 507–521" im kritischen Apparat).

VI. Oriens Christianus

a. Allgemeine Vorbemerkungen[1]

1. Quellenlage

Mehr noch als im Bereich der griechischen und lateinischen Patristik gleicht die antike Periode des orientalischen Christentums,[2] d.h. die Zeit der Kirchen und christlichen Literaturen syrischer, koptischer, armenischer, georgischer und äthiopischer Sprache vom 1./2. bis 6./7. Jh. n.Chr., weithin einer *terra incognita*, wobei (West-)Syrien und (Nord-)Ägypten z.T. wegen der spätantiken und frühbyzantinischen Zweisprachigkeit (griech./aram., griech./kopt.), z.T. wegen der frühen Ausbreitung des Christentums eine gewisse Ausnahme bilden.

Texte von Hymnen und Nachrichten über Hymnodie sind daher äußerst rar bzw. relativ spät. Das gilt auch ganz allgemein für die Gebiete der Liturgie (Anaphora) und Kirchenmusik. Der mögliche Einfluß syrischer Dichtung auf die Formen byzantinischer Hymnographie (Troparion, Kontakion, Kanon) liegt mit Romanos Melodos bereits am Ende des antiken Christentums.

Auf welche Sprache(n) bzw. Texte sich Augustinus in Confessiones IX 7 bezieht (s.o. B.V.b.7), bleibt völlig im Dunkel der Beziehungen zwischen Ost- und Westkirchen. Vor und während der Entstehung eigener orientalischer Literaturen, also auch Hymnen und hymnenartiger Dichtungen, werden vor allem griechische Schriften in die Landessprachen übersetzt. Das betrifft in erster Linie die später kanonischen Bücher des sogenannten Alten (Psalmen!) und Neuen Testaments; im außerkanonischen Bereich kommt es schon bei der Abfassung und Redaktion zuweilen zur originalen Mitwirkung des Ostens (z.B. ActThom; auch OdSal?).

---

[1] Vgl. BROCKELMANN/FINCK/LEIPOLDT/LITTMANN, Geschichte; BAUMSTARK, Literaturen I–II; BAUMSTARK, Chairetismos 1002–1005; ASSFALG/KRÜGER, KWCO (1975); KAUF-HOLD, OrChr-Gesamtregister 1–52 („Einleitung"); KAWERAU, Ostkirchengeschichte (passim).
[2] Vgl. zur Unterscheidung zwischen „orientalisch" und „orthodox" HAMMERSCHMIDT, Einführung, SyR 10 (1962) IX–XI.

Da es neben der Übersetzungsliteratur relativ früh syrische Eigenliteratur
gibt, bildet das Syrische für die übrigen Sprachen des christlichen Orients
manchmal nicht nur die literaturgeschichtliche Brücke, sondern auch den Ausgangspunkt weiterer Übersetzungen.

2. Terminologie

Der Übersetzungscharakter der frühen ostkirchlichen Literatur einerseits und
die Herausbildung spezifischer Dichtungsformen mit sehr verschiedenen Bezeichnungen andererseits stellen die Forschung vor große terminologische Probleme, auch hier wieder vor allem im syrischen Sprachbereich.

Anders als im Koptischen, wo ὑμνεῖν (ὑμνεύειν) und ὕμνος zumindest
neben Wörtern ägyptischen Ursprungs stehen, haben sich zuerst im Syrischen,
später dann auch im Äthiopischen, Armenischen und Georgischen technische
Begriffe der Hymnologie herauskristallisiert und bis heute gehalten, welche
abweichen von den Übersetzungen derjenigen Stellen im Neuen Testament (Kol
3,16; Eph 5,19; s.o. B.I.b.1), die herausforderten zu einer gewissen Differenziertheit (ψαλμός, ὕμνος, ᾠδή).

Andererseits hat sich ein früher syrischer Begriff wie ܬܫܒܘܚܬܐ so ausge-
weitet, daß er später nicht nur ganz bestimmte Texte bezeichnet (BAUMSTARK,
Geschichte 52), sondern sogar „den ganzen kultischen Dienst" (VÖÖBUS, Kanonessammlungen I,1,B 374, Anm. 6).

Da die frühesten Hymnen nicht nur der griechischen und lateinischen Kirchen, sondern auch aller orientalischen Christen sicherlich atl. Psalmen waren
und mehr oder weniger lange blieben, müssen hier auch Gebrauch, Übersetzung und Kommentierung des Psalters einbezogen werden, was allerdings nur
in kleinstem Umfang geschehen kann, manchmal lediglich unter Hinweis auf
Editionen und/oder Spezialuntersuchungen (vgl. z.B. THOMSON, Athanasiana
IV [passim]: Wechsel und Ineinander von ܡܙܡܘܪܐ für ψαλμός, und
ܬܫܒܘܚܬܐ, ܬܫܒܚܬܐ für ὕμνος, Sing. und Plur.; VAN ROMPAY, Théodore
[Ed.] 61 / Üb.] 75, 64/78, 68/82, 77/92, 80/96, 83/100: Psalmen immer, direkt
oder indirekt, als ܡܙܡܘܪܐ bezeichnet; BLOEMENDAAL, Headings [passim]).

b. Syrien[1]

1. Bardaiṣan (2./3. Jh. n.Chr.)[2]

Der spätere Gnostiker „verfaßte … als Hauptwerk 150 dem Psalter nachgeformte Gesänge“ (P. KRÜGER, KWCO [1975] 73–74), die leider als ganzes Werk nicht erhalten sind. Doch geht Ephraem (Afrēm) in Contra Haereses LIII–LV ausführlich und zitierend auf sie als die Vorbilder seiner eigenen ܡܕܖ̈ܫܐ ein, nachdem er schon in I 11,1 auf Bardaiṣans „Rede“ (ܡܡܠܠܐ) und in I 17,1.3 auf seine „Melodien und Lieder“ (ܩܠ̈ܐ ܘܩܝ̈ܢܬܐ) bzw. den „Gesang (die Harmonie) seiner Psalmen“ (ܩܘܢܢ ܙܡܝܖ̈ܬܗ) angespielt hatte (Ed. 3, 5; Üb. 4–6).[3]

In LIII 5,1–3 heißt es dann zunächst: „Er schuf ܡܕܖ̈ܫܐ und verband sie mit ܩܝ̈ܢܬܐ; er dichtete ܙܡܝܖ̈ܬܐ und führte ܡܫ̈ܘܚܬܐ ein; mit ܟܝ̈ܠܐ und ܡ̈ܬܩܠܐ verteilte er die ܡ̈ܢܬ ܩܠ̈ܐ“ (Ed. 203; Üb. 182).

Bedürfen alle diese poetischen und musikalischen Begriffe der Interpretation, so ist klar, daß wegen des Parallelismus membrorum ܡܕܖ̈ܫܐ und ܙܡܝܖ̈ܬܐ als Synonyme anzusehen sind. Da ܩܝ̈ܢܬܐ und ܡܫ̈ܘܚܬܐ hier melodisch–metrische Begriffe sind, mögen sie sich in synthetischem Parallelismus ergänzen als „Melodien, Töne“ und „Metren“, wie ja auch ܟܝ̈ܠܐ und ܡ̈ܬܩܠܐ fast „wie ein Hendiadyoin verbunden“ sind, etwa als „Maße“ und „Gewichte“

---

[1] Vgl. MACLEAN, Hymns 12–13 („1. Early history of Syriac hymnody“); DALMAIS, Hymne 1132–1133 („Hymnographie des églises syriennes“); BAUMSTARK, Geschichte; ORTIZ DE URBINA, Patrologia; C. D. G. MÜLLER, Geschichte 274–294; Klaus DEPPE, Syrische Literatur, in: KWCO (1975) 336–340.

[2] Vgl. NAU, PS II (1907) 490–535, bes. 495, 507–508, 523; BAUMSTARK, Geschichte 12–14; HAASE, Neue Bardesanesstudien; SCHAEDER, Bardesanes 56–63 bzw. 143–150 („Form der Poesie“); COLPE, Charakteristik 265–273; Lucien CERFAUX, Bardesanes, in: RAC I (1950) 1180–1186; DRIJVERS, Bard. of Edessa 143–152 („Bardaisan’s hymns and mythology“); DRIJVERS, Bard. von Edessa; B. ALAND, Mani 124–127, 136–143 (Lit.); DIHLE, Literatur 340–341, 585; BROCK, Hymnography; LATTKE, Oden III 461; HENGEL, Christuslied 367; MCKINNON, Music 105.

[3] Texte und Belege nach der Edition (= Ed.) und Übersetzung (= Üb.) von E. BECK, CSCO 169/170 = CSCO.S 76/77.

(Üb. 182),[1] und in Beziehung stehen zu den ܩ̈ܠܐ ܚ̈ܕܬܐ, den „Worten" oder „Tönen" (Üb. 182).

Die synonyme Parallelität von ܡܕܪ̈ܫܐ und ܙܡܝܪ̈ܬܐ wird bestätigt durch LIII 6,3, wonach Bardaiṣan wie David 150 ܙܡܝܪ̈ܬܐ dichtete (Ed. 203; Üb. 182), und auch durch LIV 1,1, wo Ephraem sagt: „Ich hörte seine ܡܕܪ̈ܫܐ" (Ed. 204; Üb. 184).

Auch in LV 5,1–2 gibt Ephraem ein Zitat, um darauf nochmals in LV 5,3, zusammen mit parallelen anderen musikalischen Begriffen, und in LV 6,1 von den ܡܕܪ̈ܫܐ des Bardaiṣan zu sprechen (Ed. 208; Üb. 188).

Die bei BECK und vielen anderen (z.b. auch ALTANER/STUIBER § 29,7) durchgängige Wiedergabe von ܡܕܪ̈ܫܐ durch „Hymnen" (auch in I 16,5 zu Mani [Ed. 4; Üb. 5]), die so ungenau ist wie die Gleichsetzung der atl. „Psalmen" mit ὕμνοι durch Philon (s.o. A.IV.b.1) oder die Übersetzung von „Kontakion" durch ὕμνος (s.o. B.V.a.27), wird später zu diskutieren sein (s.u. B.VI.b.3).[2] Daß allerdings Bardaiṣans Dichtungen bzw. Gesänge ebenso wie die davidischen Psalmen (s.o. A.II.b.1) hymnische Elemente enthielten, wird in LV 10,4 deutlich, wo vom polytheistischen ܫܒܚ (Pael) bzw. dem ܫܘܒܚܐ des Bardaiṣan die Rede ist (Ed. 209; Üb. 189).[3]

Ein kurzer Blick noch auf die einschlägigen Passagen der beiden Historiker des 5. Jh.s, Sozomenos und Theodoretos (s.o. B.V.a.23–24), die auch die Abhängigkeit des Ephraim von Bardesanes bzw. von seinem Sohn Harmonios herausstellen (vgl. dazu besonders SCHAEDER, Bardesanes 56–63), und die offenbar Schwierigkeiten haben, die syrischen Begriffe ins Griechische zu übersetzen.

---

[1] Mit Recht wendet sich BECK gegen qualifizierenden „Wortakzent" (Üb. 182); vgl. auch die viel ausführlichere Darstellung von E. BECK, Ephräms des Syrers Hymnik 348–359 („Hymnus contra haereses 53,3").

[2] Zur Frage, ob Ephraems Madrāšē Hymnen sind, vgl. meinen Diskussionsbeitrag, den ich in der Fachgruppe „Christlicher Orient und Byzanz" auf dem XXIV. Deutschen Orientalistentag (Köln, 26.–30. September 1988) vorgetragen habe, in: OrChr 73 (1989) 38–43.

[3] Es mag hier erlaubt sein, von Edessa nach Arbela in der Adiabene zu schauen, wo die — allerdings immer noch umstrittene — Chronik von Arbela auf ܡܫܚ̈ܬܐ ܕ ܩ̈ܠܐ um 200 n.Chr. hinweist, die durchaus Hymnen gewesen sein können; vgl. KAWERAU, CSCO 467/468 = CSCO 199/200 (1985) 28,2–3 bzw. 46,13–14: „Stimmen des Lobpreises"; der Herausgeber und Übersetzer der Chronik in einem Brief an mich vom 20.7.1987: „Ich glaube nicht, daß Sie fehlgehen werden, wenn Sie die "Stimmen des Lobpreises" auf Hymnen beziehen, ohne besonderen Bezug auf die Zeit."

Spricht Theodoretos in KG IV 29,2–3 nur von Oden (ᾠδαί) und harmonischen Liedern (μέλη, ᾄσματα), so erwähnt Sozomenos in KG III 16,5–7 über Oden und Lieder (μέλη) hinaus μετροί und νόμοι μουσικοί, läßt die Syrer psallieren (ψάλλουσιν) im Rhythmus der Melodie, trägt dann allerdings alte griechische Tradition ein, wenn er Ephraim göttliche Hymnen (θεῖοι ὕμνοι) und Enkomien guter bzw. affektloser Männer (ἐγκώμια ἀγαθῶν/ἀπαθῶν ἀνδρῶν) zuschreibt.[1]

Erwähnenswert ist schließlich die – allerdings sehr späte – biographische Notiz des syrischen Patriarchen Michael I. (12. Jh. n.Chr.),[2] daß zur Erziehung des Bardesanes auch Hymnen der Heiden (ܟ̈ܢܘ̈ܬܐ ܕܚ̈ܢܦܐ) gehörten (NAU, PS II 522–523).[3]

2. Afrahaṭ (3./4. Jh. n.Chr.)[4]

Der sogenannte persische „Weise", der in seinen Demonstrationes die Jünger Christi im „Ihr"-Stil bzw. den Erlöser selbst im „Er"-Stil fast prosa-hymnisch preist (XIII 38 bzw. 39; vgl. hier z.B. LAFONTAINE, Aphraate III 43–45 [arm. Text], 30–31 [lat. Übers.]), hat mit XIV 34 (Ed. I 657,23 – 660,22) „a sort of hymn on creation" eingebaut (MURRAY, Rhetoric 82).

Spricht er in VI 6 von ܙܡܝܪ̈ܬܗ ܕܚܬܢܐ (Ed. I 269,19–20; „cantica Sponsi" [270]), so meint er vielleicht damit dasselbe wie mit ܙܡܝܪ̈ܬܗ ܕܡܫܝܚܐ in IX 4 (Ed. I 417,11; „cantica Christi" [418]; ܙܡܝܪ̈ܬܐ im Kontext synonym mit ܩܝ̈ܢܬܐ).

---

[1] Vgl. Pierre DE LABRIOLLE, Apatheia, in: RAC I (1950) 484–487; Klaus DEPPE, Apatheia, in: KWCO (1975) 17–18; Antoine GUILLAUMONT, Evagrius Ponticus, in: TRE X (1982) 565–570, bes. 566–568 über „das Ziel der Askese, die ἀπάθεια [Leidenschaftslosigkeit]" (566).

[2] Vgl. Wolfgang HAGE, Michael I. der Große, in: KWCO (1975) 269–270.

[3] Zur armenischen Terminologie für die Dichtungen des Bardesanes bzw. seines Sohnes vgl. die allgemeine Einleitung zum vorliegenden Werk.

[4] Vgl. BAUMSTARK, Geschichte 30–31; ORTIZ DE URBINA, Patrologia 46–51 (§ 13); ALTANER/STUIBER § 88; Paul KRÜGER, KWCO (1975) 2; Georg Günter BLUM, TRE I (1977) 625–635; Arthur VÖÖBUS, RAC.S 4 (1986) 497–506; MURRAY, Rhetoric; LATTKE, Oden III 154. Für die frühe armenische Version vgl. auch LAFONTAINE, Aphraate I–III. Texte und Belege der Demonstrationes I–XXIII nach der Edition (=Ed.) von PARISOT, PS I (1894), II (1907) 1–489.

Hymnologisch weiter führt die Unterscheidung (in XII 13) u.a. zwischen ܬܫܒܘܚܬܐ und ܩܠܐ ܕܡܙܡܘܪܐ (Ed. 537,11–12; „laudatio" bzw. „cantus psalmorum" [538]).

Doch nicht nur davidische Psalmen (vgl. noch Ed. I 77,7; 176,16; 900,9), sondern auch Texte wie Dtn 32 werden als ܡܙܡܘܪܐ bezeichnet (XI 1: Ed. I 468,17); freilich erscheint das Lied Moses öfter als ܬܫܒܘܚܬܐ (z.B. XI 1: Ed. I 469,1; XVI 1: Ed. I 760,7).

Im Lexikon (Ed. II 151–426) führen die zahlreichen Formen und Derivate von ܫܒܚ, vor allem ܫܘܒܚܐ und ܬܫܒܘܚܬܐ (394–395), in weitere, meist biblische, doxologische bzw. hymnologische Passagen quer durch die 23 Demonstrationes (ܬܚܘܝܬܐ). Hinzuweisen ist z.B. auf IV 17 (Ed. I 176,4–21), wo ܬܫܒܘܚܬܐ geradezu definiert wird im Unterschied zu anderen Weisen des Gebets, nämlich ܒܥܘܬܐ („deprecatio") und ܬܘܕܝܬܐ („confessio"); IV 19 (Ed. I 181,5–22); IX 5–6 (Ed. I 417,15 – 421,11); XVI 4–5 (Ed. I 772,4 – 777,10); XX 4 (Ed. I 897,24 – 899,24, bes. 899,2); XX 11 (Ed. I 909,19 – 912,10), wo sich zum Engelshymnus Lk 2,14 typisch zeigt, wie „Lob" und „Herrlichkeit" zusammenhängen; XXI 19 (Ed. I 977,4 – 980,4, bes. 977,24.26), eine Anspielung an Dan 3,24–90; XXIII 51–53 und 58–61 (Ed. II 100,1 – 108,3 bzw. 117,11 – 128,17), die sich fast wie Prosahymnen ausnehmen.

3. Afrēm (4. Jh. n.Chr.)[1]

Edmund BECK, der Herausgeber und Übersetzer der Werke des syrischen Kirchenvaters, hat sicher recht, gegen die „Vermischung und Vertauschung der syrischen Termini *madrâšâ* und *mēmrâ*" und damit gegen ASSEMANIs und MUBARAKs Übersetzung von ܟܪܘܙܘܬܐ durch *sermo* zu polemisieren (vgl. CSCO 169 = CSCO.S 76 [1957] I). Fraglich ist jedoch, ob seine eigene Definition der ܟܪܘܙܘܬܐ, einschließlich derer Bardaiṣans und Manis (s.o. A.VIII.c und B.VI.b.1), als „Hymnen in Strophenform" richtig ist (vgl. z.B. CSCO 154 = CSCO.S 73 [1955] I), die sich auf ältere gelehrte und lexikalische Tradition von Sozomenos über Th. J. LAMY bis zum Thesaurus Syriacus von R. PAYNE SMITH stützen kann und nun geradezu zementiert erscheint durch BECKs Aufnahme des Wortes „Hymnen" in die Titelblätter vieler Ephräm-Bände des Corpus Scriptorum Christianorum Orientalium. Auch TONNEAU spricht von „Hymnen" (CSCO 152/153 = CSCO.S 71/72 [1955] I), eben so wie ORTIZ DE

---

[1] Vgl. außer GRIMME, Strophenbau 7–75; BAUMSTARK, Geschichte 31–52; ORTIZ DE URBINA, Patrologia 56–83; ALTANER/STUIBER § 89;Julius ASSFALG, KNLL V (1989) 227–228; BULST, Hymni 22–23; MEERSSEMAN, Hymnos II 257–262; LATTKE, Oden III 462 und McKINNON, Music 92–95 aus der unübersehbaren Literatur (in chronologischer Reihenfolge): BURKITT, Quotations (TaS VII,2 [1901], Evangelienzitate); E. BECK, Theologie (StAns 21 [1949], Hymnen über den Glauben); E. BECK, Paradies-Hymnen (StAns 26 [1951], Übers. u. Komm.); DEMPE, Hymnen (1958 [non vidi], vgl. HUSMANN in: NGDMM XVIII 480); VÖÖBUS, Studies (PETSE 10 [1958]); Edmund BECK, Ephraem Syrus, in: RAC V (1962) 520–531; GRIBOMONT, Hymnes (1967, sur la Pâque); SLIM, Hymne (1967, I sur la Résurrection); SÉD, Hymnes (1968, sur le Paradis); GRIBOMONT, Triomphe (1973, Pâques); GRIBOMONT, Tradition (1973, trad. liturgique des Hymnes pascales); DE HALLEUX, Transmission (1974, ms. Sinaï syr. 10); MARTIKAINEN, Remarks (1974, Carmina Nisibena); BROCK, Artistry (1975, H. Azym. III); E. BECK, H. de Par. XV,1–8 (1978); KRONHOLM, Motifs (CB.OT 11 [1978], Gen 1–11; vgl. die Rez. von Rainer DEGEN in: ZDMG 131 [1981] 207); MURRAY, Ephraem (TRE IX [1982]); E. BECK, Hymnik (1983); BROCK, Dialogue hymns (1983); BROCK, Harp (1983, 18 poems; vgl. die Rez. von Margot SCHMIDT in: OrChr 69 [1985] 225–226); PETERSEN, Romanos (1983, R. and Diatessaron); PETERSEN, Dependence (1985, Romanos upon Ephrem); PETERSEN, Diatessaron and Ephrem (CSCO 475 = CSCO.Sub 74 [1985], sources of Romanos); BROCK, Hymnography (1985, Syriac and Greek); ROUWHORST, Hymnes (1985, h. pascales); M. SCHMIDT, Ephraem (1986); GRIFFITH, Hymns (1987, against Julian).

Vgl. zum folgenden auch meinen schon erwähnten Diskussionsbeitrag (von 1988): Sind Ephraems Madrāšē Hymnen?, in: OrChr 73 (1989) 38–43. In Ergänzung dazu sei ausdrücklich hingewiesen auf E. BECK, Ephräms des Syrers Hymnik (1983) 348: „Wenn ich hier von »Hymnen« (*contra haereses*) spreche, so folge ich damit der Einfachheit halber allgemeinen Brauch, Ephräms *madrāšē* so wiederzugeben; was seine Berechtigung darin hat, daß sie die Formstruktur von Hymnen, Isostrophismus und Isosyllabismus, besitzen. Daß dagegen inhaltlich die ephrämischen Hymnen weit über den Ausdruck eines hochgestimmten Gotteslobes hinausgehen, davon wird öfters die Rede sein."

URBINA (Patrologia [passim]: *hymni*). GRIMME unterscheidet bei „Hymne" wenigstens „Preis-", „Lehr-" und „Streitgedicht" (Strophenbau 8).

Wie steht es bei Ephraems ܡܕܪ̈ܫܐ (Madrāšē), die wie seine ܡܐܡܪ̈ܐ (Mēmrē) am besten so unübersetzt benannt werden sollten,[1] mit den drei Konstitutiva des aus dem Griechischen stammenden lateinischen Wortes *hymnus*, z.b. nach der einflußreichen, sicher auch BECK bekannten Definition des Augustinus (s.o. B.V.b.7), nämlich Lob–Gottes–im Gesang?

Muß das *Singen* schon in der antiken Definition hymnologisch als problematisch bezeichnet werden, so ist für Ephraem im 4. Jh. n.Chr. durchaus zweifelhaft, was die syrische Vita in Kap. 31 „berichtet, wie er, um seine Zuhörer zum Mitsingen zu bewegen, die ‚Bundestöchter' die Refrains seiner Lieder lehrte, während er selbst die Strophen zur Kithara vortrug" (vgl. MURRAY, Ephraem 756). Was übrigens die handschriftlichen Melodienangaben durch ܩܠܐ ܠܠ oder bei Wiederholung durch ܟܕ ܠܗ angeht, so werden sie zwar erst von den literarischen und liturgischen Redaktoren über die einzelnen ܡܕܪ̈ܫܐ gestellt worden sein, haben allerdings in den meisten Fällen schon ihr *fundamentum in re* in den quantitierenden Mctrcn u. Strophenzeilen, die vom Verfasser selbst stammen (vgl. neben GRIMME, Strophenbau 17–75 [„Schemata sämtlicher Strophenarten Ephraems"] die jeweiligen Einleitungen von BECK zu Editionen und Übersetzungen).

Auch das zweite Element, d.h. *Gott* als Adressat des Hymnus, ist bereits in den antiken Definitionen nicht ganz unproblematisch und in den ܡܕܪ̈ܫܐ des Ephraem keineswegs durchgängig vorhanden.

Was das ganz unverzichtbare Element des *Lobe(n)s* betrifft, lautet die Kernfrage: Sind Ephraems ܡܕܪ̈ܫܐ in dem Sinne Hymnen, daß sie in dichterischer

---

[1] Vgl. Paul KRÜGER, Ephräm (syr. Aprēm) der Syrer, KWCO (1975) 109: „Sein umfangreiches Schrifttum hat er vornehmlich in die Form des Madrāšā und des Mēmrā gekleidet." – An dieser Stelle ist vor allem auch aus terminologischen Gründen auf den Zusammenhang zwischen den verschollenen „punischen *psalmi*" und den „syrischen Madraschê" hinzuweisen (BULST, Hymni 22). „Die Entsprechung der Gattungen, Madraschê und psalmi, hat schon Gennadius statuiert, der gegen das Ende des 5. Jahrhunderts zu Massilia in der Gallia Narbonensis lebte; er sagt von einem Petrus, Priester *(presbyter)* der Kirche zu Edessa, daß er" (in der Mitte des 5. Jh.s) *... et more sancti Ephrem diaconi, psalmos metro composuit* (De scriptoribus ecclesiasticis 74[75]: PL LVIII 1102B; RICHARDSON, NPNF, 2nd ser., III 398; BULST, Hymni 23, 170, test. 30 [„lxxv ed. Richardson"]).

Sprache – wen oder was auch immer – lobpreisen? Um die Antwort sowohl für die metrischen und strophischen Dichtungen als auch für die sicher nicht immer ursprünglich-literarischen, sondern teilweise nachträglich-liturgischen Responsorien bzw. Refrains (vgl. GRIMME, Strophenbau 12–13) vorwegzunehmen: großes Nein zum einen, eingeschränktes Ja zum anderen.

Dies ist nun detailliert zu belegen, wozu eine knappe Übersicht über die Texte notwendig ist, u. zwar in der Reihenfolge und Betitelung der Editionen von BECK, unter Kennzeichnung (durch *) der zweifelhaften bzw. unechten „Hymnen":

87 Hymnen de Fide, wovon 81–85 die Untergruppe H. de Margarita darstellen (CSCO 154/155 = CSCO.S 73/74 [1955]);
56 Hymnen contra Haereses (CSCO 169/170 = CSCO.S 76/77 [1957]);
15 Hymnen de Paradiso +
1 Hymnus de Ecclesia +
4 Hymnen contra Iulianum (CSCO 174/175 = CSCO.S 78/79 [1957]);
20 echte +
*8 zweifelhafte Hymnen de Nativitate +
*13 zweifelhafte Hymnen de Epiphania, mit 6 unechten ܩܘܿܒ̈ܠܬܐ (sogyātā), „poetischen Betrachtungen" (MURRAY, Ephraem 757) (CSCO 186/187 = CSCO.S 82/83 [1959]);
51 von 52 Hymnen de Ecclesia, deren Thema bis auf 2–5 kaum die Kirche ist (CSCO 198/199 = CSCO.S 84/85 [1960]);
71 von 77 Carmina Nisibena, in mehreren Gruppen, von denen die ersten 34 (bzw. erhaltenen 28) den historischen Teil bilden (CSCO 218/219 + 240/241 = CSCO.S 92/93 + 102/103 [1961 + 1963]); zu beachten ist, daß BECK hier die durch G. BICKELL eingebürgerte Bezeichnung *Carmina* festhält, diese ܡܕܪ̈ܫܐ aber sonst auch „Hymnen" nennt; im Appendix druckt er
1 „Totenhymnus aus der Handschrift D" (nach BECK selbst ein „Gespräch zwischen den zurückgebliebenen Freunden und einem rasch und früh Verstorbenen" [CSCO 241 = CSCO.S 103, S. 121]);
52 Hymnen de Virginitate (CSCO 223/224 = CSCO.S 94/95 [1962]);
10 echte +
*4 spätere liturgische Hymnen de Ieiunio (CSCO 246/247 = CSCO.S 106/107 [1964]);
34 Paschahymnen, davon 21 H. de Azymis, 9 H. de Crucifixione und 4 H. de Resurrectione (CSCO 248/249 = CSCO.S 108/109 [1964]);
*15 wahrscheinlich nicht authentische Hymnen auf Abraham Kidunaya +
*24 nicht ganz erhaltene, ebenfalls unechte Hymnen auf Julianos Saba (CSCO 322/323 = CSCO.S 140/141 [1972]); schließlich

*6 von 13 pseudepigraphischen Hymnen de Confessoribus, als Nachträge veröffentlicht (CSCO 363/364 = CSCO.S 159/160 [1975]).

Hinzukämen noch 51 poetische Kompositionen in armenischer Version, die, wie die Herausgeber L. MARIÈS u. MERCIER betonen, „relèvent du genre midraš (instruction)" und die die Armenier „kçowrdkᶜ" nennen, abgeleitet von der Wurzel „*joindre, unir*" (PO XXX,1 [1961] 7–8) und schwierig zu übersetzen (vielleicht „Antiphon, anthem", vgl. KOUYOUMDJIAN, Dictionary 384, und BEDROSSIAN, Dictionary 366, s.v. *կցուրդ*).[1]

Ausgeklammert werden u.a. Ephraems Genesis- und Exodus-Kommentare (vgl. die Edition von TONNEAU, CSCO 152/153 = CSCO.S 71/72 [1955]) sowie die teils echten, teils pseudepigraphischen ܡܐܡܪܐ (als „Sermones" herausgegeben und ebenfalls übersetzt von E. BECK, CSCO 212/213, 270/271, 305/306, 311/312, 320/321, 334/335, 363/364 [mit Nachträgen], 412/413 = CSCO.S 88/89, 116/117, 130/131, 134/135, 138/139, 148/149, 159/160 und 181/182), obwohl sich in ihnen zuweilen hymnologisch interessante Bezeichnungen und Stellen finden (vgl. z.B. CSCO 152 = CSCO.S 71 [1955] 144, Ex 15,1 21 als ܡܪܢܝܬܐ ܕܬܫܒܘܚܬܐ; CSCO 305 = CSCO.S 130 [1970] 80–81, Einleitung von Sermo VI; CSCO 363 = CSCO.S 159 [1975] 20–42, vgl. zu diesen zwei „Sermones auf die Gottesgebärerin" auch CSCO (364 = CSCO.S 160 [1975] VII–XI).

---

[1] Ich möchte hier wiedergeben, was DROST-ABGARJAN in ihrem unveröffentlichten Vortrag zu diesem Hauptterminus (neben *շարական*) schreibt: „Kcᶜurd-en (*Kcᶜurd կցուրդ* ist ein Substantiv vom Verbum *կցել*, kcᶜem: beilegen, beifügen, zusetzen, anknüpfen) sind ursprünglich Psalmenverse, dann kleine Hymnen, die am Anfang der Hymnographie nach den Psalmen und den Liedern der Bibel gesungen wurden. Allmählich wurden sie Bezeichnungen auch für die unabhängigen Lieder. Die Mâdrâša-s vom Ephräm dem Syrer heißen in der armenischen Übersetzungsliteratur *Kcᶜurd* (vgl. Ṅ. AKINIAN, Ephräm des Syrers 51 Madrasche in armenischer Übersetzung, in: Texte und Untersuchungen der altarmenischen Literatur, Bd. I, Heft 3, Wien, 1957). In der armenischen Vita von Ephraem liest man, daß er "viele Šarakane und Bücher der Kcᶜurden und der Gebete" geschrieben hat (AKINIAN, Vorwort, S. 9). Aber auch der griechische Hymnendichter Romanus Melodus (VI. Jh.) ist im Synaxarion als *կցուրդասաց Kcᶜrdasacᶜ* (wörtl. *Kcᶜurd*-sager oder -sänger) bezeichnet. ... Interessant ist auch die zweite Bedeutung von "Kcᶜurd" im Sinne "Melodie" und "kcᶜem" im Sinne "singen". Der Übersetzer der "Kommentare zu den Paulusbriefen" von Johannes Chrysostomos gibt den griechischen Ausdruck μετ᾽ εὐρύθμων μελῶν mit "wohlklingenden Kcᶜurden" wieder (vgl. A. WARDANIAN, Kcᶜurden, in Jahrbuch: Handēs amsoreay, Wien, 1929, S. 176–178)" (S. 7–8). Doch vgl. zur armenischen Terminologie auch der Dichtungen Ephraems die allgemeine Einleitung zum vorliegenden Werk.

Während Ephraem für die atl. Psalmen des David meistens abwechselt zwischen den beiden syrischen Begriffen ܡ̈ܙܡܘܪܐ, ܡ̈ܙܡܘܪܐ und ܡܙܡܘܪܐ, ܡܙܡܘܪܐ, hat er selbst bei der Erwähnung der dichterischen Kompositionen des Bardaiṣan und seiner Polemik gegen diese seine eigenen Gedichte ausdrücklich als ܡܕܪ̈ܫܐ qualifiziert, wenn er in Contra Haereses LVI 10,4, also gegen Ende der Sammlung, von den (schützenden) „Hürden" seiner *Madrāšē* spricht. Dazu mag man das letzte Wort von LII 13,6 stellen: ܕܪ̈ܫܝܗܘܢ, „ihre Erörterungen" (nämlich von Seele, Geist und Körper), die er „schwierig" nennt. Man ist also für die authentische Bezeichnung nicht angewiesen auf die stets problematischen handschriftlichen Überschriften und die noch problematischeren Subskripte.

Im folgenden genügt die Konzentration auf die ca. 400 syrischen, von BECK für echt gehaltenen ܡܕܪ̈ܫܐ, die die verschiedensten Metren (d.h. hier: Silbenzahl pro Glied), Zeilen, Strophen, Melodien (ܩܠܐ) u. Responsorien (ܥܘܢܝܬܐ) haben. Sie sind in den Handschriften z.Teil zusammengestellt aus „nach Melodien geordneten Hymnengruppen" (BECK, CSCO 170 = CSCO.S 77 [1957] II) und gehen z.T. auf ältere Sammlungen zurück.

Sieht man zunächst einmal ganz kurz ab von den Responsorien, so läßt sich feststellen, daß nur wenige der ܡܕܪ̈ܫܐ ganz als Hymnen bezeichnet werden können, daß sich aber in etlichen von ihnen hymnologische Elemente finden, manchmal sogar dergestalt, daß Verszeilen am Strophenende aussehen wie ursprüngliche hymnische Refrains oder zumindest wie die Keimzellen des jeweiligen späteren Responsoriums. Denn sicher nicht alle Responsorien stammen vom Autor selbst, der außer dem Alephbeth öfter auch seinen Namen akrostichisch eingraviert hat in seine ܡܕܪ̈ܫܐ (vgl. GRIMME, Strophenbau 12–16).

Text- und literarkritisch muß man sogar fragen, ob die Responsorien nicht alle spätere redaktionelle und liturgische Zutat sind. Wichtig ist das deshalb, weil viele der lehrenden, erzählenden oder (ziemlich giftig) polemisierenden Gedichte mit ihrer reichen Bildersprache[1] durch die verschiedenen Responsorien

---

[1] Vgl. z.B. Michael LATTKE, Salomo-Ode 13 im Spiegel-Bild der Werke von Ephraem Syrus, in: Muséon 102 (1989) 255–266; im Zusammenhang der frühen syrischen Tradition vgl. MURRAY, Symbols (passim).

überhaupt erst zu hymnischen Gebilden, vielleicht Gesängen, gemacht wurden. Es ist schwer zu entscheiden, ob und in welchen Fällen diese hymnologisch–hymnodische Metamorphose von Ephraem selbst vorgenommen wurde. Geht man aus von den alten Handschriften, die bis ins 6. Jh. n.Chr. reichen, dann ergibt sich summarisch folgendes hymnologische Bild der Responsorien.

Explizit lobpreisend sind ungefähr 125 Responsorien mit ܫܘܒܚܐ, ca. 30 mit ܬܫܒܘܚܬܐ bzw. ca. 35 mit dem Plural ܬܫܒ̈ܚܢ. Auch die ca. 90 Responsorien mit ܒܪܝܟ sind, meist theologisch oder christologisch, hymnisch zu verstehen, während die ca. zehn Responsorien mit ܛܘܒ + Pronominalsuffixen als soteriologische bzw. eschatologische Makarismen anzusehen sind, die auch aus bereits vorhandenen, ursprünglichen Strophenbestandteilen stammen mögen.[1]

An die Hodajot-Formel mit ihren Aspekten von Bekenntnis und Dank (s.o. A.IV.a.1) erinnern die vier Responsorien mit ܐܘܕܝܬ (vom Aphel ܐܘܕܝ). Dank und Bitte, aber auch Jubel, Feststellungen und Aufforderungen werden ausgedrückt in ca. 40 weiteren Responsorien, während der Rest der ܡܕܪ̈ܫܐ, also ca. 70, ganz ohne Responsorien erscheint. Zu den beiden letzten Gruppen ist aber zu sagen, daß sie genausoviel bzw. genausowenig Hymnisches enthalten wie die übrigen, durch Refrain in Hymnen verwandelten ܡܕܪ̈ܫܐ.

Schließlich noch einmal die schon zu Romanos (s.o. B.V.a.27) gestellte Frage: Sind Ephraems ܡܕܪ̈ܫܐ überhaupt Hymnen? Nein, insgesamt sind die *Madrāšē* keine Hymnen wie etwa griechische oder lateinische Hymnensammlungen oder auch die atl. Lobpsalmen. Die ܡܕܪ̈ܫܐ des Ephraem sind (oft antihäretische) didaktische oder erzählende Gedichte oder Gesänge, die nicht dem atl. Psalter nachgedichtet sind, sondern vielmehr den „Kranz der Psalmen" festlich einfassen sollen (De Nativitate XXVI 6), wie sie ja selbst auch als „Kränze" bezeichnet werden (De Crucifixione VII 12).[2]

Einige von ihnen sind formal, vor allem aber inhaltlich–terminologisch so voll von Lobpreisungen, daß man sie durchaus als ganze als „Hymnen" be-

---

[1] Zum Makarismus vgl. die zutreffende Definition im Deutschen Wörterbuch: „altgriechische u. biblische Stilform des [Lob]preises" (MEL XXXI [1980] 1722).
[2] Vgl. DIHLE, Literatur 585: „Die Gedichte enthalten zwar hymnische und Gebetsmotive, sind aber vorwiegend lehrhaften, gelegentlich auch polemischen Inhalts, und man kann sie als versifizierte Predigten bezeichnen."

zeichnen kann, wie z.B. De Fide L–LII und LXXXII–LXXXIII; Contra Haereses XXVIII und XXXVII; De Paradiso XIII–XIV; De Nativitate III (ein Sammelbecken hymnischer Terminologie), VII–VIII und XVIII; De Ecclesia VII, XXVI–XXVII und XXIX; De Virginitate XXXIV–XXXV, XXXIX und XLI; De Ieiunio IV–V; De Crucifixione VI; De Resurrectione II (auch für eine Fallstudie geeignet).

Zu diesen 25 „Hymnen" kann man nun diejenigen hinzuzählen, die in einzelnen Strophen doxologisch-hymnisch erscheinen und so aus ܡܕܪܫܐ zu Hymnen werden. Dies gilt z.B. für De Fide XXV und LXXXV; Contra Haereses XVI und XXI–XXIV (gleichsam Keimzellen von Responsorien); XL–XLI und XLIII–XLV (XXIX ist trotz der abrupten Schlußdoxologie mit ܫܘܒܚܐ kein Hymnus!); De Paradiso IV, VIII und X; De Nativitate II, XII und XIX; De Ecclesia I, III und XX; Carmina Nisibena XVII–XXI, XXVII, XXXVIII, L, LXIX–LXX und LXXVI–LXXVII; De Virginitate LI; De Azymis IV; De Crucifixione II–III und VIII; De Resurrectione I.

Neben diesem Bruchteil – ein Siebtel bis ein Sechstel – der ܡܕܪܫܐ, die man als „hymnische Madrāšē" bezeichnen kann (wie ja auch nur ein Teil der atl. Psalmen Hymnen, Loblieder sind), gibt es nun durchaus eine größere Anzahl von ܡܕܪܫܐ, in denen sich hin und wieder einzelne Wörter des Preisens finden oder hier und da das Loben thematisch erscheint, die man aber allein deswegen kaum als „Hymnen" verstehen kann.

Im Gegensatz zum Thesaurus Syriacus ist ܡܕܪܫܐ, ܡܕܪܫܐ nicht eine *hymnorum species* (PAYNE SMITH, Thes. Syr. I 956), sondern der Hymnus ist eine Spezies der ܡܕܪܫܐ. Wie in der durch H. GUNKEL begründeten alttestamentlichen (und übrigens auch neutestamentlichen) Gattungsforschung noch manche Fragen offen sind, so ist in der internationalen Ephraem-Forschung und *Madrāšē*-Interpretation die formkritische Frage der Literaturwissenschaft und Rhetorik eine zukünftige Aufgabe: Welche ܡܕܪܫܐ des Syrers Afrēm sind Hymnen?

4. Simon bar Ṣabbāʿē (4. Jh. n.Chr.)[1]

Von den vier dem Märtyrer der sassanidischen Verfolgung zugeschriebenen
ܓܠܘܬܐ ܣܘܓܝܬܐ (vgl. zu diesen und anderen späteren poetischen Gattungen
BAUMSTARK, Geschichte 44–52) ist nur das erste mit ܣܘܓܝܬܐ betitelte Stück
ein Hymnus, und zwar von 16 Bikola, die bis auf den letzten Doppelvers
(„Von Ewigkeit … Amen") den trinitarischen Gott preisen mit ܫܘܒܚܐ ܠܟ
(„Lob sei Dir"; Strophe 14 variiert zu: „Lob Deiner Trinitas"), in den meisten
Fällen mit begründendem „Er"-Stil fortfahrend (Ed. 1048–1051).

Wiederum führt uns das Lexikon (Ed. 961–1047, bes. 1037, Formen und
Derivate von ܫܒܚ) zu hymnologischen Passagen im Martyrium (Ed. 715–
778) und in der Narratio (Ed. 779–960), die natürlich aus späterer Zeit stammen (vgl. vor allem Ed. 758,25 – 759,2, fast identisch mit 898,7–9. Vgl. auch
818,19; 838,22–25; 843,5–6; 887,1–2; 895,23 – 898,5; 906,13–14; 910,22;
934,12 [mit II Kor 1,3–5]).

Eine ganz interessante Unterscheidung, die an die ntl. Stellen Kol 3,16 und
Eph 5,19 erinnert (s.o. B.I.b.1), taucht im Zusammenhang mit dem Gebet „aller Heiligen" in Narratio LXXVI auf:

ܒܬܫܒܚܐ ܘܒܡܙܡܘܪܐ ܘܒܬܫܒܚܬܐ

(Ed. 910,2; die Übersetzung durch *psalmis et hymnis et canticis* [909,3] ist
sehr problematisch und doch eher eine Eintragung späterer Konventionen).

5. Kyrillonas (4./5. Jh. n.Chr.)[2]

Die beiden kaum zu Recht als „Hymnen" bezeichneten Gedichte des sonst unbekannten Dichters tragen in der Handschrift des 6. Jh.s jeweils die Überschrift:
„Sugitha zu dem Mimra" (LANDERSDORFER, Dichter 21–25, über die Bekeh-
rung des Zachäus; 25–30, über die Fußwaschung; vgl. BICKELL, Gedichte
591–593 bzw. 566–569). Sie enthalten noch weniger Hymnologisches als der
Madrāšā–Mēmrā (BICKELL, Gedichte 583–591; LANDERSDORFER, Dichter 9–

---

[1] Vgl. BAUMSTARK, Geschichte 30, 52, 56. Texte mit Einleitung und Lexikon nach der Edition (= Ed.) von KMOSKO, PS II (1907) 659–1054, vgl. besonders 674–677 und 1048–1055.
[2] Vgl. ORTIZ DE URBINA, Patrologia 86–88 (§ 27); ALTANER/STUIBER § 90,1; BICKELL,
Gedichte 566–598; LANDERSDORFER, Dichter 1–54.

21), von den drei anderen ܟ̈ܪܡܐ ganz zu schweigen (BICKELL, Gedichte 569–583, 594–598; LANDERSDORFER, Dichter 30–54).

Sind die ܡܕܪ̈ܫܐ zwar als solche nicht „Hymnen oder Oden" (gegen LAN-DERSDORFER, Dichter 9), und die ܟ̈ܪܡܐ schon gar nicht, so finden sich in den erhaltenen zwei *Madrāšā*-Strophen und dem darauf folgenden Bitt-*Mēmrā* des syrischen Poeten doch einige wichtige terminologische Unterscheidungen und historische Hinweise auf Psalmodie bzw. Hymnodie, vgl. z.B. LANDERS-DORFER, Dichter 11 (Zeile 17, in der kolometrischen Edition von BICKELL [Gedichte 584]: ܘܢܩܒܠܗ), 12 (Z. 70–78 [584]: ... ܬܫܒܘܚܬ), 13 (Z. 125–126 [585]: ... ܬܫܒܘܚܬ), 18 (Z. 510–511 [589]: ... ܩܠܐ ܬܫܒܘܚܬ), 19 (Z. 590–593 [590]: ... ܠܡ ܕܬܫܒܚܬܗ), 20 (Z. 634–637 [590]: ... ܗܘܝܬܪܝܢ ... ܡܗ ܠܚܘܕܬ).

6. Balai (5. Jh. n.Chr.)[1]

Den ܡܕܪ̈ܫܐ „auf die Einweihung der Kirche in Kenneschrin" sowie die fünf ܡܕܪ̈ܫܐ „auf den Bischof Akazius von Aleppo" (LANDERSDORFER, Dichter 63–71 bzw. 71–89) könnte man als Enkomien bezeichnen.

Die in ihrer Echtheit sehr zweifelhaften hymnischen Gebete und Seligprei-sungen (vgl. Auswahl von 15 Stücken bei LANDERSDORFER, Dichter 89–99) sind repräsentativer für die späteren jakobitischen und maronitischen Offizien als für die altsyrische Kirchendichtung.

7. Liber Graduum (ܟܬܒܐ ܕܡܣܩܬܐ [5. Jh. n.Chr.])[2]

Einige der Stellen, zu denen das Lexikon führt (Ed. 933–1127, bes.1105–1106 zu Formen und Derivaten von ܫܒܚ), sind doxologisch bzw. hymnologisch aufschlußreich (vgl. z.B. Ed. 156,8; 176,24 [im Kontext von VII 16 über Psalmodie und Instrumentalmusik]; 289,19; 408,23; 412,6 – 413,6; 428,21–25; 560,9–18 [mit Ps 118]; 816,18).

---

[1] Vgl. BAUMSTARK, Geschichte 61–63; ORTIZ DE URBINA, Patrologia 91–93 (§ 29); ALTANER/STUIBER § 90,2; LANDERSDORFER, Dichter 55–99.
[2] Vgl. Peter BÄSS, KWCO (1975) 218, mit weiterer Literatur. Text der 30 Mēmrē mit Ein-leitung und Lexikon: Edition (= Ed.) von KMOSKO, PS III (1926).

E i n e Stelle in XVI 11 (Ed. 408,25 – 412,5) ist vielleicht mehr als bloße Rhetorik; dort findet sich nämlich in hymnologischem Kontext die Steigerung von „Mund" über „Zunge" und „Wort" zu „Hymnus" (ܫܘܒܚܐ), der selbst nun wiederum aus lauter „Lobpreisungen" besteht (409,4–7; vgl. zu ܩܘܠܣܐ R. PAYNE SMITH, Thes. Syr. II 3636–3638).[1]

8. Jōḥanān, der Einsiedler (5. Jh. n.Chr.)[2]

Von den „Hymnen des Johannes" ist nur ein Fragment über Christus als die „Ruhe" erhalten (Ed. 55, mit Text und Übersetzung; vgl. auch 170–171, Brief von Thomasios [syr. Text: B. 90–93, bes. 91,22–23]).

Wichtig ist, daß diese Hymnen ausdrücklich als ܬܫܒܚܬܐ (B. 91,21) bezeichnet und verstanden werden. Die Durchsicht der Gespräche mit Thomasios bzw. der an ihn gerichteten Briefe und Abhandlungen zeigt jedoch m.E., daß die nur aus diesem Zitat bekannten Hymnen auch aus (z.T. verlorenen) Briefen oder Abhandlungen des Johannes stammen können, enthalten doch die Briefe 1.2.2 und 1.2.4.1 sowie die Abhandlung 1.2.4.3 längere, durchaus hymnische Stücke, meist im „Er"-Stil (vgl. die Texte in: B. 87–88, 95–96, 98, 129–130, 131, 133–134, 137–139; bzw. die in poetischer Form gedruckten Übersetzungen in: Ed. 168, 173, 175, 192–193, 194, 195–196, 198–199).

9. Narsai (5. Jh. n.Chr.)[3]

Bevor nicht neue kritische Ausgaben wie die von GIGNOUX auch die übrigen poetischen Werke der nestorianischen „Harfe des Geistes" erschließen und spätere Liturgica von authentischen Madrāšē, Mēmrē, Sōgyātā und Tešbeḥātā trennen, ist es schwierig, die Hymnographie des Dichters selbst zu erfassen.

---

[1] Nach Abschluß der Arbeit wurde mir die Studie von KOWALSKI bekannt, in der unterschieden wird zwischen der Bibel entnommenen Gebeten, d.h. den Psalmen als tešbḥātā („Preisungen") und den eigenen Gebeten des Autors des Liber Graduum, zu denen vor allem die Doxologien als „šûbḥâ-Formeln" und „zwei brîk-Formeln, d.h. für das semitische Beten so typische Berachot" gehören (Gebete 276–279, mit weiteren Stellen).

[2] Vgl. Werner STROTHMANN, Johannes von Apameia, KWCO (1975) 155–156. Zitate und Belege nach der Edition (= Ed.) mit Beiheft (= B.) von STROTHMANN, Johannes.

[3] Gestorben am Anfang des 6. Jh.s, vgl. BAUMSTARK, Geschichte 109–113; ALTANER/ STUIBER § 90,6; B. SPULER, Narses, in: RGG IV (1960) 1308; GIGNOUX, Homélies.

Vorläufig genüge der Hinweis auf Hom. V 333–380 (GIGNOUX, Homélies
658–661 = [240–243]), eine hymnische Passage auf Schöpfer und Schöpfung
(im Wechsel von „Sie"- bzw. „Er"- und „Du"-Stil), die besonders anschaulich
das Spielen mit Formen und Derivaten von ܫܒܚ zeigt, ja die Verankerung des
„Lobe(n)s" in der „Herrlichkeit" (z.B. Z. 349: ܒܫܘܒܚܐ ܕܬܫܒܘܚܬܗ;
355: ܕܬܫܒܘܚܬܐ ܫܒܚ; 358: ܘܒܗ ܕܬܫܒܘܚܬܗ ܬܙܡܪ ܥܠ
ܗ̇ܝ; zu gūnāyā = ψόγος vgl. R. PAYNE SMITH, Thes. Syr. I 746).

10. Jaʿqōb von Seʿrūg (5./6. Jh. n.Chr.)[1]

Außer einigen literarisch überlieferten Madrāšē und Sōgyātā wird in einer
Handschrift des 6./7. Jh.s n.Chr. auch „ein als Tešbôḥtā bezeichneter Morgenhymnus im siebensilbigen Metrum" dem – kaum von Afrēm übertroffenen –
Mēmrē-Dichter zugeschrieben (BAUMSTARK, Geschichte 149; zu den „Schriften in gebundener Rede" vgl. VÖÖBUS, Überlieferung I 17–27; und zu den
ܬܫܒܚܬܐ für Morgen und Abend sowie dem ܬܫܒܘܚܬܐ für den Morgen in
Hs. London Br. Mus. Add. 17158 vgl. VÖÖBUS, Überlieferung II 7).

Gehören Lobgedichte wie die auf Märtyrer und den Säulenheiligen (vgl.
LANDERSDORFER, Dichter 374–405) zur Gattung des Enkomions oder Panegyrikos, so bezeugen etliche ܡܐܡܪܐ die Existenz von Hymnen, Lobgesängen
(stets Sing. ܬܫܒܘܚܬܐ), und zwar solchen „bei Tisch" (VÖÖBUS, Überlieferung II 18–19, 36–39, 72–73, 80–81, 92–93, 96–97, 130–131, 142–143, 156–
159, 186–187), „des Abends", „der Nacht" und „des Morgens" (92–93, 132–
133, 144–145, 158–159, 188–189), „der Leuchte" bzw. „zu der Zeit des Lichtes", „des Wohlgeruchs" bzw. „für Weihrauch" (132–133, 158–159).[2]

Nicht selten folgen (echte?) ܡܐܡܪܐ des Afrēm über den „Lobgesang bei
Tisch" in denselben Handschriften (VÖÖBUS, Überlieferung II 36–37, 72–73,
80–81, 96–97, 130–133, 142–143, 158–159, 186–187). Ganz allgemein bleibt

---

[1] Vgl. BAUMSTARK, Geschichte 148–158; ORTIZ DE URBINA, Patrologia 104–109 (§ 39);
ALTANER/STUIBER § 90,7; Paul KRÜGER, KWCO (1975) 151; LANDERSDORFER, Dichter
249–431; J. G. BLUM, Bau; STROTHMANN, Jakob (GOF.S 12 [1976]); VÖÖBUS, Überlieferung I–II (CSCO 344/345 = CSCO.Sub 39/40 [1973]).
[2] Außer Betracht bleiben Ps 96 (und 98) und Ex 15, der „Lobgesang der Israeliten" (vgl.
VÖÖBUS, Überlieferung II 18–19, 48–49, 116–117, 162–163, jeweils mit Angabe der Hs.).

ein Mēmrā des Jaʿqōb ܀ ܠܥ: „Über den Lobgesang" (30–31; vgl. auch 198–199 [Afrēm]).

Im zweiten ܀ der Thomas-Trilogie wird vom Hymnus einer hebräischen Sängerin und Flötenspielerin berichtet (II 604–610: STROTHMANN, Jak. 264–267; zu der ܀ vgl. II 523, 593, 616, 632).[1] Statt der Lieder und des Flötenspiels singt sie ܀ (II 604, 608) bzw. ܀ (II 605); ihr Mund wird zu einer „Zither des Lobes" (II 606); und die Zuhörer stimmen ein in das Preisen (܀) der Wunder (II 610).[2]

11. Severos von Antiocheia (5./6. Jh. n.Chr.)[3]

Der in Ägypten 538 n.Chr. gestorbene Vertreter des Monophysitismus wird hier behandelt, weil „seine Schriften nur in syr[ischer] Übers[etzung] erhalten sind" (BÖHLIG, KWCO [1975] 319).

Weder die z.T. anonymen poetischen Stücke (vgl. KUGENER, Vie 327–331 = [243–247]; dort 331 [247] in einem Epigramm: ܀ des „Trisagion") noch die durch Paulos von Edessa Anfang des 7. Jh.s revidierten „liturgischen Dichtungen (ἀντίφωνα) des Severus", d.h. „des Severianischen Kirchengesangbuches" (BAUMSTARK, Geschichte 190, 253), sollten als „Hymnen" bezeichnet werden; ihre syrische Bezeichnung ist ܀, d.h. *canticum, antiphona* (R. PAYNE SMITH, Thes. Syr. II 2930).

Manche der 366 Dichtungen, deren Initien (κεφάλαια) am Anfang der Edition von BROOKS stehen (PO VI,1 10–43), enthalten allerdings, besonders jeweils zum Ende hin, hymnologische oder besser doxologische Elemente, u.a. mit Formen und Derivaten von ܀, aber auch mit Halleluja.

---

[1] Im syrischen Wortverzeichnis von STROTHMANN (Jakob 459–544, 478) muß „III 617" bei ܀ und ܀ zu „II 617" verbessert werden.

[2] Zu dem nach dem 7. Jh. n.Chr. entstandenen syrischen Alexanderlied, das in den Handschriften z.T. dem Jakob zugeschrieben wird und einen hymnenartigen Prolog sowie eine Schlußdoxologie enthält, vgl. jetzt die Edition und Übersetzung von REININK (CSCO 454/455 = CSCO.S 195/196).

[3] Vgl. ALTANER/STUIBER § 115,1; Alexander BÖHLIG, KWCO (1975) 319. Texteditionen: KUGENER, Vie (PO II,3 [1904]); BROOKS, James (PO VI,1; VII,5 [1909]; vgl. „additional indices" in: PO XIV 299); BROOKS, Collection (PO XII,2 [1916]).

In den meisten Fällen handelt es sich dabei um die Aufforderung und damit um die Hinleitung zu Hymnodie bzw. Psalmodie (vgl. z.B. nur PO VII,5 787 = [375]: ܠܘܚܫܬܐ ܕܗܘܡܝܪܐ ܟܕܡܪܝܐ ܒܗ).

Ein echter, alter Hymnus findet sich zum Abschluß der Sammlung mit dem „Gloria", das als ܕܬܫܒܘܚܬܐ überschrieben ist (PO VI,1 43; VII,5 799–800 = [387–388]) und von dem gesagt wird, daß es gesungen wurde (ܟܗܘܐ ܡܪܝ [!]) in allen christlichen Kirchen von altersher nach dem Morgenoffizium, im Konvent von Kennešrē jedoch nach dem Nachtoffizium.

Abschließend sei auf Brief LIV hingewiesen, weil Severos darin zum Ausdruck bringt, daß die τάξις von ܕܬܫܒܘܚܬܐ und ܐܘܕ̈ܐ (vgl. R. PAYNE SMITH, Thes. Syr. I 1010) in Ägypten, Palästina und Syrien jeweils verschieden ist (PO XII,2 332 = [160]: „order of hymns and odes").

12. Myron-Weihe[1]

Wenn der am Anfang des 10. Jh.s n.Chr. gestorbene Jakobit Moses bar Kepha, der das Hohelied ܬܫܒܘܚܬܐ ܕܬܫܒܚܬܐ nennt (5,12 und 41,9–10: STROTH-MANN, Moses [= Ed.] 42–43 bzw. 106–107), in seinem Mēmrā von ܕܬܫܒܘܚܬܐ und ܐܘܕ̈ܐ spricht (26,12: Ed. 84–85), und wenn er ein ganzes Kapitel Zitaten widmet, die aus Myron-Psalmodie (ܡܙܡܘܪܐ) bzw. aus Myron-Hymnodie (ܕܬܫܒܘܚܬܐ) stammen (49,1–27, Z. 2: Ed. 120–123, 120, Z. 2; ab Z. 9 die preisenden „Worte", jeweils eingeleitet durch: „Das Myron ..."), dann wird man sagen können, daß es sich dabei schon um ältere Tradition handelt (vgl. auch BAUMSTARK, Geschichte 243–245).

Die ebenfalls von STROTHMANN zusammengestellten 26 hymnischen Stücke (Kanones, Stichera, Hymnen, Lieder und Gebete) gehen weit über die Antike hinaus; dennoch können auch sie liturgisches Material enthalten, das bis ins 5./6. Jh. n.Chr. zurückgeht (vgl. STROTHMANN, Hymnen, besonders die Einleitung XI–XXV, u.a. zum Zusammenhang mit der byzantinischen Literatur und Liturgie XVI–XIX). Die durch syrisches Wortverzeichnis (121–145) er-

---

[1] Vgl. STROTHMANN, Moses (GOF.S 7 [1973]); STROTHMANN, Sakrament I–II (GOF.S 15,1–2 [1977/78]); STROTHMANN, Hymnen (GOF.S 16 [1978]); STROTHMANN, Pseudo-Dionysios (ZDMG.S IV [1980] 188–196, eine Art Zusammenfassung). Zu den Arbeiten von STROTHMANN vgl. BRAKMANN, Liturgien 394–396.

schlossenen Texte selbst (1–113) müßten noch auf ältere Schichten hin analysiert werden.

Ohne schließlich auf die äußerst schwierigen Überlieferungs- und Übersetzungsprobleme eingehen zu können, muß hier noch einmal das Corpus Dionysiacum in den Blick kommen (s.o. B.V.a.26), nicht wegen des Sakramentscharakters der Myron-Weihe, sondern nur unter hymnologischem Aspekt (vgl. STROTHMANN, Sakrament I [syrische Fragmente mit griech.–syr. und syr. Wortverzeichnis, 115–145, 149–207], Sakrament II [Einführung und Übersetzung]).[1] Mit einem Seitenblick auf die griechische Textgrundlage muß der Schwerpunkt dabei auf der syrischen Übersetzung des Sergios (6. Jh. n.Chr.) liegen, von der die Übersetzung des Phokas (wahrscheinlich 7. Jh. n.Chr.) schon erheblich abweicht. Die Scholien (9.–12. Jh. n.Chr.), die natürlich schon Jahrhunderte liturgischen Vollzugs widerspiegeln, bestätigen die ältere Tradition insofern, als das Tersanctus von Jes 6,3 als das Urbild der kirchlichen Psalmodie bzw. Hymnodie erscheint.

Der Gottesgesang (ܪܟܬܘܡܠܟ ܬܚܠܠܒܡ) der Seraphim ist der Lobpreis (ܪܟܬܚܘܒܫܬ) schlechthin (S 187–188: I 96,15.18; vgl. A 40: I 44,21; zu Jes 6,3 vgl. Index, II 97). Seinen kürzesten irdischen Ausdruck findet er im ܪܟܚܒܩܫ des Halleluja (S 307–308.313: I 112,16–18 und 113,9–10; vgl. A 75: I 55,1.3), dann aber auch in den heiligen ܪܟܬܚܒܫܬ der Halleluja-Psalmen (D 16: I 66,4.6) und schließlich in allen Lobpsalmen (A 73: I 54,14–15), ja in jedem Psalmengesang ([ܪܟܙܩܡܒܡܪ] ܪܟܬܚܒܠܩ ܙܪܒܡܐ, ܪܟܙܒܡܐ, ܪܟܒܡܐ, vgl. A 23.25, D 3.4.5, S 1.19.98.112.118.123: I 40,2.9; 57,18; 58,1–2; 60,23; 71,4; 74,10–11; 85,17; 87,10; 88,7.18). Auch die Lieder (ܪܟܬܚܒܩ) von S 21 werden sich auf Psalmen beziehen (I 74,15).

Vermißt man in den Scholien-Fragmenten jeglichen Hinweis auf spezielle Myron-Hymnen, so scheint die liturgische Konzentration auf die Psalmen schon in den frühen Übersetzungen durch, auch wenn die Terminologie durch die literarische Vorlage differenzierter ist.

---

[1] Im folgenden zitiert als I und II (meist nach Doppelpunkt). Weitere spezifische, auch von STROTHMANN verwendete Abkürzungen: A = Scholien des Theodoros bar Zārūdī; D = Scholien des Iwannis von Dara; Ph = Übersetzung des Phokas; S = Scholien des Bar Ṣalībī; Sg = Übersetzung des Sergios.

Der ψαλμικὴ ἱερολογία (MIGNE, PG III 473A; vgl. zu einem ὕμνος ψαλμικός des 6. Jh.s n.Chr. DYER, Augustine 94) entspricht einerseits der göttliche Lobpreis der Psalmodie (ܟ̣ܬܒ‍ܐ ܕܬܫܒܘܚܬܐ ܕܡܪܝܐ [Sg II: I 2,18–19]), andererseits das Rezitieren heiliger Psalmen (ܩܪܝܢܐ ܕܡܙܡܘܪܐ ܩܕܝܫܐ ܕܡܬܡܠܠܝܢ [Ph II: I 3,17]).

Das prophetisch inspirierte, heilige μελῴδημα (PG III 473A, 485AB) wird zu ܩܠܝܢ (Sg II: I 2,24) bzw. ܩܠܐ ܕܡܙܡܘܪ (Ph II: I 3,20; Ph III 12: I 29,24), aber auch zu ܩܪܝܢܐ ... ܩܠܐ (Sg III 12: I 28,19–20).

Die Übersetzung der ἱερολογίαι (PG III 476D)[1] durch „heilige Loblieder" (ܬܫܒܚܬܐ ܩܕܝܫܬܐ [Sg III 3: I 10,16; Ph ohne Entsprechung]) könnte ebenso auf nichtpsalmische Hymnen schließen lassen wie die Übersetzung von ὑμνολογία und αἶνοι ἱεραί (PG III 485B) durch ܬܫܒܘܚܬܐ (Sg III 12: I 30,3) / ܫܘܒܚܐ (Ph III 12: I 31,7) und ܬܫܒܚܬܐ ܩܕܝܫܬܐ (Sg und Ph III 12: I 30,7 bzw. 31,9). Aber wie sehr Hymnodie gleich Psalmodie (oder zumindest gleich Hallelujagesang) ist, zeigt die Übersetzung von αἶνος und αἰνεῖν durch Formen und Derivate von ܗܠܠ einerseits (Sg: I 30,12) und von ܫܒܚ andererseits (Ph: I 31,2–3), beide bezogen auf das Halleluja der Psalmen.

Ob sich αἱ τῶν λογίων ᾠδαί (PG III 476D), frei wiedergegeben durch ܩܪܝܢ̈ܐ ܕܬܫܒܚ̈ܬܐ ܩܕܝܫܬܐ (Sg III 3: I 12,1) oder knapp durch ܩܠܐ (Ph III 3: I 13,1), auf biblisch–kirchliche Cantica bezieht, muß offenbleiben.

Ein letzter Aspekt scheint wichtig, nämlich die Wiedergabe der auf Jes 6,3 bezogenen πολυύμνητος ... θεολογία (PG III 480C), also des Tersanctus, durch ܬܫܒܘܚܬܐ ܗܝ ܣܓܝܐܬ ܩܘܠܣܐ (Sg III 5: I 18,12), sachgemäßer als durch ܕܡܬܡܠܠܝܢ ܠܐܠܗܐ ܗܝ ܣܓܝܐܬ ܫܘܒܚܐ (Ph III 5: I 19,12).

Sollten also beim Sakrament der Myron-Weihe im 5./6. Jh. n.Chr. schon irgendwelche spezifischen Myron-Hymnen gesungen oder rezitiert worden sein, so kann man auch aus dem Corpus Dionysiacum nicht erschließen, welche von den 26 syrischen „Hymnen" der Edition von STROTHMANN (GOF.S 16) es gewesen sind, von etwaigen griechischen Vorlagen ganz zu schweigen.[2]

---

[1] Druckfehler ἰτρ. zu korrigieren und nachzutragen bei STROTHMANN, Sakrament I 131.
[2] Weiterführend ist hier die aus armenologischer und liturgiewissenschaftlicher Perspektive geschriebene Besprechung von STROTHMANN, Hymnen (GOF.S 16) und Sakrament (GOF.S

(Fortsetzung s. nächste Seite)

Unter dem Aspekt konkreter Texte ist somit der nicht nur für die Geschichte der Philosophie und Theologie, sondern auch für die Liturgiegeschichte bedeutsame pseudodionysische Traktat (vgl. QUASTEN, Monumenta VI [= Flor-Patr VII,6] 273–328) ähnlich unergiebig wie andere syrische Quellen, auf die hier wenigstens noch kurz hingewiesen werden soll.

Es handelt sich um die folgenden Editionen von Kirchenordnungen bzw. kirchenrechtlichen Sammlungen durch VÖÖBUS:[1]

Syrische Didaskalia (CSCO 401/402, 407/408 [= CSCO.S 175/176, 179/180]; vgl. z.B. 401 [=175] 10,10 bzw. 402 [=176] 8,11: ܡܙܡ̈ܪܢܐ, Psalmisten, Sänger; 17,22–23 bzw. 15,1: ܙܡ̈ܝܪܬܐ, ܡܙܡܘ̈ܪܐ, Lieder, davidische Psalmen; 47,2 bzw. 40,11: ܬܫܒܘ̈ܚܬܐ, Lobpreisungen, des David; 407 [= 179] 214,13 bzw. 408 [= 180] 199,5: ܡܙܡܘ̈ܪܐ, Psalmen);

Westsyrische Kanonessammlungen (CSCO 307+317 [= CSCO.Sub 35+38], durchgehend paginiert; vgl. z.B. 12, 160, 170, 194, 198–199, 206, 321, 363–364, 374, 378–379, 403);

Kanones des Mārūtā von Maipherqaṭ und verwandte monastische Quellen (CSCO 439/440 [= CSCO.S 191/192]; vgl. bes. 439 [= 191] 18,1 bzw. 440 [= 192] 12,22 zu den Therapeuten; 24,7 bzw. 19,6–7 zu Madrāšē der Markioniten an Stelle der ܡܙܡܘ̈ܪܐ, Psalmen; 34,16 bzw. 31,4, sowie 36,5–12 bzw. 32,12–18 zum Amt der ψάλται und zum Psalterion, dem Buch der ܡܙܡܘ̈ܪܐ, Psalmen, als ܬܫܡܫܬܐ, „services"; 85,18 beziehungsweise 72,26–27 zum ܬܫܡܫܬܐ ܕܡܙܡܘ̈ܪܐ, „service of the Psalms"; 103,18 – 104,15 bzw. 86,17 – 87,9 über ܬܫܡܫܬܐ der Kirchen).

---

15), durch Gabriele WINKLER, in: OrChr 66 (1982) 237–239 bzw. 239–240, bes. 238–239: „In meiner Erläuterung zu dem hohen Alter einiger armenischer Tauf-Hymnen habe ich zugleich auf den Zusammenhang mit dem syrischen Traditionsstrang hingewiesen, der bei dem oben (sc. S. 238) zitierten armenischen Hymnus natürlich vorausgesetzt werden muß. ... Noch ist es zu früh, die Geschichte der Myron-Weihe des syrischen Ritus zu schreiben. Die Veröffentlichung von W. STROTHMANN ist ein wichtiges Bindeglied, jedoch muß der Textbefund der Hymnen in den älteren Handschriften noch miteinbezogen werden" (Kapitälchen von mir; vgl. auch die Einleitung zum Ausschluß Armeniens).

1 Vgl. Hubert KAUFHOLD, Didaskalia, Kanones, in: KWCO (1975) 102, 159–160.

c. Ägypten[1]

Es ist kaum möglich, die spätantiken und frühbyzantinischen, meist anonymen Zeugnisse von und über Hymnen in koptischer Sprache chronologisch zu ordnen. Historisch greifbarer werden koptische „Hymnen (Psali), Theotokiagesänge zu Ehren der Gottesmutter, Oden, Antiphonen, Doxologien" (C. D. G. MÜLLER, KWCO [1975] 207) eigentlich erst vom 9. Jh. n.Chr. an (vgl. JUNKER, Poesie; CRAMER, Aufbau; CRAMER, Hymnologie). Das ausgewählte Material muß deshalb anders als bisher dargeboten werden, wobei Überschneidungen nicht zu vermeiden sind (zu griechischen und lateinischen Quellen aus dem christlichen Ägypten s.o. B.III und B.V; zu koptisch-gnostischen Schriften s.o. A.VIII und B.III; zum Dunkel der ägyptischen Frühzeit vgl. PEARSON, Earliest Christianity, KLIJN, Jewish Christianity).

1. Übersetzung aus dem Griechischen

Wenn ὑμνεῖν, ὕμνησις, ὕμνος und ὑμνῳδία nicht überhaupt, wie z.b. ja auch ψαλμός und ᾠδή, als Fremdwörter stehenbleiben (vgl. als ein relevantes Beispiel die Plinius-Stelle von Eusebius, KG III 33,2–3 im koptischen Martyrium des Ignatios: LEFORT, CSCO 135/136 = CSCO.C 17/18 [1952] 100,30 bzw. 95,17), dann dient in erster Linie CMOY zu ihrer Übersetzung und betont das lobpreisende Element; mit ϨⲰⲤ und ⲀⲰ werden Aspekte des Gesanges und der Musik hervorgehoben. Andere Wörter des Preisens werden uns im folgenden begegnen.

Wie in aller Übersetzungsliteratur werden natürlich viele griechische Synonyme mit Formen und Verbindungen dieser koptischen Wörter wiedergegeben, z.B. αἰνεῖν κτλ., εὐλογεῖν κτλ. und ᾄδειν κτλ. (vgl. CRUM, Dictionary 335–336, 709, 755–756; DRAGUET, Index 169, Ergänzung zu CSCO 183 = CSCO.Sub 13 [1958] 783–785).

---

[1] Vgl. NAGEL, Probleme; Julius ASSFALG, Koptische Klöster, in: KWCO (1975) 194–197; C. Detlef G. MÜLLER, Koptische Handschriften, Inschriften, Kirche, Literatur, Schrift, Sprache, in: KWCO (1975) 188–194, 205–212; C. Detlef G. MÜLLER, Ägypten IV. Kirchengeschichtlich, in: TRE I (1977) 512–533; Martin KRAUSE, Koptische Literatur, in: LÄ III (1980) 694–728; Martin KRAUSE / Karl HOHEISEL, Aegypten II (literaturgeschichtlich), in: RAC.S 1/2 (1985) 14–88; Tito ORLANDI, Koptische Kirche, in: TRE XIX (1990) 595–607.

Der griechisch–koptische Engelshymnus im Codex Scheide (5. Jh. n.Chr.) gibt schöne Beispiele terminologischer Differenzierung, Entlehnung und Vertauschung: αἰνοῦμεν / ΤΝϹΜΟΥⲈ̇, ὑμνοῦμεν / ΤΝ2ΥΜΝⲈΥⲈ̇, εὐλογοῦμεν / ΤΝⲈΥΧⲀΡΙϹΤΙ, προσκυνοῦμεν / ΤΝΟΥΟϢΤ, δοξολογοῦμεν / ΤΝϮⲀΥ, εὐχαριστοῦμεν / ΤΝϢⲈΠ 2ΜⲀΤ (4–9); αἰνεῖ / ϹⲈϹΜΟΥⲈ̇, ὑμνεῖ / ϹⲈ2ΥΜΝⲈΥⲈ̇, δοξολογεῖ / ϹⲈϮⲀΥ, εὐλογεῖ / ϹⲈϹΜΟΥⲈ̇ (27–28; vgl. H.-M. SCHENKE, Matth.-Ev. 128–131).[1]

2. Papyri und Ostraka

Auf einige Fragmente kann hier nur hingewiesen werden: CABROL/LECLERCQ, MELi I,2 CLXXV–CLXXVIII, Nr. 14 (Pap. Rainer 70, Fragment einer saïdischen Anaphora, nicht nur liturgiegeschichtlich wichtig, sondern auch hymnologisch interessant; vgl. auch LECLERCQ, Papyrus 1393–1396); CLXXIX–CLXXX, Nrn. 15–17 (koptische Hymnenfragmente; Nr. 16 ausdrücklich mit ὑμνεῖν am Ende; zu diesen und weiteren Papyri vgl. auch LECLERCQ, Hymnes 2893–2895, Nrn. 61–63 bzw. LECLERCQ, Papyrus 1418–1420); CCXXXIII, Nr. 56 (koptisches Anaphora-Ostrakon); CCXXXVII, Nr. 66 und CCXLIII, Nr. 78 (Ostraka mit Hymnen-Fragmenten; vgl. auch LECLERCQ, Ostraka 93–94, Nrn. 11–13, besonders den Schluß von Nr. 13, Z. 13–14: [....]ΠΡⲈΠⲈΙ 2ΥΜΝΟϹ Ο ΘⲈΙ[ΟϹ Ⲁ]ΛΛΗΛΟΥΪⲀ). Weitere Papyri und Ostraka, ja auch Schreibtafeln, werden im folgenden noch behandelt.

3. Engelshymnus[2]

Unter Hinweis auf die gründliche Behandlung der z.T. griechisch–koptischen Handschrift M 574 der Pierpont Morgan Library (9. Jh. n.Chr., mit viel älterem Material) durch H. QUECKE genügt an dieser Stelle die Konzentration auf das hymnologische Vokabular der großen Doxologie (vgl. Stundengebet 274–299, 340, 416–421, 469).

Zum Vergleich und Kontrast wird gelegentlich auf einen späteren Paralleltext hingewiesen, nämlich auf Hs. Toronto 924.68.2, f. 8ᵛ–20ʳ (QUECKE, Stun-

---

[1] Zu dem Supralinear-Punkt über dem Ⲉ (hier aus drucktechnischen Gründen durch einen kleinen Schrägstrich angedeutet) vgl. H.-M. SCHENKE, Matth.-Ev. 26–28.
[2] Vgl. neben der Doxologie im Codex Scheide (s.o. 1) schon JUNKER, Rezension (eine Edition von Pap. Berlin 8099 mit griechischem Paralleltext) und dazu QUECKE, Stundengebet 136–139, 446–448.

dengebet 468–487, bes. 478–485), während für den griechischen Text auf Hs.
Bibl. Nat. copte 68 Bezug genommen wird (500–505).

Ausdrücklich heißt der Text in der Überschrift nicht nur von Pap. Berlin
8099 (JUNKER, Rezension 442–443), sondern auch von M 574 „Hymnos", und
zwar „der Himmlischen und Irdischen" (QUECKE, Stundengebet 416f,7). Die
den Hymnos begründende Herrlichkeit (δόξα) heißt durchgehend saïdisch
ⲉⲟⲟⲩ.

Wird mit dem Qualitativ von ⲥⲙⲟⲩ, ⲥⲙⲁⲙⲁⲁⲧ, in fast allen Fällen εὐλογητός (+ „Du"-Stil) wiedergegeben, so differenzieren die verbalen Preisungen im Plural der 1. Person (beim „Objekt" variieren die Texte zwischen 2.
und 3. Pers. [QUECKE, Stundengebet 416f,10–13; 478f,8ᵛ 7 – 9ᵛ 2]) zwischen
ⲋⲱⲥ, ⲥⲙⲟⲩ, ⲱⲙ̄ⲱⲉ (ⲱⲙ̄ⲱⲙ̄ [sic] Tor. 9ʳ 2), ⲟⲩⲱⲱⲧ, ⲟⲩⲱⲛⲍ̄
ⲉⲃⲟⲗ, ⲱⲁⲝⲉ + ⲉⲟⲟⲩ, ⲱⲉⲛ ⲋⲙⲟⲧ (+ εὐχαριστεῖν Tor. 9ᵛ 1), mehr
oder weniger nur entsprechend αἰνεῖν, ὑμνεῖν, εὐλογεῖν, προσκυνεῖν, δοξολογεῖν, εὐχαριστεῖν (501,9–12, wie schon im Codex Scheide [s.o.], wo das
Mittelägyptische aber doch wiederum erheblich abweicht vom Saïdischen,
ebenso wie das Griechische schon eine Erweiterung der verschiedenen Fassun-
gen des ὕμνος ἑωθινός darstellt, vgl. synoptisch CABROL/LECLERCQ, MELi
I,2 130–131, Nr. 5148).

Die futurischen Preisungen im Singular der 1. Person, im Griechischen differenziert (εὐλογεῖν, αἰνεῖν [QUECKE, Stundengebet 503,1–2]), verwenden
beide ⲥⲙⲟⲩ (416f,26–27; 480,11ᵛ 7–9).

Das Hymnologische betonen nun die Verse 66–68 von M 574, „eine Erweiterung von Ps 64,2a" (287), mit ⲥⲙⲟⲩ, ⲋⲱⲥ und ⲉⲟⲟⲩ (420f,9–11), später
variiert und erweitert zu ⲋⲱⲥ, ⲥⲙⲟⲩ, ⲉⲟⲟⲩ, ⲧⲁⲓ̈ⲟ (484,18ᵛ 5 – 485,19ʳ
4). Der Herrlichkeit Gottes entspricht also die Ehre und Verherrlichung; beide
Aspekte sind im „Gloria" enthalten (vgl. schon Lk 2,14).

4. Michael- und andere Engeltexte[1]

In den beiden pseudapostolischen Einsetzungsbüchern, die voll sind von gnostischen Einschlägen, finden sich viele hymnologisch wichtige Aussagen, ja sogar

---

[1] Vgl. BUDGE, Apocrypha; C. D. G. MÜLLER, Engellehre (diese Monographie hält zumindest diachronisch nicht, was der Untertitel verspricht: Untersuchungen zur Geschichte der
christlichen Frömmigkeit in Ägypten); C. D. G. MÜLLER, Bücher der Einsetzung (CSCO
225/226 = CSCO.C 31/32 [Pierpont Morgan Library, M 593 und M 614, Ende 9. Jh. n.Chr.]);
C. Detlef G. MÜLLER, Engellehre, in: KWCO (1975) 106–108; KROPP, Lobpreis (vorm.
Perg. Heidelberg.Inv. Nr. 1686 [10. Jh. n.Chr., mit älterer Hymnentradition]).

einige ausdrücklich so bezeichnete Hymnen. In dem nur saïdisch erhaltenen Gabrielbuch (7. Jh. n.Chr. [?]) folgt auf einen ersten Jesus-Hymnos der Apostel im „Du"-Stil (Ed. 62,3–14; Üb. 75,12–24) ein weiterer Jesus-Hymnos aller Engel, auch im „Du"-Stil, mit χαῖρε beginnend (Ed. 63,20–28; Üb. 77,2–11) und im Rückblick explizit als ὕμνος bezeichnet (Ed. 63,29; Üb. 77,12).[1]

Von den Anspielungen auf liturgische Formeln ist die auf das Tersanctus von Jes 6,3 hervorzuheben (Ed. 69,16–22; Üb. 84,15 – 85,3 mit Anm. 38). Das Singen (ϩⲱⲥ) der Engel zum Heiland, der seinerseits die Apostel segnet (ⲥⲙⲟⲩ), wird man vielleicht auch wieder hymnisch interpretieren dürfen (so Üb. 99,30–33 von Ed. 81,33–36).

Ergiebiger ist das z.T. auch faijumisch erhaltene Michaelbuch (6. Jh. n.Chr., vielleicht früher). Aufgabe der (Erz-)Engel, ja Grund ihrer Erschaffung ist ihr ὑμνεύειν = ⲥⲙⲟⲩ (Ed. 6,23 saïd. ‖ 7,18 faij.; Üb. 8,1–3). Auch die Cherubim preisen (ὑμνεύειν) die Trias schon (Ed. 6,28 ‖ 7,22; Üb. 8,12–13), als auf der Erde noch niemand den Vater lobpreist (ⲥⲙⲟⲩ; Ed. 8,4 ‖ 9,4; Üb. 8,30).

Die Engel verehren (ⲟⲩⲱϣⲧ) und huldigen (ἀσπάζειν) Michael, loben (ⲥⲙⲟⲩ) mit ihm den vollkommenen „Ruhm" (ⲉⲟⲟⲩ ‖ ⲉⲁⲩ), in der saïdi- schen Rezension vielleicht eine eigene „Engelkategorie" (Ed. 18,17–18.24–25 ‖ 19,14–15.21–22; Üb. 22,11–15; 23,5–10 mit Anm. 68) beim χωρεύειν im Himmel, wo die Cherubim Michaels Einsetzung preisen (ⲥⲙⲟⲩ). Der Synaxis (συνάγειν) im Himmel entspricht die auf der Erde (Ed. 18,29–30 ‖ 19,26–27; Üb. 24,2–6).

Terminologisch interessant ist das Sagen der Ehre (ⲧⲁⲓ̈ⲟ ‖ ⲧⲁⲓⲁ, viel- leicht δοξολογεῖν), im Kontext parallel zum Sagen = Singen (ⲁⲱ) eines ὕμνος ἀγγελικός (Ed. 46,25–26 ‖ 47,25–26; Üb. 57,22–25), der dann im „Er"-Stil abwechselnd auf Jesus und Michael textlich folgt (Ed. 46,28 – 48,5 ‖ 47,27 – 49,5; Üb. 57,27 – 58,16) und im Rückblick, allerdings nur in der fai- jumischen Rezension, als ὕμνος des Michael mit den Engeln qualifiziert wird (Ed. 49,5–6; Üb. 58,23–25).

Die letzte saïdisch–faijumische Stelle, die hier interessiert, besteht aus zwei χαῖρε-Zeilen, von Michael an den König des Lebens und vom Heiland an

---

[1] Ed. bzw. Üb. beziehen sich auf die Edition und Übersetzung von C. D. G. MÜLLER. Den richtigen Hinweis auf das Testament des Adam (Bücher, Üb. 77, Anm. 20) könnte man ergänzen durch KMOSKO (+ NAU, Appendix), PS II (1907) 1321f (Hora quinta), 1331f (Hora nona), 1335f (Hora quinta) und 1376–1384 (bes. 1376,7; 1377,3.8; 1378,1.11; 1379,1.3; 1380,1; 1381,13; 1383,7; 1384,4), wodurch auch griechisch–koptische und syrisch–koptische Querverbindungen für das Horarium sichtbar werden.

Michael gerichtet (Ed. 48,8–9 ‖ 49,7–8; Üb. 58,28–33); die zweite wirkt wie
die Keimzelle späterer Hymnen auf diesen besonders verehrten Erzengel (vgl.
für das 10./11. Jh. n.Chr. außer CRAMER, Hymnologie 92–103, auch BROWNE,
Texts 34–41 [Pap. Mich. inv. 4567a]).

Im rein saïdischen Teil soll die Seele ὑμνεύειν im heiligen ὕμνος (Ed.
54,15; Üb. 65,24), wie auch umgekehrt die Engel die ehrenvolle Seele hymnisch besingen (ὑμνεύειν, Ed. 55,24; 56,4; Üb. 67,14.27).

Hymnen (ὕμνοι) und Halleluja-Rufe erklingen bei der Eucharistie, bei der so
das ὑμνεύειν von Leib und Blut geschieht (Ed. 56,1–3; Üb. 67,23–26), sicherlich über das Mythologische hinaus eine historische, anaphorische Reminiszens.

Ganz unmythologisch, wenn auch vielleicht aitiologisch und typologisch
verstanden, sind wieder die Aussagen im Schlußteil, wenn alle Seelen die
Trinität preisen (CMOY), und alle Engel den Heiland (Ed. 59,1.11; Üb.
71,1.12). Das Buch schließt mit einer Doxologie (EOOY + TAÏO + ἐξου-
σία), in die kirchlich einmündet, wie die Apostel der Trinität die Ehre geben
(†EOOY, Ed. 60,28–31; Üb. 73,4–7).

Von dem nicht mehr vorhandenen Heidelberger Pergament (Inv. Nr. 1686) des
10. Jh.s n.Chr. sind hier nur die auf älterer Tradition beruhenden hymnischen
Stücke von Bedeutung, weil sie an die acht „Hymnen" der Engel bzw. Adams
in dem pseudo-bartholomäischen Buch der Auferstehung Jesu Christi erinnern
(vgl. BUDGE, Apocrypha 20–26, 195–200; KROPP, Lobpreis [= Ed.] 69, 74).

Der jetzt in magischem Kontext stehende, in sich selbst auch gnostisch ange-
hauchte Lobpreis (ἔνδοξον), den Michael zur Versöhnung Gottes mit Adam
vorträgt, besteht zunächst aus 18 χαῖρε-Zeilen ungleicher Länge auf den
Schöpfer im „Er"-Stil (6–18: Ed. 12–15). Ein Zwischenvers (19, „Ich preise
Dich …" [CMOY]) leitet über zu einer Reihe von Imperativen und Optativen
(20–28: Ed. 14–15), deren durchgängiges Thema das Preisen und Verherrlichen der Trinität ist (u.a. TAÏO, CMOY, †EOOY, χωρεύειν, ᕍ ω, ὑμνεύειν, ἔνδοξον). Wahrscheinlich ist sogar von den Himmelskörpern als ὑμνητέ-
ρες die Rede (25; die griechischen Wörter sind in der saïdischen Dialekthand-
schrift sehr verschrieben).

Der hymnische Faden kommt später wieder zum Vorschein (219–225, 240–
245: Ed. 44–47, 48–49; dreimal CMOY, in der nachfolgenden „Besegnung"
[246–247] ausdrücklich als magisches ἔνδοξον bezeichnet).

5. Theotokia[1]

Es ist zu unterscheiden zwischen den relativ späten koptischen Theotokien
(„Psalmodie" = „Theotokie") und älteren Texten zum Lobe der Gottesgebärerin („Theotokia", Plural von „Theotokion") wie den griechisch–koptischen
Chairetismoi der Handschrift M 574, die dort auf zwei auch sonst bekannte
hymnische Troparien folgen (1. Strophe an die Gottesmutter, 2. Strophe an
den inkarnierten Erlöser), und zu denen zwei griechische Fragmente zu vergleichen sind, nämlich Pap. Lond. 1029 (Text und Textrekonstruktion:
BAUMSTARK, Theotokion 36, 41, 52) und das Brüsseler Ostrakon E.370 (neue
Textrekonstruktion nach KOENEN durch QUECKE, Stundengebet 518).

Mit leichten Abweichungen sind die ersten sechs Verse von M 574, d.h.
146,18–26 (QUECKE, Stundengebet 432–433; kopt. Übers. davon ist 147,19–
26: 434–435), fast identisch mit den beiden genannten Textzeugen des 6. bzw.
4. Jh.s n.Chr. Für den Rest, d.h. 146,27 – 147,3 ‖ 147,28 – 148,6 (434–437),
gibt es bisher „keinen Paralleltext" (315 [„149,6" zu korrigieren: „148,6"]).

An dieser Stelle genügt in Ergänzung zu QUECKE (Stundengebet 315–319)
ein Blick auf das Hymnologische, dessen griechischer Partizipialstil weitgehend
transformiert erscheint durch saïdisch-koptischen „Du"-Stil. Der εὐλογημένη
(M 574, 146,22) entspricht die ⲤⲘⲀⲘⲀⲀⲦ (147, 22; Qualitativ von ⲤⲘⲞⲨ).
Der Schlußvers (ὕμνοις τὸν τόκον ϲου μεγαλύνομεν‖ⲦⲚ̄ⲚⲀⲀ̅ⲒⲤⲈ
[147,2–3 ‖ 148,5–6]) wechselt die hymnische Richtung von der gepriesenen
Mutter auf den Herrn, das Licht der Welt.

6. Acta und Vitae

Wie die erbauliche Volksliteratur mit hymnenartigen Gebeten und Aussprü-
chen durchsetzt ist, zeigt paradigmatisch das Martyrium des Apatil.[2] Auch in
solchen Texten erscheinen dauernd Engel, die Hymnen (ὕμνοι) singen, welche

---

[1] Vgl. EURINGER, Verfasser; BAUMSTARK, Theotokion; KOENEN, Prosahymnus; QUECKE,
Stundengebet 52–80 („Psalmodie"), 192–219 („Oden und Theotokien"), 312–319, 432–437,
516–518.
[2] Vgl. BALESTRI/HYVERNAT, Acta I, CSCO 43/44 = CSCO.C 3/4 (1907/8) 89–109 (Ed.)
bzw. 61–71 (lat. Übers.), z.B. Ed.: 100,15–25; 101,5–7; 101,21 – 102,5; 107,1–25; Üb.:
67,6–15.18–20; 67,32 – 68,2; 70,21 – 71,2.

manchmal sogar explizit als Texte des heiligen Psalmisten David deklariert werden bzw. zusammenfließen mit den Gesängen der Kirche.[1] Aus atl. Psalmen und ntl. Stücken werden neue kleine Hymnen geformt und in Enkomien den Märtyrern bzw. Heiligen in den Mund gelegt (vgl. z.B. GODRON, Textes [PO XXXV,4] 456f,23–26). Was eher wie ein Bittgebet klingt, kann auch als ὕμνος bezeichnet werden (461,20 und 463,11, dazwischen der so bezeichnete Text). Bei ψαλμῳδία und ὕμνος, beides als ϩ ⲱ ⲥ zusammengefaßt, ereignet sich ein Wunder: „Apparently a heavenly choir of angels or martyrs joined in the singing" (so ein Zitat von DRESCHER bei GODRON [Textes 503,15–19 mit Anm. 1]). Schon als ᾠδή singen die Heiligen Verse aus dem beliebten Hymnos der drei „Heiligen" von Dan 3 (549,22).

In den stark legendarischen Lebensbeschreibungen der beiden großen Kloster-Organisatoren Pachôm und Schenute (4. bzw. 5. Jh. n.Chr.)[2] kann ein pachomianischer Mönch die „Ode" Ex 15 „psallieren" (LEFORT, Vita, CSCO 89+107 = CSCO.C 7+11 [1925+1936] 65,22 bzw. 44,10); David heißt ὑμνῳδός (163,7 bzw. 106,17; „psalmista" ist eine zu freie Übersetzung). Die vier anonymen „Hymni in honorem S. Pachomii" (216–223 bzw. 139–145) sind sicher noch später als die Vita (vgl. das Prooemium der Edition, I–V).

Aus späteren Hymnologia stammen auch die fünf „Hymnen" auf Schenute, die schöne Beispiele dafür sind, wie die Heiligenverehrung sich vermischt mit dem Lobpreis Gottes, Christi und der Theotokos.[3]

7. Anaphorische Texte[4]

Es geht hier *nicht* um die äußerst komplizierten Probleme der ägyptischen Liturgien (Anaphoren) in ihren Abhängigkeiten und Verwendungen von griechischen oder auch syrischen Vorlagen. Es geht damit an dieser Stelle auch *nicht*

---

[1] Vgl. BALESTRI/HYVERNAT, Acta II, CSCO 86 = CSCO.C 6 (1924), bes. 86,8; 160, 1–2; 161,15; 252,14; 258,3; lat. Übers. von HYVERNAT, CSCO 125 = CSCO.C 15 (1950): 59,10; 110,7–9; 111,7; 168,13; 171,23.
[2] Vgl. C. Detlef G. MÜLLER, KWCO (1975) 288, 316–318; Rudolf LORENZ, Zur Chronologie des Pachomius, in: ZNW 80 (1989) 280–283.
[3] Vgl. LEIPOLDT/CRUM, Vita III, CSCO 42 = CSCO.C 2 (1908) 10–2 (Einleitung von J. LEIPOLDT), 226–242 (Texte). Ein Fragment von Hymnus IV, Strophen 8–12, findet sich auch schon in: LEIPOLDT/CRUM, Vita I, CSCO 41 = CSCO.C 1 (1906) 82. Lateinische Übersetzung der Hymnen in: WIESMANN, Vita III, CSCO 96 = CSCO.C 8 (1931) 132–144; zum genannten Fragment vgl. WIESMANN, Vita, CSCO 129 = CSCO.C 16 (1951) 48.
[4] Vgl. Anton BAUMSTARK, Anaphora, in: RAC I (1950) 418–427, bes. 421–425 („Darbringung"); Gabriele WINKLER, Meßliturgien, in: KWCO (1975) 266–269.

um die Differenzierungen zwischen vor- und nachchalcedonensischen Formen, zwischen Ober- und Unterägypten (mit der Sonderstellung Alexandriens) oder zwischen Klöstern und „Welt", wie sie in verschiedenem Maße seit F. E. BRIGHTMAN, A. BAUMSTARK, Th. SCHERMANN, H. LIETZMANN und K. MOHLBERG über H. ENGBERDING, E. HAMMERSCHMIDT und K. GAMBER bis zu H. QUECKE, H. BRAKMANN und A. GERHARDS vorgenommen wurden und werden.[1]

Die Aufmerksamkeit richtet sich vielmehr nur auf die ältesten saïdischen Fragmente, die an der äußersten zeitlichen Grenze des antiken Christentums (7./8. Jh. n.Chr.) ein wenig Licht werfen auf die koptische Terminologie und die Stellung des Lobpreise(n)s.[2]

Der Londoner Holztafel-Text (Brit. Mus. Nr. 54 036) beginnt mit dem Post-Sanctus: „In der Tat sind Himmel und Erde voll von deinem Lobpreis" (ⲤⲘⲞⲨ; QUECKE, Zeuge [1971] 43, 47).

Das Bonner Papyrus-Fragment (Univ.-Bibl. So 267) enthält mitten im kurzen Einsetzungsbericht eine sonst so nicht verwendete Doxologie: „Dir (ist) die Ehre (ⲈⲞⲞⲨ) und der Lobpreis (ⲤⲘⲞⲨ [z.T. ergänzt]) und das Bekenntnis (ὁμολόγησις) ..." (QUECKE, Fragment [1973] 218–221).

Die zusammengehörigen bzw. sich ergänzenden Ostraka (Brit. Mus. Nr. 32799 und 33050), von GAMBER (Ostrakon [1972] 298) nach „Mitteilung von H. Quecke" auch ins 7./8. Jh. datiert, beginnen mit koptischem „Du bist heilig ...", d.h. mit jener „Form der Lobpreisung", „in die das anaphorische Dankgebet einmündet" (QUECKE, Dankgebet [1971] 394, Anm. 2).

Als „Überleitung zum Gesang des Sanktus durch Volk oder Chor" (QUECKE, Dankgebet [1974] 58) steht auf dem Leningrader Ostrakon (Nr. 1133) zusätzlich zum Abschluß: „... (nimm von uns an unseren) Lobpreis (ⲤⲘⲞⲨ) mit all denen, die dich preisen (ⲤⲘⲞⲨ)" (QUECKE, Dankgebet [1971] 402–405, [1974] 53–54; vgl. schon LECLERCQ, Ostraka 86–91, mit Abbildung [89–90]).

---

[1] Als Forschungsüberblicke vgl. QUECKE, Zukunftschancen; BRAKMANN, Neue Funde. Zu den genannten Forschern vgl. als erste Orientierung das Literaturverzeichnis.
[2] Die folgenden Studien, mit älterer Literatur, sind heranzuziehen: QUECKE, Zeuge (1971); QUECKE, Dankgebet (1971 bzw. 1974); QUECKE, Fragment (1973); GAMBER, Ostrakon (1972).

8. Stundengebet[1]

Wegen der Kargheit der Quellen für frühe koptische Hymnen soll wenigstens summarisch zusammengestellt werden, was sich in der schon zum Engelshymnus und zu den (nicht mit Theotokien zu verwechselnden) Theotokia herangezogenen Handschrift M 574 der Pierpont Morgan Library und in einigen verwandten Texten an Hymnologischem findet.

Auf die atl. Psalmen als erstem Grundbestand auch des koptisch-monastischen Stundengebets sei hier deshalb ausdrücklich hingewiesen, weil der Begriff „Psalmodie" als „Ergänzung zum Horologion" eine sehr spezifische Ausweitung erfahren hat (52–80, 124–127; 339–348 speziell zur geschichtlichen Einordnung von M 574; zu den folgenden Vereinfachungen vgl. stets die differenzierten Ausführungen von QUECKE!).

Von den Ausrufen der Nacht ist besonders das dritte Stück hymnologisch von größter Bedeutung (221–240, 394–399, 428–431; z.B. 396f,13–14 + 430f,14: ὕμνος = CMOY; das Verb CMOY in diesem Hymnos kann sowohl einem εὐλογεῖν in seiner Doppelbedeutung von „segnen" und „preisen" als auch einem αἰνεῖν entsprechen).

Die koptischen Cantica, d.h. „Ode" Ex 15 (440–445), Ps 135 (398–403), der „Hymnos" der drei Heiligen aus Dan 3 (402–409), Marias „Hymnos" aus Lk 1f (408–411) und die Ps 148–150 (410–417), in der Gesamtüberschrift als „Gesänge (2WC) der Nacht" bezeichnet, aber eben einzeln z.T. auch als ὕμνος, sind in verschiedenem Maße biblisch–kirchliche Hymnen, voll von Prädikationen im „Er"- und „Du"-Stil und voll auch von expliziter hymnischer Intention (vgl. 240–274, zu CMOY bes. 273–274; 411, Anm. 14).

Im erweiterten (griechischen) Trishagion ist nicht nur auf die sogenannte Kleine Doxologie hinzuweisen, sondern auch auf das Δόξα σοι, χριστέ (299–309, 420–423; vgl. im Register 535–536).

Das Lychnikon innerhalb der „Ausrufe der Abendstunde" (309–312, 422–429, bes. 426–427) parallelisiert das „Lobsingen" (ὑμνεύειν) mit Anbetung und Verehrung Christi, ähnlich wie das folgende hymnische Abendgebet (426–429), mit dem Gott „gepriesen" wird (εὐλογητός ‖ CMAMAAT), und das sich selbst als ὕμνος, „Lied" (2WC ‖ αἶνος) und „Ehre" (ЄOOY ‖ δόξα) versteht, wobei hier das Koptische vom Griechischen abweicht.

---

[1] Vgl. Gabriele WINKLER, Stundengebet, in: KWCO (1975) 320–325. Zitate und Belege beziehen sich im folgenden auf QUECKE, Stundengebet.

Anhang

Abkürzungsverzeichnis[1]

AANL.M	Atti dell'accademia nazionale dei Lincei. Memorie. Classe di scienze morali, storiche e filologiche. Roma.
AAWG.PH	Abhandlungen der Akademie der Wissenschaften in Göttingen. Philosophisch–historische Klasse. Göttingen.
AbkVerz.	Abkürzungsverzeichnis.
Abr-N.	Abr-Nahrain. Leiden.
ACO	Acta conciliorum oecumenicorum. Berlin u.a.
ACh	= AuC
ACW	Ancient Christian writers. Westminster, MD u.a.
ADAIK.K	Abhandlungen des Deutschen Archäologischen Instituts Kairo. Koptische Reihe. Wiesbaden.
ÄF	Äthiopistische Forschungen. Wiesbaden.
AGJU	[= AGSU] Arbeiten zur Geschichte des antiken/späteren Judentums und des Urchristentums. Leiden.
AGr	Anthologia Graeca: s. Hermann BECKBY (im LitVerz.).
AGSU	[= AGJU] Arbeiten zur Geschichte des Spätjudentums und Urchristentums. Leiden.
AGWG.PH	Abhandlungen der (königlichen) Gesellschaft der Wissenschaften zu (in) Göttingen. Philosophisch–historische Klasse. Neue Folge. Göttingen.
AHAW.PH	Abhandlungen der Heidelberger Akademie der Wissenschaften. Heidelberg. Philosophisch-historische Klasse.
AHMA	Analecta hymnica medii aevi. Leipzig 1,1886 – 55,1922.
AKG	Arbeiten zur Kirchengeschichte. Berlin u.a.
ALW	Archiv für Liturgiewissenschaft. Regensburg.
AMl	Acta musicologica. Basel u.a.
AMRG	Arbeitsmaterialien zur Religionsgeschichte. Bonn/Köln.
AnBoll	Analecta Bollandiana. Bruxelles.
AncB	Anchor bible. Garden City, NY u.a.
ANE	The Ancient Near East. Vols. I–II. Ed. by James B. PRITCHARD. Vol. I. An Anthology of Texts and Pictures. Vol. II. A New Anthology of Texts and Pictures. Princeton, NJ: University Press, 1958 = 1973 (I), 1975 (II).
ANET	Ancient Near Eastern Texts Relating to the Old Testament. Ed. by James B. PRITCHARD. 2nd ed., corrected and enlarged. Princeton, NJ: University Press, 1955.
AnOr	Analecta orientalia. Roma.
ANRW	Aufstieg und Niedergang der römischen Welt. Geschichte und Kultur Roms im Spiegel der neueren Forschung. Berlin/New York.
ANRW I	— I. Von den Anfängen Roms bis zum Ausgang der Republik.
ANRW II	— II. Principat.
AOAT	Alter Orient und Altes Testament. Kevelaer u.a.

---

[1] Die meisten der benutzten Abkürzungen, vor allem auch die allgemeinen Abkürzungen, die Abkürzungen der biblischen Bücher, der außerkanonischen Schriften, der Werke von Philon und Josephus, der Qumranschriften und des rabbinischen Schrifttums folgen dem Abkürzungsverzeichnis der TRE, zusammengestellt von Siegfried SCHWERTNER (Berlin/New York: W. de Gruyter, 1976).

APAT	Apokryphen und Pseudepigraphen des Alten Testaments. Hg. v. Emil KAUTZSCH. Bde. I–II. Tübingen 1900 = Darmstadt: Wissenschaftliche Buchgesellschaft, 1962.
APAW.PH	Abhandlungen der preußischen Akademie der Wissenschaften. Philosophisch–historische Klasse. Berlin.
APF	Archiv für Papyrusforschung und verwandte Gebiete. Leipzig u.a.
APOT	Apocrypha and Pseudepigrapha of the Old Testament in English. Ed. by R. H. CHARLES. Vols. I–II. Oxford: Clarendon Press, 1913 = 1973.
ARW	Archiv für Religionswissenschaft. Leipzig u.a.
ARWAW	Abhandlungen der Rheinisch-Westfälischen Akademie der Wissenschaften. Opladen.
ASAW.PH	Abhandlungen der sächsischen Akademie der Wissenschaften. Philosophisch–historische Klasse. Leipzig.
ASP	American studies in papyrology. New Haven, CT.
ATD	Das Alte Testament Deutsch. Neues Göttinger Bibelwerk. Göttingen.
AThD	Acta theologica Danica. Århus u.a.
AthMT	Athenäums Monographien Theologie. Frankfurt am M. [= BBB].
ATLABS	American theological library association bibliography series. Metuchen, NJ.
ATTM	BEYER, Klaus: Die aramäischen Texte vom Toten Meer (im LitVerz.).
AuC	Antike und Christentum. Von Franz Joseph DÖLGER. Münster 1,1929 – 6,1940/50.
Aug.	Augustinianum. Periodicum quadrimestre Instituti Patristici «Augustinianum». Roma.
BAAL	Bibliothek der alten armenischen Literatur in deutscher Übersetzung hg. v. der Wiener Mechitharisten-Congregation. Wien.
BAW	Bibliothek der Alten Welt. Zürich u.a.
BAW.AO	— Der Alte Orient.
BAW.GR	— Griechische Reihe.
BAW.SA	— Sammlungen und Anthologien.
BAWiss	Beiträge zur Altertumswissenschaft. Hildesheim u.a.
BBA	Berliner byzantinistische Arbeiten. Berlin.
BBB	Bonner biblische Beiträge. Bonn. [z.T. = AthMT].
BBodm	Bibliotheca Bodmeriana (Bibliothèque Bodmer). Cologny-Genève.
BCNH	Bibliothèque Copte de Nag Hammadi. Québec/Louvain.
BCNH.E	— Section «Études».
BCNH.T	— Section «Textes».
BeKa	Bedi Kartlisa (Destin de Géorgie). Revue de kartvélologie. Paris.
BEL	Bibliotheca «Ephemerides liturgicae». Roma.
BEL.S	— «Subsidia».
BEThL	[= BETL] Bibliotheca ephemeridum theologicarum Lovaniensium. Paris–Gembloux / Leuven.
BEvTh	Beiträge zur evangelischen Theologie. München.
BFBS	The British and Foreign Bible Society. London.
BGrL	Bibliothek der griechischen Literatur. Stuttgart .
BHS	תורה נביאים וכתובים — Biblia Hebraica Stuttgartensia quae antea cooperantibus A. ALT, O. EISSFELDT, P. KAHLE ediderat R. KITTEL. Editio funditus renovata adjuvantibus H. BARDTKE, W. BAUMGARTNER, P. A. H. DE BOER, O. EISSFELDT, J. FICHTNER, G. GERLEMAN, J. HEMPEL, F. HORST, A. JEPSEN, F. MAASS, R. MEYER, G. QUELL, Th. H. ROBINSON, D. W. THOMAS cooperantibus H. P. RÜGER et J. ZIEGLER ediderunt K. ELLIGER et W. RUDOLPH. Textum Masoreticum curavit H. P. RÜGER. Masoram elaboravit G. E. WEIL. Stuttgart: Deutsche Bibelstiftung, 1967/77.
BHTh	Beiträge zur historischen Theologie. Tübingen.

Bib.	Biblica. Commentarii periodici ad rem biblicam scientifice investigandam. Roma.
BibOr	Biblica et orientalia. Roma.
Bill.	(Hermann L. STRACK und) BILLERBECK, Paul: Kommentar zum Neuen Testament aus Talmud und Midrasch. Bde. I–VI. München: C. H. Beck, 1926–1961 u.ö.
BKAT	Biblischer Kommentar. Altes Testament. Neukirchen-Vluyn.
BKP	Beiträge zur klassischen Philologie. Meisenheim.
BKT	Berliner Klassikertexte. Berlin.
BKV	Bibliothek der Kirchenväter. Kempten u.a.
BSGRT	Bibliotheca scriptorum Graecorum et Romanorum Teubneriana. Stuttgart bzw. Leipzig.
BSOAS	Bulletin of the school of oriental and African studies. London.
BSV	Biblia sacra iuxta Vulgatam versionem. Adiuvantibus Bonifatio FISCHER, Iohanne GRIBOMONT, H. F. D. SPARKS, W. THIELE recensuit et brevi apparatu instruxit Robertus WEBER. Editio tertia emendata quam paravit Bonifatius FISCHER cum sociis H. I. FREDE, Iohanne GRIBOMONT, H. F. D. SPARKS, W. THIELE. Tomus I. Genesis–Psalmi. Tomus II. Proverbia–Apocalypsis, Appendix. Stuttgart: Deutsche Bibelgesellschaft, 1983.
BVSAW.PH	Berichte über die Verhandlungen der sächsischen Akademie der Wissenschaften zu Leipzig. Philologisch-historische Klasse. Berlin u.a.
BySl	Byzantinoslavica. Revue internationale des études byzantines. Praha.
ByZ	Byzantinische Zeitschrift. (Leipzig u.a.) München.
BZNW	Beihefte zur Zeitschrift für die neutestamentliche Wissenschaft. Berlin u.a.
Cath.	Catholicisme. Hier, aujourd'hui, demain. Paris.
CB.OT	Coniectanea biblica. Old Testament series. Lund.
CChr	Corpus Christianorum. Turnhout.
CChr.LP	— Lingua patrum.
CChr.SA	— Series apocryphorum.
CChr.SG	— Series Graeca.
CChr.SL	— Series Latina.
CCTC	Cambridge classical texts and commentaries. Cambridge.
ChrLit	Χριστιανικὴ γραμματολογία – Christian Literature. Thessaloniki.
CIG	Corpus inscriptionum Graecarum. Berlin.
CIL	Corpus inscriptionum Latinarum. Berlin.
CMC	Codex Manichaicus Coloniensis – Cologne Mani Codex (Pap. Colon. inv. nr. 4780).
COHP	Contributions to oriental history and philology of the Columbia University. New York.
CPG	GEERARD, Mauritius: Clavis patrum Graecorum (im LitVerz.).
CPL	DEKKERS, Eligius: Clavis patrum Latinorum (im LitVerz.).
CRINT	Compendia rerum Iudaicarum ad Novum Testamentum. Assen u.a.
CS	Coptic Studies. Leiden.
CSCO	Corpus scriptorum Christianorum orientalium. Louvain u.a.
CSCO.Ae	— Scriptores Aethiopici.
CSCO.Ar	— Scriptores Armeniaci.
CSCO.C	— Scriptores Coptici.
CSCO.I	— Scriptores Iberici.
CSCO.S	— Scriptores Syri.
CSCO.Sub	— Subsidia.
CSEL	Corpus scriptorum ecclesiasticorum Latinorum. Wien u.a.
CTA	HERDNER, Andrée: Corpus des Tablettes en Cunéiformes alphabétiques découvertes à Ras Shamra-Ugarit de 1929 à 1939. Paris 1963.
CThM	Calwer theologische Monographien. Stuttgart u.a.
CUC	Concilium universale Chalcedonense. Berlin u.a. [= ACO 2].

DACL	Dictionnaire d'archéologie chrétienne et de liturgie. Paris 1,1903 – 15, 1953.
DAI	Dissertation abstracts international. Ann Arbor, MI.
DAI.A	— A. Humanities and social sciences.
DBAT	Dielheimer Blätter zum Alten Testament. Dielheim.
DECA	Dictionnaire encyclopédique du christianisme ancien. Sous la direction de Angelo DI BERARDINO. Adaptation française sous la direction de François VIAL. Vols. I–II. [Paris:] Editions du Cerf, 1990. – Vgl. DPAC.
DHRP	(Supplementa ad Numen, altera series:) Dissertationes ad historiam religionum pertinentes. Leiden.
DissAb	Dissertation abstracts. Abstracts of dissertations and monographs in microform. Ann Arbor, MI.
DJD=DJDJ	Discoveries in the Judaean desert of Jordan. Oxford.
DOP	Dumbarton Oaks papers. Cambridge, MA.
DPAC	DI BERARDINO, Angelo (dir.): Dizionario patristico e di antichità cristiane I–II. Casale Monferrato: Marietti, 1983 (I), 1984 (II). – Vgl. DECA.
DRT	Disputationes Rheno-Trajectinae. Disputationes instituti ad linguas orientales docendas atque investigandas in universitate Rheno-Trajectina conditi. 's-Gravenhage.
dtv-KLL	Kindlers Literatur Lexikon im dtv. 25 Bde. München: Deutscher Taschenbuch Verlag, 1974 (dtv 3141–3165).
EBB	Elenchus bibliographicus biblicus. Roma. [1,1988–:] Elenchus of biblical bibliography. Roma.
EBSK	Erlanger Beiträge zur Sprach- und Kunstwissenschaft. Nürnberg.
EHS.T	Europäische Hochschulschriften. Reihe XXIII: Theologie. Frankfurt am Main u.a.
EKL.KTH	Evangelisches Kirchenlexikon. Kirchlich-theologisches Handwörterbuch. Göttingen 1,1956 – 3,1959 + Reg. 1961 = 2. unveränderte Aufl. 1961/62.
EKL.ITE	Evangelisches Kirchenlexikon. Internationale theologische Enzyklopädie. 3. Aufl. (Neufassung). Göttingen 1,1986 – 4,1994[?].
EL	Ephemerides liturgicae. Città del Vaticano.
EMH	Early music history. Cambridge u.a.
EPRO	Études préliminaires aux religions orientales dans l'empire romain. Leiden.
ERE	Encyclopaedia of religion and ethics. Ed. by James HASTINGS. Edinburgh 1,1908 – 13,1926 u.ö.
ErgBd.	Ergänzungsband.
EuA	Erbe und Auftrag. Benediktinische Monatsschrift. Beuron.
EWDS	KLUGE, Friedrich: Etymologisches Wörterbuch der deutschen Sprache. 22. Aufl. unter Mithilfe von Max BÜRGISSER und Bernd GREGOR völlig neu bearbeitet von Elmar SEEBOLD. Berlin/New York: W. de Gruyter, 1989.
EWNT	Exegetisches Wörterbuch zum Neuen Testament, hg. v. Horst BALZ und Gerhard SCHNEIDER. Bde. I–III. Stuttgart u.a.: W. Kohlhammer, 1980 (I), 1981 (II), 1983 (III).
FaCh	The Fathers of the church. New York.
FAOS	Freiburger altorientalische Studien. Wiesbaden.
FENHC	The facsimile edition of the Nag Hammadi codices. Vols. I–XII. Leiden: E. J. Brill, 1972–1984.
FKDG	Forschungen zur Kirchen- und Dogmengeschichte. Göttingen.
FlorPatr	Florilegium patristicum. Bonn u.a.
FRLANT	Forschungen zur Religion und Literatur des Alten und Neuen Testaments. Göttingen.
FS	Festschrift. – Vgl. auch GS = Gedenkschrift.
FS BLEEKER	Liber Amicorum. Studies in honour of C. J. BLEEKER. Leiden: E. J. Brill, 1969 (SHR 17).

FS BULTMANN	Zeit und Geschichte. Dankesgabe an Rudolf BULTMANN zum 80. Geburtstag ... hg. v. Erich DINKLER. Tübingen: J. C. B. Mohr (Paul Siebeck), 1964.
FS HAENCHEN	Apophoreta. Festschrift für Ernst HAENCHEN zu seinem 70. Geburtstag am 10. 12. 1964. Berlin: W. de Gruyter, 1964 (BZNW 30).
FS HUNGER	BYZANTIOΣ. FS für Herbert HUNGER zum 70. Geburtstag. Dargebracht von Schülern und Mitarbeitern. Hg. v. W. HÖRANDNER, J. KODER, O. KRESTEN, E. TRAPP. Wien: E. Becvar, 1984.
FS KÖTTING	Pietas. FS für Bernhard KÖTTING. Hg. v. Ernst DASSMANN und K. Suso FRANK. Münster Westf.: Aschendorff, 1980 (JAC, ErgBd. 8).
FS KRETSCHMAR	Kirchengemeinschaft — Anspruch und Wirklichkeit. FS für Georg KRETSCHMAR zum 60. Geburtstag. Hg. v. Wolf-Dieter HAUSCHILD, Carsten NICOLAISEN und Dorothea WENDEBOURG. Stuttgart: Calwer Verlag, 1986.
FS MICHEL	Abraham unser Vater. Juden und Christen im Gespräch über die Bibel. FS für Otto MICHEL zum 60. Geburtstag. Hg. v. Otto BETZ, Martin HENGEL, Peter SCHMIDT. Leiden/Köln: E. J. Brill, 1963.
FS RATZINGER	Weisheit Gottes – Weisheit der Welt. Bde. I–II. Festschrift für Joseph Kardinal RATZINGER zum 60. Geburtstag im Auftrag des Schülerkreises hg. v. Walter BAIER, Stephan Otto HORN, Vinzenz PFNÜR, Christoph SCHÖNBORN, Ludwig WEIMER, Siegfried WIEDENHOFER. St. Ottilien: EOS Verlag, o.J. [1987].
FS RENGSTORF	Wort in der Zeit. Neutestamentliche Studien. Festgabe für Karl Heinrich RENGSTORF zum 75. Geburtstag. Hg. v. Wilfrid HAUBECK und Michael BACHMANN. Leiden: E. J. Brill, 1980.
FS SCHNEEMELCHER	
	Oecumenica et patristica. Festschrift für Wilhelm SCHNEEMELCHER zum 75. Geburtstag. Hg. v. Damaskinos PAPANDREOU. Stuttgart u.a.: W. Kohlhammer, 1989.
FS WASZINK	Romanitas et Christianitas. Studia Iano Henrico WASZINK ... oblata. Ed. W. DEN BOER, P. G. VAN DER NAT, C. M. J. SICKING, J. C. M. VAN WINDEN. Amsterdam/London: North-Holland Publishing Co., 1973.
FThSt	Freiburger theologische Studien. Freiburg im Br.
GAT	Grundrisse zum Alten Testament. Göttingen.
GCP	Graecitas Christianorum primaeva. Studia ad sermonem Graecum pertinentia. Nijmegen.
GCS	Die griechischen christlichen Schriftsteller der ersten drei Jahrhunderte. (Leipzig u.a.) Berlin.
GDW	BAUER, Walter: Griechisch–deutsches Wörterbuch zu den Schriften des Neuen Testaments und der übrigen urchristlichen Literatur. Durchgesehener Nachdruck der 5., verbesserten und stark vermehrten Auflage (1958). Berlin: A. Töpelmann, 1963.
GEL	LIDDELL, Henry George / SCOTT, Robert / JONES, Henry Stuart: A Greek–English Lexicon. With a Supplement. Oxford: Clarendon Press, 1968.
GELNT	ARNDT, William F. / GINGRICH, F[elix] Wilbur: A Greek–English Lexicon of the New Testament and Other Early Christian Literature. A translation and adaptation of the fourth revised and augmented edition of Walter BAUER's Griechisch–Deutsches Wörterbuch zu den Schriften des Neuen Testaments und der übrigen urchristlichen Literatur. 2nd ed. revised and augmented by F. Wilbur GINGRICH and Frederick W. DANKER from Walter BAUER's 5th ed., 1958. Chicago & London: University of Chicago Press, 1979.
GLB	de Gruyter Lehrbuch. Berlin u.a.

GMP	The Greek Magical Papyri in Translation. Including the Demotic Spells. Ed. by Hans Dieter BETZ. Chicago & London: University of Chicago Press, 1986.
GOF	Göttinger Orientforschungen. Wiesbaden.
GOF.Ä	— Reihe 4: Ägypten.
GOF.GE	— Reihe Grundlagen und Ergebnisse.
GOF.H	— Reihe 6: Hellenistica.
GOF.S	— Reihe 1: Syriaca.
GrTS	Grazer theologische Studien. Graz.
GS STUIBER	Jenseitsvorstellungen in Antike und Christentum. Gedenkschrift für Alfred STUIBER. Münster Westf.: Aschendorff, 1982 (JAC, ErgBd. 9).
HAW	Handbuch der Altertumswissenschaft. München.
Hermes	Hermes. Zeitschrift für klassische Philologie. Wiesbaden.
HeyJ	Heythrop journal. A quarterly review of philosophy and theology. (Oxford u.a.) London.
HK	(Göttinger) Handkommentar zum Alten Testament. Göttingen.
HKG(J)	Handbuch der Kirchengeschichte. Hg. v. Hubert JEDIN. Freiburg im Breisgau u.a.
HNT	Handbuch zum Neuen Testament. Tübingen.
HO	Handbuch der Orientalistik. Leiden u.a.
HOK	Handbuch der Ostkirchenkunde. Hg. v. Endre VON IVÁNKA, Julius TYCIAK, Paul WIERTZ. Düsseldorf: Patmos-Verlag, 1971.
HOS	Harvard oriental series. Cambridge, MA.
HRG	Handbuch der Religionsgeschichte. Göttingen 1,1971–3,1975.
HSCP	Harvard studies in classical philology. Cambridge, MA.
HSemSt	Harvard Semitic studies. Atlanta, GA u.a.
HSM	Harvard Semitic monographs. Cambridge, MA.
HThK	Herders theologischer Kommentar zum Neuen Testament. Freiburg im Br.
HThR	Harvard theological review. Cambridge, MA.
HThS	Harvard theological studies. Cambridge, MA. u.a.
HUCA	Hebrew union college annual. Cincinnati, OH.
HyB	Hymnologische Beiträge. Leipzig.
Hymn	The Hymn. Published by the Hymn Society of America. Texas Christian University. Fort Worth, TX.
Hymn, Index	The Hymn. Index. Vol. 1 (1949) – Vol. 32 (1981). Springfield, OH: The Hymn Society of America, 1982.
Hyp.	Hypomnemata. Untersuchungen zur Antike und zu ihrem Nachleben. Göttingen.
IClSt	Illinois classical studies. Urbana, IL/Chicago/London.
IG	Inscriptiones Graecae. Berlin.
IG.EMi	— Editio minor.
IGB.W	Indogermanische Bibliothek. II. Reihe. Wörterbücher. Heidelberg.
JAC = JbAC	Jahrbuch für Antike und Christentum. Münster in W.
JCPh.S	Jahrbücher für classische Philologie. SupplBd. Leipzig.
JETS	Journal of the evangelical theological society. Wheaton, IL.
JJS	Journal of Jewish studies. London.
JKAW.S	Jahresbericht über die Fortschritte der klassischen Altertumswissenschaft. SupplBd. Leipzig.
JLH	Jahrbuch für Liturgik und Hymnologie. Kassel.
JLW	Jahrbuch für Liturgiewissenschaft. Münster in W.
JÖB	Jahrbuch der österreichischen Byzantinistik. Wien.
JQR	Jewish quarterly review. London u.a.
JSHRZ	Jüdische Schriften aus hellenistisch–römischer Zeit. Hg v. Werner Georg KÜMMEL. Bde. I–V. Gütersloh: G. Mohn, 1973ff.

JSJ	Journal for the study of Judaism in the Persian, Hellenistic and Roman period. Leiden.
JSNT	Journal for the study of the New Testament. Sheffield.
JSNT.S	— Supplement series.
JSOT	Journal for the study of the Old Testament. Sheffield.
JSOT.S	— Supplement series.
JStP	Journal for the study of the pseudepigrapha and related literature. Sheffield.
JThS	Journal of theological studies. Oxford u.a.
KAV	Kommentar zu den Apostolischen Vätern. Göttingen.
KDKG	Kürschners Deutscher Gelehrten-Kalender. Berlin.
KIG	Die Kirche in ihrer Geschichte. Göttingen.
Kl.	Kleronomia. Thessalonike.
KLL	Kindlers Literatur Lexikon. Bde. I–VIII [verbesserte Sonderausgabe]. Zürich 1974 = Weinheim: Zweiburgen Verlag, 1982.
KlT	Kleine Texte für Vorlesungen und Übungen. Bonn u.a.
KMK	Kölner Mani-Kodex (Pap. Colon. inv. nr. 4780).
KMK-Abb.	s. KOENEN/RÖMER (1985) im LitVerz.
KMK-Ed.	s. KOENEN/RÖMER (1988) im LitVerz.
KNLL	Kindlers Neues Literatur Lexikon. Hg. v. Walter JENS. Bde. I–XX. München: Kindler Verlag, 1988 (I) – 199? (XX).
KP	Der Kleine Pauly. Lexikon der Antike. Stuttgart 1,1964 – 5,1975.
KPS	Klassisch-philologische Studien. Leipzig.
KTU	Die keilalphabetischen Texte aus Ugarit. Teil 1: Transskription. Kevelaer/Neukirchen-Vluyn 1976 (AOAT 24/1).
KuE	Kultur und Erkenntnis. Schriften der Philosophischen Fakultät der Universität Düsseldorf. Düsseldorf.
KVR	Kleine Vandenhoeck-Reihe. Göttingen.
KWCO	Kleines Wörterbuch des Christlichen Orients, hg. v. Julius ASSFALG in Verbindung mit Paul KRÜGER. Wiesbaden: O. Harrassowitz, 1975.
KWH	Kleines Wörterbuch des Hellenismus. Hg. v. Hatto H. SCHMITT und Ernst VOGT. Wiesbaden: O. Harrassowitz, 1988.
LÄ	Lexikon der Ägyptologie. Wiesbaden 1,1972ff.
LA	Lexikon der Antike. Hg. v. Johannes IRMSCHER in Zusammenarbeit mit Renate JOHNE. Leipzig: VEB Verlag Enzyklopädie, (1971) 1977 = Wiesbaden: Fourier Verlag, o.J.
LAPO	Littératures anciennes du Proche-Orient. Paris.
LAW	Lexikon der Alten Welt. Hg. v. Carl ANDRESEN u.a. Zürich u.a. 1965.
LexMA	Lexikon des Mittelalters. München/Zürich 1,1980ff.
LexRel	Lexikon der Religionen. Begründet von Franz KÖNIG. Unter Mitwirkung zahlreicher Fachgelehrter hg. v. Hans WALDENFELS. Freiburg (im Br.)/Basel/Wien, 1987.
LF	Liturgiegeschichtliche Forschungen. Münster in W.
LitVerz.	Literaturverzeichnis.
LOE	Die Litteraturen des Ostens in Einzeldarstellungen. Leipzig.
LOS	London oriental series. London.
LQF	Liturgiegeschichtliche Quellen und Forschungen. Münster in W.
LRG	Lehrbuch der Religionsgeschichte. 4. Aufl. Tübingen 1–2,1925.
LSAAR	Lund studies in African and Asian religions. Lund.
LSSt	Leipziger semitistische Studien. Leipzig.
LThK	Lexikon für Theologie und Kirche. 2. Aufl. Freiburg im Br. 1,1957 – 10,1965.
LWJ	Literaturwissenschaftliches Jahrbuch. (Freiburg im Br.) Berlin.
LXX	Septuaginta. – s. RAHLFS, Alfred: Septuaginta (im LitVerz.).

MD	La Maison-Dieu. Revue de pastorale liturgique. Paris.
MBE	Monumenta biblica et ecclesiastica. Roma.
MCTS	Medieval classics: texts and studies. Brookline, MA/Leyden.
MDAI.R	Mitteilungen des deutschen archäologischen Instituts. Römische Abteilung. München.
MEL	Meyers enzyklopädisches Lexikon. Mannheim 1,1971 – 25,1979 + Ergänzungsbände 26,1980 – 32,1981.
MELi	Monumenta ecclesiae liturgica. Paris.
Melto	Melto. Recherches orientales. Kaslik.
Mémorial	s. Mémorial Jean CARMIGNAC (im LitVerz.).
MGG	Die Musik in Geschichte und Gegenwart. Kassel u.a.
MMB.T	Monumenta musicae Byzantinae. Transscripta. København.
Mn.Suppl.	Mnemosyne. Bibliotheca classica Batava. Suppl. Leiden.
MSSNTS	Monograph series. Society for New Testament studies. Cambridge u.a.
Muséon	Le Muséon. Revue d'études orientales. Louvain.
NDIEC	New documents illustrating early Christianity. Macquarie University, Sydney 1,1981 – 5,1989.
NF	Neue Folge.
NGDMM	The New Grove dictionary of music and musicians, ed. by Stanley SADIE in 20 vols. London: Macmillan, 1980 = 1981 (Repr. with minor corr.).
NGWG.PH	Nachrichten der Gesellschaft der Wissenschaften in Göttingen. Philologisch–historische Klasse. Berlin u.a.
NHC	Nag Hammadi codex (codices).
NHLE	The Nag Hammadi library in English. Leiden: E. J. Brill, 1977.
NHLW	Neues Handbuch der Literaturwissenschaft. Wiesbaden 1,1978ff.
NHS	Nag Hammadi studies. Leiden.
NKZ	Neue kirchliche Zeitschrift. Erlangen u.a.
NPNF	A select library of Nicene and post-Nicene fathers of the Christian church, 2nd series. New York 1,1902 – 10,1907. Reprint: Grand Rapids, MI 1969.
NR	Neue Reihe, nieuwe reeks.
NS	Neue Serie, new series.
NT	Novum Testamentum. An international quarterly for New Testament and related studies. Leiden.
NT.S	— Supplements.
NTA	Neutestamentliche Abhandlungen. Münster in Westfalen.
NTApo	Neutestamentliche Apokryphen in deutscher Übersetzung. Hg. v. Edgar HENNECKE u.a. Tübingen 1904; 2. Aufl. 1924; 3. Aufl. 1,1959 – 2,1964 = 4. Aufl. 1,1968 – 2,1971; 5. Aufl. 1,1987 – 2,1989. Vgl. auch E. HENNECKE und W. SCHNEEMELCHER im LitVerz.
NTArm	*Երր Կտակարան տեառն մերոյ Յիսուսի Քրիստոսի*. Wien: Mechitharisten-Buchdruckerei, 1864 u.ö. (Nachdrucke).
NTBo	HORNER, George (Hg./Üb.): The Coptic Version of the New Testament in the Northern Dialect Otherwise Called Memphitic and Bohairic. Vols. I–IV. Oxford: Clarendon Press, 1898–1905 = Osnabrück: O. Zeller, 1969.
NTGeez	መጽሐፈ፡ቅዱስ፡ዘሐዲስ፡ኪዳን፡መጽሐፍ፡ – The New Testament in Geʾez. [London:] BFBS, 1979 (Printed at the Cambridge University Press).
NTGeo	ახალი აღთქუმაჲ უფლისა ჩუენისაჲ იესო ქრისტესი. Tʿbilisi [Tiflis] 1963 u.ö.
NTGr	NESTLE–ALAND: Novum Testamentum Graece post Eberhard NESTLE et Erwin NESTLE communiter ediderunt Kurt ALAND, Matthew BLACK, Carlo M. MARTINI, Bruce M. METZGER, Allen WIKGREN, apparatum criticum recensuerunt et editionem novis curis elaboraverunt Kurt ALAND et Barbara ALAND una cum Instituto studiorum textus Novi Testamenti

	Monasteriensi (Westphalia). 26., neu bearbeitete Aufl. Stuttgart: Deutsche Bibelstiftung, 1979.
NTS	New Testament Studies. Cambridge.
NTSa	HORNER, George (Hg./Üb.): The Coptic Version of the New Testament in the Southern Dialect Otherwise Called Sahidic and Thebaic. Vols. I–VII. Oxford: Clarendon Press, 1911–1924 = Osnabrück: O. Zeller, 1969.
NTSyr	ܟܬ݂ܒܐ ... – The New Testament in Syriac. London: BFBS, 1962.
Numen	Numen. International review for the history of religions. Leiden.
OBO	Orbis biblicus et orientalis. Fribourg u.a.
OCD	The Oxford Classical Dictionary. Ed. by N. G. L. HAMMOND and H. H. SCULLARD. 2nd Ed. Oxford: Clarendon Press, 1970.
ODCC	The Oxford Dictionary of the Christian Church. 2nd Ed. ed. by F. L. CROSS and E. A. LIVINGSTONE. Oxford: University Press, 1974. Reprinted 1978 (with corrections).
OECT	Oxford early Christian texts. Oxford.
Oikonomia	Oikonomia. Quellen und Studien zur orthodoxen Theologie. Erlangen.
OLZ	Orientalistische Literaturzeitung. Berlin u.a.
Opuscula	Opuscula. Sammelausgaben seltener und bisher nicht selbständig erschienener wissenschaftlicher Abhandlungen. Unter Mitwirkung von Rudolf FISCHER und Rudolf GROSSE hg. v. Werner PEEK. Leipzig.
Or.	Orientalia. Roma.
OrChr	Oriens Christianus. Hefte für die Kunde des christlichen Orients. (Roma u.a.) Wiesbaden.
OrChrA	Orientalia Christiana analecta. Roma.
OrChrP	Orientalia Christiana periodica. Roma.
OrSyr	Orient Syrien. Paris.
ORT	Orientalia Rheno-Traiectina. Leiden.
OstKSt	Ostkirchliche Studien. Würzburg.
OTP	The Old Testament Pseudepigrapha. Vol. 1. Apocalyptic Literature and Testaments. Vol. 2. Expansions of the "Old Testament" and Legends, Wisdom and Philosophical Literature, Prayers, Psalms, and Odes, Fragments of Lost Judeo-Hellenistic Works. Ed. by James H. CHARLESWORTH. Garden City, NY: Doubleday, 1983 (I), 1985 (II).
PapyCast	Papyrologica Castroctaviana. Studia et textus. Barcelona.
PapyCol	Papyrologica Coloniensia (= ARWAW. Sonderreihe). Opladen.
Par.	Paradosis. Beiträge zur Geschichte der altchristlichen Literatur und Theologie. Freiburg, Schweiz.
ParOr	Parole de l'Orient. Kaslik.
PETSE	Papers of the Estonian theological society in exile. Stockholm.
PFLUT	Pubblicazioni della facultà di lettere e filosofia dell'università di Torino. Torino.
PG	Patrologiae cursus completus. Accurante Jacques-Paul MIGNE. Series Graeca. Paris.
PGL	A Patristic Greek Lexikon. Ed. by G. W. H. LAMPE. Oxford: Clarendon Press, 1961 = 1976.
PGrM	Papyri Graecae magicae. Die griechischen Zauberpapyri. Hg. v. Karl PREISENDANZ u.a. (Leipzig u.a. 1,1928 – 2,1931) 2., verbesserte Aufl. mit Ergänzungen v. K.P. [II:] u. Ernst HEITSCH, durchgesehen u. hg. v. Albert HENRICHS.Stuttgart: B. G. Teubner, 1973 (I), 1974 (II).
PIASH	Proceedings of the Israel academy of sciences and humanities. Jerusalem.
PIFAO	Publications de l'institut français d'archéologie orientale. Le Caire.
PIFAO.BEC	— Bibliothèque d'études coptes.
PIOL	Publications de l'institut orientaliste de Louvain. Louvain.

PL	Patrologiae cursus completus. Accurante Jacques-Paul MIGNE. Series Latina. Paris.
PL.S	— Supplementum.
PLB	Papyrologica Lugduno-Batava. Leiden.
PO	Patrologia orientalis. Paris u.a.
PRE	Paulys Real-Encyclopädie der classischen Alterthumswissenschaft. Stuttgart.
PRE.S	— Supplementband.
Prometheus	Prometheus. Rivista quadrimestrale di studi classici. Firenze.
PRSt	Perspectives in religious studies. Macon, GA.
PS	Patrologia Syriaca. Pars I [mehr nicht erschienen; Fortsetzung: s. PO]. Tom. I–III. Paris 1,1897 – 3,1926.
PSI	Pubblicazioni della Società italiana per la recerca dei papiri: Papiri greci e latini I–VI. Firenze 1912–1920.
PTA	Papyrologische Texte und Abhandlungen. Bonn.
PTS	Patristische Texte und Studien. Berlin.
PUCSC	Pubblicazioni della Università Cattolica del Sacro Cuore. Milano.
PVTG = PVT	Pseudepigrapha veteris testamenti Graece. Leiden.
QD	Quaestiones disputatae. Freiburg im Br.
QRG	Quellen der Religionsgeschichte. Göttingen u.a.
QSGP	Quellen und Studien zur Geschichte der Philosophie. Berlin.
Quellen	Quellen. Ausgewählte Texte aus der Geschichte der christlichen Kirche. Berlin.
RAC	Reallexikon für Antike und Christentum. Stuttgart.
RAC.S	— Supplement-Lieferung.
RÄRG	BONNET, Hans: Reallexikon der ägyptischen Religionsgeschichte. Berlin/New York: W. de Gruyter, 1951 = 2. Aufl. 1971.
RBen	Revue bénédictine de critique, d'histoire et de littérature religieuses. Maredsous.
RCCM	Rivista di cultura classica e medioevale. Roma.
RdQ	Revue de Qumrân. Paris.
RE	Realencyklopädie für protestantische Theologie und Kirche. 3. Auflage. 1,1896 – 24,1913.
REArm	Revue des études arméniennes. Paris.
REAug	Revue des études augustiniennes. Paris.
REL	Revue des études latines. Paris.
RGG	Die Religion in Geschichte und Gegenwart. 3. Aufl. Tübingen 1,1956 – 6,1962 + RegBd. 1965.
RGL	Religionsgeschichtliches Lesebuch. 2. Aufl. Tübingen 1,1926 – 17,1932.
RGVV	s. RVV.
RHLR	Revue d'histoire et de littérature religieuses. Paris.
RLA	Reallexikon der Assyriologie. Berlin u.a. 1,1928ff.
RM	Die Religionen der Menschheit. Stuttgart 8,1960; 1,1961ff.
RMP	Rheinisches Museum für Philologie. Bonn u.a.
RSLR	Rivista di storia e letteratura religiosa. Firenze.
RVV = RGVV	Religionsgeschichtliche Versuche und Vorarbeiten. (Gießen u.a.) Berlin.
RWAW.G	Rheinisch-Westfälische Akademie der Wissenschaften. Geisteswissenschaften. Vorträge. Opladen. (s. auch ARWAW und VAFLNW.G).
SBibSt	Sources for biblical study. Missoula, MT u.a.
SBL	Society of Biblical Literature.
SBLDS	— Dissertation series. Missoula, MT u.a.
SBLTT	— Texts and translations.
SBLECL	— Early Christian literature series.
SBS	Stuttgarter Bibelstudien. Stuttgart.

SBW	Studien der Bibliothek Warburg. Leipzig.
SC	Sources chrétiennes. Paris.
SCBO	Scriptorum classicorum bibliotheca Oxoniensis. Oxford.
SCHNT	Studia ad corpus Hellenisticum Novi Testamenti. Leiden.
SCSt	Septuagint and cognate studies. Cambridge, MA u.a.
SE	Sacris erudiri. Jaarboek voor godsdienstwetenschappen. Steenbrugge u.a.
Sem.	Semitica. Cahiers publiés par l'institut d'études sémitiques de l'université de Paris. Paris.
Semeia	Semeia. An experimental journal for biblical criticism. Missoula, MT u.a.
SGRR	Studies in Greek and Roman religion. Leiden.
SGKA	Studien zur Geschichte und Kultur des Altertums. Paderborn.
SGKAO	Schriften zur Geschichte und Kultur des Alten Orients. Berlin.
SGM	Sources Gnostiques et Manichéennes. Paris.
SGV	Sammlung gemeinverständlicher Vorträge und Schriften aus dem Gebiet der Theologie und Religionsgeschichte. Tübingen.
SHAW.PH	Sitzungsberichte der Heidelberger Akademie der Wissenschaften. Philosophisch–historische Klasse. Heidelberg.
SHG	Subsidia hagiographica. Bruxelles.
SHR	Studies in the history of religions. Leiden [= Suppl. zu: Numen].
SIG	Sylloge inscriptionum Graecarum. Ed. Wilhelm DITTENBERGER. 3. Aufl. Leipzig 1,1915 – 4,1923 = Hildesheim: G. Olms, 1960 = 1982.
SJ	Studia Judaica. Forschungen zur Wissenschaft des Judentums. Berlin.
SKG.G	Schriften der Königsberger Gelehrten Gesellschaft. Geisteswissenschaftliche Klasse. Halle (Saale).
SLH	Scriptores Latini Hiberniae. Dublin.
• SNTU	Studien zum Neuen Testament und seiner Umwelt. Linz, Austria.
SNVAO.HF	Skrifter utgitt av det norske videnskaps-akademi i Oslo. Historisk–filosofisk klasse. Oslo.
Sobornost	Sobornost'. The journal of the fellowship of St. Alban and St. Sergius. London.
SPAW	Sitzungsberichte der preußischen Akademie der Wissenschaften. Berlin.
SPAW.PH	— Philosophisch–historische Klasse.
SPCK	Society for Promoting Christian Knowledge. London.
SPGAP	Studien zur Problemgeschichte der antiken und mittelalterlichen Philosophie. Leiden.
SpicFri	Spicilegium Friburgense. Texte zur Geschichte des kirchlichen Lebens. Freiburg, Schweiz.
SQAW	Schriften und Quellen der Alten Welt. Berlin.
SSA	Schriften der Sektion für Altertumswissenschaft. Deutsche Akademie der Wissenschaften zu Berlin. Berlin.
SSAW.PH	Sitzungsberichte der sächsischen Akademie der Wissenschaften zu Leipzig. Philosophisch–historische Klasse. Berlin.
SSN	Studia Semitica Neerlandica. Assen u.a.
SSS	Semitic study series. Leiden.
StAC	Studies in Antiquity and Christianity. The Institute for Antiquity and Christianity (Claremont, CA) [1,]1986ff.
StAns	Studia Anselmiana. Philosophica [et] theologica. Roma.
STDJ	Studies on the texts of the desert of Judah. Leiden.
StLi	Studia liturgica. An international ecumenical review for liturgical research and renewal. Rotterdam.
StM	Studia Mandaica. Berlin.
StNT	Studien zum Neuen Testament. Gütersloh.
StOR	Studies in oriental religions. Wiesbaden.
StPatr	Studia patristica. Papers presented to the international conference on patristic studies. Berlin [u.a.].
StT	Studi e testi. Città del Vaticano.
StUNT	Studien zur Umwelt des Neuen Testaments. Göttingen.

SubBi	Subsidia biblica. Roma.
SUC	Schriften des Urchristentums. Darmstadt.
SupplBd.	Supplementband.
SyR	Symbolik der Religionen. Stuttgart.
TaS	Texts and studies. Contributions to biblical and patristic literature. Cambridge u.a. = Nendeln, Liechtenstein: Kraus Reprint, 1967.
TBAW	Tübinger Beiträge zur Altertumswissenschaft. Stuttgart.
TBLNT	Theologisches Begriffslexikon zum Neuen Testament. 4. Aufl. (Studien-Ausgabe). Wuppertal 1977 [2 Bde., durchgehend paginiert].
ThA	Theologische Arbeiten. Berlin.
Theoph.	Theophaneia. Beiträge zur Religions- und Kirchengeschichte des Altertums. Bonn 1,1940ff.
ThesLL	Thesaurus linguae Latinae. Leipzig u.a.
ThF	Theologische Forschung. Hamburg.
ThLZ	Theologische Literaturzeitung. Leipzig.
ThR	Theologische Rundschau. Tübingen.
ThWAT	Theologisches Wörterbuch zum Alten Testament. Stuttgart u.a. 1,1970ff.
ThWNT	Theologisches Wörterbuch zum Neuen Testament. Stuttgart u.a. 1,1933–10,1979.
TMin	Textus minores. Leiden.
TPL	Textus patristici et liturgici. Regensburg.
TRE	Theologische Realenzyklopädie. Berlin u.a. 1,1977ff.
TrGF	Tragicorum Graecorum fragmenta (s. LitVerz.).
TS	Theological studies. Woodstock, Md. u.a. 1,1940–
TSAJ	Texte und Studien zum antiken Judentum. Tübingen.
TSPS	Theses et studia philologica Salmanticensia. Salamanca.
TU	Texte und Untersuchungen zur Geschichte der altchristlichen Literatur. Berlin u.a.
TUAT	Texte aus der Umwelt des Alten Testaments. Gütersloh.
Turfan-Forschung	Sprachwissenschaftliche Ergebnisse der deutschen Turfan-Forschung. Text-Editionen und Interpretationen von Albert August VON LE COQ, Friedrich Wilhelm Karl MÜLLER, Willi BANG, Annemarie VON GABAIN, Gabdul Rašid RACHMATI, Wilhelm THOMSEN. Gesammelte Berliner Akademieschriften 1908–1938. Mit Vorwort von Georg HAZAI. Bd. I. Mit 24 Tafeln. Bd. 2. Mit 15 Tafeln. Leipzig: Zentralantiquariat der Deutschen Demokratischen Republik, 1972 (I–II = Opuscula III 1–2).
TuscBü	Tusculum-Bücher (1947ff:)-Bücherei. München.
TzF	Texte zur Forschung. Darmstadt.
UF	Ugarit-Forschungen. Neukirchen u.a.
UPS.P	Université de Paris IV Paris-Sorbonne. Série «Papyrologie». Paris.
UTB	Uni-Taschenbücher. Basel u.a.
VAFLNW.G	Veröffentlichungen (165,1970ff:) Vorträge der Arbeitsgemeinschaft für Forschung des Landes Nordrhein-Westfalen. Geisteswissenschaftliche Reihe. Köln u.a.
VBW	Vorträge der Bibliothek Warburg. Leipzig u.a.
VF	Verkündigung und Forschung. Theologischer Jahresbericht. München.
VigChr	Vigiliae Christianae. Review of early Christian life and language. (Amsterdam) Leiden.
VigChr.S	— Supplements. Leiden.
VIOF	Veröffentlichung. Institut für Orientforschung. Berlin.
VNAW	Verhandelingen der k. nederlandse akademie van wetenschappen, afd. letterkunde. Amsterdam/London u.a.
VoxEv	Vox evangelica. London.
VT	Vetus Testamentum. Leiden.

VT.S	— Supplements.
VTS	Vetus Testamentum Syriace iuxta simplicem Syrorum versionem. Leiden: E. J. Brill, 1972ff. [noch nicht abgeschlossen].
WBMLU	Wissenschaftliche Beiträge der Martin-Luther-Universität Halle-Wittenberg. Halle (Saale).
WBS	Wiener byzantinistische Studien. (Graz u.a.) Wien.
WBTH	Wiener Beiträge zur Theologie. Wien.
WdF	Wege der Forschung. Darmstadt.
WKGLS	Wissenschaftliche Kommentare zu griechischen und lateinischen Schriftstellern. Heidelberg.
WMANT	Wissenschaftliche Monographien zum Alten und Neuen Testament. Neukirchen.
WSA	Würzburger Studien zur Altertumswissenschaft. Stuttgart.
WUNT	Wissenschaftliche Untersuchungen zum Neuen Testament. Tübingen.
ZÄS	Zeitschrift für ägyptische Sprache und Altertumskunde. Berlin u.a.
ZAW	Zeitschrift für die alttestamentliche Wissenschaft und die Kunde des nachbiblischen Judentums. Berlin u.a.
ZDA	Zeitschrift für deutsches Altertum (19,1876ff:) und deutsche Literatur. Wiesbaden u.a.
ZDMG	Zeitschrift der deutschen morgenländischen Gesellschaft. Wiesbaden u.a.
ZDMG.S	— Supplement.
ZKG	Zeitschrift für Kirchengeschichte. Stuttgart u.a.
ZNW	Zeitschrift für die neutestamentliche Wissenschaft (21,1922ff:) und die Kunde der älteren Kirche. (Gießen) Berlin u.a.
ZPE	Zeitschrift für Papyrologie und Epigraphik. Bonn.
ZRGG	Zeitschrift für Religions- und Geistesgeschichte. Köln u.a.
ZThK	Zeitschrift für Theologie und Kirche. Tübingen.

Literaturverzeichnis[1]

ABRAMOWSKI, Luise: Drei christologische Untersuchungen. Berlin/New York: W. de Gruyter, 1981 (BZNW 45).

ADAM, Adolf: Grundriß Liturgie. 2. Aufl. Freiburg [im Br.]/Basel/Wien: Herder, 1985.

ADAM, Alfred: Die Psalmen des Thomas und das Perlenlied als Zeugnisse vorchristlicher Gnosis. Berlin: W. de Gruyter, 1959 (BZNW 24).

—: Texte zum Manichäismus. Ausgewählt und hg. v. A. A. 2. verbesserte u. vermehrte Aufl. Berlin: W. de Gruyter, 1969 (KlT 175).

—: s. LIETZMANN, Hans.

— / BURCHARD, Christoph: Antike Berichte über die Essener. Ausgewählt v. A. A. 2., neubearbeitete und erweiterte Aufl. v. Ch. B. Berlin/New York: W. de Gruyter, 1972 (KlT 182).

ADAMI, Fr.: De poetis scaenicis Graecis hymnorum sacrorum imitatoribus. In: JCPh.S 26 (1901) 213–262.

ADEY, Lionel: Hymns and the Christian "Myth". Vancouver: University of British Columbia Press, 1986.

ADLER, Maximilian: s. COHN, Leopold.

ALAND, Barbara: Marcion. Versuch einer neuen Interpretation. In: ZThK 70 (1973) 420–447.

---

[1] Das folgende Verzeichnis der benutzten, genannten und zitierten Literatur ist alphabetisch nach neuzeitlichen Verfassern und Herausgebern bzw. Übersetzern gegliedert. In den Namen vorkommende Umlaute (ä, ö, ü) sind wie im Wörterbuch der deutschen Sprache (MEL 30–32 [1979–1981]) eingeordnet, also wie a, o und u behandelt, was bei verschiedener Schreibung (ae, oe, ue) nicht immer ganz zufriedenstellend ist.

Antike Autoren sind nicht in einem eigenen Quellenverzeichnis zusammengestellt, weil sich ihre von modernen Gelehrten eingeleiteten, edierten und übersetzten Werke leicht über das Register finden lassen, meist in der ersten Anmerkung des jeweiligen Abschnitts, bei kürzeren Abschnitten auch einfach im Text, jeweils unter namentlicher Nennung der herangezogenen Ausgabe. Allerdings wurde darauf verzichtet, auch in diesem Literaturverzeichnis, die einzelnen Bearbeiter des „MIGNE" (PG, PL) zu nennen.

Nicht noch einmal aufgeführt sind zahllose Artikel aus Nachschlagwerken (Enzyklopädien, Lexika, Wörterbücher), die zu einzelnen Namen und Sachen konsultiert wurden, in die knappe Darstellung und kritische Analyse (oft als Hintergrundinformation) eingeflossen sind und darum an entsprechender Stelle mit den Namen ihrer Autoren ausdrücklich genannt werden.

Die vorliegende, mit ganz wenigen Ausnahmen auf Autopsie beruhende Bibliographie ist vollständig in bezug auf „NAME, Vorname(n): Titel des Buchs. Untertitel bzw. Titel der Bände. Auflage. Ort: Verlag, Jahr (Seriensigel + Seriennummer)" bzw. „NAME, Vorname(n): Titel des Artikels oder Aufsatzes. In: Sigel (Jahr) Seiten- bzw. Spaltenzahl(en)". Für die Auflösung der Sigel ist auf das Verzeichnis der Abkürzungen zu verweisen; allgemeine Abkürzungen wurden möglichst sparsam verwendet. Bei Verfassernamen und Titelwörtern zeigen runde Klammern (...) Streichungen oder Auslassungen an; eckige Klammern [...] signalisieren Auflösungen, Ergänzungen oder Erklärungen.

Wenn nicht ohnehin aus dem jeweils aufgeführten Titel ersichtlich, ist die bunte Fülle der Bezeichnungen der Herausgeber- und Übersetzertätigkeit (wie z.B. „a cura di", „adornaverunt", „collegit", „cura et studio", „edited by", „interpretatus est" oder „recensuit et commentario critico instruxit") ohne Rücksicht auf die verschiedenen Sprachen durch „Hg.", „Üb." oder „Hg./Üb." angezeigt, und zwar unmittelbar in runden Klammern nach dem vollen Namen. Die jeweilige moderne (oder auch lateinische) Sprache von Einleitungen, Übersetzungen und Kommentierungen ergibt sich dann meist aus der Sprache des Titels selbst.

—: Mani und Bardesanes. Zur Entstehung des manichäischen Systems. In: A. DIETRICH, Synkretismus (1975) 123–143.

ALAND, Kurt (Hg.): Synopsis Quattuor Evangeliorum. Locis parallelis evangeliorum apocryphorum et patrum adhibitis. 3. Aufl. Stuttgart: Württembergische Bibelanstalt, 1965.

— (Hg.): Synopsis of the Four Gospels. Greek–English Edition of the Synopsis Quattuor Evangeliorum. Completely revised on the basis of the Greek Text of Nestle–Aland 26th Edition and Greek New Testament 3rd Edition. The English Text is the Second Edition of the Revised Standard Version. [Stuttgart:] United Bible Societies, 1975.

—: s. NTGr (im AbkVerz.); s. HARNACK, Adolf.

ALBRECHT, Christoph: Einführung in die Hymnologie. 2., veränderte Aufl. Göttingen: Vandenhoeck & Ruprecht, 1984.

ALEXANDER, P[hilip]: 3 (Hebrew Apocalypse of) Enoch (Fifth–Sixth Century A.D.). A New Translation and Introduction. In: OTP I (1983) 223–315.

ALLBERRY, C. R. C. (Hg.): Manichaean Manuscripts in the Chester Beatty Collection. Vol. II. A Manichaean Psalm-Book. Part II. With a Contribution by Hugo IBSCHER. Stuttgart: W. Kohlhammer, 1938.

—: Das Manichäische Bema-Fest. In: ZNW 37 (1938) 2–10 = WIDENGREN, Manichäismus (1977) 317–327.

ALLEN, James T. / ITALIE, Gabriel: A Concordance to Euripides. Berkeley and Los Angeles: University of California Press / London: Cambridge University Press, 1954.

ALLEN, Pauline: s. DATEMA, Cornelis.

ALLEN, T[homas] W.: Hymns (Greek and Roman). In: ERE VII (1914) 40–42.

— (Hg.): Homeri opera. Tom. III. Odysseae libros I–XII continens. 2nd ed. Oxford: Clarendon Press, 1917 = 1950 (SCBO).

— / HALLIDAY, W. R. / SIKES, E. E. (Hg.): The Homeric Hymns. 2nd ed. Oxford: Clarendon Press, 1936.

ALLISON, Dale C.: The Silence of Angels: Reflections on the Songs of the Sabbath Sacrifice. In: RdQ XIII (1988) 189–197.

ALONSO SCHÖKEL, Luis: A Manual of Hebrew Poetics. Roma: Editrice Pontificio Istituto Biblico, 1988 (SubBi 11).

ALFARIC, Prosper: Un manuscrit manichéen. In: RHLR NS 6 (1920) 62–98.

ALTANER, Berthold / STUIBER, Alfred: Patrologie. Leben, Schriften und Lehre der Kirchenväter. 7., völlig neubearbeitete Aufl. Freiburg [im Br.]/Basel/Wien: Herder, 1966; 8., durchgesehene u. erweiterte Aufl. 1978.

ALTER, Robert / KENMORE, Frank (Hg.): The Literary Guide to the Bible. London: Collins, 1987.

ALTHEIM, Franz: Geschichte der Hunnen. V. Bd. Niedergang und Nachfolge. Berlin: W. de Gruyter, 1962.

— / STIEHL, Ruth: Die Araber in der Alten Welt. Bde. I–V,2. Berlin: W. de Gruyter, 1964 (I), 1965 (II), 1966 (III), 1967 (IV), 1968 (V,1), 1969 (V,2).

AMANN, Julius: Die Zeusrede des Ailios Aristeides. Stuttgart: W. Kohlhammer, 1931 (TBAW 12).

AMELN, Konrad: Literaturbericht zur Hymnologie. In: JLH 10 (1965) 257–288.

ANDERSEN, F[rancis] I.: 2 (Slavonic Apocalypse of) Enoch (Late First Century A.D.). Appendix: 2 Enoch in Merilo Pravednoe. A New Translation and Introduction. In: OTP I (1983) 91–221.

— / FREEDMAN, David Noel: Amos. A New Translation with Introduction and Commentary. New York u.a.: Doubleday, 1989 (AncB 24A).

ANDERSON, Warren: Hymn, § I. In: NGDMM VIII (1980 = 1981) 836–838.

ANDERSON, William S. (Hg.): P. Ovidii Nasonis Metamorphoses. 3. Aufl. Leipzig: B. G. Teubner, 1985 (BSGRT).

ANDREAS, F[riedrich] C[arl] / HENNING, W[alter] B[runo]: Mitteliranische Manichaica aus Chinesisch-Turkestan I–III. In: SPAW.PH (1932) 175–222, (1933) 294–363, (1934) 848–912 = HENNING, Papers I (1977) 1–48, 191–260, 275–339.

ANDRESEN, Carl: Psalmen. In: LAW (1965) 2465–2466.

ANGLÈS, Higinio: Saint Césaire d'Arles et le chant des hymnes. In: MD 92 (1967) 73–78.

ANONYMUS: Glossary of Terms Relating to Hymnody and Church Music. In: Hymn 10,1 (1959) 15–21.

Anthologia Lyrica Graeca: s. DIEHL, Ernst.

AP-THOMAS, D. R.: s. MOWINCKEL, Sigmund.

AREVŠATJAN, S. S.: Die Entstehung der altarmenischen Literatur und die Patristik [russ. mit deutschem „Resumé des Autors", 127]. In: IRMSCHER/TREU, Korpus = TU 120 (1977) 111–127.

ARNOLD-DÖBEN, Victoria: Die Bildersprache des Manichäismus. Bonn: Religionswissenschaftliches Institut der Universität / Köln: E. J. Brill (in Kommission), 1978 (AMRG 3).

—: Die Bildersprache der Gnosis. Bonn: Religionswissenschaftliches Institut der Universität / Köln: E. J. Brill (in Kommission), 1986 (AMRG 13).

ASCASO, J. S.: Ugaritische Gebete, Ugaritische Hymnen. In: KLL VII = dtv-KLL 22 (dtv 3162) 9693–9694, 9694–9695.

ASMUSSEN, Jes Peter: s. BÖHLIG, Alexander.

ASSFALG [= Aßfalg], Julius: Chronik. Q. Syrien, Armenien und Georgien. In: LexMA II (1983) 2022–2025.

— / LANG, David Marshall: Georgien. In: TRE XII (1984) 389–396.

—: s. HAMMERSCHMIDT, Ernst; s. TARCHNISVILI, Michael.

ASSMANN, Jan: Ägyptische Hymnen und Gebete. Eingeleitet, übersetzt und erläutert. Zürich/ München: Artemis, 1975 (BAW.AO).

—: Hymnus. In: LÄ III (1980) 103–110.

ATTRIDGE, Harold W. (Hg.): Nag Hammadi Codex I (The Jung Codex). [Bd. I.] Introductions, Texts, Translations, Indices. [Bd. II.] Notes. Leiden: E. J. Brill, 1985 (NHS 22+23).

— / MACRAE, George W. (Hg./Üb.): The Gospel of Truth. In: ATTRIDGE, NHS 22 (1985) 55–117; NHS 23 (1985) 39–135.

— / PAGELS, Elaine H. (Hg./Üb.): The Tripartite Tractate. In: ATTRIDGE, NHS 22 (1985) 159–337; NHS 23 (1985) 217–497.

AUBINEAU, Michaele (Hg.): Disputatio cum Manichaeo. In: RICHARD, Iohannis Caes. opera = CChr.SG 1 (1977) 107–128.

AUFFRET, Pierre: Hymnes d'Égypte et d'Israël. Études de structures littéraires. Fribourg Suisse: Éditions universitaires / Göttingen: Vandenhoeck & Ruprecht, 1981 (OBO 34).

AUFRECHT, Theodor (Hg.): Die Hymnen des Rigveda. 1. Teil. Maṇḍala I–VI. 2. Teil. Maṇḍala VII–X nebst Beigaben. 4. Aufl. Wiesbaden: O. Harrassowitz, 1968 (Nachdruck der 2. Aufl. von 1877).

AVENARY, Hanoch: Jüdische Musik, A. Geschichte der jüdischen Musik. In: MGG VII (1958) 224–261.

AVIGAD, N.: s. SUKENIK, Eleazar L.

BAARS, W. (Hg.): Apocryphal Psalms. In: VTS IV,6. Leiden: E. J. Brill, 1972.

— (Hg.): Psalms of Solomon. In: VTS IV,6. Leiden: E. J. Brill, 1972.

— / SCHNEIDER, H. (Hg.): Prayer of Manasseh. In: VTS IV,6. Leiden: E. J. Brill, 1972.

BABBITT, Frank C. (Hg./Üb.): Plutarch's Moralia. Vol. IV. Cambridge, MA: Harvard University Press / London: W. Heinemann, 1936 (LCL 305).

BAIKIE, James: Hymns (Egyptian). In: ERE VII (1914) 38–40.

BAILEY, Cyrillus (Hg.): Lucreti de rerum natura libri sex. 2. Aufl. Oxford: Clarendon Press, 1922 = 1974 (SCBO).

BAILLET, M. / MILIK, J. T. / VAUX, R. DE (avec une contribution de H. W. BAKER): Les 'Petites Grottes' de Qumrân. Exploration de la falaise. Les grottes 2Q, 3Q, 5Q, 6Q, 7Q à 10Q. Le rouleau de cuivre. [Bd. I.] Textes. Oxford: Clarendon Press, 1962 (DJDJ 3).

BAKER, H. W.: s. BAILLET, M.

BALESTRI, I. / HYVERNAT, H. (Hg./Üb.): Acta martyrum I. Paris: Typographeum Reipublicae; C. Poussielgue / Leipzig: O. Harrassowitz, 1907/08 (CSCO 43/44 = CSCO.C 3/4).

— / — (Hg.): Acta martyrum II. Paris: Typographeum Reipublicae, 1924 (CSCO 86 = CSCO.C 6). – Üb.: s. HYVERNAT, Henricus.

BANG, Willi: Manichäische Hymnen. In: Muséon 38 (1925) 1–55.

— / GABAIN, Annemarie VON: Türkische Turfan-Texte. III. Der große Hymnus auf Mani (SPAW.PH 1930, S. 183–211). In: Turfan-Forschung II = Opuscula III 2 (1972) 51–79.

BARC, Bernard (Hg./Üb.): L'Hypostase des Archontes. Traité gnostique sur l'origine de l'Homme, du Monde et des Archontes (NH II,4). In: BCNH.T 5 (1980) I–XI, 1–147.

BARDENHEWER, Otto: Geschichte der altkirchlichen Literatur. Bde. I–V. I. Vom Ausgang des apostolischen Zeitalters bis zum Ende des zweiten Jahrhunderts. II. Vom Ende des zweiten Jahrhunderts bis zum Beginn des vierten Jahrhunderts. III. Das vierte Jahrhundert mit Ausschluß der Schriftsteller syrischer Zunge. IV. Das fünfte Jahrhundert mit Einschluß der syrischen Literatur des vierten Jahrhunderts. V. Die letzte Periode der altkirchlichen Literatur mit Einschluß des ältesten armenischen Schrifttums. 2. Aufl. Freiburg i. Br.: Herder, 1913 (I), 1914 (II), 1923 (III), 1924 (IV), 1932 (V [1. Aufl.]) = Darmstadt: Wissenschaftliche Buchgesellschaft, 1962.

BARDON, Henricus (iterum ed.): Catulli Veronensis carmina. Stuttgart: B. G. Teubner, 1973 (BSGRT).

BARDTKE, Hans: (Der gegenwärtige Stand der Erforschung der in Palästina neu gefundenen hebräischen Handschriften. 31., 34., 36., 39.[Fortsetzungsfolgen]:) Die Loblieder von Qumrān. In: ThLZ 81 (1956) 149–154 (= I), 589–604 (= II), 715–724 (=III); 82 (1957) 339–348 (= IV).

—: Zusätze zu Esther. In: JSHRZ I,1 (1973) 15–62.

BARKHUIZEN, J. H.: Justinian's Hymn Ὁ μονογενὴς υἱὸς τοῦ Θεοῦ. In: ByZ 77 (1984) 3–5.

—: Romanos Melodos: Essay on the Poetics of His Kontakion "Resurrection of Christ" (MAAS–TRYPANIS 24). In: ByZ 79 (1986) 17–28, 268–281.

BARNES, W. E.: s. JAMES, Montague Rhodes.

BARNSTONE, Willis (Hg.): The Other Bible. San Francisco: Harper & Row, 1984.

BARTH, Ch.: זמר zmr. In: ThWAT II (1974–1977) 603–612.

BARUCQ, André / DAUMAS, François: Hymnes et prières de l'Égypte ancienne. Paris: Éditions du Cerf, 1980 (LAPO 10).

BASTIAENSEN, Antonius A.: De termen psalmus, hymnus, canticum in de Latijnse oudchristelijke literatuur. In: Noctes Noviomagenses J. C. F. NUCHELMANS, Wccsp 1985, pp. 19–28 [non vidi; cf. G. SANDERS/VAN UYTFANGHE, Bibliographie 137].

BAUER, Walter: Die Apostolischen Väter II. Die Briefe des Ignatius von Antiochia und der Polykarpbrief. Tübingen: J. C. B. Mohr (Paul Siebeck), 1920 (HNT ErgBd.).

—: Der Wortgottesdienst der ältesten Christen. Tübingen 1930 (SGV 148) = BAUER, Aufsätze (1967) 155–209.

—: Aufsätze und Kleine Schriften hg. v. Georg STRECKER. Tübingen: J. C. B. Mohr (Paul Siebeck), 1967.

BAUERNFEIND, Otto: s. MICHEL: Otto.

BAUMGARTEN, Joseph M.: The Qumran Sabbath Shirot and Rabbinic Merkabah Traditions. In: RdQ XIII (1988) 199–213.

BAUMGARTNER, Walter: Die literarischen Gattungen in der Weisheit des Jesus Sirach. In: ZAW 34 (1914) 161–198.

BAUMSTARK, Anton: Festbrevier und Kirchenjahr der syrischen Jakobiten. Eine liturgiegeschichtliche Vorarbeit auf Grund hsslicher Studien in Jerusalem und Damaskus, der syrischen Hsskataloge von Berlin, Cambridge, London, Oxford, Paris und Rom und des unierten Mossuler Festbrevierdruckes. Paderborn: F. Schöningh, 1910 (SGKA 3,3–5).

—: Die christlichen Literaturen des Orients. Bd. I: Einleitung; I. Das christlich-aramäische und das koptische Schrifttum. Bd. II: II. Das christlich-arabische und das äthiopische Schrifttum; III. Das christliche Schrifttum der Armenier und Georgier. Leipzig: G. J. Göschen, 1911 (SG 527+528).

—: Hymns (Greek Christian). In: ERE VII (1914) 5–12.

—: Ein frühchristliches Theotokion in mehrsprachiger Überlieferung und verwandte Texte des ambrosianischen Ritus. In: OrChr NS 9 (1920) 36–61.

—: Geschichte der syrischen Literatur mit Ausschluß der christlich-palästinensischen Texte. Bonn: A. Marcus & E. Webers Verlag A. Ahn, 1922 = Berlin: W. de Gruyter, 1968.

—: Trishagion und Qeduscha. In: JLW 3 (1923) 18–32.

—: Der Mandäerpsalm Ginzā R. V 2 – Qolastā 75. In: OrChr 35 = 3. Ser., 13 (1938) 157–174.

—: Rez. von ALLBERRY, Psalm-Book. In: OrChr 36 = 3. Ser., 14 (1939/41) 122–126; zitiert nach dem Auszug, in: WIDENGREN, Manichäismus (1977) 287–293.

—: Chairetismos. In: RAC II (1954) 993–1006.

—: Kleinere aramäische Literaturen. In: HO, 1. Abt., III (1954) 162–168.

—: Comparative Liturgy. Revised by Bernard BOTTE. English Edition by F. L. CROSS. London: A. R. Mowbray, 1958. [From the Third French edition of *Liturgie Comparée*, Éditions de Chevetogne, 1953].

—: Nocturna Laus. Typen frühchristlicher Vigilienfeier und ihr Fortleben vor allem im römischen und monastischen Ritus. Aus dem Nachlaß hg. v. Odilo HEIMING. Fotomechanischer Nachdruck der 1957 erschienenen Ausgabe mit Ergänzungen von Odilo HEIMING. Münster Westfalen: Aschendorff, 1967 (LQF 32).

— / RÜCKER, Adolf: Die syrische Literatur. In: HO, 1. Abt., III (1954) 168–204.

BAUS, Karl: Von der Urgemeinde zur frühchristlichen Großkirche. Freiburg [i.Br.]/Basel/Wien: Herder, 1962 = 2. Aufl. 1963 [HKG(J) 1; S. 1–55: „Einleitung in die Kirchengeschichte" von Hubert JEDIN].

BAYER, Karl: s. WILLIGE, Wilhelm.

BEAUJEU, Jean (Hg./Üb.): Pline l'ancien. Histoire naturelle II. Paris: Société d'édition «Les Belles Lettres», 1950.

BECK, Edmund: Die Theologie des hl. Ephraem in seinen Hymnen über den Glauben. Roma: Pontificio Ateneo S. Anselmo, 1949 (StAns 21).

—: Ephraems Hymnen über das Paradies. Übersetzung und Kommentar. Roma: Pontificio Ateneo S. Anselmo, 1951 (StAns 26).

— (Hg./Üb.): Des heiligen Ephraem des Syrers Hymnen de Fide. Louvain: L. Durbecq, 1955 (CSCO 154/155 = CSCO.S 73/74).

— (Hg./Üb.): Des heiligen Ephraem des Syrers Hymnen contra Haereses. Louvain: L. Durbecq, 1957 (CSCO 169/170 = CSCO.S 76/77).

— (Hg./Üb.): Des heiligen Ephraem des Syrers Hymnen de Paradiso und contra Julianum. Louvain: Secrétariat du CorpusSCO, 1957 (CSCO 174/175 = CSCO.S 78/79).

— (Hg./Üb.): Des heiligen Ephraem des Syrers Hymnen de Nativitate (Epiphania). Louvain: Secrétariat du CorpusSCO, 1959 (CSCO 186/187 = CSCO.S 82/83).

— (Hg./Üb.): Des heiligen Ephraem des Syrers Hymnen de Ecclesia. Louvain: Secrétariat du CorpusSCO, 1960 (CSCO 198/199 = CSCO.S 84/85).

— (Hg./Üb.): Des heiligen Ephraem des Syrers Sermones de Fide. Louvain: Secrétariat du CorpusSCO, 1961 (CSCO 212/213 = CSCO.S 88/89).

— (Hg./Üb.): Des heiligen Ephraem des Syrers Carmina Nisibena (Erster Teil). Louvain: Secrétariat du CorpusSCO, 1961 (CSCO 218/219 = CSCO.S 92/93).

— (Hg./Üb.): Des heiligen Ephraem des Syrers Hymnen de Virginitate. Louvain: Secrétariat du CorpusSCO, 1962 (CSCO 223/224 = CSCO.S 94/95).

— (Hg./Üb.): Des heiligen Ephraem des Syrers Carmina Nisibena (Zweiter Teil). Louvain: Secrétariat du CorpusSCO, 1963 (CSCO 240/241 = CSCO.S 102/103).

— (Hg./Üb.): Des heiligen Ephraem des Syrers Hymnen de Ieiunio. Louvain: Secrétariat du CorpusSCO, 1964 (CSCO 246/247 = CSCO.S 106/107).

— (Hg./Üb.): Des heiligen Ephraem des Syrers Paschahymnen (de Azymis, de Crucifixione, de Resurrectione). Louvain: Secrétariat du CorpusSCO, 1964 (CSCO 248/249 = CSCO.S 108/109).

— (Hg./Üb.): Des heiligen Ephraem des Syrers Sermo de Domino Nostro. Louvain: Secrétariat du CorpusSCO, 1966 (CSCO 270/271 = CSCO.S 116/117).

— (Hg./Üb.): Des heiligen Ephraem des Syrers Sermones I. Louvain: Secrétariat du CorpusSCO, 1970 (CSCO 305/306 = CSCO.S 130/131).

— (Hg./Üb.): Des heiligen Ephraem des Syrers Sermones II. Louvain: Secrétariat du CorpusSCO, 1970 (CSCO 311/312 = CSCO.S 134/135).

— (Hg./Üb.): Des heiligen Ephraem des Syrers Sermones III. Louvain: Secrétariat du CorpusSCO, 1972 (CSCO 320/321 = CSCO.S 138/139).

— (Hg./Üb.): Des heiligen Ephraem des Syrers Hymnen auf Abraham Kidunaya und Julianos Saba. Louvain: Secrétariat du CorpusSCO, 1972 (CSCO 322/323 = CSCO.S 140/141).

— (Hg./Üb.): Des heiligen Ephraem des Syrers Sermones IV. Louvain: Secrétariat du CorpusSCO, 1973 (CSCO 334/335 = CSCO.S 148/149).

— (Hg./Üb.): Nachträge zu Ephraem Syrus. Louvain: Secrétariat du CorpusSCO, 1975 (CSCO 363/364 = CSCO.S 159/160).

—: Ephräms Hymnus de Paradiso XV,1–8. In: OrChr 62 (1978) 24–35.

—: Ephräms Polemik gegen Mani und die Manichäer im Rahmen der zeitgenössischen griechischen Polemik und der des Augustinus. Louvain: Secrétariat du CorpusSCO, 1978 (CSCO 391 = CSCO.Sub 55).

—: Ephräms des Syrers Hymnik. In: H. BECKER/KACZYNSKI, Liturgie I (1983) 345–379.

— (Hg./Üb.): Ephraem Syrus, Sermones in Hebdomadam Sanctam. Louvain: Secrétariat du CorpusSCO, 1979 (CSCO 412/413 = CSCO.S 181/182).

BECK, Hans-Georg: Kirche und theologische Literatur im byzantinischen Reich. München: C. H. Beck, 1959 = 2. Aufl. 1977 (HAW XII,2,1).

—: Hymnendichter B) Byzantinische H. In: LThK V (1960) 564–565.

—: Hymnus B) Der byz[antinische] H. In: LThK V (1960) 572–573.

BECKBY, Hermann (Hg./Üb.): Anthologia Graeca. Griechisch–Deutsch. Bde. I–IV. 2. Aufl. München: E. Heimeran, 1965 (TuscBü).

BECKER, Carl: Tertullian. Apologeticum – Verteidigung des Christentums. Lateinisch und deutsch. Hg., übersetzt und erläutert. 2. Aufl. München: Kösel, 1961.

BECKER, Hansjakob / KACZYNSKI, Reiner (Hgg.): Liturgie und Dichtung. Ein interdisziplinäres Kompendium I. Historische Präsentation. St. Ottilien: EOS, 1983 (Pietas Liturgica 1).

BECKER, Jürgen: Das Heil Gottes. Heils- und Sündenbegriffe in den Qumrantexten und im Neuen Testament. Göttingen: Vandenhoeck & Ruprecht, 1964 (StUNT 3).

—: Die Testamente der zwölf Patriarchen. In: JSHRZ III,1 (1974) 15–163.

BEDROSSIAN, Matthias: New Dictionary Armenian–English. Beirut: Librairie du Liban, o.J. [1879].

BEECK, Frans Jozef VAN: The Worship of Christians in Pliny's Letter. In: StLi 18 (1988) 121–131.

BEER, Georg: Das Buch Henoch. In: APAT II (1900) 217–310.

—: Pesachim (Ostern). Text, Übersetzung und Erklärung. Nebst einem textkritischen Anhang. Gießen: A. Töpelmann (vormals J. Ricker), 1912 (Mischna II,3).

—: s. MARTI, Karl.

BEGRICH, Joachim: Zur hebräischen Metrik. In: ThR NF 4 (1932) 67–89.

—: s. GUNKEL, Hermann.

BEHR, C[harles] A.: Aelius Aristides and the Sacred Tales. Amsterdam: A. M. Hakkert, 1968.

— (Hg./Üb.): Aristides. In 4 Vols. I. Panathenaic Oration and in Defence of Oratory. London: W. Heinemann / Cambridge, MA: Harvard University Press, 1973 (LCL 458).

— (Üb.): P. Aelius Aristides. The Complete Works. Translated into English. Vol. I. Orations I–XVI. With an Appendix Containing the Fragments and Inscriptions. Vol. II. Orations XVII–LIII. Leiden: E. J. Brill, 1981 (II), 1986 (I).

—: s. LENZ, F. W.

BEHREND, Erika: s. HELM, Rudolf.

BELL, H. Idris / SKEAT, T. C. (Hg.): Fragments of an Unknown Gospel and Other Early Christian Papyri. With 5 Plates. London: Trustees of the British Museum, 1935.

BELLERMANN, Friedrich: Die Hymnen des Dionysius und Mesomedes. Text und Melodien nach Hs. und den alten Ausgaben. Berlin: Förstner, 1840.

BENSLY, Robert L.: The Fourth Book of Ezra. The Latin Version Edited from the MSS. With an Introduction by Montague Rhodes JAMES. Cambridge: University Press, 1895 (TaS III,2).

BERG, Werner: Die sogenannten Hymnenfragmente im Amosbuch. Bern: H. Lang / Frankfurt am Main: P. Lang, 1974 (EHS.T 45).

BERGER, Klaus: Das Buch der Jubiläen. In: JSHRZ II,3 (1981) 273–575.

—: Formgeschichte des Neuen Testaments. Heidelberg: Quelle & Meyer, 1984.

—: Gebet IV. Neues Testament. In: TRE XII (1984) 47–60.

—: Hellenistische Gattungen im Neuen Testament. In: W. HAASE (Hg.), ANRW II 25.2 (1984) 1031–1432 + 1831–1885 [Register].

BERGMAN, J.: s. MAYER, Günter.

Berliner Arbeitskreis für koptisch-gnostische Schriften: Die Bedeutung der Texte von Nag Hammadi für die moderne Gnosisforschung. In: TRÖGER, Gnosis und NT (1973) 13–76.

—: „Zweiter Logos des großen Seth". Die zweite Schrift aus Nag-Hammadi-Codex VII. Eingeleitet und übersetzt [Federführend: Hans-Gebhard BETHGE]. In: ThLZ 100,2 (1975) 97–110.

—: „Die drei Stelen des Seth". Die fünfte Schrift aus Nag-Hammadi-Codex VII. Eingeleitet und übersetzt [Federführend: Konrad WEKEL]. In: ThLZ 100,8 (1975) 571–580.

BERNER, Ulrich: Origenes. Darmstadt: Wissenschaftliche Buchgesellschaft, 1981 (EdF 147).

BERNHARD, Ludger: Syrische Übersetzungen von griechischen Kanones und ihre Bedeutung für die Literaturgeschichte und Metrik. In: JÖB 32,3 (1982) 393–403.

BERNHARDT, Karl-Heinz: Ugaritische Texte. In: BEYERLIN, Textbuch (1975) 205–243.

BERNHART, Joseph: Augustinus. Confessiones / Bekenntnisse. Lateinisch und deutsch. Eingeleitet, übersetzt und erläutert. München: Kösel-Verlag, 4. Aufl. 1980.

BÉTANT, E.-A.: Lexicon Thucydideum. Vols. I–II. Hildesheim: G. Olms, 1961 (= Genf 1943, 1947).

BETHE, Erich: Die griechische Poesie. In: GERCKE/NORDEN, Einleitung I (1912) 131–187.

BETHGE, Hans-Gebhard: s. Berliner Arbeitskreis für koptisch-gnostische Schriften.

BETZ, Hans Dieter (Hg.): The Greek Magical Papyri in Translation. Including the Demotic Spells. Chicago & London: University of Chicago Press, 1986 (GMP).

BEUKERS, C.: s. VANDER PLAETSE, R.

BEUTLER, Johannes: Literarische Gattungen im Johannesevangelium. Ein Forschungsbericht 1919–1980. In: W. HAASE (Hg.), ANRW II 25.3 (1985) 2506–2568.

BEUTLER, Rudolf: s. HARDER, Richard.

BEVAN, Anthony Ashley: The Hymn of the Soul Contained in the Syriac Acts of St Thomas. Re-Edited with an English Translation. Cambridge: University Press, 1897 (TaS V,3).

—: s. MITCHELL, C. W.

BEYER, Klaus: Die aramäischen Texte vom Toten Meer samt den Inschriften aus Palästina, dem Testament Levis aus der Kairoer Genisa, der Fastenrolle und den alten talmudischen Zitaten. Aramaistische Einleitung. Text. Deutung. Grammatik/Wörterbuch. Deutsch–aramäische Wortliste. Register. Göttingen: Vandenhoeck & Ruprecht, 1984 (ATTM).

—: Das syrische Perlenlied. Ein Erlösungsmythos als Märchengedicht. In: ZDMG 140,2 (1990) 234–259.

BEYERLIN, Walter (Hg.): Religionsgeschichtliches Textbuch zum Alten Testament. In Zusammenarbeit mit Hellmut BRUNNER, Hartmut SCHMÖKEL, Cord KÜHNE, Karl-Heinz BERNHARDT und Edwart LIPIŃSKI. Göttingen: Vandenhoeck & Ruprecht, 1975 (GAT 1).

—: s. GUNKEL/BEGRICH.

BEYLOT, Robert (Hg./Üb.): Testamentum Domini éthiopien. Louvain: Peeters, 1984.

BIANCHI, Ugo (Hg.): Le origini dello gnosticismo. Colloquio di Messina 13–18 Aprile 1966. Testi e discussioni. Leiden: E. J. Brill, 1967 = 1970 (SHR 12).

Biblia Patristica: s. Centre d'Analyse et de Documentation Patristiques.

BICKELL, Gustav: Die Gedichte des Cyrillonas nebst einigen anderen syrischen Ineditis. In: ZDMG 27 (1873) 566–625.

BIDAWID, R. J. (Hg.): 4 Esdras. In: VTS IV,3. Leiden: E. J. Brill, 1973.

BIDEZ, J[oseph] (Hg./Üb.): L'empereur Julien. Oeuvres complètes. Tom. I,1–2. Paris: Société d'édition «Les Belles Lettres», 1932 (I,1), 1960 (I,2). – Vgl. ROCHEFORT, Gabriel (II,1); LACOMBRADE, Christian (II,2).

— / HANSEN, Günther Christian (Hg.): Sozomenus. Kirchengeschichte. Hg. v. J. B. Eingeleitet, zum Druck besorgt u. mit Registern versehen v. G. C. H. Berlin: Akademie-Verlag, 1960 (GCS 50).

— / WINKELMANN, Friedhelm (Hg.): Philostorgius. Kirchengeschichte. Mit dem Leben des Lucian von Antiochien und den Fragmenten eines arianischen Historiographen. Hg. v. J. B. 2., überarbeitete Aufl. besorgt v. F. W. Berlin: Akademie-Verlag, 1972 (GCS [54]). – Vgl. 3., bearbeitete Aufl. v. F. W., 1981 (GCS [58?]); 1. Aufl. Leipzig: J. C. Hinrichs, 1913 (GCS 21).

BIELER, Ludwig: The Works of St. Patrick. St. Secundinus, Hymn on St. Patrick. Translated and Annotated. Westminster, MD: Newman Press / London: Longmans, Green and Co., 1953 (ACW 17).

— (Hg.): Anicii Manlii Severini Boethii Philosophiae Consolatio. Turnhout: Brepols, 1957 (CChr.SL 94).

BIETENHARD, Hans: Die himmlische Welt im Urchristentum und Spätjudentum. Tübingen: J.
C. B. Mohr (Paul Siebeck), 1951 (WUNT, 1. Reihe, 2).
—: Die Handschriftenfunde vom Toten Meer (Hirbet Qumran) und die Essener-Frage. Die
Funde in der Wüste Juda (Eine Orientierung). In: W. HAASE (Hg.), ANRW II 19.1 (1979)
704–778.
BIHLMEYER, Karl [/ SCHNEEMELCHER, Wilhelm] (Hg.): Die Apostolischen Väter. Neubear-
beitung der FUNKschen Ausgabe. Zweite Auflage mit einem Nachtrag von W. SCHNEEMEL-
CHER. 1. Teil. Didache, Barnabas, Klemens I und II, Ignatius, Polykarp, Papias, Quadra-
tus, Diognetbrief. Tübingen: J. C. B. Mohr (Paul Siebeck), 1956.
BIRNBAUM, Philip: Encyclopedia of Jewish Concepts. New York: Sanhedrin Press, 1975 =
1979.
BLACK, Matthew: An Aramaic Approach to the Gospels and Acts. With an Appendix on the
Son of Man by Geza VERMES. 3. Aufl. Oxford: Clarendon Press, 1967 = 1971 [1. Aufl.
1946; 2.Aufl. 1954].
— (Hg.): Apocalypsis Henochi Graece. In: PVTG III (1970) 1–44.
—: s. SCHÜRER, Emil.
BLASZCZAK, Gerald R.: A Formcritical Study of Selected Odes of Solomon. Atlanta, GA:
Scholars Press, 1985 (HSM 36).
BLOEMENDAAL, W.: The Headings of the Psalms in the East Syrian Church. Leiden: E. J.
Brill, 1960.
BLUM, Georg Günter: Rabbula von Edessa. Der Christ, der Bischof, der Theologe. Louvain:
Secrétariat du CSCO, 1969 (CSCO 300 = CSCO.Sub 34).
BLUM, Jost G.: Zum Bau von Abschnitten in Memre von Jacob von Sarug. In: LAVENANT,
Symposium 1980 (1983) 307–321.
BLUME, Clemens: Der Cursus Sancti Benedicti Nursini und die liturgischen Hymnen des 6. bis
9. Jahrhunderts in ihrer Beziehung zu den Sonntags- und Ferialhymnen unseres Breviers.
Eine hymnologisch-liturgische Studie. Auf Grund handschriftlichen Quellenmaterials hg.
Leipzig: O. R. Reisland, 1908 (HyB 3 [= Hildesheim: G. Olms, 1971]).
—: s. AHMA (im AbkVerz.); s. DREVES, Guido Maria.
BO, Domenico: Lexicon Horatianum. Bde. I–II. Hildesheim: G. Olms, 1965/66.
BOGAERT, Pierre-Maurice: s. HARRINGTON, Daniel J.
BÖHLIG, Alexander (Hg./Üb.): Manichäische Handschriften der Staatlichen Museen Berlin. ...
Bd. I. Kephalaia. 2. Hälfte (Lieferung 11/12 [S. 244–291]). Stuttgart u.a.: W. Kohlham-
mer, 1940.
—: Mysterion und Wahrheit. Gesammelte Beiträge zur spätantiken Religionsgeschichte. Leiden:
E. J. Brill, 1968 (AGJU 6).
—: Das Ägypterevangelium von Nag Hammadi (Das heilige Buch des grossen unsichtbaren
Geistes) nach der Edition von A. BÖHLIG – F. WISSE – P. LABIB ins Deutsche übersetzt und
mit einer Einleitung sowie Noten versehen. Wiesbaden: O. Harrassowitz, 1974 (GOF.H 1).
—: Der Synkretismus des Mani. In: A. DIETRICH, Synkretismus (1975) 144–169.
—: Die Gnosis. III. Bd. Der Manichäismus. Unter Mitwirkung von Jes Peter ASMUSSEN ein-
geleitet, übersetzt und erläutert. Zürich/München, Artemis Verlag, 1980 (BAW.AC).
—: Ja und Amen in manichäischer Deutung. In: ZPE 58 (1985) 59–70; auch in: BÖHLIG, Gno-
sis und Synkretismus II (1989) 638ff.
—: Gnosis und Synkretismus. Gesammelte Aufsätze zur spätantiken Religionsgeschichte. Bde.
I–II. Tübingen: J. C. B. Mohr (Paul Siebeck), 1989 (WUNT [1. Reihe] 47+48; 1. und 2.
Teil durchgehend paginiert).
—: Neue Initiativen zur Erschließung der koptisch-manichäischen Bibliothek von Medinet Ma-
di. In: ZNW 80 (1989) 240–262.
— / LABIB, Pahor (Hg./Üb.): Die koptisch-gnostische Schrift ohne Titel aus Codex II von Nag
Hammadi im Koptischen Museum zu Alt-Kairo. Berlin: Akademie-Verlag, 1962.
— / WISSE, Frederik: Zum Hellenismus in den Schriften von Nag Hammadi. Wiesbaden: O.
Harrassowitz, 1975 (GOF.H 2).
— / —: The Gospel of the Egyptians. The Holy Book of the Great Invisible Spirit from
Codices III,2 and IV,2 of the Nag Hammadi Library. Ed. with Translation and Commentary
by A. B. and F. W. in co-operation with P. LABIB. Leiden: E. J. Brill, 1975 (NHS 4).
—: s. POLOTSKY, Hans Jakob; s. SIEGERT, Folker.

BÖHMER, H.: Die Lobpreisungen des Augustinus. In: NKZ 26 (1915) 419–438, 487–512.

BOISACQ, Émile: Dictionnaire étymologique de la langue grecque étudiée dans ses rapports avec les autres langues indo-européennes. Heidelberg: C. Winter, 1950.

BOISSEVAIN, Ursulus Philipp (Hg.): Cassii Dionis Cocceiani Historia Romana. Vols. I–V. Berlin: Weidmann, 1895–1931 = 1955–1969 (Vol. V, Index graecitatis, von W. NAWIJN).

BÖLLENRÜCHER, Josef: Gebete und Hymnen an Nergal. Leipzig: J. C. Hinrichs, 1904 = 1968 (LSSt I,6).

BÖMER, Franz (Hg.): P. Ovidius. Metamorphosen, Buch IV–V. Heidelberg: C. Winter, 1976.

BONHÖFFER, Adolf: Epiktet und das Neue Testament. Gießen: A. Töpelmann (vormals J. Ricker), 1911 = Berlin: A. Töpelmann, 1964 (RVV 10).

BONNARD, André: s. LASSERRE, François.

BONNER, Campbell (ed., with the Collaboration of Herbert C. YOUTIE): The Last Chapters of Enoch in Greek. London: Chatto and Windus, 1937 = Darmstadt: Wissenschaftliche Buchgesellschaft, 1968.

BONNET, Hans: Reallexikon der ägyptischen Religionsgeschichte. 2. Aufl. Berlin/New York: W. de Gruyter, 1971 = 1951 (RÄRG).

BONNET, Maximilian: s. LIPSIUS, Richard Adelbert.

BORNHÄUSER, Hans: Sukka (Laubhüttenfest). Text, Übersetzung und Erklärung. Nebst einem textkritischen Anhang und einer Tafel. Berlin: A. Töpelmann, 1935 (Mischna II,6).

BORNKAMM, Günther: Mythos und Legende in den apokryphen Thomas-Akten. Beiträge zur Geschichte der Gnosis und zur Vorgeschichte des Manichäismus. Göttingen: Vandenhoeck & Ruprecht, 1933 (FRLANT 49 = NF 31).

—: Formen und Gattungen II. Im NT. In: RGG II (1958) 999–1005.

—: Lobpreis, Bekenntnis und Opfer. In: APOPHORETA, FS Haenchen = BZNW 30 (1964) 46–63.

—: s. DIBELIUS, Martin.

BOTTE, Bernard: La Tradition apostolique de saint Hippolyte. Essai de reconstitution. Münster in Westf.: Aschendorff, 1963 [vgl. 5., verbesserte Aufl. hg. v. Albert GERHARDS unter Mitarbeit von Sabine FELBECKER, 1989] (LQF 39).

—: La Tradition apostolique d'après les anciennes versions. Introduction, traduction et notes. 2e Édition. Paris: Éditions du Cerf, 1968.

—: s. BAUMSTARK, Anton.

BOUCHÈRE, M.: Hymne. – III. Hymnographie chrétienne en Occident. In: Cath. V (1963) 1136–1139.

BOUFFARTIGUE, Jean / PATILLON, Michel (Hg./Üb.): Porphyre. De l'abstinence. Tome II. Livres II et III. Paris: Société d'édition «Les Belles Lettres», 1979.

BOUSSET, Wilhelm: Hauptprobleme der Gnosis. Göttingen: Vandenhoeck & Ruprecht, 1907 = 1973 (FRLANT 10).

BOWMAN, A. K. / HASLAM, M. W. / SHELTON, J. C. / THOMAS, J. D. (Hg.): The Oxyrhynchus Papyri. Vol. XLIV. [London:] Egypt Exploration Society, 1976 (Graeco–Roman Memoirs, No. 62).

BOX, G. H.: IV Ezra. In: APOT II (1913) 542–624.

— / OESTERLEY, W. O. E.: The Book of Sirach. In: APOT I (1913) 268–517.

BOYCE, Mary: Some Parthian abecedarian hymns. In: BSOAS 14 (1952) 435–450.

—: The Manichaean Hymn-Cycles in Parthian. London / New York / Toronto: G. Cumberlege / Oxford University Press, 1954 (LOS 3).

—: Middle Persian Literature. The Manichaean Literature in Middle Iranian. In: HO, 1. Abt., IV. Bd. (Iranistik), 2. Abschnitt (Literatur), Lief. 1 (1968) 32– 66 bzw. 67–76.

—: A Reader in Manichaean Middle Persian and Parthian. Texts with Notes. Téhéran–Liège: Bibliothèque Pahlavi (édition) / Leiden: E. J. Brill (diffusion), 1975 (Acta Iranica 9 = Troisième série, Textes et mémoires, vol. II).

—: A Word-List of Manichaean Middle Persian and Parthian, with a Reverse Index by Ronald ZWANZIGER. Téhéran–Liège: Bibliothèque Pahlavi (édition) / Leiden: E. J. Brill (diffusion), 1977 (Acta Iranica 9a = Troisième série, Textes et mémoires, vol. II – Supplément).

—: A History of Zoroastrianism. Vol. I. The Early Period. Vol. II. Under the Achaemenians. Leiden/Köln: E. J. Brill, 1975 (I), 1982 (II) (HO, 1. Abt., VIII. Bd., 1. Abschnitt, Lief. 2, Heft 2A).

BRAKMANN, Heinzgerd: Zu den Liturgien des christlichen Ostens. In: ALW 24 (1982) 377–410 (Literaturbericht).
—: Zu den Fragmenten einer griechischen Basileios-Liturgie aus dem koptischen Makarios-Kloster. In: OrChr 66 (1982) 118–143.
—: Der Berliner Papyrus 13918 und das griechische Euchologion-Fragment von Deir el-Balaʾizah. In: OstKSt 36 (1987) 31–38.
—: Der Gottesdienst der östlichen Kirchen. In: ALW 30 (1988) 303–410 (Literaturbericht).
—: Neue Funde und Forschungen zur Liturgie der Kopten (bisher unveröffentlichter Vortrag: IVᵉ Congrès international des études coptes, Université Catholique de Louvain à Louvain-la-Neuve, 5–10 septembre 1988).
BRANDT, Reinhard (Hg./Üb.): Pseudo-Longinos. Vom Erhabenen. Griechisch und deutsch. Darmstadt: Wissenschaftliche Buchgesellschaft, 1966.
BRANDT, Samuel / LAUBMANN, Georg(ius) (Hg.): L. Caeli Firmiani Lactanti opera omnia. Accedunt carmina eius quae feruntur et L. Caecilii qui inscriptus est de mortibus persecutorum liber. Pars I. Divinae institutiones et epitome divinarum institutionum. Partis II fasc. I. Libri de opificio dei et de ira dei. Carmina fragmenta. Vetera de Lactantio testimonia. Prag & Wien: F. Tempsky / Leipzig: G. Freytag, 1890 (I), 1893 (II,1) (CSEL 19+27).
BRASHEAR, William: Ein byzantinischer christlicher Hymnus (P.Rainer Cent. 31, P.Louvre E 6581, P.Berol. 5478 und 21292). In: ZPE 59 (1985) 91–106.
BRASHLER, James: s. DIRKSE, Peter A.
BRAUN, Herbert: An die Hebräer. Tübingen: J. C. B. Mohr (Paul Siebeck), 1984 (HNT 14).
BRAUN, R. (Hg.): Opera Quodvultdeo Carthaginiensi episcopo tributa. Turnhout: Brepols, 1976 (CChr.SL 60).
BRENNAN, Brian: Augustine's De musica. In: VigChr 42 (1988) 267–281.
BRENTON, Sir Lancelot C. L.: The Septuagint with Apocrypha: Greek and English. London: Samuel Bagster & Sons, 1851 = Peabody, MA: Hendrickson 1986 u.ö.
BRIÈRE, Maurice (Hg./Üb.): Les Homiliae cathedrales de Sévère d'Antioche. Traduction syriaque de Jacques d'Édesse (Suite). Introduction générale à toutes les homélies. Homélies CXX à CXXV éditées et traduites en français. Paris: Firmin-Didot, 1960 (PO 29,1 [= no. 138]).
BRIGHTMAN, F. E.: Liturgies Eastern and Western. Being the Texts Original or Translated of the Principal Liturgies of the Church. Edited with Introduction and Appendices by F. E. B. on the Basis of the Former Work by C. E. HAMMOND. Vol. I. Eastern Liturgies. Oxford: Clarendon Press, 1896.
BRINKMANN, August(us) (Hg.): Alexandri Lycopolitani contra Manichaei opiniones disputatio. Ed. stereotypa editionis primae (MDCCCXCV). Stuttgart: B. G. Teubner, 1989 (BSGRT).
BRIOSO SANCHEZ, Maximo: Aspectos y problemas del himno cristiano primitivo. Investigación sobre las formas de los himnos en lengua griega. Salamanca: Consejo Superior de Investigaciones Cientificas, 1972 (TSPS 17).
BROCK, S[ebastian] P. (Hg.): Testamentum Iobi. In: PVTG II (1967) 1–59.
—: The Poetic Artistry of St Ephrem: An Analysis of H. Azym. III. In: ParOr 6–7 (1975) 21–28.
—: The Harp of the Spirit. Eighteen Poems of Saint Ephrem. Introduction and Translation. 2. Aufl. London 1983 (Studies Supplementary to Sobornost, No. 4).
—: Dialogue hymns of the Syriac Churches. In: Sobornost 5,2 (1983) 35–45.
—: Syriac and Greek Hymnography: Problems of Origin. In: StPatr XVI,2 = TU 129 (1985) 77–81.
BROCKELMANN, C[arl] / FINCK, Franz Nikolaus / LEIPOLDT, Johannes / LITTMANN, Enno: Geschichte der christlichen Litteraturen des Orients. Zweite Ausgabe mit Berichtigungen. Leipzig: C. F. Amelang, 1909 (LOE 7, 2. Abt.) = Leipzig: Zentralantiquariat der DDR, 1972 (Mit bibliographischem Nachtrag zur Reprint-Ausgabe von Peter NAGEL).
BRODDE, Otto: Hymnus. In: EKL.KTH II (1958) 224–227.
—: Kirchenlied. In: EKL.KTH II (1958) 750–760.
BROOKE, A. E.: The Fragments of Heracleon. Newly Edited from the Mss. with an Introduction and Notes. Cambridge: University Press, 1891 (TaS I,4).

BROOKS, E. W. (Hg./Üb.): The Hymns of Severus of Antioch and Others in the Syriac Version of Paul of Edessa as Revised by James of Edessa. Paris: Firmin-Didot, 1909 = Turnhout: Brepols, 1971 u.ö. (PO VI,1 [N° 26]; VII,5 [N° 35]; durchgehend paginiert).
— (Hg./Üb.): A Collection of Letters of Severus of Antioch from Numerous Syriac Manuscripts. Paris: Firmin-Didot, 1916 = Turnhout: Brepols, 1973 (PO XII,2).
BROWNE, Gerald M.: Michigan Coptic Texts. Barcelona: Papyrologica Castroctaviana, 1979 (PapyCast 7).
BROWNLEE, William H.: s. BURROWS, Millar.
BRUNNER, Christopher J.: Liturgical Chant and Hymnody Among the Manicheans of Central Asia. In: ZDMG 130 (1980) 342–368.
BRUNNER, Hellmut: Ägyptische Texte. In: BEYERLIN, Textbuch (1975) 29–93.
—: Verkündigung an Tiere. In: (Fragen an die ägyptische Literatur, Gedenkschrift E. OTTO [Wiesbaden 1977] 119–124 =) BRUNNER, Kl. Schriften (1988) 157–162.
—: Das hörende Herz. Kleine Schriften zur Religions- und Geistesgeschichte Ägyptens. Hg. v. Wolfgang RÖLLIG. Freiburg Schweiz: Universitätsverlag / Göttingen: Vandenhoeck & Ruprecht, 1988 (OBO 80).
BRYCE, T[revor] R.: Historical and Social Documents of the Hittite World. [Brisbane:] University of Queensland, o.J.
BRYDER, Peter (Hg.): Manichaean Studies. Proceedings of the First International Conference on Manichaeism, August 5–9, 1987, Department of History of Religions, Lund University, Sweden. Lund: Plus Ultra, 1988 (LSAAR 1).
BUCHHEIT, Vinzenz: *Resurrectio carnis* bei Prudentius. In: VigChr 40 (1986) 261–285.
BÜCHLI, Jörg: Der Poimandres. Ein paganisiertes Evangelium. Sprachliche und begriffliche Untersuchungen zum 1. Traktat des Corpus Hermeticum. Tübingen: J. C. B. Mohr (Paul Siebeck), 1987 (WUNT, 2. Reihe, 27).
BÜCHNER, Karl (Hg.): Titus Lucretius Carus. De rerum natura. Wiesbaden: F. Steiner, 1966.
—: Titus Lucretius Carus. De rerum natura. Welt aus Atomen. Lateinisch und deutsch. Übersetzt und mit einem Nachwort hg. Stuttgart: Ph. Reclam jun., 1973 (Universal-Bibliothek Nr. 4257–59/59a–e).
—: Die römische Lyrik. Texte, Übersetzungen, Interpretationen, Geschichte. Stuttgart: Ph. Reclam jun., 1976.
BUDGE, Ernest A. Wallis (Hg./Üb.): Coptic Apocrypha in the Dialect of Upper Egypt. (London 1913 =) New York: AMS Press, 1977.
—: The Book of the Saints of the Ethiopian Church. A translation of the Ethiopic Synaxarium ⲘⲀⲥⲘⲟ:ⲚⲦⲏⲚⲆ: made from the manuscripts Oriental 660 and 661 in the British Museum. Vols. I–IV. Cambridge: University Press, 1928 = Hildesheim/New York, 1976 (2 Bde.: I/II, III/IV).
BUECHELER, Ern(e)st(us) / RIESE, Alexander / LOMMATZSCH, Ern(e)st(us) (Hg.): Anthologia Latina sive poesis Latinae supplementum. Pars I,1–2. Carmina in codicibus scripta. Pars II,1–3. Carmina Latina epigraphica. Leipzig: B. G. Teubner, 1895 (II,1), 1897 (II,2), 1904 (I,1), 1906 (I,2), 1926 (II,3) (BSGRT) = Amsterdam: A. M. Hakkert, 1964.
BUECHELER, Franz: Paraphrase eines Gedichtes über den Raub der Persephone. In: BKT V,1 (1907) 7–18.
BULLARD, Roger Aubrey: The Hypostasis of the Archons. The Coptic Text with Translation and Commentary. With a Contribution by Martin KRAUSE. Berlin: W. de Gruyter, 1970 (PTS 10).
BULLOCH, A. W.: Callimachus. The Fifth Hymn. Cambridge: University Press, 1985 (CCTC 26).
BULST, Walther (Hg.): Hymni Latini antiquissimi LXXV. Psalmi III. Heidelberg: F. H. Kerle, 1956.
BULTMANN, Rudolf: Die Exegese des Theodor von Mopsuestia [1912] posthum hg. v. Helmut FELD und Karl Hermann SCHELKLE. Stuttgart u.a.: W. Kohlhammer, 1984.
BURCHARD, Christoph: Ein vorläufiger griechischer Text von Joseph und Aseneth. In: DBAT No. 14 (Oktober 1979) 2–53.
—: Joseph und Aseneth. In: JSHRZ II,4 (1983) 577–735.
—: Joseph and Aseneth (First Century B.C. – Second Century A.D.). A New Translation and Introduction. In: OTP II (1985) 177–247.

—: s. ADAM, Alfred.

BURGER, Christoph: Schöpfung und Versöhnung. Studien zum liturgischen Gut im Kolosser- und Epheserbrief. Neukirchen-Vluyn: Neukirchener Verlag, 1975 (WMANT 46).

BURKITT, F. Crawford: S. Ephraim's Quotations from the Gospels. Collected and Arranged. Cambridge: University Press, 1901 (TaS VII,2).

—: s. MITCHELL, C. W.

BURROWS, Millar (Hg.), with the assistance of John C. TREVER and William H. BROWNLEE: The Dead Sea Scrolls of St. Mark's Monastery. Vol. I. The Isaiah Manuscript and the Habakkuk Commentary. Vol. II. Fasc. 2. Plates and Transcription of the Manual of Discipline. New Haven: American Schools of Oriental Research, 1950 (I), 1951 (II,2).

BUSCHOR, Ernst / SEECK, Gustav Adolf: Euripides. Sämtliche Tragödien und Fragmente. Griechisch–deutsch. Übers. v. E. B. Hg. v. G. A. S. Bde. I–VI. München: E. Heimeran, 1972–1981 (TuscBü).

BUSSE, Ulrich: s. HAENCHEN, Ernst.

BYWATER, I[ngram] (Hg.): Aristotelis Ethica Nichomachea. Oxford: Clarendon Press, 1894 (SCBO).

—: Aristotelis de arte poetica liber. 2nd edition. Oxford: Clarendon Press, 1911 u.ö. (1949, SCBO).

CABROL, Fernand / LECLERCQ, Henri (Hg.): Reliquiae liturgicae vetustissimae. Paris 1900–1902 + 1913 (MELi I,1–2).

CAIRNS, Francis: Generic Composition in Greek and Roman Poetry. Edinburgh: University Press, 1972.

—: Tibullus: A Hellenistic Poet at Rome. Cambridge: University Press, 1979.

CAMERON, Ron / DEWEY, Arthur J. (Hg./Üb.): The Cologne Mani Codex (P. Colon. inv. nr. 4780) "Concerning the Origin of his Body". o.O.: Scholars Press, 1979 (SBLTT 15 = SBLECL 3).

CAMPBELL, Thomas L.: Dionysius the Pseudo-Areopagite. The Ecclesiastical Hierarchy. Translated and Annotated. Washington, DC: University Press of America, 1981.

CAMUS, Colette: s. MOUSSY, Claude.

CANTER, Howard Vernon: s. OLDFATHER, William Abbott.

CAPASSO, Mario: Trattato etico epicureo (PHerc. 346). Edizione, traduzione e commento. Università degli Studi di Napoli: Giannini, 1982 (Pubblicazioni papirologiche nel XIX Centenario dell'eruzione vesuviana dell'anno 79 a cura di Marcello GIGANTE).

CAPELLE, Wilhelm: Epiktet. Teles und Musonius. Wege zu glückseligem Leben. Übertragen und eingeleitet. Zürich: Artemis, 1948 (BAW.GR = Stoa und Stoiker, Bd. III).

—: Die Vorsokratiker. Die Fragmente und Quellenberichte. Übersetzt und eingeleitet. Stuttgart: A. Kröner, 1968 (KTA 119).

CARMIGNAC, Jean: s. GARCÍA MARTÍNEZ, Florentino / PUECH, Émile.

— / COTHENET, É. / LIGNÉE, H[ubert]: Les Textes de Qumran. Traduits et annotés. [Bd. II.] Règle de la Congrégation. Recueil des Bénédictions. Interprétations de Prophètes et de Psaumes. Document de Damas. Apocryphe de la Genèse. Fragments des Grottes 1 et 4. Paris: Letouzey et Ané, 1963.

— / GUILBERT, P.: Les Textes de Qumran. Traduits et annotés. [Bd. I.] La Règle de la Communauté. La Règle de la Guerre. Les Hymnes. Paris: Letouzey et Ané, 1961.

CARY, Earnest (Hg./Üb.): Dio's Roman History. Vols. I–IX. London: W. Heinemann / Cambridge, MA: Harvard University Press, 1914–1927 u.ö. (LCL 32, 37, 53, 66, 82–83, 175–177).

— (Hg./Üb.): The Roman Antiquities of Dionysius of Halicarnassus. Vol. I. Cambridge, MA: Harvard University Press / London: W. Heinemann, 1937 = 1968 (LCL 319).

CASEY, Robert Pierce (Hg.): Serapion of Thmuis. Against the Manichees. Cambridge: Harvard University Press / London: Humphrey Milford / Oxford University Press, 1931 (HThS 15; issued as an extra number of the HThR).

—: Titus v. Bostra. In: PRE VI A = 2. Reihe, 12. Halbband (1937) 1586–1591.

CASPARI, Walter: Untersuchungen zum Kirchengesang im Altertum. In: ZKG 26 (1905) 317–347, 425–446; 29 (1908) 123–153, 441–478.

CASSOLA, Filippo (Hg./Üb.): Inni omerici. II edizione. Milano: A. Mondadori, 1981 (Scrittori greci e latini [Fondazione Lorenzo Valla]).

Catalogus verborum quae in operibus Sancti Augustini inveniuntur. Vols. I–XI. Eindhoven: Thesaurus Linguae Augustinianae, 1976–1990 (wird fortgesetzt).

CAZEAUX, Jacques: s. HARRINGTON, Daniel J.

Centre d'Analyse et de Documentation Patristiques: Biblia Patristica. Index des citations et allusions bibliques dans la littérature patristique. Bde. I–IV + Supplément. I. Des origines à Clément d'Alexandrie et Tertullien. II. Le troisième siècle (Origène excepté). III. Origène. IV. Eusèbe de Césarée, Cyrille de Jérusalem, Épiphane de Salamine. Suppl. Philon d'Alexandrie. Paris: Éditions du CNRS, 1975 = 1986 (I), 1977 = 1986 (II), 1980 (III), 1982 (Suppl.), 1987 (IV).

CERULLI, Enrico: La letteratura etiopica. Terza edizione ampliata. L'oriente cristiano nell'unità delle sue tradizioni. Firenze: G. C. Sansoni / Milano: Edizioni Accademia, 1968.

CHADWICK, Henry: Priscillian of Avila. The Occult and the Charismatic in the Early Church. Oxford: Clarendon Press, 1976.

CHARLES, Robert Henry: The Greek Versions of the Testaments of the Twelve Patriarchs. Edited from nine MSS together with the Variants of the Armenian and Slavonic Versions and Some Hebrew Fragments. 3., unveränderte Aufl. Oxford: University Press / Darmstadt: Wissenschaftliche Buchgesellschaft, 1966 (Nachdruck der Ausgabe Oxford [Clarendon Press] 1908).

—: Book of Enoch. In: APOT II (1913) 163–281.

— : s. FORBES, Nevill.

CHARLESWORTH, James H.: A Prolegomenon to a New Study of the Jewish Background of the Hymns and Prayers in the New Testament. In: JJS 33 (1982) 265–285.

—: Prayer of Manasseh (Second Century B.C. – First Century A.D.). A New Translation and Introduction. In: OTP II (1985) 625–637.

— / SANDERS, J. A.: More Psalms of David (Third Century B.C. – First Century A.D.). A New Translation and Introduction. In: OTP II (1985) 609–624.

CHARLET, J.-L.: Richesse spirituelle d'une hymne d'Ambroise: *Aeterne rerum conditor*. In: MD 173 (1988) 61–69.

CHASE, Frederic Henry: The Lord's Prayer in the Early Church. Cambridge: University Press, 1891 (TaS I,3).

CHRIST, Wilhelm / PARANIKAS, Matthaios (Hg.): Anthologia Graeca carminum Christianorum. Leipzig: B. G. Teubner, 1871 = Hildesheim: G. Olms, 1963.

CHRIST, Wilhelm VON / SCHMID, Wilhelm / STÄHLIN, Otto: Geschichte der griechischen Literatur. 2. Teil. Die nachklassische Periode der griechischen Literatur. Bd. I. Von 320 v.Chr. bis 100 n.Chr. Bd. (= Hälfte) II. Von 100 bis 530 n.Chr. 6. Aufl. München: C. H. Beck, 1920 = 1974 (I); 1924 = 1961 (II) (HAW VII,2,1–2).

CHRISTENSEN, Duane L.: Two Stanzas of a Hymn in Deuteronomy 33. In: Bib. 65 (1984) 382–389.

CHRISTIE, J. D.: s. FORDYCE, Christian James.

CLARKE, Graeme (Hg.): Reading the Past in Late Antiquity. Ed. by G. C. with Brian CROKE, Alanna EMMETT NOBBS and Raoul MORTLEY. [Rushcutters Bay:] Australian National University Press, a division of Pergamon Press Australia, 1990.

CLAUDE, Paul (Hg./Üb.): Les Trois Stèles de Seth. Hymne gnostique à la Triade (NH VII,5). Québec: Presses de l'université Laval, 1983 (BCNH.T 8).

CLAVELLE, Richard Francis: Problems Contained in Pliny's Letter on the Christians: A Critical Analysis. Ph.D. Thesis. Urbana: University of Illinois, 1971 = Ann Arbor, MI: University Microfilms, 1977.

CLERCQ, Carolus DE (Hg.): Concilia Galliae A. 511 – A. 695. Turnhout: Brepols, 1963 (CChr.SL 148a).

CODY, Aelred: The Early History of the Octoechos in Syria. In: GARSOÏAN/MATHEWS/THOMSON, East (1982) 89–113.

COGGINS, R. J. / HOULDEN, J. L. (Hg.): A Dictionary of Biblical Interpretation. London: SCM Press / Philadelphia: Trinity Press International, 1990.

COHEN, Mark E.: Sumerian Hymnology: The Eršemma. Cincinnati: Hebrew Union College / KTAV, 1981 (HUCA.S 2).

COHN, Leopold / HEINEMANN, Isaak / ADLER, Maximilian / THEILER, Willy (Hg.), u.a.: Philo von Alexandria. Die Werke in deutscher Übersetzung. Bde. I–VII. 2. Aufl. Berlin: W. de Gruyter, 1962 (I–VI = Breslau: M. u. H. Marcus, 1909 [I], 1910 [II], 1919 [III], 1923 [IV], 1929 [V]; Breslau: Jüdischer Buchverlag Stefan Münz, 1938 [VI]), 1964 (VII: Mit einem Sachweiser zu Philo).

COHN, Leopold(us) / WENDLAND, Paul(us) (Hg.), u.a.: Philonis Alexandrini opera quae supersunt. Vols. I–VII. Berlin: W. de Gruyter (vormals u.a. G. Reimer), 1896 (I), 1897 (II), 1898 (III), 1902 (IV), 1906 (V), 1915 (VI), 1926 (VII,1), 1930 (VII,2) = 1962 (I–VI), 1963 (VII,1–2: Indices von LEISEGANG, Iohannes).

COLLESS, Brian E.: The Letter to the Hebrews and the Song of the Pearl. In: Abr-N. 25 (1987) 40–55.

COLPE, Carsten: Die religionsgeschichtliche Schule. Darstellung und Kritik ihres Bildes vom gnostischen Erlösermythus. Göttingen: Vandenhoeck & Ruprecht, 1961 (FRLANT 78 = NF 60).

—: Kurze Charakteristik der Mani-, Bardesanes- und Esra-Forschungen von 1927–1967. In: SCHAEDER, Studien (1968) 253–283.

—: Heidnische, jüdische und christliche Überlieferung in den Schriften aus Nag Hammadi [Folgen] I–X. In: JAC 15 (1972) 5–18 [I]; 16 (1973) 106–126 [II]; 17 (1974) 109–125 [III]; 18 (1975) 144–165 [IV]; 19 (1976) 120–138 [V]; 20 (1977) 149–170 [VI]; 21 (1978) 125–146 [VII]; 22 (1979) 98–122 [VIII]; 23 (1980) 108–127 [IX]; 25 (1982) 65–101 [X].

—: Gnosis II (Gnostizismus). In: RAC XI (1981) 537–659.

COLSON, F. H. / WHITAKER, G. H. / EARP, J. W. / MARCUS, Ralph (Hg./Üb.): Philo. Vols. I–X + Suppl. I–II. Cambridge, MA: Harvard University Press / London: W. Heinemann, 1929–1962 u.ö. (LCL 226, 227, 247, 261, 275, 289, 320, 341, 363, 379, 380, 401).

COMOTTI, Giovanni: s. GENTILI, Bruno.

CONNOLLY, A. L.: Variations on the Trishagion. In: NDIEC 4 (1987) 198.

CONNOLLY, R. Hugh: The So-Called Egyptian Church Order and Derived Documents. Cambridge: University Press, 1916 (TaS VIII,4).

CONYBEARE, Fred[erick] C.: Philo. About the Contemplative Life or the Fourth Book of the Treatise Concerning Virtues. Critically Edited with a Defence of Its Genuineness. With a Facsimile. Oxford: Clarendon Press, 1895.

—: Rituale Armenorum. Being the Administration of the Sacraments and the Breviary Rites of the Armenian Church. Together with the Greek Rites of Baptism and Epiphany. Edited from the Oldest Mss. (And:) The East Syrian Epiphany Rites. Translated by A. J. MACLEAN. Oxford: Clarendon Press, 1905.

—: Philostratus. The Life of Apollonius of Tyana. The Epistles of Apollonius and the Treatise of Eusebius. Vols. I–II. London: W. Heinemann / Cambridge, MA: Harvard University Press, 1912 u.ö. (1969; LCL 16–17).

CONZELMANN, Hans: Die Mutter der Weisheit. In: FS Bultmann (1964) 225–234 = CONZELMANN, Theologie (1974) 167–176.

—: Theologie als Schriftauslegung. Aufsätze zum Neuen Testament. München: Chr. Kaiser, 1974 (BEvTh 65).

CORRENS, Dietrich: Taanijot. Fastentage. Text, Übersetzung und Erklärung nebst einem textkritischen Anhang. Berlin/New York: W. de Gruyter, 1989 (Mischna II,9).

CORSINI, Eugenio: Michele PELLEGRINO e la poesia cristiana antica. In: RSLR 23 (1987) 377–384.

COTHENET, É.: s. CARMIGNAC, Jean.

COWLEY, Arthur E.: The Samaritan Liturgy. Vols. I–II. Oxford: Clarendon Press, 1909.

CRAMER, Maria: Monastische Liturgie in koptischen Klöstern. In: JLW 14 (1934) 230–242.

—: Zum Aufbau der koptischen Theotokie und des Difnars. Bemerkungen zur Hymnologie. In: NAGEL, Probleme (1968) 197–223.

—: Koptische Hymnologie in deutscher Übersetzung. Eine Auswahl aus saidischen und bohairischen Antiphonarien vom 9. Jahrhundert bis zur Gegenwart. Wiesbaden: O. Harrassowitz, 1969.

CRENSHAW, James L.: Hymnic Affirmation of Divine Justice: The Doxologies of Amos and Related Texts in the Old Testament. Missoula, MT: Scholars Press, 1975 (SBLDS 24).

CROKE, Brian: s. CLARKE, Graeme.

CROSBY, H. Lamar (Hg./Üb.): Dio Chrysostom. Vol. V. London: W. Heinemann / Cambridge, MA: Harvard University Press, 1951 (LCL 385).

CROSS, F. L.: s. BAUMSTARK, Anton.

CROWN, Alan David: A Bibliography of the Samaritans. Metuchen, NJ: Scarecrow Press, 1984 (ATLABS 10).

— (Hg.): The Samaritans. Tübingen: J. C. B. Mohr (Paul Siebeck), 1989.

CRUM, W[alter] E.: A Coptic Dictionary. Compiled with the Help of Many Scholars. Oxford: Clarendon Press, 1939 = 1972.

—: s. LEIPOLDT, Johannes.

CRÜSEMANN, Frank: Studien zur Formgeschichte von Hymnus und Danklied in Israel. Neukirchen-Vluyn: Neukirchener Verlag, 1969 (WMANT 32).

CUMONT, Franz: Die Mysterien des Mithra. Ein Beitrag zur Religionsgeschichte der römischen Kaiserzeit. Autorisierte deutsche Ausgabe von Georg GEHRICH. 4. Aufl. Unveränderter Nachdruck der von Kurt LATTE besorgten 3., vermehrten und durchgesehenen Auflage von 1923. Darmstadt: Wissenschaftliche Buchgesellschaft, 1963 (Mit Genehmigung des Verlages B. G. Teubner, Stuttgart, herausgegebene Sonderausgabe).

CUNNINGHAM, Ian C. (Hg.): Herodas. Mimiambi. Oxford: Clarendon Press, 1971.

CUNNINGHAM, Maurice P. (Hg.): Aurelii Prudentii Clementis carmina. Turnhout: Brepols, 1966 (CChr.SL 126).

DAHOOD, Mitchell: Psalms [Vols.] I–III. Garden City, NY: Doubleday, 1966 (I), 1968 (II), 1970 (III) (= 1979 [u.ö.]; AncB 16, 17, 17A).

DALFEN, Joachim (Hg.): Marci Aurelii Antonini ad se ipsum libri XII. Leipzig: B. G. Teubner, 1979 (BSGRT).

DALMAIS, Irénée–Henry: L'apport des églises syriennes à l'hymnographie chrétienne. In: OrSyr 2 (1957) 243–260.

—: Histoire et formes de l'hymnographie chrétienne. In: FOUCHER, Poésie (1963) 7–15.

—: L'hymnographie syrienne. In: MD 92 (1967) 63–72.

—: Die nichtbyzantinischen orientalischen Liturgien. In: HOK (1971) 386–414.

—: Tropaire, Kontakion, Canon. Les éléments constitutifs de l'hymnographie byzantine. In: H. BECKER/KACZYNSKI, Liturgie I (1983) 421–433.

— / VELAT, B.: Hymne. – II. Hymnographie chrétienne en Orient. In: Cath. V (1963) 1132–1136.

DANIEL, Hermann Adalbert: Thesaurus hymnologicus sive hymnorum canticorum sequentiarum circa annum M̄D usitatarum collectio amplissima. Vols. I–V. Halle/Leipzig 1841 (I), 1844 (II), 1846 (III), 1855 (IV), 1856 (V) = Hildesheim/New York: G. Olms, 1973 (in 2 Bänden: I [I–III], II [IV–V]).

DANIEL, R. W.: Christian Hymn: P.Vindob. G 40195 and P.Ryl.Copt. 33. In: ZPE 42 (1981) 71–77.

DATEMA, Cornelis: The Acrostic Homily of Ps. Gregory of Nyssa on the Annunciation. Sources and Structure. In: OrChrP 53 (1987) 41–58.

— / ALLEN, Pauline: A Homily on John the Baptist Attributed to Aetius, Presbyter of Constantinople. In: AnBoll 104 (1986) 383–402.

— /—: Leontius, Presbyter of Constantinople, the Author of Ps. Chrysostom, In psalmum 92 (CPG 4548)? In: VigChr 40 (1986) 169–182.

— / — (Hg.): Leontii presbyteri Constantinopolitani homiliae. Turnhout: Brepols / Leuven: University Press, 1987 (CChr.SG 17).

DAUR, Klaus-D. (Hg.): Sancti Aurelii Augustini Contra aduersarium legis et prophetarum. In: CChr.SL 49 = Aur. Aug. opera XV,3 (1985) 1–131.

DAVRIL, Anselme: Die Psalmodie bei den Wüstenvätern. In: EuA 63 (1987) 454–461.

DEBIDOUR, Victor-Henry: s. MUSURILLO, Herbert.

DEICHGRÄBER, Reinhard: Gotteshymnus und Christushymnus in der frühen Christenheit. Untersuchungen zu Form, Sprache und Stil der frühchristlichen Hymnen. Göttingen: Vandenhoeck & Ruprecht, 1967 (StUNT 5).

—: s. KUHN, Karl Georg.

DEISS, Lucien: Hymnes et prières des premiers siècles. Textes choisis et traduits. Paris: Fleurus, 1963 (Vivante tradition 2).

DEISSMANN [= Deißmann], Adolf: Das vierte Makkabäerbuch. In: APAT II (1900) 149–177.

DEKKERS, Eligius: Clavis patrum Latinorum. Editio altera, aucta et emendata (CPL = SE III [1961]).

DE LACY, Phillip H.: s. EINARSON, Benedict.

DELCOR, M.: Les Hymnes de Qumran (Hodayot). Texte hébreu, introduction, traduction, commentaire. Paris: Letouzey et Ané, 1962.

— (Hg.): Qumrân. Sa piété, sa théologie et son milieu. Paris–Gembloux: Duculot / Leuven: University Press, 1978 (BEThL 46).

DEL GRANDE, Carlo (Hg.): Liturgiae preces hymni Christianorum e papyris collecti. Iterum ed. Carolus DEL GRANDE. Nàpoli: Loffredo, 1934 (Biblioteca filologica Loffredo 3).

DELLING, Gerhard (Hg.): Antike Wundertexte. 2., völlig neu gestaltete Aufl. des vorher von Paul FIEBIG bearbeiteten Heftes. Berlin: W. de Gruyter, 1960 (KlT 79).

—: ὕμνος, ὑμνέω, ψάλλω, ψαλμός. In: ThWNT VIII (1969) 492–506.

—: Das ἀγαθόν der Hebräer bei den griechischen christlichen Schriftstellern. In: IRMSCHER/ TREU, Korpus = TU 120 (1977) 151–172.

DEMEULENAERE, R. (Hg.): Verecundi Iuncensis commentarii super cantica ecclesiastica, carmen de satisfactione paenitentiae. Turnhout: Brepols, 1976 (CChr.SL 93).

DEMPE, R.: Die syrischen Hymnen von Ephrem. Diss. Jena 1958.

DENIS, Albert-Marie (Hg.): Fragmenta pseudepigraphorum Graeca. In: PVTG III (1970) 45–246.

— (/ JANSSENS, Yvonne): Concordance latine du Liber Jubilaeorum sive Parva Genesis. Louvain: CETEDOC [= Centre de Traitement Electronique des Documents], 1973.

—: Concordance grecque des pseudépigraphes d'Ancien Testament. Concordance, Corpus des textes, Indices par A.-M. D. avec la collaboration d'Yvonne JANSSENS et le concours du CETEDOC. Louvain-la-Neuve: Université Catholique de Louvain, Institut Orientaliste, 1987.

—: s. KUHN, Karl Georg.

DES PLACES: s. PLACES, Édouard DES.

DEUBNER, Ludwig: Die Römer. In: LRG II (1925) 418–505.

DEWEY, Arthur J.: The Hymn in the Acts of John: Dance as Hermeneutic. In: Semeia 38 (1986) 67–80.

—: s. CAMERON, Ron.

DIBELIUS, Martin: Die Formgeschichte des Evangeliums. 5. Aufl. 2. photomechanischer Nachdruck der dritten, durchgesehenen Aufl. mit einem Nachtrag von Gerhard IBER hg. v. Günther BORNKAMM. Tübingen: J. C. B. Mohr (Paul Siebeck), 1966.

DI BERARDINO, Angelo (Hg.), with an introduction by Johannes QUASTEN: Patrology. Vol. IV. The Golden Age of Latin Patristic Literature. From the Council of Nicea to the Council of Chalcedon. Translated into English by Placid SOLARI. Westminster, MD: Christian Classics, 1986.

—: s. DECA und DPAC (im AbkVerz.).

DIEHL, Ern(e)st(us) (Hg.): Procli Diadochi in Platonis Timaeum commentaria. Vols. I–III. Leipzig: B. G. Teubner, 1903 (I), 1904 (II), 1906 (III).

— (Hg.): Anthologia lyrica Graeca. Fasc. 1–3. 3. Aufl. Leipzig: B. G. Teubner, 1949 (I), 1950 (II), 1952 (III).

DIELS, Hermann(us) (Hg.): Doxographi Graeci. 4. Aufl. Berlin: W. de Gruyter, 1965.

— / KRANZ, Walther: Die Fragmente der Vorsokratiker. Bde. I–III. 6. Aufl. Dublin/Zürich: Weidmann, 1951/52 u.ö.

DIETHART, Johannes M. / NIEDERWIMMER, Kurt: Ein Psalm und ein christlicher Hymnus auf Papyrus. Mit zwei Tafeln. In: JÖB 36 (1986) 61–66 + 67–68 [Tafeln].

DIETRICH, Albert (Hg.): Synkretismus im syrisch-persischen Kulturgebiet. Bericht über ein Symposion in Reinhausen bei Göttingen in der Zeit vom 4. bis 8. Oktober 1971. Göttingen: Vandenhoeck & Ruprecht, 1975 (AAWG.PH, 3. Folge, Nr. 96).

DIETRICH, Ernst Ludwig: Die hebräische Literatur der nachbiblischen Zeit. In: HO, 1. Abt., III,1 (1953) 70–132.

DIETZFELBINGER, Christian: Pseudo-Philo: Antiquitates Biblicae (Liber Antiquitatum Biblicarum). In: JSHRZ II,2 (1975) 89–271.

DIHLE, Albrecht: Die Anfänge der griechischen akzentuierenden Verskunst. In: Hermes 82 (1954) 181–199.

—: Griechische Literaturgeschichte. Stuttgart: A. Kröner, 1967 (KTA 199).

—: Die griechische und lateinische Literatur der Kaiserzeit. Von Augustus bis Justinian. München: C. H. Beck, 1989.

DI LELLA, Alexander A. / SKEHAN, Patrick W.: The Wisdom of Ben Sira. Garden City, NY: Doubleday, 1987 (AncB 39).

DILLMANN, August[us]: Chrestomathia Aethiopica edita et glossario explanata. Addenda et corrigenda adiecit Enno LITTMANN. Darmstadt: Wissenschaftliche Buchgesellschaft, 1974 (= Leipzig 1866 + Berlin: Akademie-Verlag, 2. Aufl. 1950).

—: s. RÖNSCH, Hermann.

DILTS, Mervin R. (Hg.): Claudii Aeliani varia historia. Leipzig: B. G. Teubner, 1974.

DINDORF, Ludwig (Hg.): Dionis Chrysostomi orationes. Vol. II. Leipzig: B. G. Teubner, 1857.

DINDORF, Wilhelm (Hg.): Aristides. Vols. I–III. Hildesheim: G. Olms, 1964 (Nachdruck der Ausgabe Leipzig 1829).

DIRKSE, Peter A. / BRASHLER, James (Hg./Üb.): The Prayer of Thanksgiving. In: PARROTT, NHS 11 (1979) 375–387.

— / — / PARROTT, Douglas M. (Hg./Üb.): The Discourse on the Eighth and Ninth. In: PARROTT, NHS 11 (1979) 341–373.

DITTENBERGER, Wilhelm: s. SIG (im AbkVerz.).

— / PURGOLD, Karl: Die Inschriften von Olympia. Bearbeitet von W. D. und K. P. Berlin: A. Asher, 1896 (Olympia ... Textband V. Die Inschriften) = Amsterdam: A. M. Hakkert, 1966.

DODD, C[harles] H[arold]: The Interpretation of the Fourth Gospel. Cambridge: University Press, 1953 = 1968.

DÖHLE, Bernhard: s. HELM, Rudolf.

DOLD, Alban: Ein Hymnus Abecedarius auf Christus aus Codex Einsiedlensis 27 (1125). Mitgeteilt von A. D. Mit einem Wort der Einführung von Benedikt REETZ. Mit verkleinerten Abbildungen der Originaltexte. Anhang: Drei merkwürdige Florilegien-Einträge aus dem späteren Mittelalter im Beuroner Fragment 102. Beuron,Hohenzollern: Beuroner Kunstverlag, 1959 (TAB [1. Abt.] 51).

DONFRIED, Karl Paul: The Setting of Second Clement in Early Christianity. Leiden: E. J. Brill, 1974 (NT.S 38).

DORSCH, T. S.: Classical Literary Criticism. Aristotle: On the Art of Poetry; Horace: On the Art of Poetry; Longinus: On the Sublime. Translated with an Introduction. Penguin Books, 1965 u.ö.

DRAGUET, René: Index copte et grec–copte de la Concordance du Nouveau Testament sahidique (CSCO 124, 173, 183, 185). Louvain: Secrétariat du CorpusSCO, 1960 (CSCO 196 = CSCO.Sub 16).

—: s. HESPEL, Robert.

DREVES, Guido Maria: Hymns (Latin Christian). In: ERE VII (1914) 16–25.

—: s. AHMA (im AbkVerz.).

— / BLUME, Clemens: Ein Jahrtausend Lateinischer Hymnendichtung. Eine Blütenlese aus den Analecta Hymnica mit literaturhistorischen Erläuterungen. 1. Teil. Hymnen bekannter Verfasser. 2. Teil. Hymnen unbekannter Verfasser. Leipzig: O. R. Reisland, 1909 (I–II).

DRIJVERS, H[an] J. W.: Bardaiṣan of Edessa. Assen: van Gorcum / H. J. Prakke & H. M. G. Prakke, 1966 (SSN 6).

—: Bardaiṣan von Edessa als Repräsentant des syrischen Synkretismus im 2. Jahrhundert n.Chr. In: A. DIETRICH, Synkretismus (1975) 109–122.

DROST-ABGARJAN, Armenuhi: Die Nomenklatur der hymnographischen Gattungen in der armenischen und byzantinischen Literatur. Unveröffentlichter Vortrag auf der 4. Konferenz der Association Internationale des Etudes Arméniennes, 12.–15. Oktober 1988, Freiburg in der Schweiz.

DROWER, E[thel] S.: The Canonical Prayerbook of the Mandaeans. Translated with Notes. Leiden: E. J. Brill, 1959.

— / MACUCH, Rudolph: A Mandaic Dictionary. Oxford: Clarendon Press, 1963.

DU CANGE, [Charles DU FRESNE]: Glossarium mediae et infimae latinitatis. Bde. I–X. Unveränderter Nachdruck der Ausgabe von 1883–1887. Graz: Akademische Druck– und Verlagsanstalt, 1954.

DUCHESNE-GUILLEMIN, Jacques: Religion of Ancient Iran. English Translation of: La religion de l'Iran ancien (Paris: Presses Universitaires de France, 1962). Bombay: Tata Press, 1973.

DUMMER, Jürgen: s. HOLL, Karl.

DUMORTIER, Jean (Hg./Üb.): Jean Chrysostome. Homélies sur Ozias (In illud, Vidi Dominum). Introduction, texte critique, traduction et notes. Paris: Éditions du Cerf, 1981 (SC 277).

DUNN, James D. G.: Unity and Diversity in the New Testament. An Inquiry into the Character of Earliest Christianity. London: SCM Press, 1977.

DUNSTAN, Alan: Hymnody. In: COGGINS/HOULDEN, Dictionary (1990) 303–306.

DUPONT-SOMMER, A[ndré]: Le Livre des Hymnes découvert près de la mer Morte (1QH). Traduction intégrale avec introduction et notes. Paris: Adrien-Maisonneuve, 1957 (Sem. 7).

—: Die essenischen Schriften vom Toten Meer. Unter Zugrundelegung der Originaltexte übersetzt von Walter W. MÜLLER. Tübingen: J. C. B. Mohr (Paul Siebeck), 1960.

DÜRING, Ingemar: Aristoteles. Stuttgart: A. Druckenmüller, 1968 (= PRE Suppl.-Bd. XI 159–336 [Sonderausgabe]).

DURRY, Marcel (Hg./Üb.): Pline le Jeune. Tome IV. Lettres livre X. Panégyrique de Trajan. Paris: Société d'édition «Les Belles Lettres», [1947] 1964 u.ö.

DURST, Michael: Besprechung von FIGURA, Kirchenverständnis. In: JAC 29 (1986) 200–209.

DYER, Joseph: Augustine and the «Hymni ante oblationem». The Earliest Offertory Chants? In: REAug 27 (1981) 85–99.

EAGAN, M. Clement: The Poems of Prudentius. Translated. Washington, DC: Catholic University of America Press, 1962 (FaCh 43 [Bd. I]).

EARP, J. W.: s. COLSON, F. H.

EBELING, H. (Hg.): Lexicon Homericum. Vols. I–II. Leipzig: B. G. Teubner, 1885 = Hildesheim: G. Olms, 1963.

EBIED, R. Y.: s. WALTER, D. M.

ECKMAIR, Ch.: s. FUCHS, Albert.

EDELMANN, Rafael: Bestimmung, Heimat und Alter der synagogalen Poesie. In: OrChr 29 = 3. Ser., 7 (1932) 16–31.

EDZARD, Dietz O. (Hg.): Hymnen, Beschwörungen und Verwandtes (aus dem Archiv L. 2769). Roma: Missione Archeologica Italiana in Siria, 1984 (Archivi reali di Ebla. Testi 5).

EIGLER, Gunther (Hg.): Platon. Werke in 8 Bänden. Griechisch und deutsch. Darmstadt: Wissenschaftliche Buchgesellschaft, 1971–1983.

EINARSON, Benedict / DE LACY , Phillip H. (Hg./Üb.): Plutarch's Moralia. Vol. XIV. London: W. Heinemann / Cambridge, MA: Harvard University Press, 1967 (LCL 428).

EISENHUT, Werner (Hg.): Catulli Veronensis liber. Leipzig: B. G. Teubner, 1983 (BSGRT).

EISS, Werner: s. KUHN, Karl Georg.

EISSFELDT [= Eißfeldt], Otto: Einleitung in das Alte Testament unter Einschluß der Apokryphen und Pseudepigraphen sowie der apokryphen- und pseudepigraphenartigen Qumrān-Schriften. Entstehungsgeschichte des Alten Testaments. 3. Aufl. Tübingen: J. C. B. Mohr (Paul Siebeck), 1964 = 4. Aufl. 1976.

ELBOGEN, Ismar: Der jüdische Gottesdienst in seiner geschichtlichen Entwicklung. 3. verbesserte Aufl. Frankfurt am M.: J. Kauffmann, 1931 = Hildesheim: G. Olms, 1962 u.ö.

ELLENDT, Fridericus / GENTHE, Hermannus: Lexicon Sophocleum. Berlin: Gebr. Borntraeger, 1872 = Hildesheim: G. Olms, 1958.

ELLIGER, Karl: Deuterojesaja. 1. Teilband: Jesaja 40,1 – 45,7. Neukirchen-Vluyn: Neukirchener Verlag, 1978 (BKAT XI/1).

ELLIGER, Winfried (Üb.): Dion Chrysostomos. Sämtliche Reden. Zürich/Stuttgart: Artemis, 1967 (BAW.GR).

ELLIS, Robinson: A Commentary on Catullus. 2. Aufl. Oxford: Clarendon Press, 1889.

EMMETT [NOBBS], A[lanna] M.: A forth-century hymn to the Virgin Mary? In: NDIEC 2 (1982) 141–146.

—: s. CLARKE, Graeme.

ENGBERDING, Hieronymus: Urgestalt, Eigenart und Entwickelung eines altantiochenischen eucharistischen Hochgebets. In: OrChr 29 = 3. Ser., 7 (1932) 32–48.

—: Die syrische Anaphora der zwölf Apostel und ihre Paralleltexte. Einander gegenübergestellt und mit neuen Untersuchungen zur Urgeschichte der Chrysostomosliturgie begleitet. In: OrChr 34 = 3. Ser., 12 (1937) 213–247.

—: Alleluja. In: RAC I (1950) 293–299.

—: Zum anaphorischen Fürbittgebet der ostsyrischen Liturgie der Apostel Addaj und Mar(j). In: OrChr 41 = 4. Ser., 5 (1957) 102–124.

—: Die Gebete zum Trisagion während der Vormesse der ostchristlichen Liturgien. In: OstKSt 15 (1966) 130–142.

ENGELBRECHT, Augustus (Hg.): Claudiani Mamerti opera. Wien: Gerold, 1885 (CSEL 11).

ERBSE, Hartmut (Hg.): Scholia Graeca in Homeri Iliadem (Scholia vetera). Vols. I–VII. Berlin: W. de Gruyter, 1969 (I), 1971 (II), 1974 (III), 1975 (IV), 1977 (V), 1983 (VI), 1988 (VII).

ERLER, Michael: Interpretieren als Gottesdienst. Proklos' Hymnen vor dem Hintergrund seines Kratylos-Kommentars. In: Proclus et son influence. Actes du Colloque de Neuchâtel Juin 1985 (Zürich: Éditions du Grand Midi, 1987) 179–217.

ERMAN, Adolf: Life in Ancient Egypt. Translated by H. M. TIRARD. With a New Introduction by Jon Manchip WHITE. [London: Macmillan and Company, 1894 =] New York: Dover Publications, 1971.

ESBROECK, Michel VAN: Les formes géorgiennes des Acta Iohannis. In: AnBoll 93 (1975) 5–19.

—: Le manuscrit sinaïtique géorgien 34 et les publications récentes de liturgie palestinienne. In: OrChrP 46 (1980) 125–141.

—: Gli Apocrifi georgiani. In: Aug. 23 (1983) 145–159.

ESKEW, Harry: Hymnologie. In: EKL.ITE II (1989) 586–587.

EURINGER, Sebastian: Der mutmaßliche Verfasser der koptischen Theotokien und des äthiopischen Weddâsê Mârjâm. In: OrChr NS 1 (1911) 215–226.

EVANS, Ernest: Tertullian. Adversus Marcionem. Edited and Translated. Oxford: Clarendon Press, 1972 (OECT [2 Bde., durchgehend paginiert]).

FALKENSTEIN, Adam: Die altorientalische Literatur (Sumerisch, Akkadisch, Hurritisch, Hethitisch, Ugaritisch). In: KLL I = dtv-KLL 1 (dtv 3141) 8–22.

—: Gebet I. Das Gebet in der sumerischen Überlieferung. In: RLA III (1957–1971) 156–160.

— / SODEN, Wolfram VON: Sumerische und akkadische Hymnen und Gebete. Zürich/Stuttgart: Artemis, 1953 (BAW.AO).

FÄRBER, Hans / SCHÖNE, Wilhelm (Hg./Üb.): Horaz. Sämtliche Werke. Lateinisch und deutsch. München: E. Heimeran, 1967 = 1970 (TuscBü).

FARRIS, Stephen: The Hymns of Luke's Infancy Narratives. Their Origin, Meaning and Significance. Sheffield: JSOT Press, 1985 (JSNT.S 9).

FAUTH, Wolfgang: Divus Epicurus: Zur Problemgeschichte philosophischer Religiosität bei Lukrez. In: TEMPORINI (Hg.), ANRW I 4 (Text) (1973) 205–225.

— Der Morgenhymnus *Aeterne rerum conditor* des Ambrosius und Prudentius cath. 1 (*Ad galli cantum*). Eine synkritische Betrachtung mit dem Blick auf vergleichbare Passagen der frühchristlichen Hymnodie. In: JAC 27/28 (1984/85) 97–115.

—: Pythagoras, Jesus von Nazareth und der Helios-Apollon des Julianus Apostata. Zu einigen Eigentümlichkeiten der spätantiken Pythagoras-Aretalogie im Vergleich mit der thaumasiologischen Tradition der Evangelien. In: ZNW 78 (1987) 26–48.

—: Himmelskönigin. In: RAC XV, Lieferung 114 (1989) 220–233.

FELD, Helmut: s. BULTMANN, Rudolf.

FELDMAN, Louis H.: Josephus and Modern Scholarship (1937–1980). Berlin/New York: W. de Gruyter, 1984.

—: s. THACKERAY, H. St. J.

FELLERER, Karl Gustav (Hg.): Geschichte der katholischen Kirchenmusik. Bd. I. Von den Anfängen bis zum Tridentinum. Kassel u.a.: Bärenreiter-Verlag, 1972.

FERGUSON, E.: The Active and Contemplative Lives: The Patristic Interpretation of Some Musical Terms. In: StPatr XVI,2 = TU 129 (1985) 15–23.

—: Athanasius' 'Epistola ad Marcellinum in interpretationem Psalmorum'. In: StPatr XVI,2 = TU 129 (1985) 295–308.

FESTUGIERE, A.-F.: s. NOCK, A. D.

FIEBIG, Paul: Rosch ha-schana (Neujahr). Text, Übersetzung und Erklärung. Nebst einem textkritischen Anhang. Gießen: A. Töpelmann (vormals J. Ricker), 1914 (Mischna II,8).

FIEDLER, Peter: Zur Herkunft des gottesdienstlichen Gebrauchs von Psalmen aus dem Frühjudentum. In: ALW 30 (1988) 229–237.

FIGURA, Michael: Das Kirchenverständnis des Hilarius von Poitiers. Freiburg [im Br.]/Basel/Wien: Herder, 1984 (FThSt 127).

FINCK, Franz Nikolaus: s. BROCKELMANN, Carl.

FIORENZA, Elisabeth SCHÜSSLER = SCHÜSSLER FIORENZA, Elisabeth.

FISCHER, Bonifatius u.a. (Hg.): Biblia Sacra iuxta Vulgatam versionem. Tom. I–II. 3. Aufl. Stuttgart: Deutsche Bibelgesellschaft, 1983 = 1985 (BSV).

FISCHER, Carl: s. KYTZLER, Bernhard.

FISCHER, Joseph A.: Die Apostolischen Väter. Griechisch und deutsch. [Darmstadt: Wissenschaftliche Buchgesellschaft] / München: Kösel-Verlag, 1956 u.ö. (SUC 1).

FISHER, Loren R. (Hg.): Ras Shamra Parallels. The Texts from Ugarit and the Hebrew Bible. Vols. I–II. Roma: Pontificium Institutum Biblicum, 1972 (I), 1975 (II). (AnOr 49, 50). – Vgl. auch RUMMEL, Stan.

FITZMYER, Joseph A.: The Dead Sea Scrolls. Major Publications and Tools for Study. With an Addendum (January 1977). Missoula, MT: Scholars Press, 1977 (SBibSt 8).

— / HARRINGTON, Daniel J.: A Manual of Palestinian Aramaic Texts (Second Century B.C. – Second Century A.D.). Rome: Biblical Institute Press, 1978 (BibOr 34).

FLEISCHHAUER, Günter: Rome. I. Ancient. In: NGDMM XVI (1980 = 1981) 146–153.

FLÜGEL, Gustav: Mani, seine Lehre und seine Schriften. Ein Beitrag zur Geschichte des Manichäismus. Aus dem Fihrist des Abû'lfaradsch Muḥammad ben Isḥaḳ al-Warrâḳ, bekannt unter dem Namen Ibn Abî Jaʿkûb an-Nadîm, im Text nebst Uebersetzung, Commentar und Index zum ersten Mal hg. v. G. F. Neudruck der Ausgabe 1862. Osnabrück: Biblio Verlag, 1969.

FLUSSER, David: Sanctus und Gloria. In: FS MICHEL (1963) 129–152.

—: Psalms, Hymns and Prayers. In: STONE, Writings (1984) 551–577.

FOERSTER, Werner: Von Valentin zu Herakleon. Untersuchungen über die Quellen und die Entwicklung der valentinianischen Gnosis. Gießen: A. Töpelmann, 1928 (BZNW 7).

— (Hg.): Die Gnosis. Bd. I. Zeugnisse der Kirchenväter. Unter Mitwirkung von Ernst HAENCHEN und Martin KRAUSE eingeleitet, übersetzt und erläutert. Bd. II. Koptische und mandäische Quellen. Eingeleitet, übersetzt und erläutert von Martin KRAUSE und Kurt RUDOLPH. Mit Registern zu Band I und II versehen und hg. v. W. F. Zürich/Stuttgart: Artemis, 1969 (I), 1971 (II) (BAW.AC). – Vgl. BÖHLIG, Gnosis III.

FOHRER, Georg: Einleitung in das Alte Testament. Begründet von Ernst SELLIN, völlig neu bearbeitet. 10. Aufl. Heidelberg: Quelle & Meyer, 1965.

FOLLIERI, Henrica: Initia hymnorum ecclesiae Graecae. Vol. I. A–Z. Vol. II. H–Ξ. Vol. III. O–Σ. Vol. IV. T–Υ. Vol. V,1. Φ–Ω. Hymnographi. Tabulae. Vol. V,2. Index hagiographico–liturgicus. Città del Vaticano: Biblioteca Apostolica Vaticana, 1960 (I), 1961 (II), 1962 (III), 1963 (IV), 1966 (V,1–2) (StT 211–215 bis).

FONTAINE, Jacques: Les symbolismes de la cithare dans la poésie de Paulin de Nole. In: FS Waszink (1973) 123–143.

—: Études sur la poésie latine tardive d'Ausone à Prudence. Recueil de travaux. Paris: Société d'édition «Les Belles Lettres», 1980 [Gesammelte Aufsätze].

—: Naissance de la poésie dans l'Occident chrétien. Esquisse d'une histoire de la poésie latine chrétienne du IIIe au VIe siècle. Paris: Études Augustiniennes, 1981.

—: Hymne–Hymnologie. In: DECA I (1990) 1200–1201.

FORBES, Nevill / CHARLES, R. H.: The Book of the Secrets of Enoch. In: APOT II (1913) 425–469.

FORDYCE, Christian James: Catullus. Oxford: Clarendon Press, 1961 = 1965.

— (Hg.): P. Vergili Maronis Aeneidos libri VII–VIII, ed. by J. D. CHRISTIE. Oxford: Clarendon Press, 1977 (SCBO).

FOUCHER, Jean-Pierre: Poésie liturgique: Orient, Occident. Tours: Mame, 1963.

FRAENKEL, Eduard: Horace. Oxford: Clarendon Press, 1957 = 1966.
FRAIPONT, J. (Hg.): Bedae Venerabilis Liber hymnorum, rhythmi, variae preces. In: Bedae Venerabilis opera. Pars III. Opera homiletica. Pars IV. Opera rhythmica (Turnhout: Brepols, 1955 [CChr.SL 122]) 405–470.
FRANCESCHINI, Aet. / WEBER, R. (Hg.): Itinerarium Egeriae. In: Itineraria et alia geographica (Turnhout: Brepols, 1965 [CChr.SL 175]) 27–90 (+ 91–103 [Appendix]).
FRÄNKEL, Hermann (Hg.): Apollonius Rhodius. Argonautica. Oxford: Clarendon Press, 1961 (SCBO).
FRANKENSTEIN, Gottfried Preczov: Vergil. Eklogen. Mit lateinischem Originaltext. Deutsche Übertragung und Vorrede von G. P. F. KLOSTERBERG. Basel: B. Schwabe & Co, 1950.
FRANZMANN, Majella: Living Water: Mediating Element in Mandaean Myth and Ritual. In: Numen 36 (1989) 156–172.
—: An Analysis of the Poetical Structure and Form of the Odes of Solomon. PhD Thesis. St. Lucia (Brisbane): University of Queensland, 1990.
—: s. LATTKE, Michael.
FREEDMAN, David Noel: s. ANDERSEN, Francis I.
FRICKEL, Josef: Hellenistische Erlösung in christlicher Deutung. Die gnostische Naassenerschrift. Quellenkritische Studien – Strukturanalyse – Schichtenscheidung – Rekonstruktion der Anthropos-Lehrschrift. Leiden: E. J. Brill, 1984 (NHS 19).
FRISK, Hjalmar: Griechisches etymologisches Wörterbuch. Bde. I–III. Heidelberg: C. Winter, [1954–]1960 (I), 1970 (II), 1972 (III).
FRÜCHTEL, Ludwig: s. STÄHLIN, Otto.
FUCHS, Albert: Konkordanz zum Protevangelium des Jakobus. Unter Mitarbeit von Ch. ECKMAIR. [Linz, Austria] 1978 (SNTU Serie B, Bd. 3).
FUHRMANN, Manfred: Einführung in die antike Dichtungstheorie. Darmstadt: Wissenschaftliche Buchgesellschaft, 1973.
FUNK, Franciscus Xaverius (Hg./Üb.): Doctrina duodecim apostolorum. Canones apostolorum ecclesiastici ac reliquae Doctrinae de duabus viis expositiones veteres. Tübingen: H. Laupp, 1887.
— (Hg.): Didascalia et Constitutiones apostolorum. Vols. I–II. Vol. II. Testimonia et scripturae propinquae. Paderborn: F. Schoeningh, 1905.
FUNK, Wolf-Peter: Die zweite Apokalypse des Jakobus aus Nag-Hammadi-Codex V. Neu hg., übersetzt und erklärt. Berlin: Akademie-Verlag, 1976 (TU 119).
FURLANI, Giuseppe / OTTEN, Heinrich: Gebet und Hymne in Ḫatti. In: RLA III (1957–1971) 170–175.

GABAIN, Annemarie VON: s. BANG, Willi.
GAISFORD, Thomas (Hg.): Ιωαννου Στοβαιου Εκλογων βιβλια β. – Ioannis Stobæi Eclogarum physicarum et ethicarum libri duo. Accedit Hieroclis commentarius in aurea carmina Pythagoreorum. Vols. I–II. Oxford: Typograph. Academicum, 1850.
GAMBER, Klaus: Ein ägyptisches Kommunionlied des 5./6. Jahrhunderts und der Gesang des Hallel in der Urkirche. In: OstKSt 8 (1959) 221–229.
—: Niceta von Remesiana. Instructio ad competentes. Frühchristliche Katechesen aus Dacien. Regensburg: F. Pustet, 1964 (TPL 1).
—: Weitere Sermonen ad competentes. Teile I–II. Regensburg: F. Pustet, 1965/66 (TPL 2+5).
—: Niceta von Remesiana. De lapsu Susannae. Mit einer Wortkonkordanz zu den Schriften des Niceta von Sieghild REHLE. Regensburg: F. Pustet, 1969 (TPL 7).
—: Das koptische Ostrakon London, B.M. Nr. 32799 + 33050 und seine liturgiegeschichtliche Bedeutung. In: OstKSt 21 (1972) 298–308.
—: Teile einer Anaphora auf einem ägyptischen Papyrus-Amulett des 5. Jahrhunderts. In: OstKSt 34 (1985) 178–182 [zum griech. Berliner Papyrus 13918].
—: Teilstück einer Anaphora auf einem Pergamentblatt des 5./6. Jahrhunderts aus Ägypten. In: OstKSt 36 (1987) 186–192 [zum griech. Berliner Papyrus 17032].
GANDILLAC, Maurice DE: s. ROQUES, René.
GARCÍA MARTÍNEZ, Florentino / PUECH, Émile (Hg.): Mémorial Jean CARMIGNAC. Études Qumrâniennes. Paris: Gabalda, 1988 (RdQ XIII,1–4 = numéros 49–52).

GARDNER, Anne E.: The Song of Praise in Judith 16: 2–17 (LXX 16: 1–17). In: HeyJ 29 (1988) 413–422.

GARITTE, Gérard: Une édition critique du Psautier géorgien. In: BeKa 36/37 (1961) 12–20.

GARROD, Heathcote W. (Hg.): The Oxford Book of Latin Verse. From the Earliest Fragments to the End of the 5th Century A.D. Oxford: Clarendon Press, 1912 = 1947.

GARSOÏAN, Nina G. / MATHEWS, Thomas F. / THOMSON, Robert W. (Hg.): East of Byzantium: Syria and Armenia in the Formative Period. Dumbarton Oaks, Washington, D C: Center for Byzantine Studies, Trustees for Harvard University, 1982.

GEBAUER, George John / LÖFSTEDT, Bengt (Hg.): Bonifatii (Vynfreth) Ars grammatica. Accedit Ars metrica. Turnhout: Brepols, 1980 (CChr.SL 133 B).

GEBHARDT, Oscar DE [VON] / HARNACK, Adolf(us) / ZAHN, Theodor(us) (Hg.): Patrum Apostolicorum opera. Textum ad fidem codicum et Graecorum et Latinorum adhibitis praestantissimis editionibus. Leipzig: J. C. Hinrichs, 1906.

GEER, Russel M.: s. OLDFATHER, Charles H.

GEERARD, Mauritius (Hg.): Clavis Patrum Graecorum. Vols. I–V. I. Patres Antenicaeni. II. Ab Athanasio ad Chrysostomum. III. A Cyrillo Alexandrino ad Iohannem Damascenum. IV. Concilia. Catenae. V. Indices. Initia. Concordantiae (M. G. et F. GLORIE). Turnhout: Brepols, 1974 (II), 1979 (III), 1980 (IV), 1983 (I), 1987 (V) (CChr, CPG).

GEFFCKEN, Johannes: Komposition und Entstehungszeit der Oracula Sibyllina. Leipzig: J. C. Hinrichs, 1902 (TU NF 8,1) = Leipzig: Zentral-Antiquariat der DDR, 1967.

— (Hg.): Die Oracula Sibyllina. Leipzig: J. C. Hinrichs, 1902 (GCS) = Leipzig: Zentral-Antiquariat der DDR, 1967.

GEHRICH, Georg: s. CUMONT, Franz.

GELDART, W. M.: s. HALL, Frederick W.

GELDNER, Karl Friedrich: Die zoroastrische Religion (Das Avesta). Tübingen: J. C. B. Mohr (Paul Siebeck), 1926 (RGL 1).

—: Der Rig-Veda aus dem Sanskrit ins Deutsche übersetzt und mit einem laufenden Kommentar versehen. 1. bis 4. Teil. Cambridge, MA: Harvard University Press, 1951 (I–III), 1957 (IV, Register von Johannes NOBEL) (HOS 33–36).

GENTHE, Hermannus: s. ELLENDT, Fridericus.

GENTILI, Bruno: Griechische Lyrik und Musik. In: Propyläen Geschichte der Literatur I (1981) 167–197 (186–197 [Musik und Poesie in der archaischen und spätarchaischen Zeit]: Unter Mitarbeit von Giovanni COMOTTI).

GEORGI, Dieter: Weisheit Salomos. In: JSHRZ III,4 (1980) 389–478.

— / STRUGNELL, John (Hg.): Concordance to the Corpus Hermeticum, Tractate One, the Poimandres. Cambridge, MA: Boston Theological Institute, 1971 (= Concordances to Patristic and Late Classical Texts, Vol. 0, Preliminary Issue).

GERBER, Douglas E.: Lexicon in Bacchylidem. Hildesheim: G. Olms, 1984.

GERCKE, Alfred / NORDEN, Eduard (Hg.): Einleitung in die Altertumswissenschaft. I. Bd. Methodik, griechische und römische Literatur, Sprache, Metrik. 2. Aufl. Leipzig/Berlin: B. G. Teubner, 1912.

GERHARDS, Albert: Die griechische Gregoriosanaphora. Ein Beitrag zur Geschichte des Eucharistischen Hochgebets. Münster Westf.: Aschendorff, 1984 (LQF 65).

GERSHEVITCH, Ilya: A Grammar of Manichean Sogdian. Oxford: B. Blackwell, 1961.

—: Old Iranian Literature. In: HO, 1. Abt., IV. Bd. (Iranistik), 2. Abschnitt (Literatur), Lief. 1 (1968) 1–30.

GERSTENBERGER, Erhard: Literatur zu den Psalmen. In: VF 17,1 (1972) 82–99.

GIGLI, D.: Teoria e prassi metrica negli inni a Sarapide e Dioniso di Elio Aristide. In: Prometheus 1 (1975) 237–265.

GIGNOUX, Philippe (Hg./Üb.): Homélies de Narsaï sur la création. Paris: Firmin-Didot / Turnhout: Brepols, 1968 (PO XXXIV,3–4).

GIGON, Olof: Literarische Gattungen und Dichtungstheorien. In: Propyläen Geschichte der Literatur I (1981) 100–126.

GINGRAS, George E. (Üb.): Egeria: Diary of a Pilgrimage. Translated and Annotated. New York, NY / Paramus, NJ: Newman Press, 1970 (ACW 38).

GLOER, W[illiam] Hulitt: Homologies and Hymns in the New Testament: Form, Content and Criteria for Identification. In: PRSt 11,2 (1984) 115–132.

GLORIE, F.: s. GEERARD, Mauritius.

GNILKA, Christian: Die Natursymbolik in den Tagesliedern des Prudentius. In: Pietas, FS B. KÖTTING = JAC ErgBd. 8 (1980) 411–446.

—: Ein Zeugnis doppelchörigen Gesangs bei Prudentius. In: JAC 30 (1987) 58–73.

GNILKA, Joachim: Der Christushymnus des Philipperbriefes (2,6–11) und die neutestamentliche Hymnendichtung. In: H. BECKER/KACZYNSKI, Liturgie I (1983) 173–186.

GODRON, Gérard (Hg./Üb.): Textes coptes relatifs à saint Claude d'Antioche. Turnhout: Brepols, 1970 (PO XXX,4 [= N° 166]).

GOEHRING, James E.: s. PEARSON, Birger A.

GOETZE, Albrecht: Kulturgeschichte Kleinasiens. [1933] 2. Aufl. München: C. H. Beck, 1957 = 1974 (HAW III,2).

—: Hittite Prayers. In: ANET (1955) 393–401.

GOLTZ, Hermann (Hg.): Eikon und Logos. Beiträge zur Erforschung byzantinischer Kulturtraditionen, Bd. 2. Halle (Saale): Martin-Luther-Universität Halle-Wittenberg, 1981 (WBMLU 1981/35 [K 6]).

GOODMAN, Martin: s. SCHÜRER, Emil.

GOODSPEED, Edgar J.: Index Apologeticus sive clavis Iustini Martyris operum aliorumque Apologetarum pristinorum. Leipzig: J. C. Hinrichs, 1912 = Leipzig: Zentralantiquariat der DDR, 1969.

— (Hg.): Die ältesten Apologeten. Texte mit kurzen Einleitungen. Göttingen: Vandenhoeck & Ruprecht, 1914 = 1984.

GONDA, J[an]: Epithets in the Ṛgveda. 's-Gravenhage: Mouton, 1959 (DRT 4).

—: Prayer and Blessing. Ancient Indian Ritual Terminology. Leiden u.a.: E. J. Brill, 1989 (ORT 33).

—: The Indra Hymns of the Ṛgveda. Leiden: E. J. Brill, 1989, i.e. 1990 (ORT 36).

GÖTTE, Johannes: Vergil. Aeneis. Lateinisch–Deutsch. In Zusammenarbeit mit Maria GÖTTE hg. und übersetzt. 3. Aufl. [München:] E. Heimeran, 1971 (TuscBü).

GOW, Andrew S. F. (Hg.): Theocritus. Vols. I–II. Cambridge: University Press, 1950.

— (Hg.): Bucolici Graeci. Oxford: University Press, 1952 (SCBO).

GRAF, Fritz: s. PLASSMANN, J. O.

GRAFFIN, R[ené] (Hg.): Patrologia Syriaca. Pars I. Tom. I–III. Paris: Firmin-Didot, 1894 (I), 1907 (II), 1926 (III).

GRANDE: s. DEL GRANDE, Carlo.

GRAY, G. Buchanan: The Psalms of Solomon. In: APOT II (1913) 625–652.

GRENFELL, Bernard P. / HUNT, Arthur S. (Hg.): The Amherst Papyri. Part I. The Ascension of Isaiah, and Other Theological Fragments. London: H. Frowde: Oxford University Press Warehouse / B. Quaritch, 1900.

— / — (Hg.): The Oxyrhynchus Papyri. Part III. London: Egypt Exploration Fund, 1903.

— / — (Hg.): The Oxyrhynchus Papyri. Part IV. London: Egypt Exploration Fund, 1904.

— / — (Hg.): The Oxyrhynchus Papyri. Part XI. London: Egypt Exploration Fund, 1915.

— / — (Hg.): The Oxyrhynchus Papyri. Part XV. London: Egypt Exploration Society, 1915.

GRESE, William C.: Corpus Hermeticum XIII and Early Christian Literature. Leiden: E. J. Brill, 1979 (SCHNT 5).

GRIBOMONT, J[ean]: Les Hymnes de Saint Éphrem sur la Pâque. In: Melto 3 (1967) 147–182.

—: Le triomphe de Pâques d'après S. Éphrem. In: ParOr 4 (1973) 147–189.

—: La tradition liturgique des Hymnes pascales de S. Éphrem. In: ParOr 4 (1973) 191–246.

Griechische Inschriften: s. PFOHL, Gerhard.

Griechische Papyri aus Ägypten: s. HENGSTL, J.

GRIFFITH, Sidney H.: Ephraem the Syrian's Hymns 'Against Julian'. Meditations on History and Imperial Power. In: VigChr 41 (1987) 238–266.

GRIFFITHS, John G.: Apuleius of Madauros. The Isis-Book (Metamorphoses, Book XI). Edited with an introduction, translation and commentary. Leiden: E. J. Brill, 1975 (EPRO 39).

GRIMME, Hubert: Der Strophenbau in den Gedichten Ephraems des Syrers. Mit einem Anhange: Über den Zusammenhang zwischen syrischer und byzantinischer Hymnenform. Freiburg i.d. Schweiz: Commissionsverlag der Universitætsbuchhandlung, 1893 (Collectanea Friburgensia, fasc. II).

GRONEBERG, Brigitte R. M.: Syntax, Morphologie und Stil der jungbabylonischen „hymnischen" Literatur. 2 Teile. 1. Grammatik. 2. Belegsammlung und Textkatalog. Wiesbaden: F. Steiner, 1987 (FAOS 14).

GRONEWALD, M[ichael]: Ein liturgischer Papyrus: Gebet und Ode 8. P.Mich. Inv. 6427. In: ZPE 14 (1974) 193–200.

GROSDIDIER DE MATONS, José (Hg./Üb.): Romanos le Mélode. Hymnes. Introduction, texte critique, traduction et notes. Tomes I–V. Paris: Éditions du Cerf, 1964 (I, Préface de Paul LEMERLE), 1965 (II–III), 1967 (IV), 1981 (V) (SC 99, 110, 114, 128, 283).

—: Romanos le Mélode et les origines de la poésie religieuse à Byzance. Préface de Paul LE-MERLE. Paris: Beauchesne, 1977.

—: Liturgie et hymnographie: Kontakion et Canon. In: DOP 34/35 (1980/81) 31–43.

GRÖZINGER, Karl-Erich: Singen und ekstatische Sprache in der frühen jüdischen Mystik. In: JSJ 11 (1980) 66–77; kürzere Fassung in: ZDMG.S 4 [= XX. Deutscher Orientalistentag vom 3. bis 8. Oktober 1977 in Erlangen. Vorträge. Hg. v. Wolfgang VOIGT] (1980) 119–121.

—: Musik und Gesang in der Theologie der frühen jüdischen Literatur. Talmud–Midrasch–Mystik. Tübingen: J. C. B. Mohr (Paul Siebeck), 1982.

— / ILG, Norbert / LICHTENBERGER, Hermann / NEBE, Gerhard-Wilhelm / PABST, Hartmut (Hg.): Qumran. Darmstadt: Wissenschaftliche Buchgesellschaft, 1981 (WdF 410).

GRUENWALD, Ithamar: Apocalyptic and Merkavah Mysticism. Leiden/Köln: E. J. Brill, 1980 (AGJU 14).

GUIDI, Ignazio: Storia della letteratura etiopica. Roma: Istituto per l'Oriente, 1932.

GUILBERT, P.: s. CARMIGNAC, Jean.

GUNKEL, Hermann: Das vierte Buch Esra. In: APAT II (1900) 331–401.

—: Die Psalmen. Übersetzt und erklärt. 5. Aufl. Göttingen: Vandenhoeck & Ruprecht, 1968 [= 1926] (HK II,2).

— / BEGRICH, Joachim: Einleitung in die Psalmen. Die Gattungen der religiösen Lyrik Israels. Zu Ende geführt von J. B. Göttingen: Vandenhoeck & Ruprecht, 1933 = 3. Aufl. 1975 [vgl. 4. Aufl. 1985: Mit einem Stellenregister von Walter BEYERLIN] (HK, ErgBd. zur II. Abt.).

GUTHRIE, William Keith Chambers: Hymns. In: OCD (1970) 534.

GÜTERBOCK, Hans G.: Religion und Kultus der Hethiter. In: Neuere Hethiterforschung, hg. v. G. WALSER (Wiesbaden: F. Steiner, 1964 [Historia. Einzelschriften, Heft 7]) 54–73.

—: Hethitische Literatur. In: RÖLLIG, Literaturen (1978) 211–253.

HAASE, Felix: Neue Bardesanesstudien. In: OrChr 22 = NS 12–14 (1925) 129–140.

HAASE, Wolfgang (Hg.): Principat. 19. Bd. (1. Halbbd.). Religion (Judentum: Allgemeines; palästinisches Judentum). Berlin/New York: W. de Gruyter, 1979 (ANRW II 19.1).

— (Hg.): Principat. 21. Bd. (1./+ 2. Halbbd.). Religion (Hellenistisches Judentum in römischer Zeit: Philon und Josephus /+ [Forts.]). Berlin/New York: W. de Gruyter, 1984 (ANRW II 21.1–2).

— (Hg.): Principat. 25. Bd. (2. Teilbd.). Religion (Vorkonstantinisches Christentum: Leben und Umwelt Jesu; Neues Testament, Forts. [Kanonische Schriften und Apokryphen]). Berlin/New York: W. de Gruyter, 1984 (ANRW II 25.2).

— (Hg.): Principat. 25. Bd. (3. Teilbd.). Religion (Vorkonstantinisches Christentum: Leben und Umwelt Jesu; Neues Testament [Kanonische Schriften und Apokryphen], Forts.). Berlin/New York: W. de Gruyter, 1985 (ANRW II 25.3).

— (Hg.): Aufstieg und Niedergang der römischen Welt (ANRW). Geschichte und Kultur Roms im Spiegel der neueren Forschung. Teil II: Principat. Bd. 25 (4. Teilbd.). Religion (Vorkonstantinisches Christentum: Leben und Umwelt Jesu; Neues Testament [Kanonische Schriften und Apokryphen], Forts.). Berlin/New York: W. de Gruyter, 1987 (ANRW II 25.4).

HABERMANN, Jürgen: Präexistenzaussagen im Neuen Testament. Frankfurt am Main u.a.: P. Lang, 1990 (EHS.T 362).

HABICHT, Christian: 2. Makkabäerbuch. In: JSHRZ I,3 (1976) 165–285.

HADOT, Pierre: s. HENRY, Paul.

HAELST, Joseph VAN: Catalogue des papyrus littéraires juifs et chrétiens. Paris: Publications de la Sorbonne, 1976 (UPS.P 1).

HAENCHEN, Ernst: Das Johannesevangelium. Ein Kommentar aus den nachgelassenen Manuskripten hg. v. Ulrich BUSSE mit einem Vorwort von James M. ROBINSON. Tübingen: J. C. B. Mohr (Paul Siebeck), 1980.

—: s. FOERSTER, Werner (Gnosis I).

HÄGE, G.: s. HENGSTL, J.

HAGEDORN, Dieter: Zu den christlichen Hymnen in P.Amherst I 9 (a). In: ZPE 52 (1983) 275–278.

—: s. KRAMER, Bärbel.

HAHN, Ferdinand: Der urchristliche Gottesdienst. Stuttgart: Katholisches Bibelwerk, 1970 (SBS 41).

—: Liturgische Elemente in den Rahmenstücken der Johannesoffenbarung. In: FS Kretschmar (1986) 43–57.

HALL, Frederick W[illiam] / GELDART, W. M. (Hg.): Aristophanis comoediae. Vols. I–II. 2. Aufl. Oxford: Clarendon Press, 1906/7 u.ö. (SCBO).

HALL, Stuart George (Hg./Üb.): Melito of Sardis. On Pascha and Fragments. Texts and Translations. Oxford: Clarendon Press, 1979 (OECT).

HALLEUX, André DE: La transmission des Hymnes d'Éphrem d'après le ms. Sinaï Syr. 10, f. 165ᵛ–178ʳ. In: Symposium Syriacum 1972 (1974) 21–63.

HALLIDAY, W. R.: s. ALLEN, T. W.

HALPERIN, David: The Faces of the Chariot. Early Jewish Responses to Ezekiel's Vision. Tübingen: J. C. B. Mohr (Paul Siebeck), 1988 (TSAJ 16).

HALPORN, James W. / OSTWALD, Martin: Lateinische Metrik. 2., durchgesehene u. verbesserte Aufl. Göttingen: Vandenhoeck & Ruprecht, 1980.

HAMMERSCHMIDT, Ernst: Die syrische Jakobusanaphora. In: OstKSt 4 (1955) 289–299.

—: Die koptische Gregoriosanaphora. Syrische und griechische Einflüsse auf die ägyptische Liturgie. Berlin: Akademie-Verlag, 1957 (BBA 8).

—: Äthiopische liturgische Texte der Bodleian Library in Oxford. Berlin: Akademie-Verlag, 1960 (VIOF 38).

—: Studies in the Ethiopic Anaphoras. Berlin: Akademie-Verlag, 1961 (BBA 25).

—: Probleme der orientalischen Liturgiewissenschaft. In: OstKSt 10 (1961) 28–47.

—: Einführung. In: SyR 10 (1962) IX–XI.

—: Kultsymbolik der koptischen und der äthiopischen Kirche. In: SyR 10 (1962) 167–233.

—: Das liturgische Formkriterium. Ein Prinzip in der Erforschung der orientalischen Liturgien. In: StPatr V = TU 80 (1962) 51–68.

—: Die Erforschung des christlichen Orients in der deutschen Orientalistik. In: OrChr 48 = 4. Ser., 12 (1964) 1–17.

— / ASSFALG, Julius: Abriß der armenischen Kultsymbolik. In: SyR 10 (1962) 235–254.

HAMMOND, C. E.: s. BRIGHTMAN, F. E.

HANNICK, Christian: Armenian rite, music of the. In: NGDMM I (1980 = 1981) 596–599.

—: Christian Church, music of the early. In: NGDMM IV (1980 = 1981) 363–371.

—: Ethiopian rite, music of the. In: NGDMM VI (1980 = 1981) 272–275.

—: Georgian rite, music of the. In: NGDMM VII (1980 = 1981) 241–243.

—: Byzantinische, altslavische, georgische und armenische Musik. In: LexMA II (1983) 1208–1221.

—: Zur Metrik des Kontakion. In: FS Hunger (1984) 107–119.

—: Hymnen II. Orthodoxe Kirche. In: TRE XV (1986) 762–770.

HANSEN, Günther Christian: s. BIDEZ, Joseph.

HANSEN, Olaf: Die buddhistische und christliche Literatur. In: HO, 1. Abt., IV. Bd. (Iranistik), 2. Abschnitt (Literatur), Lief. 1 (1968) 76–99.

HANSLIK, Rudolphus (Rudolf) (Hg.): Benedicti regula. Wien: Hoelder–Pichler–Tempsky, 1960 (CSEL 75).

—: s. SCHUSTER, Mauriz.

HARDER, Richard / BEUTLER, Rudolf / THEILER, Willy (Hg.): Plotins Schriften. Bd. IIIa. Hamburg: F. Meiner, 1964.

HARNACK, Adolf [VON]: Geschichte der altchristlichen Literatur bis Eusebius. 2. erweiterte Aufl. mit einem Vorwort von Kurt ALAND. Teil I. Die Überlieferung und der Bestand. Teil II. Die Chronologie. Band 1. Die Chronologie der Literatur bis Irenäus nebst einleitenden

Untersuchungen. Band 2. Die Chronologie der Literatur von Irenäus bis Eusebius. Leipzig: J. C. Hinrichs, 1958. (1. Aufl. 1893 [I,1–2], 1896 [II,1], 1904 [II,2]).
—: Lehrbuch der Dogmengeschichte. I. Bd. Die Entstehung des kirchlichen Dogmas. II. Bd. Die Entwickelung des kirchlichen Dogmas I. III. Bd. Die Entwickelung des kirchlichen Dogmas II/III. Darmstadt: Wissenschaftliche Buchgesellschaft, 1964 (Unveränderter reprografischer Nachdruck der 4., neu durchgearbeiteten u. vermehrten Aufl., Tübingen 1909 [I–II], 1910 [III]).
—: Marcion. Das Evangelium vom fremden Gott. Eine Monographie zur Geschichte der Grundlegung der katholischen Kirche (= TU 45 [2. Aufl. Leipzig: J. C. Hinrichs, 1924]). Neue Studien zu Marcion (= TU 44,4 [1923] 1–28). Darmstadt: Wissenschaftliche Buchgesellschaft, 1960.
—: s. GEBHARDT, Oscar VON.
HARRINGTON, Daniel J.: s. FITZMYER, Joseph A.
—: Pseudo-Philo (First Century A.D.). A New Translation and Introduction. In: OTP II (1985) 297–377.
— / CAZEAUX, Jacques / PERROT, Charles / BOGAERT, Pierre-Maurice (Hg./Üb.): Pseudo-Philon. Les Antiquités Bibliques. Tome I. Introduction critique, texte et traduction. Tome II. Introduction littéraire, commentaire et index. Paris: Éditions du Cerf, 1976 (SC 229+230).
HARTRANFT, Chester D.: The Ecclesiastical History of Sozomen, Comprising a History of the Church from A.D. 323 to A.D. 425. Translated from the Greek. In: NPNF, 2nd ser., II (Repr. 1979) 179–427, 444–454.
HASLAM, M. W. (Hg.): The Oxyrhynchus Papyri. Vol. LIII. London: Egypt Exploration Society, 1986 (Graeco–Roman Memoirs, Nr. 73).
—: s. BOWMAN, A. K.
HATCH, Edwin / REDPATH, Henry A. (Hg.): A Concordance to the Septuagint and the Other Greek Versions of the Old Testament (Including the Apocryphal Books). Vols. I–II. Oxford: Clarendon Press, 1897 = Graz: Akademische Druck- u. Verlagsanstalt, 1954.
HECKER, Karl: Akkadische Hymnen und Gebete. In: TUAT II,5 (1989) ?–783 [non vidi].
HEDRICK, Charles W. (Hg./Üb.): The (Second) Apocalypse of James. In: PARROTT, NHS 11 (1979) 105–149.
HEIDENHEIM, M.: Die samaritanische Liturgie. (Eine Auswahl der wichtigsten Texte.) In der hebräischen Quadratschrift aus den Handschriften des Britischen Museums und anderen Bibliotheken hg. und mit Einleitung, Beilagen, Übersetzungen der schwierigsten Texte und Scholien versehen. Leipzig 1885 = HEIDENHEIM, M.: Bibliotheca Samaritana. Texte aus Samaria und Studien zum Samaritanismus. (Bde. I–III). Bd. II. Amsterdam: Philo Press, 1971.
HEIL, Günther: Pseudo-Dionysius Areopagita. Über die himmlische Hierarchie. Über die kirchliche Hierarchie. Eingeleitet, übersetzt und mit Anmerkungen versehen. Stuttgart: A. Hiersemann, 1986 (BGrL 22).
—: s. ROQUES, René.
HEIMING, Odilo: Syrische ʿEnjânê und griechische Kanones. Die Hs. Sach. 349 der Staatsbibliothek zu Berlin. Münster in Westf.: Aschendorff, 1932 (LQF 26).
—: s. BAUMSTARK, Anton.
HEINEMANN, Isaak: s. COHN, Leopold.
HEINEMANN, Joseph: Prayer in the Talmud: Forms and Patterns. Berlin/New York: W. de Gruyter, 1977 (SJ 9).
HEITSCH, Ernst: Drei Helioshymnen. In: Hermes 88 (1960) 139–158.
—: Die griechischen Dichterfragmente der römischen Kaiserzeit gesammelt und hg. Bd. I. 2., veränderte Aufl. Bd. II. Göttingen: Vandenhoeck & Ruprecht, 1963/64 (AAWG.PH, Dritte Folge, Nr. 49 / Nr. 58).
—: Aphroditehymnos, Aeneas und Homer. Göttingen: Vandenhoeck & Ruprecht, 1965 (Hypomnemata 15).
—: s. PGrM, 2. Aufl., I (im AbkVerz.).
HELBING, Robert: Select Greek Inscriptions. Auswahl aus griechischen Inschriften. Chicago: Ares, 1977 (Exact Reprint of the Edition: Berlin, 1915).
HELCK, W[olfgang] / OTTO, E[berhard]: Kleines Wörterbuch der Aegyptologie. 3. Aufl. Wiesbaden: O. Harrassowitz, 1987 [= 1. Aufl. 1956].

HELLHOLM, David (Hg.): Apocalypticism in the Mediterranean World and the Near East. Proceedings of the International Colloquium on Apocalypticism, Uppsala, August 12–17, 1979. Tübingen: J. C. B. Mohr (Paul Siebeck), 1983; vgl. jetzt 2. Aufl. von 1989 („enlarged by Supplementary Bibliography").

HELM, Rudolf (Hg.): Apulei Platonici Madaurensis opera quae supersunt. Vol. II,2. Florida. Leipzig: B. G. Teubner, [1910] 1959 (BSGRT).

— (Hg./Üb.): Apuleius. Metamorphosen oder Der goldene Esel. Lateinisch und deutsch. Berlin: Akademie-Verlag, 1956 (SQAW) = 7. Aufl. Darmstadt: Wissenschaftliche Buchgesellschaft, 1978.

— (Hg./Üb.): Properz. Gedichte. Lateinisch und deutsch. Berlin: Akademie-Verlag, 1965 (SQAW 18).

— (Hg./Üb.): Tibull. Gedichte. Lateinisch und deutsch. 3. Aufl., besorgt von Erika BEHREND und Bernhard DÖHLE. Berlin: Akademie-Verlag, 1968 (SQAW 2).

HENGEL, Martin: Hymnus und Christologie. In: FS Rengstorf (1980) 1–23.

—: Das Christuslied im frühesten Gottesdienst. In: FS Ratzinger (1987) 357–404.

HENGSTL, J. (ed.) unter Mitarbeit von G. HÄGE und H. KÜHNERT: Griechische Papyri aus Ägypten als Zeugnisse des öffentlichen und privaten Lebens. Griechisch–deutsch. Darmstadt: Wissenschaftliche Buchgesellschaft, o.J. [= München: E. Heimeran, 1978 (TuscBü)].

HENKE, Rainer: Der Romanushymnus des Prudentius und die griechische Prosapassio. In: JAC 29 (1986) 59–65.

HENKYS, Jürgen: Kirchenlied II. 20. Jahrhundert. III. Praktisch-theologisch. In: TRE XVIII (1989) 629–638, 638–643.

HENNECKE, Edgar (Hg.): Neutestamentliche Apokryphen. In Verbindung mit Fachgelehrten in deutscher Übersetzung und mit Einleitungen. 2., völlig umgearbeitete und vermehrte Aufl. Tübingen: J. C. B. Mohr (Paul Siebeck), 1924.

— [/ SCHNEEMELCHER, Wilhelm]: Neutestamentliche Apokryphen in deutscher Übersetzung. 3., völlig neubearbeitete Aufl. hg. v. Wilhelm SCHNEEMELCHER. I. Bd. Evangelien. II. Bd. Apostolisches, Apokalypsen und Verwandtes. Tübingen: J. C. B. Mohr (Paul Siebeck), 1959 = 4. Aufl. 1968 (I), 1964 = 4. Aufl. 1971 (II).

HENNING, W[alter] B[runo]: Ein manichäischer kosmogonischer Hymnus. In: NGWG.PH (1932) 214–228 = HENNING, Papers I (1977) 49–62.

—: Geburt und Entsendung des manichäischen Urmenschen. In: NGWG.PH (1933. Heft 3) 306–318 = HENNING, Papers I (1977) 261–273.

—: Ein manichäisches Bet- und Beichtbuch. In: APAW.PH (1936, Nr. 10) 3–143 = HENNING, Papers I (1977) 417–557.

—: Mitteliranisch. In: HO, 1. Abt., IV. Bd. (Iranistik), 1. Abschnitt (Linguistik) (1958) 20–130.

—: Selected Papers I–II. Téhéran–Liège: Bibliothèque Pahlavi (édition) / Leiden: E. J. Brill (diffusion), 1977 (Acta Iranica 14 [I], 15 [II] = Deuxième série, Hommages et opera minora, vols. V+VI).

—: s. ANDREAS, Friedrich Carl; s. TSUI CHI.

HENRICHS, Albert: s. PGrM, Aufl., I–II (im AbkVerz.).

HENRIX, Hans Hermann (Hg.): Jüdische Liturgie. Geschichte–Struktur–Wesen. Freiburg [im Br.]/Basel/Wien: Herder, 1979 (QD 86).

HENRY, Paul(us) / HADOT, Petrus [Pierre] (Hg.): Marii Victorini opera. Pars I. Opera theologica. Wien: Hoelder–Pichler–Tempsky, 1971 (CSEL 83,1).

HENRY, René (Hg./Üb.): Photius. Bibliothèque. Tom. I–VIII. Paris: Société d'édition «Les Belles Lettres», 1959 (I. «Codices» 1–84), 1960 (II. ~ 84–185), 1962 (III. ~ 186–222), 1965 (IV. ~ 223–229), 1967 (V. ~ 230–241), 1971 (VI. ~ 242–245), 1974 (VII. ~ 246–256), 1977 (VIII. ~ 257–280).

HENSE, Otto: s. WACHSMUTH, Curt.

HERMANN, Alfred: Die altägyptische Literatur. In: KLL I bzw. dtv-KLL 1 (dtv 3141) 23–32.

HERTZSCH, E[rich]: Liturgik III. Liturgiewissenschaftliche Begriffe. IV. Liturgische Formeln. In: RGG IV (1960) 420–422, 422–423.

HERZOG, Rudolf: Ein Asklepios-Hymnus des Aristeides von Smyrna. In: SPAW.PH 23 (1934) 753–770 [= XXIII. Sitzung, Nr. 4].

HESELTINE, Michael (Hg./Üb.): Petronius (etc.). Ed. by Eric H. WARMINGTON. London: W. Heinemann / Cambridge, MA: Harvard University Press, 1969 (LCL 15).

HESPEL, Robert / DRAGUET, René (Üb.): Théodore bar Koni. Livres des Scolies (recension de Séert). I. Mimrè I–V. II. Mimrè VI–XI. Louvain: Peeters, 1981 (I), 1982 (II) (CSCO 431–432 = CSCO.S 187–188). – Ed.: s. SCHER, Addai.

HICKMANN, Hans: Ägyptische Musik. In: MGG I (1949/51) 92–105.

—: Äthiopische Musik. In: MGG I (1949/51) 105–112.

—: Armenische Musik. In: MGG I (1949/51) 653–655.

HIEBERT, Theodore: God of My Victory. The Ancient Hymn in Habakkuk 3. Atlanta, GA: Scholars Press, 1986 (HSM 38).

HILGENFELD: Adolf: Die Ketzergeschichte des Urchristentums urkundlich dargestellt. Leipzig 1884 = Darmstadt: Wissenschaftliche Buchgesellschaft, 1966.

HIRSCH, Hans E.: Akkadische Kultlieder. In: KLL I = dtv-KLL 3 (dtv 3143) 872–873.

HOEKSTRA, A.: The Sub-Epic Stage of the Formulaic Tradition. Studies in the Homeric Hymns to Apollo, to Aphrodite and to Demeter. Amsterdam/London: North-Holland Publishing Co., 1969 (VNAW NR, Deel LXXV, No. 2).

HOFFMANN, G.: Zwei Hymnen der Thomasakten, hg., übersetzt und erklärt. In: ZNW 7 (1906) 273–309.

HOFIUS, Otfried: Der Christushymnus Philipper 2,6–11. Untersuchungen zu Gestalt und Aussage eines urchristlichen Psalms. Tübingen: J. C. B. Mohr (Paul Siebeck), 1976 (WUNT, 1. Reihe, 17; vgl. 2., erweiterte Aufl. 1990 [Verlagskatalog „Theologie" 1990/91, S. 12]).

—: Struktur und Gedankengang des Logos-Hymnus in Joh 1,1–18. In: ZNW 78 (1987) 1–25.

HÖFLER, Anton: Der Sarapishymnus des Ailios Aristeides. Stuttgart: W. Kohlhammer, 1935 (TBAW 27).

HOLL, Karl (Hg.): Epiphanius (Ancoratus und Panarion). 1. Bd. Ancoratus und Panarion haer. 1–33. Leipzig: J. C. Hinrichs, 1915 [I] (GCS 25).

— / DUMMER, Jürgen: Epiphanius II–III. Panarion haer. 34–64 [II], 65–80. De fide [III]. Hg. v. K. H. 2., bearbeitete Aufl. hg. v. J. D. Berlin: Akademie-Verlag, 1980 (II), 1985 (III) (GCS).

HOLLANDER, H.W.: s. JONGE, M. DE.

HOLMES, Samuel: The Wisdom of Solomon. In: APOT I (1913) 535–568.

HOLM-NIELSEN, Svend: Hodayot. Psalms from Qumran. Aarhus: Universitetsforlaget, 1960 (AThD 2).

—: Die Psalmen Salomos. In: JSHRZ IV,2 (1977) 49–112.

HOLTZMANN, Oscar: Tamid (Vom täglichen Gemeindeopfer). Text, Übersetzung und Erklärung. Nebst einem textkritischen Anhang. Gießen: A. Töpelmann, 1928 (Mischna V,9).

HORNUNG, Erik: Ägyptische Hymnik. In: KLL I = dtv-KLL 3 (dtv 3143) 791–792.

—: Der Eine und die Vielen. Ägyptische Gottesvorstellungen. 2. Aufl. Darmstadt: Wissenschaftliche Buchgesellschaft, 1971 = 1973.

HORSLEY, Greg H. R.: s. NDIEC 1–5 (im AbkVerz.).

HORST, Friedrich: Die Kennzeichen der hebräischen Poesie. In: ThR NF 21 (1953) 97–121.

HORST, P[ieter] W[illem] VAN DER: Aelius Aristides and the New Testament. Leiden: E. J. Brill, 1980 (SCHNT 6).

—: Chaeremon, Egyptian Priest and Stoic Philosopher. The fragments collected and translated with explanatory notes. Leiden: E. J. Brill, [1984] 2. Aufl. 1987 (EPRO 101).

HOSIUS, Carl: s. SCHANZ, Martin.

HOSTE, A. (Hg.): Ps. Hegemonii Adversus haereses. In: CChr.SL 9 (1967) 325–329.

HOULDEN, J[ames] L[eslie]: Hymns (New Testament). In: COGGINS/HOULDEN, Dictionary (1990) 306–307.

—: s. COGGINS, R. J.

HOVINGH, P. F. (Hg.): Claudii Marii Victorii Alethia. In: CChr.SL 128 (Turnhout: Brepols, 1960) 115–193, 269–297.

HRUBY, K.: Hymne. – IV. Hymnographie juive. In: Cath. V (1963) 1139–1141.

HUBBARD, Margaret: s. NISBET, Robin G. M.

HUDE, Carolus (Hg.): Herodoti historiae. Vols. I–II. 3. Aufl. Oxford: Clarendon Press, 1927 = 1984 (SCBO).

HUEMER, Ioannes (Hg.): Sedulii opera omnia. Wien: Gerold, 1885 (CSEL 10).

HUNT, Arthur S. (Hg.): The Oxyrhynchus Papyri. Part VII. London: Egypt Exploration Fund, 1910.

— (Hg.): The Oxyrhynchus Papyri. Part XVII. London: Egypt Exploration Society, 1927.

—: s. GRENFELL, Bernard P.

HUSMANN, Heinrich: Zu Metrik und Rhythmik des Mesomedes. In: Hermes 88 (1955) 231–236.

—: Syrische (assyrische) Kirchenmusik. In: MGG XIII (1966) 1–10.

—: Hymnus und Troparion. Studien zur Geschichte der musikalischen Gattungen von Horologion und Tropologion. In: D. DROYSEN (Hg.), Jahrbuch des Staatlichen Instituts für Musikforschung Preußischer Kulturbesitz 1970 (Berlin: Merseburger, 1971) 7–86.

—: Die antiphonale Chorpraxis der syrischen Hymnen nach den Berliner und Pariser Handschriften. In: OstKSt 21 (1972) 281–297.

— (u.a.): Ostkirche. In: FELLERER, Geschichte I (1972) 55–164.

—: Die melkitische Liturgie als Quelle der syrischen Qanune iaonaie. Melitene und Edessa. In: OrChrP 41 (1975) 5–56.

—: Madraše und Seblata – Repertoireuntersuchungen zu den Hymnen Ephraems des Syrers. In: AMl 48 (1976) 113–150.

—: Syrischer und byzantinischer Oktoëchos. Kanones und Qanune. In: OrChrP 44 (1978) 65–73.

—: Zur Geschichte des Qala. In: OrChrP 45 (1979) 99–113.

—: Syrian church music. In: NGDMM XVIII (1980 = 1981) 472–481.

HUSSEY, Robert(us) (Hg.): Σωκράτους σχολαστικοῦ ἐκκλησιαστικὴ ἱστορία. Socrates scholastici ecclesiastica historia. Tom. I–III. Oxford: Typographeum Academicum [= University Press], 1853.

HUTTER, Manfred: s. WOSCHITZ, Karl Matthäus.

HYVERNAT, Henricus (Üb.): Acta martyrum II. Additis indicibus totius operis. Louvain: L. Durbecq, 1950 (CSCO 125 = CSCO.C 15).

—: s. BALESTRI, I.

IAN: s. JAN.

IBER, Gerhard: s. DIBELIUS, Martin.

IBSCHER, Hugo: s. ALLBERRY, C. R. C.; s. POLOTSKY, Hans Jakob; s. C. SCHMIDT/POLOTSKY/BÖHLIG.

ILG, Norbert: s. GRÖZINGER, Karl Erich.

INSLER, S[tanley]: The Gāthās of Zarathustra. Téhéran–Liège: Bibliothèque Pahlavi (édition) / Leiden: E. J. Brill (diffusion), 1975 (Acta Iranica 8 = Troisième série, Textes et mémoires, vol. I).

IRMSCHER, Johannes: Einleitung in die klassischen Altertumswissenschaften. Ein Informationsbuch von einem Autorenkollektiv unter Leitung von J. I. Berlin: VEB Deutscher Verlag der Wissenschaften, 1986.

— / TREU, Kurt (Hg.): Das Korpus der Griechischen Christlichen Schriftsteller. Historie, Gegenwart, Zukunft. Eine Aufsatzsammlung. Berlin: Akademie-Verlag, 1977 (TU 120).

ISAAC, E.: 1 (Ethiopic Apocalypse of) Enoch (Second Century B.D. – First Century A.D.). A New Translation and Introduction. In: OTP I (1983) 5–89.

Istituto Patristico Augustinianum: s. DI BERARDINO, Angelo.

ITALIE, Gabriel: s. ALLEN, James T.

Itineraria et alia geographica. Indices. Turnhout: Brepols, 1965 (CChr.SL 176). – Vgl. FRANCESCHINI, Aet. / WEBER, R.

JACKSON, A. V. Williams: Zoroaster, the Prophet of Ancient Iran. New York: Columbia University Press, 1899 = New York, AMS Press, 1965.

JACKSON, Blomfield: The Treatise De spiritu sancto, the Nine Homilies of the Hexaemeron and the Letters of Saint Basil the Great. Translated with Notes. Grand Rapids, MI: Wm. B. Eerdmans, 1955 [= 1895?] (NPNF, 2nd Ser., VIII).

JACOBY, Carl [= Karl] (Hg.): Dionysii Halicarnasei antiquitatum Romanorum quae supersunt. Vol. I. Leipzig: B. G. Teubner, 1885 = Stuttgart: B. G. Teubner, 1967.

JAEGER, Werner (Hg.): Gregorii Nysseni opera. Vols. I–. Leiden: E. J. Brill, 1952– [noch nicht abgeschlossen].

Jakob von Edessa: s. BROOKS, E. W.

JAMES, Montague Rhodes: The Testament of Abraham. The Greek Text Now First Edited with an Introduction and Notes. With an Appendix Containing Extracts from the Arabic Version of The Testaments of Abraham, Isaac and Jacob, by W. E. BARNES. Cambridge: University Press, 1892 (TaS II,2).

—: The Apocryphal New Testament Being the Apocryphal Gospels, Acts, Epistles, and Apocalypses with Other Narratives and Fragments Newly Translated. Oxford: Clarendon Press, [1924; 1953 (corrected) u.ö. =] 1972.

—: s. BENSLY, Robert L.

JAN(US), Carolus [Carl/Karl VON JAN] (Hg.): Musici scriptores Graeci. Aristoteles, Euclides, Nicomachus, Bacchius, Gaudentius, Alypius et melodiarum veterum quidquid exstat. Leipzig: B. G. Teubner, 1895.

— (Hg.): Musici scriptores Graeci. Supplementum, melodiarum reliquiae. Leipzig: B. G. Teubner, 1899.

JAN, Ludwig [VON] / MAYHOFF, Carolus [= Karl] (Hg.): C. Plini Secundi naturalis historiae libri XXXVII. [Vols. I–VI, 1892–1909 = 1967–1970]. Vol. I. Libri I–VI. Stuttgart: B. G. Teubner, 1967 (BSGRT).

JANKO, Richard: Homer, Hesiod and the Hymns. Diachronic development in epic diction. Cambridge u.a.: Cambridge University Press, 1982 (Cambridge classical studies).

JANSEN, H. Ludin: Die spätjüdische Psalmendichtung. Ihr Entstehungskreis und ihr »Sitz im Leben«. Eine literaturgeschichtlich-soziologische Untersuchung. Oslo: I kommisjon hos Jacob Dybwad, 1937 (SNVAO.HF 1937. No. 3).

JANSSEN, Enno: Testament Abrahams. In: JSHRZ III,2 (1975) 193–256.

JANSSENS, Yvonne (Hg./Üb.): La Prôtennoia trimorphe (NH XIII,1). Québec: Presses de l'université Laval / Louvain: Peeters, 1978 (BCNH.T 4).

—: s. DENIS, Albert-Marie.

JASTROW, Marcus (compl.): A Dictionary of the Targumim, the Talmud Babli and Yerushalmi, and the Midrashic Literature. With an Index of Scriptural Quotations. Vols. I–II. London 1903 = New York: Pardes Publishing House, 1950 = New York: Judaica Press, [1971] 1982 = 1989 [in 1 Bd., durchgehend paginiert; verkleinertes Format].

JENNY, Markus: Cantica. In: TRE VII (1981) 624–628.

—: Hymnologie. In: TRE XV (1986) 770–778.

—: Kirchenlied I. Historisch (bis 1900). In: TRE XVIII (1989) 602-629.

— / LIPPHARDT, Walther: Hymnologie. In: MGG XVI (1979) 762–770.

JENS, Walter: s. KNLL (im AbkVerz.).

JENSEN, Povl Joh[anne]s: Die römische Religion. In: HRG III (1975) 219–253.

JEREMIAS, Friedrich: Semitische Völker in Vorderasien. In: LRG I (1925) 496–647.

JEREMIAS, Gert: Der Lehrer der Gerechtigkeit. Göttingen: Vandenhoeck & Ruprecht, 1963 (StUNT 2).

—: Hymnus. 2. Neues Testament. In: EKL.ITE II (1989) 588–590.

—: s. KUHN, Karl Georg.

JOHANSEN, John H.: Hymnody in the Early Church. In: Hymn 25,2 (1974) 45–53.

JÖHRENS, Gerhard: Der Athenahymnus des Ailios Aristeides. Mit einem Anhang zum Höhenkult der Athena und Testimonien zur allegorischen Deutung der Athena. (Diss. Berlin [West] 1980; 2 Teile). Teil 1. Lesetext, Übersetzung, Kommentar. Teil 2. Anhang, Testimonien, Indices. Bonn: R. Habelt, 1981 (Habelts Dissertationsdrucke, Reihe Klassische Philologie; H. 32).

JONAS, Hans: Gnosis und spätantiker Geist. 1. Teil. Die mythologische Gnosis. Mit einer Einleitung zur Geschichte und Methodologie der Forschung. 3., verbesserte u. vermehrte Aufl. 2. Teil, 1. Hälfte. Von der Mythologie zur mystischen Philosophie. 2., durchgesehene Aufl. Göttingen: Vandenhoeck & Ruprecht, 1964 (I), 1966 (II,1) (FRLANT 51 = NF 33 [I], 63 = NF 45 [II,1]).

JONES, Henricus Stuart / POWELL, Johannes Enoch (Hg.): Thucydidis historiae. Vols. I–II. Oxford: Clarendon Press [1900/01] 1942 u.ö. (SCBO).

JONGE, H. J. DE: s. JONGE, M. DE.

JONGE, M[arianus] DE (Hg.): Testamenta XII Patriarcharum. Edited according to Cambridge University Library MS Ff 1.24 fol. 203a–261b. With Short Notes. 2. Aufl. Leiden: E. J. Brill, 1970 (PVTG 1).
— (in Cooperation with H. W. HOLLANDER, H. J. DE JONGE, Th. KORTEWEG): The Testaments of the Twelve Patriarchs. A Critical Edition of the Greek Text. Leiden: E. J. Brill, 1978 (PVTG 1,2).
JÖRNS, Klaus-Peter: Das hymnische Evangelium. Untersuchungen zu Aufbau, Funktion und Herkunft der hymnischen Stücke in der Johannesoffenbarung. Gütersloh: G. Mohn, 1971 (StNT 5).
JUNGE, Friedrich: Wirklichkeit und Abbild. Zum innerägyptischen Synkretismus und zur Weltsicht der Hymnen des Neuen Reiches. In: WIESSNER, Synkretismusforschung (1978) 87–108.
JUNKER, Hermann: Koptische Poesie des 10. Jahrhunderts. In: OrChr 6 (1906) 319–411; 7 (1907) 136–253; 8 (1911) 2–109.
—: Eine saᶜidische Rezension des Engelshymnus. In: OrChr 6 (1906) 442–446.
JUNOD, Eric / KAESTLI, Jean-Daniel (Hg.): Acta Iohannis. [Bd. I.] Praefatio. Textus. [Bd. II.] Textus alii. Commentarius. Indices. Turnhout: Brepols, 1983 (CChr.SA 1–2 [durchgehend paginiert]).

KACZYNSKI, Reiner: s. BECKER, Hansjakob.
KAESTLI, Jean-Daniel: Response [to Arthur J. DEWEY]: In: Semeia 38 (1986) 81–88.
—: s. JUNOD, Eric.
KAHLE, Paul: Die zwölf Marḳa-Hymnen aus dem „Defter" der samaritanischen Liturgie. In: OrChr 29 = 3. Ser., 7 (1932) 77–106.
KANNICHT, Richard: s. Tragicorum Graecorum Fragmenta (TrGF) II.
KÄSEMANN, Ernst: Formeln II. Liturgische Formeln im NT. In: RGG II (1958) 993–996.
KASSER, Rodolphe: Compléments au dictionnaire copte [Coptic Dictionary] de Crum. Le Caire: Imprimerie de l'Institut Français d'Archéologie Orientale, 1964 (PIFAO.BEC 7).
KASTEN, Helmut (Hg./Üb.): C. Plini Caecili Secundi Epistularum libri decem – Gaius Plinius Caecilius Secundus [d.J.]. Briefe. Lateinisch–deutsch. 2. Aufl. Darmstadt: Wissenschaftliche Buchgesellschaft, 1974 (Lizenzausgabe des E. Heimeran Verlags München; TuscBü).
KAUFHOLD, Hubert: Oriens Christianus. Hefte für die Kunde des christlichen Orients. Gesamtregister für die Bände 1 (1901) bis 70 (1986) zusammengestellt und eingeleitet. Wiesbaden: O. Harrassowitz, 1989.
KAWERAU, Peter: Ostkirchengeschichte. I. Das Christentum in Asien und Afrika bis zum Auftreten der Portugiesen im Indischen Ozean. Louvain: Peeters, 1983 (CSCO 451 = CSCO.Sub 70).
— (Hg./Üb.): Die Chronik von Arbela. Louvain: Peeters, 1985 (CSCO 467/468 = CSCO.S 199/200).
KEE, H[oward] C.: Testaments of the Twelve Patriarchs (Second Century B.C.). A New Translation and Introduction. In: OTP I (1983) 775–828.
KEES, Hermann: Aegypten. Tübingen: J. C. B. Mohr (Paul Siebeck), 1928 (RGL 10).
KEHL, Alois: Beiträge zum Verständnis einiger gnostischer und frühchristlicher Psalmen und Hymnen. In: JAC 15 (1972) 92–119.
KEIL, Bruno (Hg.): Aelii Aristidis Smyrnaei quae supersunt omnia. Vol. II. Orationes XVII–LIII continens. Berlin: Weidmann, 1898 = 1958.
KEIL, Heinrich (Hg.): Grammatici Latini. Vol. VI. Scriptores artis metricae. Vol. VII. Scriptores de orthographia. Leipzig: B. G. Teubner, 1874 (VI), 1880 (VII) = Hildesheim: G. Olms, 1961.
KENDALL, C. B. (Hg.): De arte metrica et de schematibus et tropis, una cum commentariis et glossis Remigii Autissiodorensis (e codice Valentianense 390) cura et studio M. H. KING. In: Bedae Venerabilis opera. Pars I. Opera didascalica (Turnhout: Brepols, 1975 [CChr.SL 123 A]) 59–171.
KERN, Otto (Hg.): Orphicorum fragmenta. 3. Aufl. Dublin/Zürich: Weidmann, 1972 (= 1. Aufl. 1922).
KERTSCH, Manfred: s. PALLA, Roberto.

KINET, Dirk: Ugarit – Geschichte und Kultur einer Stadt in der Umwelt des Alten Testaments. Stuttgart: Katholisches Bibelwerk, 1981 (SBS 104).

KING, M. H.: s. KENDALL, C. B.

KIPPENBERG, Hans G.: Garizim und Synagoge. Traditionsgeschichtliche Untersuchungen zur samaritanischen Religion der aramäischen Periode. Berlin: W. de Gruyter, 1971 (RVV 30).

KIRCH, Conradus / UEDING, Leo (Hg.): Enchiridion fontium historiae ecclesiasticae antiquae. Ed. VIII, aucta et emendata. Barcelona u.a.: Herder, 1960.

KIRCHNER, Dankwart: Epistula Jacobi apocrypha. Die zweite Schrift aus Nag-Hammadi-Codex I. Neu hg., übersetzt u. kommentiert. Berlin: Akademie-Verlag, 1989 (TU 136).

KITTEL, Bonnie Pedrotti: The Hymns of Qumran. Translation and Commentary. [Chico, CA:] Scholars Press, 1981 (SBLDS 50).

KITTEL, Rudolf: Die Psalmen Salomos. In: APAT II (1900) 127–148.

KLAUCK, Hans-Josef: 4. Makkabäerbuch. In: JSHRZ III,6 (1989) 645–763.

KLAUSER, Theodor: Akklamation. In: RAC I (1950) 216–233.

—: Kleine Abendländische Liturgiegeschichte. Bericht und Besinnung. Mit zwei Anhängen: Richtlinien für die Gestaltung des Gotteshauses. Ausgewählte bibliographische Hinweise. Bonn: P. Hanstein, 1965.

KLEIN, Jacob: Three Šulgi Hymns: Sumerian Royal Hymns Glorifying King Šulgi of Ur. Ramat-Gan: Bar Ilan University Press, 1981.

—: The Royal Hymns of Shulgi King of Ur: Man's Quest for Immortal Fame. Philadelphia: American Philosophical Society, 1981.

KLEIN, Richard (Hg.): Die Romrede des Aelius Aristides. Einführung. Darmstadt: Wissenschaftliche Buchgesellschaft, 1981.

—: Die Romrede des Aelius Aristides. Hg., übersetzt u. mit Erläuterungen versehen. Darmstadt: Wissenschaftliche Buchgesellschaft, 1983.

KLIJN, A. F. J.: The Acts of Thomas. Introduction–Text–Commentary. Leiden: E. J. Brill, 1962 (NT.S 5).

—: Der lateinische Text der Apokalypse des Esra. Berlin: Akademie-Verlag, 1983 (TU 131).

—: Jewish Christianity in Egypt. In: PEARSON/GOEHRING, Roots (1986) 161–175.

KLIMKEIT, Hans-Joachim: Die Seidenstraße. Handelsweg und Kulturbrücke zwischen Morgen- und Abendland. Köln: DuMont, 1988 (DuMont Dokumente).

—: Hymnen und Gebete der Religion des Lichts. Iranische und türkische liturgische Texte der Manichäer Zentralasiens. Eingeleitet und aus dem Mittelpersischen, Parthischen, Sogdischen und Uigurischen (Alttürkischen) übersetzt von H.-J. K. Opladen: Westdeutscher Verlag, 1989 (ARWAW 79).

KLINZING, Georg: Die Umdeutung des Kultus in der Qumrangemeinde und im Neuen Testament. Göttingen: Vandenhoeck & Ruprecht, 1971 (StUNT 7).

KLOSTERBERG, G. P. F.: s. FRANKENSTEIN, Gottfried Preczov.

KMOSKO, Michael (Hg./Üb.): S. Simeon bar Sabba'e. In: PS II (1907) 659–1054.

— (Hg./Üb.): Testamentum patris nostri Adam. In: PS II (1907) 1307–1360 + 1393–1425 (Lexicon).

— (Hg./Üb.): Liber graduum. Paris: Firmin-Didot, 1926 (PS III).

KNIBB, Michael A., in Consultation with Edward ULLENDORFF: The Ethiopic Book of Enoch. A New Edition in the Light of the Aramaic Dead Sea Fragments. 1. Text and Apparatus. 2. Introduction, Translation and Commentary. Oxford: Clarendon Press, 1978 (I–II).

KNOCH, Otto: Eigenart und Bedeutung der Eschatologie im theologischen Aufriß des ersten Clemensbriefes. Eine auslegungsgeschichtliche Untersuchung. Bonn: P. Hanstein, 1964 (Theoph. 17).

KNOPF, Rudolf: Die Apostolischen Väter I. Die Lehre der zwölf Apostel. Die zwei Clemensbriefe. Tübingen: J. C. B. Mohr (Paul Siebeck), 1920 (HNT ErgBd.).

KOCH, Klaus: Was ist Formgeschichte? Methoden der Bibelexegese. 3., verbesserte Aufl. mit einem Nachwort: Linguistik und Formgeschichte. Neukirchen-Vluyn: Neukirchener Verlag, 1974.

KOENEN, Ludwig: Ein christlicher Prosahymnus des 4. Jahrhunderts (O. Zucker 36). In: Antidoron Martino DAVID oblatum = PLB 17 (1968) 31–52.

—: Der erweiterte Trishagion-Hymnus des Ms. Insinger und des P. Berl. Inv. 16389. In: ZPE 31 (1978) 71–76.

— / KRAMER, J[ohannes]: Ein Hymnus auf den Allgott (P. Col. Inv. 1171). In: ZPE 4 (1969) 19–21.

— / RÖMER, Cornelia (Hg.): Der Kölner Mani-Kodex. Abbildungen und diplomatischer Text. Bonn: R. Habelt, 1985 (PTA 35).

— / RÖMER, Cornelia (Hg./Üb.): Der Kölner Mani-Kodex. Über das Werden seines Leibes. Kritische Edition aufgrund der von A. HENRICHS und L. KOENEN besorgten Erstedition. Opladen: Westdeutscher Verlag, 1988 (PapyCol 14).

KOESTER = KÖSTER.

KOETSCHAU, Paul (Hg.): Origenes. Bde. I–II. Contra Celsum. De oratione. Leipzig: J. C. Hinrichs, 1899 (GCS 2+3).

—: Des Origenes ausgewählte Schriften. Aus dem Griechischen übersetzt. Bde. II–III. Des Origenes acht Bücher gegen Celsus. Teile I–II. I: Buch I–IV; II: Buch V–VIII. München: J. Kösel & F. Pustet, o.J. (BKV 52 [Bd. II], 53 [Bd. III]).

KOLLER, Hermann: Musik bei Platon und den Pythagoreern. In: Propyläen Geschichte der Literatur I (1981) 275–288.

KÖNIG, Roderich / WINKLER, Gerhard (Hg./Üb.): C. Plinius Secundus d.Ä. Naturkunde. Lateinisch–deutsch. Buch II. Kosmologie. Darmstadt: Wissenschaftliche Buchgesellschaft, 1973 (Lizenzausgabe des E. Heimeran Verlags München; TuscBü).

KORPEL, Marjo C. A. / MOOR, Johannes C. DE: Fundamentals of Ugaritic and Hebrew Poetry. In: VAN DER MEER / DE MOOR, Analysis (1988) 1–61 (Nachdruck aus: UF 18 [1986]).

KÖRTE, Alfred: Literarische Texte mit Ausschluß der christlichen. In: APF 5 (1913) 531–572; 13 (1938) 78–132.

KORTEWEG, Th.: s. JONGE, M. DE.

KÖSTER, Helmut: Einführung in das Neue Testament im Rahmen der Religionsgeschichte und Kulturgeschichte der hellenistischen und römischen Zeit. Berlin/New York, W. de Gruyter, 1980 (GLB).

— (KOESTER): Introduction to the New Testament. Vol. I. History, Culture, and Religion of the Hellenistic Age. Vol. II. History and Literature of Early Christianity. Philadelphia: Fortress Press / Berlin & New York: W. de Gruyter, 1982.

KOUYOUMDJIAN, Mesrob G.: A Comprehensive Dictionary Armenian–English. Beirut: Atlas Press, o.J. [1970].

KOWALSKI, Aleksander: Die Gebete im Liber Graduum. In: OrChrP 55 (1989) 273–281.

KRAFT, Henricus [Heinrich] (Hg.): Clavis Patrum Apostolicorum. Catalogum vocum in libris Patrum qui dicuntur Apostolici non raro occurentium adiuvante Ursula FRÜCHTEL. Darmstadt: Wissenschaftliche Buchgesellschaft, 1963 (SUC).

— (Üb.): Eusebius von Caesarea. Kirchengeschichte. Hg. und eingeleitet. Darmstadt: Wissenschaftliche Buchgesellschaft, 1967.

—: s. LIPSIUS, R. A. / BONNET, M.

KRAGERUD, Alv: Die Hymnen der Pistis Sophia. Oslo: Universitetsforlag, 1967.

KRAMER, Bärbel / HAGEDORN, Dieter (Hg., mit Beiträgen von Cornelia RÖMER, Bruce H. KRAUT und Franco MONTANARI): Griechische Texte der Heidelberger Papyrus-Sammlung (P.Heid. IV). Heidelberg: C. Winter, 1986.

KRAMER, Johannes: s. KOENEN, Ludwig.

KRAMER, Samuel Noah: From the Poetry of Sumer. Preview of a Supplement to ANET. Jerusalem 1969 (PIASH Vol. IV, No. 2).

—: Sumerian Hymns. In: ANE II (1975) 123–135.

KRANZ, Walther: s. DIELS, Hermann.

KRAUS, Hans-Joachim: Psalmen. 1.-2. Teilband [durchpaginiert]. Neukirchen-Vluyn: Neukirchener Verlag, 1961 = 3. Aufl. 1966 (BKAT XV/1–2).

—: Theologie der Psalmen. Neukirchen-Vluyn: Neukirchener Verlag, 1979 (BKAT XV/3).

KRAUSE, Martin: s. BULLARD, Roger Aubrey; s. FOERSTER, Werner (Gnosis I–II).

— / LABIB, Pahor (Hg./Üb.): Die drei Versionen des Apokryphon des Johannes im Koptischen Museum zu Alt-Kairo. Wiesbaden: O. Harrassowitz, 1962 (ADAIK.K 1).

— / —: Gnostische und hermetische Schriften aus Codex II und Codex VI. Glückstadt: Augustin, 1971 (ADAIK.K 2).

KRAUT, Bruce H.: s. KRAMER, Bärbel.

KRECHER, Joachim: Sumerische Literatur. In: RÖLLIG, Literaturen (1978) 101–150.

KROLL, Guilelmus [= Wilhelm]: De oraculis Chaldaicis. Breslau: G. [= W.] Koebner (M. & H. Marcus), 1894 = 2. Nachdruckauflage (Mit einem Nachtrag des Verfassers aus dem „Rheinischen Museum", N.F. Bd. 50, Jg. 1895) Hildesheim: G. Olms, 1986.

— (Hg.): Procli Diadochi in Platonis Rem publicam commentarii. Vols. I–II. Leipzig: B. G. Teubner, 1899 (I), 1901 (II).

— (Hg.): C. Valerius Catullus. Hg. u. erklärt. 3. durch neue Zusätze vermehrte Aufl. Stuttgart: B. G. Teubner, 1959.

KROLL, Josef: Die christliche Hymnodik bis zu Klemens von Alexandreia [1921/22]. 2., überprüfte Aufl. Darmstadt: Wissenschaftliche Buchgesellschaft, 1968.

KRONHOLM, Tryggve: Motifs from Genesis 1–11 in the Genuine Hymns of Ephrem the Syrian with Particular Reference to the Influence of Jewish Exegetical Tradition. Lund: Gleerup, 1978 (CB.OT 11).

KROPP, Angelicus: Der Lobpreis des Erzengels Michael (vormals P. Heidelberg Inv. Nr. 1686). Bruxelles: Fondation Égyptologique Reine Élisabeth, 1966.

KRÜGER, Gustav: s. SCHANZ, Martin.

KRUSE, Heinz: The Return of the Prodigal. Fortunes of a Parable on Its Way to the Far East. In: Or. NS 47 (1978) 163–214.

—: Das Brautlied der syrischen Thomas-Akten. In: OrChrP 50 (1984) 291–330.

KUGENER, M.-A. (Hg./Üb.): Vie de Sévère par Jean, supérieur du monastère de Beit Aphtonia. Paris: Firmin-Didot, [1904] 1907 (PO II,3).

KUHN, Heinz-Wolfgang: Enderwartung und gegenwärtiges Heil. Untersuchungen zu den Gemeindeliedern von Qumran mit einem Anhang über Eschatologie und Gegenwart in der Verkündigung Jesu. Göttingen: Vandenhoeck & Ruprecht, 1966 (StUNT 4).

—: s. KUHN, Karl Georg.

KUHN, Karl Georg (Hg., in Verbindung mit Albert-Marie DENIS, Reinhard DEICHGRÄBER, Werner EISS, Gert JEREMIAS und Heinz-Wolfgang KUHN): Konkordanz zu den Qumrantexten. Göttingen: Vandenhoeck & Ruprecht, 1960.

— (Hg., unter Mitarbeit von U. MÜLLER, W. SCHMÜCKER und H. STEGEMANN): Nachträge zur "Konkordanz zu den Qumrantexten". In: RdQ IV (1963/64) 163–234.

KÜHN, Werner: Plinius der Jüngere. Panegyrikus. Lobrede auf den Kaiser Trajan. Hg., übersetzt und mit Erläuterungen versehen. Darmstadt: Wissenschaftliche Buchgesellschaft, 1985 (TzF 51).

KÜHNE, Cord: Hethitische Texte. In: BEYERLIN, Textbuch (1975) 169–204.

KÜHNERT, H.: s. HENGSTL, J.

KYTZLER, Bernhard: Roma aeterna. Lateinische und griechische Romdichtung von der Antike bis in die Gegenwart. Ausgewählt, übersetzt und erläutert. Zürich/München: Artemis, 1972 (BAW.SA).

— / FISCHER, Carl: Carmina Priapea. Gedichte an den Gartengott. Ausgewählt und erläutert von B. K. Übersetzt von C. F. Zürich/München, Artemis, 1978 (BAW.SA).

LABIB, Pahor: s. BÖHLIG, Alexander; s. KRAUSE, Martin.

LABOURT, Jérôme (Hg./Üb.): Saint Jérôme. Lettres. Tomes I–VIII. Paris: Société d'édition «Les Belles Lettres», 1949 (I), 1951 (II), 1953 (III), 1954 (IV), 1955 (V), 1958 (VI), 1961 (VII), 1963 (VIII).

LACEY, Jeffery: s. LEVI, Peter.

LACOMBRADE, Christian (Hg./Üb.): L'empereur Julien. Oeuvres complètes. Tom. II,2. Paris: Société d'édition «Les Belles Lettres», 1964. – Vgl. BIDEZ, Joseph (I,1–2); ROCHEFORT, Gabriel (II,1).

— (Hg./Üb.): Synésios de Cyrène. Tome I. Hymnes. Paris: Société d'édition «Les Belles Lettres», 1978.

LAFONTAINE, Guy (Hg./Üb.): La version arménienne des œuvres d'Aphraate le Syrien. Tom. I–III. Louvain: Secrétariat du CorpusSCO, 1977 (I), 1979 (II), 1980 (III) (CSCO 382/383, 405/406, 423/424 = CSCO.Ar 7/8, 9/10, 11/12).

LAGARDE, Paul[us] Anton[ius] DE (Hg.): Titus Bostrenus syriace et graece. Reproductio phototypica editionis [Berlin: Hertz] 1859 (sc.: Titi Bostreni contra Manichaeos libri quatuor syriace [II, 186 S.]; Titi Bostreni quae ex opere contra Manichaeos edito in codice Hamburgensi servata sunt graece. Accedunt Iulii Romani epistolae et Gregorii Thaumaturgi κατὰ μέρος πίστις [VIII, 127 S.]). Osnabrück: O. Zeller / Wiesbaden: O. Harrassowitz, 1967.

LAKE, Kirsopp (Hg./Üb.): The Apostolic Fathers. Vols. I–II. Cambridge, MA: Harvard University Press / London: W. Heinemann, 1912/13 u.ö. (LCL 24+25).

— / OULTON, J. E. L. / LAWLOR, H. J. (Hg./Üb.): Eusebius. The Ecclesiastical History. Vols. I–II. Cambridge, MA: Harvard University Press / London: W. Heinemann, 1926 (I, by K. L.), 1932 (II, by J. E. L. O., taken from the ed. published in conjunction with H. J. L.) = 1980 (LCL 153+265).

LANDERSDORFER, S[imon Konrad] (Üb.): Ausgewählte Schriften der syrischen Dichter Cyrillonas, Baläus, Isaak von Antiochien und Jakob von Sarug. Kempten & München: J. Kösel, 1912 (BKV 6).

LANG, David Marshall: s. ASSFALG, Julius; s. WOODWARD, G. R.

LASSERRE, François: Plutarque. De la musique. Texte, traduction, commentaire, précédés d'une étude sur l'éducation musicale dans la Grèce antique. Olten & Lausanne: Urs Graf-Verlag, 1954 (Bibliotheca Helvetica Romana I).

— (Hg.) / BONNARD, André (Üb./Komm.): Archiloque. Fragments. Paris: Société d'édition «Les Belles Lettres», 1958.

LATTE, Kurt: Die Religion der Römer und der Synkretismus der Kaiserzeit. Tübingen: J. C. B. Mohr (Paul Siebeck), 1927 (RGL 5).

—: Römische Religionsgeschichte. München: C. H. Beck, 1960 = 2. Aufl. 1967 = 1976 (HAW V,4).

—: s. CUMONT, Franz.

LATTKE, Michael: Die Oden Salomos in ihrer Bedeutung für Neues Testament und Gnosis. Bd. I. Ausführliche Handschriftenbeschreibung. Edition mit deutscher Parallel-Übersetzung. Hermeneutischer Anhang zur gnostischen Interpretation der Oden Salomos in der Pistis Sophia. Bd. Ia. Der syrische Text der Edition in Estrangelā. Faksimile des griechischen Papyrus Bodmer XI. Bd. II. Vollständige Wortkonkordanz zur handschriftlichen, griechischen, koptischen, lateinischen und syrischen Überlieferung. Mit einem Faksimile des Kodex N. Bd. III. Forschungsgeschichtliche Bibliographie 1799–1984 mit kritischen Anmerkungen. Mit einem Beitrag von Majella FRANZMANN: A Study of the Odes of Solomon with Reference to the French Scholarship 1909–1980. Fribourg Suisse: Éditions Universitaires (I–II); Freiburg Schweiz: Universitätsverlag (Ia, III) / Göttingen: Vandenhoeck & Ruprecht, 1979 (I, II), 1980 (Ia), 1986 (III) (OBO 25,1–3).

—: Sind Ephraems Madrāšē Hymnen? In: OrChr 73 (1989) 38–43.

LAUBMANN, Georg: s. BRANDT, Samuel.

LAVENANT, René (Hg.): IIIᵉ Symposium Syriacum 1980. Les contacts du monde syriaque avec les autres cultures (Goslar 7–11 Septembre 1980). Roma: Pont. Institutum Studiorum Orientalium, 1983 (OrChrA 221).

LAWLER, Thomas Comerford: s. MIEROW, Charles Christopher.

LAWLOR, H. J.: s. LAKE, Kirsopp.

LAYTON, Bentley (Hg.): The Rediscovery of Gnosticism. Proceedings of the International Conference on Gnosticism at Yale, New Haven, Connecticut, March 28–31, 1978. Vol. I. The School of Valentinus. Vol. II. Sethian Gnosticism. Leiden: E. J. Brill, 1980 (I), 1981 (II) (SHR 41).

—: The Gnostic Scriptures. A New Translation with Annotations and Introductions. Garden City, NY: Doubleday, 1987.

LEBEK, Wolfgang Dieter: Ein Hymnus auf Antinoos (MITFORD, The Inscriptions of Kourion No. 104). In: ZPE 12 (1973) 101–137.

LE BŒUFFLE, André (Hg./Üb.): Germanicus. Les phénomènes d'Aratos. Paris: Société d'édition «Les Belles Lettres», 1975.

LEBRUN, René (Üb.): Hymnes et prières hittites. Louvain-la-Neuve: Centre d'histoire des religions, 1980 (Homo religiosus 4).

LECLERCQ, Henri: Hymnes. In: DACL VI,2 (1925) 2826–2928.

—: Ostraka. In: DACL XIII,1 (1937) 70–112.

—: Papyrus. In: DACL XIII,1 (1937) 1370–1520.

—: s. CABROL, Fernand.

LE COQ, A. VON: Türkische Manichaica aus Chotscho. II (APAW.PH 1919, Nr. 3). In: Tur-fan-Forschung I = Opuscula III 1 (1972) 452–464.
—: Türkische Manichaica aus Chotscho. III (APAW.PH 1922, Nr. 2). In: Turfan-Forschung I = Opuscula III 1 (1972) 465–511.
LEDOGAR, Robert J.: Verbs of Praise in the LXX Translation of the Hebrew Canon. In: Bib. 48 (1967) 29–56.
—: Acknowledgment: Praise-Verbs in the Early Greek Anaphoras. Roma: Herder, 1968.
LEE, Thomas R.: Studies in the Form of Sirach 44–50. Atlanta, GA: Scholars Press, 1986 (SBLDS 75).
LEEB, Helmut: Die Psalmodie bei Ambrosius. Wien: Herder, 1967 (WBTh 18).
—: Die Gesänge im Gemeindegottesdienst von Jerusalem (vom 5. bis 8. Jahrhundert). Wien: Herder (WBTh 28).
LEFORT, L.[-]Th. (Hg./Üb.): S. Pachomii vita bohairice scripta. Paris: Typograph. Reipubli-cae, 1925 / Louvain: Officina orientalis et scientifica, 1936 (CSCO 89/107 = CSCO.C 7/11).
— (Hg./Üb.): Les Pères apostoliques en copte. Louvain: L. Durbecq, 1952 (CSCO 135/136 = CSCO.C 17/18).
LEIPOLDT, Johannes: s. BROCKELMANN, C.
— / CRUM, W[alter] E. (Hg.): Sinuthii archimandritae vita et opera omnia I+III. Paris: Typograph. Reipublicae; C. Poussielgue / Leipzig: O. Harrassowitz, 1906, 1908 (CSCO 41+42 = CSCO.C 1+2; Übers.: s. WIESMANN, Hermann).
— / SCHENKE, Hans-Martin: Koptisch-gnostische Schriften aus den Papyrus-Codices von Nag-Hammadi. Hamburg-Bergstedt: H. Reich, Evangelischer Verlag, 1960 (ThF 20).
LEISEGANG, Johannes: s. COHN, Leopold.
LEMERLE, Paul: s. GROSDIDIER DE MATONS, José.
LENTZ, Wolfgang: s. WALDSCHMIDT, Ernst.
LENZ, Friedrich Walter: Der Dionysoshymnos des Aristeides. In: RCCM 3 (1961) 153–166 = LENZ, Aristeidesstudien (1964) 211–222.
—: Der Athenahymnos des Aristeides. In: RCCM 5 (1963) 329–347 = LENZ, Opuscula (1972) 355–373.
—: Aristeidesstudien. Berlin: Akademie-Verlag, 1964 (SSA 40).
—: Opuscula selecta. Amsterdam: A. M. Hakkert, 1972.
LENZ, Fridericus Waltharius [Friedrich Walter] / BEHR, Carolus [Charles] Allison (Hg.): P. Aelii Aristidis opera quae exstant omnia. Vol. I. Orationes I–XVI complectens. Orationes I et V–XVI ed. F. W. L. Praefationem conscripsit et orationes II, III, IV ed. C. A. B. Leiden: E. J. Brill, 1976.
LESKY, Albin: Geschichte der griechischen Literatur. 3., neu bearbeitete u. erweiterte Aufl. Bern/München: A. Francke, 1971.
LEVI, Peter: Pausanias. Guide to Greece. Vol. 1. Central Greece. Vol. 2. Southern Greece. Translated with an Introduction. Illustrated with drawings from Greek coins by John NEWBERRY. Maps and plans by Jeffery LACEY. Penguin Classics, 1971 (Reprinted with revisions 1979 = 1985).
LICHT, Jacob: Die Lehre des Hymnenbuches. In: GRÖZINGER u.a., Qumran (1981) 276–311.
—: s. SUKENIK, Eleazar L.
LICHTENBERGER, Hermann: s. GRÖZINGER, Karl Erich.
LIDZBARSKI, Mark: Das Johannesbuch der Mandäer. [I.] Text. [II.] Einleitung, Übersetzung, Kommentar. Giessen: A. Töpelmann (vormals J. Ricker), 1905 (I), 1915 (II) = Berlin: W. de Gruyter, 1965.
—: Mandäische Liturgien. Mitgeteilt, übersetzt und erklärt. Berlin 1920 (AGWG.PH NF 17 [1921],1) = Göttingen: Vandenhoeck & Ruprecht, 1970.
—: Ginzā. Der Schatz oder das große Buch der Mandäer. Übersetzt und erklärt. Göttingen: Vandenhoeck & Ruprecht / Leipzig: J. C. Hinrichs, 1925 (QRG, Bd. 13, Gruppe 4).
LIETZMANN, Hans: Die liturgischen Angaben des Plinius. In: [Geschichtliche Studien, A. HAUCK zum 70. Geburtstage, Leipzig 1916, S. 34–38 =] LIETZMANN, Kl. Schriften III (1962) 48–53.
—: carmen. In: [Rheinisches Museum 71 (1916) 281–282 =] LIETZMANN, Kl. Schriften III (1962) 54–55.
—: Notizen. In: ZNW 21 (1922) 236–240.

—: Messe und Herrenmahl. Eine Studie zur Geschichte der Liturgie. [1926 =] 3. Aufl. Berlin: W. de Gruyter, 1955 (AKG 8).

—: Kleine Schriften III. Studien zur Liturgie- und Symbolgeschichte. Zur Wissenschaftsgeschichte. Hg. v. der Kommission für spätantike Religionsgeschichte. Berlin: Akademie-Verlag, 1962 (TU 74 = V. Reihe, Bd. 19).

—: Lateinische altkirchliche Poesie. Ausgewählt von H. L. 3. unveränderte Aufl. [= 1938]. Berlin: W. de Gruyter, 1968 (KlT 47/49).

— / ADAM, Alfred: Liturgische Texte I. Zur Geschichte der orientalischen Taufe und Messe im II. und IV. Jahrhundert. Auf Grund der Auswahl von H. L. neubearbeitet und erweitert von A. A. 3. Aufl. Berlin: W. de Gruyter, 1960 (KlT 5).

LIEU, Samuel N. C.: An Early Byzantine Formula for the Renunciation of Manichaeism – the Capita VII contra Manichaeos of <Zacharias of Mitylene>. Introduction, text, translation and commentary. In: JAC 26 (1983) 152–218.

—: Manichaeism in the Later Roman Empire and Medieval China. A Historical Survey. With a Foreword by Mary BOYCE. Manchester: University Press, 1985.

—: Chinese Manichaeism — Transformation or Translation? In: ZRGG 39 (1987) 337–341.

LIGNÉE, Hubert: s. CARMIGNAC, Jean.

LIM, Richard: Unity and Diversity Among Western Manichaeans: A Reconsideration of Mani's sancta ecclesia. In: REAug 35 (1989) 231–250.

LIMET, Henri / RIES, Julien (Hg.): L'expérience de la prière dans les grandes religions. Actes du Colloque de Louvain-la-Neuve et Liège (22–23 novembre 1978). Louvain-la-Neuve: Centre d'histoire des religions, 1980 (Homo religiosus 5).

LINDSAY, W[allace] M. (Hg.): Isidori Hispalensis episcopi etymologiarum sive originum libri XX. Tomus I. Libros I–X continens. Tomus II. Libros XI–XX continens. Oxford: Clarendon Press, 1911 (= 1957 [University Press]).

LIPINSKI, Matthias: Konkordanz zu den Thomasakten. Frankfurt am M.: Athenäum, 1988 (AthMT = BBB 67).

LIPPHARDT, Walther: s. JENNY, Markus.

LIPSIUS, Ricardus [= Richard] Adelbert(us) / BONNET, Maximilian(us) (Hg.): Acta apostolorum apocrypha. Bde. I–II,2. (1891, 1898, 1903 =) Darmstadt: Wissenschaftliche Buchgesellschaft, 1959 [enthält von Heinz KRAFT: Vorwort, in Bd. I, S. III–V; Literatur zu den apokryphen Apostelakten, in Bd. II,2, S. 397–402].

LITTMANN, Enno: s. BROCKELMANN, C.; s. DILLMANN, August.

LLOYD-JONES, H.: s. MAAS, Paul.

LOBEL, Edgar / PAGE, Denys (Hg.): Poetarum Lesbiorum fragmenta. Oxford: Clarendon Press, 1955.

LODI, Enzo (Hg.): Enchiridion euchologicum fontium liturgicorum. Roma: Edizioni Liturgiche, 1979 (BEL.S 15).

LÖFSTEDT, Bengt: s. GEBAUER, George John.

LOHMEYER, Ernst: Kyrios Jesus. Eine Untersuchung zu Phil. 2,5–11. Darmstadt: Wissenschaftliche Buchgesellschaft, 1961 (= SHAW.PH 1927/28, 4. Abh.).

LÖHR, Max: Das Buch Tobit. In: APAT I (1900) 135–147.

LOHSE, Eduard (Hg.): Die Texte aus Qumran. Hebräisch und deutsch. Mit masoretischer Punktation. Übersetzung, Einführung und Anmerkungen. Darmstadt: Wissenschaftliche Buchgesellschaft, 1964 [vgl. 2. Aufl. 1971, 3. Aufl. 1981 und 4. Aufl. 1986].

LOMMATZSCH, Ernst: s. BUECHELER, Franz; s. SEGEBADE, Johannes.

LOMMEL, Herman: Die Religion Zarathustras nach dem Awesta dargestellt. Tübingen: J. C. B. Mohr (Paul Siebeck), 1930 = Hildesheim/New York: G. Olms, 1971.

—: Die Gathas des Zarathustra. Mit einem Anhang von Erwin WOLFF: Die Zeitfolge der Gathas des Zarathustra. Hg. v. Bernfried SCHLERATH. Basel/Stuttgart: Schwabe & Co, 1971 (Sammlung Klosterberg NF).

LONG, H. S. (Hg.): Diogenis Laertii vitae philosophorum. Vols. I–II. Oxford: Clarendon Press, 1964 = 1966 (SCBO).

LORETZ, Oswald: Studien zur althebräischen Poesie 1. Das althebräische Liebeslied. Untersuchungen zur Stichometrie und Redaktionsgeschichte des Hohenliedes und des 45. Psalms. Kevelaer: Butzon & Bercker / Neukirchen-Vluyn: Neukirchener Verlag, 1971 (AOAT 14/1).

—: Die Psalmen II. Beitrag der Ugarit-Texte zum Verständnis von Kolometrie und Textologie der Psalmen. Psalm 90–150. Kevelaer: Butzon & Bercker / Neukirchen-Vluyn: Neukirchener Verlag, 1979 (AOAT 207/2).

—: Kolometrie ugaritischer und hebräischer Poesie: Grundlagen, informationstheoretische und literaturwissenschaftliche Aspekte. In: ZAW 98 (1986) 249–266.

LÜTOLF, Max u.a. (Hg.): Register zu Analecta hymnica medii aevi [AHMA]. Bde. I,1/2–II. Bern/München: A. Francke, 1978.

MAAS, Paul (Hg.): Frühbyzantinische Kirchenpoesie I. Anonyme Hymnen des V–VI Jahrhunderts. Bonn: A. Marcus & E. Weber, 1910 (KlT 52/53).

—: Epidaurische Hymnen. Halle (Saale): M. Niemeyer, 1933 (SKG.G, 9. Jahr, Heft 5).

—: Gleichzeilige Hymnen in der Liturgie der Griechischen Kirche. In: StPatr II = TU 64 (1957) 47–48.

—: Greek Metre (transl. by H. LLOYD-JONES). Oxford: Clarendon Press, 1962.

— / TRYPANIS, Constantine A. (Hg.): Sancti Romani Melodi cantica. Cantica genuina. Oxford: Clarendon Press, 1963.

— / — (Hg.): Sancti Romani Melodi cantica. Cantica dubia. Berlin: W. de Gruyter, 1970.

MACDERMOT, Violet: Pistis Sophia. Text Edited by Carl SCHMIDT. Translation and Notes by V. M. Leiden: E. J. Brill, 1978 (NHS 9).

—: The Books of Jeu and the Untitled Text in the Bruce Codex. Text Edited by Carl SCHMIDT. Translation and Notes by V. M. Leiden: E. J. Brill, 1978 (NHS 13).

MACDONELL, A. A.: Hymns (Vedic). In: ERE VII (1914) 49–58.

MACK, Burton L.: Wisdom and the Hebrew Epic: Ben Sira's Hymn in Praise of the Fathers. Chicago/London: University of Chicago Press, 1985.

MACKENZIE, D. N.: Mani's Šābuhragān. In: BSOAS 42 (1979) 500–534; 43 (1980) 288–310.

MACKERRAS, Colin (Hg./Üb.): The Uighur Empire According to the T'ang Dynastic Histories. A Study in Sino–Uighur Relations 744–840. Columbia, SC: University of South Carolina Press, 1973 (= Canberra, ACT: Australian National University Press, 1972).

MACLEAN, A. J.: Hymns (Syriac Christian). In: ERE VII (1914) 12–15.

—: s. CONYBEARE, F. C.

MACRAE, George, W. (Hg./Üb.): The Thunder: Perfect Mind. In: PARROTT, NHS 11 (1979) 231–255.

—: s. ATTRIDGE, Harold W.

MACUCH, Rudolf: Alter und Heimat des Mandäismus nach neuerschlossenen Quellen. In: ThLZ 82 (1957) 401–408.

—: Anfänge der Mandäer. Versuch eines geschichtlichen Bildes bis zur früh-islamischen Zeit. In: ALTHEIM/STIEHL, Araber II (1965) 76–190.

—: Zur Frühgeschichte der Mandäer. In: ThLZ 90 (1965) 649–660.

—: Der gegenwärtige Stand der Mandäerforschung und ihre Aufgaben. In: OLZ 63 (1968) 5–14.

—: Zur Sprache und Literatur der Mandäer. Mit Beiträgen von Kurt RUDOLPH und Eric SEGELBERG. Berlin/New York: W. de Gruyter, 1976 (StM 1).

—: Der gegenwärtige Stand der Samaritanerforschung und ihre Aufgaben. In: ZDMG 138,1 (1988) *17*–*25*.

—: s. DROWER, Ethel S.

MAEHLER (MÄHLER), Heinrich: s. SNELL, Bruno.

MAEHLER, Herwig: Die Lieder des Bakchylides. 1. Teil. Die Siegeslieder. Bde. I–II. Leiden: E. J. Brill, 1982.

MAHÉ, Jean-Pierre (Hg./Üb.): Hermès en Haute-Égypte. Tome I. Les textes hermétiques de Nag Hammadi et leurs parallèles grecs et latins. Tome II. Le fragment du Discours parfait et les Définitions hermétiques arméniennes (NH VI,8.8a). Québec: Presses de l'université Laval, 1978 (I), 1982 (II) (BCNH.T 3+7).

MAIER, Jean-Louis: Le dossier du donatisme. Tome I. Des origines à la mort de Constance II (303–361). Berlin: Akademie-Verlag, 1987 (TU 134).

MAIER, Johann: Synagogale Poesie (Pijjut). In: HENRIX, Liturgie (1979) 89–102.

—: Zur Verwendung der Psalmen in der synagogalen Liturgie (Wochentag und Sabbat). In: H. BECKER/KACZYNSKI, Liturgie I (1983) 55–90.

— / SCHÄFER, Peter: Kleines Lexikon des Judentums. Stuttgart: Katholisches Bibelwerk, 1981.

— / SCHUBERT, Kurt: Die Qumran-Essener. Texte der Schriftrollen und Lebensbild der Gemeinde. München/Basel: E. Reinhardt, 1973 (UTB 224).

MALACHI, Zvi: Christian and Jewish Liturgical Poetry: Mutual Influences in the First Four Centuries. In: Aug. 28 (1988) 237–248.

MANSOOR, Menahem: The Thanksgiving Hymns. Translated and Annotated with an Introduction. Leiden: E. J. Brill / Grand Rapids, MI: Wm. B. Eerdmans, 1961 (STDJ 3).

MARCOVICH, Miroslav: The Naassene Psalm in Hippolytus (Haer. 5.10.2). In: LAYTON, Rediscovery II (1981) 770–778; auch in: MARCOVICH, Studies (1988) 80–88.

—: The Wedding Hymn of Acta Thomae.In: IClSt 6,2 (1981) 367–385; auch in: MARCOVICH, Studies (1988) 156–173.

— (Hg.): Hippolytus refutatio omnium haeresium. Berlin/New York: W. de Gruyter, 1986 (PTS 25).

—: Studies in Graeco–Roman Religions and Gnosticism. Leiden u.a.: E. J. Brill, 1988 (SGRR 4).

MARCUS, Ralph: s. COLSON, F. H.; s. THACKERAY, H. St. J.

MARG, Walter: Hesiod. Sämtliche Gedichte. Theogonie–Erga–Frauenkataloge. Übersetzt und erläutert. Zürich/Stuttgart: Artemis, 1970 (BAW.GR).

MARGOLIOUTH, D. S.: Hymns (Ethiopic Christian). In: ERE VII (1914) 15–16.

MARGOLIOUTH, G.: Hymns (Hebrew and Jewish). In: ERE VII (1914) 42–46.

—: Hymns (Samaritan and Karaite). In: ERE VII (1914) 48–49.

MARGOLIOUTH, J[essie] P[ayne]: Supplement to the Thesaurus Syriacus of R. PAYNE SMITH. Collected and arranged. Oxford: Clarendon Press, 1927 = Hildesheim/New York: G. Olms, 1981.

— = PAYNE SMITH, Jessie.

MARIÈS, Louis / MERCIER, Ch.: Hymnes de saint Éphrem conservées en version arménienne. Texte arménien, traduction latine et notes explicatives. Paris: Firmin–Didot, 1961 (PO XXX,1).

MARROU, Henri-Irénée: s. MONDÉSERT, Claude.

MARSH, F. S.: The Book which is called the Book of the Holy Hierotheos with Extracts from the Prolegomena and Commentary of Theodosios of Antioch and from the "Book of Excerpts" and Other Works of Gregory Bar-Hebræus edited and translated. London/Oxford: Williams and Norgate (Published for the Text and Translation Society), 1927.

MARTI, Karl / BEER, Georg: ʾAḇôṯ (Väter). Text, Übersetzung und Erklärung. Nebst einem textkritischen Anhang. Gießen: A. Töpelmann, 1927 (Mischna IV,9).

MARTIKAINEN, Jouko: Some Remarks about the Carmina Nisibena as a Literary and Theological Source. In: Symposium Syriacum 1972 (1974) 345–352.

MARTIN, Iosephus [= Josef] (Hg.): Commodiani carmina. In: CChr.SL 128 (Turnhout: Brepols, 1960) III–XXXVII, 1–113, 197–267.

MARTIN, Ralph P.: Aspects of Worship in the New Testament Church. In: VoxEv 2 (1963) 6–32.

—: Carmen Christi. Philippians ii. 5–11 in Recent Interpretation and in the Setting of Early Christian Worship. Cambridge: University Press, 1967 (MSSNTS 4) [vgl. auch die Neuausgabe, Grand Rapids, MI: W. B. Eerdmans, 1983].

—: Worship in the Early Church [London 1964; rev. ed. 1974 =] Grand Rapids, MI: W. B. Eerdmans, 1975 = 1981.

MATHEUS, Frank: Singt dem Herrn ein neues Lied. Die Hymnen Deuterojesajas. Stuttgart: Katholisches Bibelwerk, 1990 (SBS 141).

MATHIESEN, Thomas J.: Aristides Quintilianus. On Music. In Three Books. Translation, with Introduction, Commentary, and Annotations. New Haven & London: Yale University Press, 1983 (Music theory translation series).

MATRAY, Chantal: s. MONDÉSERT, Claude.

MATTINGLY, H.: s. WOODWARD, G. R.

MAY, Gerhard: Der Christushymnus des Clemens von Alexandrien. In: H. BECKER/KACZYNSKI, Liturgie I (1983) 257–273.

MAYER, Günter: Index Philoneus. Berlin: W. de Gruyter, 1974.

— / BERGMAN, J. / v. SODEN, W.: ידה‎ *jdh* . In: ThWAT III (1977–1982) 455–474.

MAYHOFF, Carolus [= Karl]: s. JAN, Ludwig [VON].

MAZON, Paul (Hg./Üb.) u.a.: Homère. Iliade. Tom. I–IV. Paris: Société d'édition «Les Belles Lettres», 1955 (I), 1956 (II [3. Aufl.], III [4. Aufl.]), 1957 (IV [4. Aufl.]).

MCCOMISKEY, Thomas Edward: The Hymnic Elements of the Prophecy of Amos: A Study of Form-Critical Methodology. In: JETS 30,2 (1987) 139–157.

MCKINLAY, Artur(us) Patch (Hg.): Aratoris subdiaconi De actibus apostolorum. Wien: Hoelder–Pichler–Tempsky, 1951 (CSEL 72).

MCKINNON, James W.: On the Question of Psalmody in the Ancient Synagogue. In: EMH 6 (1986) 159–191.

—: The Fourth-Century Origin of the Gradual. In: EMH 7 (1987) 91–106.

— (Hg.): Music in early Christian literature. Cambridge: University Press, 1987.

MEARNS, James: Early Latin Hymnaries. An Index of Hymns in Hymnaries before 1100. With an Appendix from Later Sources. Cambridge: University Press, 1913.

MEER, Willem VAN DER / MOOR, Johannes C. DE (Hg.): The Structural Analysis of Biblical and Canaanite Poetry. Sheffield: JSOT Press, 1988 (JSOT.S 74).

MEERSSEMAN, G. G.: Der Hymnos Akathistos im Abendland. Bde. I–II. I. Akathistos-Akoluthie und Grußhymnen. II. Gruß-Psalter, Gruß-Orationen, Gaude-Andachten und Litaneien. Freiburg Schweiz: Universitätsverlag, 1958 (I), 1960 (II) (SpicFri 3).

MÉNARD, Jacques[-]É. (Hg./Üb.): L'exposé Valentinien. Les fragments sur le Baptême et sur l'Eucharistie (NH XI,2). Québec: Presses de l'université Laval / Louvain: Peeters, 1985 (BCNH.T 14).

— (Hg./Üb.): La Lettre de Pierre à Philippe [NH VIII,2]. Québec: Presses de l'université Laval, 1977 (BCNH.T 1).

MERCIER, Ch.: s. MARIÈS, Louis.

MERGUET, Hugo: Lexikon zu Vergilius. (Leipzig: Schmidt, 1912 =) Hildesheim: G. Olms, 1960.

MERKEL, Helmut: Der Epheserbrief in der neueren exegetischen Diskussion. In: W. HAASE (Hg.), ANRW II 25.4 (1987) 3156–3246.

MERKELBACH, Reinhold: Mani und sein Religionssystem. Opladen: Westdeutscher Verlag, 1986 (RWAW.G 281).

—:*Erronum cohors*. Zum Hymnus des Ambrosius *Aeterne rerum conditor*. In: VigChr 40 (1986) 390–391.

—: Der manichäische Codex von Tebessa. In: BRYDER, Manichaean Studies (1988) 229–264.

MERTEL, Hans: Des heiligen Athanasius Leben des heiligen Antonius. Aus dem Griechischen übersetzt. In: BKV 31 (Kempten & München: J. Kösel, 1917) 677[1]–777[101].

—: Leben des heiligen Pachomius. Aus dem Griechischen übersetzt. In: BKV 31 (Kempten & München: J. Kösel, 1917) 779[1]–900[122].

MESK, Josef: Zu den Prosa- und Vershymnen des Aelius Aristides. In: Raccolta di scritti in onore di Felice RAMORINO, PUCSC, Ser. quarto (Scienze filologiche), 7 (Milano 1927) 660–672.

MESSANA, Vincenzo: Quelques remarques sur la liturgie du chant selon Nicétas de Remesiana. In: EL 102 (1988) 138–144.

METREVELI, Helene: Die georgischen Liturgie-Handschriften des 9. und 10. Jahrhunderts und ihre Bedeutung für die Erforschung der byzantinischen Hymnographie. In: ZDMG.S 4 [= XX. Deutscher Orientalistentag vom 3. bis 8. Oktober 1977 in Erlangen. Vorträge. Hg. v. Wolfgang VOIGT] (1980) 161–166.

METZGER, B[ruce] M.: The Fourth Book of Ezra (Late First Century A.D.). With the Four Additional Chapters. A New Translation and Introduction. In: OTP I (1983) 517–559.

MEYERHOFF, Dirk: Traditioneller Stoff und individuelle Gestaltung. Untersuchungen zu Alkaios und Sappho. Hildesheim: G. Olms, 1984 (BAWiss 3).

MICHEL, Otto / BAUERNFEIND, Otto: Flavius Josephus. De bello Judaico – Der jüdische Krieg. Griechisch und Deutsch (bzw.[für Bd. II,2 und III]: Zweisprachige Ausgabe der sieben Bücher). Hg. und mit einer Einleitung sowie mit Anmerkungen versehen. Darmstadt: Wissenschaftliche Buchgesellschaft, 1959 (I; 2., überprüfte Aufl. 1962), 1963 (II,1), 1969 (II,2 und III). [Notabene: Bde. I und II,1 auch München: Kösel-Verlag].

MICHELS, Th.: Mysterien Christi. Frühchristliche Hymnen. Aus dem Griechischen übertragen. Münster, Westf.: Aschendorff, 1952 = 1972.

MIEROW, Charles Christopher / LAWLER, Thomas Comerford: The Letters of St. Jerome. Translated by C. C. M. Introduction and Notes by T. C. L. Vol. I. Letters 1–22. Westminster, MD: Newman Press / London: Longmans, Green and Co., 1963 (ACW 33).

MIGNE, Jacques-Paul: s. PG; s. PL (im AbkVerz.).

MILIK, J. T.: s. BAILLET, M.

MILLAR, Fergus: s. SCHÜRER, Emil.

MILLER, Andrew M.: From Delos to Delphi. A Literary Study of the Homeric Hymn to Apollo. Leiden: E. J. Brill, 1986 (Mn.Suppl. 93).

MILLER, Patrick D., Jr.: Interpreting the Psalms. Philadelphia, PA: Fortress Press, 1986.

MILLER, R. H.: Liturgical Materials in the Acts of John. In: StPatr XIII = TU 116 (1975) 375–381.

MILLIGAN, George: s. MOULTON, James Hope.

Mischna („Gießener" M.): s. BEER, Georg; s. BORNHÄUSER, Hans; s. CORRENS, Dietrich; s. FIEBIG, Paul; s. HOLTZMANN, Oscar; s. MARTI, Karl.

MITCHELL, C[harles] W[and] (Hg./Üb.): S. Ephraim's Prose Refutations of Mani, Marcion, and Bardaisan ... Transcribed from the Palimpsest B.M. Add. 14623 ... Vol. I. The Discourses Addressed to Hypatius. Vol. II (completed by A. A. BEVAN and F. C. BURKITT). The Discourse Called 'Of Domnus' and Six Other Writings. London/Oxford: Williams and Norgate, 1912 (I), 1921 (II).

MITSAKIS, Kariophilis: The Hymnography of the Greek Church in the Early Christian Centuries. In: JÖB 20 (1971) 31–49.

— (ΜΗΤΣΑΚΗ[Σ], Καριοφιλη[ς]): Βυζαντινὴ Ὑμνογραφία. Τόμος Α΄. ᾿Απὸ τὴν Καινὴ Διαθήκη ἔως τὴν εἰκονομαχία – Byzantine Hymnography. Vol. I. From the New Testament to the Iconoclastic Controversy. Thessaloniki: Patriarchal Institute for Patristic Studies, 1971 (ChrLit 1).

MOHLBERG, Kunibert: Ziele und Aufgaben der liturgiegeschichtlichen Forschung. Münster in Westf.: Aschendorff, 1919 (LF 1).

MOHRMANN, Christine: La langue et le style de la poésie latine chrétienne. In: REL 25 (1947) 280–297 = MOHRMANN, Études I (1961) 151–168.

—: Études sur le latin des chrétiens.Tome I: Le latin des chrétiens. Deuxième Édition. Roma: Edizioni di Storia e Letteratura, 1961.

MOLITOR, Joseph : Glossarium Ibericum in quattuor Evangelia et Actus Apostolorum antiquioris versionis etiam textus Chanmeti et Haemeti complectens. 1. ა – ჱ. Louvain: Secrétariat du CorpusSCO, 1962 (CSCO 228 = CSCO.Sub 20).

—: Glossarium Ibericum in quattuor Evangelia et Actus Apostolorum antiquioris versionis etiam textus Chanmeti et Haemeti complectens. Index Graecus–Ibericus. Louvain: Secrétariat du CorpusSCO, 1964 (CSCO 243 = CSCO.Sub 23).

—: Glossarium Ibericum. Supplementum in Epistolas Catholicas et Apocalypsim antiquioris versionis. Louvain: Secrétariat du CorpusSCO, 1965 (CSCO 265 = CSCO.Sub 25).

—: Glossarium Latinum–Ibericum–Graecum in quattuor Evangelia et Actus Apostolorum et in Epistolas Catholicas necnon in Apocalypsim antiquioris versionis Ibericae. Louvain: Secrétariat du CorpusSCO, 1967 (CSCO 280 = CSCO.Sub 30 [nicht 29]).

MOMMSEN, Th[eodor] (Hg.): Res gestae divi Augusti. Ex monumentis Ancyrano et Apolloniensi. Berlin: Weidmann, 1883.

MONDÉSERT, Claude / MATRAY, Chantal / MARROU, Henri-Irénée (Hg./Üb.): Clément d'Alexandrie. Le Pédagogue Livre III. Texte grec. Traduction de C. M. et Ch. M. Notes de H.-I. M. Indices des Livres I, II et III. Paris: Éditions du Cerf, 1970 (SC 158).

MONTANARI, Franco: s. KRAMER, Bärbel.

MOOR, Johannes C[ornelis] de: s. KORPEL, Marjo C. A.; s. MEER, Willem VAN DER.

— / SPRONK, Klaas: A Cuneiform Anthology of Religious Texts from Ugarit. Autographed Texts and Glossaries. Leiden u.a.: E. J. Brill, 1987 (SSS NS 6).

MORALDI, Luigi (Üb.): Testi gnostici. Torino: Unione Tipografico-Editrice Torinese, 1982.

MORAWE, Günter: Aufbau und Abgrenzung der Loblieder von Qumrân. Studien zur gattungsgeschichtlichen Einordnung der Hodajôth. Berlin: Evangelische Verlagsanstalt, 1960 (ThA 16).

MOREL, Willy (Hg.): Fragmenta poetarum Latinorum epicorum et lyricorum praeter Ennium et Lucilium. 2. Aufl. Leipzig: B. G. Teubner, 1927 = Stuttgart: B. G. Teubner, 1963 u.ö. (BSGRT).

MORESCHINI, C.: s. SIMONETTI, Manlio.

MORTLEY, Raoul: s. CLARKE, Graeme.

Moses bar Kepha: s. STROTHMANN, Werner.

MOULTON, James Hope / MILLIGAN, George: The Vocabulary of the Greek Testament Illustrated from the Papyri and Other Non-Literary Sources. Grand Rapids, MI: Wm. B. Eerdmans, 1930 = 1980.

MOUNTFORD, James Frederick / WINNINGTON-INGRAM, Reginald Pepys: Music. In: OCD (1970) 705–713.

MOUSSY, Claude / CAMUS, Colette (Hg./Üb.): Dracontius. Œuvres. Tome I. Louanges de Dieu. Livres I et II. Texte établi, traduit et commenté par C. M. (Introduction et Livre II) et C. C. (Livre I). Paris: Société d'édition «Les Belles Lettres», 1985.

MOWINCKEL, Sigmund: The Psalms in Israel's Worship. Translated by D. R. AP-THOMAS. Vols. I–II. Oxford: B. Blackwell, 1962 = 1967.

MRAS, Karl (Hg.): Eusebius. Werke VIII,1–2. Die Praeparatio evangelica. 1. Einleitung. Die Bücher I bis X. 2. Die Bücher XI bis XV. Register. Berlin: Akademie-Verlag, 1954/56 (GCS 43,1–2).

MÜHLENBERG, Ekkehard (Hg.): Psalmenkommentare aus der Katenenüberlieferung I–III. Bd. III. Untersuchungen zu den Psalmenkatenen. Berlin/New York: W. de Gruyter, 1975 (I), 1977 (II), 1978 (III) (PTS 15, 16, 19).

MULDER, Martin Jan (Editor) / SYSLING, Harry (Executive Ed.): Mikra. Text, Translation, Reading and Interpretation of the Hebrew Bible in Ancient Judaism and Early Christianity. Assen: Van Gorcum / Philadelphia: Fortress Press, 1988 (CRINT, Section Two, 1).

MÜLLER, C. Detlef G.: Die Engellehre der koptischen Kirche. Untersuchungen zur Geschichte der christlichen Frömmigkeit in Ägypten. Wiesbaden: O. Harrassowitz, 1959.

— (Hg./Üb.): Die Bücher der Einsetzung der Erzengel Michael und Gabriel. Louvain: Secrétariat du CorpusSCO, 1962 (CSCO 225/226 = CSCO.C 31/32).

—: Geschichte der orientalischen Nationalkirchen. Göttingen: Vandenhoeck & Ruprecht, 1981 (KIG, Bd. 1, Lief. D 2).

MÜLLER, U.: s. KUHN, Karl Georg.

MÜLLER, Ulrich B.: Der Christushymnus Phil 2,6–11. In: ZNW 79 (1988) 17–44.

MÜLLER, Walter W.: s. DUPONT-SOMMER, André.

MUNIER, C. (Hg.): Concilia Galliae A. 314 – A. 506. Turnhout: Brepols, 1963 (CChr.SL 148).

MURAOKA, Takamitsu: Sir. 51,13–30: An Erotic Hymn to Wisdom? In: JSJ 10 (1979) 166–178.

MURRAY, Gilbert(us) (Hg.): Euripidis fabulae. Tom. I–III. Oxford: Clarendon Press, 1902 (I), 1913 (II [3rd ed.], III [2nd ed.]) (SCBO).

MURRAY, Robert: Symbols of Church and Kingdom – ܟܬܒܐ ܕܡܠܟܘܬܐ ܘ ܟܬܒܐ A Study in Early Syriac Tradition. London: Cambridge University Press, 1975.

—: Ephraem Syrus. In: TRE IX (1982) 755–762.

—: Hellenistic-Jewish Rhetoric in Aphraat. In: LAVENANT, Symposium 1980 (1983) 79–85.

MUSSIES, G.: Dio Chrysostom and the New Testament. Leiden: E. J. Brill, 1972 (SCHNT 2).

MUSURILLO, Herbert (Üb.): St. Methodius. The Symposium. A Treatise on Chastity. Translated and Annotated. Westminster, MD: Newman Press / London: Longmans, Green and Co, 1958 (ACW 27).

— / DEBIDOUR, Victor-Henry (Hg./Üb.): Méthode d'Olympe. Le Banquet. Introduction et texte critique par H. M. Traduction et notes par V.-H. D. Paris: Éditions du Cerf, 1963 (SC 95).

MUTZENBECHER, Almut (Hg.): Sancti Aurelii Augustini Retractationum libri II. Turnhout: Brepols, 1984 (CChr.SL 57).

MYNORS, Sir Roger (Hg.): Catullus. Carmina. Oxford: University Press, 1958 (SCBO).

— (Hg.): Virgil. Opera. Oxford: University Press, 1969 (SCBO).

NACHSTÄDT, W. / SIEVEKING, W. / TITCHENER, J. B. (Hg.): Plutarchi Moralia. Vol. II. Leipzig: B. G. Teubner, 1935 = 2. Aufl. 1971 (BSGRT).

NAGEL, Peter: Die Psalmoi Sarakōtōn des manichäischen Psalmbuches. In: OLZ 62 (1967) 123–130.

—: Probleme der koptischen Literatur. Hg. v. Institut für Byzantinistik der Martin-Luther-Universität Halle-Wittenberg. Bearbeitet von P. N. Halle (Saale) 1968 (WBMLU 1968/1 [K 2]).

—: Das Wesen der Archonten aus Codex II der gnostischen Bibliothek von Nag Hammadi. Koptischer Text, deutsche Übersetzung und griechische Rückübersetzung, Konkordanz und Indizes. Halle (Saale) 1970 (WBMLU 1970/6 [K 3]).

—: Die apokryphen Apostelakten des 2. und 3. Jahrhunderts in der manichäischen Literatur. Ein Beitrag zur Frage nach den christlichen Elementen im Manichäismus. In: TRÖGER, Gnosis und NT (1973) 149–182.

—: Die Thomaspsalmen des koptisch-manichäischen Psalmenbuches übersetzt und erläutert. Berlin: Evangelische Verlagsanstalt, 1980 (Quellen NF 1).

—: Ζωγραφεῖν und das »Bild« des Mani in den koptisch-manichäischen Texten. In: GOLTZ, Eikon (1981) 199–238.

—: s. BROCKELMANN, Carl.

NAU, F[rançois] (Hg./Üb.): Bardesanes. Liber legum regionum. Annotationibus locupletavit Th. NÖLDEKE. In: PS II (1907) 490–535.

— (Hg./Üb.): Appendix. Ἀπολλωνίου τοῦ Τυανέως ἀποτελέσματα – Apotelesmata Apollonii Tyanensis. In: PS II (1907) 1362–1392.

NAUCK, August(us): Porphyrii philosophi platonici opuscula selecta. Leipzig: B. G. Teubner, 1886 = Hildesheim: G. Olms, 1963.

NAUROY, Gérard: Le martyre de Laurent dans l'hymnodie et la prédication des IVe et Ve siècles et l'authenticité ambrosienne de l'hymne «Apostolorum supparem». In: REAug 35,1 (1989) 44–82.

NAVÈ, Pnina: Hechalot–Schriften. In: KLL III = dtv-KLL 10 (dtv 3150) 4318–4319.

NAWIJN, W.: s. BOISSEVAIN, Ursulus Ph.

NEBE, Gerhard-Wilhelm: s. GRÖZINGER, Karl Erich.

NEUMANN, Peter H. A. (Hg.): Zur neueren Psalmenforschung. Darmstadt: Wissenschaftliche Buchgesellschaft, 1976 (WdF 192).

NÈVE, Félix: L'hymnologie arménienne. Le Charagan. In: Muséon 4 (1885) 359–368.

NEWBERRY, John: s. LEVI, Peter.

NEWIGER, Hans-Joachim (Hg.): Aristophanes und die Alte Komödie. Darmstadt: Wissenschaftliche Buchgesellschaft, 1975 (WdF 265).

NEWSOM, Carol [A.]: Songs of the Sabbath Sacrifice: A Critical Edition. Atlanta, GA: Scholars Press, 1985 (HSemSt 27).

—: Merkabah Exegesis in the Qumran Sabbath Shirot. In: JJS 38 (1987) 11–30.

NIEDERWIMMER, Kurt: Die Didache. Erklärt v. K.N. Göttingen: Vandenhoeck & Ruprecht, 1989 (KAV 1).

—: s. DIETHART, Johannes M.

NILSSON, Martin P.: Die Religion der Griechen. Tübingen: J. C. B. Mohr (Paul Siebeck), 1927 (RGL 4).

—: Geschichte der griechischen Religion. Bd I. Die Religion Griechenlands bis auf die griechische Weltherrschaft. Bd. II. Die hellenistische und römische Zeit. 3. Aufl. München. C. H. Beck, 1967 = 1976 (I), 1974 (II) (HAW V,2,1–2).

NISBET, Robin G. M. / HUBBARD, Margaret: A Commentary on Horace. Odes Book I–II. Vols. I–II. Oxford: Clarendon Press, 1970 (I), 1978 (II).

NOBBS, Alanna M. = EMMETT, Alanna M.

NOBEL, Johannes (Hg.): Der Rig-Veda aus dem Sanskrit ins Deutsche übersetzt und mit einem laufenden Kommentar versehen von Karl Friedrich GELDNER. 4. Teil. Namen- und Sachregister zur Übersetzung. Dazu Nachträge und Verbesserungen. Aus dem Nachlass des Übersetzers herausgegeben, geordnet und ergänzt. Cambridge, MA: Harvard University Press, 1957 (HOS 36).

NOCK, A. D. / FESTUGIÈRE (Hg./Üb.): Corpus Hermeticum. Tom. I–IV. Paris: Société d'édition «Les Belles Lettres», 1946 (I–II), 1954 (III–IV) = 1972 (I, III, IV), 1973 (II).

NÖLDEKE, Theodor: s. NAU, F.

NORBERG, D.: Le «Pange lingua» de Fortunat pour la croix. In: MD 173 (1988) 71–79.

NORDEN, Eduard: Die antike Kunstprosa vom VI. Jahrhundert v. Chr. bis in die Zeit der Renaissance. Bde. I–II. 7. Aufl. Darmstadt: Wissenschaftliche Buchgesellschaft, 1974 (= 2. Aufl. 1909; Nachträge: 3. Aufl. 1915).

—: Agnostos Theos. Untersuchungen zur Formengeschichte religiöser Rede. Leipzig: B. G. Teubner, 1913 = Darmstadt: Wissenschaftliche Buchgesellschaft, 4. Aufl. 1956 u.ö.

NORTH, Robert: Elenchus of Biblica 1985. Roma: Editrice Pontificio Istituto Biblico, 1988 (EBB 1).

NOTH, Martin: Die fünf syrisch überlieferten apokryphen Psalmen. In: ZAW 48 = NF 7 (1930) 1–23.

NYBERG, Henrik Samuel: Forschungen über den Manichäismus. In: WIDENGREN, Manichäismus (1977) 3–28 (= ZNW 34 [1935] 70–91).

OERTER, Wolf-Burkhard: Die Thomaspsalmen des Manichäischen Psalters als genuiner Bestandteil der manichäischen Literatur. Dissertation zur Promotion A. Leipzig: Karl-Marx-Universität, Sektion Geschichte, 1976.

— (W. B. O.): Die Thomaspsalmen des Manichäischen Psalters als genuiner Bestandteil der manichäischen Literatur. In: BySl 41,1 (1980) 44–49.

OESTERLEY, W. O. E.: s. BOX, G. H.

OLDFATHER, Charles H. u.a. [C. L. SHERMAN, C. Bradford WELLES, Russel M. GEER, Francis R. WALTON] (Hg./Üb.): Diodorus of Sicily. Vols. I–XII. Cambridge, MA: Harvard University Press / London: W. Heinemann, 1946–1957 (2.–3. Aufl.; LCL 279, 303, 340, 375, 384, 399, 389, 422, 377, 390, 409, 423).

OLDFATHER, William Abbott (Hg./Üb.): Epictetus. The Discourses as Reported by Arrian, the Manual, and Fragments. Vols. I–II. Cambridge, MA: Harvard University Press / London: W. Heinemann, 1925 = 1979 (I), 1928 = 1978 (II) (LCL 131, 218).

— / CANTER, Howard Vernon / PERRY, Ben Edwin: Index Apuleianus. Middletown, CT: American Philological Association, 1934 = Hildesheim: G. Olms, 1979.

OLIVIER, Jean-Marie (Hg.): Diodori Tarsensis Commentarii in Psalmos. I. Commentarii in Psalmos I–L. Turnhout: Brepols / Leuven: University Press, 1980 (CChr.SG 6).

O'NEIL, Edward N.: A Critical Concordance of the Tibullan Corpus. Ithaca, NY: Cornell University Press (bzw. American Philological Association), 1963.

OPELT, Ilona: Die Szenerie bei Sedulius. In: JAC 19 (1976) 109–119 = OPELT, Paradeigmata (1988) 63–75.

—: Das Carmen De laudibus Domini als Zeugnis des Christentums bei den Galliern. In: (Romanobarbarica 3 [1978] 159–166 =) OPELT, Paradeigmata (1988) 95–99.

—: Trinitätsterminologie in der Alethia des Claudius Marius Victorius (Originalbeitrag 1986). In: OPELT, Paradeigmata (1988) 106–112.

—: Paradeigmata Poetica Christiana. Untersuchungen zur christlichen lateinischen Dichtung. Düsseldorf: Schwann [Patmos-Verlag], 1988 (KuE 3).

ORLANDI, Tito: Koptische Kirche. In: TRE XIX (1990) 595–607.

Orpheus: s. KERN, Otto; s. PLASSMANN, J. O.; s. QUANDT, G. (= W.).

ORT, L. J. R.: Mani. A Religio-Historical Description of His Personality. Leiden: E. J. Brill, 1967 (DHRP 1).

ORTIZ DE URBINA, Ignatius [Ignacio]: Patrologia syriaca. Altera editio emendata et aucta. Roma: Pont. Institutum Orientalium Studiorum, 1965.

OSBORN, Eric Francis: Justin Martyr. Tübingen: J. C. B. Mohr (Paul Siebeck), 1973 (BHTh 47).

OSSWALD [= Oßwald], Eva: Gebet Manasses. In: JSHRZ IV,1 (1974) 15–27.

OSTEN-SACKEN, Peter VON DER: Gott und Belial. Traditionsgeschichtliche Untersuchungen zum Dualismus in den Texten aus Qumran. Göttingen: Vandenhoeck & Ruprecht, 1969 (StUNT 6).

OSTWALD, Martin: s. HALPORN, James W.

OTTEN, Heinrich: s. FURLANI, Giuseppe.

OULTON, J. E. L.: s. LAKE, Kirsopp.

OUTTIER, Bernard (Üb.): Textes arméniens relatifs à s. Éphrem. Louvain: Peeters, 1985 (CSCO 474 = CSCO.Ar 16). – Text: s. TER-PÉTROSSIAN, Lévon.

PABST, Hartmut: s. GRÖZINGER, Karl Erich.
PAGE, D[enys] L. (Hg./Üb.): Select Papyri in five volumes. Vol. III. Literary Papyri. Poetry. Texts, Translations and Notes. Cambridge, MA: Harvard University Press / London: W. Heinemann, [1941] 1942 = 1950 (LCL 360).
— (Hg.): Poetae melici Graeci. Alcmanis, Stesichori, Ibyci, Anacreontis, Simonidis, Corinnae, poetarum minorum reliquias, carmina popularia et convivialia quaeque adespota feruntur. Oxford: Clarendon Press, 1962.
— (Hg.): Lyrica Graeca selecta. Oxford: Clarendon Press, 1968 (SCBO).
— (Hg.): Supplementum lyricis Graecis. Poetarum lyricorum Graecorum fragmenta. Oxford: Clarendon Press, 1974.
—: s. LOBEL, Edgar.
PAGELS, Elaine H.: s. ATTRIDGE, Harold W.
PAINCHAUD, Louis (Hg./Üb.): Le Deuxième Traité du Grand Seth (NH VII,2). Québec: Presses de l'université Laval, 1982 (BCNH.T 6).
PALLA, Roberto / KERTSCH, Manfred: Gregor von Nazianz. Carmina de virtute Ia/Ib, ediert v. R. P., übersetzt u. kommentiert v. M. K. Graz: Eigenverlag des Instituts für Ökumenische Theologie und Patrologie, 1985 (GrTS 10).
ΠΑΛΛΑΣ, Δ. Ι.: Ὁ ὕμνος τῶν Πράξεων τοῦ Ἰωάννου κεφ. 94–97 (Παρατηρήσεις στὴν πρωτοχριστιανικὴ ποίηση). In: Mélanges à O. et M. MERLIER II (Athènes 1956) 221–264.
PARANIKAS, Matthaios: s. CHRIST, Wilhelm.
PARISOT, Ioannes [Jean] (Hg./Üb.): Aphraatis Sapientis Persae Demonstrationes I–XXIII. In: PS I (1894), II (1907) 1–489.
PARMA, Christian: Pronoia und Providentia. Der Vorsehungsbegriff Plotins und Augustins. Leiden: E. J. Brill, 1971 (SPGAP VI).
PARMENTIER, Léon (Hg) / SCHEIDWEILER, Felix (Bearb.): Theodoret. Kirchengeschichte. 2. Aufl. Berlin: Akademie-Verlag, 1954 (GCS 44) [1. Aufl. Leipzig: J. C. Hinrichs, 1911; GCS 19].
PARROTT, Douglas M. (Hg.): Nag Hammadi Codices V,2–5 and VI with Papyrus Berolinensis 8502,1 and 4. Leiden: E. J. Brill, 1979 (NHS 11).
—: s. DIRKSE, Peter A.
PASCHER, Joseph: Brevier. In: LThK II (1958) 679–684.
PASQUALI, Georgius (Hg.): Procli Diadochi in Platonis Cratylum commentaria. Leipzig: B. G. Teubner, 1908 (BSGRT).
PASSIONI DELL'ACQUA, Anna: Il genere letterario dell'inno e del canto di ringraziamento nell'Antico e nel Nuovo Testamento e negli inni di Qumrân (1QH). In: EL 90 (1976) 72–80.
PATILLON, Michel: s. BOUFFARTIGUE, Jean.
PAUL, Oscar: Anicius Manlius Severinus Boethius. Fünf Bücher über die Musik aus der lateinischen in die deutsche Sprache übertragen und mit besonderer Berücksichtigung der griechischen Harmonik sachlich erklärt. Hildesheim u.a.: G. Olms, 1985 (2. Nachdruck der Ausgabe Leipzig 1872).
PAULSEN, Henning: Die Briefe des Ignatius von Antiochia und der Brief des Polykarp von Smyrna. 2., neubearbeitete Aufl. der Auslegung von Walter BAUER. Tübingen: J. C. B. Mohr (Paul Siebeck), 1985 (HNT 18 [Die Apostolischen Väter II]).
PAULSON, Johannes: Index Lucretianus. Nach den Ausgaben von Lachmann, Bernays, Munro, Brieger und Giussani zusammengestellt. 2. Aufl. Göteborg: Wettergren & Kerber, 1926 = Darmstadt: Wissenschaftliche Buchgesellschaft, 4. Aufl. 1970.
PAYNE SMITH, J[essie] (Mrs. MARGOLIOUTH) (Hg.): A Compendious Syriac Dictionary. Founded upon the Thesaurus Syriacus of R. PAYNE SMITH. Oxford: Clarendon Press, 1903 = 1957, 1967 u.ö.
— = PAYNE MARGOLIOUTH, Jessie = MARGOLIOUTH, Jessie PAYNE.
PAYNE SMITH, R[obert] (Hg.): Thesaurus Syriacus I–II. Oxford: Clarendon Press, 1879–1901 = Hildesheim/New York: G. Olms, 1981.
PAYR, Theresia: Enkomion. In: RAC V (1962) 332–343.
PEARSON, Birger A. (Hg.): Nag Hammadi Codices IX and X. Leiden: E. J. Brill, 1981 (NHS 15).
— (Hg./Üb.): Marsanes. In: PEARSON, NHS 15 (1981) 229–347.

—: Earliest Christianity in Egypt: Some Observations. In: PEARSON/GOEHRING, Roots (1986) 132–160.

— / GIVERSEN, Søren (Hg./Üb.): Melchizedek. In: PEARSON, NHS 15 (1981) 19–85.

— / — (Hg./Üb.): The Thought of Norea. In: PEARSON, NHS 15 (1981) 87–99.

— / GOEHRING, James E. (Hg.): The Roots of Egyptian Christianity. Philadelphia: Fortress Press, 1986 (StAC [1]).

PEEK, Werner: Der Isishymnos von Andros und verwandte Texte. Berlin: Weidmann, 1930.

—: Griechische Versinschriften. Bd. I. Grab-Epigramme. Berlin: Akademie-Verlag, 1955.

— (Hg.): s. Opuscula (im AbkVerz.).

PEIPER, Rudolf(us) (Hg.): Cypriani Galli poetae Heptateuchos accedunt incertorum de Sodoma et Iona et ad senatorem carmina et Hilarii quae feruntur in Genesin, de Maccabaeis atque de Euangelio. Prag & Wien: F. Tempsky / Leipzig: G. Freytag, 1891 (CSEL 23).

PELLEGRINO, Michele: La poesia di sant'Ilario di Poitiers. In: VigChr 1 (1947) 201–226.

—: L'inno del Simposio di s. Metodio Martire. Introduzione, testo critico e commento. Torino: G. Giappichelli [gestempelt], 1958 (PFLUT 10,1).

—: Innologia cristiana latina. Torino: G. Giappichelli, 1965.

—: Ricerche Patristiche. Bde. I–II. Torino: Bottega d'Erasmo, 1982 (vgl. die Würdigung von CORSINI, RSLR 23 [1987] 377–384).

PERICOLI(-)RIDOLFINI, Francesco S.: Il Salterio Manicheo e la gnosi giudaico-cristiana. In: BIANCHI, Origini (1967 = 1970) 597–603.

PERLER, Othmar: Ein Hymnus zur Ostervigil von Meliton? (Papyrus Bodmer XII). Freiburg Schweiz: Universitätsverlag, 1960 (Par. 15).

—: Méliton de Sardes. Sur la pâque et fragments. Introduction, texte critique, traduction et notes. Paris: Éditions du Cerf, 1966 (SC 123).

PERLES, F. (Rez.): A. E. COWLEY: The Samaritan Liturgy I–II. Oxford, Clarendon Press, 1909. In: OLZ 15,5 (1912) 217–220.

PERRET, J.: Aux origines de l'hymnodie latine – l'apport de la civilisation romaine. In: MD 173 (1988) 41–60.

PERROT, Charles: s. HARRINGTON, Daniel J.

PERRY, Ben Edwin: s. OLDFATHER, William Abbott.

PERRY, E. Guthrie: Hymnen und Gebete an Sin. Leipzig: J. C. Hinrichs, 1907 = 1968 (LSSt II,4).

PETERMANN, H[einrich Julius] (Hg.): Thesaurus s[ive] Liber magnus vulgo „Liber Adami" appellatus opus Mandaeorum summi ponderis. Tomus I textum continens. Pars 1. s[ive] Dextra. Pars 2. s[ive] sinistra. Tomus II. Lectiones codd. additamenta et corrigenda continens. Metallo excudit Rud. Tietz. Leipzig: T. O. Weigel, 1867 [sic].

PETERSEN, William L.: Romanos and the Diatessaron: Readings and Method. In: NTS 29 (1983) 484–507.

—: The Dependence of Romanos the Melodist upon the Syriac Ephrem: Its Importance for the Origin of the Kontakion. In: VigChr 39 (1985) 171–187.

—: The Diatessaron and Ephrem Syrus as Sources of Romanos the Melodist. Louvain: Peeters, 1985 (CSCO 475 = CSCO.Sub 74).

PETERSON, Erik: Εἷς θεός. Epigraphische, formgeschichtliche und religionsgeschichtliche Untersuchungen. Mit zahlreichen Abbildungen, Wort-, Stellen-, Sach- und Autoren-Register. Göttingen: Vandenhoeck und Ruprecht, 1926 (FRLANT 41 = NF 24).

PETUCHOWSKI, Jakob J.: Zur Geschichte der jüdischen Liturgie. In: HENRIX, Liturgie (1979) 13–32.

— / BROCKE, Michael (Hg.): The Lord's Prayer and Jewish Liturgy. London: Burns & Oates, 1978.

PFEIFER, Gerhard: Das Ja des Amos. In: VT 39 (1989) 497–503.

PFEIFFER, Rudolf (Hg.): Callimachus. Vol. II. Hymni et epigrammata. Oxford: Clarendon Press, 1953.

PFOHL, Gerhard (Hg./Üb.): Griechische Inschriften als Zeugnisse des privaten und öffentlichen Lebens. München: E. Heimeran, o.J. (TuscBü). – Vgl. 2., verbesserte Aufl., Darmstadt: Wissenschaftliche Buchgesellschaft, 1980.

PHILLIMORE, John Swinnerton: Index verborum Propertianus. Oxford: Clarendon Press, 1905 = Oxford/Darmstadt: Wissenschaftliche Buchgesellschaft 1961.

PHILONENKO, Marc: Remarques sur un hymne essénien de caractère gnostique. In: Sem. 11 (1961) 43–54.

PHILONENKO-SAYAR, Belkis / PHILONENKO, Marc: Die Apokalypse Abrahams. In: JSHRZ V,5 (1982) 413–460.

PINCHES, Theophiles G.: Hymns (Babylonian). In: ERE VII (1914) 1–3.

PINCKERT, Johannes: Hymnen und Gebete an Nebo. Leipzig: J. C. Hinrichs, 1920 = 1968 (LSSt III,4).

PITRA, Jean-Baptiste: Hymnographie de l'Église grecque. Roma 1867.

PLACES, Édouard DES (Hg./Üb.): Oracles chaldaïques avec un choix de commentaires anciens. Paris: Société d'édition «Les Belles Lettres», 1971.

PLASBERG, O.: Straßburger Anekdota. In: APF 2 (1902) 185–228.

PLASSMANN, J[oseph] O.: Orpheus. Altgriechische Mysterien. Aus dem Urtext übertragen und erläutert. Mit einem Nachwort von Fritz GRAF. Köln: E. Diederichs, 1982 (Diederichs Gelbe Reihe 40 Antike).

PLÖGER, Otto: Zusätze zu Daniel. In: JSHRZ I,1 (1973) 63–87.

PLÜMACHER, Eckhard: Apokryphe Apostelakten. München: A. Druckenmüller, 1978 (= PRE SupplBd. XV 11–70 [Sonderausgabe]).

POHLENZ, Max: s. ZIEGLER, Konrat.

— / WESTMAN, Rolf (Hg.): Plutarchi moralia. Vol. VI,2. Leipzig: B. G. Teubner, 2. Aufl. 1964 (BSGRT).

PÖHLMANN, Egert: Denkmäler altgriechischer Musik. Sammlung, Übertragung und Erläuterung aller Fragmente und Fälschungen. Nürnberg: H. Carl, 1970 (EBSK 31).

POHLMANN, Karl-Friedrich: 3. Esra-Buch. In: JSHRZ I,5 (1980) 375–425.

PÖHLMANN, Wolfgang: Die hymnischen All-Prädikationen in Kol 1,15–20. In: ZNW 64 (1973) 53–74.

POIRIER, Paul-Hubert: L'Hymne de la Perle des Actes de Thomas: Étude de la tradition manuscrite. In: OrChrA 205 (1978 [Symposium Syriacum 1976]) 19–29.

—: L'Hymne de la Perle des Actes de Thomas. Introduction. Texte–Traduction. Commentaire. Louvain-la-Neuve: [Centre d'histoire des religions], 1981 (Homo religiosus 8).

POLOTSKY, Hans Jakob (Hg.): Manichäische Handschriften der Sammlung A. Chester Beatty. Bd. I. Manichäische Homilien. Mit einem Beitrag von Hugo IBSCHER. Stuttgart: W. Kohlhammer, 1934.

—: Manichäismus. In: PRE, SupplBd. VI (1935) 240–271 = POLOTSKY, Papers (1971) 699–714.

—: Collected Papers. Jerusalem: Magnes Press, Hebrew University, 1971.

— / BÖHLIG, Alexander (Hg./Üb.): Manichäische Handschriften der Staatlichen Museen Berlin. … [Bd. I.] Kephalaia. 1. Hälfte (Lieferung 1–10). Mit einem Beitrag von Hugo IBSCHER. Stuttgart: W. Kohlhammer, 1940. – s. auch BÖHLIG, Alexander.

PÖTSCHER, Walter: Das Selbstverständnis des Dichters in der homerischen Poesie. In: LWJ NF 27 (1986) 9–22.

—: Hera. Eine Strukturanalyse im Vergleich mit Athena. Darmstadt: Wissenschaftliche Buchgesellschaft, 1987.

POWELL, Johannes Enoch: s. JONES, Henricus Stuart.

POWELL, Ioannes U. (Hg.): Collectanea Alexandrina. Reliquiae minores Poetarum Graecorum Aetatis Ptolemaicae 323–146 A.C. Epicorum, Elegiacorum, Lyricorum, Ethicorum. Cum Epimetris et Indice Nominum. Oxford: Clarendon Press, 1925 = Oxford: University Press, 1970.

PRAECHTER, Karl (Hg.): Friedrich UEBERWEGs Grundriss der Geschichte der Philosophie. 1. Bd. Die Philosophie des Altertums. Basel/Stuttgart: Schwabe & Co, 1967.

PREISENDANZ, Karl: s. PGrM, 2. Aufl., I–II (im AbkVerz.).

PRENNER, Karl: s. WOSCHITZ, Karl Matthäus.

PREUSCHEN, Erwin: Die apokryphen gnostischen Adamschriften aus dem Armenischen übersetzt und untersucht. Giessen: J. Ricker (A. Töpelmann), 1900 (Sonderabdruck aus der Festschrift für Bernhard STADE).

—: Ein altchristlicher Hymnus. In: ZNW 2 (1901) 73–81.

—: Zwei gnostische Hymnen. Ausgelegt von E. P. Mit Text und Übersetzung. Giessen: J. Ricker (A. Töpelmann), 1904.

PRICE, Carl F.: What Is A Hymn? Springfield, OH [bzw. New York City]: Hymn Society of America, 1937 (Papers of the H. S. of A. VI [8 Seiten]).

PRIJS, Leo: Pijut–Dichtung. In: KLL VI = dtv-KLL 17 (dtv 3157) 7521–7522.

Propyläen Geschichte der Literatur. Bd. I. Die Welt der Antike 1200 v.Chr. – 600 n.Chr. Berlin: Propyläen Verlag, 1981.

ΨΕΥΤΟΓΚΑΣ, Βασίλειος: Αἱ ὁμιλίαι τοῦ μεγάλου Βασιλείου ὡς πηγὴ εἰς τὴν ὑμνογραφίαν. In: Kl. 6 (1974) 261–272.

PUECH, Émile: Un Hymne essénien en partie retrouvé et les Béatitudes. 1QH V 12 – VI 18 (= col. XIII–XIV 7) et 4QBéat. In: RdQ XIII (1988) 59–88.

—: s. GARCÍA MARTÍNEZ, Florentino.

QUANDT, Guilelmus [= Wilhelm] (Hg.): Orphei hymni. 4. Aufl. Dublin/Zürich: Weidmann, 1973 (= 2. Aufl. 1955, unveränderter Nachdruck der 1. Aufl. von 1941, mit Nachträgen S. 81–92).

—: Bemerkungen zu den orphischen Hymnen. In: Hermes 81 (1953) 123–125.

QUASTEN, Johannes: Musik und Gesang in den Kulten der heidnischen Antike und christlichen Frühzeit. Mit einer Textabbildung und 38 Tafeln. Münster in Westf.: Aschendorff, 1930 (LQF 25).

— (Hg.): Monumenta eucharistica et liturgica vetustissima. Pars I–VII. Bonn: P. Hanstein, 1935 (I–II), 1936 (III–V), 1937 (VI–VII) (FlorPatr VII,1–7).

—: Patrology. Vol. I. The Beginnings of Patristic Literature. Vol. II. The Ante-Nicene Literature after Irenaeus. Vol. III. The Golden Age of Greek Patristic Literature. From the Council of Nicaea to the Council of Chalcedon. Utrecht/Antwerp: Spectrum, 1950 = 1966 (I), 1953 = 1964 (II), 1960 = 1963 (III).

—: Carmen. In: RAC II (1954) 901–910.

—: s. DI BERARDINO, Angelo.

QUECKE, Hans: Untersuchungen zum koptischen Stundengebet. Louvain: Université Catholique de Louvain, Institut Orientaliste, 1970 (PIOL 3).

—: Ein saïdischer Zeuge der Markusliturgie (Brit. Mus. Nr. 54 036). In: OrChrP 37 (1971) 40–54.

—: Das anaphorische Dankgebet auf den koptischen Ostraka B.M. Nr. 32799 und 33050 neu herausgegeben. In: OrChrP 37 (1971) 391–405.

—: Ein neues koptisches Anaphora–Fragment (Bonn, Univ.-Bibl. So 267). In: OrChrP 39 (1973) 216–223.

—: Das anaphorische Dankgebet auf dem koptischen Ostrakon Nr. 1133 der Leningrader Eremitage neu herausgegeben. In: OrChrP 40 (1974) 46–60.

—: Ein ägyptisches Papier mit zwei biblischen Oden (P. Heid. Kopt. 372). In: OrChrP 41 (1975) 226–231.

—: Zukunftschancen bei der Erforschung der koptischen Liturgie. In: R. McL. WILSON, Future (= CS I [1978]) 164–196.

—: s. STRYCKER, Émile DE.

QUINN, Kenneth (Hg.): Catullus. The Poems. Ed. with Introduction, Revised Text and Commentary. London: Macmillan, St Martin's Press, 1970 u.ö.

RAD, Gerhard VON: Das fünfte Buch Mose. Deuteronomium. Übersetzt und erklärt. Göttingen: Vandenhoeck & Ruprecht, 1964 (ATD 8).

RAHLFS, Alfred (Hg.): Psalmi cum Odis. Göttingen: Vandenhoeck & Ruprecht, 1931 = 3. Aufl. 1979 (Göttinger Septuaginta, Bd. X).

— (Hg.): Septuaginta. Id est Vetus Testamentum graece iuxta LXX interpretes. Vols. I–II. Editio octava. Stuttgart: Württembergische Bibelanstalt, 1935 u.ö.

RAHMANI, Ignatius Ephraem II: Testamentum Domini nostri Jesu Christi. Nunc primum edidit, Latine reddidit et illustravit. Mainz: F. Kirchheim, 1899.

RATKOWITSCH, Christine: Vergils Seesturm bei Iuvencus und Sedulius. In: JAC 29 (1986) 40–58.

REBELL, W[alter]: ὡσαννά. In: EWNT III (1983) 1217–1218.

REDPATH, Henry A.: s. HATCH, Edwin.

REHLE, Sieghild: s. GAMBER, Klaus (1969).

REHORK, Joachim: Der Hymnus ΑΚΑΘΙΣΤΟΣ. In: ALTHEIM, Hunnen V (1962) 378–389.
—: Hymnos Akathistos, eine Entgegnung [auf H.-G. BECK, ByZ 55 (1962) 369]. In: ALTHEIM/STIEHL, Araber II (1965) 514–523.
REIJNERS, G. Q.: The Terminology of the Holy Cross in Early Christian Literature as Based upon Old Testament Typology. Nijmegen: Dekker & van de Vegt, 1965 (GCP 2).
REINER, Erika: Die akkadische Literatur. In: RÖLLIG, Literaturen (1978) 151–210.
REINHARDT, Karl: Sophokles. Antigone. Übersetzt und eingeleitet. 3. Aufl. Göttingen: Vandenhoeck & Ruprecht, 1961 (KVR 116/117).
REININK, G. J. (Hg./Üb.): Das syrische Alexanderlied. Die drei Rezensionen. Louvain: Peeters, 1983 (CSCO 454/455 = CSCO.S 195/196).
REITZENSTEIN, Richard: Poimandres. Studien zur griechisch-ägyptischen und frühchristlichen Literatur. Leipzig: B. G. Teubner, 1904 = Darmstadt: Wissenschaftliche Buchgesellschaft, 1966.
—: Hellenistische Wundererzählungen. Leipzig: B. G. Teubner, 1906 = 2., unveränderte Aufl. Darmstadt: Wissenschaftliche Buchgesellschaft, 1963.
—: Das mandäische Buch des Herrn der Größe und die Evangelienüberlieferung. Heidelberg: C. Winter, 1919 (SHAW.PH 1919, 12. Abhandlung).
—: Das iranische Erlösungsmysterium. Religionsgeschichtliche Untersuchungen. Bonn: A. Marcus & E. Weber, 1921.
—: Ein Gegenstück zu dem Seelenhymnus der Thomasakten. In: ZNW 21 (1922) 35–37.
—: Antike und Christentum. Vier religionsgeschichtliche Aufsätze. Darmstadt: Wissenschaftliche Buchgesellschaft, 1963 (1–19 = VBW 4 [1924/25] 1–19; 20–37 = VBW 4 [1924/25] 20–37; 38–75 = VBW 2 [1922/23, I. Teil] 28–65; 76–96 = VBW 3 [1923/24] 149–169).
—: Die hellenistischen Mysterienreligionen nach ihren Grundgedanken und Wirkungen. 3. Aufl. Leipzig: B. G. Teubner, 1927 = Darmstadt: Wissenschaftliche Buchgesellschaft, 1966.
—: Die Vorgeschichte der christlichen Taufe. Mit Beiträgen von L. TROJE. Hierzu eine Tafel. Leipzig/Berlin: B. G. Teubner, 1929 = Darmstadt: Wissenschaftliche Buchgesellschaft, 1967.
— / SCHAEDER, Hans Heinrich: Studien zum antiken Synkretismus aus Iran und Griechenland. Leipzig/Berlin 1926 (SBW 7) = Darmstadt: Wissenschaftliche Buchgesellschaft, 1965.
RENGSTORF, Karl Heinrich (Hg.): A Complete Concordance to Flavius Josephus. Vols. I–IV. Leiden: E. J. Brill, 1973 (I. A–Δ), 1975 (II. E–K), 1979 (III. Λ–Π), 1983 (IV. P–Ω).
RESE, Martin: Formeln und Lieder im Neuen Testament. Einige notwendige Anmerkungen. In: VF 15,2 (1970) 75–95.
REVENTLOW, Henning Graf: Gebet im Alten Testament. Stuttgart u.a.: W. Kohlhammer, 1986.
Rhetores Graeci: s. SPENGEL, Leonhard.
RHYS ROBERTS, W[illiam]: Dionysius of Halicarnassus. On Literary Composition. Being the Greek Text of the De compositione verborum. Edited with Introduction, Translation, Notes, Glossary, and Appendices. London: Macmillan and Co., 1910.
RICE, David G. / STAMBAUGH, John E.: Sources for the Study of Greek Religion. o.O.: Scholars Press, 1979 (SBL, SBibSt 14).
RICHARD, Marcel(lus) (Hg.): Iohannis Caesariensis presbyteri et grammatici opera quae supersunt. Turnhout: Brepols / Leuven: University Press, 1977 (CChr.SG 1).
RICHARDSON, Ernest Cushing: Jerome and Gennadius. Lives of Illustrious Men. Translated, with Introduction and Notes. In: NPNF, 2nd ser., III (1969 [repr.]) 349–402.
RICHARDSON, N. J. (Hg.): The Homeric Hymn to Demeter. Oxford: Clarendon Press, 1974.
RICHTER, Will: Vergil. Georgica. Herausgegeben und erklärt. München: M. Hueber, 1957.
RIES, Julien: Der Sonnenkult im Manichäismus. In: ZDMG.S 4 [= XX. Deutscher Orientalistentag vom 3. bis 8. Oktober 1977 in Erlangen. Vorträge. Hg. v. Wolfgang VOIGT] (1980) 175–177.
—: La prière de Bêma dans l'Église de Mani. In: LIMET/RIES, Prière (1980) 375–390.
— (Hg.): L'expression du sacré dans les grandes religions. III. Mazdéisme, Cultes isiaques, Religion grecque, Manichéisme, Nouveau Testament, Vie de l'Homo religiosus. Louvain-la-Neuve: Centre d'histoire des religions, 1986 (Homo religiosus 3).
RIESE, Alexander: s. BUECHELER, Franz.

RIETSCHEL, Georg: Kirchenlied. I. In der alten Kirche (bis ca. 600). In: RE X (3. Aufl. [1896–1913] = 1970) 399–409.
RINGGREN, Helmer: הלל hll I und II. In: ThWAT II (1974–1977) 433–441.
—: Die Religionen des Alten Orients. Göttingen: Vandenhoeck & Ruprecht, 1979 (GAT, Sonderband).
RISSI, Mathias: Der Christushymnus in Phil 2,6–11. In: W. HAASE (Hg.), ANRW II 25.4 (1987) 3314–3326.
ROBERGE, Michel (Hg./Üb.): Noréa (NH IX,2). In: BCNH.T 5 (1980) 149–171.
ROBERTS, W. RHYS: s. RHYS ROBERTS, W[illiam].
ROBERTS, C. H. (Hg.): Catalogue of the Greek and Latin Papyri in the John Rylands Library Manchester. Vol. III. Theological and Literary Texts (Nos. 457–551). With 10 Plates. Manchester: University Press, 1938.
ROBINSON, James M.: Die Hodajot-Formel in Gebet und Hymnus des Frühchristentums. In: APOPHORETA, FS Haenchen = BZNW 30 (1964) 194–235.
—: s. HAENCHEN, Ernst.
ROCA-PUIG, R.: s. SPEYER, Wolfgang.
ROCHA-PEREIRA, Maria H. (Hg.): Pausaniae Graeciae descriptio. Vols. I–III. Leipzig: B. G. Teubner, 1973–1981 (BSGRT).
ROCHEFORT, Gabriel (Hg./Üb.): L'empereur Julien. Oeuvres complètes. Tom. II,1. Paris: Société d'édition «Les Belles Lettres», 1963. – Vgl. BIDEZ, Joseph (I,1–2); LACOMBRADE, Christian (II,2).
ROETZER, Wunibald: Des heiligen Augustinus Schriften als liturgie-geschichtliche Quelle. Eine liturgie-geschichtliche Studie. München: M. Hueber, 1930.
RÖLLIG, Wolfgang (Hg.): Altorientalische Literaturen. Wiesbaden: Akademische Verlagsanstalt Athenaion, 1978 (NHLW 1).
—: Die ugaritische Literatur. In: RÖLLIG, Literaturen (1978) 255–271.
—: s. BRUNNER, Hellmut.
ROLT, C. E.: Dionysius the Areopagite. On the Divine Names and the Mystical Theology. [1920] New Ed. London: SPCK / New York: Macmillan, 1940 = 1957.
RÖMER, Cornelia: s. KOENEN, Ludwig; s. KRAMER, Bärbel.
RÖMER, Willem H. Ph.: Hymnen, Klagelieder und Gebete in sumerischer Sprache. In: TUAT II,5 (1989) 642–? [non vidi].
ROMPAY, Lucas VAN (Hg./Üb.): Théodore de Mopsueste. Fragments syriaques du Commentaire des Psaumes (Psaume 118 et Psaumes 138–148). Louvain: Peeters, 1982 (CSCO 435/436 = CSCO.S 189/190).
RÖNSCH, Hermann: Das Buch der Jubiläen oder die Kleine Genesis. Unter Beifügung des revidirten Textes der in der Ambrosiana aufgefundenen lateinischen Fragmente sowie einer von August DILLMANN aus zwei äthiopischen Handschriften gefertigten lateinischen Übertragung erläutert, untersucht und herausgegeben. Leipzig: Fues's Verlag (R. Reisland), 1874 = Amsterdam: Editions RODOPI, 1970.
RONDEAU, Marie-Josèphe: Les commentaires patristiques du psautier (IIIe–Ve siècles). Vol. I. Les travaux des pères grecs et latins sur le psautier. Recherches et bilan. Vol. II. Exégèse prosopologique et théologie. Roma: Pont. Institutum Studiorum Orientalium, 1982 (I), 1985 (II) (OrChrA 219+220).
ROQUES, René / HEIL, Günther / DE GANDILLAC, Maurice (Hg./Üb.): Denys l'Aréopagite. La hiérarchie céleste. Introduction par R. R., étude et texte critiques par G. H., traduction et notes par M. DE G. Paris: Éditions du Cerf, 1958 (SC 58).
ROSE, Eugen: Die manichäische Christologie. Wiesbaden: O. Harrassowitz, 1979 (StOR 5).
ROSE, Herbert Jennings: The Eklogues of Vergil. Berkeley: University of California Press, 1942.
ROST, Leonhard: Einleitung in die alttestamentlichen Apokryphen und Pseudepigraphen einschließlich der großen Qumran-Handschriften. Heidelberg: Quelle & Meyer, 1971 = 2. Aufl. 1979.
ROUËT DE JOURNEL, M. J. (Hg.): Enchiridion patristicum. Loci ss. patrum, doctorum scriptorum ecclesiasticorum. Ed. XXIII. Novo appendice aucta. Barcelona u.a.: Herder, 1965.
ROUWHORST, Gerardus Antonius Maria: Les hymnes pascales d'Ephrem de Nisibe. Analyse théologique et recherche sur l'évolution de la fête pascale chrétienne à Nisibe et à Edesse et

dans quelques églises voisines au quatrième siècle (met een samenvatting in het Nederlands). Ière partie. Etude. IIème partie. Textes. Proefschrift [Theol. Diss.]. Utrecht: Katholieke Theologische Hogeschool, 1985. (Inzwischen unter demselben Titel erschienen: Leiden: E. J. Brill, 1989 (VigChr.S 7 [2 vols.]).

RUBINKIEWICZ, R.: Apocalypse of Abraham (First to Second Century A.D.). A New Translation and Introduction. In: OTP I (1983) 681–705.

RÜCKER, Adolf: s. BAUMSTARK, Anton.

RUDOLPH, Kurt: Die Mandäer. I. Prolegomena. Das Mandäerproblem. II. Der Kult. Göttingen: Vandenhoeck & Ruprecht, 1959 (I), 1961 (II) (FRLANT 74+75 = NF 56+57).

—: Theogonie, Kosmogonie und Anthropogonie in den mandäischen Schriften. Eine literarkritische und traditionsgeschichtliche Untersuchung. Göttingen: Vandenhoeck & Ruprecht, 1965 (FRLANT 88).

—: Entwicklungsgeschichte der mandäischen Religion. In: BIANCHI, Origini (1967 = 1970) 583–596.

—: Die Religion der Mandäer. In: RM 10,2 (1970) 403–462.

—: Mandäische Quellen. In: FOERSTER, Gnosis II (1971) 171–418.

—: Die mandäische Literatur. Bemerkungen zum Stand ihrer Textausgaben und zur Vorbereitung einer Ginza-Edition. In: MACUCH, Sprache (1976) 147–170 [fast identisch mit: TU 120 (1977) 219–236].

—: Die Gnosis. Wesen und Geschichte einer spätantiken Religion. 2., durchgesehene und ergänzte Aufl. Leipzig: Koehler & Amelang, 1980 [1. Aufl. 1977].

—: Antike Baptisten. Zu den Überlieferungen über frühjüdische und -christliche Taufsekten. Berlin: Akademie-Verlag, 1981 (SSAW.PH 121,4).

RUMMEL, Stan (Hg.): Ras Shamra Parallels. The Texts from Ugarit and the Hebrew Bible. Vol. III. Roma: Pontificium Institutum Biblicum, 1981 (AnOr 51). – Vgl. auch FISHER, Loren R.

RYDEN, E. E.: The Story of Christian Hymnody. Philadelphia: Fortress Press, 1959.

RYSSEL, Victor: Die Sprüche Jesus', des Sohnes Sirachs. In: APAT I (1900) 230–475.

RZACH, Aloisius (Hg.): Hesiodi carmina. Accedit certamen quod dicitur Homeri et Hesiodi. 3. Aufl. Leipzig: B. G. Teubner, 1913 = Stuttgart: B. G. Teubner, 1967 (BSGRT).

SANDERS, E. P.: Testament of Abraham (First to Second Century A.D.). A New Translation and Introduction. In: OTP I (1983) 871–902.

SANDERS, Gabriel / VAN UYTFANGHE, Marc: Bibliographie signalétique du latin des chrétiens. Turnhout: Brepols, 1989 (CChr.LP 1).

SANDERS, Jack T.: The New Testament Christological Hymns. Their Historical Religious Background. Cambridge: University Press, 1971 (MSSNTS 15).

SANDERS, J[ames] A.: The Psalms Scroll of Qumrân Cave 11 (11QPs^a). Oxford: Clarendon Press, 1965 (DJDJ 4).

—: The Dead Sea Psalms Scroll. Ithaca, NY: Cornell University Press, 1967.

—: s. CHARLESWORTH, J. H.

SANZ, Peter: s. TILL, Walter.

SAUER, Georg: Jesus Sirach (Ben Sira). In: JSHRZ III,5 (1981) 481–644.

SÄVE-SÖDERBERGH, Torgny: Studies in the Coptic Manichaean Psalm-Book. Prosody and Mandaean Parallels. Uppsala: Almqvist & Wiksells, 1949.

SCHAEDER, Hans Heinrich: Bardesanes von Edessa in der Überlieferung der griechischen und der syrischen Kirche. In: ZKG 51 (1932) 21–74 = SCHAEDER, Studien (1968) 108–161.

—: Studien zur orientalischen Religionsgeschichte. Herausgegeben mit einem Nachwort von Carsten COLPE. Darmstadt: Wissenschaftliche Buchgesellschaft, 1968.

—: s. REITZENSTEIN, Richard.

SCHÄFER, Peter (Hg.): Synopse zur Hekhalot-Literatur. Tübingen: J. C. B. Mohr (Paul Siebeck), 1981 (TSAJ 2).

— (Hg.): Geniza-Fragmente zur Hekhalot-Literatur. Tübingen: J. C. B. Mohr (Paul Siebeck), 1984 (TSAJ 6).

— (Hg.): Konkordanz zur Hekhalot-Literatur. Bde. I–II. Tübingen: J. C. B. Mohr (Paul Siebeck), 1986 (I. כ – א), 1988 (II. ת – ל) [durchgehend paginiert] (TSAJ 12, 13).

— (Hg.): Übersetzung der Hekhalot-Literatur. Bd. II (§§ 81–334). Bd. III (§§ 335–597). Tübingen: J. C. B. Mohr (Paul Siebeck), 1987 (II), 1989 (III) (TSAJ 17, 22).

—: Hekhalot-Studien. Tübingen: J. C. B. Mohr (Paul Siebeck), 1988 (TSAJ 19).

—: s. MAIER, Johann.

SCHALIT, Abraham: Namenwörterbuch zu Flavius Josephus. Leiden: E. J. Brill, 1968 (Suppl. I von RENGSTORF, Concordance).

—: (Hg.): Zur Josephus-Forschung. Darmstadt: Wissenschaftliche Buchgesellschaft, 1973 (WdF 84).

SCHALLER, Berndt: Das Testament Hiobs. In: JSHRZ III,3 (1979) 301–387.

SCHANZ, Martin: Geschichte der römischen Litteratur bis zum Gesetzgebungswerk des Kaisers Justinian. 4. Teil. Die römische Litteratur von Constantin bis zum Gesetzgebungswerk Justinians. 1. Hälfte. Die Litteratur des vierten Jahrhunderts. 2., vermehrte Aufl. Mit alphabetischem Register. München: C. H. Beck (O. Beck), 1914 (HAW VIII,4,1).

— / HOSIUS, Carl / KRÜGER, Gustav: Geschichte der römischen Litteratur bis zum Gesetzgebungswerk des Kaisers Justinian. 4. Teil. Die römische Litteratur von Constantin bis zum Gesetzgebungswerk Justinians. 2. Hälfte. Die Litteratur des fünften und sechsten Jahrhunderts. Mit alphabetischem Register und einem Generalregister des Gesamtwerkes. Nebst einem Bildnis von Martin SCHANZ. München: C. H. Beck (O. Beck), 1920 (HAW VIII,4,2).

— / — / —: Geschichte der römischen Litteratur bis zum Gesetzgebungswerk des Kaisers Justinian. 3. Teil. Die Zeit von Hadrian 117 bis auf Constantin 324. 3. neubearbeitete Aufl. von C. H. und G. K. München: C. H. Beck (O. Beck), 1922 (HAW VIII,3).

SCHEFTELOWITZ, I.: Die manichäische Zarathustra-Hymne M 7. Hg., neu übersetzt, untersucht und durch ein weiteres Hymnen-Bruchstück ergänzt. In: OrChr, 3. Ser., 1 (1927) 261–283.

SCHEIDWEILER, Felix: s. PARMENTIER, Léon.

SCHELKLE, Karl Hermann: s. BULTMANN, Rudolf.

SCHENKE, Gesine: Die dreigestaltige Protennoia (Nag-Hammadi-Codex XIII). Herausgegeben, übersetzt und kommentiert. Berlin: Akademie-Verlag, 1984 (TU 132).

SCHENKE, Hans-Martin (Hg.): Das Matthäus-Evangelium im mittelägyptischen Dialekt des Koptischen (Codex Scheide). Berlin: Akademie-Verlag, 1981 (TU 127).

—: Gnosis: Zum Forschungsstand unter besonderer Berücksichtigung der religionsgeschichtlichen Problematik. In: VF 32,1 (1987) 2–21.

—: s. LEIPOLDT, Johannes; s. TILL, Walter C.

SCHENKEL, Wolfgang: Kultmythos und Märtyrerlegende. Zur Kontinuität des ägyptischen Denkens. Wiesbaden: O. Harrassowitz, 1977 (GOF.Ä 5).

—: Kultmythos und Märtyrerlegende. In: WIESSNER, Synkretismusforschung (1978) 109–117.

SCHER, Addai (Hg.): Theodorus bar Kōnī. Liber scholiorum. Pars I–II. Paris: Typographeum Reipublicae; C. Poussielgue / Leipzig: O. Harrassowitz, 1910 (I), 1912 (II) (CSCO 55 = CSCO.S 19 [I], CSCO 69 = CSCO.S 26 [II]). – Übers.: s. HESPEL/DRAGUET.

SCHERMANN, Theodor: Der liturgische Papyrus von Dêr-Balyzeh. Eine Abendmahlsliturgie des Ostermorgens. Leipzig: J. C. Hinrichs, 1910 (TU 36,1b).

—: Ägyptische Abendmahlsliturgien des ersten Jahrtausends in ihrer Überlieferung dargestellt. Paderborn: F. Schöningh, 1912 (SGKA 6,1–2).

SCHILLE, Gottfried: Frühchristliche Hymnen. Berlin: Evangelische Verlagsanstalt, 1965.

SCHIRMANN, Jefim: Hebrew Liturgical Poetry and Christian Hymnology. In: JQR 44 (1953/54) 123–161.

—: Problems in the Study of Post-Biblical Hebrew Poetry. In: PIASH II,12 (Jerusalem 1964/67 [1967]) 228–236 [= 1–9].

—: The Battle Between Behemoth and Leviathan According to an Ancient Hebrew Piyyuṭ. In: PIASH IV,13 (Jerusalem 1969/70 [1970]) 327–369 = [1–43].

SCHLERATH, Bernfried (Hg.): Zarathustra. Darmstadt: Wissenschaftliche Buchgesellschaft, 1970 (WdF 169).

—: s. LOMMEL, Herman.

SCHLIER, Heinrich: ᾄδω, ᾠδή. In: ThWNT I (1933) 163–165.

SCHLÖTTERER, Reinhold: Die kirchenmusikalische Terminologie der griechischen Kirchenväter. Phil. Diss. masch. München: Ludwig-Maximilians-Universität, 1953.

—: Akathistos Hymnos. In: RGG I (1957) 208.

—: Altchristliche Musik. In: RGG I (1957) 288–290.

—: Hymnus 2. In der orth[odoxen] Kirche. In: RGG III (1959) 501–502.

—: Kanon I.6. K. als orth[odoxe] Dichtungsgattung. In: RGG III (1959) 1118.

—: Kontakion. In: RGG III (1959) 1791–1792.

—: Ode. In: RGG IV (1960) 1562.

—: Hymnodie. In: LThK V (1960) 565–567.

—: Troparion. In: RGG VI (1962) 1048–1049.

SCHMID, Joh. Michael: Des Wardapet Eznik von Kolb Wider die Sekten. Aus dem Armenischen übersetzt und mit Einleitung, Inhalts-Übersichten und Anmerkungen versehen. Wien: Druck und Verlag der Mechitharisten-Congregation, 1900 (BAAL 1).

SCHMID, Wilhelm: s. CHRIST, Wilhelm VON.

SCHMIDT, Carl: s. MACDERMOT, Violet.

— (Hg.) / TILL, Walter / SCHENKE, Hans-Martin: Koptisch-gnostische Schriften. Bd. I. Die Pistis Sophia. Die beiden Bücher des Jeû. Unbekanntes altgnostisches Werk. [3. Aufl. bearb. v. W. T., 1959 = 1962]. 4., um das Vorwort erweiterte Aufl. hg. v. H.-M. SCH. Berlin: Akademie-Verlag, 1981 (GCS [13] 45).

SCHMIDT, J[ohann] H[ermann] Heinrich: Synonymik der griechischen Sprache Bde. I–IV. Leipzig: B. G. Teubner, 1876 (I), 1878 (II), 1879 (III), 1886 (IV) = Leipzig: B. G. Teubner / Amsterdam: A. M. Hakkert, 1967–1969.

SCHMIDT, Margot: Ephraem Syrus. In: LexMA III (1986) 2052–2054.

SCHMIDT-GLINTZER, Helwig (Hg./Üb.): Chinesische Manichaica. Mit textkritischen Anmerkungen und einem Glossar. Wiesbaden: O. Harrassowitz, 1987 (StOR 14).

SCHMÖKEL, Hartmut: Mesopotamische Texte. In: BEYERLIN, Textbuch (1975) 95–168.

SCHMÜCKER, W.: s. KUHN, Karl Georg.

SCHNEEMELCHER, Wilhelm (Hg.): Neutestamentliche Apokryphen in deutscher Übersetzung. 5. Aufl. der von Edgar HENNECKE begründeten Sammlung. I. Bd. Evangelien. II. Bd. Apostolisches, Apokalypsen und Verwandtes. Tübingen: J. C. B. Mohr (Paul Siebeck), 1987 (I), 1989 (II).

—: s. HENNECKE, Edgar.

SCHNEIDER, Gerhard: Die Apostelgeschichte. II. Teil. Kommentar zu Kap. 9,1 – 28,31. Freiburg [im Br.]/Basel/Wien: Herder, 1982 (HThK V,2).

SCHNEIDER, H. (Hg.): Canticles or Odes. In: VTS IV,6. Leiden: E. J. Brill, 1972.

—: s. BAARS, W.

SCHOEDEL, William R.: Ignatius of Antioch. A Commentary on the Letters of Ignatius of Antioch. Philadelphia: Fortress Press, 1985 (Hermeneia).

SCHOLEM, Gershom G.: Jewish Gnosticism, Merkabah Mysticism, and Talmudic Tradition. 2nd, Improved Ed. New York: Jewish Theological Seminary of America, 5725 — 1965.

SCHOLER, David M.: Nag Hammadi Bibliography 1948–1969. Leiden: E. J. Brill, 1971 (NHS 1) [Fortgesetzt seit 1971 in der Zeitschrift NT; 2. Aufl. angekündigt].

SCHOLFIELD, Alwyn F. (Hg./Üb.): Aelian. On the Characteristics of Animals. Vols. I–III. London: W. Heinemann / Cambridge, MA: Harvard University Press, 1958/9 (LCL 446, 448, 449).

SCHÖLLGEN, Georg: Die Didache als Kirchenordnung. Zur Frage des Abfassungszweckes und seinen Konsequenzen für die Interpretation. In: JAC 29 (1986) 5–26.

SCHOLLMEYER, Anastasius: Sumerisch–babylonische Hymnen und Gebete an Šamaš. Zusammengestellt und bearbeitet. Paderborn: F. Schöningh, 1912 (SGKA; 1. ErgBd.).

SCHÖNE, Wilhelm: s. FÄRBER, Hans.

SCHRAGE, Wolfgang: Die Elia-Apokalypse. In: JSHRZ V,3 (1980) 193–288.

SCHREINER, Josef: Das 4. Buch Esra. In: JSHRZ V,4 (1981) 289–412.

SCHRIJVERS, P. H.: Horror ac divina voluptas. Études sur la poétique et la poésie de Lucrèce. Amsterdam: A. M. Hakkert, 1970.

SCHRÖDER, Heinrich Otto: Publius Aelius Aristides. Heilige Berichte. Einleitung, deutsche Übersetzung und Kommentar. Vorwort von Hildebrecht HOMMEL. Heidelberg: C. Winter, 1986 (WKGLS).

SCHUBART, Wilhelm: Griechische literarische Papyri. Berlin: Akademie-Verlag, 1950 (BVSAW.PH 97,5) = Milano: Cisalpino-Goliardica, 1973.

— / WILAMOWITZ-MOELLENDORFF, U[lrich] VON: Lyrische und dramatische Fragmente. Bearbeitet von W. SCH. und U. V. W.-M. Berlin: Weidmann, 1907 (BKT V,2).

SCHUBERT, Kurt: s. MAIER, Johann.

SCHUBERTH, Dietrich: Kirchenmusik. In: TRE XVIII (1989) 649–662.

SCHULLER, Eileen M.: Non-Canonical Psalms from Qumran. A Pseudepigraphic Collection. Atlanta, GA: Scholars Press, 1986 (HSemSt 28).

SCHUNCK, Klaus-Dietrich: 1. Makkabäerbuch. In: JSHRZ I,4 (1980) 287–373.

SCHÜRER, Emil: The History of the Jewish People in the Age of Jesus Christ (175 B.C. – A.D. 135). A New English Version Revised and Edited by Geza Vermes et al. Vols. I–III,2. Edinburgh: T. & T. Clark, 1973 (I), 1979 (II), 1986 (III,1), 1987 (III,2).

SCHÜSSLER FIORENZA, Elisabeth: Priester für Gott. Studien zum Herrschafts- und Priestermotiv in der Apokalypse. Münster: Aschendorff, 1972 (NTA NF 7).

SCHUSTER, Mauriz / HANSLIK, Rudolf (Hg.): C. Plini Caecili Secundi epistularum libri IX. Epistularum ad Traianum liber. Panegyricus. 3. Aufl. Leipzig: B. G. Teubner, 1958 (BSGRT).

SCHÜTZ, Werner: Der christliche Gottesdienst bei Origenes. Stuttgart: Calwer Verlag, 1984 (CThM 8).

SCHWARTZ, Eduard (Hg.): Eusebius. Kirchengeschichte. Kleine Ausgabe. 4. Aufl. Stereotyp-Druck der 2. durchgesehenen Aufl. Leipzig: J. C. Hinrichs, 1932.

SCOTT, Walter: Hermetica. The Ancient Greek and Latin Writings Which Contain Religious or Philosophic Teachings Ascribed to Hermes Trismegistus. Edited with English Translation and Notes. Vols. I–IV. Oxford: Clarendon Press, 1924–1936 = London: Dawsons of Pall Mall, 1968.

SÉD, Nicolas: Les Hymnes sur le Paradis de saint Éphrem et les traditions juives. In: Muséon 81 (1968) 455–501.

SEECK, Gustav Adolf: s. BUSCHOR, Ernst.

SEGEBADE, Johannes / LOMMATZSCH, Ernst: Lexicon Petronianum. Leipzig: B. G. Teubner, 1898 = Hildesheim: G. Olms, 1962.

SEGELBERG, Eric: s. MACUCH, Rudolf.

SEGERT, Stanislav: Observations on Poetic Structures in the Songs of the Sabbath Sacrifice. In: RdQ XIII (1988) 215–223.

SELLIN, Ernst: s. FOHRER, Georg.

SENDREY, Alfred: Music in Ancient Israel. London: Vision Press, 1969.

—: Music in the Social and Religious Life of Antiquity. Rutherford/Madison/Teaneck: Fairleigh Dickinson University Press, 1974.

SEUX, Marie-Joseph: Hymnes et prières aux dieux de Babylonie et d'Assyrie. Paris: Éditions du Cerf, 1976 (LAPO 8).

SEVRIN, Jean-Marie: Le dossier baptismal séthien. Études sur la sacramentaire gnostique. Québec: Presses de l'université Laval, 1986 (BCNH.E 2).

SEYBOLD, Klaus: Hymnus. 1. Altes Testament. In: EKL.ITE II (1989) 587–588.

SHELTON, J. C.: s. BOWMAN, A. K.

SHERMAN, C. L.: s. OLDFATHER, Charles H.

SHOTWELL, Willis A.: The Biblical Exegesis of Justin Martyr. London: SPCK, 1965.

SIEGERT, Folker: Nag-Hammadi-Register. Wörterbuch zur Erfassung der Begriffe in den koptisch-gnostischen Schriften von Nag-Hammadi mit einem deutschen Index. Einführung von Alexander BÖHLIG. Tübingen: J. C. B. Mohr (Paul Siebeck), 1982 (WUNT, 1. Reihe, 26).

—: Philon von Alexandrien. Über die Gottesbezeichnung „wohltätig verzehrendes Feuer" (De Deo). Rückübersetzung des Fragments aus dem Armenischen, deutsche Übersetzung und Kommentar. Tübingen: J. C. B. Mohr (Paul Siebeck), 1988 (WUNT, 1. Reihe, 46).

SIEGFRIED, Karl: Die Weisheit Salomos. In: APAT I (1900) 476–501.

SIEVEKING, W.: s. NACHSTÄDT, W.

SIKES, E. E.: s. ALLEN, T. W.

SIMONETTI, Manlio: Studi sull'innologia popolare cristiana dei primi secoli. In: AANL.M, ser. VIII, vol. IV, fasc. 6 (1952) 339–484.

— / MORESCHINI, C. (Hg.): Sancti Cypriani episcopi opera. Pars II. Turnhout: Brepols, 1976 (CChr.SL 3 A).

SKARSAUNE, Oskar: The Proof from Prophecy. A Study in Justin Martyr's Proof-Text Tradition. Text-Type, Provenance, Theological Profile. Leiden: E. J. Brill, 1987 (NT.S 56).
SKEAT, T. C.: s. BELL, H. Idris.
SKEHAN, Patrick W.: s. DI LELLA, Alexander A.
SKUTSCH, Otto: The Annals of Q. Ennius. Edited with Introduction and Commentary. Oxford: Clarendon Press, 1985.
SLIM, Jean: Hymne I de saint Ephrem sur la Résurrection. In: OrSyr 12 (1967) 505–514.
SMEND, Rudolf: Die altisraelitische Literatur. In: RÖLLIG, Literaturen (1978) 273–323.
SMITH, J[ohn] A.: The Ancient Synagogue, the Early Church and Singing. In: Music & Letters 65,1 (Oxford: University Press, 1984) 1–16.
SMITH, Kirby F.: The Elegies of Albius Tibullus. New York: American Book Co., 1913 = 1964 u.ö. [Nachdrucke der Wissenschaftlichen Buchgesellschaft, Darmstadt].
SMITH, William Sheppard: Musical Aspects of the New Testament. Amsterdam: W. ten Have, 1962 [= Acad. Proefschrift, Vrije Universiteit te Amsterdam, 1962].
SMOLAK, Kurt: Zur Himmelfahrt Christi bei Synesios von Kyrene (Hy. 8,31–54 Terz.). In: JÖB 20 (1971) 7–30.
SNELL, Bruno: Griechische Metrik. 3., erweiterte Aufl. Göttingen: Vandenhoeck & Ruprecht, 1962.
— / MAEHLER, Heinrich (Hg.): Bacchylidis carmina cum fragmenta. 10. Aufl. Leipzig: B. G. Teubner, 1970 (BSGRT).
—: s. Tragicorum Graecorum Fragmenta (TrGF) I–II.
SODEN, Wolfram VON: Gebet II. (babylonisch und assyrisch). In: RLA III (1957–1971) 160–170.
—: Hymne. B. Nach akkadischen Quellen. In: RLA IV (1972–1975) 544–548.
—: Einführung in die Altorientalistik. Darmstadt: Wissenschaftliche Buchgesellschaft, 1985.
—: s. FALKENSTEIN, Adam; s. MAYER, G.
SÖDER, Rosa: Die apokryphen Apostelgeschichten und die romanhafte Literatur der Antike. Stuttgart: W. Kohlhammer, 1932 (WSA 3).
SOLARI, Placid: s. DI BERARDINO, Angelo.
SPARKS, H[edley] F. D. (Hg.): The Apocryphal Old Testament. Oxford: Clarendon Press, 1984.
SPENGEL, Leonhard (Hg.): Rhetores Graeci. Vols. I–III. Leipzig: B. G. Teubner, 1853 (I), 1854 (II), 1856 (III). [Nachdruck: Frankfurt a.M.: Minerva, 1966].
SPEYER, Wolfgang: Der bisher älteste lateinische Psalmus abecedarius. Zur Editio princeps von R. ROCA-PUIG (sc. Himne a la Verge Maria [Barcelona 1965]). In: JAC 10 (1967) 211–216.
—: Zum Bild des Apollonius von Tyana bei Heiden und Christen. In: JAC 17 (1974) 47–63.
SPIEGELBERG, Wilhelm: S. WESTENDORF, Wolfhart.
SPINKS, Bryan D.: The Jewish Sources for the Sanctus. In: HeyJ 21 (1980) 168–179.
SPITTA, Friedrich: Die chronologischen Notizen und die Hymnen in Lc 1 u. 2. In: ZNW 7 (1906) 281–317.
SPITTLER, R. P.: Testament of Job (First Century B.C. – First Century A.D.). A New Translation and Introduction. In: OTP I (1983) 829–868.
SPRINGER, Carl P. E.: The Gospel as Epic in Late Antiquity. The *Paschale carmen* of Sedulius. Leiden: E. J. Brill, 1988 (VigChr.S 2).
SPRONK, Klaas: s. MOOR, Johannes C. DE.
STÄBLEIN, Bruno: Frühchristliche Musik. In: MGG IV (1955) 1036–1064.
—: Hymnus, B. Der lateinische Hymnus. In: MGG VI (1957) 993–1018.
STADELMANN, Helge: Ben Sira als Schriftgelehrter. Eine Untersuchung zum Berufsbild des vormakkabäischen Sōfēr unter Berücksichtigung seines Verhältnisses zu Priester-, Propheten- und Weisheitslehrertum. Tübingen: J. C. B. Mohr (Paul Siebeck), 1980 (WUNT, 2. Reihe, 6).
STAERK, W. (Hg.): Altjüdische liturgische Gebete. Ausgewählt und mit Einleitungen. Bonn: A. Marcus & E. Weber, 1910 (KlT 58).
—: Der Mišnatraktat Berakhoth in vokalisiertem Text mit sprachlichen und sachlichen Bemerkungen. Bonn: A. Marcus & E. Weber, 1910 (KlT 59).

STÄHLIN, Otto (Hg.): Clemens Alexandrinus. Bde. I–IV [Leipzig: J. C. Hinrichs, 1905–1936]. I. Protrepticus und Paedagogus. 3., durchgesehene Aufl. v. Ursula TREU. II. Stromata Buch I–VI. Neu hg. v. Ludwig FRÜCHTEL. 4. Aufl. mit Nachträgen von U. Treu. III. Stromata Buch VII und VIII. Excerpta ex Theodoto. Eclogae propheticae. Quis dives salvetur. Fragmente. In 2. Aufl. neu hg. v. L. FRÜCHTEL. Zum Druck besorgt von U. TREU. IV. Register. IV,1. Register, 1. Teil. Zitatenregister, Testimonienregister, Initienregister für die Fragmente, Eigennamenregister. 2., bearbeitete Aufl. hg. v. U. TREU. Berlin: Akademie-Verlag, 1972 (I), 1985 (II), 1970 (III), 1936 (IV), 1980 (IV,1) (GCS 12, 15, 17, 39).

—: Des Clemens von Alexandreia ausgewählte Schriften aus dem Griechischen übersetzt. Bde. I–V. München: J. Kösel & F. Pustet, 1934 (I, II), 1936 (III), 1937 (IV), 1938 (V) (BKV, 2. Reihe, 7, 8, 17, 19, 20).

—: s. CHRIST, Wilhelm VON.

STANDER, H. F.: The Starhymn in the Epistle of Ignatius to the Ephesians (19:2–3). In: VigChr 43 (1989) 209–214.

STEFANOVIĆ, Dimitrije J.: Troparion. In: LThK X (1965) 373.

STEGEMANN, Hartmut: Religionsgeschichtliche Erwägungen zu den Gottesbezeichnungen in den Qumrantexten. In: DELCOR, Qumrân (1978) 195–217.

—: s. KUHN, Karl Georg.

STEPHANOPOULOS, Th. K.: Zum Marienhymnus P.Heid. 294. In: ZPE 66 (1986) 77–78.

STEPHANUS, Henricus: Θησαυρὸς τῆς Ἑλληνικῆς γλώσσης – Thesaurus Graecae linguae. Vol. IX (o.J. =) Graz: Akademische Druck- u. Verlagsanstalt, 1954.

STEPHENS, Ferris J.: Sumero–Akkadian Hymns and Prayers. In: ANET (1955) 383–392.

STERTZ, Stephen A.: Concordantia in orationem quae Aristidis fertur esse Εἰς βασιλέα. Hildesheim u.a.: Olms–Weidmann, 1987 (Alpha–Omega, Reihe A; Bd. 17).

STONE, Michael E. (Hg.): Jewish Writings of the Second Temple Period. Apocrypha, Pseudepigrapha, Qumran Sectarian Writings, Philo, Josephus. Assen: Van Gorcum / Philadelphia: Fortress Press, 1984 (CRINT, Section Two, 2).

STOUT, Selatie Edgar: Plinius. Epistulae. A Critical Edition. Bloomington: Indiana University Press, 1962.

STRAUSS [= Strauß], Hans: Das Meerlied des Mose – ein »Siegeslied« Israels? (Bemerkungen zur theologischen Exegese von Ex 15,1–19.20f). In: ZAW 97 (1985) 103–109.

STRECKER, Georg: Der Kölner Mani Kodex, Elkesai und das Neue Testament. In: FS SCHNEEMELCHER (1989) 123–134.

—: s. BAUER, Walter.

STROTHMANN, Werner: Johannes von Apamea. Berlin/New York: W. de Gruyter, 1972 (PTS 11).

—: Moses bar Kepha. Myron-Weihe, hg., übersetzt und mit einem vollständigen Wortverzeichnis versehen. Wiesbaden: O. Harrassowitz, 1973 (GOF.S 7).

—: Jakob von Sarug. Drei Gedichte über den Apostel Thomas in Indien, hg., übersetzt und mit einem vollständigen Wortverzeichnis versehen. Wiesbaden: O. Harrassowitz, 1976 (GOF.S 12).

—: Das Sakrament der Myron-Weihe in der Schrift De Ecclesiastica Hierarchia des Pseudo-Dionysios Areopagita in syrischen Übersetzungen und Kommentaren. Teil 1. Syrischer Text mit Wortverzeichnissen. Teil 2. Einführung, Übersetzung. Wiesbaden: O. Harrassowitz, 1977 (GOF.S 15,1–2).

—: Syrische Hymnen zur Myron-Weihe, hg., übersetzt und mit einem vollständigen Wortverzeichnis versehen. Wiesbaden: O. Harrassowitz, 1978 (GOF.S 16).

—: Pseudo-Dionysios Areopagita und das Sakrament der Myron-Weihe. In: ZDMG.S 4 [= XX. Deutscher Orientalistentag von 3. bis 8. Oktober 1977 in Erlangen. Vorträge. Hg. v. Wolfgang VOIGT] (1980) 188–196.

STRUGNELL, John: The Angelic Liturgy at Qumrân – 4Q Serek šîrôt ʿôlat haššabbāt. In: Congress Volume Oxford 1959 = VT.S 7 (1960) 318–345.

—: s. GEORGI, Dieter.

STRYCKER, Émile DE: La forme la plus ancienne du Protévangile de Jacques. Recherches sur le Papyrus Bodmer 5 avec une édition critique du texte grec et une traduction annotée. En appendice: Les versions arméniennes traduites en latin, par Hans QUECKE. Bruxelles: Société des Bollandistes, 1961 (SHG 33).

STUIBER, Alfred: Doxologie. In: RAC IV (1959) 210–226.

—: Eulogia. In: RAC VI (1966) 900–928.

—: s. ALTANER, Berthold.

SUCHLA, Beate Regina: Pseudo-Dionysius Areopagita. Die Namen Gottes. Eingeleitet, übersetzt und mit Anmerkungen versehen. Stuttgart: A. Hiersemann, 1988 (BGrL 26).

SUKENIK, Eleazar L.: The Dead Sea Scrolls of the Hebrew University. Prepared for the Press by N. AVIGAD and J. LICHT (Hôdayôt). Jerusalem: Hebrew University and Magnes Press, 1955.

SUNDERMANN, Werner (mit einem Appendix von Nicholas SIMS-WILLIAMS): Mitteliranische manichäische Texte kirchengeschichtlichen Inhalts. Mit 236 Faksimiles auf 81 Tafeln. Berlin: Akademie-Verlag, 1981 (SGKAO, Berliner Turfantexte XI).

Symposium Syriacum 1972 célébré dans les jours 26–31 octobre 1972 à l'Institut Oriental de Rome. Rapports et Communications. Roma: Pont. Institutum Orientalium Studiorum, 1974 (OrChrA 197).

Symposium Syriacum 1976 célébré du 13 au 17 septembre 1976 au Centre Culturel "Les Fontaines" de Chantilly (France). Communications. Roma: Pont. Institutum Orientalium Studiorum, 1978 (OrChrA 205).

Symposium Syriacum 1980: s. LAVENANT, René.

SZÖVÉRFFY, Josef: Die Annalen der lateinischen Hymnendichtung. Ein Handbuch. [Bde. I–II]. I. Die lateinischen Hymnen bis zum Ende des 11. Jahrhunderts. Berlin: E. Schmidt, 1964.

— (Joseph): A Guide to Byzantine Hymnography. A Classified Bibliography of Texts and Studies I. Brookline, MA/Leyden: Classical Folia Editions, 1978 (MCTS 11) [World Distributor: E. J. Brill (Leyden)].

SZUSTER, Icko: Marqa-Hymnen aus der samaritanischen Liturgie übersetzt und bearbeitet. Phil. Diss. Bonn: Rheinische Friedrich Wilhelm-Universität, 1936.

TAFT, Robert: The Authenticity of the Chrysostom Anaphora Revisited. Determining the Authorship of Liturgical Texts by Computer. In: OrChrP 56 (1990) 5–51.

TALIAFERRO, Robert Catesby (Üb.): On Music (De musica). In: FaCh 4 = Writings of Saint Augustine, Vol. 2 (1947) 153–379.

TARCHNISVILI, Michael (Hg./Üb.): Liturgiae Ibericae antiquiores. Louvain: L. Durbecq, 1950 (CSCO 122/123 = CSCO.I 1/2).

—: Die geistliche Dichtung Georgiens und ihr Verhältnis zur Byzantinischen. In: OrChr 41 = 4. Ser., 5 (1957) 76–96.

— = TARCHNISCHVILI, Michel (Hg./Üb.): Le grand lectionnaire de l'Église de Jérusalem. Tom. I–II. Louvain: Secrétariat du CorpusSCO, 1959, 1960 (CSCO 188/189, 204/205 = CSCO.I 9/10 [I], 13/14 [II]).

— / ASSFALG, Julius: Geschichte der kirchlichen georgischen Literatur. Auf Grund des ersten Bandes der georgischen Literaturgeschichte von K. KEKELIDZE bearbeitet von M. T. in Verbindung mit J. A. Città del Vaticano: Biblioteca apostolica Vaticana, 1955 (StT 185).

TARDIEU, Michel: Écrits gnostiques. Codex de Berlin. Paris: Éditions du Cerf, 1984 (SGM 1).

TEMPORINI, Hildegard (Hg.): Von den Anfängen Roms bis zum Ausgang der Republik. 4. Bd. (Text). Berlin/New York: W. de Gruyter, 1973 (ANRW I 4 [Text]).

TER-MIKAËLIAN, Nerses: Das armenische Hymnarium. Studien zu seiner geschichtlichen Entwicklung. Leipzig: J. C. Hinrichs, 1905.

TER-PÉTROSSIAN, Lévon (Hg.): Textes arméniens relatifs à s. Éphrem. Louvain: Peeters, 1985 (CSCO 473 = CSCO.Ar 15). – Übers.: s. OUTTIER, Bernard.

Tertullianus: s. CChr.SL 1–2: Quinti Septimi Florentis Tertulliani opera. Pars I. Opera catholica. Adversus Marcionem. Pars II. Opera montanistica. Turnhout: Brepols, 1954.

TESTUZ, Michel: Papyrus Bodmer V. Nativité de Marie. Cologny-Genève: Bibliothèque Bodmer, 1958 (BBodm).

THACKERAY, H. St. J. / MARCUS, Ralph / WIKGREN, Allen / FELDMAN, Louis H. (Hg./Üb.): Josephus. Vols. I–IX. London: W. Heinemann / Cambridge, MA: Harvard University Press, 1926–1965 u.ö. (LCL 186, 203, 210, 242, 281, 326, 365, 410, 433).

THEILER, Willy: Die Vorbereitung des Neuplatonismus. 2. Aufl. Berlin/Zürich: Weidmann, 1964 (= 1. Aufl. 1934).
—: Forschungen zum Neuplatonismus. Berlin: W. de Gruyter, 1966 (QSGP 10).
—: Die chaldäischen Orakel und die Hymnen des Synesios. In: THEILER, Forschungen (1966) 252–301 = SKG.G 18 (1942) 1–41.
—: Antike und christliche Rückkehr zu Gott. In: JAC.ErgBd. 1 (1964) 352–361 = THEILER, Forschungen (1966) 313–325.
— (Hg./Üb.): Kaiser Marc Aurel. Wege zu sich selbst. 2. Aufl. Zürich/München: Artemis, 1974 (BAW.GR).
—: s. COHN, Leopold; s. HARDER, Richard.
Thesaurus Linguae Augustinianae: s. Catalogus verborum etc.
Thesaurus Syriacus: s. PAYNE SMITH, R.
THIERRY, J. J. (compl.): Christ in Early Christian Greek Poetry. An Anthology. Leiden: E. J. Brill, 1972 (TMin 45).
THOMA, Clemens: Psalmenfrömmigkeit im Rabbinischen Judentum. In: H. BECKER/KACZYN-SKI, Liturgie I (1983) 91–105.
THOMAS, J. D.: s. BOWMAN, A. K.
THOMSON, Robert W. (Hg./Üb.): Athanasiana Syriaca. Part IV. Expositio in Psalmos. 1. Abbreviated Version. 2. Longer Version. Louvain: Secrétariat du CorpusSCO, 1977 (CSCO 386/387 = CSCO.S 167/168).
THRAEDE, Klaus: Abecedarius. In: JAC 3 (1960) 159 = RAC.S 1/2 (1985) 11–13.
—: Untersuchungen zum Ursprung und zur Geschichte der christlichen Poesie I–II. In: JAC 4 (1961) 108–127; 5 (1962) 125–157.
—: Untersuchungen zum Ursprung und zur Geschichte der christlich-lateinischen Poesie III. In: JAC 6 (1963) 101–111.
—: »Auferstehung der Toten« im Hymnus ante cibum des Prudentius (cath. 3,186/205). In: GS STUIBER = JAC ErgBd. 9 (1982) 68–78.
—: Arator. In: RAC.S 4 (1986) 553–573.
TILL, Walter / SANZ, Peter: Eine griechisch–koptische Odenhandschrift (Papyrus Copt. Vindob. K 8706). Rom: Päpstliches Bibelinstitut, 1939 (MBE 5).
TILL, Walter C. / SCHENKE, Hans-Martin: Die gnostischen Schriften des koptischen Papyrus Berolinensis 8502. Hg., übersetzt und bearbeitet von W. C. T. 2., erweiterte Aufl. bearbeitet von H.-M. SCH. Mit 2 Tafeln. Berlin: Akademie-Verlag, 1972 (TU 60, 2. Aufl.).
— / —: s. SCHMIDT, Carl.
TIRARD, H. M.: s. ERMAN, Adolf.
TISCHENDORF, Constantinus DE [Konstantin VON]: Evangelia apocrypha adhibitis plurimis codicibus graecis et latinis maximam partem nunc primum consultis atque ineditorum copia insignibus collegit atque recensuit. (2. vermehrte Aufl. Leipzig 1876 =) Hildesheim: G. Olms, 1966.
TITCHENER, J. B.: s. NACHSTÄDT, W.
TODD, Otis Johnson: Index Aristophaneus. Cambridge, MA: Harvard University Press, 1932 = Hildesheim: G. Olms, 1962.
TONNEAU, R.-M. (Hg./Üb.): Sancti Ephraem Syri in Genesim et in Exodum commentarii. Louvain: L. Durbecq, 1955 (CSCO 152/153 = CSCO.S 71/72).
TRAFTON, Joseph L.: The Syriac Version of the Psalms of Solomon. A Critical Evaluation. [Mit einem Beiheft:] The Psalms of Solomon: Syriac and Greek Texts. Atlanta, GA: Scholars Press, 1985 (SCSt 11).
TRÄGER, Chr[istine]: Hymne. In: Cl. TRÄGER, Wörterbuch (1986) 225.
TRÄGER, Claus (Hg.): Wörterbuch der Literaturwissenschaft. Leipzig: VEB Bibliographisches Institut, 1986.
Tragicorum Graecorum Fragmenta (TrGF). Vols. I–II. Editor, Vol. 1: Bruno SNELL; Editores, Vol. 2: Richard KANNICHT et Bruno SNELL. Göttingen: Vandenhoeck & Ruprecht, 1971 (I), 1981 (II).
TRAGLIA, Antonio: Sulla formazione spirituale di Lucrezio. Roma: Gismondi, 1948.
TREU, Kurt: Christliche Papyri 1940–1967. In: APF 19 (1969) 169–206 (= I).

—: Christliche Papyri II–IX. In: APF 20 (1970) 145–152 (= II); 21 (1971) 207–214 (= III); 22/23 (1974) 367–395 (= IV); 24/25 (1976) 253–261 (= V); 26 (1978) 149–159 (= VI); 27 (1980) 251–258 (= VII); 28 (1982) 91–98 (= VIII); 29 (1983) 107–110 (= IX).

—: Neue Berliner liturgische Papyri. In: APF 21 (1971) 57–82.

—: Varia Christiana. In: APF 24/25 (1976) 113–127 (= I).

—: Ein altkirchlicher Christushymnus (P.Berol. 16389). In: NT 19 (1977) 142–149.

—: Varia Christiana II. Mit Abbildungen 7–14. In: APF 32 (1986) 23–31 (= II).

—: s. IRMSCHER, Johannes.

TREU, Max (Hg.): Alkaios. Griechisch und deutsch. 2. Aufl. München: E. Heimeran, 1963 (TuscBü).

— (Hg.): Sappho. Griechisch und deutsch. 4. durchgesehene Aufl. München: E. Heimeran, 1968 (TuscBü).

TREU, Ursula: s. STÄHLIN, Otto.

TREVER, John C.: s. BURROWS, Millar.

TRILLITZSCH, Winfried: Hymnus. In: LA (1977) 248.

TRINQUET, J.: Hymne. – I. Dans la Bible. In: Cath. V (1963) 1129–1131.

TRIPP, David H.: 'Gnostic Worship': the State of the Question. In: StLi 17 (1987) 210–220.

TRÖGER, Karl-Wolfgang: Mysterienglaube und Gnosis in Corpus Hermeticum XIII. Berlin: Akademie-Verlag, 1971 (TU 110).

— (Hg.): Gnosis und Neues Testament. Studien aus Religionswissenschaft und Theologie. Berlin: Evangelische Verlagsanstalt, 1973.

— (Hg.): Altes Testament – Frühjudentum – Gnosis. Neue Studien zu „Gnosis und Bibel". Berlin: Evangelische Verlagsanstalt, 1980.

TROJE, L.: s. REITZENSTEIN, Richard (1929).

TRYPANIS, Constantine A. (Hg.): Fourteen Early Byzantine Cantica. Wien: (In Kommission bei) H. Böhlaus Nachf., 1968 (WBS 5).

—: s. MAAS, Paul.

TSUI CHI: Mo Ni Chiao Hsia Pu Tsan. "The Lower (Second?) Sectian of the Manichæan Hymns". Translated by TSUI CHI. In: BSOAS 11 (1943–46) 175–219 [216–219: „Annotations" by W. B. HENNING].[1]

TURNER, Cuthbert Hamilton: Niceta of Remesiana II. Introduction and Text of De psalmodiae bono. In: JThS 24 (1922/23) 225–252.

UEBERWEG, Friedrich: s. PRAECHTER, Karl.

UEDING, Leo: s. KIRCH, Conradus.

UERSCHELS, Wilfried: Der Dionysoshymnos des Ailios Aristeides. Bonn: Rheinische Friedrich-Wilhelms-Universität [Phil. Diss. 1961], 1962.

UHLIG, Siegbert: Das äthiopische Henochbuch. In: JSHRZ V,6 (1984) 461–780.

ULLENDORFF, Edward: s. KNIBB, Michael A.

UNNIK, W. C. VAN: A Note on the Dance of Jesus in the "Acts of John". In: VigChr 18 (1964) 1–5.

USENER, Hermann(us) (Hg.): Epicurea. Stuttgart: B. G. Teubner 1966 (= 1887).

UYTFANGHE, Marc VAN: s. SANDERS, Gabriel.

VANDERBURGH, Frederick Augustus: Sumerian Hymns from Cuneiform Texts in the British Museum. Transliteration, Translation and Commentary. New York: Columbia University Press, 1908 (COHP 1).

VANDERLIP, Vera Frederika: The Four Greek Hymns of Isidorus and the Cult of Isis. Toronto: A. M. Hakkert, 1972 (ASP 12).

VANDER PLAETSE, R. / BEUKERS, C. (Hg.): [Sancti Aurelii Augustini] De haeresibus ad Quodvultdeum liber unus. In: CChr.SL 46 = Aur. Aug. opera XIII,2 (1969) 283–358.

---

[1] Obwohl nach Auskunft meines Kollegen Dr. Rod BUCKNELL (University of Queensland) nicht „Tsui", sondern „Chi" höchstwahrscheinlich als „Nachname" anzusehen ist, folge ich der alphabetischen Einordnung von LIEU (Manichaeism [1985] 340) und SCHMIDT-GLINTZER (Chinesische Manichaica [1987] 180).

VAUX, R. DE: s. BAILLET, M.

VELAT, B.: s. DALMAIS, I.-H.

VERHEIJEN, Luc(as) (Hg.): Sancti Augustini Confessionum libri XIII. Turnhout: Brepols, 1981 (CChr.SL 27).

—: La prière dans la Règle d'Augustin. In: A.-M. LA BONNARDIERE (dir.), Saint Augustin et la Bible (Paris 1986) 167–179.

VERMES, G[eza]: The Dead Sea Scrolls in English. Penguin Books, 2nd ed. 1975 = 1982.

—: s. SCHÜRER, Emil.

VERMES, Pamela: s. SCHÜRER, Emil.

VIDMAN, Ladislaus (Hg.): Sylloge inscriptionum religionis Isiacae et Sarapiacae. Berlin: W. de Gruyter, 1969 (RVV 28).

VIELHAUER, Philipp: Geschichte der urchristlichen Literatur. Einleitung in das Neue Testament, die Apokryphen und die Apostolischen Väter. Berlin/New York: W. de Gruyter, 1975 (GLB).

VOGEL, Adalbert: s. WALTER, D. M.

VOGT, Ernst: Zu den Hymnen des Neuplatonikers Proklos. In: RMP 100 (1957) 358–377.

— (Ernestus) (Hg.): Procli hymni. Accedunt hymnorum fragmenta, epigrammata, scholia, fontium et locorum similium apparatus, indices. Wiesbaden: O. Harrassowitz (in Kommission), 1957 (KPS 18).

—: Hymnos. In: KWH (1988) 257–259.

VÖLKER, Walther (Hg.): Quellen zur Geschichte der christlichen Gnosis. Tübingen: J. C. B. Mohr (Paul Siebeck), 1932 (SQS NF 5).

VOLKMANN, Hans (Hg.): Res gestae divi Augusti. Teil I. Kritische Textausgabe. Leipzig: O. R. Reisland, 1942 (JKAW.S 276).

—: Das Monumentum Ancyranum hg. und erklärt. Berlin: W. de Gruyter, 1957, 3. Aufl. 1969 (KlT 29/30).

VOLL, W.: Der Dionysos-Hymnos des Ailios Aristeides. Diss. Tübingen 1948.

VOLLENWEIDER, Samuel: Neuplatonische und christliche Theologie bei Synesios von Kyrene. Göttingen: Vandenhoeck & Ruprecht, 1985 (FKDG 35).

VON DER MÜHLL, P. (Hg.): Homeri Odyssea. 3. Aufl. 1962 = Stuttgart: B. G. Teubner, 1984 (BSGRT).

VÖÖBUS, Arthur: Literary Critical and Historical Studies in Ephrem the Syrian. Stockholm: ETSE, 1958 (PETSE 10).

—: Syrische Kanonessammlungen. Ein Beitrag zur Quellenkunde. I. Westsyrische Originalurkunden 1,A + 1,B. Louvain: Secrétariat du Corpus SCO, 1970 (CSCO 307+317 = CSCO.Sub 35+38 [durchgehend paginiert]).

—: Handschriftliche Überlieferung der Mēmrē-Dichtung des Jaᶜqōb von Serūg. I. Sammlungen: Die Handschriften. II. Sammlungen: Der Bestand. Louvain: Secrétariat du CorpusSCO, 1973 (CSCO 344 [I] / 345 [II] = CSCO.S 39/40).

— (Hg./Üb.): The Didascalia Apostolorum in Syriac. I. Chapters I–X. II. Chapters XI–XXVI. Louvain: Secrétariat du CorpusSCO, 1979 (CSCO 401/402 = CSCO.S 175/176 [I]; CSCO 407/408 = CSCO.S 179/180 [II]).

— (Hg./Üb.): The Canons Ascribed to Mārūtā von Maipherqaṭ and related sources. Louvain: Peeters, 1982 (CSCO 439/440 = CSCO.S 191/192).

VOSS [= Voß], Johann Heinrich (Üb.): Homer. Ilias / Odyssee. (München: Winkler-Verlag, 1957, für) Stuttgarter Hausbücherei. Vollständige Ausgabe. Nach dem Text der Erstausgaben (Ilias Hamburg 1793, Odyssee Hamburg 1781), mit einem Nachwort von Wolf Hartmut FRIEDRICH.

WACHSMUTH, Curt / HENSE, Otto (Hg.): Ioannes Stobaeus. Anthologium. Vols. I–V. 3. Aufl. Dublin/Zürich: Weidmann, 1974 = 1. Aufl. Berlin: Weidmann, 1884–1923.

WADE, Andrew: The Oldest Iadgari. The Jerusalem Tropologion, V–VIII c. In: OrChrP 50 (1984) 451–456.

WAHL, W.: Der Herakleshymnos des Ailios Aristeides. Diss. Tübingen 1946.

WALDSCHMIDT, Ernst / LENTZ, Wolfgang: Die Stellung Jesu im Manichäismus. Berlin: Verlag der Akademie der Wissenschaften (in Kommission bei W. de Gruyter), 1926 (APAW.PH, Jahrgang 1926, Nr. 4).

WALKER, G[eorge] S. M. (Hg./Üb.): Sancti Columbani opera. Dublin: Dublin Institute for Advanced Studies, 1970 (SLH 2).

WALPOLE, A. S. (Hg.): Early Latin Hymns. With introduction and notes. Hildesheim: G. Olms, 1966 (Nachdruck der Ausgabe Cambridge 1922).

WALSER, G.: s. GÜTERBOCK, Hans G.

WALSH, Patrick Gerard: Letters of St. Paulinus of Nola. Translated and Annotated. Vol. II. Letters 23–51. Westminster, MD: Newman Press / London: Longmans, Green and Co., 1967 (ACW 36).

—: Hymnen I. Westliche Kirche. In: TRE XV (1986) 756–762.

WALTER, D. M. (in collaboration with Adalbert VOGEL and R. Y. EBIED): Psalms. Leiden, E. J. Brill, 1980 (VTS II,3).

WALTER, Nikolaus: Pseudepigraphische jüdisch-hellenistische Dichtung: Pseudo-Phokylides. Pseudo-Orpheus. Gefälschte Verse auf Namen griechischer Dichter. In: JSHRZ IV,3 (1983) 173–278.

WALTON, Francis R.: s. OLDFATHER, Charles H.

WARMINGTON, Eric H.: s. HESELTINE, Michael.

WARNECKE, Heinz: Die tatsächliche Romfahrt des Apostels Paulus. Stuttgart: Katholisches Bibelwerk, 1987 (SBS 127).

WASZINK, Jan Hendrik: Biene und Honig als Symbol des Dichters und der Dichtung in der griechisch–römischen Antike. Opladen: Westdeutscher Verlag, 1974 (RWAW.G 196).

WATSON, Wilfred G. E.: Classical Hebrew Poetry. A Guide to its Techniques. Sheffield: Academic Press, 1984 (JSOT.S 26).

WEBER, Ekkehard (Hg./Üb.): Augustus. Meine Taten. Res gestae divi Augusti nach dem Monumentum Ancyranum, Apolloniense und Antiochenum. Lateinisch–Griechisch–Deutsch. München: E. Heimeran, 1970 (TuscBü).

WEBER, R.: s. FRANCESCHINI, Aet.

WEIHER, Anton (Hg.): Homerische Hymnen. Griechisch und deutsch. 3. Aufl. München: E. Heimeran, 1970 (TuscBü).

WEINFELD, M.: The Morning Prayers (Birkhoth Hashachar) in Qumran and in the Conventional Jewish Liturgy. In: RdQ XIII (1988) 481–494.

WEINREICH, Otto: Antike Heilungswunder. Untersuchungen zum Wunderglauben der Griechen und Römer. Gießen: A. Töpelmann (vormals J. Ricker), 1909 = Berlin: W. de Gruyter, 1969 (RVV, VIII. Bd., 1. Heft).

—: Hymnologica. In: ARW 17 (1914) 524–531.

— (Hg./Üb.): Catull: Sämtliche Gedichte. Lateinisch und deutsch. [Zürich: Artemis, 1969]. München: Deutscher Taschenbuch Verlag, 1974 (dtv [text-bibliothek] 6028).

WEIS, Bertold K. (Hg./Üb.): Julian. Briefe. Griechisch–deutsch. München: E. Heimeran, 1973 (TuscBü).

WEKEL, Konrad: s. Berliner Arbeitskreis für koptisch-gnostische Schriften.

WELLES, C. Bradford: s. OLDFATHER, Charles H.

WELLESZ, Egon [J.]: Die Kirchenmusik im byzantinischen Reiche. Eine kritische Studie über den Stand und die Probleme der gegenwärtigen Forschung. In: OrChr NS 6 (1916) 91–125.

—: Studien zur äthiopischen Kirchenmusik. In: OrChr NS 9 (1920) 74–106.

—: Aufgaben und Probleme auf dem Gebiete der byzantinischen und orientalischen Kirchenmusik. Münster i.Westf.: Aschendorff, 1923 (LF 6).

—: Melito's Homily on the Passion. An Investigation into the Sources of Byzantine Hymnography. In: JThS 44 (1943) 41–52.

—: Eastern Elements in Western Chant. Studies in the Early History of Ecclesiastical Music. Copenhagen: Munksgaard, 1947 = 1967.

—: The "Akathistos". A Study in Byzantine Hymnography. In: DOP 9/10 (1956) 141–174.

—: The Akathistos Hymn. Introduced and Transcribed. Copenhagen: Munksgaard, 1957 (MMB.T 9).

—: Die Musik der byzantinischen Kirche. Köln: A. Volk, 1959 (Das Musikwerk, Heft 13).

—: A History of Byzantine Music and Hymnography. 2nd ed., revised and enlarged. Oxford: Clarendon Press, 1961.

—: Die Hymnen der Ostkirche. Basel: Bärenreiter-Verlag, 1962 (Basilienses de musica orationes, Heft 1).

WENDLAND, Paul (Hg.): Hippolytus Werke. 3. Bd. Refutatio omnium haeresium. Leipzig: J. C. Hinrichs, 1916 (GCS 26) = Hildesheim/New York: G. Olms, 1977.
—: s. COHN, Leopold.
WENGST, Klaus: Christologische Formeln und Lieder des Urchristentums. Gütersloh: G. Mohn, 1972 (StNT 7).
—: Didache (Apostellehre), Barnabasbrief, Zweiter Klemensbrief, Schrift An Diognet. Eingeleitet, hg., übertragen und erläutert. Darmstadt: Wissenschaftliche Buchgesellschaft, 1984 (SUC II).
WERNER, Eric: The Sacred Bridge. The Interdependence of Liturgy and Music in Synagogue and Church during the First Millennium. London: Dennis Dobson / New York: Columbia University Press, 1959.
—: Theologie der Musik im frühen Judentum [Rez. von GRÖZINGER, Musik]. In: ZRGG 37 (1985) 258–260.
WERNER, Oskar (Hg./Üb.): Aischylos. Tragödien und Fragmente. 2. Aufl. München: E. Heimeran, 1969 (TuscBü.).
— (Hg./Üb.): Pindar. Siegesgesänge und Fragmente. Griechisch und deutsch. München: E. Heimeran, o.J. [1967/8] (TuscBü).
WESSELY, Charles: Les plus anciens monuments du christianisme écrits sur papyrus. Textes grecs édités, traduits et annotés. Paris: Firmin-Didot, 1907 = 1946; 1924 (PO IV,2 [no. 16]; XVIII,3 [no. 88]).
WEST, Martin L.: Greek Metre. Oxford: Clarendon Press, 1982.
—: The Orphic Poems. Oxford: Clarendon Press, 1983 = 1984.
— (Hg.): Carmina Anacreontea. Leipzig: B. G. Teubner, 1984 (BSGRT).
WESTENDORF, Wolfhart: Koptisches Handwörterbuch. Bearbeitet auf Grund des Koptischen Handwörterbuchs von Wilhelm SPIEGELBERG. Heidelberg: C. Winter, 1965/1977.
WESTERMANN, Carl: Genesis. 1. Teilband. Genesis 1–11. 2. Teilband. Genesis 12–36. 3. Teilband. Genesis 37–50. Neukirchen-Vluyn: Neukirchener Verlag, 1974 (I), 1981 (II), 1982 (III) (BKAT I/1–3).
—: Lob und Klage in den Psalmen. 6. Aufl. Göttingen: Vandenhoeck & Ruprecht, 1983 (= 6. Aufl. von: Das Loben Gottes in den Psalmen [1954]).
WESTMAN, Rolf: s. POHLENZ, Max.
WETMORE, Monroe Nichols: Index verborum Catullianus. New Haven 1912 = Hildesheim: G. Olms, 1961.
WHITAKER, G. H.: s. COLSON, F. H.
WHITE, Jon Manchip: s. ERMAN, Adolf.
WHITEHOUSE, David John Meredith: The Hymns of the Corpus Hermeticum: Forms with a Diverse Functional History. Th.D. Thesis. Harvard University, 1985 [Order No. DA 8519178; vgl. DAI.A, Vol. 46, No. 08, Febr. 1986, 2331–A].
WIDENGREN, Geo: Die Hymnen der Pistis Sophia und die gnostische Schriftauslegung. In: FS Bleeker = SHR 17 (1969) 269–281.
— (Hg.): Der Manichäismus. Darmstadt: Wissenschaftliche Buchgesellschaft, 1977 (WdF 168).
— (Hg.): Der Mandäismus. Darmstadt: Wissenschaftliche Buchgesellschaft, 1982 (WdF 167).
WIESMANN, Hermann (Üb.): Sinuthii archimandritae vita et opera omnia III. Paris: Typograph. Reipublicae, 1931 (CSCO 96 = CSCO.C 8).
— (Üb.): Sinuthii vita bohairice. Louvain: L. Durbecq, 1951 (CSCO 129 = CSCO.C 16).
WIESSNER [= Wießner], Gernot (Hg.): Synkretismusforschung. Theorie und Praxis. Wiesbaden: O. Harrassowitz, 1978 (GOF.GE 1).
WIKGREN, Allen: s. THACKERAY, H. St. J.
WILAMOWITZ-MOELLENDORFF, Ulrich VON: Isyllos von Epidauros. Berlin: Weidmann, 1886 [= 2. Aufl. Dublin/Zürich: Weidmann, 1967] (Neue philologische Untersuchungen, 9. Heft).
—: Die Hymnen des Proklos und Synesios. In: SPAW 14 (1907) 272–295.
—: Griechische Verskunst. Berlin: Weidmann, 1921 [= 2. Aufl. Darmstadt: H. Gentner, 1958].
—: Hellenistische Dichtung in der Zeit des Kallimachos. Bde. I–II. Berlin: Weidmann, 1924.

—: Der Rhetor Aristeides. In: SPAW.PH 28 (1925) 333–353 = WILAMOWITZ, Kl. Schriften III (1969) 426–453.

—: Der Glaube der Hellenen. Bde. I–II. Berlin: Weidmann, 1931/32 [= 4. Aufl. Darmstadt: Wissenschaftliche Buchgesellschaft, 1955].

—: Kleine Schriften. Bd. III. Griechische Prosa. Berlin: Akademie-Verlag, 1969.

—: s. SCHUBART, Wilhelm.

WILCKE, Claus: Sumerische Königshymnen, Sumerische Kultlieder, Sumerische Lehrgedichte. In: KLL VII = dtv-KLL 21 (dtv 3161) 9099–9100, 9100–9105, 9105–9108.

—: Hymne. A. Nach sumerischen Quellen. In: RLA IV (1972–1975) 539–544.

WILDBERGER, Hans: Jesaja. 1. Teilband. Jesaja 1–12. 2. Teilband. Jesaja 13–27. 3. Teilband: Jesaja 28–39. Das Buch, der Prophet und seine Botschaft. Neukirchen-Vluyn: Neukirchener Verlag, 1972 (I), 1978 (II), 1982 (III) (BKAT X/1–3).

WILHELMI, Gerhard: Der Versöhner-Hymnus in Eph 2,14ff. In: ZNW 78 (1987) 145–152.

WILLE, Günther: Musik. In: LAW (1965) 2006–2023.

—: Musica Romana. Die Bedeutung der Musik im Leben der Römer. Amsterdam: P. Schippers, 1967.

—: Aufstieg und Niedergang der römischen Musik. In: TEMPORINI (Hg.), ANRW I 4 (Text) (1973) 971–997.

WILLIAMS, Francis E. (Hg./Üb.): The Apokryphon of James. In: ATTRIDGE, NHS 22 (1985) 13–53; NHS 23 (1985) 7–37.

WILLIAMS, Frank (Üb.): The Panarion of Epiphanius of Salamis. Book I (Sects 1–46). Leiden u.a.: E. J. Brill, 1987 (NHS 35).

WILLIAMS, Frederick: Callimachus. Hymn to Apollo. A Commentary. Oxford: Clarendon Press, 1978.

WILLIAMS, Gordon W.: Die große Dichtung der augusteischen Zeit. In: Propyläen Geschichte der Literatur I (1981) 463–484.

WILLIGE, Wilhelm / BAYER, Karl (Hg./Üb.): Sophokles. Tragödien und Fragmente. Griechisch und deutsch. München: E. Heimeran, 1966 (TuscBü).

WILPERT, Gero VON (Hg.): Lexikon der Weltliteratur. Bd. I. Biographisch–bibliographisches Handwörterbuch nach Autoren und anonymen Werken. 3., neubearbeitete Aufl. Stuttgart: A. Kröner, 1988.

WILSON, Gerald Henry: The Editing of the Hebrew Psalter. Chico, CA [Decatur, GA]: Scholars Press, 1985 (SBLDS 76).

WILSON, John A.: Egyptian Hymns and Prayers. In: ANET (1955) 365–381.

WILSON, R. McL. (Hg.): The Future of Coptic Studies. Leiden: E. J. Brill, 1978 (CS 1).

WINKELMANN, Friedhelm: s. BIDEZ, Joseph.

WINKLER, Gabriele: Zur frühchristlichen Tauftradition in Syrien und Armenien unter Einbezug der Taufe Jesu. In: OstKSt 27 (1978) 281–306.

—: Das armenische Initiationsrituale. Entwicklungsgeschichtliche und liturgievergleichende Untersuchung der Quellen des 3. bis 10. Jahrhunderts. Roma: Pont. Institutum Studiorum Orientalium, 1982 (OrChrA 217).

—: Die Tauf-Hymnen der Armenier. Ihre Affinität mit syrischem Gedankengut. In: H. BECKER & R. KACZYNSKI, Liturgie I (1983) 381–419.

—: The Armenian Night Office II: The Unit of Psalmody, Canticles, and Hymns with Particular Emphasis on the Origins and Early Evolution of Armenia's Hymnography. In: REArm 17 (1983) 471–551.

WINKLER, Gerhard: s. KÖNIG, Roderich.

WINNINGTON-INGRAM, Reginald P. (Hg.): Aristidis Quintiliani de musica libri tres. Leipzig: B. G. Teubner, 1963 (BSGRT).

—: Greece, § I. In: NGDMM VII (1980 = 1981) 659–672.

—: s. MOUNTFORD, James Frederick.

WINSTON, David: The Wisdom of Solomon. A New Translation with Introduction and Commentary. Garden City, NY: Doubleday, 1979 u.ö. (AncB 43).

WINTERMUTE, O. S.: Apocalypse of Elijah (First to Fourth Century A.D.). A New Translation and Introduction. In: APOT I (1983) 721–753.

WISSE, Frederik: s. BÖHLIG, Alexander.

WLOSOK, Antonie: Laktanz und die philosophische Gnosis. Untersuchungen zu Geschichte und Terminologie der gnostischen Erlösungsvorstellung. Heidelberg: C. Winter, 1960 (AHAW.PH 1960,2).
WOLBERGS, Thielko: Griechische religiöse Gedichte der ersten nachchristlichen Jahrhunderte. Hg. und erläutert. Band 1. Psalmen und Hymnen der Gnosis und des frühen Christentums. Meisenheim am Glan: A. Hain, 1971 (BKP 40).
WOLFF, Erwin: s. LOMMEL, Herman.
WOLFF, Hans Walter: Dodekapropheton 2. Joel und Amos. Neukirchen-Vluyn: Neukirchener Verlag, 1969 (BKAT XIV/2).
WOODWARD, G. R. / MATTINGLY, H.: [St. John Damascene.] Barlaam and Ioasaph. With an English Translation by G. R. W. and H. M. Introduction by D. M. LANG. Cambridge, MA: Harvard University Press / London: W. Heinemann, 1983 (LCL 34 [First printed 1914]).
WOSCHITZ, Karl Matthäus / HUTTER, Manfred / PRENNER, Karl: Das manichäische Urdrama des Lichtes. Studien zu koptischen, mitteliranischen und arabischen Texten. Wien: Herder, 1989.
WOUDE, Adam Simon VAN DER: Die fünf syrischen Psalmen (einschließlich Psalm 151). In: JSHRZ IV,1 (1974) 29–47.
—: Fünfzehn Jahre Qumranforschung (1974–1988). In: ThR 54 (1989) 221–261; 55 (1990) 245–307.
WRIGHT, N. T.: Poetry and Theology in Colossians 1. 15–20. In: NTS 36 (1990) 444–468.
WRIGHT, R. B.: Psalms of Solomon (First Century B.C.). A New Translation and Introduction. In: OTP II (1985) 639–670.
WRIGHT, William: Apocryphal Acts of the Apostles. Edited from Syriac Manuscripts in the British Museum and Other Libra(i)r[i]es with English Translations and Notes. Vol. I. The Syriac Texts. Vol. II. The English Translations. Amsterdam: Philo Press, 1968 (= London 1871).
WÜLFING - VON MARTITZ, Peter: Ennius als hellenistischer Dichter. In: Entretiens sur l'antiquité classique XVII. Ennius (Genève: Fondation Hardt 1972) 253–289.
WÜNSCH, R[ichard]: Hymnos. In: PRE IX,1 = 17. Halbband (1914) 140–183.

YOUNG, Carlton R.: Kirchenlied. In: EKL.ITE II (1989) 1133–1140.
YOUTIE, Herbert C.: s. BONNER, Campbell.

ŽABKAR, Louis V.: A Hymn to Osiris Pantocrator at Philae. A study of the main functions of the sḏm.n.f form in Egyptian religious hymns. In: ZÄS 108 (1981) 141–171.
ZAHN, Theodor: s. GEBHARDT, Oscar VON.
ZELZER, Klaus (Hg.): Die alten lateinischen Thomasakten. Berlin: Akademie-Verlag, 1977 (TU 122).
ZENGER, Erich: Das Buch Judit. In: JSHRZ I,6 (1981) 427–534.
ZENOS, A. C.: The Ecclesiastical History of Socrates Scholasticus. In: NPNF, 2nd ser., II (Repr. 1979) iii–xxv, 1–178, 431–443.
ZIEGLER, Konrat: Plutarchos von Chaironeia. 2., durch Nachträge ergänzte Aufl. Stuttgart: A. Druckenmüller, 1964 (1. Aufl.: vgl. PRE XXI = Halbband 41 [1951]).
— (Üb.): Plutarch. Über Gott und Vorsehung, Dämonen und Weissagung. Religionsphilosophische Schriften. Eingeleitet und neu übertragen. Zürich/Stuttgart: Artemis, 1952 (BAW.GR).
— u.a. (Üb.): Plutarch. Große Griechen und Römer. Bd. 3, Bd. 6. [Zürich/München: Artemis, 1955, 1965 =] München: Deutscher Taschenbuch Verlag, 1980 (dtv 2070, 2073).
— / POHLENZ, Max (Hg.): Plutarchi Moralia. Vol. VI,3. Leipzig: B. G. Teubner, 1966 (BSGRT).
ZUNTZ, Günther: On the Hymns in Corpus Hermeticum XIII. In: Hermes 83 (1955) 68–92 = ZUNTZ, Opuscula (1972) 150–177.
—: Zum Kleanthes-Hymnus. In: FS W. JAEGER zum 70. Geb. = HSCP 63 (1958) 289–308.
—: Opuscula selecta. Classica, Hellenistica, Christiana. Manchester: University Press, 1972.
ZUNZ, Leopold: Literaturgeschichte der synagogalen Poesie. Berlin 1865 = Hildesheim: G. Olms, 1966.

—: Die gottesdienstlichen Vorträge der Juden historisch entwickelt. Ein Beitrag zur Altertums-kunde und biblischen Kritik, zur Literatur- und Religionsgeschichte. 2. Aufl. Frankfurt am Main: J. Kauffmann, 1892 = Hildesheim: G. Olms, 1966.

ZWANZIGER, Ronald: s. BOYCE, Mary.

ZYCHA, Josef (Hg.): Sancti Aureli Augustini opera. Pars VI,1. De utilitate credendi, de duabus animabus, contra Fortunatum, contra Adimantum, contra epistulam fundamenti, contra Faustum. Pars VI,2. Contra Felicem, de natura boni, epistula Secundini, contra Secundi-num, Evodii de fide contra Manichaeos, commonitorium Augustini quod fertur. Prag & Wien: F. Tempsky / Leipzig: G. Freytag, 1891/92 (CSEL 25,1–2).

Register

Seitenangaben in **Fettdruck (Bold)** beziehen sich auf die Abschnitte, in denen die entsprechenden Autoren und Texte behandelt werden. Ein eigenes Stellenregister erübrigt sich, weil in den meisten Fällen alle Stellen der herangezogenen Schriften zusammenstehen, sich also über die Namen der Autoren bzw. Titel der Texte leicht finden lassen. Eine Ausnahme bilden nur die Bibelstellen (s. Altes Testament, Neues Testament), Inschriften (s. Inschriften) und Papyri (s. Pap.).

Seitenangaben in *Kursivdruck (Italic)* beziehen sich (auch) auf den Text der Anmerkungen, während mit einem Asteriskus (*) diejenigen Seiten gekennzeichnet sind, auf denen griechische Wörter im Register III.2 als Lehnwörter in koptischen Texten erscheinen.

Ins Register der Wörter der antiken Quellen n i c h t aufgenommen sind die Wörter der Gathas des Zarathustra (A.VI), der Mandaica (A.VIII.b) sowie der iranischen, türkischen und chinesischen Manichaica (A.VIII.c.8–10). Auch die wenigen Termini der ausgeschlossenen Gebiete des christlichen Orients sind nicht eigens zusammengestellt. Sie lassen sich über die Stichwörter von Register IV ermitteln (vgl. vor allem *7–8, 9, 129*, 132, 229–230, 350 [arm.], *6*, 118–120, 229–230 [äth.] bzw. *5*, 229–230 [georg.]).

I. Antike und frühmittelalterliche Autoren und Texte

Johannes Cassianus **320**
Johannes Chrysostomos **291**, *350*
Johannes der Grammatiker 178, 179
Johannes von Damaskus 180
Johannesakten (ActJoh) 94–96 155, 205,
313, **243**
Johannesbuch der Mandäer **162**
Joseph und Aseneth (JosAs) **109**
Josephus **133**, 277, 316
Jōḥanān, der Einsiedler **356**
Judit (Jdt) **107**
Julianos (Flavius Claudius Iulianus) 26,
34, **62**
Julius Africanus 75
Justinos **240**, 253, 285, 290

Kallimachos **35**, 36, 44, 64, 78, 80, 82,
84, 278
Kanon der Manichäer *198*
Kanonessammlungen 362
Keilschrifttexte **93**
Kelsos 281
Kerdon *186*
Kirchenordnungen 238, **270**, 277, 362
Kleanthes 1, **33**, 39
Klemens von Alexandreia 16, 18, 34, 41,
278, 294
Klemensbriefe
I Klem **237**
II Klem **239**
Kleochares 68
Kleoneides 16
Kölner Mani-Kodex **188**, 189
Konzil
von Laodikeia **272**, 310
von Toledo IV. **273**, 310
Konzilien (Synoden) **272**; s. Concilium
Koptisch-
christliche Texte **363**
manichäische Homilien **189**
manichäische „Kephalaia des Lehrers"
184, **193**
manichäischer Synaxeis-Codex 206
manichäisches „Psalm-book" **196**
Krates von Theben **34**, 66
Kritias **20**, 30
Kubrikos–Mani 177, 180, 183
Kustaios 190
Kyrillonas **354**
Kyrillos von Jerusalem 173, 180, 181,
193, **290**

Lactantius 250, 251, **309**
Laodikeia 180, **272**, 310
Lasos **18**
Leningrader Ostrakon (Nr. 1133) 370
Leo I. 233

Libanios *62*
Liber Antiquitatum Biblicarum (LibAnt)
108
Liber Graduum **355**
Likymnios von Chios **28**
Livius Andronicus 82
Londoner Holztafel-Text (Brit. Mus. Nr.
54 036) 370
Lucretius **80**
Lukian von Antiocheia 286

Macrobius 28
Makkabäerbücher (LXX)
I Makk **106**
II Makk **106**
1,23–30 262
III Makk **107**
IV Makk **115**
Mamertus: s. Claudianus Mamertus
Manasses Gebet (OrMan) 98, **117**
Mandaica **160**
Manichaica 143, **169**
Manichäische Thomaspsalmen 161
Manteutoi 45, **49–53**
Mār Ammō (?) *221*
Mār Gabryab *212*
Mār Sisim 220
Mār Zakū 211, 220
Marcus Aurelius 51, **54**
Marius (Ps.-)Victorinus 171
Marius Plotius Sacerdos **90**
Marius Victorinus 90, **309**
Markion (Marcion) 180, *184*, *186*, 254,
255, 269, 307
Marqa(h) 141
Märtyrerakten 4
Martyrium des Apatil **368**
Martyrium des Bartholomäus **248**
Martyrium des Matthäus **249**
Martyrium des Polykarp **239**
Mārūtā von Maipherqaṭ 362
Masada ŠirŠab **126**
Maštocᶜ 7
al-Masᶜūdī 182
Melin(n)o 66, 67
Meliton 239, 244, **275**, 277
Menandros von Laodikeia 20, 27, 30, 49,
51, **58**, **60**, 96
Merkabah-Hymnen 121
Mesomedes von Kreta **42**, 66, 294
Mesopotamische Texte **92**
Methodios von Olympos **282**, 304, 325
Metriker 17, **89**
Michael I. 345
Michael Psellos 183
Michael- und andere Engeltexte **365**

II. Neuzeitliche Verfasser, Herausgeber und Übersetzer

Mattingly, H. *5*, *10*
May, G. 280, 281
Mayer, G. 99, *129*, *133*
Mayhoff, C. [= K.] *86*
Mazon, P. *13*, *14*
McComiskey, Th. E. 102
McDonald, A. H. *55*
McDougall, J. I. *37*
McKinlay, A. P. 311
McKinnon, J. W. 2, 61, 132, 136, 139,
   233, 234, *238*, *240*, *270*, *272*, *276*,
   277, *278*, 279, *281*, *284*, *286*, 287,
   288, 289, *290*, 291, 292, *294*, *296*,
   297, 298, *307–309*, *311*, 312, *313–*
   315, 316, 317, *319*, *320*, 321, *325*,
   343, *347*
Mearns, J. *317*
Meersseman, G. G. *304*, *326*, *329*, *336*,
   347
Méhat, A. *278*
Mellein, R. *80*, *81*, *88*
Ménard, J.[-]É. 157, 158
Mercier, Ch. 350
Merguet, H. 82
Merkel, H. *233*
Merkelbach, R. 178, *184*, *185*, 189, *202*,
   204, *218*, *311*, 312
Mertel, H. 286
Mesk, J. *45*, 53
Métrévéli, H. *10*
Metzger, B. M. 120
Meyer, E. *279*
Meyerhoff, D. *19*
Michel, O. 134
Michels, Th. 280, *282*, *288*, *294*
Mierow, C. C. *316*
Miller, A. M. *14*
Miller, P. D. 100
Miller, R. H. 243
Milligan, G. 68
Mink, G. *228*
Mirecki, P. A. *206*
Mitchell, C. W. 174, *184*
Mitsakis (Μητσακη[ς]), K. *1*, *3*, *231*, *244*,
   251, *254*, *255*, *261*, *262*, 264, *265*,
   270, *275*, *278*, *282*, *286*, 287, *294*,
   296, *298*, *301*, 303, *304*
Moffatt, J. 106
Mohlberg, K. 370
Mohrmann, Ch. *311*, 312
Molitor, J. *229*
Möller, E. E. *4*
Momigliano, A. *85*
Mommsen, Th. *89*
Mondésert, C. 280
Moor, J. C. de *95*, 96
Moraldi, L. *151*, *152*, 153, 154

Morawe, G. 123, 124, 125
Moreau, J. *284*
Morel, W. *89*, 90
Moreton, B. *328*
Mosley, D. J. *29*
Mossay, J. *288*
Moulton, J. H. 68
Moussy, C. *328*
Mowinckel, S. 100
Mras, K. *284*
Mubarak, P. 347
Mühlenberg, E. 3
Mühll, P. von der 13
Mulder, M. J. *275*
Müller, C. D. G. *10*, *343*, *363*, *365*, *366*,
   369
Müller, U. B. 233
Munier, C. *272*
Muraoka, T. 111
Murray, G. *23*
Murray, R. *345*, *347*, 348, 349, *351*
Mussies, G. 40, 120
Musurillo, H. *282*
Mutzenbecher, A. 176, *315*
Mynors, Sir R. *81*
Myres, J. L. 22

Nachstädt, W. 41
Nagel, P. 153, *169*, *183*, *184*, 190, *196*,
   202, 205, *363*
Najock, D. *16*
Nau, F. *343*, 345, *366*
Nauck, A. 61
Nauroy, G. *311*
Nautin, P. *315*
Navè, P. 137
Nawijn, W. *55*
Neumann, P. H. A. *97*, 99
Nève, F. 7
Newiger, H.-J. *31*, 32, *32*
Newsom, C. A. 126, 127
Nickelsburg, G. W. E. *105*, *107–109*
Niederwimmer, K. *238*, 267
Nilsson, M. P. 2, *33*, 62, 68, 69, 276
Nisbet, R. G. M. 84
Nock, A. D. *147*, 149
Norberg, D. *336*
Norden, E. *4*, 23, 29, 53, *54*, *62*, 81–85,
   88, 89, 115, 227, 232, 233, 259, 261,
   288, 296
North, R. *232*
Noth, M. 99
Nyberg, H. S. 209

O'Daly, G. *300*
O'Neil, E. N. *72*, *73*, 82
Oelsner, J. 93

Werner, O. *21*, 50
Wessely, C. *261*
West, M. L. *15*, 44, *65*, 67, 341
Westendorf, W. 197, 201, 202
Westerink, L. G. *63*
Westermann, C. *97*, 99, *101*
Westman, R. *33*
Westra, L. *63*
Wetmore, M. N. 81
Whitehouse, D. J. M. 147
Widengren, G. *160*, *169*, 190, *196*, *199*, 205, 257
Wiesmann, H. *369*
Wiessner, G. 92
Wikenhauser, A. 46
Wilamowitz-Moellendorff, U. von *2*, 29, *33*, *35*, *36*, 43, 53, 67, 68, *78*, *81*, 280, 294
Wilbrand, W. *311*
Wilcke, C. 93, 94
Wildberger, H. 101, 102
Wilhelmi, G. 232
Wille, G. 39, 56, 81, 85, 87, 88, *272*, *273*, *307*, *309*, 310, *311*, 312, *313*, *315*, 316, 317, *322*, 323, *325*, *326*, *328–330*, *332*, *336*
Williams, F. E. 151
Williams, Frank 291
Williams, Fred. 36
Williams, G. W. *80*, *83*
Willige, W. *23*
Wilpert, G. von *13*, *19*, *33*, *64*
Wilson, G. H. 98
Wilson, J. A. 92
Wilson, R. McL. *147*
Winkelmann, F. 298
Winkler, G. *7*, *86*, *362*, *369*, *371*
Winnington-Ingram, R. P. *21*, *58*, *68*, 70
Winston, D. 112

Winterfeld, P. von *334*
Wintermute, O. S. 121
Wirth, P. *284*
Wisse, F. *151*, 154
Wlosok, A. 279
Wolbergs, Th. *15*, 254–256, *261*, *262*, 263, *276*, 280, 281
Wolff, E. *143*, 144, 145
Wolff, H. W. 102
Woodward, G. R. *5*, *10*
Woschitz, K. M. *169*
Wotke, F. *332*
Woude, A. S. van der 99, 115, 116, *123*
Wright, N. T. *233*
Wright, R. B. 116
Wright, W. 245
Wuhrmann, W. 41
Wülfing - von Martitz, P. 80
Wünsch, R. *1*, *13*, 17, 19, *21*, 23, 24, 27–31, 34–36, *42*, 44, *45*, 49, 52, 53, 57, 59, 60, 66, 68, 70, 80–86, 88, *89*, 90, 294
Wyss, B. *288*

Yarnold, E. J. *290*

Žabkar, L. V. 92
Zahn, Th. *237*
Zelzer, K. 248
Zelzer, M. *329*
Zenger, E. 107
Zenos, A. C. 177, *296*
Zereteli, G. 76
Ziegler, K. *13*, *16*, 33, *38*, *41–43*, 44, *53*, *58*
Zintzen, C. *71*
Zuntz, G. 1, *33*, 147, 148
Zunz, L. 135
Zycha, J. 175, 176, *185*

III. Wörter der antiken Quellen

1. Hebräische Wörter

2. Griechische Wörter

3. Lateinische Wörter

4. Syrische Wörter

ܟܪܒ
ܩܘܪܒܢܐ 253
ܟܬܒ
ܟܬܒܐ 174

ܠܫܢܐ 174, 356

ܡܠܠ
ܡܠܠܐ 343
ܡܠܠܘܬܐ 360, 361
I ܡܫܚ
ܡܘܫܚܐ 343
II ܡܫܚ
ܡܫܝܚܐ 345

ܣܓܐ
ܣܓܝ (adj.) 361
ܣܘܓܝܬܐ 304, 349
ܣܓܕ 247, 252, 355
ܣܘܡ
ܣܝܡܬܐ 180

ܥܢܐ
ܥܢܘܝܬܐ *303*, 351, 354
ܥܢܝܢܐ 252
ܡܥܢܝܬܐ 358

ܩܕܝܫܐ 361
ܩܘܡܝ 343
ܩܝܬܐ 252, 343, 345, 360, 361

ܩܠܐ 343, 346, 348, 351, 354, 355
ܩܠܗ
ܩܘܠܗܐ 356

ܪܐܙܐ 180
ܪܝܫܐ 174 (ܪܫܐ), 180

ܫܒܗܪ
ܫܘܒܗܪܐ 120
ܫܒܚ 115, 117, 188, 230, 245–247, 253, 272, 344, 346, 354, 355, 357, 358, 361
ܫܘܒܚܐ 115, 245, 252, 344, 346, 352–358, *356*, 361
ܫܒܚܐ 252
ܫܒܚܘܬܐ 357
ܬܫܒܘܚܬܐ *99*, 115, 117, 119 (תשבחתא [aram.]), 120, 187, 229, 247, 253, 271, 342, 343, 345, 346, 350, 352, 354–362
ܡܫܒܚܘܬܐ 253
ܡܫܒܚܐ 253, 359
ܫܠܡ 199, 213
ܫܡܫ
ܬܫܡܫܬܐ 120, 362

ܬܩܠ
ܡܬܩܠܐ 343

5. Koptische Wörter

ⲁⲧⲙⲓⲥⲉ 157
ⲁⲩ: s. ⲉⲁⲩ

ⲃⲱⲗ 162, 194
ⲃⲁⲓⲛⲉ 197

ⲉⲁⲩ 193–201, 204–206
ϯ ⲉⲁⲩ 191, 192, 194, 198, 204, 366
ϯ ⲁⲩ 364

ⲉⲟⲟⲩ 151, 256, 259, 260, 365–367, 370, 371
ϯ ⲉⲟⲟⲩ 156, 159, 259, 367

ⲙⲉ
ϯⲙⲉ 200
ⲙⲓⲥⲉ
ⲁⲧⲙⲓⲥⲉ 157

ⲛⲉⲓⲉⲧ′ 191, 197

ⲣⲓⲙⲉ 190
ⲣⲉϣⲉ 197

ⲥⲉ 195
ⲥⲙⲟⲩ 149, 151, 155, 158, 159, 190,
   192, 195, 197, 198, 200, 201, 205,
   229, 230, 256–258, 260, 263, 363–
   367, 370, 371
ⲥⲙⲁⲙⲉ 191–195, 197–199, 201, 204
   ⲥⲙⲁⲙⲁⲁⲧ 192, 194, 206, 365, 368,
     371
   ⲥⲙⲁⲁⲙⲧ (?) 196
ⲥⲟⲡⲥ 260
   ⲥⲁⲡⲥⲡ 190
ⲥⲁⲣⲁⲕⲱⲧⲉ 202
ⲥⲱⲧⲙⲉ 192
ⲥⲁⲍ 193
ⲥⲉⲝⲉ = ϣⲁⲝⲉ 197

ⲧⲁⲉⲓⲟ, ⲧⲁⲓⲟ, ⲧⲁⲓⲁ 149, 155, 191,
   194, 196, 197, 256, 365–367
   ⲧⲁⲓⲁⲓⲧ 206
ⲧⲉⲗⲏⲗ, ⲧⲁⲗⲏⲗ 151, 206, 257
ⲧⲱⲍⲙⲉ 192

ⲟⲩⲁⲗⲉ 197
ⲟⲩⲣⲁⲧ 197
ⲟⲩⲱⲛⲍ 257, 365
ⲟⲩⲱϣⲧ 191, 192, 194, 197, 198, 364–
   366

ⲱⲃⲍ 192
ⲱⲛⲍ 190, 192, 193
ⲱϣ 257

ϣⲁⲓⲉ
   ⲣϣⲁⲓⲉ 199
ϣⲕⲁⲕ
   ⲝⲓ ϣⲕⲁⲕ 259
ϣⲗⲏⲗ 149, 151, 190, 193, 195, 197,
   198, 200, 204, 257, 260
ϣⲙ̄ϣⲉ 365
ϣⲁⲝⲉ 365

ⲍⲙⲟⲧ, ⲍⲙⲁⲧ
   ϣⲉⲡ ⲍⲙⲁⲧ 364
   ϣⲉⲡ ⲍⲙⲟⲧ 365
ⲍⲣⲁⲩ 197
ⲍⲱⲥ 151, 197, 198, 200, 201, 203, 204,
   206, 230, 363, 365, 366, 369, 371

ⲝⲱ 155, 197, 200, 230, 363, 366, 367
   ⲝⲓ ϣⲕⲁⲕ 259
ⲝⲱϣⲙⲉ, ⲝⲱⲙⲉ, ⲝⲙⲉ 190, 192,
   193, 197
ⲝⲣⲟ 196, 197, 200
ⲝⲓⲥⲉ 197, 368

ⲃⲁⲗⲁϣⲓⲣⲉ 197
ⲃⲛ̄ⲃⲛ̄ 197, 201

† s. ⲉⲟⲟⲩ, ⲉⲁⲩ; ⲙⲉ

IV. Begriffe, Namen, Orte und Sachen

Nachträge zum Abkürzungs- und Literaturverzeichnis

ADLER, Maximilian: s. SVF
ARNIM, Johannes VON: s. SVF

BRASHEAR, William / SATZINGER, Helmut: Ein akrostichischer griechischer Hymnus mit koptischer Übersetzung (Wagner-Museum K 1003). In: Journal of Coptic Studies 1 (1990) 37–58 (+ Plates 5–6).

DAHMEN, Ulrich: s. LOHFINK, Norbert.

LOHFINK, Norbert: Lobgesänge der Armen. Studien zum Magnifikat, den Hodajot von Qumran und einigen späten Psalmen. Mit einem Anhang: Hodajot-Bibliographie 1948–1989 von Ulrich DAHMEN. Stuttgart: Verlag Katholisches Bibelwerk, 1990 (SBS 143).

MCDOUGALL, J. Iain (Hg.): Lexicon in Diodorum Siculum. Pars I. A–K. Pars II. Λ–Ω. Hildesheim/Zürich/New York: G. Olms, 1983 (Alpha – Omega, Reihe A [Lexika etc.] 64).
MOOR, Johannes C. DE (Üb.): An Anthology of Religious Texts from Ugarit. Leiden/New York/København/Köln: E. J. Brill, 1987 (Nisaba [Religious texts translation series] 16).

ONASCH, Konrad: Kunst und Liturgie der Ostkirche in Stichworten unter Berücksichtigung der Alten Kirche. Leipzig: Koehler & Amelang; Wien/Köln/Graz: H. Böhlaus Nachf., 1981.

SATZINGER, Helmut: s. BRASHEAR, William.
SCHATTENMANN, Johannes: Studien zum neutestamentlichen Prosahymnus. München: C. H. Beck, 1965.
SVF = Stoicorum veterum fragmenta collegit Ioannes AB ARNIM. Vol. I. Zeno et Zenonis discipuli. Vol. II. Chrysippi fragmenta logica et physica. Vol. III. Chrysippi fragmenta moralia. Fragmenta successorum Chrysippi. Vol. IV. Quo indices continentur conscripsit Maximilianus ADLER. Stuttgart: B. G. Teubner, 1968 = 1903 (II, III), 1905 (I), 1924 (IV).

Druckfehler

S. 97, Z. 22 und			
S. 98, Z. 18, 19, 23	תְּהִלה	→	תְּהִלָּה
S. 124, Z. 21	תְפִלה	→	תְּפִלָּה
S. 124, Z. 23	תְהִילָה	→	תְּהִילָה
S. 126, Z. 10	תְהלה	→	תְּהִלָּה
S. 177, Z. 35	Κηφάλαια	→	Κεφάλαια
S. 182, Z. 1	Masʿūdî	→	al-Masʿūdî
S. 271, Z. 14	αἰνει	→	αἰνεῖ
S. 272, Z. 7	ἰδιουτικοὺς	→	ἰδιωτικοὺς
S. 313, Z. 20	bzw. -→	→	bzw.
– Z. 21	akklamatorischen	→	-akklamatorischen
S. 338, Z. 6	threnum	→	threnus

Zum vorliegenden Buch:

Wie der Untertitel des aus dem (nun nicht erscheinenden) RAC-Artikel «Hymnus» herausgewachsenen Buches anzeigt, handelt es sich noch nicht um eine Geschichte der antiken Hymnologie, sondern nur um eine möglichst vollständige, kritisch gesichtete Materialsammlung für eine solche, wohl vielbändige Geschichte, die nur ein Team von Altphilologen, Orientalisten, Bibelwissenschaftlern, Patrologen, Musikologen und Poetologen wird hervorbringen können.

Die Materialien erstrecken sich über den zeitlichen Raum von «Homer» bis Beda Venerabilis. Da der Alte Orient vor allem auf die Hebräische Bibel eingewirkt hat, sind auch für dieses Gebiet zumindest einige Andeutungen gemacht und weiterführende Veröffentlichungen besprochen. Vom Oriens Christianus ist nur Syrien und Ägypten ausführlich behandelt. Mit Ausnahme des großen Kapitels über die Manichaica ist auch der ferne Osten (Zentral-, Ost- und Südostasien) ausgeschlossen, was man für den Buddhismus bedauern kann.

Schwerpunkte der Darstellung, die unter hymnologischem Aspekt die technische Terminologie und die antiken Selbstaussagen zur je eigenen Sprache kommen läßt, sind innerhalb der griechischen, lateinischen und orientalischen Antike, Spätantike und Patristik z.B. die Reden des Ailios Aristeides, Papyri (besonders auch die Zauberpapyri), Metriker und Grammatiker, Qumran, Philon und Josephus, Mandaica, Manichaica und andere Gnostica sowie die jüdischen und christlichen außerkanonischen Schriften neben dem Alten und Neuen Testament.

ISBN 3-7278-0751-2 (Universitätsverlag)
ISBN 3-525-53920-7 (Vandenhoeck & Ruprecht)

Bd. 1   MAX KÜCHLER, *Schweigen, Schmuck und Schleier*. Drei neutestamentliche Vorschriften zur Verdrängung der Frauen auf dem Hintergrund einer frauenfeindlichen Exegese des Alten Testaments im antiken Judentum. XXII + 542 Seiten. 1986.

Bd. 2   MOSHE WEINFELD, *The Organizational Pattern and the Penal Code of the Qumran Sect*. A Comparison with Guilds and Religious Associations of the Hellenistic-Roman Period. 104 Seiten. 1986.

Bd. 3   ROBERT WENNING, *Die Nabatäer – Denkmäler und Geschichte*. Eine Bestandesaufnahme des archäologischen Befundes. 360 Seiten, 50 Abb., 19 Karten. 1986.

Bd. 4   RITA EGGER, *Josephus Flavius und die Samaritaner*. Eine terminologische Untersuchung zur Identitätsklärung der Samaritaner. 4 + 416 Seiten. 1986.

Bd. 5   EUGEN RUCKSTUHL, *Die literarische Einheit des Johannesevangeliums*. Der gegenwärtige Stand der einschlägigen Forschungen. Mit einem Vorwort von Martin Hengel. XXX + 334 Seiten. 1987.

Bd. 6   MAX KÜCHLER/CHRISTOPH UEHLINGER (Hrsg.), *Jerusalem. Texte – Bilder – Steine*. 240 Seiten, zahlr. Abb.,1 Falttafel, 1987.

Bd. 7   DIETER ZELLER (Hrsg.), *Menschwerdung Gottes – Vergöttlichung von Menschen*. 8 + 228 Seiten, 9 Abb., 1988.

Bd. 8   GERD THEISSEN, *Lokalkolorit und Zeitgeschichte in den Evangelien*. Ein Beitrag zur Geschichte der synoptischen Tradition. 10 + 338 Seiten. 1989.

Bd. 9   TAKASHI ONUKI, *Gnosis und Stoa*. Eine Untersuchung zum Apokryphon des Johannes. X + 198 Seiten. 1989.

Bd. 10   DAVID TROBISCH, *Die Entstehung der Paulusbriefsammlung*. Studien zu den Anfängen christlicher Publizistik. 10 + 166 Seiten. 1989.

Bd. 11   HELMUT SCHWIER, *Tempel und Tempelzerstörung*. Untersuchungen zu den theologischen und ideologischen Faktoren im ersten jüdisch-römischen Krieg (66–74 n. Chr.). XII + 432 Seiten. 1989.

Bd. 12   DANIEL KOSCH, *Die eschatologische Tora des Menschensohnes*. Untersuchungen zur Rezeption der Stellung Jesu zur Tora in Q. 514 Seiten. 1989.

Bd. 13   JEROME MURPHY-O'CONNOR, O.P., *The École Biblique and the New Testament: A Century of Scholarship (1890-1990)*. With a Contribution by Justin Taylor, S.M. VIII + 210 Seiten. 1990.

Bd. 14   PIETER W. VAN DER HORST, *Essays on the Jewish World of Early Christianity*. 260 Seiten. 1990.

Bd. 15   CATHERINE HEZSER, *Lohnmetaphorik und Arbeitswelt in Mt 20, 1–16*. Das Gleichnis von den Arbeitern im Weinberg im Rahmen rabbinischer Lohngleichnisse.
346 Seiten. 1990.

Bd. 16   IRENE TAATZ, *Frühjüdische Briefe*. Die paulinischen Briefe im Rahmen der offiziellen religiösen Briefe des Frühjudentums.
132 Seiten. 1991.

Bd. 17   EUGEN RUCKSTUHL/PETER DSCHULNIGG, *Stilkritik und Verfasserfrage im Johannesevangelium*. Die johanneischen Sprachmerkmale auf dem Hintergrund des Neuen Testaments und des zeitgenössischen hellenistischen Schrifttums.
284 Seiten. 1991.

Bd. 18   PETRA VON GEMUENDEN: Vegetationsmetaphorik im Neuen Testament und seiner Umwelt. Eine Bildfelduntersuchung. 440 Seiten. 1991.

Bd. 19   MICHAEL LATTKE: *Hymnus*. Materialien zu einer Geschichte der antiken Hymnologie. 524 Seiten. 1991.